U0015776

臺灣研究叢刊

荷蘭人在福爾摩莎

程紹剛／譯註

op Formosa; de coopman Eduart Brebis, die de chargie heeft over de packhuijsen der grove waren, en onderringh vande kercq, sijnde / met den Dolphin verdroncken, doch met den eersten hier weder verwacht were, want daerin ervaren is, en goede kennisse van sijne vocatie heeft; voorts ondercoopluijden, en assistenten die gebruijct worden op 't negotie comptoir, op 't soldije comptoir, inden winckel; tot de packhuijsen der fijne en grove waren, bij den collecteur, en op de secretarije; in summa vanden grootsten tot den cleijnsten heeft een ijgelijck sijn werck, en daer is niemant over; bij siecte of sterfte moeten den anderen secunderen, tot de tijt van ontset, en dat niemant stoffe becomen; de residenten sijn vele doch de ommeslach is groot, die noch dagelijx soo wel in arbeijt als comp.s voordeele augmenteeren, gelijck UEdt. uijt alle 't geschrevene omstandelijck vernemen.

Den tijt beginnende te genaken, om (volgens UEdts. ordre, en 's Comps. progressen op Formosa) de cant tochten bij der hant te nemen, tot straffe der moordenaers en rebellen van Sapien, Tellarome, Vadaan, en andere malignanten, die sulcx meriteren, en maninge der swacken, en maintenue onser reputatie, beide ooren en oogen der geene, met der wercke noch niet corresponderen; doch principalijck de poorten, en toeganck tot de gouttmijn op te sporen, soo hebben bij resolutie vast gestelt, en besloten, een armée (bestaende in 210. soldaten, te beste en uijtgelesenste volcq) uijt onse militaire macht te formeren, die te verdeelen in drie compen, en ijder comp.e doen leijden door eene lieutenant, een vaendrich en twee sergeanten, mitsgaders 't geheele corpus door de Capitain Pieter Boon. Ende alsoo desen tocht, geprojecteert nae de Noord oostcant van Formosa, vere reijsens inhoudt, en een werck is, dat met verstant en goet beleijt moet werden uijtgevoerdt, en wij ons te geruster in vele saken de naergaende moeten stellen, om UEdts. ordre wit te treffen, en contentement te doen, hebben waer nae wij seer wenschen en verlangen, als wesende eener-

de eere,

有關臺灣的十七世紀荷蘭文檔案原文

（荷蘭海牙檔案館東印度公司檔案VOC 1149，頁642.）

荷蘭豪恩(Hoorn)商部官員們開會的情景
(J. de Baen繪，1682年，現藏Westfries Museum, Hoorn.)

荷蘭海船毛里球斯號(Mauritius)自荷蘭出發前往東印度
(Hendrick Cornelisz Vroom繪，17世紀初，現藏Rijksmuseum, Amsterdam.)

荷船在風暴天候中行駛。遠方的小船是一條平底船
（C. P. Mooy[1656-1701]繪，現藏Maritiem museum 'Prins Hendrick", Rotterdam.）

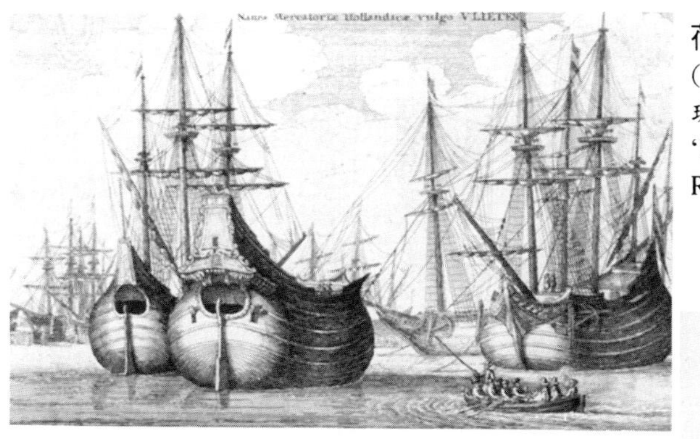

荷蘭貨船
（W. Hollar繪，1647年，現藏Maritiem museum 'Prins Hendrick", Rotterdam.）

一艘荷蘭快船的模型
（17世紀下半期，現藏Maritiem museum 'Prins Hendrick", Rotterdam.）

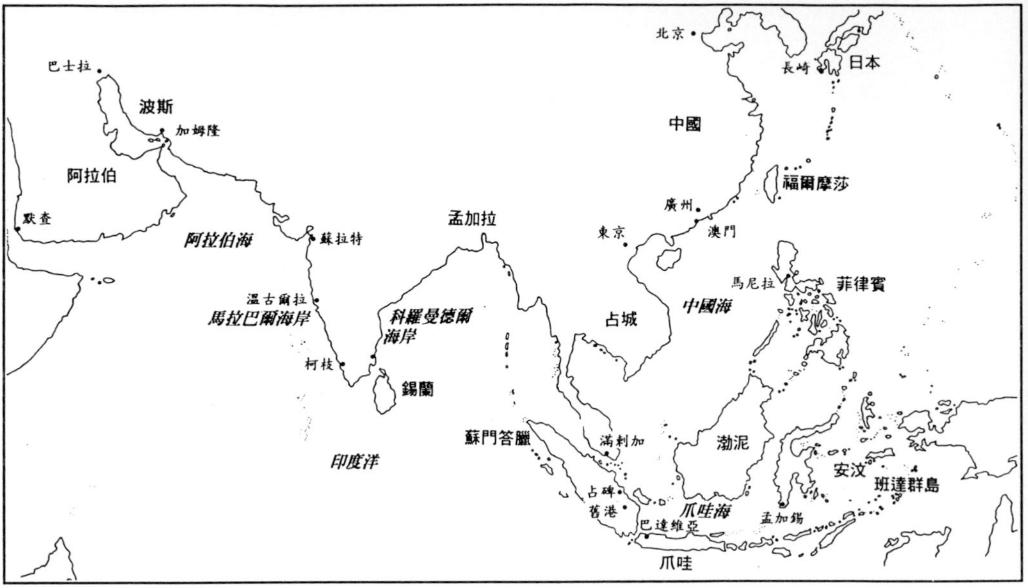

北京
長崎
日本
巴士拉
波斯
加姆隆
中國
阿拉伯
福爾摩莎
默查
廣州
阿拉伯海
蘇拉特
孟加拉
東京
澳門
馬尼拉
菲律賓
溫古爾拉
馬拉巴爾海岸
科羅曼德爾海岸
中國海
占城
柯枝
錫蘭
蘇門答臘
滿剌加
渤泥
印度洋
安汶
班達群島
占碑
舊港
爪哇海
巴達維亞
孟加錫
爪哇

荷蘭東印度公司貿易地區圖

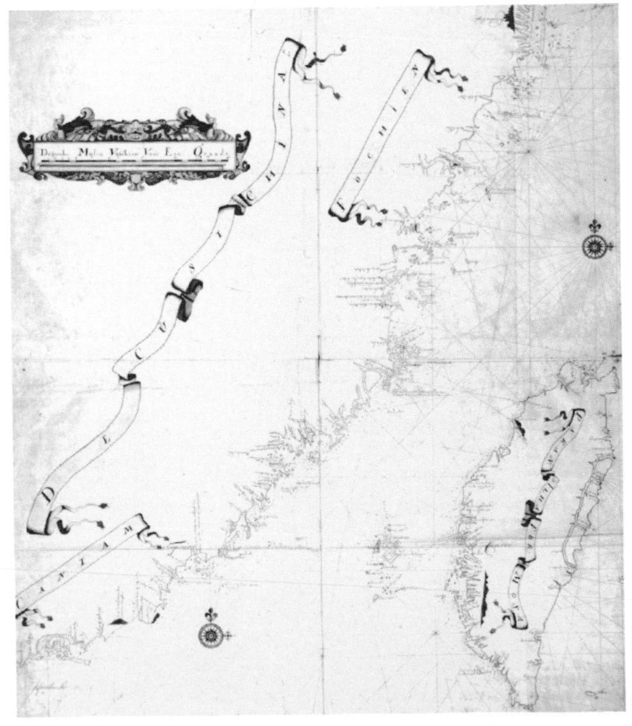

中國東南沿海及福島
（荷蘭海牙國立檔案館圖片部，編號VEL271，繪於17世紀）

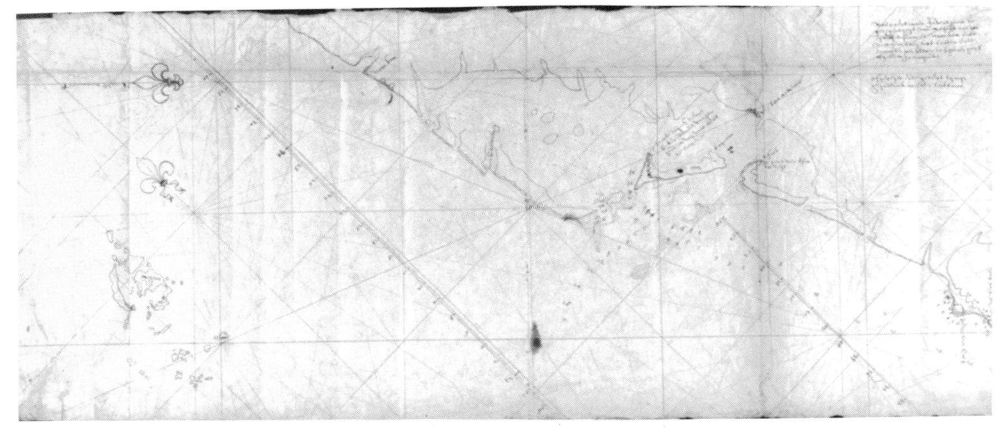

福島西南海岸澎湖、大員等

（荷蘭海牙國立檔案館圖片部，編號VEL301，導航員Heyndrick Ariensen繪於1624-1625年間）

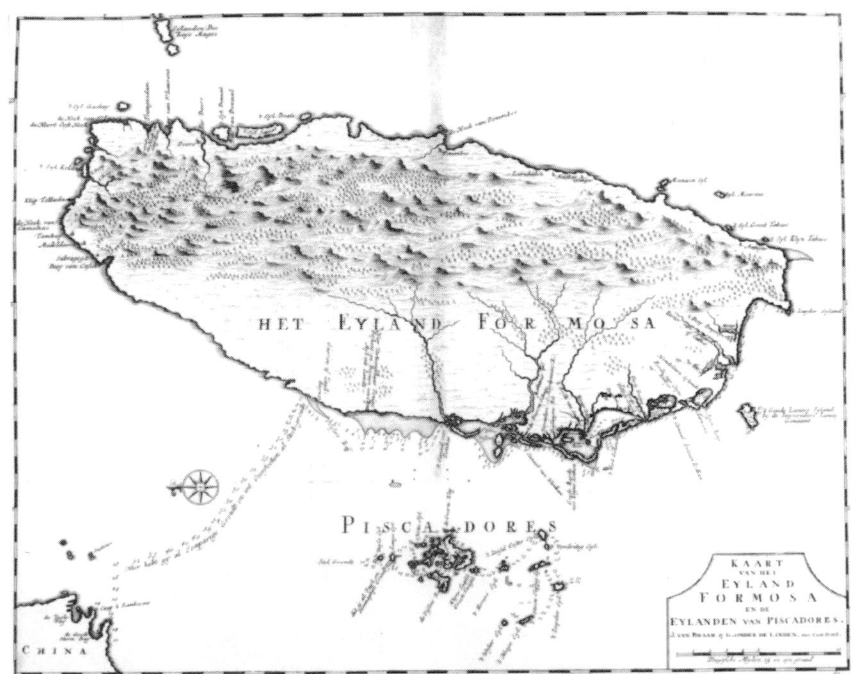

澎湖與臺灣圖

（F. Valentijn, *Oud en Nieuw Oost-Indien*, deel IV.）

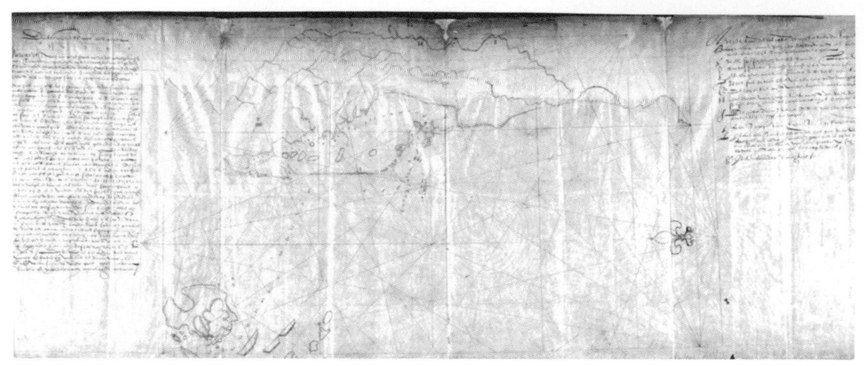

大員附近海圖

（荷蘭海牙國立檔案館圖片部，編號VEL302，導航員Heyndrick Ariensen繪於1624-1625年間）

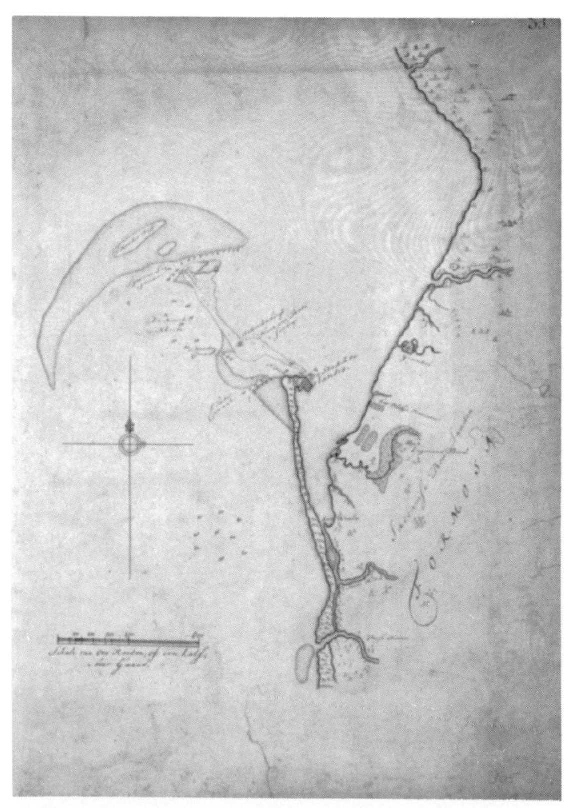

熱蘭遮城附近海岸

（荷蘭海牙國立檔案館圖片部，編號VEL305，繪於17世紀）

大員的熱蘭遮城堡

（O. Dapper, *Gedenkwaerdig bedrijf der Nederlandsche Oost-Indische Maetschaye op de in het kezerrijk van Taising of Sina*, Amsterdam, 1670.）

另一個角度看熱蘭遮城

（O. Dapper, *Gedenkwaerdig bedrijf der Nederlandsche Oost-Indische Maetschaye op de in het kezerrijk van Taising of Sina*, Amsterdam, 1670.）

荷蘭人筆下的福島原住民

（O. Dapper, Gedenkwaerdig bedrijf der Nederlandsche Oost-Indische Maetschaye op de in het kezerrijk van Taising of Sina, Amsterdam, 1670.）

福島村社集會情景

（*Die Wundersame reisen des Caspar Schmalkalden nach West- und Ostindien 1642-1652*, Leipzig: W. Joost, 1983再版）

福島北岸雞籠島圖

（荷蘭海牙國立檔案館圖片部，編號VEL307，繪於17世紀）

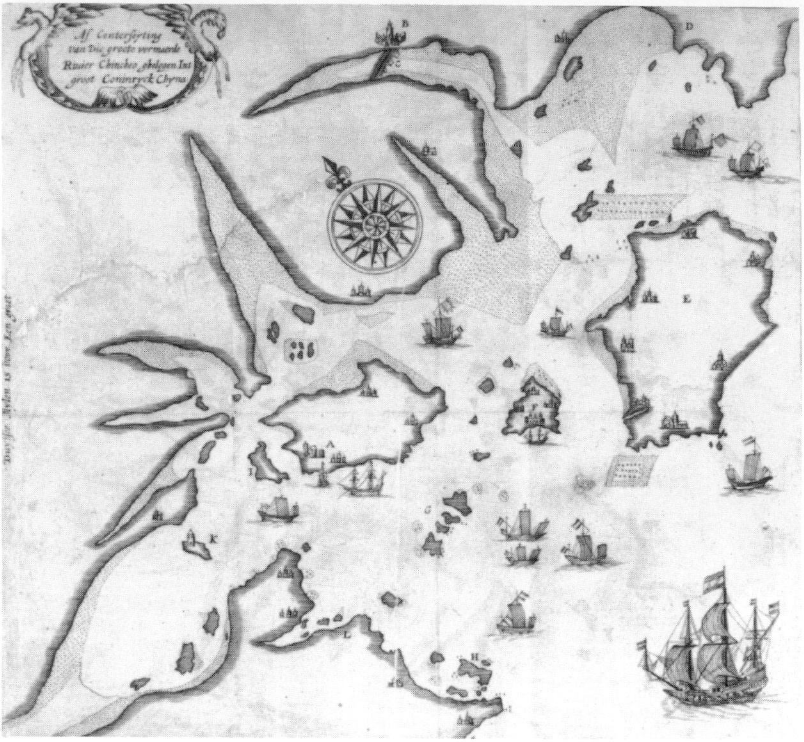

荷蘭人所稱的漳州灣

A.廈門 B.安海 C.安海橋 D.白沙角 E.金門 F.烈嶼 G.大擔 H.浯嶼 I.鼓浪嶼 K.海門 L.Ciucheo of Cio berg（大武山？）

（O. Dapper, Gedenkwaerdig bedrijf der Nederlandsche Oost-Indische Maetschaye op de in het kezerrijk van Taising of Sina, Amsterdam, 1670.）

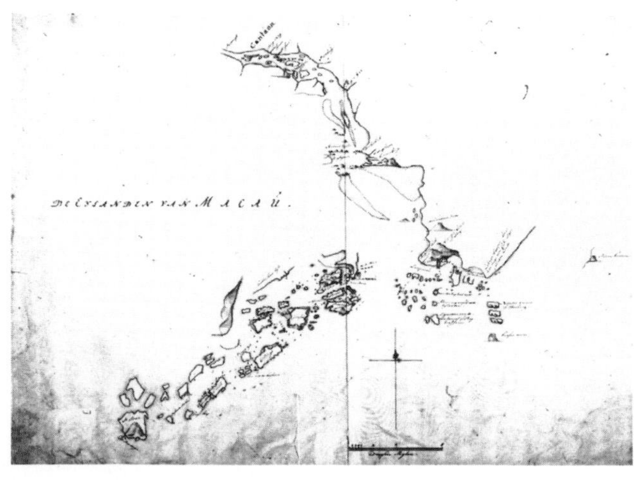

澳門及其附近島嶼

（荷蘭海牙國立檔案館圖片部，編號VEL276，繪於17世紀）

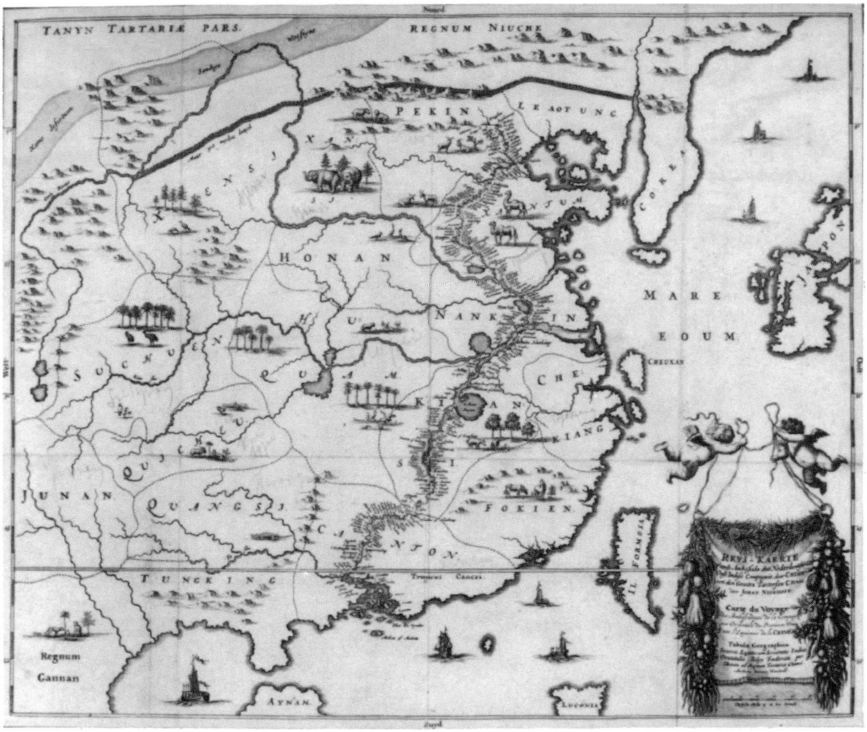

1656年荷使進京路線圖

(J. Nieuhoff, *Het gezantschap....*)

尼霍夫1655年隨荷使前往廣州途中所繪澳門圖

(J. Nieuhoff, *Het gezantschap....*)

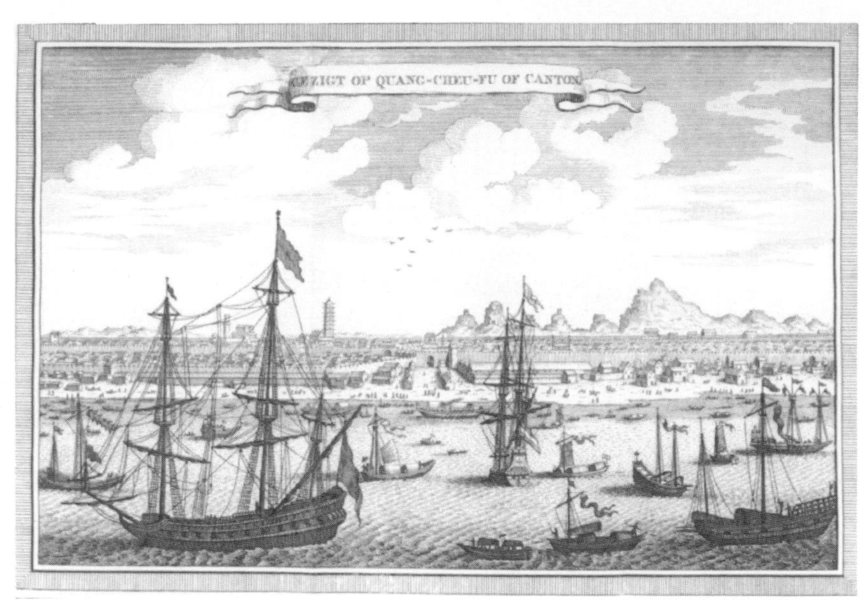

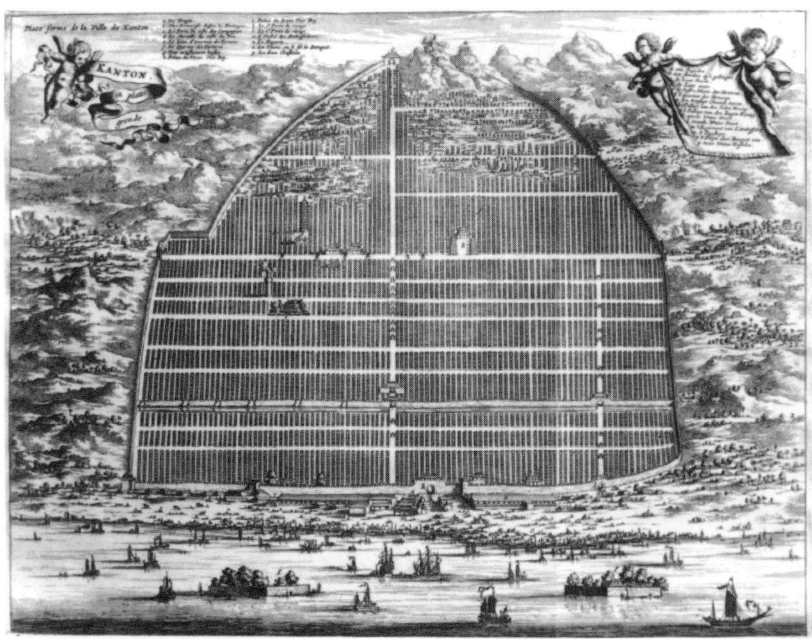

尼霍夫筆下的廣州城
（J. Nieuhoff, *Het gezantschap*....）

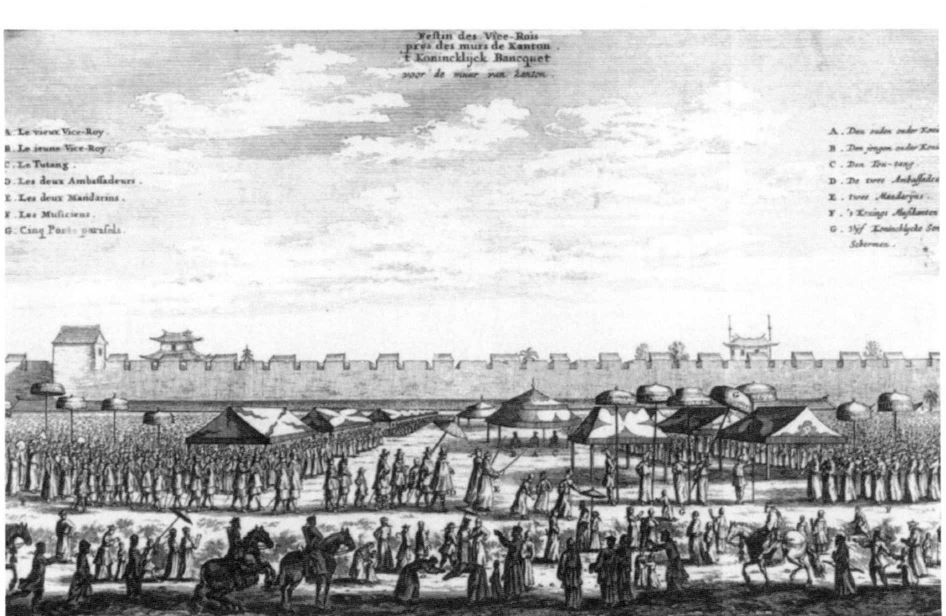

平南王、靖南王和都統1655年在廣州城前接待荷蘭使節
（J. Nieuhoff, *Het gezantschap….*）

荷蘭人在劫擊一艘中國帆船
（Nederlandsche reizen tot bevordering van den koophandel… Amsterdam, 1784-1787.）

卡烏所率援軍在福爾摩莎島海面與鄭成功船隊交戰

（C. E. S., *'t Verwaerloosde Formosa*, Amsterdam, 1675.）

被圍的荷蘭人遣使出城拜見鄭成功
（C. E. S., *'t Verwaerloosde Formosa*, Amsterdam, 1675.）

「遭受鄭軍虐待的荷蘭人」
（Nederlandsche reizen tot bevordering van den koophandel… Amsterdam, 1784-1787.）

福爾摩莎島的荷蘭人遭到鄭軍的追殺（上）
福爾摩莎島的荷蘭傳教士被釘在十字架上處死（下）
（C. E. S., ’t Verwaerloosde Formosa, Amsterdam, 1675.）

目次

六、范・迪門(Antonio van Diemen)1636-1645 …………171

導論

《東印度事務報告》中有關福爾摩莎史料

程紹剛

在東亞歷史上，十七世紀上半葉是個大動蕩的時期。中國內部在滿清與明朝間的長期征戰之後，改朝換代。戰爭期間，明朝的擁護者在中國大陸的最後戰場福建遭遇重大挫折。最後，被西方人稱爲"Coxinga"即國姓爺的鄭成功被迫退出大陸，率軍東渡臺灣。同一時期，日本的「天主教世紀」也告結束。此前，西班牙人和葡萄牙人獲准在日本進行貿易，幾近一世紀之久。當日本禁止西方人的傳教活動之後，1639年以降，日本也只准許中國人和荷蘭人在日本貿易。荷蘭人緊接在歐洲擴張先鋒葡人與西人之後繼踵東來，而於臨近福建省的福爾摩莎島建立殖民統治，正與上述大動蕩發生在同一時期。荷蘭人對福爾摩莎島的統治，即自1624年9月至1662年2月爲止，前後近38年。

荷蘭人殖民統治期間，福爾摩莎島發生了根本性的變化，這一變化至今仍影響著臺灣社會。原本爲原住民生息之地的福爾摩莎島，脫離了與世隔絕的狀態，發展成爲荷蘭東印度公司在遠東貿易網絡中一個不可或缺的貿易基地。對最初深受荷人歡迎的中國移民來說，福爾摩莎原先是他們避難的去處，而後漸漸成爲他們定居繁衍的地方。此一轉變導致原住民的土地受到掠奪，並且被迫移居山地，大陸移民的地位也由原來的難民變爲土地開發者。

針對十七世紀東部亞洲的重大轉變，東亞歷史學者已有詳細的探討。然而有關臺灣島的研究，則因荷蘭檔案史料尚未獲得充分開發、利用而頗受影響。中國大陸、臺灣和日本的歷史學者，分別將這段歷史置於中國歷史，甚至放在獨立發展的臺灣史和日本史的範疇內從事研究。他們研究所依據的史料，多局限在那些被譯成日文和英文的東印度公司檔案史料。

鑒於荷文史料未獲充分利用，筆者乃從《東印度事務報告》(以下簡稱《報告》)中選出有關福爾摩莎的部分，將其譯成中文，並予以注釋。該《報告》是關於荷殖臺灣史唯一既系統又詳細的史料，它的中文譯注將有助於歷史學者拓展臺灣史研究的新視野。

筆者在此處並非著意寫一部荷蘭人在福爾摩莎的殖民史，而是試圖對《東印度事務報告》這一史料的形成、性質及其意義進行探討，並分析相關的研究現狀，以促進這方面研究的發展。

一、史料介紹：《東印度事務報告》

研究早期荷蘭殖民史的學者，特別是研究東印度公司的東方貿易史方面，具有一個優越的條件，那就是包括《東印度事務報告》在內的東印度公司原始檔案，有一大部分至今仍保存在荷蘭海牙國立檔案館中。這批包羅萬象、長達一千多米的檔案使用起來並非易事。人們首先會遇到兩個難題：文字的辨認和理解的問題。

1. 文字與語言的難題

十七世紀的書寫體形式極其多樣。當時的荷蘭字體學家范・登・費勒德(J. van den Velde)將該時代的書寫體大致分為四類：方形分寫體、直立連寫體、前傾及後傾連寫體[1]。連寫體在東印度公司檔案中

1 J. van den Velde, *Spiegel der schrijfkonste* (Rotterdam, 1605).

最爲常見。由於該檔案卷帙浩繁、數量龐大[2]，連寫體書寫速度快，正適用於此。一般說來，東印度公司檔案的字體包括以上四種字體，但每個人的書寫風格各異，對初次閱讀與使用檔案的讀者來說，辨認這些字體實非易事。

除字體外，文體是研究者使用東印度公司檔案時，困難頻生的另一個因素。三百多年前，荷蘭語尚未有統一的拼寫和語法規則，主要以流傳下來的書寫習慣爲準據。此外，當時的印刷書籍，包括國家標準《聖經》，亦均爲適用的書寫依據[3]。詞語主要是按發音拼寫，但拼寫方式並不統一，而文章的分段、標點符號和大寫字母的使用，也都沒有定規[4]。

儘管文藝復興以來，書面荷蘭語的使用越來越廣泛，但拉丁語和法語在當時，仍是文化交流中常用的語言，它們便於荷蘭學者與其外國同行相互交流。拉丁語是大學和教堂的唯一用語，法語則爲高層階級交流所用的語言。在《東印度事務報告》等諸般史料中，有許多官方用語源自拉丁語和法語[5]，要查清這些用詞的含義，不得不依賴拉丁語和法語詞典。除了這類外來語之外，還有一些十七世紀的荷蘭語詞也不易理解。雖然這些語詞至今仍被使用，但意思已完全不同。諸如當時的「暫時」意思爲「準時」，「印地安人」則指印度尼西亞群島的居民。要弄淸這些詞語的原意，可使用德•佛里斯(M. de Vries)和特•溫科勒(L. A. te Winkel)等編纂的《荷蘭語大詞典》(海牙，1882-1998)。該詞典的詞條出處，最早始於1637年，後來被推前至1500年[6]。儘管《十

2 東印度公司檔案卷本厚達1,277米。

3 自十五世紀，《聖經》曾數次被譯成荷蘭文。1637年，荷蘭國家標準《聖經》由萊頓市的出版商拉佛斯坦(Paulus Aertsz. van Ravesteijn)首次出版。

4 直到1804年，荷蘭語中每個詞的標準拼寫形式才有所規範。P. J. Horsman, Th. J. Poelstra en J. P. Sigmond, *Schriftspiegel: Nederlandse paleografische teksten van de 13de tot 18de eeuw* (Zutphen,1984), p.23.

5 C. G. N. de Vooys, *Geschiedenis van de Nederlandse taal*(Amsterdam / Groningen , 1952), p.91.

6 L. Koelmans, *Inleiding tot het lezen van zeventiende-eeuws Nederlands*(Utrecht, 1978), p.48.

七世紀荷蘭語匯釋》(1975)[7] 和《中世紀荷蘭語詞典》(1911)[8] 對讀者也有所幫助，但其中的詞條，遠不能滿足讀者查閱東印度公司檔案的需求。因此，筆者在翻譯檔案的過程中，常常須再三閱讀，並根據上下文內容，推敲某些詞語的意思。

一些源於亞洲語言並常常出現的詞語，也是使用者經常遇到的問題。斯達帕勒(F.W. Stapel)和柯爾哈斯在出版史料時，均附有此類的匯釋，或者在註腳中有所說明。但最適用的參考書，無疑是雨勒(Henry Yule)和博奈爾(A.C. Burnell)所出版的英文詞典：《豪帕森—朝帕森》(1903)[9]。這方面同樣急需要一部可供參照的荷蘭語詞典。

疑難詞語並非閱讀十七世紀官方用語的唯一障礙。句子過長以及極少使用標點符號，也會導致意思模糊不清。當時，一句話經常長達數行，甚至一整頁。讀者往往因爲句子結構紊亂而難解其意。解決這一困難的唯一方法只有再三地閱讀、推敲。

2.《東印度事務報告》之緣起

荷蘭東印度公司成立於1602年，其宗旨是促進荷蘭在好望角以東地區的亞洲貿易，以及在亞洲繼續與西班牙作戰。十七年之後，荷蘭駐東印度總督庫恩(J.P.Coen, 1619-1623, 1627-1629)建立了東印度公司在亞洲的貿易基地—巴達維亞城。此後，總督即於巴城總部，藉由東印度評議會的協助，主導東印度公司在亞洲各地的事務。爲了在荷蘭更有效地掌握東印度公司在亞洲的活動，東印度公司的最高領導機構十七董事會[10]

7 P. G. J. van Sterkenburg, *Een glossarium van zeventiende-eeuws Nederlands* (Groningen, 1975; 1981).

8 J. Verdam, *Middelnederlandsch handwoordenboek* (Groningen, 1911; 1977).

9 H. Yule and A. C. Burnell, Hobson-Jobson, *a glossary of colloquial Anglo-Indian words and phrases, and of kindred terms, etymological, historical, geographical and discursive* (London, 1903; 1984).

10 十七董事會由東印度公司的六個商部的代表組成：八名自阿姆斯特丹(Amsterdam)，四名自西蘭(Zeeland)，一名自德爾福特(Delft)，一名自鹿特丹(Rotterdam)，一名自豪恩(Hoorn)，一名自恩克豪森(Enkhuizen)。第十七名代表由阿姆斯特丹之外的一個商部派出。

在一項指令中規定[11]，東印度總督與評議會(或統稱「東印度高級政府」)，必須定期就東印度公司在亞洲的活動提交報告。這個報告便被稱爲《東印度事務報告》。

庫恩執政之前，東印度總督也曾向董事會提交過報告，但這些報告均屬私人往來信件，無法令董事會滿意。庫恩執政之後，最初被稱爲《一般信件》的《東印度事務報告》才具備真正的報告性質。《報告》中不僅收錄了東印度公司在亞洲地區的活動情況，還囊括了諸如商務、財務和政治等方面的內容。

或許有人會問，《東印度事務報告》是否屬於當時盛行的一種敘事文體？與當時豪福特(P. C. Hooft)記述民主共和國史事的《歷史》[12]相比，《報告》的內容及結構確實極爲先進。一般而言，《報告》是以記述政治和經濟發展爲主，並未突出某一具體人物。

眾所皆知，《報告》形成於庫恩執政時期。庫恩年少時即接受商業培訓，曾長期於帕斯卡托萊(Justus Pescadore)設於羅馬的商館學習[13]，這一背景可能對他撰寫報告的方式有所影響。

《報告》由東印度評議會起草。該評議會由幾名委員和總督組成，總督雖爲評議會成員之一，而且在評議會中具有舉足輕重的影響力，但他不能未經評議會同意，即就重要事務擅自作主。評議會自1609年成立以來，委員人數幾經變更[14]。一般說來，常務委員須在巴城協助總督

11 P. Mijer, ed., *Verzameling van instructien, ordonnancien reglementen van de Regering van Nederlandsch Indië* (Batavia, 1848), p.33; J.A. van der Chijs, *Nederlandsch-Indisch plakaatboek, 1602-1811* (Batavia/'s-Gravenhage, 1885-1900) deel I, p. 38.

12 J. C. van Breen, *Pieter Corneliszoon Hooft, als schrijver der Nederlandsche Historie* (Amsterdam, 1894).

13 庫恩年少時即接受商業配訓，在十三歲時前往羅馬，於1601至1607年間在帕斯卡托萊(Justus Pescadore)於羅馬的商館學習。所學習內容是經商與會計學，同時學習所需要的外國語言，如拉丁語、意大利語、法語、英語、葡萄牙語、西班牙語。1607年，庫恩返回荷蘭，並於同一年以下級商務員身份，隨佛胡佛(Pieter Willemszoon Verhoeff)率領的船隊中的海船De Nieuwe Hoorn前往東印度。

14 P. van Dam, *Beschrijvinge van Oostindische Compagnie*(uitg- egeven door F. W.

處理諸般事務，其人數由最初的四名增至1650年的六名[15]。這些評議會委員乃是真正撰寫報告的人。他們通常包括一名能幹而經驗豐富的高級商務員，一位軍隊指揮官，一名船長和法律起訴人；他們分別負責貿易、海陸軍事和法律事務。這些《報告》便是在總秘書處抄寫員的襄助下，根據亞洲各地商館發往巴城的報告及書信寫成。一般而言，評議會成員在起草來往信件時所負責的地區，也就是他們在書寫《報告》時被分派的地區。《報告》完稿後提交評議會審查並由其成員簽字後，約在年底或次年初，委由返航荷蘭的船隊帶回。在返荷船隊出發前後，偶爾也有單獨或數艘船隻，攜帶《報告》返回荷蘭。有時在年中，《報告》也會由船隻經印度的蘇拉特帶回荷蘭。若巴城有緊急情況報告，則專程派遣快船送回。

《報告》送到荷蘭後不久，當即在八月底左右舉行的董事會議上進行處理[16]。還有一部分巴城收自各地的文件，此時也隨著《報告》被運回荷蘭。這些文件與《報告》被統稱為《巴城書信文件》。東印度公司在荷蘭協助董事會策劃政策的五個委員會之一——海牙委員會[17]，專門負責閱讀這些信件文書，並負責起草給巴城的覆函。該覆函草稿在董事會夏季的會議上定案，並於九月由前往巴城的船隊帶走。

由此看來，《報告》是《巴城書信文件》中最主要且最系統性的材料，並且是董事會指導東印度公司的亞洲事務的依據。該《報告》

Stapel. 's-Gravenhage, 1931), III, p.41.

15 在這幾名常務委員之外，參加東印度評議會的還有一名副總督，東印度公司在亞洲四個重要地區美洛居(Molukken)、安汶(Ambon)、班達(Banda)和大員(Tayouan)的長官。P. van Dam, *Beschrijvinge*, III, p.44.

16 其他兩次會議分別於春季二月或三月和夏季常在七月舉行。董事會的會址連續六年在阿姆斯特丹，連續兩年在密德堡(Middelburg)。F. S. Gaastra, De geschiedenis van de VOC（Zutphen , 1991）, p.21。

17 該委員會的會址在海牙，因而稱之為海牙委員會。其他四個委員會的職責如下：年底結算；監督拍賣；檢查帳目；在發生戰爭時還將組成一個秘密委員會。M. A. P. Meilink-Roelofsz., e.a.., *De archieven van de Verenigde Oostindische Compagnie*（1602- 1795）('s-Gravenhage, 1992), p17 ; F. S. Gaastra , p.149.

除某些因船隻遇難，或遭敵人搶劫而遺失者外，均完好地被保存在荷蘭海牙國立檔案館(Algemeen Rijksarchief)中。《報告》因其珍貴的歷史價值，亦被摘錄收入《國家歷史叢刊》，由荷蘭歷史研究所出版[18]。

3.《東印度事務報告》的內容

如上文所述，《東印度事務報告》包括不同地區的相關報導，其內容結構分明。《報告》首先記述一般事務，特別是來往於巴城的船隻，然後就二十多個東印度公司活動的地區分別陳述。先是印度尼西亞群島東部的香料群島，包括美洛居、安汶、班達等地；其次是重要港口所在的沿海地區，這一部分的內容無一定的陳述順序，主要包括以下區域：印度尼西亞群島西部地區，如亞齊、舊港、占碑、滿剌加、蘇門達臘西岸等地，主要集中於滿剌加海峽；印度洋地區，包括科羅曼德爾海岸、孟加拉、錫蘭、果阿、馬拉巴爾海岸和蘇拉特；波斯灣地區，波斯、默查；中國海地區，中國沿海、福爾摩莎、日本、東京、廣南、暹邏、柬埔寨。有關東印度公司在東印度總部巴達維亞、馬拉塔姆和萬丹活動的部分則置於報告的末尾。由於福爾摩莎和日本兩地貿易往來殷切，因此有關福爾摩莎的部分常與日本的部分放在一起。如果沒有中國商人運往福爾摩莎的絲綢、蔗糖等商品，東印度公司在日本的貿易也很難有盈利。荷人在大員還購入中國黃金，以因應東印度公司在科羅曼德爾海岸購買織物的需要。

1624年至1662年的《東印度事務報告》每年長短不一，少則20頁(1635年)，多則達551頁(1662年)。

18　十七、十八世紀的《報告》總計13萬頁，其中十七世紀占4萬頁，十八世紀占9萬頁。柯爾哈斯預計可將其中的十六分之一收入他的版本。W.Ph.; Coolhaas, e.a., *Generale Missiven van Gouverneurs-Generaal en Raden van Indie aan Heren Zeventien der Verenigde Oostindische Compagnie* (Den Haag, 1960-), deel VIII, p. VIII.

4.《東印度事務報告》中有關福爾摩莎的內容

有關福爾摩莎的報告，每年由巴城高級政府中對此地區較為熟悉的評議會成員起草。這些報告的作者究竟是誰，除某些年份可供推敲外，其餘則不易斷定。《報告》的簽名中包括幾名曾任福爾摩莎長官的常務委員，如納茨(1627-1629)、蒲特曼斯(1629-1636)、卡隆(1644-1646)和費爾勃格(1649-1653)。仔細對照這些人擔任評議會委員和福爾摩莎長官的年分可知，他們卸下福爾摩莎長官一職之後，都曾或久或暫地出任過巴城的評議會委員。我們可以確定，他們是下列年份的《報告》撰寫人：1629、1646-1649、1654-1662。他們憑著任職期間積累的豐富經驗，在撰寫《報告》時，主導材料的選擇和編排的工作。

如前所述，《報告》中有關福爾摩莎的部分，是根據福爾摩莎發往巴城的資料寫成。這些資料大致可分為以下幾類：駐福爾摩莎長官寫給總督的信件、大員熱蘭遮城的日記、其他文件如指令、決議、船貨單及各種往來信件。在年底或次年初船隻駛往巴城時，大員便準備好各種資料委由這些船隻轉呈總督。此外，若駐福爾摩莎長官或其他高級官員返回巴城，通常還必須先口頭地向巴城高級政府報告福爾摩莎的事務[19]。

儘管撰寫報告的人對所負責地區較為瞭解，但要從大量的資料中擇取適當的內容收入報告，也並非易事。有關福爾摩莎的報告涉及各種大小事務，沒有固定的結構，內容均取自於福爾摩莎所發送的資料。一般說來，每年的《報告》均述及船隻往來、貿易情況和最終的貿易結算。其中還詳細記載出入的船隻及其載運的貨物。總之，福爾摩莎的貿易，在東印度公司與中國、日本和印度的貿易圈中，起著關鍵性的作用。

荷蘭人占據福爾摩莎之後便極力與臨近的中國建立聯繫，這也是

---

19 1636年，蒲特曼斯退任福爾摩莎(以下或稱「福島」)長官返回荷蘭途中在巴達維亞暫作停留時，曾口頭向總督報告福島的事務。voc 1119, fol.167.

荷蘭人占據福爾摩莎的最終目的。最初幾年，荷人與中國地方官員之間的談判、荷蘭人對中國沿海採取的軍事行動等等，在《報告》中均有詳細記載。荷蘭人在1930年代與中國建立貿易關係後，開始把注意力轉向福爾摩莎本身的經濟開發，福爾摩莎的歷史乃進入一個新的階段。在1930、1640年代的《報告》中，有關福爾摩莎原住民的征服和中國移民定居的情況，亦均有許多記載。

荷人曾多次派兵鎮壓福爾摩莎原住民，迫使原住民屈從東印度公司的統治。同時，荷人還透過牧師和慰問師在福爾摩莎的村社間傳教，並且組織年度的村社集會，以利其福爾摩莎原住民的統治。對於日益增多的中國移民，荷人則利用經濟方面的措施，使其依附於東印度公司，除每月向中國人徵收人頭稅外，還將漁區及用來種植稻米、甘蔗及其他作物的耕地出租給他們，每年從中獲取大筆收入。荷人還曾試圖以減少中國人人頭稅的方式，促使中國人皈依基督教，但未見成效[20]。

荷蘭統治後期的《報告》中，有多處記載在福爾摩莎中國人的動亂，特別是郭懷一領導的武力抗爭，以及有關鄭成功即將東渡福爾摩莎的謠傳。據傳當時鄭成功在大陸與清軍作戰節節失利，於是準備攻占福爾摩莎島。與此同時，福爾摩莎的自然災害也是此起彼伏，流行性疾病和劇烈的地震讓眾多村社淪爲廢墟，蝗災更使得田地荒蕪。諸如此類者以及其他重要的事件，《報告》中均有詳細記載。

東印度公司有鑒於福爾摩莎傳教的成功，及其在東亞貿易中的樞紐地位，加上它發展爲東印度公司的亞洲糧倉此一前景看好，使得東印度公司將該島視爲其在亞洲發展的最重要地區之一。福爾摩莎地位的重要性，遂在《報告》中有關福爾摩莎的篇幅中反映出來，該部分約占整個《報告》的十分之一。

《報告》中的專題是如何擇定的呢？在回答這個問題之前，須對大員發往巴城的書信文件和《報告》中有關福爾摩莎的部分進行比較。

---

20 voc 1116, fol.20.

就前者而言，我們只能依賴總督與評議會作為《報告》附件一同送回歐洲的這一部分，進行研判。儘管難以斷定這一部分資料在福爾摩莎運往巴城的所有資料中所占的比重，但它們無疑仍是其中最重要的資料。換言之，這部分資料是撰寫《報告》最主要的依據。為避免將有關福爾摩莎的書信文件與《報告》中的相關內容逐年進行比較工程過於浩大，所以在此僅以1651年的部分為例加以分析。這一年《報告》中有關福爾摩莎的部分共20頁，而且無特別的大事發生。

1651年來自福爾摩莎而被收入巴城書信和文件的資料，可分為以下七類：大員與駐福爾摩莎其他地區的荷蘭地方官之間的來往信件、大員與東印度公司其他地區的來往信件、大員寫給巴城的書信、熱蘭遮城日記、長官的指令、長官和評議會所制定的決議和貨單。第一類包括福爾摩莎長官費爾勃格與駐福爾摩莎北部雞籠、淡水的下級商務員給爾德庫(Simon Keerdekoe)之間往來的九封信[21]；第二類包括費爾勃格與東印度公司駐日領事高級商務員斯德爾特紐斯(Pieter Sterthemius)之間的四封信，以及公司駐暹邏的高級商務員科拉耶爾(Hendrick Craijer)寫給費爾勃格的一封信[22]；第三類包括費爾勃格呈給總督雷尼爾森(Carel Reniersen)的兩份報告，以及他寫給當時駐福爾摩莎檢查官費爾斯德赫(Willem Verstegen)的一份報告[23]。此外，還有1651年2月19日至1651年8月16日的熱蘭遮城日記[24]、費爾勃格對駐福爾摩莎東部卑南的督塞多爾帕(Jacob Dusseldorp)所下達的一份指令[25]，以及福爾摩莎長官與評議會於1651年4月4日至1651年8月2日之間所制定的決議[26]。最後是三份由日本駛往福爾摩莎以及自大員開往巴城船隻的載貨單[27]。

---

21 voc 1183, fol.583-600, 763-820.
22 voc 1183, fol.601-616.
23 voc 1183, fol.821-915.
24 voc 1183, fol.633-728.
25 voc 1183, fol.617-621.
26 voc 1183, fol.729-762.
27 voc 1183, fol.580-582.

將上述資料與《報告》內容比對之後得出以下結論：《報告》內容與長官費爾勃格呈給總督的報告極其相似。二者均先記錄來往船隻，然後講述貿易事項；接下去詳述福爾摩莎諸事務，如政教方面的統治、一年一度的村社集會、村社的出租、養蠶製絲、甘蔗種植、工事建築、駐軍情況及大員商館一年的盈虧結算。此外，與貿易關係密切的中國戰爭也被收入報告中。其他如大員認爲西班牙酒的品質較次等或者藥物短缺等瑣事的報告，或許當時人們無意在酒的味道上大做文章，因此總督與評議會似乎也認爲無須呈報董事會。《報告》中述及福爾摩莎長官與駐福爾摩莎商務員揆一等之間的爭議，長官費爾勃格在他本身所提的報告中則是隻字未提。《報告》中有關此一問題及荷人試圖在大員和中國南京間建立貿易關係一事的內容，顯然都取自費爾斯德赫所提的報告。由此可見，當事人在提呈報告時均選取他個人認爲重要的問題，對於有損自身名譽的事則儘可能避而不談。

從此一對比中可以看出，《報告》主要是以福爾摩莎長官每年發自大員的報告爲基礎撰述而成。福爾摩莎長官的報告長短不一，自數頁至百餘頁不等。儘管發自大員的報文與《報告》在內容上有不少一致之處，也不能說《報告》就是轉抄而成。《報告》涵括有關福爾摩莎事務的分析和決定，並對同一批發回荷蘭的文件中可供參考的部分加以標明。從福爾摩莎發往巴達維亞的書信文件中，重要的部分被援引爲《報告》的附件或引證，同時被送回荷蘭。這些檔案文件共有3000個子目，均被保存在海牙國立檔案館中，有待系統性地整理出來。

5. 《報告》與《巴達維亞城日記》、《熱蘭遮城日記》內容之比較

《報告》被送回荷蘭，主要是提供東印度公司董事會制定政策之用。這意味著合乎此一目的的資料，才會被選入《報告》中。儘管《報告》有此一侷限性，但是就歷史研究而言，在當前十七世紀上半期福爾摩莎島的歷史研究，幾乎完全偏賴同時期荷文檔案的情況下，這批《報告》仍不失爲一份深具價值的史料。事實上，對於另兩份已經出

版的史料—即《巴達維亞城日記》和《熱蘭遮城日記》而言,《報告》在內容上仍是重要的補充。

《巴達維亞城日記》內容所跨的年代爲1627至1682年,出版於1887年至1931年間。正如書名所顯示的,該《日記》記載內容涉及巴城當地發生的事情,以及有關東印度其他商館(包括大員)的消息。從《日記》中不難看出,有關福爾摩莎島的記錄幾乎都集中在新、舊年交替之際,這是因爲自福爾摩莎派出的船隻多半於此一時節前後到達巴城,並攜來福爾摩莎的各種相關文件的緣故。這一點顯示《日記》和《報告》的消息來源並無不同,因此,兩份史料所述及的專題可能一致,有些章節甚至完全相同。

《熱蘭遮城日記》則與《巴城日記》不同,它集中記述一個地區即福爾摩莎島的事情。其中除記錄來往船隻外,還包括許多福爾摩莎原住民的相關資料,特別在有關平定福爾摩莎和村社集會的報告中,對福爾摩莎原住民社會的敘述尤爲詳細。

遺憾的是,無論是《巴城日記》還是《熱城日記》,遺失缺漏者頗多。荷蘭人占據福爾摩莎共38年,《熱城日記》所記僅存18年,《巴城日記》亦僅存21年。其中,諸如郭懷一領導的武力抗爭等重大事件,記載散佚的部分尤多。這三份史料中,只有《報告》對此保留了較詳細的記載[28]。

《報告》的特殊之處在於它們每年均被發回荷蘭,完整保存,這對系列性史料的保存來說是極爲重要的。現存《報告》中只缺1630和1648兩年的內容。經查對東印度公司的航海資料得知,1630年沒有船隻自巴城返回荷蘭,因而這一年資料的缺漏可以理解。1648年則有船隊返回[29],而且可以肯定船隊曾送回《報告》,可能是後來遺失了。

---

28 voc1194 , fol.57-164。這份報告包括對中國人長老郭懷一領導的起義的記述。

29 J.R. Bruijn, F.S. Gaastra and I. Schöffer, ed., *Dutch-Asiatic shipping in the 17th and 18th centuries* (The Hague, 1979-1987), vol.III, *Homeward-bound voyages from Asia and the Cape to the Netherlands (1597-1795)*, p.52.

儘管上述兩年的報告缺佚，但1631年3月和1649年1月的記述仍對理解該兩年的情況有所助益。

二、人物及背景：荷蘭駐福爾摩莎的長官

從以上分析中可以看出，關於福爾摩莎的《報告》有幾年是由後來出任評議會委員的數位前荷蘭駐福爾摩莎長官編寫而成。儘管難以斷定誰是《報告》其餘部分的編寫人，但可確定福爾摩莎長官呈交巴城的報告仍是撰寫《報告》主要的參考依據。既然福爾摩莎長官在《報告》的成稿過程起過巨大的作用，因此爲了幫助讀者理解這份史料，就必須對福爾摩莎長官的社會背景，以及他們在福爾摩莎政治中的地位予以介紹和分析。不過，囿於這方面史料的缺乏，特別是他們到達東印度之前的經歷相關史料有限，也就難以得出完整而具體的傳記[30]。

首先述及的第一位荷蘭人是司令官萊爾森・斯航豪夫曼(Cornelis Rijersz. Schoonhoffman)，他通常被稱爲萊爾森。1622年至1624年，他曾率大規模艦隊抵達中國沿海，並主管荷人在澎湖的基地。因此，儘管萊爾森未曾出任過福爾摩莎長官，但若談及荷人對福爾摩莎的佔領，卻不能忽略此人。

1. 萊爾森(Cornelis Rijersz.)

萊爾森何時到達東印度，至今仍不清楚。1611年，他由高級商務員被擢爲駐萬丹海船 “Ter Goes” 的船長。1614年，他再次與東印度公司簽約，續任船長兩年，月薪110荷蘭盾。次年底，他獲准返回荷蘭。當時的副總督庫恩在給董事會的一封信中，稱萊爾森是「一名勇敢、勤勉的職員，他對公司貢獻巨大，是公司所擁有最勇敢的海員之一」[31]。

30 此處的資料出自《報告》和W. Wijnaendts van Resandt, *De gezaghebbers der Oost-Indischë Compagnie op hare buiten- comptoiren in Azië* (Amsterdam, 1944).

31 H.T. Colenbrander, ed., *Jan Pietersz.* Coen, I, p.161.

據東印度公司檔案記載，萊爾森1621年已返回巴城，並被任命爲出征果阿的艦隊司令。其後，萊爾森便留在巴城，專門負責船隻裝備[32]。

1622年，萊爾森被任命爲東印度公司評議會特別委員，並擔任艦隊司令，率8艘船和1024人於4月10日前往中國沿海。這次出征的任務在於建立東印度公司與中國間的自由貿易關係。萊爾森受命先攻打澳門，如有可能，再占據中國沿海諸如澎湖群島等其他地方，甚至進一步築堡駐紮。結果，萊爾森攻打澳門未能成功。據《報告》記載，萊爾森對於葡萄牙人的實力尚未獲得足夠可靠的消息，便即盲目下令攻打澳門。巴城認爲萊爾森堅持攻打澳門，是爲了避免被指責爲缺乏勇氣，同時在攻打過程中，戰略運用又失當，否則，按巴城高級政府的看法，澳門早就是荷蘭人的囊中物了。

澳門一戰失利後，萊爾森按照巴城所下達的指令，率船隊前往距福建省約75浬的澎湖。他於7月10日到達當地，展開長達兩年之久的征戰與談判。《報告》及赫隆納費勒特(W.P. Groeneveldt)所著《荷蘭人在中國》對此均有詳細記述。

在此期間，萊爾森因從葡萄牙人和西人方面獲得消息，又在中國地方官員的建議下，試圖與福爾摩莎島建立聯繫[33]。他在福爾摩莎也尚未發現適合大型船隻停泊的港灣。於是，萊爾森決定先在澎湖築堡駐紮。然而荷人在澎湖駐紮卻引起中國官員的反感，因爲這個地方對中國來說具有戰略意義。福建省官員對荷人施加壓力以迫使他們撤離，而巴城方面則下令萊爾森必須設法保住澎湖。萊爾森遂陷入了兩難之境。

1624年春，疲於征戰的萊爾森被宋克(Martinus Sonck)所取代，退居次位的萊爾森仍留在中國沿海，直到返回巴城爲止。次年，他在率船返回荷蘭途中去世。

---

32 W.P. Groeneveldt, *De Nederlanders in China*, p.63.

33 1623年，萊爾森應福島原住民之邀派高級商務員康斯坦特(Jacob Constant)和(Barent Pessaert)前往福島村社蕭壟。有關第一次荷蘭人和福島原住民的接觸，東印度公司檔案仍留有記載。詳見：L. Blussé en M.P.H. Roessingh, "A visit to the past: Soulang, a Formosan village anno 1623", *Archipel* 27(1984), pp.63-80.

2. 宋克（Martinus Sonck, 1624-1625）

關於宋克到達東印度之前的經歷，目前只知他是法學博士[34]，法蘭廷(F. Valentijn)與威納茨(W. Wijnaendts van Resandt)稱他是一名醫師，此說可能有誤。宋克於1618年以律師身份離開荷蘭，中途在好望角停留一段時間後，於1620年到達巴達維亞城。其後，他被任命爲東印度評議會委員。1621年他率人攻占班達後，被擢升爲班達長官，直到1623年因被指控浪費槍支彈藥才被調回巴城。這段插曲並未妨礙他於次年被任命爲長官，而被派往中國沿海接替萊爾森的職位。

1624年8月30日，宋克到達澎湖時發現，荷蘭人的工事早已被中國軍隊包圍。當時，荷蘭人的飲用水源被切斷，難以抵禦強大的中國軍隊。宋克到達澎湖兩個禮拜後即決定撤離當地，撤出日期應在1624年8月26日到30日之間，8月26日荷人開始拆毀工事，30日宋克前往福爾摩莎。

宋克到達大員後的第一件事是下令修築一座防禦工事以阻絕福爾摩莎原住民的敵對行動，後來這座防禦工事更進而被擴建成熱蘭遮城堡。荷蘭人在大員統治的初期，進展頗爲艱難，雖然荷人從1625年的對中國貿易中獲利58,843.7.15盾，但支出卻多達114,667.15盾，約合利潤的兩倍。幸而不久之後，荷人與原住民建立友好關係，大員附近各村社居民乃紛紛向荷人靠攏。宋克甚至認爲巴城可派2至3名牧師來到福爾摩莎傳教[35]。

9月14日，荷蘭的第一任福爾摩莎長官宋克在進入大員的水道時，不慎落水身亡。

3. 德・韋特（Gerard Frederiksz. de With, 1625-1627）

德・韋特在宋克去世前，爲駐福爾摩莎高級商務員，同時也是福爾摩莎政界僅次於福爾摩莎長官的第二把交椅；他受福爾摩莎評議會

---

34 W.P. Groeneveldt, *De Nederlanders in China*, p.255.

35 "Brief van M. Sonck aan P.de Carpentier, 3 maart 1625", voc 1085, fol.236. 直到1627年，荷人才首次向福島派出牧師甘第爹士(G. Candidius)。

的推薦，出任福爾摩莎長官。

德・韋特出任長官期間，以下述事項對福爾摩莎的發展影響較大：當時，荷人以預付資金的方式，開始與廈門的中國官商許心素(荷人稱他爲Simsou)進行貿易。巴城並不贊同此一貿易方式，因爲此舉易使荷人過分依賴許心素，形成單方面的壟斷。而荷人的貿易運輸也同時受到中國海盜的干擾。巴城和福爾摩莎的荷蘭人還意識到：日本人在福爾摩莎與中國人和原住民進行絲綢和鹿皮等貿易，對東印度公司極爲不利，必須設法加以限制。在此期間，西班牙人也進駐福爾摩莎北部，與荷人分庭抗禮。荷蘭人在福爾摩莎遂同時受到資金雄厚的日本人、西班牙人和中國海盜的威脅。荷人與日人在福爾摩莎的貿易衝突愈演愈烈，促使巴城高級政府派遣納茨(Pieter Nuyts)爲特使，親謁日本將軍(荷人稱之爲天皇)。

4. 納茨(Pieter Nuyts, 1627-1629)

納茨於1598年生於密德堡，他無疑是東印度公司在東方最知名的人物之一，已有許多人撰文記述他的相關史事[36]。

納茨於1627年以東印度評議會特別委員的身分，從荷蘭西蘭省(Zeeland)被派往巴達維亞。他到達東印度僅一個月，對東印度事務尚無所瞭解，即被派遣出使日本江戶，解決荷、日間貿易上的矛盾。《報告》對此次出使的過程有詳細的記載。

1627年7月24日，納茨動身前往日本，同年12月3日一無所獲地返回大員。這只不過是一連串災難的開始。次年，納茨在大員扣押日本商人濱田彌兵衛(Hamada Jahei，荷人稱他爲 Jaffioye)。不料，後來雙方角色完全倒轉過來，納茨和其他五名荷蘭人反遭日本人綁架。除納

36 “Stukken betrekkelijk Pieter Nuyts, gewezen gouverneur van Tayouan 1627-1629”, *Kroniek van het Historisch Genootschap*, 1852, p.335; 1853, pp.184-205;1854, p.337. Oscar Nachod, *Die Beziehungen der Niederlandisch Ost-indischen Kompagnie zu Japan im 17en Jahrhundert*(Berlin, 1897); L. Blussé, “Pieter Nuyts(1598-1655): een Husterse burgermeester uit het Verre Oosten”, *Zeeuws Tijdschrift* 43.6(1993), pp.234-241.

茨獲釋外，其他五名荷人均被帶往日本。其中納茨的兒子勞倫斯(Laurens)後來且命喪於東瀛。

福爾摩莎所受威脅愈來愈大。納茨自日本到達大員時，當地沒有一條船可供使用，所有船隻均受德・韋特徵召，前往中國沿海對付海盜一官(即鄭芝龍)。納茨後來記道：西班牙人或其他敵人若對福爾摩莎發動攻擊，荷人恐怕只能束手待斃。

荷蘭人與中國的貿易未見起色，納茨因而親自前往中國沿海，蠻橫地將已成廈門重要官員的一官扣押起來，並迫使他與荷人簽訂貿易協定。巴城卻認爲這一紙協定對公司有害無利。

種種挫折使得巴城高級政府極感不安。《報告》中記載道：巴城良好的意願受到誤解，並導致事態發展不僅對公司無益，反而有利於公司的敵人。納茨因而受到下列指控：對待日本商人的做法粗魯、挪用公司資金與貨物爲自己贖身、逼迫一名新港婦女與之成婚、進行走私貿易。

1630年，納茨一回到巴城，立即被扣押。1632年，身爲庫恩總督的繼任者，且曾任日本商館館長的斯排科斯(Jacques Specx)，將納茨當作犧牲品交給日本將軍，以贖出被日本羈押的數名荷蘭人，並打通對日貿易[37]。納茨被扣押在日本達四年之久，1636年荷蘭人派遣卡隆(F. Caron)率領的特使團前往日本拜謁日本將軍，並餽贈一個巨大的吊燭台，至此納茨與其他人才得以獲釋。納茨返回巴城後又受到審判。次年，他被解除各種職務遣返荷蘭。1645年，他擔任荷蘭許勒斯特(Hulst)市政官員，1655年在當地謝世。

5. 蒲特曼斯(Hans Putmans, 1629-1636)

蒲特曼斯，密德堡人。對荷蘭東印度公司來說，他是荷人駐福爾摩莎長官中最能幹的一位。

37 法蘭廷則記載，納茨自願前往日本學習日文，以親自在將軍面前辯解他的無辜。F. Valentijn, *Oud en Nieuw Oost-Indien*, deel IV, p.71.

他於1624年以下級商務員的身分到達東印度，1626年被擢升爲商務員，一年後，升任市政委員會的主席，在馬塔拉姆(Mataram)的土王首次圍攻巴城時，身爲軍官的他，功勞顯著。

1629年，蒲特曼斯受命接替納茨，整頓福爾摩莎的事務。他到達福爾摩莎後，發現統治事務面臨各方威脅。一方面，當時福爾摩莎的貿易還談不上盈利，東印度公司對日本的重要貿易亦因納茨事件而遇挫，對中國的貿易則因李魁奇和鍾斧等海盜的騷擾，幾乎處於停頓狀態；另一方面荷人在福爾摩莎的統治也面臨西班牙人的威脅，當時西班牙人曾派一支艦隊前來福爾摩莎，後因颶風驟起，艦隊被驅散。此外，荷人還受到福爾摩莎原住民的侵擾，1629年便至少有50名荷蘭士兵被麻豆社的原住民殺害。這些荷蘭士兵是在討伐潛藏於福爾摩莎的中國海盜後，返回大員途中過河時遇害，此事就發生在新任長官蒲特曼斯到達福爾摩莎的八天前。

1633年，蒲特曼斯返回巴城報告福爾摩莎島的事務並與巴城總督布勞沃爾(Hendrik Brouwer , 1632-1636)磋商相關事宜。他們得出一個結論：獲取對中國自由貿易唯一而有效的途徑，就是戰爭。次年春，蒲特曼斯率艦隊到中國沿海進行掃蕩，在沿海村莊中燒殺搶掠。最後，荷蘭艦隊在料羅灣被一官打敗，隨後，雙方簽訂和約，蒲特曼斯保證不再直接派船到中國沿海，而是在大員靜候一官的船隻到來。

由1634年福爾摩莎與中國間貿易的增長可以看出，此一約定收效極大。甚至有人認爲福爾摩莎將與巴城成爲「公司在東印度最重要的貿易基地」[38]。1635年和1636年間，蒲特曼斯曾先後發動過數次征伐，鎭壓麻豆、蕭壠和小琉球島。福爾摩莎的第一次村社集會也於新港舉行。同時，荷人還決定派兵，將已在福爾摩莎北端的雞籠(今基隆)和淡水建立基地的西班牙人驅逐出境。

蒲特曼斯的任期結束時，荷人在福爾摩莎所面臨的威脅，除西班牙人外，均已泯除。海盜被制服，福爾摩莎島上叛亂的村社也遭到鎭

---

38 “Brief van Hendrik Brouwer aan Hans Putmans, 1635”, voc 856, fol. 434.

壓。基督教的傳播，在牧師甘第爹士(G. Candidius)和尤紐斯(R. Junius)的努力下，獲致長足的進展。其餘如進一步鞏固魍港的福里興恩(Vlissingen)堡等之防禦工事；貿易逐漸回昇，並開始種植甘蔗，1636年且榨得12042斤白糖和110,461斤黑糖。

在《報告》中，蒲特曼斯被描述成一名細心、能幹、勤勉的公司職員。如果說荷蘭人在福爾摩莎的統治，是在蒲特曼斯的鐵腕執政下奠定基礎的，這種說法毫不誇張。這裡之所以稱蒲特曼斯的措施爲鐵腕統治，實因其成功的關鍵在於使用武力。

蒲特曼斯在東印度長期任職之後，於1636年返回荷蘭。他在巴城曾先後三次分別與魁娜(Elisabeth Quina)、總督秘書的遺孀德・梅斯特爾(Maria de Meester)和德・索萊姆娜(Johanna de Solemne)結婚，返回荷蘭後，則與范・桑藤(Elisabeth van Santen)締結連理，這是他的最後一次婚姻。

6. 范・代・勃爾格(Johan van der Burg, 1636-1640)

1636年德爾福特人范・代・勃爾格出任福爾摩莎長官時，荷人已經鞏固了他們在中國沿海的地位，同時也奠定了他們在福爾摩莎殖民地上的發展基礎。范・代・勃爾格與其前任相比，可以較爲輕鬆地在前人開闢的既成道路上繼續前行。

由於與中國的貿易急劇增長，荷蘭人甚至缺乏資金購入大批自中國運抵福爾摩莎的貨物。福爾摩莎作爲貿易轉口地，在東印度公司的貿易網絡中起著重要而積極的作用。亮澄澄的黃金從中國運往福爾摩莎，以供東印度公司在科羅曼德爾(印度東海岸)的貿易，另外，來自中國的絲綢則運用在對日貿易上。同時，西班牙人和葡萄牙人分別於1623和1639年被驅離日本，這一點對荷蘭人也極其有利。因此，荷人也幾乎達到了他們在中國沿海駐紮的一個重要目標，亦即將西、葡兩個敵人從東方貿易圈中排擠出去。雖然如此，西班牙人仍可在馬尼拉與福建進行貿易，而葡萄牙人則仍盤據著澳門。

其後數年，福爾摩莎的收入也有大幅度增長，不僅僅因爲貿易回升，同時也是大批中國人移居福爾摩莎從事農墾、糖業、漁業和獵鹿等所獲致的結果。1639年，荷人決定在福爾摩莎收取中國人的人頭稅，每人每月0.25里耳，並對從事以上各行業者收取稅餉。人頭稅和其他稅收成爲荷人在福爾摩莎除貿易之外的重要收入。

福爾摩莎長官范・代・勃爾格的個人經歷，並無特別可言之處。1627年他擔任巴城高級商務員，1631年成爲東印度評議會特別委員。1627年他在巴城與前任長官的姨子，也就是蒲特曼斯夫人的姊妹魁娜(Adriana Quina)結婚。1632年，范・代・勃爾格被任命爲東印度評議會委員；1636年蒲特曼斯退職時，他即被任命爲福爾摩莎長官，直到1640年死於任上爲止。范・代・勃爾格死後，被指控在加強島上的防禦工事上耗資過巨。他的遺體就長埋於熱蘭遮城城角下，第一任駐福爾摩莎長官宋克的墓地旁邊。

7. 特羅德尼斯(Paulus Traudenius, 1640-1643)

特羅德尼斯，豪達(Gouda)人，於1628年至1630年在福爾摩莎擔任評議會委員。1633年，他在巴城被擢爲高級商務員，同年與蒲特曼斯的第二位夫人的姊妹德・梅斯特爾(Elisabeth de Meester)結婚。他在交阯、廣南任職一段時間後，於1635年任職於福爾摩莎政界，職位僅次於福爾摩莎長官。1640年，范・代・勃爾格去世時，他晉升爲福爾摩莎長官。特羅德尼斯通諳中文，極受中國人歡迎。

對東印度公司來說，特羅德尼斯最大的貢獻是在1642年將西班牙人驅離福爾摩莎。數年來，駐紮在福爾摩莎北部的西班牙人一直被荷蘭人視爲眼中釘，如今在公司的對日貿易中，則只剩中國人堪稱強大的競爭對手。特羅德尼斯執政期間，荷蘭人在福爾摩莎的勢力範圍，北達雞籠、淡水，南至瑯嶠。

特羅德尼斯還派人到福爾摩莎北部勘探金礦，雖然終未有所獲，但增加了人們對福爾摩莎地理情況的了解。

1643年，特羅德尼斯因政策上的失誤被召回巴城。他被指責未能嚴格執行巴城下達的指令。這是因爲福爾摩莎運往巴城的中國黃金中，被發現有半金半銀的參假現象，而且特羅德尼斯亦曾違背巴城的指令派船出航，造成巨大損失。特羅德尼斯最終無法爲自己辯護，由於久病不愈，到達巴城不久之後便即去世。

8. 拉・麥爾（Maximiliaen le Maire, 1643-1644）

1633年，拉・麥爾爲東印度公司商務員，1641年被提升爲高級商務員，並接替卡隆出任公司駐日本商館館長。

拉・麥爾在特羅德尼斯被召回巴城時，爲福爾摩莎政界的第二把交椅。兩個月後，他被任命爲總管，監管福爾摩莎事務，因此，他實際上並未出任福爾摩莎長官。1644年卡隆出任福爾摩莎長官時，他又退回原來的職位。次年，他便以船隊司令的身分返回荷蘭。

在拉・麥爾執政期間，按巴城的指令，將攻占得來的雞籠堡拆毀，而在出產硫磺的淡水修築一座堡壘。

9. 卡隆（Francois Caron, 1644-1646）

在東印度公司中，卡隆是功成名就的最好例子。短短幾十年內，他從一名廚師助手，竄升爲東印度公司在東印度最有權勢的第二號人物。

卡隆在1600年前後，出生於布魯塞爾。他到達東印度時年紀尚輕。1619年，他以廚房伙計的身分乘船到達日本，任職於荷蘭駐平戶的商館，而其日文能力則對他往後在東方的事業發展極有助益。他的經歷可粗略分爲以下四個時期。

第一個時期是1627年到1638年。在這段時間內，他由公司的駐日翻譯升至商務員。1627年，他以翻譯員的身分隨納茨和楊森（Willem Jansz）所率的使團前往江戶。1633年，他被擢爲商務員。當公司駐日本領事庫克巴克爾（Nicolaes Coekebacker）前去謁見日本將軍、解決納茨事件時，他監管公司在平戶商館的事務。次年，他親自出使江戶。

此後，他於1638年晉位爲總管，1639年出任公司駐日本商館的館長。1641年，他結束了長達二十二年的駐日生涯，返回巴達維亞。

他在東印度的第三個時期始於1643年。這一年，他再度返回東方。

在成功地征討錫蘭的葡人之後，卡隆於1644年被任命爲福爾摩莎長官，他憑著數年來在東方積累的經驗，使公司在福爾摩莎的業務蒸蒸日上。同時他也在這一年，與揆一(Frederik Coyett)夫人的姊妹成婚。

卡隆執政期間，組織福爾摩莎南北村社的集會，促進農業(特別是甘蔗種植業)的發展。1645年，福爾摩莎已有3,000摩肯(荷蘭舊時的面積單位，一摩肯相當於8,159平方米)的耕地種植稻米、甘蔗和其他作物。福爾摩莎的收入因此日益增長，自1644年的98,000盾升至1645年的117,000盾。儘管福爾摩莎本地收入顯著，公司在福爾摩莎大肆擴張領土卻耗資甚巨，特別是1645年公司與中國的貿易因中國內戰和一官的壟斷而停止時，公司便感入不敷出。

1646年，卡隆返回巴達維亞。第二年，他被任命爲東印度副總督。1650年，他因走私貿易被總督范·代·萊茵(C. van der Lijn)解除職務。次年，他返回歐洲。

卡隆在東方的經歷並未就此結束。1665年，他背棄荷蘭東印度公司，在法國東印度公司出任駐馬達加斯加(Madagaskar)的貿易主管，旋即於兩年後奉派至蘇拉特。法、荷蘭宣戰後，卡隆隨法國艦隊前往錫蘭，正當法人要對當地的荷蘭人開戰時，他恰於此時返回法國，向路易十四提交報告。他這樣做很可能是有意避免與同胞直接衝突。1673年，他於返回法國途中，在葡萄牙海岸遇難。

卡隆駐日期間，曾與一名日本婦女生養五名子女。他們均接受基督教教育，其中兩個兒子，丹尼(Daniel)和法朗西(Francois)曾就讀萊頓大學，後來返回東方，分別在福爾摩莎和安汶傳教。

10. 歐沃特瓦特(Pieter Anthonisz. Overtwater, 1646-1649)

歐沃特瓦特一如前任長官卡隆，也曾在東印度公司駐日本的商館任職。他在晉升爲高級商務員的一年後，也就是1641年受命擔任公司駐日本長崎出島的商館館長。1644年，他被派往福爾摩莎，一年後回到日本繼續出任原職。1646年，歐沃特瓦特在福爾摩莎先出任副長官，旋即晉升長官一職。

歐沃特瓦特執政期間，福爾摩莎島的事務進展較爲順利。一方面，福爾摩莎的耕地面積因大量中國難民的湧入，由3,000摩肯增至10,000摩肯。1647年，一官陷入滿清的圈套而被押往北京，一官的追隨者遂向滿清宣戰。此一事件加上中國東南部的飢荒，使得難民激增。一般說來，這波移民高潮對東印度公司較爲有利。荷人不但可從中國人在福爾摩莎所從事的農業種植及其他行業中取利，而且人頭稅也明顯增長。1648年，中國成年男子的人數增至兩萬，這是荷人唯一的後顧之憂，他們害怕福爾摩莎的統治會因此而受到嚴重威脅。福爾摩莎的荷蘭人有鑒於此，殷切地要求巴城增兵。

另一方面，荷人與中國的貿易也順利地進行。中國人運來大量黃金，並將大批胡椒從福爾摩莎運回中國。1647年，福爾摩莎島的收入達402,342盾，次年的收入甚至增至550,000盾。1648年前後，福爾摩莎平原地區的村社已歸荷人統轄，只有難以靠近的山上有幾座村社，仍處於荷蘭人的統治之外。這一年，福爾摩莎被荷蘭統轄的村社居民總計61,696人。宗教傳播也取得進展，荷蘭人甚至在一些村社成立了基督教學校，供居民學習。辛叟(W.A. Ginsel)和赫隆納布爾(K. Groeneboer)兩人分別在1931年和1993年的博士論文中做過這方面的論述。

儘管各方面都有利於東印度公司在福爾摩莎發展事務，巴城仍認爲歐沃特瓦特這個福爾摩莎長官做得並不稱職，於是派遣費爾勃格將他替換下來。

此後，歐沃特瓦特於1650年返回荷蘭，並在豪恩(Hoorn)市任市政官。像其他人一樣，歐沃特瓦特後來重返東印度，被任命爲東印度評議會委員。1682年，歐沃特瓦特在巴城去世。

11. 費爾勃格(Nicolaes Verburch, 1649-1653)

費爾勃格是東印度公司職員中，長期服務於東方的少數人之一。他任職東印度公司近40年之久。他於1649年出任福爾摩莎長官之前，在東方已有12年的實務經驗。巴城的公司官員稱他是「一名能幹、明智、富有經驗、性情溫和的職員」。

費爾勃格於1637年以下級商務員身分，乘海船“ 's-Hertogenbosch”到達東印度。1640年，他被派駐蘇拉特，主管當地事務。1642年，他被擢爲商務員，1646年晉升爲高級商務員，並受命擔任公司駐波斯的總管。在主管波斯事務的三年中，他表現出管理的長才，並被巴城高級政府說服出任福爾摩莎長官，繼續在東印度公司任職。

儘管福爾摩莎到1651年一直都有盈利，但也已顯示出衰頹的跡象。在費爾勃格執政期間，福爾摩莎內外交困。對外，與中國的貿易趨於停頓；對內，公司在福爾摩莎的重要收入之一，即當地的稅收正逐漸減少；同時，通往熱蘭遮城的大員水道是荷人在福爾摩莎貿易的生命線，面對河道日益淤淺的問題，荷人竟束手無策。費爾勃格甚至建議巴城的海船直航澎湖，此一建議後來果然被採納，不過澎湖水域向來多風多浪，海船所冒的風險並未因此消減。

此外，基督教的傳播也非一帆風順，特別是有些牧師不戮力於傳教事業，一旦積攢了足夠的錢財便試圖離開東印度。費爾勃格不贊成一味地擴大傳教的範圍，但巴城的看法顯然與他不同。巴城認爲無論在福爾摩莎島上的何處，開創性的傳教工作皆不宜半途而廢。福爾摩莎長官費爾勃格與牧師赫拉佛斯(Daniel Gravius)之間還爆發了政教衝突。原因是赫拉佛斯和費爾特萊赫特(Jacob Vertrecht)牧師一樣，已攢足錢財，所以打算在約定的十年期限到達一半時便離開福爾摩莎。費爾勃格在報告中指責赫拉佛斯不專心傳教[39]。最後，巴城於1651年特別派遣費爾斯德赫(Willem Verstegen)前往福爾摩莎整頓事務。在此一爭端中，當時身爲高級商務員和評議會委員的揆一也被牽涉在內，他因站在牧師的一邊而受到牽連。大批有關揆一被指控的材料從福爾摩莎被送往巴城[40]。爲避免發生事端，巴城最後決定，取消福爾摩莎牧師在政治方面的權力。

費爾勃格執政期間，荷人在福爾摩莎的統治還受到1652年郭懷一

39 voc 1188, fol.119.
40 voc 1182, fol.38.

領導的華人舉事的威脅。最後，荷蘭人在福爾摩莎原住民軍隊的援助下，將抗爭的中國人鎮壓下去，數千名中國人因此慘遭殺害。《報告》對此次事件過程保留了詳細的記載。這一事件是公司在福爾摩莎統治失控的明顯徵兆。該事件導致福爾摩莎農業蒙受重大損失，島上的經濟至少需要一年的時間復原。然而，福爾摩莎的平靜卻已經一去不返，其後數年中不斷盛傳鄭成功將東渡福爾摩莎，這使得荷人如坐針氈。總之，荷人在福爾摩莎的殖民地高峰期已經成為過去。

費爾勃格將抗爭者鎮壓下去之後，急切地要求退出這棘手的福爾摩莎統治，並打算於1653年返回荷蘭。然而後來他仍繼續留駐東印度長達二十餘年。1654年，他升任東印度評議會特別委員，1657年成為東印度評議會委員，1667年被任命為副總督，進而成為巴城高級政府成員之一[41]。費爾勃格在新的權力地位上，繼續報復與他結有私怨的揆一，從而對福爾摩莎的統治施加影響力。

1675年，費爾勃格結束他在東印度的生涯，身為船隊司令，他攜帶了價值35萬盾的私人資產，偕同夫人(即德爾福特市長的女兒)返回荷蘭。然而對於這筆巨大的財富，費爾勃格可說是無福消受，他在返荷一年後，便於德爾福特去世了。

12. 西撒爾(Cornelis Caesar , 1653-1656)

西撒爾，胡斯(Goes)人，1629年以助理的身分到達東印度，當時年僅十九歲。1637年，他以商務員一職被派駐於福爾摩莎，隨即於1641年被擢升為高級商務員。1644年，西撒爾被任命為民事官(福爾摩莎地方統治官員)，深入福爾摩莎的地方村社。1646年，他在留駐福爾摩莎近十年後返回荷蘭。

西撒爾於1651年頂著東印度公司特別委員的頭銜返回東印度之後，當局有鑒於他多年在福爾摩莎所積累的經驗，而於1653年任命他為福爾摩莎長官。然而此時福爾摩莎的形勢已不像從前那樣樂觀，首

---

41 人們對他進行私人貿易和他的獨斷專行的指控未帶來任何障礙。*Oost-Indisch-praetjen, voorgevallen in Batavia, ...*(1663).

先可從收入數字看出衰退的跡象。1653年，福爾摩莎的純收入比前一年減少2,518盾，計338,917.1.5盾；地方村社出租的收入也減少10,000里耳，計26,715里耳。1655年，收入轉盈爲虧，村社出租持續降低4,570里耳，計84,571里耳。經濟情況的惡化導因於全島性的傳染病，亦即所謂夏季流行病造成大批人員死亡；此外，島上大規摸的蝗害也使農業種植受到嚴重的破壞，另外還發生過一次危害甚巨的地震。

巴城高級政府對西撒爾的統治表示不滿。他們認爲可以透過加徵各種稅餉的方式，來減輕統治的負擔。西撒爾則根據當地情況，認爲不宜採用此項措施。因此，巴城方面有人指責他處事死板，不夠靈活機動。東印度公司於東印度的貿易業績，大多取決於中國人所輸入的黃金，然而在西撒爾任內的1654年，中國人輸入的黃金卻降至前所未有的低數量。1656年，屯守在廈門的鄭成功，甚至下令禁止轄下人民與福爾摩莎往來貿易。同一年，西撒爾被召回巴城。一年後，他在巴城去世。

13. 揆一（Frederik Coyett , 1656-1662）

揆一作爲荷人在福爾摩莎的最後一名長官，曾發生過不少事端。特別是他執政期間，福爾摩莎這一殖民地被國姓爺攻占了。

揆一於1615年前後生於瑞典斯德哥爾摩。正如許多斯堪地納維亞人一樣，他也加入東印度公司來到東方闖蕩。在翻滾過各種低級職務後，1644年他受命爲巴城高級商務員。在福爾摩莎長官卡隆的手下短期任職後，他於1647年被指派爲公司駐日本商館館長。1653年，揆一展開個人在福爾摩莎近十年的政治生涯，他當時已經躍居福爾摩莎政界的第二把交椅，在巴城召回西撒爾後，他立即出任福爾摩莎長官。

揆一執政期間，福爾摩莎持續遭受種種挫折，每況愈下。與中國的貿易無所進展，傳染病仍在流行，鄭成功東渡攻打福爾摩莎的謠傳愈來愈盛。當時身兼漢人長老與東印度公司翻譯的何斌，在他爲鄭成功向中國人徵收稅餉一事曝光後，正式投靠了鄭成功。他對福爾摩莎的諸般事務瞭若指掌，特別是荷人在島上的防禦情況。事實證明這些訊息在鄭成功東渡時，確實起了決定性的作用。

巴城方面顧慮鄭成功對福爾摩莎的嚴重威脅，特派范·代·蘭（Joan van der Laen）率艦隊前赴福爾摩莎支援，並命令揆一：若福爾摩莎安然無恙，則派一支強大的艦隊攻打澳門。揆一對此置若罔聞，他認爲福爾摩莎情況持續緊急。而據巴城的看法，揆一實無任何理由將此艦隊勾留在福爾摩莎。巴城總督府甚且認爲，福爾摩莎的不安完全是由揆一等人所造成的。福爾摩莎島上的農民們被驅逐出田地，致使莊稼不能收成，糧倉也被拆毀，無數袋米糧被焚燒，以避免落入鄭成功之手。數名重要的中國人被無辜地扣押起來，並受到各種折磨。這樣一來，福爾摩莎不僅貿易停頓，農業種植也遭到破壞。

巴城官員認識到事情的嚴重性，下令將揆一召返巴城，改命克倫克(Herman Klencke van Odessa)爲福爾摩莎長官。然而克倫克於1661年7月30日一到達福爾摩莎後，尚未正式就任，便驚訝地發現鄭成功的大軍已將熱蘭遮城團團圍住。他不敢上岸，只好徒然返回巴城。克倫克離開巴城不久，隨即有人將鄭成功已對福爾摩莎發動攻擊的消息上報巴城。巴城隨即派人率領一支艦隊和700名士兵增援，這支援軍也未能替熱蘭遮城解圍。揆一眼見別無出路，最後只能在被圍近一年後向鄭成功投降。

巴城的人難以理解揆一的這種做法，指責他和福爾摩莎評議會的其他成員對公司不忠。《報告》中寫道：「長官、評議會的其他主要成員及其餘公司職員，安然無恙地到達此地，……由此可見，這些人只以本身利益爲重，而置公司財產於不顧。他們本應善盡所能，不使公司財產落入敵人之手……」[42]。

回到巴城後，揆一馬上受到審判。1666年，荷人對揆一作了宣判，當時，揆一「跪在沙地上，銃槍手將刀橫在他的頭上，揆一被判以終身流放，沒收他在各地的所有財產」，隨即被終身流放到班達島的艾一(Ay)島。1674年，揆一的子女和朋友向威廉三世請求，獲准以25000

42 voc 1234,fol.215.

盾將揆一贖出。巧合的是，次年他返回荷蘭時，乘坐的正是其宿敵費爾勃格所率領的船隊。

1675年，揆一完成《被忽視的福爾摩莎》一書，下文將會對此書做詳細介紹。

三、有關福爾摩莎島的荷文史料的出版

史料是學術研究的基礎。荷蘭東印度公司檔案中涉及福爾摩莎的三份史料，即《東印度事務報告》、《巴達維亞城日記》和《熱蘭遮城日記》已於上文述及。下文則就C.E.S.著《被忽視的福爾摩莎》(1675)，法蘭廷著《新舊東印度》(1724-1726)和赫勞特出版的《早期荷蘭傳教史檔案》(1884-1895)等三份史料加以分析。

1. C.E.S.著《被忽視的福爾摩莎》

荷人失去福爾摩莎之後十四年，即1675年，《被忽視的福爾摩莎》一書在荷蘭出版，其作者匿名，僅署名爲C.E.S.。

此書內容可分爲兩部分。第一部分題爲「中國人攻打福爾摩莎的準備，荷蘭人漫不經心的防備」，主要記述鄭成功東渡福爾摩莎的前兆。其中述及下列內容：原住民社會、中國內戰以及荷人在福爾摩莎所面臨的威脅。第二部分題爲「中國人東渡攻打福爾摩莎，他們對熱蘭遮城的包圍，以及雙方交戰的經過」，主要敘述鄭成功軍隊的圍攻。此外，本書還附錄有關中國人野蠻行徑的記載及荷人的信件、決議和日記。

將此書的內容與東印度公司的檔案資料對比可知，該書的匿名作者對福爾摩莎情況瞭然於胸，而且很可能使用過公司的原始資料。此外，讀過此書的人還會發覺，作者似乎通篇地在爲自己辯護。因此，本書的作者C.E.S.，一般被認爲是荷人最後一位福爾摩莎長官揆一。C.E.S.即 Coyett et Socii (揆一及其同僚)的簡寫形式[43]。自從結束流放

43 J.A. Grothe, *Archief*, IV, p.IX.

生涯而返回荷蘭後，他一方面不想與官方產生矛盾，同時又不甘枉受冤屈而欲向世人證明其無辜。

這位匿名作者認爲，以下幾項是公司喪失福爾摩莎殖民地的主要原因：首先是巴城總督府在鄭成功實行擴張政策時對此島的忽輕，其次是鄭成功圍攻熱蘭遮城時，荷蘭援軍統帥(指范・代・蘭和卡烏)的無能。就第一點而言，作者指出巴城對福爾摩莎方面的再三提醒置若罔聞。巴城所派援軍，第一批由范・代・蘭率領，包括600名士兵，再加上當時福爾摩莎原有的士兵人數，總計1300名士兵，仍遠不能滿足防衛的需要。接著，卡烏(Jacob Cauw)率第二支援軍自巴城到達福爾摩莎，帶來了700名士兵。鄭成功攻打福爾摩莎時，當地總計有2000名荷蘭士兵。事實上，東印度公司已將他在亞洲所有兵力(十七世紀下半葉公司 擁有7800名士兵)的四分之一派往福爾摩莎，不能指責巴城不夠重視福爾摩莎[44]。

福爾摩莎的失守，首先應追究公司官員能力有限，而在關鍵時刻退出戰場。費爾勃格雖久已卸下福爾摩莎長官職務，仍以東印度評議會成員的身分，與其繼任者揆一沿續著私人的糾紛，荷人在東印度的統治遂因內訌而大爲削弱。范・代・蘭無視長官揆一和福爾摩莎評議會的決定，未登陸福爾摩莎即擅自率軍返回巴城，此舉也給予鄭成功攻打福爾摩莎的良機。另一名荷蘭統帥卡烏則膽小怕事，他誑稱欲駛往中國向清政府尋求合作，但卻轉航暹邏，再航向巴城，最後使得在福爾摩莎的荷人陷入絕望之中。不僅荷蘭統帥嚴重失職，士兵也缺乏作戰的經驗。不少士兵年紀小，而且疾病纏身。甚至有人向鄭成功投誠，然而對福爾摩莎的荷蘭人來說，在沒有其他選擇的情況下，只有體面地投降鄭成功最爲上算了[45]。

儘管作者懷有主觀偏見，《被忽視的福爾摩莎》作爲一名目擊者

---

44 C. R. Boxer, "The siege of fort Zeelandia and the capture of Formosa from the Dutch, 1661-1662", *Transactions and proceedings of the Japan Society of London* XXIV(1926-1927), pp. 16-47.

45 詳見筆者碩士論文：*Touwtrekken om een eiland: winnaars en verliezers van het Formosaanse avontuur* (Leiden ,1990)未刊。

的記錄，對歷史研究仍具重大意義。除書中所收錄的資料外，本書還以其獨特的方式，描述公司高級職員間的私人糾紛如何加速公司衰退的進程。由於此書的歷史價值不斐，遂由林斯豪特協會再版[46]，並先後被譯成日文、中文和英文[47]。

2. 法蘭廷的《新舊東印度》

法蘭廷的《新舊東印度》，一般被視爲有關東印度歷史研究的經典著作。

法蘭廷，1666年生於多爾德萊赫特(Dordrecht)，1727年於海牙去世。他曾於1682年在萊頓大學學習宗教，由於聰穎非凡，次年即成爲預備牧師。1685年，他被任命爲東印度牧師，當他乘坐著姆爾卡帕勒(Moerkappel)號前往巴城時年僅二十歲。到達東印度之後，他被派駐安汶島，當地有大規模的基督教團體。法蘭廷顯然具有語言天才，在抵達當地三個月後，即能用馬來語佈教。1695年，他在東印度傳教近十年之後返回荷蘭，定居於他的出生地多爾德萊赫特。他致力於撰寫一部描述公司在東印度屬地的大部頭學術著作，在東印度期間，他已積累了這方面的資料。東印度對法蘭廷顯然具有一種莫大的吸引力，他於1705年重返東印度，直到1713年，因拒絕前往生活條件惡劣的德那第(Ternate)，才被巴城高級政府革職。對法蘭廷來說，此事也有其積極的一面，因爲他在返回荷蘭後，可以專事於研究工作。十餘年後，他將其鉅著的第一部付梓出版。1627年，即法蘭廷去世的前一年，他的著作的最後一部分也問世了。

在法蘭廷著作的第一章「荷蘭在那些地區所擁有的強權」中，他甚至追溯到亞歷山大以前的時代，之後記述其本身最爲熟悉的東印度群島：美洛居、安汶和班達。這一部分的記述極爲詳細，被視爲整部

---

46 *'t Verwaerloosde Formosa*(Zutphen, 1991). *Ingeleid en geannoteerd door G. C. Molewijk.*

47 I. de Beauclair, *Neglected Formosa: a translation from the Dutch of Frederic Coyett's 't Verwaerloosde Formosa*(San Francisco, 1975), p.xiii.

著作最重要的部分。然後他展開個人的「漫遊」，先是東印度群島的其他部分(索洛爾、地悶、孟加錫和巴利)，接下來遍歷東部亞洲地區(東京、柬埔寨和暹邏)，隨後又回到東印度群島，述及爪哇、萬丹和巴達維亞，乃至蘇拉特和福爾摩莎。最後，對科羅曼德爾、波斯、滿剌加、蘇門答臘、錫蘭、馬拉巴爾、日本、好望角和毛里球斯等地予以零散地記述。

法蘭廷在東印度所度過的近20年裡，以目擊者的身分，蒐羅第一手資料，特別是他第二次返回東印度時，尤為注重資料的採集。此外，從返自東方的公司職員那裡，他也擄獲不少材料[48]，而且當時已有東方的航海日記、遊記等相關書籍出版，可供參考。

儘管法蘭廷的《新舊東印度》是第一部全面描寫東印度公司在亞洲各地區之狀況的著作，人們對此書的評價仍舊不一。此書一方面被視為「獨一無二」和「時代的奇蹟」[49]，但另一方面又被看作是「亂無頭緒」[50]和「知識的雜物堆」[51]。此書內容的確如評者所說，是資料的雜亂堆砌，而無一定順序可言。作者對本身所熟悉的地區記述詳盡，對不瞭解的地區則輕描淡寫。就其對東印度公司活動地區的描寫來看，《新舊東印度》在內容上極不平衡。

法蘭廷對福爾摩莎的記載是上述缺陷的最佳例證，他主要記述荷蘭殖民統治政策和福爾摩莎居民的信仰。從中可以看出，作者對福爾摩莎政治事務不甚瞭解。他在這方面的知識，只侷限於福爾摩莎所發生的幾個事件。對於日荷衝突下的代罪羔羊福爾摩莎長官納茨，以及東印度公司與鄭成功之戰的犧牲品揆一，他著墨較多，這是因為他對這兩個事件所掌握的材料比較充分。納茨寫給東印度公司駐日本領事耐耶勞德(Cornelis Neijeroode)的三封信，以及納茨寫給福爾摩莎評議

48 S. Kalff, "Francois Valentijn", *De Indische Gids: staat- en letterkundig maandschrift* 22.2 (1900), p.921.

49 C. A. L. van Troostenburg de Bruijn, *Biografisch woordenboek van Oost-Indische predikanten*(Nijmegen,1893), p. 442.

50 B. Huet, "Francois Valentijn", *Nederland* 3 (1879), p. 328.

51 S. Kalff, "Francois Valentijn", p. 908.

會的一封信，在法蘭廷的著作中都予以全文收錄。法蘭廷著作中有關揆一事件的資料主要取自《被忽視的福爾摩莎》，但其記述不夠準確。據其記載，福爾摩莎在1624年有25,000名成年中國男人。而根據東印度公司檔案，直到1640年代，中國人移民福爾摩莎達一段時期後，成年中國男人的數目才有20,000人。因此，法蘭廷對福爾摩莎的記述，或更準確地說，材料片段堆砌的方式，造成其內容極不平衡，而且缺乏完整性。

與上述有關政治事務的記述不同的是，身爲牧師的法蘭廷對宗教事務較爲熟悉，對於曾在福爾摩莎傳教的牧師，他作了簡短而系統性的描述。

3.《早期荷蘭傳教史檔案》

下文將述及的第三份資料，是赫勞特(J. A. Grothe)的《早期荷蘭傳教史檔案》。

赫勞特(1815-1899)原爲律師，對歷史和傳教頗感興趣。自1858年至1895年，他擔任雨特萊赫特(Utrecht，另有譯名爲烏特勒支)歷史協會的秘書前後達35年之久，一直負責該協會的事務，同時他也是雨特萊赫特傳教協會的創建人之一(1859)。他在歷史方面的研究，主要也是在這個領域內進行。他曾在《歷史協會編年錄》中發表過數份重要的史料，但並未投入真正的歷史研究。出版史料是他在歷史研究和傳教方面的主要貢獻，他所整理的《檔案》即爲其中一例。他認爲，寫一部早期荷蘭傳教史的時機尚未成熟，因爲當務之急者，應先將檔案史料出版供人們利用。

赫勞特先將教會的決議分兩冊出版，後來，他發現東印度公司檔案(舊稱的殖民地檔案)中有許多關於宗教事務的資料，於是決定先針對傳教成效卓著的福爾摩莎進行研究。他在檔案的各種來往信件、決議和日記中，出乎意料地找到許多有關福爾摩莎傳教的資料。此一工作的成果是出版《檔案》冊三(1628-1643)和冊四(1643-1661)。該書所收錄的資料絕大部分來自於東印度公司檔案，只有幾份有關尤紐斯牧師的資料，取自阿姆斯特丹(Amsterdam)教會分會的檔案。《檔案》第三冊包括上述傳教高峰期的相關檔案。在福爾摩莎長官蒲特曼斯(1629-1636)、范・代・勃爾格(1636-1640)和特羅德尼斯(1640-1643)執政期間，傳教與公司的福爾摩莎領土擴張，兩者同步進行。這一冊以福爾摩莎第一位牧師甘第爹士的〈福爾摩莎島簡述〉爲首篇資料，以另一名重要牧師尤紐斯所寫的佈道詞收尾。第四冊收錄了荷蘭治福爾摩莎最後二十年的檔案資料。當時，福爾摩莎面臨多方面的衝突：傳教士與地方官的權力之爭、長官費爾勃格和牧師赫拉佛斯之間的糾紛、牧師哈姆布魯科(Hambroek)的悲劇，以及有關最後一位福爾摩莎長官揆一的事件。

赫勞特的《檔案》，是東印度公司有關福爾摩莎的檔案，首次被系統性地整理披露。

四、荷蘭統治福爾摩莎的相關歷史研究

儘管臺灣島目前屬於中國文化的範疇，有關臺灣在東亞歷史上的地位卻仍眾說紛紜。研究顯示，1624年之前，福爾摩莎島的居民包括至少十多種屬於南洋語系的部族。從人類學的角度上來看，他們屬於所謂的印度尼西亞研究範圍[52]。荷蘭人的到來，揭開了臺灣歷史的新頁。荷蘭於大員所建築的熱蘭遮城及商館，在荷蘭東印度公司的環中國海貿易網絡中，有著舉足輕重的影響力。隨著中荷貿易的不斷增長，特別是受到以市場需求爲導向而發展起來的農業的影響，加上大量中國移民定居於臺灣西部沿海地區，當地的原住民逐漸被排擠出去而更往臺灣內部遷徙。也正是這些來自臨近福建省的大量中國移民，在短短的荷蘭統治時期(1624-1662)奠定了福爾摩莎社會和經濟的基礎。荷蘭統治機構所遺留下來的記載，對研究臺灣史極爲重要，因爲中國人在臺灣開始發揮影響力，正是始於這一時期。

荷蘭時期在臺灣史上的地位，可以從以下對臺灣史常用的分期方

52 J.P.B. de Josselin de Jong, “De Maleischen archipel als ethnologisch studieveld.” Rede. (Leiden, 1935).

式中看出：

1624年以前：臺灣獨立發展的時期。

1624-1662年：荷蘭殖民統治時期。

1662-1683年：鄭氏統治時期。

1683-1895年：清朝統治時期。

1895年：臺灣民主國。

1895-1945年：日本殖民統治時期。

1945至今：國民黨統治時期。

對荷蘭人在臺灣近40年殖民統治的地位，歷史學者們持有各種不同的看法。這與該島在歐洲擴張史、日本殖民史、中國歷史，甚至於「獨立發展」的臺灣史中的地位密切相關。

最早從事臺灣研究，特別是著重於荷蘭時期的，乃是日本的歷史學者。1895年，中國在對日戰爭失敗後，與日本簽訂《馬關條約》，將臺灣島連同澎湖及其附屬島嶼割讓給日本。清廷對臺灣持續二百餘年的統治自此告終。此後，臺灣被視爲日本對外擴張史的一部分。歐洲在亞洲擴張勢力一事，則被用來爲日本的亞洲擴張政策作辯護。若有批評日本此一政策者，勢必受到迫害[53]。

1. 日本

日本人對臺灣史研究的貢獻，首應歸功於德國歷史學者里斯(Ludwig Riess)。十九世紀末，里斯應邀赴日本東京帝國大學任教。此後很長一段時間，他在某種程度上影響了日本歷史教學和研究的發展。里斯強調國際關係史和收集相關資料的重要性。里斯認爲，日本的歷史研究，可以透過整理、翻譯西方史料，開創新的研究視野，特別是鎖國時期(1640-1853)的這段歷史[54]。規模龐大的荷蘭東印度公司檔

53 L. Blussé, "Japanese historiography and European sources". in: P.C. Emmer and H.L. Wesseling, ed., *Reappraisals in overseas history*(Leiden,1979), p. 196.

54 Ibid., p. 200.

案，正合乎此一用途。按照里斯的看法，日本的鎖國政策是對歐洲勢力在亞洲擴張的一種反應，這也是日本於1635年停止對福爾摩莎和東南亞貿易的原因。

此一新觀點對日本歷史研究影響極大。數十年來，對德川家康幕府的自主政策的研究因此步入歧途。直到1970年代，日本歷史學者朝尾直弘、岩生成一(和美國學者Ronald P. Toby)才首次做出不同的結論，認爲日本鎖國政策源於東亞的政治傳統。

荷蘭歷史學者包樂史(L. Blussé)在利用歐洲史料分析日本歷史研究之後，幾乎得出相同的結論：從歐洲歷史研究中借用而來，強調外交政策之重要性的模式，不能解釋當代的東亞社會。而荷蘭東印度公司檔案中，相關的經濟和政治資料，也使得日本歷史學者最終得以對自己過去的歷史提出新的見解：日本停止其海外貿易並不是針對歐洲擴張所作的反應，而是後者爲前者創造了條件[55]。也正是西方史料讓日本歷史學者得以擺脫固有的研究模式，而將德川時代的歷史，特別是有關日本鎖國問題，重新放到更廣的亞洲史範疇內來審視。結果，原來的解釋在經過重新審視之後，實際上完全屬於「日本作爲中心，與其周圍地區的關係」這一思想範疇內的一種國家形式[56]。

日本佔領臺灣後不久，里斯於1897年撰寫了一部短小的專著，即《福爾摩莎島》，但他所用史料均爲已刊文獻。他特別強調臺灣在十七世紀日本貿易政策中的重要地位。

後來，里斯的學生村上直次郎將《巴達維亞城日記》1619至1660年間有關日本、臺灣和中國沿海的部分選譯成日文，對荷殖臺灣的研究進展貢獻卓著。1926年，村上於成立不久的臺北帝國大學出任東南亞歷史學教授，臺灣也列入了他的研究範疇。上述譯作曾於1937年部分出版，1970年由中村孝志校註之後，全部付梓。半個多世紀以來，這部譯作一直是日本和中國歷史學界不諳荷蘭語的研究者所利用的主要史料。

---

55 Ibid., p. 221.

56 E. Kaempfer, *The history of Japan*(1727. New ed., Glasgow, 1906).

村上於1926至1935年間，在臺北帝國大學講授東南亞史，1935年退休後，由岩生成一繼任。新上任的岩生成一，特別注重日本與東南亞的歷史關係，以及中國海上貿易史。東印度公司時代，福爾摩莎曾在中國海上貿易圈中占重要位置。在岩生成一的努力下，海牙國立檔案館中涉及福爾摩莎的多數資料，於二次大戰前被抄錄或製成膠卷，其中多數保存在今天的臺灣大學圖書館中。

岩生氏及其前任村上氏，同爲研究荷治臺灣史的先驅學者。岩生氏所撰有關臺灣茶、糖出口至波斯的文章，已將臺灣及中國海方面的研究範圍，擴展到整個亞洲的航海貿易區[57]。

日本有關荷治福爾摩莎的研究，由上述兩位學者首開肇造之功後，岩生氏和村上氏的學生中村孝志，無疑是承繼這方面研究的主要人物。1935年，中村孝志在臺北帝國大學(即今臺灣大學的前身)完成學業後，便即開始研究荷蘭統治下的臺灣島。其後，他的研究工作一度因戰亂而中止一段時期，1950年代後，他才又繼續這方面的研究。他的研究題目包括漁業、農業、日本的鹿皮貿易以及探金事業。1960年代，中村將其研究重點轉移到荷蘭在臺灣的殖民經濟。此後，他在這方面的研究又中斷近二十年。在這段時間裡，他轉而研究日本統治時期的臺灣。中村到了晚年才又重拾其研究荷治臺灣的熱情，此時研究的重點，主要是探討荷蘭人在臺灣東北部的探金事業和今已湮滅不存的臺灣村社。中村去世前兩年，曾經提醒歷史學者：有關荷治臺灣史的研究停滯了近四十年，這方面的研究人材顯得青黃不接，後繼乏人[58]。日本方面對此一領域的研究缺乏興趣，實應歸咎於二次大戰後日本的戰敗與失去臺灣島。目前，日本已有新一代的學者能利用東印度公司的檔案資料，從事荷治臺灣、南洋和東南亞的貿易。遺憾的是，作爲此一研究領域之中心支柱的中村教授於1994年辭世，使得日本史

57 Iwao Seiichi(岩生成一)，〈荷鄭時代臺灣與波斯之糖茶貿易〉，載《臺灣經濟史二集》(臺北，1955)，頁53-60。

58 中村孝志，〈荷蘭時代臺灣史研究的回顧與展望〉，載《臺北文獻》直字103期(1993)，頁149。

學界開始面臨年輕一代的學者能否對此研究工作承繼不輟的挑戰。

綜觀中村對這段歷史的研究可以發現，他著重於臺灣地方史的探討，諸如臺灣村社的人口統計，在臺中國人的農、漁業以及東印度公司的臺灣殖民經濟。不過，曹永和、包樂史強調：荷人抵臺後，與中國人及原住民形成多元社會[59]，這種觀點，中村氏並未進行過研究。而在對東印度公司至關重要的海上貿易方面，中村則僅就荷人對日的鹿皮貿易進行過探討。其未盡之處，則在永積洋子有關荷人之日、臺間貿易的研究中獲得補充[60]。

2. 臺灣與中國大陸

無論是在臺灣還是中國大陸，由日本學者翻譯的荷蘭檔案均爲學者從事荷治臺灣研究的基本史料。絕大多數的學者，均難以辨認十七世紀的手寫體荷蘭文，更不用說對十七世紀荷蘭語的理解了，因此臺灣及大陸的研究者，不得不完全依賴譯成日文或由日文轉譯成中文的荷蘭史料及文章。《巴城日記》即是由村上直次郎和中村孝志首先譯爲日文，臺灣省文獻委員會再根據日譯本，於1970、1989和1990年分三卷出版中譯。中村的多數論文也被譯成中文，陸續發表在各種中文期刊。

荷殖臺灣史研究的障礙，不僅僅由於研究者不諳十七世紀荷蘭文，緊張的政治氣候也爲此一領域的研究帶來消極的影響。1987年，臺灣全面解除了長達38年的戒嚴體制後，與中國大陸間緊張的氣氛才略有突破。

臺灣：荷蘭時期的臺灣史，首先應被視爲近代臺灣史的基礎。蔣介石於1949年率軍退守臺灣後，數十年來，臺灣史學界一直不敢強調研究臺灣本身的歷史，因爲此舉在政治上的意義，無異於將臺灣置於中國歷史的範疇之外。最可行和最穩妥的作法，是把臺灣當作福建省

59 曹永和，〈臺灣荷據時代研究的回顧和展望〉，載《臺灣風物》28卷1期(1978)，頁36；包樂史(L. Blussé)，〈追尋被遺忘的臺灣社會之本源〉，載《當代》，103期(1994年)，頁87。

60 永積洋子，〈荷蘭的臺灣貿易〉(上、下)，載《臺灣風物》43卷1期(1993)，頁13-43；43卷3期(1993)，頁45-91。

的一部分(1683- 1885)，或者將其視為1885年建省後至1894年間大清帝國的一個省分來進行研究。迄今為止，清朝時期的臺灣是臺灣史研究最集中的時段。當然，除政治因素外，史料充足也是一個重要的因素。這方面的研究完全符合臺灣政府當局所宣揚的尋根政策。此外，以反清復明為宗旨的民族英雄鄭成功，也是被研究的熱門主題。其意義在於歷史人物鄭成功，與蔣介石退據臺灣的情境極為類似，他們分別為清軍和共產黨所迫而退守臺灣。另一個類似之處是，二者均以臺灣為基地，圖謀反攻大陸[61]。因此，在反共的運動中，鄭成功遂被國民黨視為激發臺灣人民族情感，最合適的歷史人物。

鄭成功的生卒年代(1624-1662)與荷治臺灣的時期完全脗合。他的父親是中國人，母親為日本人。他生於日本，長在福建，父親鄭芝龍投降清朝後不久，他隨即於1646年在南澳島上對清廷宣戰。鄭成功在中國海和東南亞建立一個海外貿易網絡，從中牟利，用以養兵，他也因此與荷蘭人在利益上產生衝突。他所建立的這些海外貿易據點，正是荷蘭人的活動範圍，雙方往往互搶對方的船隻和物資，但又立刻作出妥協。儘管他們彼此構成威脅，互為競爭對手，但基於生存的需要，仍互有所求。此一微妙的關係，加上日後鄭成功攻占臺灣，使得鄭成功的一生與東印度公司的活動，有著密切的關聯。

有關鄭成功的研究，在1950年蔣介石到達臺灣後不久，被推至了高潮。當時，臺灣省文獻委員會為慶祝鄭成功的誕辰，特別舉辦了一場展覽。此後，《臺南文化》、《臺灣風物》等期刊雜誌相繼問世，其宗旨在於從民族學的角度探討臺灣的文化與歷史，這在「鄭成功崇拜」的形塑過程上，也起了一定的作用。

鄭成功研究的第二次高潮，是在1961年慶祝鄭成功復臺三百週年活動之際掀起的。鄭成功於1661年在臺灣的登陸地點，以及他對荷蘭人的圍攻，成為當時研究的熱門課題。人們爭先恐後地發表相關的文

---

61 克羅奇爾已於1977年提出過這一相同之處。R.C. Croizier, *Koxinga and Chinese nationalism*(Cambridge, 1977), p.63.

章。臺灣甚至組成了一個專家小組，調查鄭成功軍隊登陸臺灣的確切地點。這導致各地居民之間爲爭奪此一「榮耀」而產生衝突，甚至數年之內互相爲敵，不通婚姻[62]。由於過分注重這些細枝末節，更重要的歷史問題遂被研究者們所忽略。

涉及荷蘭史料的研究寥寥無幾，戰後臺灣只有一名歷史學者利用荷蘭史料進行研究，此即曹永和先生。曹教授除了曾在臺灣大學圖書館工作過外，他還是臺灣文獻叢刊等涉及臺灣地方史之系列文獻的促進者和策劃人之一。他對荷蘭時期的臺灣進行了開創性的研究，主要的研究成果則收在1979年出版的《臺灣早期歷史研究》一書中。最初是岩生成一和中村孝志鼓勵曹先生承續他們的工作，利用荷文史料研究臺灣歷史的。1950年代，曹永和一面系統性地整理當時手中持有的《熱蘭遮城日記》，一面自學十七世紀的荷蘭語，爲本身的歷史研究工作打下基礎。在《臺灣早期歷史研究》所收的文章中，除最後兩篇以清朝統治時期爲主外，其餘九篇均論述荷據時期的臺灣。正如曹氏在其著作的後記中所言，臺灣歷史的研究多集中於清朝。出於此一原因，他在自己的研究著作中，乃力圖強調清朝以前的時期，並首次對荷蘭人和西班牙人殖民臺灣的歷史輪廓，概略地予以描述[63]。

曹永和的論文集不僅體現了他自己的研究興趣，而且展現了當時臺灣研究的發展方向。他的這些論文雖然論題所涉不一，但均圍繞一個總題，即中國人在臺灣的開發史。1970年代，有關鄭成功軍隊登陸臺灣地點的討論正盛時，曹永和因掌握十七世紀的荷蘭語，常有人向他請教東印度公司航海圖上的記載，他也因此對歐洲古地圖上有關臺灣的記載，做過詳細研究。

近十年來，臺灣歷史研究的方向上已有所轉變，其卓重點由大陸移民開發臺灣的歷史過程，轉向臺灣原住民的研究。人類學和民族學

62 石萬壽，〈明鄭時期研究的回顧與展望〉，載《臺灣風物》39卷4期(1989)，頁90。

63 他是應史學家和早期臺灣史研究的促進者方豪的要求寫成此文。曹永和，《臺灣早期歷史研究》(臺北，1981)，頁499。

方面的研究已脫離不了原住民的課題。曹永和則利用其十七世紀荷蘭語的知識，爲歷史的研究作出新貢獻；他就小琉球島(荷蘭人稱之爲Lamey 或 Gouden Leeuws Eyland)的原住民，進行專題研究[64]，探討該島原住民遭遇荷蘭軍隊血腥鎮壓的哀史。翁佳音的近作《大臺北古地圖考釋》也屬這方面研究的成果。

臺灣另一位臺灣史研究的歷史學者是賴永祥。賴永祥曾根據甘爲霖(William Campbell)譯成英文的史料，撰文論述荷人在臺灣的宗教傳播[65]。然而賴氏自1970年代赴哈佛大學深造後，即未再有這方面的論述。

中國大陸：與臺灣相比，中國大陸有關臺灣史的研究，則在更大幅度地集中於鄭成功和清朝時期。驅逐紅毛番和收復臺灣被看作鄭成功的最大功績。這個英雄偉績成爲中國反帝國主義的象徵，同時也有利於宣傳臺灣自古以來即是中國領土的一部分。因此，鄭成功的對荷戰爭被大書特書，也就不足爲奇。1960年代初，大陸當局欲於廈門成立鄭成功博物館，對鄭成功崇拜的那股熱潮，也在此時被推至高峰。人們細心地選擇館址，最終敲定鼓浪嶼最高處、最具歷史意義的地方，即鄭成功曾經指揮、練兵之處。在紀念民族英雄鄭成功收復臺灣三百週年之際，廈門大學歷史學者傅衣凌主辦了第一次全國性的討論會。此後，廈門每十年便舉辦一次類似的研討會。最後一次是在1992年，其規模更由全國擴展至國際，一方面是爲擴大鄭成功研究的影響，另一方面則在探求新的研究角度。研討會的成果，迄今共編成三本鄭成功研究論文集，均以鄭成功的豐功偉績爲主題。1990年代，廈門還成立了一個鄭成功學會，該學會的宗旨即是爲了促進對民族英雄鄭成功的研究。儘管

64 曹永和，〈小琉球原住民哀史〉，1994年在臺北舉行的有關平埔族研究討論會上的演講；L. Blussé, “Retribution and remorse: the interaction between the administration and the Protestant mission in early colonial Formosa”. in: G. Prakash, ed., *After imperialism: imperial histories and postcolonial displacements* (Princeton, 1995), pp. 153-182.

65 W. M. Campbell, *Formosa under the Dutch, described from contemporary records with explanatory notes and a bibliography of the island*. London, 1903.

如此，對鄭成功的研究仍因缺乏新史料、新視野而停滯不前。

在鄭成功的相關研究中，韓振華的一篇有關鄭成功海外貿易的論文，可謂少數涉及荷人與福爾摩莎，並兼具開創性的論述之一[66]。

此外，1992年楊彥杰還曾試圖系統地記述荷蘭時期的臺灣史[67]，他的著作無疑是近十年來對該段歷史最有系統的研究成果之一，但因他所依據的史料仍爲《巴城日記》，且特別仰賴日本學者的研究成果，而二者就內容而言也極不完全而具有局限性，因此該書的價值也就受到影響。

大陸方面，儘管對鄭成功的研究所占比重很大，但清朝仍是臺灣史研究中涉及最多的時期。臺灣學者許雪姬曾總結1979年至1985年大陸對臺灣史的研究，得出如下結論[68]：

通論性文章：15(10.87%)
有關明朝以前：2(2.17%)
有關鄭成功：23(16.67%)
有關清朝：67(48.55%)
有關日本統治時期：5(3.62%)
有關日本殖民統治之後：16(11.6%)

1980年代，中國大陸的臺灣史研究重點發生重大改變，主要是由於大陸的政治、經濟發展所致。自1980年代末期臺灣與大陸關係有所緩和以來，特別是中國沿海地區的經濟取得巨大的進展之後，針對臺灣經濟奇蹟所作的研究也盛極一時。臺灣在亞洲取得特殊的經濟地位，此一歷程被視爲某種經濟發展的模式，甚至被稱之爲「臺灣經驗」。因此，與現代臺灣有關的政治、經濟及文學等議題，遂成爲許多大陸

66 韓振華，〈1650-1662年鄭成功時代的海外貿易和海外貿易商的性質〉，見《鄭成功研究論文選》(福州，1982)，頁136-187。
67 楊彥杰，《荷據時代臺灣史》(南昌，1992；台北，2000)。
68 許雪姬，〈近年來大陸對臺灣史的研究—介紹與評估(上)〉，載《臺灣風物》36卷1期(1986)，頁1。

研究者青睞的題目。1990年，大陸方面總結過去十年中國對臺灣所作的研究，出版了一本論文集[69]。書中所收集的33篇文章，只有7篇與清代臺灣有關，其餘26篇所論皆爲現代的臺灣。早期臺灣史的研究，更加被冷落一旁了。

3. 荷蘭

作爲荷蘭東印度公司的殖民地之一，福爾摩莎在荷蘭殖民史的研究中，理應獲得更大的重視。如與東印度公司活動的其他地區(諸如印度尼西亞群島和印度等)相比，人們對福爾摩莎島的瞭解實在所知甚少。1898年，赫隆納費勒特(W. P. Groeneveldt)所著的《荷蘭人在中國(1601-1624)》，迄今爲止仍是有關早期中荷關係史研究方面的經典著作。此後，有關荷治臺灣的研究進展甚微。

不過，荷蘭傳教士在臺灣所取得的成果，還算是較受重視的。1931年，辛叟(W. A. Ginsel)在細緻鑽研檔案的基礎上，進一步就荷人在臺灣的傳教史，完成了他的博士論文[70]。荷蘭人在臺灣村社成立的基督教學校，可說是他們傳教的堡壘之一，他們於1636年先在新港社，其後又陸續在蕭壠、麻豆和目加溜灣社等地，成立基督教學校。臺灣原住民在學校裡接受基督教的教育，爲此，荷蘭牧師還用荷蘭語及原住民的語言，編輯聖經智識問答的教本，並在荷蘭印刷出版。只是書本問世後，臺灣也已被鄭成功佔領了[71]。儘管荷蘭牧師在臺灣數十年的傳教成果因鄭成功而毀於一旦，然而直到荷蘭人失去臺灣之後八十年，臺灣原住民仍沿用著他們從荷蘭人那裡學到的拉丁字母。乾隆五年(1740)間，用拉丁字母拼寫成的新港語地契，甚至一直被保存至今[72]。

傳教士還留下了許多現已不復存在的原住民部族的相關記載，對於

69 陳孔立主編，《臺灣研究十年》(廈門，1990)。

70 W.A. Ginsel, *De Gereformeerde kerk op Formosa, of de lotgevallen eener handelskerk onder de Oost-Indische-Compagnie 1627-1662*(Leiden, 1931).

71 W.A. Ginsel, p.93.

72 T. de Lacouperie, "Formosan notes on MSS., races and languages", *The journal of the Royal Asiatic Society of Great Britain and Ireland* 19(1887), pp.413-494.

研究臺灣原住民社會的學者來說，這類記載的歷史價值不菲。

值得注意的是，荷蘭人在臺灣傳教的成就往往被過度地宣揚。凱昂(H. Kern)即曾於1914年寫道：「荷蘭人對原住民所做出的貢獻，無論在東方還是在西方，都沒有可與福爾摩莎相比擬者，勤奮的傳教士很出色地在當地教育原住民……」[73]。這種說法恐欠妥當。事實上，有許多傳教士在當地飽收稅餉和進行走私貿易致富之後，便即放棄傳教的神聖職責而返回荷蘭。麻里麻崙等村社，也有佈教達十年之久的傳教士，始終不能使任何一名原住民皈依基督教[74]。總之，研究者不宜毫無批判地將荷人在臺灣的傳教活動全然視爲成功的事業。

辛叟著作出版的前一年，佛胡芬(F.R.J. Verhoeven)完成了《福爾摩莎島早期殖民史》(海牙，1930年)一書。佛胡芬的本意，原在重新勾起人們對久被遺忘的臺灣歷史的注意，他特別向世人顯示殖民政府的交替—亦即荷、西兩國殖民的衝突—對該島的影響。十七世紀的臺灣，的確是這方面的典例。遺憾的是，佛胡芬所引用的檔案資料，大大地局限於布賴爾(E.H. Blair)和羅賓遜(J.A. Robertson)所出版之西班牙史料中有關西人於1626至1642年間占據臺灣北端的部分[75]。事實上，若能利用西班牙人的史料，結合東印度公司檔案來研究上述殖民統治的交替過程，則將更具研究的意義。

以上著作均出版於1941年日本侵占印度尼西亞前夕。1949年，荷蘭與印度尼西亞之間的殖民關係結束後，人們對東印度公司歷史的興趣也隨之驟減。受馬克思主義影響頗深的歷史學者羅門(J. Romein)和威爾泰姆(W.F. Wertheim)，著重於農民起義和民族運動等專題研究，極力反對他們「以歐洲爲中心」的歷史研究。東印度公司的歷史研究

73 H. Kern, “De Hollanders op Formosa”, De Gids I(1914), p.367.

74 voc 1189, fol.223. 甘為霖和今人包樂史也曾就荷蘭人在福島的傳教事項撰文論述。W.M. Campbell, “The early Dutch mission in Formosa”, *Chinese Recorder*(1889), pp.114-120; W.M. Campbell, *An account of missionary succes in the island of Formosa* (London, 1889).

75 E.H. Blair and J.A. Robertson, *The Philippine Islands 1493-1898* (Cleveland, 1903-1909).

正是其中的一環。但另一方面，威爾泰姆又對東印度公司研究的復甦貢獻菲淺。首先，他促使范・魯爾(J. van Leur)的博士論文《有關早期亞洲貿易的幾點看法》(Middelburg , 1934年)英文本的問世[76]。這一幾乎被忘卻的著作的出版促成羅門的一位學生梅林克(M.A.P. Meilink-Roelofsz)完成了《1500至1630年前後歐洲人在印度尼西亞群島的影響》(海牙，1962)。此書或許可稱爲戰後有關東印度公司研究最重要的著作之一。

1970年代，在萊頓大學以歐洲擴張史研究小組(即今歐洲擴張史研究所)爲代表，形成一股荷蘭歷史研究的新潮流。該研究小組由威瑟凌(H.L. Wesseling)和碩佛(I. Schöffer)發起，正式成立於1977年，主張國際性與比較性的歐洲擴張史研究[77]。在上述背景下，《熱蘭遮城日記》自1986年起，便由包樂史和曹永和合力整理出版。

不僅《熱蘭遮城日記》的內容對荷蘭時期的臺灣歷史研究具有重大意義，圍繞該資料出版所發生的事情對研究工作也是一個極大的推動力。《熱蘭遮城日記》的出版計劃由里斯的學生在戰前發起。1935年，應臺北帝國大學岩生成一的要求，數名荷蘭人開始從《寄回荷蘭的書信與文件》系列中，將一批信件和《熱蘭遮城日記》的內容抄錄下來。戰後，有關荷文史料的研究，由岩生成一的學生曹永和承續進行。由於時間、人力和財力等不足，出版《日記》的計劃因而擱置下來。直到1977年，臺灣、日本和荷蘭三方建立合作關係之後，此一計劃才得以具體地推展。推動此一工作的主要人物如下：荷蘭方面包括歐洲擴張史研究小組的包樂史(Leonard Blussé)和海牙國立檔案館的范奧帕斯托(M.E. van Opstall)、臺灣大學的曹永和、日本法政大學的岩生成一和天理大學的中村孝志。當時來自臺灣而在荷蘭與包樂史一起從

---

76 J.C. van Leur, *Indonesian trade and society* (The Hague / Bandung, 1955; Leiden, 1983).

77 H.L. Wesseling, "Overseas history in the Netherlands after the Second World War. Historical backgrounds, modern developments, present-day situation", *Itinerario, European journal of overseas history*, XVIII (1994.2), p.p97-115.

師於中村的江樹生，也是編委成員之一。其中，包樂史尤爲工作推展的關鍵人物。

包樂史於1970年至1972年在臺灣大學學習時，由於受到曹永和先生的啓發而開始接觸十七世紀的臺灣史。他曾在澎湖做過田野調查，並得出結論：在中國地方官員與荷蘭人之間，海外中國人所起的中介作用至關重要[78]。他在臺灣學習兩年之後，轉至日本繼續深造。留日期間，他結識了里斯學派的學者岩生成一和中村孝志，並且協助中村，校註村上翻譯的《巴達維亞城日記》中有關日本、中國和臺灣1619年到1661年的部分。

包樂史於1975年返回荷蘭後，在新成立的歐洲擴張史研究小組中促使臺灣史研究復甦，著手進行《日記》的出版工作。數年下來，這項工作又推動了各方面的研究，諸如荷人在臺灣的傳教、福建的鄭氏家族和其他有關臺灣史的通論。還有奧斯特豪夫(J.L. Oosterhoff)有關大員熱蘭遮城的研究[79]。本書在一定程度上也是同一範圍內的研究成果。包樂史還專爲荷蘭女王貝亞特麗克絲(Beatrix)1989年訪問中國的行程預先寫了《中荷交往史》(Amsterdam , 1989)一書，論述四百年來的中荷關係。儘管此書爲一般性讀物，但他在書中就荷蘭殖民臺灣的歷史提出了一些基本理論，諸如有關鄭芝龍在中國官府與荷蘭人之間所發揮的影響力[80]、東印度公司在臺灣擴張勢力時傳教士所起的作用[81]，以及荷殖臺灣史的分期問題等等。後來，包樂史和曹永和還主持

78 L. Blussé, "The Dutch occupation of the Pescadores(1622-1624)", *Transactions of the International conference of Orientalists in Japan* 8(1973), pp.28-44.

79 L. Oosterhoff, "Zeelandia, a colonial city on Formosa(1624-1662)", in: R.J. Ross and G.J. Telkamp, ed., *Colonial cities* (Dordrecht, 1985), pp. 51-64.

80 L. Blussé, "Minnan-jen or Cosmopolitan? The rise of Cheng Chih-lung alias Nicolas Iquan", in: E.B. Vermeer, ed., *Development and decline of Fukien province in the 17th and 18th centuries* (Leiden, 1990), pp. 245-264.

81 L. Blussé, "Dutch Protestant missionaries as protagonists of the territorial expansion of the VOC on Formosa", in: D. Kooiman, e.a., *Conversion, competition and conflict, essays on the role of religion in Asia*(Amsterdam, 1984), pp. 155-183.

另外一個學術研究計畫。1991年，萊頓和臺灣大學合作，編篡東印度公司檔案中有關福爾摩莎史料的目錄，由江樹生主編。此外，江樹生還將鄭成功與荷蘭人所簽的和約譯成中文，發表於《漢聲》雜誌上[82]。後來由江樹生翻譯、荷蘭地圖史專家桑特佛利特(Kees Zandvliet)所著的《十七世紀荷蘭人繪製的臺灣老地圖》也由漢聲雜誌社出版。檔案資料的出版和翻譯，無疑地將促進以後對荷治臺灣史的研究。

4. 其他國家

除上述地區外，其他地方對荷治臺灣史的研究也很有限。以下僅就幾位較重要學者的著作略加論述：英堡(Camille- Clement Imbault-Huart)、甘為霖、德威森(James Wheeler Davidson)、威爾斯(John E. Wills)、協佛特(John Robert Shepherd)。

英堡是法國的一名漢學家和外交官。他生於1857年，正是太平天國運動極盛時，而長期以來，各國列強即試圖謀求外交上的認可及打開中國沿海港口，以藉此開闢中國市場。清政府面對列強的環伺顯得無能為力，而與列強們簽訂無數條約，准許外國人駐紮各重要港口城市。在此一背景下，英堡乃因本身具備中文知識而自1878年起，被派駐上海和北京擔任翻譯。1884年，他以副領事的身分被派駐於漢口，其後移駐北京。五年後，他被擢升為駐廣州領事[83]。英堡駐留中國期間，曾就中國的語言、文學和歷史，發表過多篇文章及著述。

他的《美麗的福爾摩莎島——歷史與記述》(Paris,1893)，是最早系統性地記述福爾摩莎島歷史的著作之一，所跨時間上至605年，下至十九世紀。該書的「歷史」部分包括六章，其中有兩章記述荷蘭時期。第一章記述早期中國和日本對臺灣的探險。後兩章論述1624至1662年的福爾摩莎。在他的著作中，英堡把荷蘭時代分為兩個時期，即「荷

82 江樹生，〈鄭成功和荷蘭人在臺灣的最後一戰及換文締和〉，載《漢聲》45。

83 D. d'Amat, e.a., ed., *Dictionnaire de biographie Francaise* (Paris, 1933-). Fascicule CIII(1989), p.147.

蘭佔領時期的福爾摩莎1624-1655」和「國姓爺的英雄事蹟及荷蘭統治的結束1650-1662」。

英堡著作中的材料，來自於法蘭廷的《新舊東印度》。此外，他還使用過范・萊赫特侖(Seyger van Rechteren)的遊記與尼霍夫(Johan Nieuhoff)有關荷人出使北京的記載[84]，以及菲里普斯(G.Ph. Philips)[85]和豪帕森(H.E. Hobson)[86]的研究成果。從本書的內容及其附帶寫於1885年的前言中可以發現，儘管本書收入《被忽視的福爾摩莎》的插圖，英堡本人卻未曾實際利用過該書。1893年，即英堡在香港去世前四年，其著作正式出版，考杰(H. Cordier)也爲之編製了極詳細的參考書目。

然而，究竟是什麼原因促使英堡撰寫福爾摩莎的歷史呢？身爲外交官，他肯定被牽扯進法國在中國所進行的政治、軍事活動中。特別是臺灣因其優越的地理位置和豐富的資源久爲列強所覬覦，法國早在1858年英法聯軍攻進天津之後，便與中國簽訂條約，約中即規定：開放臺灣的港口城市臺南和淡水作爲貿易港口。1883年，法國於越南擴張勢力而導致中法戰爭的爆發，法軍更佔領澎湖，且進一步攻取基隆。在這種背景下，英堡或許是出於個人興趣，或爲法國人提供訊息，因而寫成此書。

另一位值得一提的人物是甘爲霖。甘爲霖《荷蘭人統治下的福爾摩莎》出版近一個世紀以來，對於研究荷治臺灣卻不諳十七世紀荷蘭語的人來說，一直是不得不依賴的最主要史料。

甘爲霖曾就讀於哥拉斯哥(Glasgow)的教會大學。1871年，他正式成爲英國基督教長老會的牧師。同年2月10日，甘爲霖抵達了福爾摩莎島。1903年，他的著作《荷蘭人統治下的福爾摩莎》出版時，英國和加拿大基督教長老會牧師的活動範圍，已擴至臺灣西部平原的大部

84 Imbault-Huart, *L'ile Formose*, p.XII.

85 G. Phillips, "Notes on the Dutch occupation on Formosa", *China Review* X, pp. 123-128; "The life of Koxinga", *China Review* XIII, pp. 67-74, 207-213.

86 H.E. Hobson, "Fort Zeelandia and the Dutch occupation of Formosa", *Journal of N.C.B.R.As.Soc.* XI(1877), pp. 37-40.

分地區。或許是出於對在臺傳教的先鋒——十七世紀荷蘭牧師在臺活動的興趣，甘為霖決定為讀者將荷蘭傳教的史料譯成英文。他的這部譯作中收錄的史料可分為三部分。第一部分取自《新舊東印度》中有關臺灣貿易和宗教的記述，甘第爹士有關臺灣原住民習俗的記載；第二部分包括當時由格勞特(J. A. Grothe)出版不久的《早期荷蘭傳教史檔案》中有關臺灣傳教的信件、報告和決議；第三部分取自《被忽視的福爾摩莎》。甘為霖極為讚賞荷蘭人所創建的事業，但是身為傳教士，他用批判的眼光看待荷蘭東印度公司的傳教方式。特別是對荷蘭人在原住民社群間所進行的軍事鎮壓，他抱持否定的態度，並且強調：沒有任何更容易的捷徑可使教盲成為教徒[87]。

在《荷蘭人統治下的福爾摩莎》出版的同一年，即1903年，德韋森(W.J. Davidson)所著《福爾摩莎島的過去與現在》也問世了。德韋森於1897年以美國記者的身分被派駐臺灣，在此之前(1895-1896)，他以戰爭記者一職留駐中國和日本軍隊中。1898年，他被任命為美國駐福爾摩莎和琉球的領事。1904和1905年，他先後以商務參贊和領事的身分被派駐上海和南京。他之所以寫成此書，顯然與其曾擔任駐臺外交官的經歷有關。

德韋森在其著作的前言中寫道：當時關於臺灣，沒有一本富有價值的英文著作可供參考，特別是有關該島的物產、貿易和工業方面。而且他認為，日本對臺灣的佔領過程也應予以記述。因此，他在書中著重記述1874年日本人的「征臺之役」及1895年日人接收與佔領臺灣。同時，他詳細記述西方商人參與的茶業、樟腦業、糖業和其他物產。最後，他還述及日本人的統治體制。對於荷殖臺史，他僅僅以處理背景知識的方式加以概述。在他的著作中，曾引用里斯、英堡的著作和荷人法蘭廷及揆一的記載。這一部分的內容涉及臺灣的地理位置、居民的一般情況、宗教傳播及荷鄭之戰。

戰後，有關東印度公司和福爾摩莎的研究一直停滯不前，直到1970

87 W. Campbell, *Formosa under the Dutch*(London, 1903), p. ix.

年代威爾斯發表的相關論著[88]，才算稍有進展。他在《胡椒、槍砲和談判：荷蘭東印度公司與中國1662- 1681》一書中主要論述1662年荷人結束臺灣統治後的外交活動。威爾斯身為費正清(J. K. Fairbank)的學生，不免在費氏有關「中國朝貢制度及其對中西關係的影響」這一理論背景下寫就此書。此外，他還曾經就東印度公司、中國與臺灣，撰寫通論性的文章[89]。

受1970年代美國對臺灣人類學方面之研究的影響，人們越來越重視臺灣作為一個邊疆地區的歷史。1993年，美國人類學者協佛特出版《1600-1800年間邊疆地區臺灣的管理與政治經濟》。這是論述原住民與中國移民關係少數的專著之一。

協佛特的著作，一如前人對福爾摩莎歷史的研究，同樣著重在清朝，而僅以有限的篇幅論述荷治時期。這並非作者認為荷蘭時期不夠重要，而是如他自己所言，缺乏可供參考的史料。因此協佛特仍仰賴出版已近一個世紀的甘為霖著作《荷蘭人統治下的福爾摩莎》，作為引用資料的主要來源。此外，他還利用過日本歷史學者中村孝志的論著，以及一部分的《熱蘭遮城日記》，除此而外並未參考豐富的荷文檔案史料。

總之，荷蘭統治臺灣的歷史研究，由里斯學派創始，以國際關係和收集相關資料為著重點。該學派的日本學者諸如村上直次郎、岩生成一和中村孝志，以翻譯史料的方式，為這類研究奠定了基礎。在臺灣和中國大陸，出於政治上的原因，這方面的歷史研究主要集中於鄭成功，而另一個研究重點則是清朝時期的臺灣。荷蘭時期的臺灣，在殖民統治受到否定的氛圍下，也只有在悠久的中國歷史中被當作一段

88 儘管格達德(W.G. Goddard)在1950年代末和1960年代也曾著述論臺灣的政治和歷史，他的著作因其濃厚的國民黨政治色彩和參考書目的局限性而影響了其著作的學術價值。W.G. Goddard, *Formosa, a study in Chinese history* (London, MacMillan, 1966).

89 J.E. Wills, "De VOC en de Chinezen in Taiwan, China en Batavia in de 17de en 18de eeuw", in: M.A.P. Meilink-Roelofsz, ed., *De VOC in Azië* (Bussum, 1976), pp. 157-192.

短短的插曲，除此之外的研究重點就都集中在清朝時期的臺灣了；而促進臺灣史—特別是十七世紀臺灣史—研究的關鍵人物則是曹永和。在荷蘭，戰前對荷蘭人的福爾摩莎殖民史的研究，可以說主要集中在傳教史與殖民統治方面。戰後，檔案資料的出版則對國際學術界貢獻卓著，包樂史在這方面尤其扮演極爲重要的角色。他透過國際性的學術合作方式，不僅讓史料得以出版，而且也將相關的歷史研究推向高潮。

荷蘭占據福爾摩莎的時期，作爲臺灣近代歷史的肇端，其重要性顯而易見。但因政治和閱讀十七世紀荷蘭文時所碰到的障礙等諸般因素，使得這一時期的歷史研究未獲重視。因此，持續開發長期受忽略的東印度公司檔案史料，仍是當今歷史學者的重大使命。

《東印度事務報告》中有關福爾摩莎史料譯註說明

程紹剛

本書譯註《東印度事務報告》有關福爾摩莎的部分，其荷蘭原文錄自東印度公司檔案1624至1662年間的報告。以下就抄錄該原文的方式加以簡要地說明。

一般而言，抄錄歷史檔案資料有三種方式：原文照抄、對原文有所改動或結合兩者的方式[1]。第一種方式強調對原文不做任何改動。第二種方式則著重於資料的內容，不拘泥於資料的形式。詞語的拼寫形式、標點符號和段落的分排，均可按現在的用法大幅度予以修改。前者適於語言學的研究，後者則常用於史料的出版。

除此之外，將上述兩種方式互相結合運用，也是抄錄檔案資料的第三種可行方式。此一方式較爲靈活，適用於多種目的。本書抄錄《東印度事務報告》荷蘭原文，就是利用這種方式。

在抄錄檔案時，筆者曾參考柯爾哈斯出版的《東印度事務報告》。當時柯爾哈斯估計，能夠將《報告》原文的十六分之一出版。筆者在查對過與台灣有關但未出版的部分後發現，有關台灣的部分，荷蘭原

1　G.A.M. Beekelaar, *Richtlijnen voor het uitgeven van historische bescheiden* ('s-Gravenhage, 1988).

文在出版時有三分之二被刪掉了。筆者則在本書中，將有關台灣的部分全部整理，予以中譯，以供研究者參考利用。

東印度事務報告的內容仍沿用荷文原檔的編排方式，按荷印總督的任期和報告撰寫的時間來劃分。中文翻譯，以忠於荷蘭原文為準則。若詞句及固定用法直譯後仍不易理解，則予以意譯。《東印度事務報告》原文中的人名、地名大多按閩南語發音拼寫而成，在此均盡力將它們還原成中文。福爾摩莎的地名，特別是村社的名稱，多引用已有的研究成果，特別是《熱蘭遮城日記》。

譯文中的註釋以補充背景內容為主，註解材料則多取自《巴達維亞城日記》、《熱蘭遮城日記》。

一
庫恩（Jan Pietersz. Coen）
1619-1623

1. Pieter de Carpentier, Jacob Dedel, Cornelisz. Reyersz., Abraham van Uffelen, 巴達維亞(Batavia), 1621年7月9日

——voc(東印度公司檔案編號)1073, fol.(頁)52-62.

(fol. 58)為開拓與中國的貿易，究竟是在中國選擇幾個適切的地方為妥，還是把中國商人招引到雅加達[1]更好，對此我們仍難以定奪。因此是否將派船前往漳州[2]，也尚未決定。與此同時，我們需要在馬尼拉水域保留聯合艦隊[3]的船隻，因為往馬尼拉的航行使中國商人不再積極前來雅加達，而雅加達的繁盛如何依賴於中國貿易，這一點不難權衡。但在未接到您的命令之前，我們不會做出任何改變。

---

1 即Djakarta或Djakatra的中文譯音，其原意為「勝利之都」。舊稱Soenda Kalapa，因當時大量外運可可(klapper)而得名。中國商人舊時稱咬留吧，即Kalapa之音譯。1619年，荷屬東印度總督庫恩(也有人譯為卡恩或柯恩)正式建立巴達維亞城(即Batavia)。後來，此地逐漸發展成荷蘭在亞洲貿易商品的集散地和政治軍事擴張中心。

2 Chincheo，或寫為Chinchu，Chinchiu，Chinchou，Chinchieuw。荷蘭著名漢學家W.P. Groeneveldt考證此地為泉州的譯音。筆者在拙文〈Chincheo的地理位置新考〉中，研究歐洲十六、十七世紀有關Chincheo的地圖記載，結合中西文有關漳州和葡萄牙、西班牙、荷蘭人於上述時期在中國福建沿海的活動情況做出分析，認為Chincheo即漳州。荷蘭檔案中所提到的Revier van Chincheo直譯為漳州灣，其實際所指範圍為廈門灣。

3 荷人在巴城獲悉荷蘭與英國與1619年結成聯盟並將合力在東印度打擊其共同敵人葡萄牙人和西班牙人之後，於1621和1622年間先後兩次以日本平户為基地與英國人聯合組織艦隊到馬尼拉海域巡邏，截擊來往船隻，破壞西班牙人與中國的貿易。與此同時，荷人還單獨派艦隊前往澳門及中國福建沿海，打擊葡萄牙人，促進荷蘭東印度公司對中國的貿易。荷蘭人之所以不願與英國人合派艦隊往中國沿海，是因為荷蘭人在聯合艦隊中的船隻遠遠多於其英國盟友，而無意與他們共同分享貿易之利。Ludwig Riess, “History of the Engelish factory at Hirado(1613-1622)”, *Transactions of the Asiatic Society of Japan* vol.25(1898), p. 96; P. A. Tiele, “De Europeërs in den Maleischen Archipel, negende gedeelte 1618-1623”, *B.K.I.*, 5e volgreeks, 2e deel(1887), p. 72; P. Van Dam, *Beschrijvinge van de Oostindische Compagnie*, 2e boek, 1e deel, p. 673.

2. J.P. Coen, P. de Carpentier, Jan Dircksz. Lam, Willem van Antzen, 巴達維亞, 1621年11月16日

——voc 1074, fol.4-28.

(fol. 16)正如您的建議，我們認爲有必要每年向中國海岸派出船隻，載運物資與中國人貿易，同時嚴密監視中國人與馬尼拉的貿易往來。今年有6條中國帆船泊至巴城，他們還爲另17艘準備前來巴城的帆船帶回通行證。無可置疑，明年定會有眾多中國帆船前來巴城。儘管如此，(據判斷)我們仍將不會獲得大批可運回荷蘭的貨物。按中國人的說法，只要我們不能在中國沿岸找到地方駐紮，並在那裡與中國人貿易，他們也就不會放棄往馬尼拉的航行，即使我們每年派艦隊在馬尼拉附近巡邏也無濟於事[4]，中國人仍將爲巨額貿易利潤冒險前往售貨。但若我們能在他們的國家找到地方駐紮，而且他們能獲許與我們貿易，他們很快會與我們來往，再迫使他們放棄對馬尼拉的貿易將輕而易舉。因爲缺乏資金，而且人與船配備不足，我們至今未能將此計劃付諸實施。目前，我們雖擁有船隻，然而資金仍然不足，所有運自荷蘭的資金均已用於購買運回荷蘭的貨物。下一風季我們將竭力籌集資金，派幾條船前往中國，調查貿易的可能性。只要我們擁有資金，則不必擔憂與中國人的貿易。這點您盡可相信，並盡量運來資金。即使是質量一般的白銀，不是里耳，也可暫緩燃眉之急。

4 十六世紀初，西班牙人步歐洲擴張先鋒葡萄牙人之後塵，前往東方。1522年，由麥哲倫(Fernao de Magalhaes)率領的船隊首次到達菲律賓。1570年，西人攻占馬尼拉。在西人的統治之下，此地漸漸發展成為東方僅次於日本的中國商品的第二大外銷市場。西人自美洲的殖民地運去大量的白銀購入中國貨物，他們甚至以每擔240兩的價格換取大量中國絲綢運銷美洲和歐洲，從中獲得巨利。而荷蘭人欲建立與中國的直接貿易往來，甚至壟斷與中國的貿易，即需截斷中國商品除荷屬地區外的其他外運航路。《報告》多處記載，荷人對中國人與馬尼拉的貿易如何視為眼中釘，並組織艦隊攔截來往馬尼拉的中國帆船。

3. J.P. Coen, P. de Carpentier, W. van Antzen, 巴達維亞, 1622年1月21日

——voc 1075, fol.2-10.

(fol. 3)澳門是一處可隨便出入的地方，無軍隊把守，只有幾座砲和一些工事。我們如果派出1,000至1,500人的兵力即可輕易奪取，再加強防守，可抵禦一切外來攻擊。倘若可能，現在我們仍可借助上帝的援助，派上述兵力攻取澳門[5]。然而，我們人力、財力有限，不能付諸實施。靠我們微薄的資金來添補巨額費用，維持生計，需要大量的人員與船隻，因此我們眼下既無人員也無時間對我們的敵人採取行動。

自我們與英國人率大批船艦到過日本後，澳門的葡萄牙人如坐針氈，萬分驚慌。他們在那裡加固工事，配備從馬尼拉運去的12座砲；此外，他們還將鑄造5座大砲。他們本想關閉城門，但中國人不允。中國人認爲，在城前發現敵人後再關城也爲時不晚。他們還將Verde島上的幾座耶穌會士曾居住過18年之久的房屋拆毀。據說，澳門共有700至800名葡萄牙人和混血種人，10,000名中國人。一名耶穌會士甚至揚言，澳門的管理頹廢，若葡萄牙國王再不派官兵前往，此城不久將瀕於毀滅，或被中國人或被荷蘭人攻占。

1620年8月，中國皇帝萬曆(Vanlia)去世；他在位48年，死時58歲。皇太子繼位只3個月，即被老皇帝的一名妃妾排擠出去，據猜測，目的是讓他的兒子登基。結果沒能成功。最終，上述皇太子繼承皇位至今，他年僅17歲[6]。數年來，中國人與韃韃人連戰不止。韃韃人攻

---

5 葡萄牙人在達伽瑪(Vasco da Gama)於1498年到達印度之後，於1511年進占東西海上交通樞紐滿剌加(Malacca)。葡人極欲在中國沿海尋找合適之處駐紮，進行對中國的貿易與傳教活動。經數十年的戰爭與談判，他們終於1554年獲許在浪白澳駐紮。後來，葡人進駐澳門，使此地成為其殖民地。

6 據《明史》記載，此事原委如下。萬曆四十八年(1620年)神宗去世，皇太子常洛嗣位，號光宗，改元泰昌。常洛即位不到一個月即病。「時都

占遼東(Liantuin)並派兵駐紮。去年，他們曾屢次打敗中國人，並攻占幾個要害地區。高麗也附屬韃韃人。四、五年來，耶穌會士和其他傳教士均被趕出中國，但仍有20名天主教士隱藏在那個國家。1621年10月，中國皇帝自北京下旨給澳門的葡萄牙人，令他們派100人協助他使用大砲，對付韃韃人。被逐出北京的耶穌會士又被召回，並得令帶去使用大砲的說明書。除伙食費外，他們每人得酬金150兩銀。葡人得此消息後興奮不已，希望借此機會獲許進入中國，並使中國人皈依天主教。[7] 據葡人聲稱，中國皇帝的一名率兵抵御韃韃人的大將Don Paulo即已成爲教徒。此後，據他們揚言，他在對付韃韃人的戰爭中屢戰屢勝。爲阻止韃韃人進軍，Don Paulo在短時間內令人在兩條河流之間挖掘出一條溝渠。該渠長70荷里(1荷里相當於5.5公里)，寬15步。

此前，中國人曾商討將都城由北京遷至南京，但因此作法將導致北京因皇宮南遷而失去，從而加重整個國家的壓力，皇帝決定留在北京。更換了身邊的親信，幾名共謀此事的人受到懲罰，皇帝還爲此舉行了一次大規摸的象徵和平的典禮。然後，皇帝聲明，不許任何人再提都城南遷之事；並不准官員以任何理由要求離開皇宮；第三，居住外地的官員除應召外不許進宮。以上各項措施目的在於消除官員們對韃韃人的恐懼。

在中國沿海擱淺的英國海船Unicorne上的大砲均被中國人卸下運至廣州。

下紛言中官崔文昇進瀉藥，常由此委頓。」東林黨人指控此事為鄭貴妃要害光宗而令福王取而代之的陰謀。光宗死後，其長子朱由校即位，號熹宗，次年改元天啓。《明史》卷21，〈方從哲傳〉。

7 當時，中國朝臣中有人反對舊教，明政府於1618年下令嚴禁「邪教」，在北京的傳教士紛紛被逐，返回澳門，其天主教堂和邸第也遭封閉。但事發後不到一年，明朝政府為抵擋清軍的進攻，起用洋人製造銃砲。1622年，明政府遣使前往澳門，召羅如望(Joas da Rocha)等入京，眾傳教士遂乘機入京傳教。

4. J.P. Coen, P. de Carpentier, W. van Antzen, 巴達維亞, 1622年3月26日

——voc 1075, fol.94-102.

(fol.6)我們希望您能按要求運來用於對日本貿易的哆囉呢，以及相當一批鐵條、象牙，但暫時不需要鉛。駛往蘇拉特[8]的英國船在那一地區截獲3艘小型海船(navet)，所得金銀價值總計f.160,000，其他被私分的尚未計算在內。我們的人今年共截得9艘小型海船，其中6艘屬於澳門，3艘屬於馬尼拉。從所得船上的信件中我們獲悉，敵人目前境況窘迫，甚至不敢派船出海，他們在東印度窮困潦倒。眾商人因此撤離馬尼拉、澳門、滿剌加；若荷蘭人奪取他們對中國的貿易，有人甚至認爲，他們將陷入極大的困境，不僅整個東印度的航行冒有極大的風險，而且澳門、馬尼拉、美洛居[9]、滿剌加、果阿[10]等整個東印度也將失去保障；他們寫道，如果他們的國王不及時採取措施，荷蘭人將直搗墨西哥[11]，並使西班牙國王不得安寧。他們還講，恰似西人曾參加過我們的評議會，如果不在福爾摩莎島上建堡予以阻止，我們將獲得與中國的貿易並達到目的。葡人認爲，若能獲得西班牙國王的准許，派船由澳門駛往馬尼拉，則可維持他們在東印度的事業並避免我們攔截他們的船隻。從我們同時送回荷蘭的上述敵人信件的副件中，

---

8 位於印度半島北部西海岸，為印度一重要港口，十六世紀末成為東印度絲綢黃金等的貿易中心。此城本身以紡織業和造船業著名。1608年，英國人在那裡建立了他們在印度的第一處商館。荷人也在那裡經營以絲綢為主的貿易。

9 即所謂的香料群島，位於今蘇拉威西與新幾內亞之間的島嶼。那裡盛產丁香、肉荳蔻等香料。

10 位於印度半島西部海岸。1510年被葡人攻占，為葡萄牙人在東印度的第一處殖民地。此地後來發展成為葡萄牙在東印度的總部，也是葡人在東方傳教的中心。荷人東漸之後，曾於1603至1639年派艦隊封鎖果阿，雖未能攻取，但果阿因此而逐漸衰落。

11 1521年西班牙人正式在墨西哥設立殖民地統治，稱之為新西班牙。此地成為西人進一步東進的跳板。

您可以看出，馬尼拉的西人與澳門的葡人一樣，多年來窮困不堪。我們竟然錯過如此難得的機會，著實是一大失誤。現在我們等待機會，若有上帝的援助，我們定能如願以償。望您仔細閱讀敵人的記述，並年復一年運來我們所需物資，以毀滅敵人在東印度的一切，鞏固公司在東印度的事業，這一點完全可以做到。

(fol.100)我們曾長時間商討，究竟哪種作法更爲妥當：是在不影響貿易的前提下派出巴城所能抽出的船隻平定美洛居和安汶之亂，還是派船調查與中國貿易的可能性。經討論，評議會最終一致認爲，應派船前往中國沿海，調查我們是否可奪取敵人與中國的貿易(對此我們盼望已久)。爲此，我們暫時組成一支12艘船的艦隊，配備1,000名荷蘭人和150名奴僕。艦隊包括以下海船：Sierickzee、Groningen、de Galliasse、Delff、Enchuysen、de Engelse Beer、Purmerent、Armuyden、Victoria、Ste Cruce[12]、St. Laurens和Borneo。儘管我們認爲(爲阻止敵人的計劃實施[13])應將該艦隊於4月1日派出，但我們一直未能就此事做出最後決定，也未定由誰出任艦隊司令。攻取澳門或占據中國沿海另一合適的地方，是我們獲取對中國貿易的當務之急。從所得敵人的信件中我們得知，澳門敵人最大的憂慮是：無工事，無兵力防守，秩序紊亂。去年他們已修築幾座工事，並配備12座砲，但中國人不許他們繼續修建工事。因此，我們雖急欲攻打澳門，但至多能抽出1,000人隨船前往，我們認爲該兵力不足以組織陸路攻擊和襲擊諸如澳門等地，同時我們不瞭解中國人對此將做何反應。若德督(Dedel)或楊森(Willem Jansz.)率領的艦隊在此，又有上帝爲援，攻取澳門將輕而易舉，我們至今未能將此類的想法置於腦後。若聯合防禦艦隊兩年前攻打澳門，那麼，澳門根本無力抵禦。另一方面，我們寧可讓敵人占據此地，也不能與英國人共同擁有澳門。我們命令前往馬尼拉的楊森司令官，在與英國人巡邏一段時間後尋機離開他們，率船隊前往中國沿海與我們的人會合，請您

---

12 或寫為St.Cruys, St.Cruz, St.Crus.

13 即指西班牙人和葡萄牙人欲在福島建立基地的計劃。這一消息，荷人得自於1621年和1622年所截得敵船。P. A. Tiele, *De Europeërs in den Maleischen Archipel*, 9, p.291.

詳閱我們同時送回的信件與決議副件。

若攻占澳門的計劃不可行或不能成功，則按我們的建議在澳門或漳州附近尋找地方築堡駐守。依我們之見，澎湖或Lequeo Pequeno [14] 將適於這一目的。我們獲悉，澎湖有一個特別優良的港灣，而且該群島距離漳州不遠，我們認爲極宜於駐紮，但缺點是這些島嶼多沙、土地貧瘠，既無樹木，也無石頭。

Lequeo Pequeno則美麗而多鹿，但我們未能獲悉那裡有適合泊船的港灣。在中國人與日本人暗地裡貿易的地方前面(我們的海船Engel上的人在此之前曾去過此地) [15] 有一沙床，那裡水深只有10、12荷尺。

從我們同時送回的西人與馬尼拉所寫的信件中，您可看出敵人所述先於我們在福島南端大員(Lamang) [16] 一地建堡的必要性，否則，他們不僅將失去與中國的貿易而且整個東印度也將難以維持。我們認爲，西人對上述地方瞭解不夠充分，因爲我們的人正如上文所述，在進入上述海灣時發現那裡水深不過10、12荷尺(譯者按：voet，原意腳，此處爲長度單位，其長度相當於中國尺)。至於他們所言是否涉及另一港灣，尙有待前往探察，並先於敵人占據最爲合適的地方。

據西人講述，欲獲得與中國的貿易並非除攻占澳門別無他策。我

---

14 從十七世紀早期的地圖與記載中可以看出，當時人們對福島的具體位置並不十分瞭解。福島常被與Lequeo Pequeno(小琉球)相混，誤認為二者相鄰，均位於中國沿海。直到1622年7月，萊爾森親自率船前去探查之後，荷人才清楚地認識福島的具體位置。福島及小琉球，距離澎湖島10荷里、漳州20荷里，位於北緯23⅓度處。W.P. Groeneveldt, p. 23, p. 99.

15 這是最早到過福爾摩莎島的一條荷船，但具體時間尚不明確。海船Engel為Engel van Delft之簡稱。此船於1614年5月15日離開荷蘭，並於1615年12月2日到達巴城。1619年，此船曾被派往日本，次年載運價值f.200,000的物資從日本前往交阯。除庫恩在1622年的報告中言及這條遇難的海船船員曾到過福島外，荷蘭東印度公司檔案中無其他有關記載，因而難以斷定此船遇難即到達福島的具體時間。該船很可能在從日本被派往交阯途中在福島西南部附近遇難。據此，可以判斷，海船上的人可能於 1620 年到過福島西南部。但毫無疑問的是，該船於1620到1622年之間在福島遇難。J. R. Bruijn, F. S. Gaastra and I. Schöffer, II, p. 34. H. T. Colenbrander, I, p. 150, p.715; II, p.711; III, p.155.

16 葡萄牙人成大員為Lamang。H. T. Colenbrander, I, p. 764.

們認爲，若有能力則攻占澳門；不然，則放棄這一計劃，並在最適合之處築堡駐紮，然後分別派艦隊到澳門和漳州附近巡邏。如此以來，我們認爲，可阻止馬尼拉、澳門、滿剌加、果阿的敵人從事與中國的貿易，從而使我們獲得這一貿易。只要有充足的資金，獲得與中國的貿易將毫無疑問。

我們再次強調，定能通過各種方式獲得與中國的貿易。爲此，我們迫切要求您運來大批資金。果真如此，我們不僅可得到與中國的貿易，而且敵人的一切以及他們在整個東印度的貿易也將莫屬他人。因此，如果您能運來大批資金貨物，公司將達到如期目的，並設法將我們虛假的朋友排擠出去，使之滅亡。請您務必運來資金及所需物品，以憑藉上帝援助擺脫西班牙人造成的苦處與其他災難。

5. J.P. Coen, P. de Carpentier, W. van Antzen, Jacques Specx, 巴達維亞, 1622年9月6日

——voc 1076, fol.3-26

(fol.6)上次已向您報告，我們制定決議，計劃向中國沿海派出一支由12艘船組成的艦隊，一方面爲獲得貿易，同時阻止我們的敵人與中國貿易。我們現已從巴城派出16艘海船，並希望，前往馬尼拉的聯合防禦艦隊中的5艘船以及由豪特曼(Houtman)[17] 先生自美洛居派往聖靈角(Cabo de Spirito Sancto)[18] 的de Maen和Hondt二船屆時也能前往中國沿海。如此，前往中國沿海的船隻總計23艘。

4月1日，我們首先派出以下快船前往占城海岸：Ste Cruz、de

17 報告此處所記載的de Houtman應為Frederik de Houtman，即第一次率荷船到達東印度的Cornelis de Houtman之兄弟，實際二人隨同一船隊到達東方。Cornelis於1599年在亞齊前被當地人殺害。Frederik於1605年被擢為安汶長官，1606年為東印度評議會委員和美洛居長官，1625年返回荷蘭，兩年後去世。J. Paulus, e.a., ed., *Encyclopedie van Nederlandsch-Indie* ('s-Gravenhage/Leiden, 1917-1921), II, p. 108.

18 即菲律賓Samar的Espiritu Santu岬角。

Haen、de Tiger和Victoria。

同月10日，司令官萊爾森(Cornelis Reijersz.)[19]率以下海船從這裡出發：Zierickzee、Groningen、Delff、Enchuysen、de Galliasse、Engelsen Beer、St.Nicolaes和Palleacatte。因缺乏資金，該船隊只裝運價值16,000里耳的兩箱銀，用以補償船隊的費用，並運去一批胡椒和檀香木。後來，我們又派4艘船為他們補運去197,588里耳：7月4日，Cleen Tholen、Sincapura運去32,000里耳；同月20日，Sampson運去29,588里耳；7月3日，de Gouden Leeuw運去80,000里耳現金。願萬能的上帝保佑他們順利航行，成功地擊潰我們的敵人。上述由16艘船組成的艦隊共配備1,300人，裝運18個月的給養。

為阻止敵人與中國的貿易，並使我們能夠得到這一貿易，正如上文所述，我們需攻占澳門或占據中國沿海的另一地方。鑒於已派出的12艘海船上只配備1,000名白人，當時我們尚不能確定其他船隻何時能與他們會合，另有其他方面的因素，請您詳見我們所下達的指令，儘管我們瞭解澳門防守薄弱，無軍隊駐紮，但我們未能具體制定決議，命令船隊攻打澳門，而是由艦隊司令與評議會自行決定。令人遺憾的是，在船隊出發時我們未能派出更多的人員。該船隊並非需要更多的船隻，而是急需一批經驗豐富的士兵。

無論攻取澳門能否成功，我們命令他們在澎湖(若不能找到其他更合適的地方)築堡修城作為我們的基地，因為此地據說比澳門更為便利。此外，我們還下令給他們，派一支船隊到澳門和廣州附近，另一支船隊在澎湖和漳州附近巡邏。據我們所知，對中國人來說，通過友好的請求我們不但不能獲得貿易許可，而且他們將不予以理會，我們根本無法向中國大官提出請求。對此，我們下令，為節省時間，一旦中國人不做任何反應，我們不能獲許與中國貿易，則訴諸武力，直到消息傳到中國皇帝那裡，然後他將會派人到中國沿海

---

19 萊爾森於1622年4月作為船隊的司令官被派往中國海岸，以開展中國貿易。途中攻打澳門失敗後於1622年6月29日率船駛往澎湖。7月10日船隊到達澎湖。他在澎湖列島的澎湖島上建築起一座城堡即紅毛城(1622年8月-1624年8月)。

查詢我們是什麼人以及我們有何要求。這是唯一的途徑，因爲我們找不出任何中國人敢前去報告或提出請求。一旦我們找到地方駐紮，監視中國人的貿易活動，據我們瞭解，無論是否經中國官員准許，將會有眾多中國人前往與我們貿易，因爲那裡的人以海上販運爲生。

爲使巴達維亞成爲公司的貿易集散地，減輕甚至解除公司所耗費用的負擔，我們命令他們，在中國沿海期間不准任何中國帆船駛往巴城以外的地方，只許他們持通行證前來我處。我們認爲，達到這一目的不會遇到任何困難，並通過這一方式使巴城成爲貿易網絡樞紐，從而增加巴城的收入，補充巨額費用，通過攔截船隻抑制對我們的各種不利，得到大批貨物運回荷蘭。請您派來大批人員和可靠的家庭前來巴城、安汶[20]和班達[21]。不然，我們也將無能爲力，不可能有所作爲。我們還將所有在中國沿海、馬尼拉和其他地方捉獲的中國人用來補充上述地區的人口。

鑒於我們難以阻止美洛居、安汶、班達和東印度其他地區的商人，我們認爲，應借助於與中國人的貿易使安汶城堡成爲公司的另一貿易集散地，以從中獲得巨額收入，眼下的情況已開始向這方面發展。這將是解除公司的巨額費用真正有效的辦法，使公司在東印度的事業有所保障，除非您能派來可靠、誠實的人到公司的殖民地居住。士兵和海員不適於這一目的，他們生來慣於在海浪及諸如此類的險境中出沒。此事不能依靠這些我們被迫無奈給予自由的無教養之徒。萬丹(Bantam)的土王、亞齊王以及蘇拉特、科羅曼德爾[22]和馬塔拉姆

---

20 Ambon，為香料群島中的一座島嶼，1512年為葡萄牙人所占。1605年荷蘭東印度公司打敗葡人，攻取該島，並與當地土王簽訂條約，只與荷蘭人進行香料貿易。

21 Banda為印度尼西亞班達海中的島群。荷蘭東印度公司最初與班達王簽訂貿易協定，後來雙方產生爭執，庫恩使用暴力，最後於1621年占領該島群時，那裡的居民幾乎被斬盡殺絕。因此，荷蘭人極力設法移民此島，維持那裡的香料種植業。

22 Coromandel位於印度半島東海岸，十七世紀初，荷人已在那裡設立商館。從報告中可以看出，荷人在福島期間儘力從中國購入黃金用以維持科羅曼德爾的織物貿易。

(Mataram)等地的土王和其他的摩爾人試圖讓我們出力爲他們行船，而我們則希望能讓這些東印度人爲我們賣力，他們這樣做無需任何資本，在海上冒險航行並將有利可圖。

爲阻礙我們達到目的和維持他們在東印度的事業，據我們得知，我們的人很久以前即提出建議，繼續在Lequeo Pequeno南角築堡駐紮，否則，他們不僅將失去與中國的貿易而且也將隨之失去澳門、馬尼拉、滿剌加以及整個東印度。澳門的葡人認爲，他們可通過其貿易，西人利用其戰艦維持自澳門到馬尼拉的航行。請您詳見同時寄去的他們的論述，我們希望能通過這次的艦隊出征避免種種不利。

我們向艦隊司令下達的命令還包括派幾艘船前往西北部產優質絲的南京、高麗和鞑韃等地。我們其他的看法與指令，請您詳見同時寄去的下達給艦隊的指令[23]，在此從略。若有人認爲我們的計劃和指令好高騖遠、過於強硬，恰似葡人、西人最初的做法，那麼，在我們予以說明之前請不要妄加評斷，因爲我們認爲，這一決定已經深思熟慮、有所根據。只是我們未能在上述艦隊評議會中安排更有智慧、能力與經驗的職員，因爲某些先生們對諸如此類的才能未能予以足夠的重視(願上帝改進這一狀況)，忽視在荷蘭尋找這樣的人。他們認爲，這些有能力的人不能在此派上很大的用場，極少派來。我們因此別無選擇，只能使用所派來的人。公司事業進展緩慢，也望您予以理解：我們深知公司事業該如何發展，只是心有餘而力不足。

我們可以肯定，與中國的貿易或通過默許或通過公開准許將會獲得；因此我們迫切請求您運來大批資金，不僅用於爲荷蘭購入歐洲所需貨物，而且取代葡人與西人以中國貨物對日本貿易，從而在日本換取大批銀兩用來購買運回荷蘭的貨物，先生們以後也就不必大量運銀前來。與日本進行貿易需要一大筆資金，而東印度目前毫無財力。您可以想像，馬尼拉、澳門、滿剌加和果阿的敵人擁有的財力充足，增加公司的資金事不宜遲。依我們之見，荷蘭有能力提供。

23　該指令見voc 1077, fol. 214-220.

據這裡的中國人講述，一旦我們在中國沿岸公開與中國人發生戰爭，只會給我們帶來麻煩，不會使我們獲得貿易准許，因爲我們在與中國咫尺相隔的澎湖建堡將引起中國人的極大反感。同時他們認爲，也將有許多人私下前往澎湖與我們的人貿易，運去各類貨物。我們給Gouden Leeuw一船下令，若不能像我們希望的那樣進行貿易，及時將資金換成貨物，則裝運資金前往占碑(Jambi)，在那裡購買胡椒並運往科羅曼德爾海岸或其他地區。我們這樣做目的在於換取少量資金以免運貨回荷有誤，儘管海上風險較大也只得如此，原因是我處資金有限，望您能予以理解。

6. J.P. Coen, 在反荷船隊的海船Mauritius上, 1623年6月20日

——voc 1077, fol.3-40.

(fol.8)通過Leeuwinne一船我們已向您報告，由巴城派出16艘船和1,300人，裝運213,588里耳和一批貨物前往中國，我們希望還能派去7艘船。我們給他們下達的指令也派此船運送給您。事實表明，我們希望在上述艦隊中安排更富有智慧與經驗的人並非毫無根據。我們派出的人雖有勇氣，但缺乏智謀。在占城海岸藩朗(Pandoran)海灣[24]，以下船隻會合在一起：Siericksee、Groningen、Delff、Enckhuysen、de Gallias、Engelse Beer、St. Nicolaes、Paliacatte、St. Crus、de Haen、de Tyger和Victoria。他們與兩條中國帆船相遇，並任其駛往中國。在科摩蘭(Comorijn)灣[25]，我船隊將一艘葡萄牙戰艦和一艘在那裡建造的帆船燒毀。艦隊司令萊爾森從這裡派出快船St. Nicolaes前往馬尼拉向那裡的艦隊司令楊森傳達命令。後來，此船與其他11條船一起於6月22日到達澳門腳下，並發現在馬尼拉巡邏的聯合防禦艦隊中的4艘海船已經到達，即Trouw、Hope、Pals和Bul，而且他們已截獲一條葡萄牙戰艦(此船與另外3艘船載運絲綢，準備駛往馬尼拉)。

24　此灣即今越南中南部的Phan Rang所在的海灣。

25　此灣即今越南南部的Cam Ranh所在的海灣。

鑒於各種原因，我們將這次出征最主要的事項之一交由艦隊司令與評議會自行決定，在瞭解情況後商定是否可攻打澳門。船隊剛駛近澳門，上述司令官萊爾森與評議會即決定對澳門發起攻擊。他們的這一決定有何根據以及如何進攻，他們在決議、報告和日記中均未曾提及。他們似乎是爲避免被人指責膽小怕事而發起攻擊的。Gallias和Groningen二船緊逼澳門城下，並組織砲轟，城內也發砲還擊。1622年6月24日，我們的人率領11個分隊，共計600人，準備在城東一小沙灘登陸。萊爾森司令親自督陣，但在一條小船中受傷，又馬上被送回海船上。敵人在該小沙灘上挖掘出一條壕溝，並派200人隱蔽其中，配備銃槍百餘條，向我方猛烈射擊。我們的人無所畏懼地將小船靠岸，並將敵人趕出上述壕溝。登陸時我方傷亡40人。敵人逃往城內方向和一座修道院中，指揮官魯芬(Ruffijn)率領九個分隊追蹤，直到離澳門城一砲遠的地方。敵人從城內向我們的人開砲，並數次率人出擊，均被我們的人趕回。許多葡人的奴僕、黑奴等，被酒灌醉後，無所畏懼地任槍彈射擊，令人難以相信。中國人則攜帶包裹成群地逃出澳門城。雙方山上山下相持約兩個小時，我們的人開始感到疲勞、口渴，彈藥也漸用完。後來，魯芬指揮官率領的分隊中一彈藥罐起火，敵人趁機組織大規模出擊。我們的人只有槍枝而無彈藥，只能用短槍防身，被迫撤退，隊伍慌亂不堪。另外兩支留在沙灘的分隊見此情形，也急忙逃到船上。有3艘小船甚至唯恐受到攻擊竟離岸而去。餘下的人被迫涉水追趕，結果一人被淹死，一人在陸上和水中被打死，我方有70人無力抵抗而身亡。若有20或30名火槍手掩護，本可逃出，但他們慌作一團，根本無法組織。在這次交戰中，我方共有126人受傷，136人死亡，其中包括許多軍官。他們估計，敵人傷亡人數會更多，但多數是奴僕。我們的人幾乎沒有見到葡萄牙人。我們的人進攻時所帶兩座砲，有一座運回，另一座丟棄在陸上。如果我們的人在沙灘上設有掩護，並配備幾座砲，(在我們看來)完全有能力(儘管人力薄弱)攻占澳門，而我們的人根本未能顧及做此準備。Groningen和Gallias二船對澳門城發砲共計350發，澳門向我方還擊100至120發。Gallias

中砲25次，Groningen 6次，但船上無一人身亡，只有四、五人受傷。

此戰中，我艦隊最勇敢的一批士兵敗北，多數武器被丟棄。致使英國人對我們的這一失敗幸災樂禍。司令官萊爾森在這次不幸的出征之後，派快船de Haen和Victoria前往南頭(Lantou)城[26]（因不便前往廣州)請求准許我們在那裡貿易和選擇合適之處駐紮。二船到達南頭城前提出這一要求後，該城官員回答，我們需到廣州申請(他們下屬廣州)，婉言予以拒絕。在我們的人對澳門發起進攻之前，中國人曾廉價向他們運送各種給養，戰後他們則一去不復返。6月26日，海船Trou、Pals和Bull裝運所劫獲物資出發，前往澎湖。Hope一船與一條繳獲的戰船Cleen Hope留在萊爾森司令率領的艦隊中。Engelse Beer和St. Crus二船出發到南澳，漳州和澎湖之間的航行水域攔截船隻。司令官萊爾森與6月29日率海船Siericksee、Groningen、Delff、Enckhuysen、de Gallias、Haen、Tyger、Victoria和Clene Hope由澳門前往澎湖，並於7月11日到達那裡。Hope、Nicolaes和Paleacatte三艘船被留在澳門附近巡邏，後來一無所獲，也趕到澎湖。

澎湖群島中最大即中國人所稱的澎湖島有一處極宜泊船的港灣，此灣能避各方來風。該島位於北緯23 1/3度、在漳州東南20荷里處，離福爾摩莎島或稱Lequeo Pequenos 10荷里。島上適於種植作物和養殖牲畜，但沒有樹木。在上述海灣中我們的人發現10艘中國戰船，島上有約150名中國漁民，他們與我們的人友好交談之後一起離開。萊爾森曾親自前往位於福島南角的Lamang即大員灣(Teyouwan)及其附近各地察看，但未能發現新的適於我大海船停泊的海灣[27]。大員灣爲他們所發現最優良的海灣。此灣呈碗狀，水深5至10荷丈(vadem=1.7米)，但入口處有一沙床，漲潮時水深不過15到16荷尺，退潮後只有12至13荷尺，南風季海船出入，風險極大。因此，評議會決定選擇澎湖海灣入口處西南角建堡，此地易守難攻，但若有軍隊包圍，則極易被切斷水

26　荷人寫為Lantou，即Nantou，位於廣州灣口右岸。

27　詳見voc 1077, fol.152，萊爾森日記(Journael van Reijersz.)。

源。我們的人在此地修築一座堡壘，呈四邊形，每邊180荷尺寬。在築堡的同時，我們的人於8月6日派快船Haen、Tyger和Victoria前往漳州。他們隨船帶去用中文寫給漳州官員的一封信，請求他們准許我們在那裡貿易和尋找適當地方駐紮。該信由某軍隊將領友好地接受，同時他命令我們的人返回澎湖，他向我們的人保證，50天後將答覆送給我們。50天過後，快船再次被派往漳州詢問，結果快船之一Tyger在漳州灣擱淺。船上的人員和大砲被中國人救下，並送還我們。中國人一方面以禮相待，同時又不准我快船在漳州灣停泊，等候答覆，並威脅我們的人，若不離開，他們則將動用武力把我們的人趕走。

10月1日，一名爲Ongsoepy的中國使者率4艘戰船到達我們的人駐紮之處，同去的還有一名經營對馬尼拉貿易的商賈Wangsan[28]和一名爲Hongtay在巴城頗爲知名的船主，以及一名隨從。他們帶去福建巡撫、海上游擊及軍隊將領的一份通告，作爲給我們的答覆。通告中，他們對我們的請求婉言拒絕，並命令我們的人在他們的皇帝獲悉派兵攻打之前儘快從那裡撤走。萊爾森列舉各種理由，要求他們准許我們在澎湖或其他適合的地方進行貿易；中國使者還極力說服我們的人撤離澎湖，不然我們將無法獲得貿易許可。中國人見雙方各持己見、不肯作出退讓，便建議我們的人前往淡水(Tamsuy)(此地位於北緯27度，據他們所言不屬於中國疆土)[29]。我們的人識破中國人的詭計，他們無非是想打破我們的計劃，使我們撤出澎湖。因此，我們的人告訴使者，中國人拒絕我們的要求，不准我們貿易，則是在挑起戰爭，並向中國宣戰。中國人聽罷，驚慌不知所措。Wangsan和Hongtay寫信給巴城的中國人頭領，要求他說服我們放棄戰爭的打算，並向我們做進一步解釋，再向他們報告結果。中國使者在澎湖停留數日並受到款待

28 Wansuangh，與後來由福建巡撫派往巴城面見總督的使者之一的名字拼寫相同，《明實錄》天啓三年八月丁亥記載，當時與陳士瑛同行的是「洋商」黃合興，Wangsuangh應是對他的稱呼，荷人根據當時閩南語發音按古荷蘭語拼寫方法而得，因此其寫法與閩南語有所差異，因此兩處的Wangsuangh很可能是黃合興。

29 W. P. Groeneveldt, p. 172.

之後，帶著我們宣戰的消息返回漳州。具體內容請您詳見我們同時送給您的文件及譯文。

萊爾森司令官與評議會見無希望通過友好的方式獲得對中國的貿易，決定，儘管他們所擁有的人員不足以對中國施加強大的壓力和進行陸路征伐，仍按我們的指令對中國發起戰爭，儘力搶運中國人。後者即是在被拒絕貿易時我們對他們所下達的指令中第二項重要使命。

此前，我們已向您報告，先派出12艘船前往中國之後，又派4艘船裝運一批資金前往，即Gouden Leeuw、de Sampson、Tholen和Sincapura，命令他們，若無貿易，則派Gouden Leeuw一船攜帶所裝載的80000里耳前往占碑。後來，此船果然到達占碑，又從那裡前來巴城，快船Clene Hope同時到達並送來報告。

Groningen和de Engelse Beer二船於7月被派出截船，結果被風暴吹至北緯28度處，到達中國沿海一處優良港灣。我們的人在那裡發現約25艘中國海盜的帆船，據海盜們講則多達40餘艘。海盜建議我們到沿岸幾座村莊掃蕩，並自願向我們提供援助，爲我們做嚮導。但我們的人鑒於除攔截來往於馬尼拉的帆船外未接受其他命令而予以謝絕，並要求他們到澎湖面見司令官。他們雖答應這樣做，但最終沒在澎湖出現。據我們獲悉，中國人已將各地海盜降服，以免他們到澎湖與我們進行合作。上述兩艘快船直到9月30日才返回船隊，並從上述島嶼運至大批木材。

St. Crus一船在海上巡邏期間遇到一條駛自馬尼拉的中國帆船，但我船上未配備大砲，不能威逼該帆船就範，況且該快船難以守衛，而帆船上人數眾多，惟恐受到他們的襲擊，我們的人恐寡不敵眾，只得任其逃往陸地方向。

我們對貿易權的請求遭到拒絕並對中國宣戰之後，正如上文所述，10月18日，以下船隻被從澎湖派往漳州：Groningen、de Engelse Beer、de Sampson、Haen、St.Nicolaes、Victoria、Palleacatte和Sincapura。當時澎湖只留下4艘海船，Siericksee、de Hope、Delff和Enckhuysen。Gallias一船已陳舊不能使用。St. Crus和Cleen Tholen爲運輸一些必需物

品而被派往澎湖。以上8艘海船和快船剛自澎湖出發，準備前往漳州，結果遇到強烈風暴，船隊因而離散。Sampson、Sincapura和Paleacatte三船險些沉入海底，被迫順風行駛。Sampson和Sincapura二船後來到達巴城，Paleacatte留下與快船一起在滿剌加水域巡邏。其他5艘船到達中國沿海虎頭山(Hautausova)城[30]下。此地位於漳州以南7至8荷里，那裡停泊著許多船隻。我們的人決定，在此地向中國人開戰。結果摧毀80艘帆船，其中包括26艘戰船，俘獲中國人80名，繳獲60門砲和許多武器。相反，我方有50人乘坐的一艘帆船和一艘小船被強風吹走，可能已經遇難。此後，該5條船於11月26日到達漳州灣，儘管只能抽出120人，他們仍決定到鼓浪嶼(Goulousou)掃蕩。該島上有兩座美麗的村莊，許多漂亮房舍。經營馬尼拉貿易的中國巨商Eisan和Wangsan即住在島上。所有出入的帆船均在此地裝卸貨物。我們的人將上述村莊、房舍和眾帆船，無論大貨船還是戰船均焚燒殆盡。居民們紛紛逃入島上的一座城堡和金門城中。該城離大陸只有一砲的射程，中國人曾數次從城中組織出擊，均被我們的人趕回。我們的人從Eisan的住宅中獲得20箱絞絲和緒絲。我們的人等待許久之後，才將仍可使用的帆船裝好，他們似乎能在此地得到足夠的中國人。Groningen一船因中國火船圍攻陷入困境，讚美上帝，此船仍完好無損。

12月7日，Groningen一船裝運各種必需品自漳州駛往澎湖。但在澎湖停泊期間其船錨被拔起，因風暴而陷入極大困境。最終此船又被漂至漳州以南22.5度處，並於同月14日在那裡遇到海船Haerlem。後者在自平戶返回澎湖途中被風吹走。經兩個月的努力，Haerlem一船未能駛至澎湖城堡，只得將一批準備運往澎湖的物品與人員轉移到Groningen一船上，並裝運資金和176名中國人順利駛來巴城。整個中國沿海人口密度之高，令人難以相信，人與船遍地皆是。與我們的船隻相比，他們的帆船更便於行駛和轉變航向。在中國沿海行船極難，帆、錨、纜繩耗用量極大。對於便利的船隻來說，整個沿岸有眾多的

30　虎頭山位於海澄以南。荷人也稱虎頭山為Poulo Arimou或Tijgerseiland。

優良港灣。因爲船隻在來往於中國海岸與澎湖之間極易被漂走，正如上文所述，尼沃勞德(Nieuroode)先生建議(正如您在同時寄去的1623年1月3日寫自Teysenkitt灣的報告中可以讀到)，到離中國大陸海岸更近的一座島上或在漳州附近的沿岸陸地上築堡駐紮。據他所言，那裡有許多可供我們駐紮的地方，而且兩個月內在那裡修築的工事也要比一年內在澎湖所築工事堅固得多，同時可更好地得到所需物品；從那裡還可給中國人以沉重的打擊，這是在澎湖遠遠做不到的，從而更早地獲得對中國的貿易。對中國人的大軍我們可不必過於憂慮，只要能保證我船在港灣不受火船的威脅，而他認爲我們完全可以做到這一點。有關情況尚有待詳細瞭解。在此期間，我們暫時通知他們，眼下不宜到中國沿海比澎湖更近的地方駐紮。我們已命令萊爾森司令官探查從南京到高麗的整個中國沿海，但因上述種種不便，該命令未能得到執行。他計劃於11月15日派海船Siericksee、Groningen、de Hope和一艘快船前往馬尼拉群島和聖靈角，命令其中Groningen一船三個禮拜後返回澎湖，但據我猜測他並未這樣安排。Delff和Enckhuysen二船被留守海灣。

到那時爲止，派如此強大的艦隊到中國的出征毫無結果。在他們拒絕准許我們貿易時，我們本以爲肯定能捉獲大量的中國男女、兒童運往巴城、安汶和班達，並用他們來補償所耗費用。但是，願上帝能改變這一狀況，第一次出征結果以失敗告終。我們本來派出1300人，而在中國拒絕我們的要求之後執行我們的命令時只能派出120人。

(fol.30)離開巴城時，我們按那裡自由民提出的要求，在繳納關稅的條件下准許他們自由對科羅曼德爾貿易。我們做出這一決定的原因，在1623年1月31日的決議中已部分地述及，並將口頭向您報告。如果您能批准這一決定，做出依我們之見符合公司與荷蘭的繁榮事業之要求的具體指示，我認爲不必增加您的負擔和費用即可將資金雄厚的商人招引到東印度，這將於公司在多方面極爲有利。

按目前的情形，公司不需荷蘭的資金每年即可購入價值f.5,000,000的貨物運回荷蘭，同時擺脫我們公開的敵人和僞裝的朋友所製造的種種障礙。除此之外，不需荷蘭資金購入價值f.5,000,000的暢銷貨物只能通過藉助上帝援助即將得到的與中國的貿易。若繼續努力下去，公司定將達到這一目的。

我們爲開拓與中國的貿易對萊爾森司令官所下達的指令，可詳見我們1622年4月9日的記錄。前面我們已述及他們在執行這一命令期間遭受種種挫折，最終在澎湖駐紮下來。現在的問題是下面的步驟如何實施。這將取決於各項事務的進展情況，因爲我們對中國官員的性格與能力尙不瞭解，對所有偶然發生的事情尙難以斷言。因此，我們只能予以簡要記述，時間會做出進一步的解釋。

依我們之見，欲獲得對中國的貿易，需不斷在澎湖和中國沿海保住地盤，配備人員和船隻，供應資金，不僅要阻止中國人對馬尼拉、澳門、交阯以及整個東印度(巴城除外)的貿易往來，而且需在整個中國沿海地區儘力製造麻煩，給中國人以種種限制，從而找到適當的解決辦法，這點毫無疑問。

爲此，我們認爲有必要於1623年3月在不影響一般貿易的前提下抽出海船與快船前往中國沿海。我們計劃派出以下便利的快船：Orange、Muyden、Armuyden、Valck、Harinck、Hasewint、Westcapeel、de Vos、Cleen Enckhuysen、St. Laurens和Palleacatte。上述沿海不需要大型海船，儘管如此，我們仍將派幾艘運送給養，必要時對付西班牙的艦隊，以及按其運輸量將所能得到的中國人運往巴城。我們已再三強調，這是他們的主要任務之一，因爲這裡嚴重缺人。但公司擁有的人數遠遠不能滿足要求，他們恐怕不會圓滿地完成這一使命。

中國沿海急需配備大量人員，一方面用於所劫獲的中國帆船，另一方面大量搶人，從而逼迫中國人前往澎湖或其他地方與我們貿易，同時補充巴城、安汶和班達的人口，以此和攔截船隻來補充戰爭所耗費用。他們完全有能力做到。我們的快船不適用於此，因中國帆船快速靈活，便於轉彎和掉頭。我們很可能通過以上方式獲得與中國的貿易，因爲沿海省份福建土壤貧瘠，人口眾多，中國人不會放棄航海，況且許多人以對其他省市泛海販運爲生。儘管按您的意見不宜阻止中國人的自由貿易，而是破壞他們與我們敵人的貿易，現在我們則須在一段時間內儘力阻止他們所有的貿易。只要他們拒絕與我們貿易，並繼續與我們敵人來往，我們則有正當的理由這樣做。此後，如果他們肯與我們貿易，則可與他們友好相處。我們不能過早地做出退讓，不然，將有害於我們自己，而有利於我們的敵人。

對中國人友好相待，不但將使我們無法獲得貿易，而且中國人將不予以理會。我們二十多年來友好地請求與中國貿易，結果一無所獲。在我們看來，出於各方面原因我們不能再浪費時間，而應採取強硬的措施應對。我私下認爲，即使您出資1,000,000里耳或更多的數量贈送中國的皇帝和官員，也不會獲許對中國的貿易，他們將不再以其法律託詞拒絕，而主要以我們阻礙他們對馬尼拉的貿易所造成的巨大損失爲由，特別是中國大官對此反應強烈。據中國人講述，他們不會因貨物上的損失而放棄往馬尼拉的航行；如果我們想完全阻止他們前往馬尼拉，則需將所捉獲的中國人關押起來，甚至處以死刑，因爲這樣做將使他們懼於人貨皆失而不再期望通過貿易補償貨物損失。只要這些窮困潦倒的人不冒任何生命危險，豪商巨賈也就不會放棄這一貿易。但爲暫時給他們以喘息的機會，並查明中國皇帝對我們的所爲是否已有所聞，決定暫時放棄在中國沿海的種種暴力行動，向福建省巡撫派出一個相當的使節，並向他們表明，因他們未接受我們的友好請求、拒絕與我們貿易而引起的戰爭並非我們所願。爲避免他們再受戰爭之苦，我們現在友好地請求，在適當的地方與中國貿易。並向他們保證，請求友好貿易是我們唯一的目的，正如他們數年來與我們的敵人那樣進行貿易。同時我們命令在中國沿海的艦隊司令，停止一切暴力行動，直到中國皇帝對我們的請求做出答覆。

我們離開巴城時鑒於各種原因暫時決定，再次以友好的方式進行調查，在我們得到中國皇帝答覆所需時間內停止在中國沿海的戰爭。巴城的中國人頭領得知我們的人做出這一決定後，建議並要求我們，須在澎湖耐心等待一年，嘗試諸如饋贈等各種辦法，准許中國人駛往東印度中立的地區，對馬尼拉的航行嚴加禁止。他們認爲，瞭解中國人的許多人也持同樣看法，或通過默許或公開准許，我們將得到對中國的貿易；在動用武力之前需調查清楚。結果如何，尚需等待。同時您將會認爲我們這樣做完全可行，並確信，我們若能在目前情況下得到與中國的貿易，定能設法細心維持公司的事業，不需荷蘭的資金，每年能在東印度得到價值f.10,000,000[31]的暢銷貨物。願上帝予以保佑。

(fol.35)在同時送回的結算中您可看出，東印度現有物資包括現金、貨物、各種必需品以及外借債務，1623年2月2日總計f.5,239,695.17.4，分布於以下地區：

巴城：包括價值f.656,000的貨物與給養，現金80,000里耳，價值f.152,000的約12,000袋胡椒，總計	f.1,688,000
美洛居	f.514,000
安汶	f.567,000
班達	f.389,000
以上三個地區的物資包括100,000里耳現金和f.314,000借出的債務。餘下的貨物與給養，價值	f.1,470,000
科羅曼德爾海岸	f.509,000
蘇拉特	f.406,000
中國海岸，其中在澎湖f.128,000，	f.452,000
日本的平戶	f.355,000
摩査(Mocha)	f.103,000
占碑和安德里吉里(Andrigili)	f.105,000
索洛爾(Solor)	f.69,000
其他艦隊和商館	f.82,000
城堡中的大砲、船隻與給養不計算在內，1623年2月2日公司在東印度的物資價值總計	f.5,239,000
借出的債務總計	f.246,000

31 f.表示荷蘭盾gulden，源於中世紀在佛羅倫薩(Florence)城鑄造的一種金幣，或簡寫為fl.。

二

德·卡爾本杰（Pieter de Carpentier）

1623-1627

7. P. de Carpentier, Frederick de Houtman, J. Dedel, J. Specx, 巴達維亞, 1623年12月25日

——voc 1079, fol.124-126.

(fol. 125)中國貿易之門仍未打開，我們的人在對虎頭山灣和漳州灣進行騷擾之後，中國人才做出反應，與我們商談。司令官萊爾森(Cornelis Reijersz.)親自面見福州(距離海岸[1] 60-70荷里)的中國大官。此人要求我們撤出澎湖，在遠離中國管轄的地區尋找落腳之處，並將指示他們的人與我們貿易，禁止船舶駛往馬尼拉。最後，他爲司令官萊爾森提供幾名中國導航員和船工同去福爾摩莎及其附近，在中國行政管轄之外的島嶼尋找合適的地方，但除大員或福爾摩莎之外沒有發現更優良的港灣。儘管我們尚未撤離澎湖，幾名中國人已前來大員與我們貿易。

上述中國官員同時派一名特使隨一條中國帆船前來，目的是就我們撤出澎湖，穩定貿易進行商談。該帆船及特使於數日前泊至，但我們尚未得到他的任何音訊，希望下次能向您報告他帶來的消息。

8. P. de Carpentier, F. de Houtman, J. Dedel, Martinus Sonck, J. Specx, Jan van Gorcum, 巴達維亞, 1624年1月3日

——voc 1079, fol.1-55.

(fol. 20)司令官萊爾森攻打澳門的經過，在澎湖修建城堡，以及我們如何試圖打開中國貿易之門，在遭到中國人拒絕之後，司令官率領Groningen、de Engelsche Beer、St. Nicola、den Haen、Victoria等船在虎頭山灣及漳州灣所採取的行動，有關這些，將由返回荷蘭的庫恩總督[2] 向您做詳細報告。

---

1 即廈門所在海岸地區。

2 Jan Pietersz. Coen，是荷蘭東印度殖民地的奠基人。1587年生於荷蘭北部

我們後來從這裡派去以下船隻：4月3日Orangie、Muijden、Erasmus、de Valk、Westcappel和Cleen Thoolen；6月1日又派出Sampson；7月19日戰艦Mocha，共計505人，隨船裝運196桶肉和燻肉，200拉斯特[3]米，一批葡萄酒，粕酒(Aracq)等。請您詳見同時寄去的貨單，全部物品均及時運到，這是在我們這裡物資短缺的情況下所能運去的所有給養。此外，下列船隻從澎湖平安到達這裡：3月14日帆船Firando，4月13日St. Nicola，4月19日Enchuys及最後一次11月24日Zirickzee。它們帶來消息，是我們的人通過拘留幾名漁民的方法[4]，廈門的官職相當於總兵的中國大官、都督迫於人質而不得不於1月做出反應，在廈門親自出面，與我們商談[5]。該中國大官已獲得稟報，得知我們的人在虎頭山灣燒毀數條帆船，而且在漳州灣尋釁肇事，但是只要我們的人撤出澎湖，他可不咎既往，並盡量派人到巴城、福爾摩莎等地友好地與我們貿易。一旦我們不友好往來，甚至挑起戰火，他則擁有足夠的戰船和士兵迎戰。但他聽說，我們在得到巴城總督的具體指令之前不能擅自撤離澎湖，便打算派出幾名使者及商賈隨兩條帆船，運載絲貨等前往巴城，以與總督商談撤離澎湖一事。即使我們盤踞澎湖十年，因中國皇帝的法律嚴厲禁止，我們也將無法與中國建立自由貿易的關係。

駐澎湖的司令官萊爾森獲悉，中國人有意與我們商談，而且他們準備派出兩條帆船前往巴城，爲不誤時機地使談判取得進展，他親自

的豪恩(Hoorn)，1607年作為公司下級商務員前往東印度，1612年作為高級商務員再次到達東印度，1613年被任命為東印度公司所有商館的總裁，1617年為總督。1623年2月1日退職，返回荷蘭後披榮戴譽，受到隆重歡迎，被任命為公司執政官，1624年再次以總督的身份前往東印度，在任職期間巴城曾兩次被馬塔拉姆(Maratam)的軍隊包圍，在第二次被圍時即1629年9月21日陣亡。

3 last，北歐船載重量單位，相當於2,000公斤。

4 荷蘭人發現，中國人只許諾而不貿易，便捲土重來，築城掠舟，並「犯廈門，俘斬數十人，乃詭詞求款，再許」。《廈門誌》卷16。

5 1623年1月3日，萊爾遜決定前往中國談判，5日出發，7日到達漳州灣，9日中國地方官及其翻譯來到荷船停泊處，1月10日約好面見都督，都督建議荷蘭人去福州與巡撫面談。

駕船前往漳州灣，到廈門與上述中國官員進一步面談[6]。會面之後，中國官員問及萊爾森爲何目的而來，是來挑戰，還是友好地進行貿易。司令官答覆，他們到中國沿岸，只有一個目的，即要求友好地進行貿易，二十多年以來一直如此。對此，中國官員講，只要我們船在澎湖，他們絕不會允許任何人與我們貿易，但如果我們遠離澎湖，在中國行政管轄範圍之外的地方駐紮，則將准許人們前去與我們貿易。司令官申明，沒有總督的具體指令不能擅自撤離澎湖。中國官員堅持派出使節乘兩條帆船前來巴城與總督進一步商談。同時，雙方就停戰達成協議，我們不再截擊任何中國帆船，除非他們沒有護照駛往與我們敵對的地區。最後一條引起中國人的不滿，他們宣稱，他人無權另列條例來限制中國帆船的去向，還說我們可以對其他人，但不許對中國人採取任何報復行動。預定派兩條帆船去巴城的打算也因此而成爲泡影。

司令官意欲進一步向巡撫即福建省最高官員請求，上述中國官員表示願與他一同前往，在各方面提供方便。司令官不想錯失良機，欣然接收他的提議，決定與商務員范．麥勒德爾特(Jan van Meldert)前去福州，試探可否通過巡撫改進公司事務停滯不前的現狀。他們於1月13日起程，途經各村莊等風景秀麗的地方，到達福州。

廈門的都督同時出現，並向司令官萊爾森說明，巡撫不允許帆船駛往巴城，除非我們事先撤離澎湖城堡，司令官再次道歉，沒有總督的具體命令不能擅自決定。都督因此而表示出惱怒的神態，至少他給人的印象如此，回答說，他不會帶我們面見巡撫，除非我們在巡撫面前保證撤離澎湖。幾名中國官員，還有翻譯，似乎站在我們一邊，私下建議司令官許下這一諾言，不然有些人將性命難保，因都督(明白誰是我們的朋友)曾對那些人以死罪相威脅。他們見不能說服我們的人在巡撫面前作出保證，看上去忐忑不安，向司令官解釋，這只是爲應付官方要求而已，其實城堡不必一次全部毀掉，只需拆毀一小部

6 司令官萊爾森於1623年1月12日前往廈門，然後與當地官員一同起程往福州與巡撫商談。2月11日，萊爾森受到巡撫的召見。13日離開福州，3月13日回到澎湖。

分，或被巡撫派去拆毀城堡的中國官員只需稟報巡撫親眼見到城堡被拆除，只爲滿足他的要求，並向中國皇帝奏明此事。一旦中國官員離開澎湖，再把城堡修復，他們甚至保證賠償修復費用。這總比他們因此而陷入困境乃至喪失性命要好。此外他們還向我們的人保證，一旦與那裡的權勢大官談妥，將私下到大員與我們貿易，按需求運去大批絲貨。司令官出於無奈，只能順從他們的意願，不然沒有人敢在官員面前替我們說話，因爲這樣做過於危險[7]。

我們的人被引見巡撫之後，遞交了按都督及其他下級官員的建議擬成的請求，巡撫深爲滿意，鑒於我們遠道而來要求貿易，同意我們在中國管轄範圍之外找到合適去處之前暫時在澎湖停留，並答應爲此提供中國導航員幫我們尋找，一旦找到，我們的人需率領所有的船隻遷移到那裡。巡撫將允許其下屬與我們貿易，並准許我們派兩隻船留守澎湖，直到巴城下達具體指令，以便保證我們船隻給養的接濟。他還命令某中國官員爲我們提供各種必需品，並許諾爲兩條船發放護照派使節送信給巴城總督。同時如果我們找到中國行政管轄之外的合適地方，撤離澎湖，將禁止帆船駛往馬尼拉或其他與我們爲敵的地方，不然，我們可予以攔截。但若我們的司令官仍占據澎湖不走，他將不再允許其下屬與我們貿易。

至此，我們的人告辭，巡撫贈送他們幾個銀盤和次等質量的錦緞。他們在離海岸60至70荷里的內陸地區度過41天之後，途經各地，受到友好款待，於2月22日重新回到船上，滿懷希望地等候巡撫許諾派出的兩條帆船到來。直到3月中旬，我們的人才與它們會合啓航，但因北風季結束而只能泊至北大年，其中一條中國帆船於8月返回中國，向巡撫報告航行的消息。

7 從《報告》和其他荷文史料中可以看出，當時的沿海官員一方面應付大官的指令與荷人談判，另一方面卻私下與其交易，甚至接收荷人的賄賂，謊報虛情。正如《明實錄》記載，張嘉策因「詭言紅夷恭順，欺罔舊撫」而被革職，而且「總地觀望，不止嘉策；澎湖、中左、炾嶼、銅山各處守汛失事將領，並為查勘。」《明實錄》天啓三年八月丁亥內容。

巡撫恪守諾言，派出3條帆船，幾名中國導航員和一位名爲Hongsieuson 的下級官員，後者可能是曾經幫助過我們的官員之一。同時，司令官派出幾名荷蘭導航員，赴福爾摩莎尋找適合的落腳之地，但經多處察看，沒能發現比位於北緯23度福爾摩莎本島西邊的大員灣更合適的港灣。該港灣早已被司令官自己發現，有關的詳細情況可見萊爾森7月27日的報告[8]。我們希望，中國商人能如巡撫所說的那樣到上述港灣進行貿易，或至少會有一些冒險商人與我們做生意。因此，我們的人於3月17日派出載有日本銀、胡椒、檀香木以及紅布的船，但巡撫違背其諾言，因爲最終沒有商人持許可証泊至，只有幾名冒險商暗地裡到達，運去數量有限的貨物。此外，我們的船隊駛出漳州灣時仍留在中國的Regardt一船來到這裡。在大員，每年有日本商賈乘帆船而至，在當地購買大量鹿皮，特別是與中國的海上冒險商做大宗絲綢生意，這些冒險商從泉州、南京及中國北部沿海各地運出大批生絲和綢緞。今年只有一條來自日本的帆船，而且來得很遲，原因是很少有冒險商在福爾摩莎出現，另外至少有40條帆船自中國沿海直航日本[9]。

雖然該日本帆船到達大員很遲，但另有幾位冒險商將應該船之邀前去那裡貿易，只是所載貨物非但數量少而且有些質量極次，原因是大多絲貨在中國對出海船隻的嚴密監視之下運出。藉助於該日本商船，我們的人不但招來生意而且與冒險商取得聯繫，通過這一渠道我們購入36擔生絲，多數價格爲每擔120-130兩銀，260斤綢緞，170件黑

8 指1622年7月27日。

9 大員與福建沿海咫尺相隔，但十七世紀的中國商船為何寧願直航日本經商而不願去大員與荷蘭人貿易，這有多方面的原因，而且從《報告》以後的部分中也可以看出。首先，明朝中葉以後的中國，紙幣發行過多，鈔價下跌，各地市場普遍以銀作為流通貨幣，因而銀需求量猛增。而日本的銀質高量大，況且日本人出價高，中國的傳統商品絲綢瓷器等則暢銷日本市場，因此商人多率船運貨到日本，十七世紀中國海外貿易之利，以與日本通販最富。彭信威，《中國貨幣史》(上海，1958年)，〈明代的貨幣〉篇章。

緞子，3,332件次等質量的錦緞，487中國吉朗綢[10]，333件絨和1,475件素絹。我們深信，冒險商一旦嚐到厚利的甜頭，還會再來，運至大量貨物，使我們的資金也可派上用場，首次展開貿易。

上述日本帆船裝運180張鹿皮及其他少量中國物品，只裝運半船貨物，航返日本。我們暫時把兩艘快船和一些資金留在日本，日後還能獲得什麼貨物，無法預料。

我們的人從前去大員的冒險商那裡得知，有12艘帆船將從漳州駛往馬尼拉，司令官萊爾森因此決定派出兩條船到馬尼拉沿岸，在中國帆船的航行水域截擊商船，收穫如下：4月17日Zirickzee和de Engelsche Beer二船截得3條帆船，捉獲800名中國人。

Groningen一船，在1622年12月27日從漳州駛往澎湖途中被大風吹離航線，直到北風停止後，才於5月11日同一條中國帆船返回澎湖，該帆船本打算前往馬尼拉，在澎湖附近被我們的人劫獲，船上裝運絖布[11]、大麻、亞麻布和其他粗質貨物，以及200名中國人。所獲4條帆船裝運的貨物在澎湖計算總價值f.87,494.3.2，同時寄給您的報告中有詳細記載。這些貨物和在大員購入的絲貨(除Zirickzee運來的少量素絹、絖布和一些粗質綢緞)均由de Hoope和de Engelsche Beer運往日本，期望換成白銀，今年運回澎湖，而不是路過澎湖另往他處。比如Westcappel於8月由我們的朋友建議被派往日本，不料後來越過澎湖於11月13日竟泊至占碑，船上裝有用於購買回荷船貨的200里耳中的日本白銀，以及送往澎湖的給養，據卡姆帕斯(Leonard Camps)先生向我們報告不下1,200里耳，還有一批米和其他澎湖所需物品。上帝保佑，de Hoope和de Beer不會重蹈覆轍，因爲澎湖的給養已朝不保夕。

我們在澎湖的人共捉獲1,150名中國人，其中有一半因水土不服和勞累過度而死亡，有571人由Zirickzee運往巴城，結果473人未免厄運，

10 gillem或gilam、gilams、gielem，即波斯綢，取名於其出產地波斯北部的Ghilam省。荷蘭東印度公司當時也在中國和東京訂做同類絲綢，運銷日本，稱為中國吉朗綢。P. van Dam, *Beschrijvinge*, boek I, deel II, p. 695.

11 Cangan是一種彩色布巾，多譯為絖布。

到達這裡時只剩98人，另有65人又飲水中毒而喪生，這一批人最終只有33人免於死亡。

5月，澎湖颶風狂作，港灣中的Groningen和Delft二船船錨被拔起，與de Groot相撞。De Hoope一船雖由三隻船錨固定，仍晃蕩不定，我們被迫將Groningen和de Hoope的大桅卸下。城堡所有房屋屋頂均被揭掉，防衛工事被沖塌，幸好由被捉獲的中國人幫助修復[12]。

7月19日在大員灣的快船de Valck也因風暴啓錨漂離船隊，撞到港灣南邊的懸崖上而遭不幸。但船上人員在中國人的幫助下很快脫離危險。今年無論在中國海岸還是其他地方事皆不如人意，萬能的上帝保佑，我們日後定能取得成功。

爲監視由馬尼拉返回的帆船和駛往日本的澳門船隻，我們於1月13日從澎湖派出Orangie、de Engelse Beer、Erasmus及Cleen Thoolen前往南澳截擊。在這期間謠言盛傳，澳門、廣州和漳州的人正在聚集力量組織艦隊，前去澎湖攻打我們的人，然而沒有發現任何動靜。我船於8月15日返回澎湖。

澳門的葡萄牙人爲破壞我們的貿易，對中國顯官大施饋贈，據說總價值達300杜卡特(譯者按：ducat，當時的一種金幣)。馬尼拉的西班牙人也答應中國人提供援助把我們趕出澎湖。

勘察中國海岸一事，因缺乏船隻特別是人員不足而擱置。如果我們的力量允許，司令官還計劃今年派船前去，派船在馬尼拉和南澳附近截擊帆船，占領漳州、大員和澎湖，並派船前往日本。但是，接連

---

12 即前文所講1,150名中國人，中國史料記載，紅毛夷「掠漁舟六百餘，俾華人運石助筑」，即指同一事件。據法蘭廷(或實難描丁，F. Valentijn)記載：「這些中國人被運到澎湖與那裡的中國人一起，每兩人拷住，幫助修築新的城堡，城堡建成後，有1,400-1,500名中國人被運往萬丹賣掉。」這一記載恐不屬實。城堡並非新建，而是修復原來的城堡，而且城堡修復過程中死亡若干人，運往的地方是巴城而不是萬丹。詳見《報告》1624年1月3日。由此可以看出，遊記之類的史料可為歷史研究提供幫助，但因其中參雜道聽途說和個人的想像與事實有出入而只能作參考之用。《廈門誌》卷16。F. Valentijn, *Oud en nieuw Oost-Indien*, deel IV, tweede stuk, p. 46.

不斷地死亡、染病減弱了我們本來就不太強大的勢力，各種負擔加重，造成混亂的局面，未能實施我們的指令，派船前往澳門，勘察中國北部沿岸。茲寄去一張清單，列舉在中國沿海的船隻人員和到9月12日剩餘的日用品。從中您可以看出，那裡配備人員共921人。不久前，以下二船從那裡到達巴城：

Siericksee	112人
Westcappel	28人

除去這些人，在中國沿海只剩餘781人，勢單力薄，難爲大舉。來年恐怕只能從這裡運去少量貨物。

據謠傳，中國人在漳州大力屯兵。由此可知，巡撫派人來大員貿易的許諾未果是何緣故。8月20日，司令官萊爾森率Orange、Muijden、Erasmus和Westcappel越洋前往漳州灣，帶去捉獲的中國人中的70-80名老弱病殘。我船在漳州灣中停留了一段時間，見沒人到船上來，便派出一名翻譯登陸。翻譯隨後得知，整個海岸聚集著黑壓壓的人群，而且延伸到陸地方向很遠，多數人手持標槍長矛和其他武器，看上去中國人是想尋機報復。

都督從翻譯那裡獲悉，事由荷船到來所引起，因荷船中載有被我們捉獲的中國人，他派人要求司令官釋放船上的中國人，讓他們登陸。我們的人欣然接受其要求，因爲是他們自己把事情鬧到這等地步，本希望帶上中國人事情會好辦些，沒想到適得其反。

我們交出中國人之後，都督遣人把兩支令箭送上船，以示來訪中國的人獲許入境。司令官即派高級商務員佛朗森(Christiaen Fransen)[13]和范·麥勒德爾特與都督商談，二人已於8月28日面見過都督。都督詢問我們的來意，二人回答，再次爲請求自由貿易而來。都督則再次強調，我們必需首先撤出澎湖，率領所有船隻離開，並釋放全部被扣

13 佛朗森於1623年6月23日率船自巴城到達澎湖，並得令繼續以武力威脅中國。

押的中國人，然後才能商談自由貿易。他還說：你們國家弱小，而我們國家強大，你們人少而我們人多，我們是你們的長輩，你們是我們的後生，因此最好不要來騷擾我們，原因是你們憑千餘人與強大無比的中國作對何等自不量力。他最後說，我們同時要保證不再扣留他的下屬，他們都是正直無辜的人，除盡力與人友好貿易外，沒有別的意圖；而且澎湖和大員都要撤出，率領所有船隻返回巴城。我們的人回答，福州已與大員約定，可對與我們敵人貿易的任何帆船予以劫擊，雙方還達成協議，同意我們在接到巴城具體命令之前保留在澎湖的堡壘，並允許船隻留守澎湖，在這期間中國將發放護照派人與我們貿易。都督答道，從前的事情不必再提起，原因是以前跟我們打交道的巡撫和都督及其他官員均已卸職，新官上任，從前的協議均作廢，從現在開始不必提及已經過去的事情，而是爭取與新任官員重新商談，獲得進展。他接下去詢問我們，能否撤出澎湖和大員，帶船返回巴城。若可能，他將按我們的要求派船去巴城。但若占據澎湖不去，則將禁止任何商船出海。他甚至不惜在澎湖扣押的一千中國人，只需以後加強警戒避免中國人落入我手而已。況且我們的人即使可以留在澎湖，這塊乾燥貧瘠的土地也無甚利益可取。

我們的人則堅持要求，在巴城下達具體命令之前准許商人前往大員貿易，讓我們享受一部分貿易利益，從而促使我們回心轉意，離開澎湖。都督回答，既然我們的人沒有巴城的指令不能擅自撤走，又為何長期以來製造事端，阻攔他的下屬駛往馬尼拉。數年來，他的下屬一直在馬尼拉和平友好地貿易。我們的人向他們解釋，原因是西班牙人是我們的敵人。人們應驅逐他們出馬尼拉，占據這個地方。這樣他們便可前來與我們貿易。我們的人又追問他們去年為何派人把我們的人趕出澳門，而且一旦他們與西班牙、葡萄牙人同流合污聯合起來，我們將派出千餘人的兵力迎擊。然後，我們的人告辭離去。

在這次與新任都督的商談中，雙方雖互通書信，但觀點依舊截然相反。我們如果挾船撤離澎湖，他們將准許中國人來巴城經商，並揚言派出眾多商船。諸如此類的空話與諾言充耳，他們還保證屆時離開馬尼拉，按我們的願望(此前中國人設法限制中國與巴城的織物貿易)確保那一航行水域暢通。他們所擔心的不是澎湖或大員，而是他們對貿易的壟斷。如果我們在以上地區開展貿易，中國人恐怕會失去壟斷權，因此花言巧語連篇，不斷做出許諾，因為無能力訴諸武力。勿庸置疑，如果我們撤離澎湖，他們願與我們約定每年派帆船來巴城貿易，不失信用。

但大部分中國貿易在此期間將轉移到馬尼拉，他們在馬尼拉海岸再重演故伎，正如在中國沿岸發生的事情一樣，製造種種困難。我們相信，只要有能力阻攔，您對中國人在馬尼拉貿易也不會聽之任之。若巴城受此影響，中國至巴城的航行中斷，我們將繼續進行在中國沿海的武力行動，而且將有過之而無不及。所以，只要中國人禁止我們在澎湖、大員或週圍其他合適的地方貿易，他們在我們面前表現出的和氣與友好均將失去根據而且無法令人接受。

我們的目標是，把馬尼拉與中國的貿易引至我處，以保證對大部分貿易的永久壟斷權。這一目標將無法甚至永遠不能達到，除非我們在中國沿海能找到落腳之處，並保住這一地盤，以根據實際情況對中國人軟硬兼施，終會如願以償。從至今所發生的事情中可以得出結論，中國人唯一的希望是暫時忍受我們帶來的苦處，等待我們的人無法承受諸費用的壓力而做出退讓，避免我們的攻擊，同時不斷安慰我們的人事情將會有好的結果，以此贏得時間。而我們所擁有的時間短暫，儘管負擔沉重也要準備，因為我們不可能在短時間內使貿易突然間從馬尼拉轉向巴城以及巴城的人轉向中國沿海。強施暴力，將欲速則不達，反使事情變得更加複雜；過於軟弱，則易使事情拖延；大舉饋贈，並非上策，而不加饋贈，則易導致隔閡與摩擦。

依我們之見，在這種情況下取中間之策最為合適，即用現有的有限勢力保住澎湖供公司船隻停泊和保證有貯存貨物的地方，同時給中國人以希望，即一旦他們的許諾成為事實，我們在別處有利可圖，證明他們從前對我們以誠相待，我們定會撤出澎湖。

其二，備幾艘快船占領大員灣，並保留相當數量的資金吸引冒險商，泊至的人定會與日劇增，因爲其中有些人已與我們貿易而相互結識。

其三，若得到中國港口有帆船駛往馬尼拉的消息，即派出2艘或3艘快而結實的艦艇(如不能多派)，前去馬尼拉海岸中國商船航行的水域劫擊。

其四，備幾艘便於作戰的堅船快艇封鎖漳州灣，雖然此灣南北仍有其他港灣可供中國人航出，但一旦發自漳州的這條重要航路被堵，另有港灣也無濟於事[14]。

爲不再給中國人製造更多的痛苦，尤其是如果我們不能明顯從中獲得好處，我們認爲，停止陸路征伐爲宜，因爲漳州附近的陸地對我們來說無利可取。我們的人之所以在那裡的沿海處處陳兵把守，實際上不是爲進行實戰，而是準備屆時登陸掃蕩搶人[15]。

我們認爲仍有必要移民到巴城、安汶和班達。若兵力不足，可捉到足夠的百姓。但眼下勢單力薄，難以制定大規摸的計劃。我們認爲可行的是首先保持巴城、澎湖和大員的航線暫時暢通無阻，不再對中國人採取任何敵對行動，除非有人公然與我們的敵人來往貿易，即使這些人我們也不傷害，而是迫使他們轉舵往中立或其他友好國家經商。只要與中國官方尚未達成協議，我們保持常派使節與其商談，若有必要施以適當的饋贈。我們認爲，中國人日後終會變得靈活機動，從而進一步取信於他們。現在既然能向他們申述我們的請求，而且中國大官特別是中國皇帝知道我們從何處而來，有什麼要求，在這種情況下，我們應盡量保持水路暢通，單是阻止馬尼拉的貿易已爲中國人造成足夠的障礙。

---

14 這足以說明當時荷人對中國沿海已極為瞭解。何喬遠著《閩書》卷319中記載，福建當時出海貿易的商人均需經漳州月港出洋。漳州灣是中國東南沿海當時對外貿易的咽喉，荷人扼守此處，也就控制了商船的出入。

15 萊爾森在停泊漳州灣期間不僅派佛朗森和范·麥勒德爾特與中國地方官員商談，而且屢次親自寫信給都督等官員，從保存在海牙檔案館的上述來往信件中可以看出，中國人的態度強硬，9月2日荷人甚至討論是否應動用武力，但由於武力不足，決定暫時撤回澎湖，養精畜銳，準備戰爭。

如果這樣持續時間太久，特別是如果冒險商不前來貿易，將爲公司事務增加重重困難，但我們堅信，只要處理得當而不是操之過急，不會出現這種情況。一旦人們認爲這些中間途徑無效，仍可採取強硬措施，隨機應變以達到目的。

派艦艇攻占澳門也是當務之急，以阻止葡萄牙人與日本及馬尼拉的貿易，不然那裡的貨物出入量將劇增。

占領澳門、漳州、澎湖和大員，攔截馬尼拉水域的商船，以及派船往中國北部沿海和日本，依我們估計需要海船和快艇……艘，配備人員……人[16]，這是除上帝幫助外獲取貿易壟斷權的唯一方式。只要能保證我們擁有以上的兵力，不但將敵人驅逐出馬尼拉不成問題，而且我們認爲，攻下澳門也易如反掌。

正如我們的人前面所講，令人遺憾的是因原都督卸職，新都督上任，中國人因此非但不恪守其諾言及所簽協定，更有甚者，他們不遵守前來大員與我們貿易的約定，並不准許我們在那裡駐紮，儘管這一地區不屬於中國的管轄範圍。新任大官對從前與我們的商談不予以過問，一切都要重新開始。我們的人到達那裡，他一再拖延時間，試圖磨損我們的意志，從而不戰自勝。澎湖評議會於9月份決定，集中全部兵力準備對付中國，取消停戰的決定，因爲中國一方背信棄義。命令海船Groningen、de Sampson、Erasmus和Victoria一旦風向適合，飄洋過海直航漳州，再次以武力對中國發起攻擊。這一決定是否將取得進展，以及所發生的事情等消息尙在等待之中[17]。我們擔心力量薄弱，對付中國人力不從心，後悔當初派他們出擊。因此後來中國人以花言巧語，避免短兵相接，正中我們的下懷。在這種情況下，我們認爲這樣做最合適，儘管事情難以取得進展。

您尊貴的閣下或許認爲我們對中國事務報告得過於具體細緻，我們這樣做是爲減少您閱讀報告時的困難和麻煩。同時寄去有關中國海

---

16 檔案中沒有填寫。

17 見《報告》1624年3月4日。

岸諸事的全部信件、報告和其他消息，還有幾封信的譯文[18]。其中有關前面所述的要點及其背景記錄更爲詳細。

(fol. 53)從上文中您已獲悉，兩條中國帆船如何從北大年返回中國，另一條於12月21日安抵我處，兩名特使[19]也隨船而至。前天即新

---

18 見voc 1080, 1081。

19 兩位特使由福建巡撫派出，意在向總督遞交巡撫的信件，督促荷蘭人盡快撤離澎湖，談判沒有具體的結果，最後特使攜帶總督的回信返回中國，因此特使的巴城之行除信使的作用外沒有達到其他任何目的。這是中國政府尋求以和平方式解決中和澎湖之爭的最後一次努力。此後便有漳州灣的戰火和沈有容兵臨澎湖諭退荷人諸事。《巴城日記》1624年4月1日詳細記載了此行的經過。摘錄如下：

福建省巡撫派來巴城面見總督的兩位特使黃合興和陳士瑛被迎接入城，二人均為地方官員。

二人後來被引見總督，恭敬地遞交了福建巡撫寫給總督的信件，主要內容如下：如果我們有意促進中國與巴達維亞和其他地方的貿易，必須遠離中國行政管轄區域，不然後果將不利於巴城。但如撤出澎湖，並對前往巴城的中國人以禮相待，並不再派船來中國，定有無數中國人前去咬留吧（中國人對巴達維亞的舊稱）貿易。

此外二人出使巴城，意圖是想調查清楚總督對司令官萊爾遜在中國沿海所採取的一系列行動是否得到確鑿的報告，以及上述司令官是否受命於尊貴的總督先生在中國行政區域澎湖修築工事。接下去他們講述，司令官如何要求在澎湖進行友好貿易，而在中國官員依法拒絕之後(中國法律禁止任何外夷人在中國行政區域駐紮，進行貿易)，擄掠並燒毀中國船隻，捉走中國無辜百姓，並屢次在中國大陸掃蕩；後來司令官親自到福州與福建巡撫簽訂停戰和約，再次請求在澎湖進行友好貿易；巡撫答應他的請求，條件是他率船撤離澎湖到中國行政管轄範圍之外駐紮。

據1月23日記載，兩位使者應邀參加總督所設的午宴。之後，總督向他們說明，近日內將有兩艘海船返回荷蘭，因此希望該使節就中國貿易之事提出建議，以稟報荷蘭王子。使者向總督先生介紹了司令官萊爾遜於前任福建巡撫在何等條件下達成協議，即：允許荷蘭人在澎湖等待總督的具體指令，期間帶領船隻到大員停泊，然後將准許他的人前去與荷蘭人貿易並提供各種必需品；將禁止船隻航往馬尼拉；同時將派兩名使者前往巴城與總督閣下商談，就撤離澎湖選擇其他貿易地點達成協議，而且補充說，若總督先生愿離開澎湖，可去大員及附近地方駐扎，只要在中國行政區域之外。在這些條件下中國人將前去與荷蘭人貿易並不再航往馬尼拉。

總督答覆，荷蘭並非覬覦澎湖，只為公司在中國沿海船隻眾多，需要地方停泊，絕非干涉中國行政管轄，僅為要求貿易而派往那裡，一旦有其他適合的地方可供駐扎，情願離開澎湖。這正中使者的下懷，也正是巡撫所要求的。隨後，總督向他們講述，荷蘭人在中國沿海已有22年，

年，我們隆重迎接他們入城，並馬上召見。

我們詢問他們的來意之後，使者答覆，受巡撫先生委託送信而來，並問及總督先生，對司令官萊爾森在中國海岸的所做所爲是否得到確鑿的報告，這些行動是否由我們命令而發生。他們說，對上述司令官的來歷不明，他率領艦隊來到中國沿海(不知他們來自什麼國家)，很快在中國行政管轄範圍內修築起工事堡壘，請求中國貿易，儘管已屢遭回絕，不准他們以任何方式與中國貿易，因爲這觸犯了中國的法令。上述司令官視中國帆船爲敵，並予以燒毀，扣押眾多中國人，甚至在中國大陸無理擄掠，肆無忌憚。停戰後，上述司令官親自面見福州巡撫，再次請求在澎湖貿易，巡撫依據中國的法令規定予以回絕。但他承諾，如果我們的人能撤出澎湖，攜船到中國管轄範圍之外的地方落腳，他將准許中國人到那裡貿易。司令官答覆巡撫，沒有總督的特別指令，不能擅

曾再三要求貿易，而中國官府置之不理，沒得到任何收穫而被拒之門外。現在，上述荷蘭人再次返回中國沿岸，重重地敲打中國的大門，意在使中國人聽到我們的要求，准許他們與中國貿易。總督質問中國使者，為何巡撫對萊爾遜司令官背信棄義，中國人為何不到大員貿易，更有甚者為何仍發放執照允許船隻航往馬尼拉和其他地區？中國人回答，上述巡撫和都督均已退職，而新上任的官員必須更嚴格地處理各種事務，但原因並不在於此；人們不必這樣認為，前任巡撫的許諾仍應保持有效並付諸行動，因為上述巡撫做出的決定並非出自於他自己的想法，而是受命於或事先稟報皇宮，所以這些決定來自於他的上。總督先生後來問及，是先開放貿易還是先撤出澎湖，使者認為這不是問題所在，因為如果貿易不開放，荷人可重新占據上述島嶼。

總督先生講，如果中國人先開放貿易也不會失去任何利益，因為中國人供貨，荷蘭人出錢；經商定，如果荷蘭人占據澎湖不動，中國人仍可禁商以示制裁。使者點頭稱是，料巡撫也不會有異議，先在另一地點開放貿易，況且中國人沒有任何理由另闢他徑，對中國人來說只能是有厚利可賺，遠比在海上冒險顛簸有利得多，去馬尼拉每年至多航行一次，而大員可航行五次，又不必冒很大的風險。兩名使者之一說，如果荷人今年在馬尼拉附近沒有截擊中國帆船，來年可有10條帆船航來巴城，而今恐怕只有2、3條，因為在馬尼拉截船捉人引起人們的反感。

總之，雙方得出結論，一切會更好地繼續下去，圓滿地達成協議；同時荷人向巡撫做出詳盡的解釋，料想巡撫也會滿意，繼而開放貿易，特別是在他獲息我們在開放貿易的前提下我們準備撤出澎湖。

2月16日《巴城日記》記載，福建地方最高官員發布通告，禁止所有中國人在澎湖和大員與荷蘭人貿易。

自撤離澎湖，最後建議巡撫派使船前往巴城與總督進一步面談。

現在我們已得知，巡撫派遣兩名特使來我處就撤離澎湖和中國管轄範圍之外的地方(中國人將去那裡與我們貿易)安頓達成協議。他們希望能向我們提出幾種建議，並商定仍與我們保持友好關係。此次談判中我們向他們闡明了以上內容，之後還將繼續與其商談，屆時再向您稟報使節後來的情況。同時寄去巡撫來信主要內容的譯文，大概如下：我們必須轉移到中國政府管轄之外的地區，然後再疏通貿易。問題究竟在於中國的管轄範圍，還是另有其他因素，我們希望能夠調查清楚。

難道對中國人來說維持他們對澎湖的行政管轄比我們在那裡的貿易更加重要以致於需以戰爭的災難來解決嗎？對他們來說，更簡單而宜於接受的是同意我們留在澎湖，不然，准許我們在大員駐紮，並前來巴城貿易，從而以正當的理由和許諾說服我們撤離澎湖。因爲我們最關心的是貿易，對澎湖乾燥貧瘠的土地毫無興趣，如果他們歡迎我們到他們的國家，這種嘗試難道能給他們帶來什麼不利嗎？一旦他們日後對此另有看法，仍可以像現在一樣隨時取消我們貿易的權力。這種嘗試能給他們帶來什麼損失嗎？他們賣給我們貨物，我們支付給他們銀兩和其他所需物品。這才是前面所講的達成所希望的友好協定的辦法，任何一方都不會吃虧，他們沒有理由阻撓。一旦不能說服他們，我們應該注意，撤出澎湖在中國行政管轄之外的地方駐紮，仍不是解決問題的完全之策。這一步完成之後，他們將得寸進尺，隨意尋找貿易伙伴，與我們的敵人或其他地方貿易。而且他們還可以揚言，只要我們的要求得到滿足，能得到與我們資金相當的貨物，我們則無權阻礙他們。如果他們仍不予以准許，支撐一段時間，則可說明，對他們來說關鍵不在澎湖，而是自由貿易。這只不過是我們淺顯的看法，時間將做出更清楚的解釋。這期間，我們希望能考慮中國人提出的所有建議，仔細衡量，不可輕易拋棄我們優越的條件，而是暫時接受其建議，以不致於壓力太大。不然，我們認爲，即使有上帝援助，您的目的也將無法達到。

上述帆船所裝貨物的價值約合300里耳，船貨未具體列出。我們不得不提醒您注意，這裡嚴重缺乏結實的船錨纜繩、用於固定和拖拉的繩索、帆布、瀝青和柏油，這一短缺影響到公司的利益。因爲沒有纜繩，我們不可能派出強大或相當的力量出海，這樣會導致您價值連城的船艦因公司事務難以顧及，停泊不用而損壞。中國沿海和日本海域所用的纜繩和帆布比整個東印度地區航行水域還要多。

9. P. de Carpentier, J. Dedel, M. Sonck, J. Specx，J. van Gorcum, 巴達維亞, 1624年3月4日

——voc 1090, fol.61-67.

(fol. 61)2月16日快速戰艦Mocha自澎湖安全到達這裡，載有價值240里耳重的日本銀，1000件次等質量的錦緞及6擔生絲，購自大員的冒險商。司令官萊爾森派出的快船帶來消息，打開中國貿易的嘗試完全不像我們期望的那樣成功。

在前面的報告中，我們已向您敘述了澎湖評議會在9月份決定重新對中國人開戰的原因；但爲避免操之過急而失策，和錯過一些可能的途徑，我們的人計劃以後加以節制，因此將於10月25日由司令官佛朗森率領Groningen、Sampson、Muyden和Erasmus等船代表公司前往漳州灣，執行向中國人開戰的決定，同時再一次以友好的態度與中國人談判，弄清楚他們許諾前來大員貿易而失言的緣由，並觀察是否可促進雙方的貿易關係。

司令官佛朗森率船於10月28日到達漳州灣，開始與中國人談判，以達成他們認爲最合適的協議。結果出乎我們的意料，中國人的弄虛做假卻構成我們最大的威脅，使我們的人深受其害，爲公司造成莫大損失。因爲中國人設下圈套，使司令官佛郎森和一名高級商務員、船長及其隨從，還有一隻小艇的全部船員束手就範被中國人扣押。事情的原委如下，上述司令官扣留人質作押，並持有都督的令箭，應都督再三要求而親自登陸，以核定協約(我們的人經與中國官員談判，雙方達成一致的協定)。而且又因Erasmus船長的大意造成30人落入中國

人手中。

我們的人白天興致匆匆地登岸慶賀遭到扣留後，中國人夜裡率50多條火船、數艘戰船及其他水上運輸工具，成群結隊湧向停泊在廈門城下的Muyden和Eramus兩船，致使Muyden著火，連人帶船爆炸。Erasmus僥倖逃掉。您可在同時寄去的由其他的幾位評議會成員起草的報告中詳細閱讀這次出征的情況[20]。

---

20 有關這次出征的情況《巴城日記》記載詳細具體，實為可貴的史料，現編錄如下：在澎湖的評議會認識到獲許進行中國貿易困難至極，同意以下建議，海船Groningen、de Sampson、Muyden 和 Erasmus由高級商務員佛朗森率領派往漳州灣，並命令他在發起武力攻擊之前首先盡一切辦法與中國人取得聯繫，並以和平的方式一起商談。上述艦隊於1623年10月28日到達漳州灣，停泊在浯嶼，而且在最高處掛出白旗。一位名叫 Quitsuan 的中國商人登上荷船，得知我們是為追求和平和自由貿易而來，對我們的到來深表歡迎，因為眾商賈因戰爭而一無所有，失去了所有的貨物，同心協力請求福建巡撫允許他們到大員貿易。另外有些來自貧窮和受戰爭之苦的地區向某位住在深山老林的隱士(中國人認為他是聖人先知，此人從前是一位富翁，喪妻後隱居起來，常在大官面前為窮苦百姓申冤，影響頗大。)控訴他們因戰爭連綿不斷而受盡苦處。同時向大官申報了隱士將插手此事，還有上述 Quitsuan。如果人們不肯相信他的話，隱士將親自登上荷船談判。佛朗森表示願意與其會面。

11月5日上述隱士登上荷船，並帶來一封都督的信，內容大概如下：荷人何以證明他們的正義合理，實則來此毀我帆船和各種運輸工具；荷人船上既無資金又無商品，要求荷人毫無掩飾地將其看法解釋給這位完全可以信賴的隱士。

荷人回答，無非是想以其資金換取自由貿易而已，隱士講到，如果此言是眞，那麼這種要求是正當的，並準備在巡撫面前說明，令人滿意地結束這一爭執。隨後中國人辭別登陸而去。5、6天之後，Quitsuan又登上荷船傳信，都督為荷人發放護照以便出入。因此，快船Muyden和Erasmus到達廈門城下並停泊在那裡，上述Quitauan和另一中國官員送去接濟物品，問他們是否可派2 - 3名頭領登陸與都督商談。荷人鑒於缺乏合適的翻譯而謝絕，但請求是否可派2-3名中國官員登船談判。2至3天後，果然有兩名中國官員攜帶都督的信件登上荷船，具體內容如下：

中國人將按我們資金的實力運到大員足夠的貨物，特別是絲貨。

該北風季將由荷船護航派出4到5條滿載的帆船，和一名能幹的官員與尊貴的總督閣下商談，但條件是司令官萊爾遜在此期間寫信告知準備撤離澎湖。

整個約定有效期，中國停派船隻航往馬尼拉、交阯、柬埔寨、北大年、占碑和Androgiery等地，違令者將受處罰，如果荷人對他們發起攻擊，後果由他們自己負責。

澎湖評議會獲得船隊的不幸遭遇和中國人虛假圈套的消息後，決定集中現有的力量，即Orange、den Engelsche Beer、Erasmus等船，給中國人以強烈的回擊。該船隊於1月20日自澎湖越過海峽，並得命首先繞到中國北部沿岸，然後南下，盡力給中國人以打擊，並盡可能地捉獲中國人；扣押相當一批中國人之後，派一條或兩條船載運，逕直駛來巴城，再派一艘返回澎湖。我們在此靜候佳音[21]。

我們無法想像中國人對我們的人設虛假圈套的目的何在，或許是對最近我們對前往馬尼拉的中國商舶大肆劫擊的報復，或者中國人想打消我們對進一步談判的任何希望。事實證明，他們這樣做似乎爲後一目的。我們的兩名翻譯在廈門遭到斬首，並將其頭顱高懸示眾。此外還有更多的人，因被懷疑曾與我們有過聯繫或幫我們說過話而受到牽連[22]。從大員的冒險商那裡得知，中國人想利用這種方法來對我們施加壓力，因爲他們對我們的勢力瞭如指掌，我們根本無力與強大的中國爲敵。

荷人認為這一條約合乎情理，之後中國人再次要求他們派出2-3名頭領登陸(因為中國人已屢次登上荷船)，以與都督當面在中荷文條約上簽字，避免以後產生誤解。另有一日，3名中國官員登上我船，帶來3隻令箭和信件，都督鄭重要求快船Muyden和Erasmus的高級商務員和船長隨中國官員登陸。荷人下船後，受到隆重迎接，有人為其各撐一把陽傘，由中國官員陪同前往都督的殿堂，同時船員們在海灘受到中國人豐盛酒食的款待，致使他們幾乎酩酊大醉，Erasmus的船長為避免醉倒而回到船上，他已料到中國人居心叵測，而且有一名中國官員以取酒食為名，實則搬兵圍攻荷人。晚上，中國人將置毒酒食送上Erasmus，水手們就餐後吐瀉不止。夜幕降臨，但荷人派出的人仍未返回船上，因而向中國人詢問實情。他們講，這些人正在都督府中飲酒作樂，而船上的荷蘭人則得到消息，有50條火船已駛向快艇，Muyden一船被點燃，結果連船上的中國人一同爆炸，不知是否有人被中國人救出扣押。Erasmus在上帝的幫助下，憑借船員門的勇敢，竟撲滅大火脫離危險而逃走。

有關此事《廈門誌》記載：畫軍門議以互市，詭撫。默散家財，募敢死士椎牛，酒置毒入夷舟。遍觴之，夷喜，財賫急下小艇趨舟師，挾灑篋擲之，風發火只，夷眾殲焉。《巴城日記》1624年2月16日內容。《廈門誌》卷16，紀兵，頁3。

21 對中國沿海的襲擊按計劃於1624年1月20日進行，詳見下文1625年1月27日《報告》的內容。

22 這應是明實錄中所記載張嘉策通夷而引發的大清查的結果。

就饋贈厚禮而言，我們的機會不能與敵人(澳門的葡人和菲律賓的西人)相提並論。他們贈送厚禮，是因爲長久以來得以享受貿易利益。而對我們來說，贈以厚禮是否奏效，尙無定論，爲此耗費巨資恐怕得不償失，況且我們若只贈送重禮而無強權作後盾，也將一事無成。強權可產生威力，施以重禮更如虎添翼，二者正是我們目前所急需的。因此我們認爲，一旦我們的勢力無助於中國問題的解決，您的訓令也無法實施。不如控制住局勢，再試圖一方面以懷柔的政策，另一方面通過截斷往馬尼拉和除澎湖、大員和巴達維亞以外其他地方的航路，使事情取得進展，而無須不自量力冒險採取大規摸的行動。這樣做的優點我們不可輕視，如此可避免因冒險而導致失敗，而且不會遇到太多障礙而打通我們夢寐以求的中國貿易，我們肯定可以到達這一目的。只要您的政策對中國人寸步不讓，勿庸置疑，最終的榮譽將如眾人所料他人莫屬。占領中國海岸有一箭雙雕的作用，即打通與中國的貿易，打擊我們的敵人，但若公司本身無力爲上述兩項使命提供足夠的援助，那麼我們的國家就應對此做出貢獻。

我們向這裡的中國使者講述上述消息[23]，並質問他們這種背信棄義的做法有何用意。開始他們看上去有些吃驚，但見我們沒再把事情誇張，他們重新鼓起勇氣，或把責任推託於新任都督盲目行事，或報告有誤及翻譯叛逆。最後斷定，此事純屬誤解而並非故意挑起事端，因此對這件事沒有做出強烈的反應；並希望只要他們能從巴城順利返回中國，一切將得到解決。我們計劃，派一特別使團隨中國使者前往中國，可望獲得準確的消息，查清事情的真相。我們仍然堅持認爲，事情的關鍵不在於澎湖本身而另有原因。

雖然如此，我們仍希望能在大員或附近不在中國行政管轄之內、適於大船停泊的其他港灣安頓，離開澎湖並不會使我們失去所有利益，反而會去掉這一麻煩，因爲中國人只求索回澎湖，而我們則認爲其中另有緣故。如果我們撤離澎湖，允許中國人自由航行，我們有把

23　即佛朗森在廈門受到襲擊一事。

握獲得巴城和大員的部分貿易；但若我們阻止他們前往我們的敵對國家特別是馬尼拉，又會重新與他們產生摩擦，到時候我們不但會失去已有的部分貿易，而且將造成壟斷中國貿易只能是白日做夢。上述使節離開巴城後[24]，中國人將不再駛往馬尼拉，但前提是我們撤出澎湖並開放所有其他駛往交阯、柬埔寨、暹邏、大泥等的水域；同時我們必須以雄厚的資金投入貿易，對此中國人心存疑慮，最後還要設法徵稅，數目要達到漳州從駛往馬尼拉帆船那裡所得稅餉100,000里耳。

我們的人在大員用泥土築起一座防禦工事，因除小快艇外無處貯存公司的財產，而且可用於防備他人的攻擊。對吃水淺的快船來說這是我們的人在福爾摩莎沿岸所能找到的最優良的港口，那裡不時還有冒險商光顧。Zirckzee一船離開大員後，我們貿易所得只有約1,000件錦緞和6擔生絲。

司令官萊爾森在中國沿岸要求補充人員、便利船隻和船隻用品，希望您尊貴的能根據我們隨船寄去的信件盡量滿足要求，從而不致因嚴重缺乏必需品而貽誤公司事務的進程。

10. P. de Carpentier, J. Specx, Pieter Vlack, Antonio van Diemen, 巴達維亞, 1625年1月27日

——voc 1082, fol.129-178

(fol. 146)從我們上次的信件、及一同寄去的報告、決議和其他有關澎湖的消息中，您可能已經瞭解公司中國事務的現況。

其中我們報告了於去年1月20日派遣司令官萊爾遜到中國沿海，即Orangie、den Engelse Beer和Erasmus如何被派往中國向中國人宣戰的情況。上述船隻從漳州以北順風沿海南下，途中偷襲多處，而且曾登陸發起攻擊，但獲利甚少，因中國人已被告誡而有所防備，整個海

24 中國使者由快船Purmereijnt和Armuyden護衛裝運貨物於1624年8月3日返回中國，去那裡替換萊爾森的宋克也隨船前往。

岸已嚴密設防保衛，我們的人在海上和陸地共捉獲約220名中國人[25]。

上述船隊途徑各港灣、河流及許多地方，從漳州南到廣州，沿海出擊，而且登陸征討，結果如何，請詳見同時寄去的一張路線草圖和他們提交的有關事情經過的報告。

3月，den Engelse Beer自中國沿海，de Hoope自澎湖到達巴城，送來195名捉獲的中國人。Orangie和Erasmus收穫甚微，於5月1日航返澎湖。

去年，我們向中國海岸派出的船艦只有2艘海船，2艘快船和1艘快速戰艦，配備人員共計370人，裝備有相當的戰用武器彈藥及食品，但只有少量結實的纜繩和其他的船隻用品。這些船隻是：Noordhollant轉道暹邏而來；het Wapen van Zeelant、Arnenmuijden、Purmereijnt和快速戰艦de Fortuijne.

(fol. 147)儘管廈門的都督在漳州灣雙方最近的一次談判中災難性地把我們出賣，燒毀我船Muijden，使Erasmus陷入困境[26]，鑒於各方面因素，特別是爲繼續與中國人談判，我們對中國的使節與其帆船、人員和物品，我們絲毫沒有阻攔，並派快艇Purmereijnt和Armuijden護衛，裝運用其資金購買的貨物返回中國，完全不像中國人那樣扣押船隻，製造事端，甚至發起攻擊。

宋克先生隨上述快船被派往澎湖，替換迫切要求離任的司令官萊爾森，並接管公司在那裡的事務。同時派出一名特使前往福州面見那裡的最高官員巡撫(Conbon)。

出於對中國使節強烈要求的尊重，尤其爲不耽擱下次與中國人的談判，以示我們到中國無非爲尋求友好的貿易關係，我們將捉獲的幾名中國人交給使者，爲他們發放通行證，准許他們返回中國。剩餘的俘虜則留在巴城，這裡糧食充足，正如其他自由的中國百姓，讓他們

---

25 荷蘭人這次襲擊中國沿海，是為了報復中國人1623年11月對荷人在漳州灣發動的攻擊，即《廈門誌·紀兵》天啓三年的記載。

26 見《報告》1624年3月4日。

在幾名中國頭目的管理下居住下來[27]，任其謀生，自尋出路。我們還向使者保證，一旦與中國人談判達成協議，將把這批和其他中國人全部釋放。

(fol. 147)後來從大員到達這裡的船隻有：12月9日司令官萊爾遜率領的快艇Cleen Thoolen，1月3日快艇Erasmus。二船運來110擔生絲、476件粗質錦緞、75件緞子、30件大絨、195件素絹。上述船隻帶來消息，派出的所有船隻在上帝保佑之下已安全抵達澎湖；我們與中國人的關係和我們想像的情形相去甚遠。不是我們到他們的領土上去，而是他們自己率領150條戰船、火船和沉船由水陸，10,000名士兵由陸路浩蕩湧來，受令以武力驅逐我們出澎湖[28]。

我們的人見中國人的兵力與日劇增，同時聽說中國皇帝已下詔令與我們宣戰，福州、廣州和南京所在的三省得到皇帝的旨令，要堅持作戰直到我們被趕出澎湖和中國行政管轄範圍以內的地方。除駐紮在澎湖列島的中國軍隊外，上述三省集中了令人難以置信的大量軍隊、戰船、貨船和沉船備戰。中國人天天在向我們逼近，已到達澎湖島附近，並在我們的城堡前面聚集了大批人和船[29]。我們發覺，中國人真正地大動干戈，鑒於我們兵力薄弱，無力抵禦中國人的進攻，而且我們的飲用水源將被中國人截斷。此外，我們停泊在灣內的艦隊將受到中國火船的極大威脅；即使我們能抵禦一段時間，最終仍將因寡不敵眾在激戰中敗北而不得不撤出澎湖，中國的法律不容許外族人占據中國行政管轄內的地區；與其等到最後不能與中國人達成適當的協議，不如撤離澎湖，簽訂條約，公司也可避免一場激戰，到中國政府行政

27 即指巴城完善的對中國人的管理制度，設甲必丹等職，詳見《開吧歷代史紀》，刊載於《南洋學報》第9卷第1輯，1953年，頁22-62。

28 宋克到達時，聽說中國人已在城堡的北部島嶼上駐紮，勢力足有4,000人和150條戰船，而且不斷有軍隊自中國派來。

29 這次圍攻即《廈門誌》所記載：「四年秋，巡撫南居益自島發兵剿紅夷，於澎湖克之。」圍攻於1624年1月開始，以鎮海為基地，對荷人發起攻擊，荷人竭力守衛，南居益便令謝隆儀、俞咨皋、王夢熊三路齊進。《明實錄》天啓四年十月也有詳細記載。

管轄之外的大員開展自由貿易。若中國人不守信用，我們隨時都可用兵攻占(因澎湖地理位置重要)。

因爲這一緣故和其他因素，特別是鑒於我們微弱的力量，此事不宜拖延，澎湖評議會決定，撤離澎湖，屯駐大員。隨後與中國駐澎湖軍隊將領達成協議，我們撤出澎湖，遷往大員。該官員回信答覆，准許大員和巴城的自由貿易，並將辦妥巡撫的正式批准信件。這是中國人到那時候爲止對我們的人的答覆。

雙方友好地互遣使者談妥之後，上述將領親臨我們的城堡，來察看我們是否在做撤離準備，以便向福州巡撫報告，爲盡快使他發出准許信件打下更好的基礎[30]。

最後我們的人於8月1日[31]，率領所有船隻和人員，攜帶各種物品撤離澎湖，向大員進發。到達那裡後，馬上築起一座城堡[32]。至此，我們與中國人的糾紛似乎告一段落，我們滿懷信心地等候巡撫的准

30　中文史料對談判過程隻字未提。根據《巴達維亞城日記》1625年4月6日的有關內容概述如下：中國人兵臨城下，荷人頑固抵抗，在這種情況下，一名客居日本的中國甲必丹以中間人的身份來到澎湖，進行調解，荷人提出幾項條件：中國人須對貿易做出保證；一旦在福島找到適合之地，再拆毀澎湖城堡；一批荷船將馬上撤出，餘者在東北風季結束時撤離；有權攔截往來於敵對國的船隻。甲必丹面見巡撫後，次日與一名中國官員攜帶巡撫的書信登上荷船。結果中國人回答，他們已就貿易做出足夠的保證；無法接受荷人拖延拆城一項；准許大海船停泊至北風期結束。並嚴正警告荷人，若不拆城，中國人將用兵對付。荷人被迫做出讓步，拆城撤離澎湖，前往大員。

有關澎湖事件，可參閱《東西洋考》和《明史・荷蘭傳》以及《明熹宗實錄》天啓五年四月的記載。據後者可知，荷蘭人所講的客居日本的中國甲必丹即為李旦。

31　雙方達成協議後，荷人開始撤退並於8月26日即開始拆城，所以這裡記載的日期有誤，況且宋克到達澎湖是8月3日。最後宋克是於8月30日離開澎湖，前往福爾摩莎。

32　此城座落於大員灣的南角，今安平仍有此紅毛城的遺跡。城四周以木板作城牆。城堡長11路德(1 roede=10米)，寬8路德，以沙丘為基地。城堡與福爾摩莎本島只有及膝的海水相隔。宋克本打算用石頭和石灰建築城堡，但缺乏材料和人員。大員當時只有一名燒磚匠，每天可燒2,000塊磚。見《報告》1626年2月3日記載。

許，以及大員貿易的開始[33]。因我們已撤出澎湖，而且中國派人駐紮，長時間以來我們的船隻第一次不再能在那裡停泊。然而大員不適合吃水深的大型海船停泊，因此大船不能發揮其作用，以後貿易須依賴吃水11或12荷尺的便船繼續進行，這樣的船隻方可進入大員灣；在港口北部伸出一懸崖，可供大船於北風期停泊，只是風暴一起，風險極大。而南風期，大船則毫無保護，希望尊貴的您予以重視，一旦可能，給我們配備一些吃水淺、既方便又有攻擊能力的海船，以供這裡航行使用。

儘管我們的人在大員所得到的運自中國的貨物不多，但中國人和我們自己完全相信，中國貿易將順利繼續下去。因此，當務之急是您能運送來一批相當的資金，同時我們盡力設法有效地利用。絲綢在中國價格昂貴，每擔至少126兩，每中國兩相當於3.5盾。我們的人已以140兩一擔的價格向中國人訂購150擔。儘管如此，因價格昂貴供貨稀少，爲吸引商販把絲綢運到我處，並使他們有利可圖，我們決定，上等絲以每擔200里耳的價格買入。而日本人去年則以每擔200甚至226兩的價格收購[34]。

---

33 F. Valentijn在他的著作中記錄有此信的內容：

現在對您的請求作以答覆。中國甲必丹多次向我們説明，您已撤出澎湖城堡，並離開澎湖，我們認為您沒有失言；因此我們願與您繼續保持友誼，並已稟報皇帝，荷蘭人來自遠國，請求與我們貿易，荷人南部以咬留吧，這邊以福爾摩莎為基地。我們決定前往福州，與巡撫和官府説明我們已與您建立友好關係。司令官可自由航往巴城，向總督先生報告這一切，因為您的貿易已獲得保障。

天啓四年八月二十日

都督

對荷人在中國沿海於中國人的糾紛，宋克評論道，通過在中國沿海的活動，我們在別人眼裡成為殺人兇手、海盜、暴力者。對中國採取的武力行動依我之見過於強硬和殘忍，這樣我們永遠也無法獲得中國貿易。F. Valentijn, *Oud en nieuw Oost-Indien*, IV, tweede stuk, p. 49.

34 據荷人從船主Wangsan那裡得到的消息，中國生絲價格已漲至115兩一擔。之前價為每擔80兩，後來增至85、90、95兩，但雖價格上漲，銷路不減。他對荷人講，如果他們出價140-160兩即相當於200里耳的價格，那麼絲綢的輸入將不成問題。並聲稱，如果願出200里耳購買，可與他們成交，提供1,000-1,500擔，在大員交貨。甚至在以後的6個月内即可裝運1,500擔絲綢到大員，只要荷人能保證中國人在那裡可獲利25%到40%。他建議荷人用這種方式誘商前往大員，一旦打開市場，就不必擔心絲綢供貨，年輸入量可達10,000擔。據《巴城日記》1625年4月6日記載。

上述兩艘快艇離開後，大員還有450,000盾的資金和少量商品，依靠這些和將從日本得到的估計不可能太多的物資，擺脫目前的困境。

下次北風期大員將派出一艘快船，運載所得貨物航來我處，並將帶來有關貿易進展的消息，然後我們可根據情況將貨物和資金運到大員。8月份我們已派出het Wapen van Zeeland和海船Groningen自澎湖前往日本，兩船所載貨物價值爲f.72,599.5，用於爲巴城購買500到600拉斯特米和船隊的給養，若有可能，再運往大員一批白銀。

Erasmus一船離開時，仍無船隻從日本到達大員，所有的船隻只路過大員而不停留，這不會造成我們的人在那裡難堪，因爲他們給養充足，能從中國得到足夠的接濟。

他們計劃12月底或1月初派出實力相當的船隊到馬尼拉，截擊來往於馬尼拉的中國帆船，截獲的船隻不再押往大員或中國附近各地，而是把他們帶至巴城或經美洛居群島帶到安汶，這樣可避免在中國重新引起麻煩，可最低限度地招致中國人的不快，不會聲張到當權者那裡，特別是如果我們大施賄賂，添滿他們的錢袋。

因爲這一轉變和貿易的可能性，當時中國北部海岸的探險計劃被擱置，最後我們下令放棄了這一打算；下次報告時將向您解釋我們對此的看法。我們認爲，一旦有辦法和能力實施這一計劃，進一步查明那裡的情況，公司是否有利可圖，也並非不可行。

不久前，一艘小型帆船從馬尼拉泊至大員以北7荷里處的魍港[35]。從他們那裡得知，去年沒有中國帆船到馬尼拉，只有一艘銀船到達那裡[36]，又駛往澳門。還獲悉，交逸(Cavite)的兵力得到加強，在馬尼拉約有1500名壯丁，數千受過訓練的土人(Pampangers)[37]，這些人全在西班

35 永曆36年(即1682年)鄭氏臺灣圖標記為莽港，亦稱魍港。譚其驤主編《中國歷史地圖集》(上海，1982年)，冊7，頁70-71。

36 該銀船應來自墨西哥西岸，西班牙人從那裡運白銀至馬尼拉用於中國貿易。見全漢昇，《明清經濟史研究》(臺北，1987)。

37 Pampangers，或寫為Papangers，是呂宋Pampanga省的居民，被西班牙殖民者訓練為士兵為其統治服務。後來荷蘭東印度公司也利用這些人組成特別軍隊。

牙統治者手下賣命。還得知西人除兩艘大海船及其4艘大橈船外，別無其他船隻；由於死一般沉寂的商船貿易，再加上西班牙人跋扈，眾多日本人和中國人離開那裡；另有來自中國的消息說，澳門葡萄牙人的據點除St.Paulo [38]以外不得不拆毀，這是中國的貿易禁令所致[39]。

根據去年12月10日我們收到暹邏的來信，得知暹邏王宮裡傳聞中國皇帝已限期葡萄牙人撤離；還說，不同中國大小官員在廣州遭到斬首，因爲他們犯上假稱暹邏人在澳門居住。中國皇帝對我們攻打澳門及我們在中國漳州的騷擾已獲得消息。究竟會做何反應，難以預測，但有一點可以相信，我們的到來及我們在中國沿海地區的作爲將促使中國人不得不對葡萄牙人嚴加監視，並且毫無疑問地給他們製造種種約束。

大員附近福爾摩莎島上的各居民區很快有人來到城堡，要求與我們建立友好關係。中國人一向與這些人經商，現在肯定因我們的定居而生嫉妒之心，並將盡力挑撥當地居民與我們作對，從而拉向他們一邊。據說那裡每年出產約200,000張鹿皮、大批鹿脯、魚和其他食物[40]，而且出產大量優質水果。總之，這是一個令人滿意的地方，只要中國貿易能繼續進行，這一點我們堅信不疑。

同時寄去上述兩艘快船送來的所有有關大員的信件、決議和其他

38　即澳門Sao Paulo，建於十七世紀初，1825年在中國驅趕耶穌會士的運動中被燒毀。這是一座處地險要、難攻易守的城堡，其中氣勢浩大、裝飾豪華的大教堂是葡人在東方培訓中國、日本、高麗、東京和交阯傳教士的中心。據C.A. Montalto de Jesus, *Historic Macao* (Hongkong, 1902)和C.R. Boxer, *Seventeenth century Macau* (Hongkong, 1984)。

39　自中國政府於1544年准許葡人在浪白澳交易，到十六世紀末，中葡通商逐漸進入鼎盛時期。但從那以後，澳門開始陷入困境，一方面葡人橫行跋扈，縱容地方走私貿易，地方政府怨聲載道，致使葡人於1631年痛失廣州通商特權。文中所講的中國貿易禁令即指此間中葡關係的降溫。接著，葡人與日本的貿易告終；荷人東來，奪取滿剌加，澳門葡人的勢力範圍日益縮小，澳門日趨衰落。詳見姚楠、錢江譯，張天澤著《中葡早期通商史》(香港，1988年)。

40　荷人到達大員前，常有中國人和日本人到貿易，因當時日本人被禁止到中國沿海，他們便在大員進行絲綢等交易。中日商人還與當地居民互通有無，日本人購買鹿皮，中國人換取鹿脯等。荷蘭人與日本人因就在大員的貿易權發生爭端。《報告》1626年有詳細記載。

消息的副件，從中您可得到更加詳細的記述。

(fol. 176)據我們統計，現在爲您在東印度服務的人員，老少共計約4,500人，詳見下表：

美洛居的所有城堡和一艘不能外調的船上全部人員		570
在安汶各城堡及商館，以及在果阿、默查、佩拉(Pera)和蘇拉特的4艘用於監視丁香運輸的船隻全部人員		520
班達所有城堡的配備人員		300
駐索洛爾的人員		50
駐大員城堡的人員	134	
目前用於馬尼拉水域和中國沿海貿易的海船Noordhollant、Groningen、Orangien及快船Armuiden、Purmereijnd、den Haen、Victoria和het Fortuijntgen，配備人員	586	
		720
帕里亞卡特(Paliacatte)城堡及科羅曼德爾海岸沿海快船配備人數		120
巴達維亞的士兵，船隻修理工，公職人員，商人，助理，傳教士和學生		665
隨Monickendam和Edam等船被派往內地	105	
可望隨Amsterdam和de Hoope二船派往內地約	200	
		305
Hollandia、Gouda和Middelburgh起航後供巴城和萬丹調用的大海船、快船及戰艦共21艘，配備人員約		490
將從科羅曼德爾海岸各商館到達我們這裡的船隻het Wapen van Rotterdam、de Vrede和de Medemblick(除已返航回國的Schoonhoven和Leeuwinne船上人員以外)船上人員		250
留在蘇拉特的二船Nieuw Bantam和Zuijthollant(除已返航回國的Dort和Weseph船上人員以外)船上人員		270
用於占碑貿易的貨船Gorcum、de Tortelduyve和Cotchin船上配備人員		70
隨時可能到達的航自亞齊的het Wapen van Hoorn船上人員		70
我們在等候的駛自日本的het Wapen van Zeelandt載人		100
	共計	4,500人

11. P. de Carpentier, J. Specx, P. Vlack, A. van Diemen, 巴達維亞, 1626年2月3日

——voc 1086, fol. 1-38

(fol. 5)11月28日，快船Armuyden從大員平安到達這裡，裝有289擔79.5斤生絲，338擔53斤中國細砂糖，現已由返荷船隻裝運回國。到11月末，我們希望我們的朋友能從那裡派den Haen送來200擔生絲和一批細砂糖，這些貨物還有待於從中國運來。爲購入絲、糖和其他貨物，我們的人冒險預付給一名中國商賈約40,000里耳，但我們信得過他，因爲該人在此之前已爲我們購到250擔絲(當時也是預付給他)。如果我們沒有這樣做，恐怕不會獲得這麼多的絲貨，因爲普通商人運到大員的貨物仍無明顯增長。

去年，兩條日本帆船攜帶約70,000兩的資金泊至大員，到後馬上計劃運往中國購買絲貨，出價每擔150、160兩，造成絲綢價格上漲，同時也影響了絲綢輸入大員，長此以往，公司貿易的進展將受到嚴重打擊。

我們已向上述兩條日本帆船徵收稅餉(正如其他來大員的商人)。對此，日本人表示抗議，極力辯解，認爲有權分享我們在大員的自由貿易，理由是他們甚至早在我們到達之前(據他們自己聲稱)就已選擇此地並促使大員發展成爲貿易基地，因此他們拒絕向我們納稅[41]。爲避免首次與日本製造不安和不快，特別是我們不能在各方面與日本鬧僵，而影響我們獲取各種必需物品及必要的船隻停泊處，特別

41 日人占領福島之慾望由來已久。早在1609年(萬曆卅七年)，德川家康派遣肥前有馬城領主有馬晴信率船進占福爾摩莎未果。到了1616年，日本長崎奉行村山等安又派其次子秋安率13艘大船前往福爾摩莎，結果其中12艘被風暴吹走，唯一到達的一條因勢單力薄而遭到掠殺。況且荷人自己的記載也承認，每年有日本帆船來大員貿易。因此，日人早於荷人到達福爾摩莎是歷史事實。詳見岩生成一，〈十七世紀日本人之臺灣侵略行動〉一文。

是公司攫取利潤和增加收入。鑒於以上因素和上述船隻多屬於長崎的奉行及其他日本大官，我們做出以下決定，這次暫免收稅，讓其通行。

耐耶勞德(Neijeroode)[42] 向我們報告，日本人對我們在大員徵稅表示極大不滿，眾人對此事議論紛紛。處理這件事情時，須以協商的態度，謹慎小心，避免與日人發生爭執與不快，盡可能使大員的事務向著有利於公司事業的方向發展，並以此爲標準尋找解決問題的最佳方式。

't Wapen van Enchuijsen在暹邏得到我們的命令首先駛往大員，在那裡卸下用於中國沿海的物資，然後把在日本購貨用的巴城和暹邏的資金送往平戶[43]，此船於8月29日到達澎湖拋錨之後，迫於風暴於9月3日離開那裡，攜帶兩地所需資金駛往日本。當時船上只剩下一隻船錨，於9月23日一路風浪顛簸終於到達那裡(讚美上帝)。這就是因缺乏船錨、纜繩和其他各種船上必需品而導致不利後果的警告。因此我們已在信中嚴肅申明這一情況，但至今所得到的援助仍寥寥無幾。

在這封信之前我們已向您報告，如何從大員將以下船隻派往馬尼拉，以接濟船隊的給養：海船't Wapen van Zeelandt、Noordhollant、Orangien和快船den Haen、Victoria、Fortuijntgen。11月23日，上述船隊的Noordhollant安全到達，運來在呂宋海岸所劫中國帆船上的中國人，

---

42 Cornelis van Neijeroode於1609年隨van Verhoeff的船隊到達東印度；最初在暹邏、大泥和三果拉(Sangora)任高級商務員，後於1617-1622年間再次回暹邏任職，自1623年11月21日至1633年1月31日去世，為平户商館館長。

43 即Hirado平户，或寫為Firando，1609-1641年荷人在此地設有商館。荷人在日本的貿易並非一帆風順。原因有多方面，主要是因為最初同在日本與荷人競爭的有英國人、西班牙人、葡萄牙人、還有中國人；而且1628年日本因其在大員貿易受荷人限制而採取相應措施制裁荷人，導致荷人在日本貿易暫時停頓。

1639年葡人在長崎商館關閉後，那裡的貿易受挫，當地商人要求日本政府召荷人到長崎。1641年荷人將商館遷至長崎出島(Desjima)，直到1795年荷蘭東印度公司倒閉。

219人中只剩餘病重的46人[44]。

上述船隊於1625年1月27日從大員揚帆出航，於2月10日在Marivelle[45]拋錨停泊，其中Noordhollant和Orangie兩船繼續航行至交逸以打探那裡敵方海上勢力之虛實，發現有4艘貨船、1艘三桅帆船、1條快船和1艘大帆船，雜亂無序地停泊在那裡。我船在Marivelle充水加柴之後隨船隊揚帆前往巴里諾(Balinao)[46]，以監視中國帆船泊至。在那裡盤旋數日，到4月12日無所收穫。13日上午在巴里諾於伊瑪澳群島(Los Dos Irmaos)[47]之間離海岸約4荷里處，西班牙的無敵艦隊突然向我船駛來，敵人共7艘艦艇追蹤我船發起攻擊，直到離海岸23荷里處。敵艦曾兩次組織猛烈進攻，但我們的人均以砲火迎擊，致使敵艦沒有勇氣再組織第三次進攻而慢慢後退。我們的人與敵艦拉開距離，因爲他們認爲其實力不足以奪取敵艦，才與敵方一直保持一定距離，況且我船已被敵艦擊中。在上述海戰中，我方有4人死亡，13人受傷，我艦共發砲約400次。敵艦撤離後，我艦隊直航巴里諾。在那裡於5月17日截獲一中國帆船，該船來自漳州，載有前面提到的中國人和一些次等貨物，據我們的人講，貨值總計不超過200里耳，並按此數目入帳。帆船船主講另有五條帆船將從漳州駛往馬尼拉。而日本方面傳言，約有30艘來自中國沿

44 荷蘭人劫掠來往於菲律賓的中國帆船，主要有以下兩個原因：一是荷人於1624年占據福爾摩莎，力求發展對中國的貿易，但中國帆船往馬尼拉和日本的航行由來已久，贏利豐厚。荷人軟硬兼施，極力使中國帆船駛往福爾摩莎，將貨物的購入價提高，吸引商人，同時也不惜訴諸武力迫使商船轉航福爾摩莎。荷人為維護他們在日本的利益，不敢輕易攔截駛往日本的中國帆船，更可全力以赴在呂宋沿岸活動；另一方面，當時荷蘭與西班牙正處於八十年戰爭(1568-1648)之中，於1602年成立的荷蘭東印度公司在東方的任務之一就是打擊西班牙人在那裡的勢力，切斷西人東印度的收入來源，攔截來往於西人占據的馬尼拉的中國帆船也正是服務於此目的。如此處報告記載，荷人甚至專門派船隊前往呂宋海岸監視和劫掠中國帆船。

45 Marivelle即Mariveles，位於馬尼拉海灣北海岸入口處，北緯14.26度，東經120.29度。

46 Blinao即Balibao角(Cape Balinao)，位於呂宋西海岸Lingayen海灣的西口，約北緯16.30度，東經119.55度。

47 Los Dos Irmaos即Los Dos Hermanos，呂宋西海岸小群島，位於北緯16.8度。

海的船隻航至呂宋各地。但除上述帆船外，我們沒遇到其他任何船隻。

船隊在呂宋附近停泊至5月，未見任何船隻的蹤影，便決定離開那裡，由Noordhollant一船裝運所捉獲的中國人先到占城沿海，在藩朗、科摩蘭的海灣或漳州灣等到北風吹起再直接揚帆巴達維亞城，因爲我們認爲，不宜把捉獲的人送往大員，以避免與中國政府發生摩擦。

(fol. 8)我們獲悉，今年將另有6條帆船從漳州駛往巴城；我們將向馬尼拉派出幾條小而輕便的帆船，這種船即使在風平浪靜時也可搖櫓快速前進，正如我們慣用的船隻一樣，大型海船幾乎完全失去他們的優越性。

就我們在馬尼拉扣留中國帆船一事，中國人尙未作出反應；此事能否不令人知覺地過去，過一段時間才能清楚。期間據關心此事的人傳聞，公司在中國沿海的船隻(正如現在的情形)，可能遇到麻煩；den Haen一船至今未歸，引起我們的懷疑。

大員的奧倫治城[48] 據說仍防禦不善，僅以枯木板作柵欄圍繞。司令官認爲修築城堡乃當務之急，應用石灰和石塊加固城牆，其中砲台之間的一堵已用石塊築起，現在正爲第二堵收集石塊和石灰。我們已再次向他們下達適當的命令，只要城堡防禦還有保障，盡可能不再動用已經非常微薄的財力，而慢慢地加固，首先進行貿易，獲利後也容易承擔建築城堡的費用。

新命名的普羅文薩城不斷向外擴展，中國人在此已建築起30到40座房舍[49]，公司爲保護財產也建造起幾所房舍；爲保險起見，在城西

---

48 荷文為Orangien，即前文所述建於大員島或稱一鯤身島的城堡，1627年十七董事會下令將此堡改稱熱蘭遮，後幾經整修加固，成為荷人統治福爾摩莎的重要基地。

49 荷人到達大員之前，福島已有中國人居住，多為商人和流民，但具體數目不明。中荷文史料對此均無記載。Francois Valentijn所記載的25,000名壯年男子，經查對不是關於1624年荷人到達大員時而是有關1640年代的記載。巴城日記1625年4月6日有關當時那裡的中國人記載：中國人非常嫉妒我們的到來，並煽動土著與我們為敵，因為他們擔心我們會阻礙他們與當地人的皮、脯、魚等的貿易。那裡每年出產200,000張鹿皮。巴城日記1626年記錄，有100條帆船自中國趕來网魚，購買鹿脯運回中國。這些帆船運來大批中國人深入內地向土人購貨。F. Valentijn, *Oud en nieuw Oost-Indien*, IV, tweede stuk, p. 50.

部還建築一座防火砲台，並以竹竿爲柵欄。城東的堡壘只能在整個基地脫離當地居民的威脅時才有機會建造。在這一保障下，我們希望中國人會越來越多地湧入大員。只要那裡勤勞的自由民能賴以生活(依我們之見)，那麼再加上鹿皮、鹿脯和魚等的生意，盡可維持生計。現在只有中國人和日本人經營這種貿易，實際上這些貨物在公司征服的地方都很欠缺。

我們與當地居民保持友好來往，不是爲日後從他們那裡得到什麼利益，只爲避免他們與我們爲敵，因爲這些人無組織、野蠻、兇惡、懶惰而又利欲熏心，我們只能希望日久天長，新久交替，會有些好的改變[50]。

爲勘察北港(Packan)[51]或福爾摩莎島，我們於3月5日派出高級舵工諾爾德勞斯(Jacob Noordeloos)[52]統帥的Sinckan和Packan兩條帆船，測出島北端至北緯25.1度，南端至北緯20.5度[53]。兩船只有Packan一船於3月25日返回大員，另一條在島北被風浪捲走(這正是我們所擔憂的)，再未能露出水面，船上9人全部遇難。茲有上述島嶼地圖一張[54]，由諾爾德勞斯親自勘察而設計繪出。

儘管我們已做出努力，仍無法得到有關我們被扣押的人的消息

---

50 1625年的巴城日記除4月6日對幾個附近福島村社壯年男人數目的統計外，沒有其他的記載：

麻豆有壯年男子	2,000人
蕭壠	1,000
目加溜灣	1,000
新港	400

荷人與上述村社保持友好關係，並派人進住村社，另外還有幾個村社各有150-200名壯年男子，也要求與荷人建立友好關係。荷人稱，與他們來往只要瞭解他們的習性，即容易安撫，他們只需要一肚子米，一荷丈(vadem，1荷丈=2米)絨布，一煙斗煙草。他們中間沒有人為王，因而戰爭不斷，其中獲勝的人將贏得威望。

51 Francois Valentijn記錄為Pak-An 或 Pak-Ande。

52 Jacob Ysbrantsz Noordeloos，於1621年出航時為副舵工，後為晉升為高級舵工，任快船船長。於1628年5月由Cleen Heusden換到den Haen船上任職。

53 實際福爾摩莎島只延伸到北緯22度稍南。

54 此圖藏於海牙國立檔案館，地圖目錄第三部分第304號。

[55]。中國人聲稱，這些人已被押送往皇宮，並受到款待，但更真實可信的是他們早已被斬首。

現在中國人和澳門葡人的分歧(正如上文中所述)據說已完全消除，但前提條件是葡人將其向內陸伸展的據點拆除，每年向中國政府交納38,000里耳。但這樣仍難免萬無一失。

大員去年得到資金	f.114,667.15.00[56]
其中用於往馬尼拉和其他幾次小規模的航行花費：	
	f.58,069.00.08
贈送禮品	f.18,431.16.01
軍費、守城費用、糧餉和修築城堡花費	f.38,166.18.07
共計	f.114,667.15.00
收納貿易船稅和攔截船隻所得	f.58,843.07.15
大員超支	f.55,824.07.01

多是因爲派出相當的人力和船隻前往馬尼拉，並爲促進中國貿易對中國人贈以厚禮。我們希望明年的費用會減少，因爲我們已將大型海船召回，爲大員配備小型輕便、約100至150拉斯特的快艇，原因是這些大船在那裡的航行水域難以發揮其作用，因而常常冒風險，同時他們在馬尼拉的水域也無優越性可言，用於追蹤攔截小型中國帆船過於笨拙，敵人則常占優勢而逃之夭夭。不如派大船留守，配備輕便靈活的快船，(我們認爲)可較容易地在馬尼拉水域攔截中國帆船。

駐大員長官宋克在城堡附近因座船被海浪掀翻而落入水中，事情發生後第三天即於9月17日去世[57]。同船的高級舵工費爾黑(Adriaen

---

55 即在漳州灣被捉獲的佛朗森等人。見《報告》1624年3月4日記載。

56 當時荷蘭帳目中錢幣單位的換算如下：1 guldem(盾)=20 stuiver(斯多佛)，1 stuiver = 16 duit(多特)。

57 Martinus Sonck，於1619年以法律起訴人和東印度公司評議會的特別牧師的身份離開荷蘭前來東印度就職，1621年初與庫恩一同前往班達，並在那裡就任地方長官，直到1622年。1624年5月4日接任萊爾遜的中國沿海艦隊司令官一職，為荷人在大員的第一任長官，不久於1625年9月因故遇難。

Verhee)和兩名水手也落水喪生。這次遇難之後，根據大員評議會的建議，城堡的司令官和公司事務的長官暫由高級商務員德．韋特(Gerard Fredricx de Wit)[58] 代任，但他堅持要求派人替換他。下次派船時我們將考慮這裡的評議會中是否可抽出人來前去接任，因爲那裡急需一位經驗豐富、嚴肅認真的人，一方面爲穩定與中國的貿易，另一方面謹慎地與日本人來往貿易，以免公司在日本遇到麻煩。在大員發生的其他事情，您可從同時寄去的信件中得到更詳盡的報告。

(fol. 33)公司駐守美洛居的人數總計不過400名白人，安汶357人，根據當地的情況不能滿足需要；班達只有300人，以如此薄弱的力量占領如此廣大的地方，恐力不從心；巴達維亞有士兵360名，商人和手工匠等除外；駐守大員的人數不過280人，包括陸地和海上的4艘快船和幾條小帆船所配備人員，實力遠不足以實現公司擴大威望與權勢的希望，和對付威脅我們的馬尼拉與澳門的敵人，正如您在耐耶勞德發自平戶的信中可以讀到，我們準備放棄突襲中國人使他們屈服的策略[59]。總之，無論陸地還是水上那裡都要求配備人員，但我們也無能爲力。爲此，我們再次向您提出請求，希望您能及時滿足我們的

---

58 德．偉特於1623年曾被宋克派往中國廈門與當地中國官員商談。至1625年9月任高級商務員，同時是大員第二把手。1625年11月29日他派人到巴城報告宋克長官和高級商務員費爾黑(Verhee)遇難的消息，並暫時接任長官一職，掌管福島和大員的事務，直到1627年納茨上任長官為止。

59 荷人初期的對華政策可以簡單地概括為：武力和商談相結合，軟應兼施。荷人曾於1602和1607年先後派遣韋麻郎(Wijbrant van Warwijck) 和瑪特力夫(C. Matelieff)率船到中國沿海，但他們所期望的對華貿易始終未能取得進展。

1619年荷東印度公司駐東印度總督庫恩建立巴達維亞大本營，用恐嚇與武力相結合的手段征服印度尼西亞群島各地，他想以同樣的辦法對付中國。1622年萊爾森受令率8艘海船和1024人組成的隊伍進軍中國，先駐紮澎湖，繼而從那裡派兵攻打廈門的鼓浪嶼。但最終荷人不得不承認，用武力難以征服中國人。因此荷人改變策略，1623 年，萊爾森親赴福州與中國官員商談。荷人最終撤離澎湖，進駐大員。這種政策轉變的主要原因是荷人意識到以現有的兵力無法使中國人屈服。兵力不足是荷人在東印度的一大弱點，特別是在中國沿海更為突出。以後荷人雖未停止對中國的武力攻擊，但規模明顯減小，而且意圖只局限於對中國地方官員施加壓力而已，效果甚微。

要求，以免公司事務陷入極大的困難之中，因爲一旦我們公開的敵人和僞裝的朋友對我們薄弱而分散的力量得到風聲，他們就會豎起耳朵，加強注意。

(fol. 36)做以上記錄時，一條大型中國帆船於2月1日到達這裡。此船來自漳州，歷經18天的風浪航程到達這裡，船上載有500名中國人，欲將其各種粗糙貨物在爪哇及附近地方推銷。船主告訴我們，中國人與我們在大員的人貿易往來順利。同時還獲悉宋克長官的不幸去世。但不明確大員是否還會有船隻前來，因其本人沒有去過福爾摩莎島，據他稱，另外還有3條帆船前來巴城。

上述船主還說，這一次季風期有百餘條船將從漳州駛往其他各地。詳細如下：

交阯	4條
柬埔寨	4條
暹邏	3條
北大年	1條
占碑	1條
交唐(Jortang)[60]	1條

另有百餘隻小帆船將駛往馬尼拉，其中有幾隻裝載絲綢及其他貴重物品，因爲馬尼拉的絲價每擔240兩，比大員至少貴100兩；所有其他商品價格與大員相同。

我們希望公司在大員的人能設法用3艘或4艘便利快船和幾艘舢板把該航行水域的帆船趕走。我們認爲，小船在那裡比大船更適用。如有可能，我們將抽出幾艘小型快艇和快速戰艦監視占碑和交唐水域的帆船活動，爲避免事端在他們到達那裡之前把他們趕走。

(fol. 37)日本不斷傳出謠言，馬尼拉的西班牙人計劃出兵福爾摩莎，他們正在做各種準備工作。北風一起，即大舉進軍。這一消息由

60 即印度尼西亞Djartan，Gresik的港口，位於泗水。

耐耶勞德先生委派被風浪漂走的Paccan一船送至大員，他自己將乘坐Orangien一船前往。儘管我們估計這是敵人故意放出風聲，仍希望我們的人將對此做好防禦準備。西班牙人的計策意在轉移我們的視線，逼迫我們駐兵大員不動，為中國帆船駛往馬尼拉創造機會[61]。

12. P. de Carpentier, J. Specx, P. Vlack, A. van Diemen, 巴達維亞, 1626年12月13日

——voc 1090, fol.108-146.

(fol. 115)4月16日和17日，快船den Haen、帆船Orange從大員泊至我處[62]，船上載貨價值f.11,758.19.4.，包括一些綵料、金絲、約100,000擔砂糖和一批雜貨用於地悶(Timor)的貿易，沒有運來生絲；

在前面的報告中已經述及，我們在等待den Haen從大員運來生絲200擔，但因風暴而遲遲未到，致使許心素[63]的帆船被迫在漳州灣滯留3個月，此時我們已將資金預付給他。公司在大員的人為此甚感不安，決定派Erasmus和den Haen兩船前往漳州打探許諾的200擔生絲出於何故仍未運至大員；

上述兩船於2月9日離開大員，並於同月13日抵達漳州附近的一座島(名為烈嶼)，停泊在4荷丈深的宜拋錨的水域，可防北風及火船，離海

---

61 荷蘭人的估計錯誤，西人於1626年5月在福島北端建立基地之後，同年西人即開始準備發兵福爾摩莎，1627年7月26日和8月17西人艦隊分兩路出發，共有3艘大海船，1艘小海船，兩艘火船和兩艘戰艦。但因風暴和福島原住民的攻擊而使這次遠征以失敗而告終。詳見F. R. J. Verhoeven, Bijdragen tot de oudere koloniale geschiedenis van het eiland Formosa(s'-Gravenhage 1930), p. 67.

62 二船於5月4日重新被派往大員，載運所需給養和其他物品，價值f.14,740.0.8。

63 許心素，為廈門一中國商人，承辦荷蘭貿易，與李旦來往密切。李旦被福建地方官府召來調解與荷蘭人的爭端時，許心素曾受牽連，被作為人質扣留起來。他官任水兵都督，於1627年在一官即鄭芝龍攻打廈門時喪生。荷人認為此人值得信賴，說明雙方在此之前已有來往。《明熹宗實錄》天啓五年四月。

灣足有半荷里。許心素派一條帆船運來200擔生絲交給我們的人，他們又預付他可購70擔的資金，價格爲每擔137兩。他不久即交貨65擔。我們還與另一商人訂貨，並預付銀兩給他，又獲得10擔。我們的人那時共購得275擔，計劃南風季初送往日本，如能多購入，也將一同運去[64]。

我船到達漳州以後，並未與中國一方發生任何麻煩，出乎人們意料，而且平民百姓(據每天私下登上我船的漁民說)極想與我們的人在那裡貿易，但被大官阻攔。據我們的人估計，這座島上共有2,000名左右的壯丁，多爲漁民。

船隻停泊在烈嶼島旁的同時，我們的人寫信給廈門的Lanja總兵爲大員貿易的許諾未能落實而提出抗議。巡撫(福建最高官員)和都督(掌管軍務的最高官員)回信答覆，其主要內容請您詳見我們在報告中所附原信的譯文[65]。即：海盜騷擾的威脅和大員貿易的薄利導致商人不再前往大員；他們要求我們配合驅逐海盜，嚴禁海盜在大員附近入港；另外，他們要求我們對商人以禮相待，讓他們在貿易中有機會得利。最後，他們指責我們違背事先的約定仍派船前來漳州，如果他們要向中國皇帝奏章，允許我們在大員公開貿易，需要我們連人帶船盡快撤離。我們的人給巡撫和都督回信，(我們將一如既往)盡力阻止海盜前往大員；同時告知他們公司對大員中國商人運來的絲貨價格從未壓低於每擔140兩，並希望他們仍能前往大員與公司貿易，所以他們的指責缺乏根據。我們的人還強烈要求他們應盡快督促皇帝准許所有人來大員經商，不然會導致新的麻煩。然而，我們的人不能就此罷休，只要巡撫、都督和其他官員的正式許諾未得到落實，在我們的人等待回音的同時，貿易在中國官員的默許之下仍繼續進行。

上述許心素對我們講，中國官府還沒有正式傳達消息允許荷蘭人

---

64 巴城日記1626年4月9日對此亦有記載，從漳州到達巴城的船主Lunthien講，荷人1625年預付給許心素40,000里耳。而許心素當時被押往福州，使官員未從他那裡敲詐幾千里耳，因為他違背與荷人所簽合同，從而導致荷人駕船重返中國沿海。

65 此信譯文見voc 1090, fol.190.

在大員自由貿易，所以商人沒有許可証前往大員，時常受到中國官人的敲詐。他還說明，他自己已爲其部屬辦妥都督的許可證，故而能與我們通商，不然豈敢貿然行事。這使我們聯想到，都督同樣從中漁利。事情很清楚，第一步是如果我們在大員不能如願，貿易也難以有所進展。除非我們冒險事先向中國投資，特別是在中國皇帝尙未發放特許的情況下，如果地方官員對一般商人置若罔聞，保證不製造麻煩，我們認爲，長此以往，問題會自然解決，即便皇帝不予以正式許可也無妨。

(據我們從幾個中國人那裡獲悉)我們不必擔心預付資金會遭受損失，只要寄託給熟悉的商人，特別是那些受大官默許準與我們貿易的人；無論如何這種處境令人難以忍受，我們希望這種局面不久能予以改變。

上次東風季我們派下列船隻送往大員的只有各種急需物品和人員，即：5月3日快船Armuyden和帆船Orangie；7月17日快船Woerden[66]。

上述船隻沒有攜帶任何現金和貨物，因爲我們這裡沒有里耳可以抽出，而且我們所需要的香料、檀香木和象牙(無銷路)還有不少存貨。

胡椒的價格(據說)在中國已跌落到每擔10里耳。Den Haen離開時，大員情況較好，仍存有大量現金，少量胡椒、檀香木、丁香和象牙，價值　173,000里耳

上次北風季初大員還在等候Orangie一船從日本泊至，攜帶價值760,000里耳的日本銀，及hetWapenvanEnchuijsen所帶48,000里耳，共計　124,000里耳

總計　297,000里耳

這些現金和貨物均在大員，或將從日本運去，另有前面所述279擔已購入且已付款的生絲。我們已向他們下達指令，不要局限於這一

66 根據巴城日記，此船載有900包(bhar)日本米，及其他必需品，配備人員100人，即60名船員，40名士兵。

數量，而盡可能地多加補充，等到下次載運到日本，換取一批相當的白銀，再趁這次北風季運回大員。這樣他們保證擁有充足的資金來支付，若中國有貨物運來，再留出150,000里耳用於購買運回荷蘭的貨物。在他們等候從日本運去白銀的期間，估計不會很久，我們決定將用於購買運回荷蘭貨物的150,000增加到200,000里耳，如果日本行情不錯，能剩出銀兩，可在那裡採購1627年運回荷蘭和運往日本的貨物。

我們也希望，屆時您能根據我們最近的報告提供給我們援助，給現在東印度薄弱的勢力補充新的血液。

我們下令，只要中國的貿易還沒有開放，就可利用預付銀兩購貨的方式經營貿易。

爲不使目前的貿易拖延和停滯，避免導致麻煩，我們對中國人採取懷柔而不是強硬的政策。

這樣做也是爲獲得中國皇帝的准許，實現他們對大員貿易的保證，作爲我們撤出澎湖的回報。

爲吸引中國往大員的貨物運輸，我們已提高絲綢和其他貨物的價格。

我們獲悉，有人在大員與日本商人進行貿易，這無論對公司在大員還是在日本的事業均極爲不利。

我們特別向公司在大員的人下達指令，盡量多採購糖、生薑和其他有用的貨物。另外，我們就幾件涉及公司利益的事情向我們在中國沿海的人做了傳達，詳見我們5月3日和7月18日寄去的報告。自den Haen一船離開大員以後，我們在那裡的人數一直保持在約270人左右。

北港或福爾摩莎的當地居民情況良好。

奧倫治城堡正在建築之中。

普羅文薩城的建築進展緩慢，另有其他個別情況，您可在同時送去的報告中詳細閱讀。

(fol. 139)撰寫報告時，快艇Victoria從日本來到這裡，本來帶著報告和貨物準備駛往大員，但因風大浪急，沒能在那裡靠岸。該船帶有耐耶勞德先生10月17日和24日的信件，茲隨報告送給您一份副件，從中可得知從巴城航出的Zuijdholland和Noordholland二船已平安到達那裡。同時快船Erasmus從大員泊至我處，載有330擔絲和其他雜物，價值f.161,710。

(fol. 140)書寫該報告時海船Orangie從大員泊至，運來452擔生絲、瓷器、少量質次的絲料及其他雜物，價值f.252,070.4.9。其中250擔生絲，我們的人本打算派Orange、Armuyden和Woerden運往日本，但因風向不順，天氣惡劣和其他的障礙，結果計劃落空，只能把上述及後來購到的絲綢運到這裡，致使日本今年除前面提到的Erasmus從大員運去的那批絲綢外沒有其他絲貨。

上述452擔中有245擔分裝85箱，由這幾艘船運走。剩餘的仍留在這裡，或由下次回荷船隻運回，或儲存在這裡，等東南風一起運往日本，用來補充中國貿易資金。此事我們將安排在收到您的援助之後辦理。一旦您不提供援助，也不能保證盡快運來，您也不必盼望剩下的絲貨會運回荷蘭。我們猶豫再三，本打算把整批絲貨留在我處(實際應當這樣做)，因爲這樣會獲取更多的利潤。一年來我們的事業取得相當的進展，在這次東風期我們可在日本將絲貨以80%的利潤兌換成白銀，如果這批絲貨還存在我處，可於1627年11月運往大員。因爲不可能有其他地方比日本獲利更大[67]，更重要的是，大員和日本目前剩

67 在荷人落腳日本之前，葡萄牙人已捷足先登，自1545年在日本展開利潤豐厚的絲綢貿易。葡人每年將絲綢自澳門運往長崎，獲利均在50%和70%之間，換取大量白銀。荷人到達日本後即發覺，若能直接從中國輸出絲綢，利潤自然會源源不斷。葡人運至日本的中國絲綢占日本市場絲綢總量的一半，另一半來自東京和購自中國人。1636年葡人被逐出日本後，荷人終於擺脫了日本市場的一大競爭對手，剩下的是難以對付的中國商人。荷人繼續日本的白銀貿易，主要是用以促進他們在亞洲各地的貿易。荷東印度公司在亞洲各地的貿易息息相關。諸如日本白銀需以中國絲綢換取，中國絲綢又需以印尼群島的各種香料換得，同時荷人又需中國黃金和糖來維持印度東海岸及科羅曼德爾海岸和波斯等地的織物貿易。其中日本，正如報告此處記錄，是東印度各地贏利最豐的地區之一。因此，荷人極力招徠中國商人運輸絲綢到福爾摩莎，從而可進行他們在日本的贏利貿易。這一環節在荷人東印度的貿易中占舉足輕重的地位。有關荷人在日本的絲綢貿易可參閱加藤榮一(Kato Eiichi), “The Japanese-Dutch trade in the formative period of the seclusion policy”, *Acta Asiatica* 30 (Tokyo 1976), pp. 34-84.

餘的資金要用來繼續進行中國貿易恐怕難以滿足需要。

但另一方面我們也意識到,您在荷蘭極欲嚐到中國貿易的利益,在東印度提供充分的根據之前,您不會輕易決定擴大這一貿易。爲使雙方滿意(儘管不情願這樣做)我們把這批絲貨的大部分所得派船運回荷蘭。

目前中國貿易的進展無論在大員還是在日本均不甚樂觀。平戶商館所有的哆囉絨以相當的價格售出之後,我們相信,那裡的資金額約合200,000里耳,我們很難從中抽出80,000里耳資助大員,因爲日本的所得利需拿出25,000里耳供暹邏使用,另外的50,000里耳用於修復和加固Zuijdholland和Noordholland兩船,爲巴城購買大米300拉斯特,其中20,000里耳拿出在日本向將軍和其他大官贈送禮品,商館的各種費用,尙未出售的剩餘貨物和未償還的債務,也要用掉25,000至30,000里耳,這樣(正如我們所說)在大員和日本的資金不能再爲其他目的動用,總計最多只有80,000里耳。

自Orange航離大員後最新的消息說,除少量商品貨物和未償還債務(不能確定何時收回)外,不便動用剩餘的120,000里耳。

以此資金兩地還可購買1,000至1,100擔絲貨,其中一半將在這次北風季首先從日本運出,儘管冒著被風浪漂走的風險,該風季耐耶勞德先生恐怕只擁有不過50,000至60,000里耳的資金,因爲擔心剩餘的貨物特別是哆囉絨不易脫手。

大員的120,000里耳中又抽出60,000送往中國購買生絲,現在我們每天都在等待生絲運來。此後,只剩餘最後一批物資有待自日本運往大員,估計其價值約計50,000至60,000里耳。上帝保佑,在東南風季開始之前這批物資均能用來購買絲綢,並運往日本。顯而易見,如果4月、5月或6月仍未收到荷蘭的資金以援助大員,中國貿易將因此而受到不利影響,停滯一段時期,等到白銀於1627年北風季到來從日本運去,最早在11月份。到時候再爲返荷船隻購貨將爲時已晚。如此以來,事情的結果不會好於我們前面的報告,1627年返荷船隻只能運回少量甚至根本沒有絲綢,不僅因爲資金短缺,而且中國運去的貨物稀少。若1628年一切順利，希望借助於上帝的幫忙，通過在日本的贏利，運往大員的貨物增多，從而可運回荷蘭相當一批中國貨物。

我們在大員的人認爲，預付資金與中國貿易這種做法欠妥。這樣做的結果是，我們仍不能主宰中國貿易。(前面提及的)中國人許心素獨攬中國與公司的貿易，似乎別人無法獲得許可，結果他一人幾乎以承包形式包攬全部與公司的生意。但爲返荷船隻訂貨極慢，有時甚至比商定的一個月或6個禮拜要拖後三個月，結果使我們的人無法估計資金支付後何時能夠得到供貨。這種拖延已經對我們造成不利影響，往日本運送的絲綢也只能比原計劃減少200至300擔。據說，公司在中國的資金未用於公司交易之前已爲許心素利用與其他地方貿易。我們總感覺到，都督和許心素從中漁利，從而不允許他人與我們在大員的人經商，也不允許我們自己在中國貿易，只供許心素一人包攬。若巡撫也插手此事，與其同流合污，那麼我們要獲得皇帝公開許可，恐怕是難上加難。我們已下令採取一切可行措施，例如在大員提高收購價格等，可望吸引中國商人把絲綢運往大員。我們認爲，首先在大員付出高價是明智的做法，長此以往我們便可控制他們的貿易，擺脫對許心素等中國商人的依賴。鑒於這種情況，我們在大員的人把絲價從許心素供貨協議中每擔140兩提至150兩。商人聽說後，果然背著許心素運到大員150擔絲綢。通過諸如此類誘商至大員的方法，我們盡可能不再依賴某個人，而且利用這種方式可避免有人過早地從中作梗。如此發展下去，無論如何只要能保證從貿易中取利，就不能使之停滯。即使我們很長一段時間需屈從於他人的壟斷貿易，若無其他辦法，這一做法也總比導致中國人的不滿和貿易停頓明智。等到我們恢復元氣，就可借助上帝的幫忙，更出色地以較小的代價把我們自己從現在黯淡的境況中解脫出來。

依照您的指示我們已傳令大員的人購買生薑和糖。爲此，我們已專託許心素購貨，遺憾的是至今仍無消息。

在大員和日本謠傳而且已得到事實證明，馬尼拉的西班牙人在他們所占據的福島北端往西約0.25荷里處一小島上[68]，加派兵力，船隻在那裡可防禦各方向來風，並能從兩個方向駛出。我們的人特別派出一中國帆船打探那裡的情況，事實是否如此。該船返回大員並帶來一張自己繪製的模型圖，有關敵人的據點及其週圍情勢皆一一記錄，敵方實力除島上的以外，該帆船離開時(他們這樣報告)他們發現，西人還配備三艘橫杠方形帆船(raseylen)[69]和4條中國帆船。

我們在大員的人得到這一消息後，決定去阻止敵人的計劃，並派Orange、Woerde和Armuijden三艘船前去日本與那裡的兵力會合，待北風季開始迎擊敵人。但由於上述船隻不可能一鼓作氣直接從日本前往福島的北端，因此計劃落空。

無論從哪方面講，我們急需把敵人趕出那一地區，不然則有礙於公司與中國的貿易，而且據說西人所占的地方條件比大員更優越。一旦南風期開始，得到您補充的人員和物品，我們即可做出決定。我們眼下嚴重缺人，只能勉強維持現狀，特別派兵到美洛居、安汶和中國沿海更無從談起。因爲兵力有限，不可能面面顧及，應從公司最重要的事情著手，我們認爲，福爾摩莎島上中國貿易的實施與穩定應置於首位。原因是如果敵人駐紮在那裡而不能被驅逐出去，那麼，公司以及公司在那裡所期望的貿易對中國人的價值就會減少；而對西班牙人來說正相反，貿易會大幅度增加，他們可以大批資金獲取巨額利潤，而且依仗富有威信的朋友及代理人，可在中國受到比我們更優厚的待遇，這些朋友和代理人是他們在馬尼拉的長期談判中結交的，並可施以重禮籠絡人心。

另外日本人也從另一方面試圖破壞公司在大員的貿易；有三條日本帆船攜帶180,000兩[70]的資金企圖像我們一樣在那裡經商。對此我們

68 即雞籠。荷人占領大員之後，極力發展對華貿易，這嚴重影響了西班牙人在菲律賓的既得利益，中國到菲律賓的絲綢等貨物運輸受到威脅。為與荷人競爭，1626年西人出兵福島占領福島的雞籠並建築城堡。

69 西班牙人當時在福爾摩莎島北端雞籠灣內擁有2艘大海船和12條舢板。

70 1日兩相當於57斯多佛。F.R.J. Verhoeven, p. 51.

以友好的態度提出抗議，最後准許他們(在公司資金利益不受影響的前提下)將其資金送往中國，但我船Orange離開大員時，他們尚未出發。他們似乎不著急，因爲這次北風期仍要在大員過冬。他們與兩千中國人一起在城堡外沙灘上居住，受到我們的人的友好招待。

設法避免日本人雄厚的資金染指大員，實屬必要。我們認爲，除以下措施外沒有其他合適的辦法來圓滿地處理此事，即派一名特使前去拜訪日本將軍，向他解釋我們在大員的情況，並鄭重要求日本，不要把絲綢貿易資金投入大員市場[71]。我們認爲通過這種方法可達到一種可以令人接受的境地，而不像現在這樣落入極不利的處境，因爲不會有人接受這樣的結局。而馬尼拉的西班牙人和澳門的葡萄牙人卻能將日人拒之門外，不准許日本在那裡投資，使其中國貿易收效甚微。因此完全有必要在我們的人在大員陷入更大的困境以及導致日本人失去對我們的信任之前，遣使拜訪日本將軍。不然，我們費盡心機，最終還將導致日本政府因有人控告而對我們不講情面[72]，(據說)將難以再說服他們，補救損失。我們目前有兩個障礙，即福爾摩莎島上的敵人和日本人在大員的資金，前者應以武力、後者應以談判的方式來解決。不然，公司所期望(前景看好)的中國貿易將嚴重受挫，特別是如果不及時採取防範措施的話。我們在這裡將盡力而爲，您也應給我們提供更得力的援助，不然事情將因力所不能及而貽誤。

儘管您對公司在東印度的情況有全面瞭解，在上次和這次報告中我們仍不能刪掉我們自己的看法。我們相信，您會予以重視並及時爲東印度及其貿易活動派來增援。公司在波斯、蘇拉特、默查、科羅曼德爾以及以上地區的胡椒生意進展順利，尤其是在萬丹更爲成功[73]；此外，在中國沿海、日本、默查、安汶和班達，在這些地區均未與任

71 即後來派往日本的納茨。

72 指Pesonne或寫為Fesodonnos即長崎奉行末次平藏與船主濱田彌兵衛共同預謀指使幾名福島原住民到日本宮殿控告荷蘭在那裡的行徑以對荷人進行制裁。

73 有關胡椒生意見Ts'ao Yung-ho(曹永和), "Pepper trade in East Asia", 載：*T'oung Pao* LXVII, 4-5(1982), p. 239.

何人捲入戰爭，對我們的公開敵人和僞裝的朋友我們則以良好的武器裝備以及大批資金占優勢，若這兩方面配備不足，則易令人遺憾地錯失良機。機不可失，時不再來，一旦錯過，就難以挽回。而最不公平和令人痛心的是別人以極小的代價和麻煩，順利地取得進展，其實只要掌握人力和武力，以及足夠的財力，我們完全可以較小的實力和代價避免我們的失敗。我們在前面的報告中已在這方面提出要求。

13. P. de Carpentier, J. Specx, P. Vlack, A. van Diemen, 巴達維亞, 1626年12月26日

——voc 1088, fol.67-73.

(fol. 68)同時，我們必須認真地維持中國貿易，(正如我們在上次報告中所講)西班牙人在福爾摩莎駐紮下來已肯定無疑。在這次北風期結束之前，我們希望能收到大員的詳細消息。若能確定敵人於福島北端安營紮寨，而且我們有能力派出一支相當的隊伍(盡量派出最強大的陣容)把他們從那裡趕走，(依我們之見)此事不宜拖延，必須在即將來臨的東風季付諸實施。

(fol. 70)查閱大員的帳簿時，我們發現他們那裡多出60,000里耳。但根據我們前面的報告中的計算結果，大員(正如我們在同一報告中已經指出)在Orange一船離開後那裡的剩餘最多不過價值120,000里耳的銀幣和碎銀。後來，我們在合計帳目時又發現，我們的人爲購買300擔絲而預付給一名叫許心素的中國人約60,000里耳。如此計算，在大員和日本的資金足以購入1,200至1,300擔絲。因此，我們一致同意，將另外250擔絲派海船Schiedam滿載回荷，以此盡我們的能力減輕人們在荷蘭的負擔。

(我們去年已向您報告)宋克先生在大員去世。其遺產(數量可觀)根據慣例大部分以最優惠的方式把他的薪金一同轉入他在巴城的帳號上。

14. P. de Carpentier, 巴達維亞, 1627年7月29日

——voc 1091, fol.37-42.

(fol. 38)據說，日本人將從那裡[74]運走足有1,000擔絲，還有一批相當數量的布匹和鹿皮。有關敵人[75]的消息，人們聽說，他們將率領三艘大戰船，一艘快速戰艦和七艘中國帆船於5月從馬尼拉出發前往福爾摩莎，均配備充足的人員，停泊於福島北端一處叫雞籠淡水的地方[76]，西人已開始在那裡建築一座三角石頭城堡，用以駐紮和建立與中國的貿易。

我們已通過一名特使向日本將軍轉告我們對日本商人在大員的有害滲透之不滿；而且我們計劃在大員給敵人以打擊；同時在這次南風期已經送往日本和大員一部分資金以促進中國貿易；至於公司在其他地區的進展情況，我們希望以後再詳細報告給您。

74 指中國沿海。

75 即西班牙人。

76 荷文為Kelangtangsui，荷人誤將雞籠與淡水連寫在一起，或誤認為是一個地方。

三

庫恩（Jan Pietersz. Coen）

1627-1629

15. J.P. Coen, P. de Carpentier, J. Specx, Pieter van Duynen, A. van Diemen, Jeremias de Meester, 巴達維亞, 1627年11月9日

——voc 1091, fol.1-25.

(fol.11)去年12月快船Armuyden離開大員時公司在那裡的情形，我們已於上次向您報告。後來，快船Tayouan於3月從那裡到達巴城，帶至3月4日那一地區的報告，在此將其副件運送給您。該船運至價值f.30,000的貨物，包括50擔生絲及其他雜物。

今年1月7日，許心素的5條帆船自漳州到達大員，我們預付給他的資金已全部用於購入絲綢運往大員。此外，上述帆船還運至200擔絲，連同先前購入的部分共計368擔可供應日本。大員的資金因此明顯減少，當時只剩22,000里耳，而且每天可能有大批貨物自中國運至，因此，我們的人在那裡資金不足，特別是一旦中國人對此有所覺察將有損於公司的聲譽。

上述快船離開大員時，Erasmus一船仍未從日本到達那裡。據耐耶勞德先生2月5日的報告，此船於同月20日從日本派出，並裝運所籌集約50,000里耳的白銀。我們曾於5月10日自巴城運去12,000里耳，又於6月27日運去64,000里耳，總計126,000里耳，若這批銀兩能順利運到大員，大員將擁有足夠的資金購入該南風季自中國運去的貨物，我們希望從那裡得到這一消息。

最近運去的64,000里耳我們命令他們用於為荷蘭購入生絲，並儘快於該北風季運來巴城，這批資金足以購入300擔，此外我們還命令他們，若日本的白銀能運到大員，再購入200擔。由於上述各種因素，這批絲綢我們未運回荷蘭，而是運往日本贏利。今年底，我們可望運回荷蘭大量中國貨物。

上述快船離開時，大員水陸人數總計240人，用於守衛城堡、配備快船Woerden和兩條小帆船；該人數遠遠不足以對付公開敵人的攻擊和偽裝的朋友的威脅，保護如此偏僻而重要的地區。鑒於那裡兵力

薄弱，望您予以配備人員，否則，公司在東印度的事業將受到嚴重打擊，後果不堪設想。

爲較爲穩固地駐紮在那裡，司令官認爲，須爲大員配備400多名白人，用以守衛城堡、住處、城市的圓堡、新港以及位於大員南北的魍港(Wanchan)灣和打狗仔(Tatkanja)灣，並用於配備4條中國帆船，這些船隻在那一航行水域用處極大，同時用於對付海盜，保護隨180條帆船到達大員的中國商人與漁民，這些人前往尋求我們的保護[1]。

新港居民與我們的人友好往來；他們在其村社爲我們的人修築一座房屋，供10名荷蘭人居住，以援助他們對付蕭壠和麻豆人，阻止他們對我們在新港的朋友進行騷擾和搶劫。

有關敵人在福島南北端駐紮一事，我們已於上次報告中述及；進一步的情況有待那裡的人報告。

據我們獲悉，日本人從大員運往日本1,100擔絲，相當一批織物和鹿皮。

---

1 次年6月27日，司令官里芬森(Carel Lievensz.)率快船Texel、Batavia、Arnemuyden、Diemen、Slooten和Cleyn Arnemuyden前往大員和中國沿海，配備285名水手，60名士兵，攜帶9各月的給養，裝運船貨價值f.334,645.-.9，其中包括價值f.99,650的里耳和荷蘭銀元、280擔生絲、一批紅絹、檀香木、象牙等供日本使用(大員仍存有價值f.400,000的貨物)。我們命令駐大員長官納茨先生和評議會，將到達的快船納入那裡的船隊以促進公司事業的繁榮，並試圖打開漳州灣，疏通漳州灣和大員之間的航路，與巡撫、都督和其他大官商談達成協議，打開貿易的大門。中國人同意開放貿易，但先決條件是，我們配合中國皇帝的艦隊挫敗和剿滅海盜的勢力。我們不準備在漳州灣無所事事地等待中國人的回答，打算派出2到3艘良好的快船前往福州，打探那裡是否有生意可做，然後從那裡前往敵人駐紮的雞籠淡水，因為那裡常有貨船泊至，在那裡截斷他們的航路。在沒有船隻航行的情況下，繼續北上到南京沿岸，那裡生絲豐富，一直到高麗，或許那裡有地方可建立貿易關係。餘下的船隻在澳門附近南澳和上川(Sanchon)有利可圖的海域，截擊從日本或馬尼拉駛向澳門的船隻，並得令到9月和10月以後前往地悶(Pulo Timor)監視從澳門駛往滿剌加的葡萄牙船隻。在南澳可監視北方來自日本的船隻，在廣東南部沿海的上船附近則可注意南來船隻的活動。《巴城日記》1628年6月27日。

按您的指令，我們吸收納茨[2]爲東印度評議會特別委員，並於5月10日派他乘快船Heusden、Slooten、Ouwerkerck、Queda和Cleen Heusden，率領300人、各方面配備齊全地前往大員。只是未能按那一地區的需求量運去12,000里耳；6月27日，又派去快船Haen和Westcappel，配備175人和64,000里耳現金。我們希望萬能的上帝將使他們順利到達目的地。有關以下內容請您詳見我們今年5月10日的指令與文件，以及後來送給您的報告：如何以那一地區薄弱的兵力對付我們在福島的敵人以及關於那一地區其他事務的指令；令納茨先生在大員諸事項處理妥當後作爲特使前往日本拜見將軍；有關該使節以及對這次出使下達的指令，特別是阻止日本資金在大員的不利滲透一事；我們向日本將軍及閣老贈送的禮物；還令上述納茨先生在日本事務辦妥之後返回大員，並掌管公司在那一地區的事務，直到我們下達具體指令爲止；有關大員和日本資金的使用分派及其他事項，因篇幅有限，不在此詳述。

按照您的要求我們取消大員的城堡Provintien的名稱，改名爲Zeelandia。

根據我們從大員收到的帳簿，那一地區自1625年10月至1626年10月的費用總計f.70,000；通過有限的多以現金進行的貿易得利f.16,000，大員入不敷出，而且那裡暫時尚不能用貨物進行貿易，這一情形近期內不會有所好轉。但我們希望，在日本貿易中所得的巨額贏利完全可以補償而且會超出大員的赤字。

2 Pieter Nuyts於1626年5月以東印度評議會特別委員前往巴達維亞，1627年被任命為大員長官，東印度評議會委員，並受公司委派率使團拜見日本將軍。但由於他剛愎自用和日荷有關中國貿易之爭而未受到召見，並於1627年12月3日徒勞無獲地返回大員。1628年6月29日納茨在大員受日本人襲擊與其他五名荷蘭人被綁架並作為被押送到日本。1629年3月，庫恩總督派蒲特曼斯接任納茨的職務。1630年返回巴城後被擊入獄，1632年6月作為日本人的囚犯被從巴城送至日本，直到1636年12月11日才獲釋。1637年，公司於巴城宣布他已失去資格繼續任職，之後返回荷蘭。"Journael van de reyse gedaen door Nuyts ende Pieter Muyser als ambassadeur vanwege de Gouverneur-Generaal aen de Keyser en rijcksraden van Japan", voc 1095, fol.449-508.

16. J.P. Coen, P. van Duynen, A. van Diemen, J. de Meester, 巴達維亞, 1628年1月6日

——voc 1092, fol.1-10.

(fol. 1)自上次報告(茲將其副本送去)以來，快船Erasmus和海船Vreede與海船Frederick Hendrick、Hollandia、't Wapen van Delft、's Landts Hollandia和Galias於11月12日一同離開巴城並於同月15日通過順達(Sunda)海峽，讚美上帝，終於同月17和21日分別自大員和日本到達巴城，載運貨物總計840擔中國生絲和332擔銅。

(fol. 3)上文中我們已經述及，讚美上帝，海船Erasmus和Vreede自大員和日本到達巴城。其中Vreede一船在北緯5.5度處失去所有桅杆，曾陷入極大的危險。據他們講述，讚美上帝，以下船隻到達平戶：海船Vreede自巴城，貨船Edam自暹邏，快船Woerden、Heusden和Westcappel自大員；Heusden、Slooten、Cleen Heusden、Ouwerkerck、Queda、den Haen和Westcappel自巴城到達大員。

海船Vreede、Woerden和Heusden自大員與巴城運往平戶中國生絲898擔62 1/4斤，多數以每擔295和300兩的價格售出。儘管生絲購入價昂貴，因該售價優惠，仍得利80%。那裡仍存有Heusden運去的165擔尚未售出，待價格上漲時拋出，因今年無海船自澳門到達長崎。

此前您已經獲悉，在大員貿易的日本人在日本將軍面前控告我們的人待他們不公，向他們收納關稅。為避免此事可能引起的不便與麻煩，我們下令在大員的人，不再收取日本人的關稅，並派出東印度評議會成員納茨先生和下級商務員毛澤爾(Pieter Jansz. Muyser)前往拜見日本將軍。二使者自平戶前往江戶時，又生一事端。期間有兩條帆船自平戶到達大員，其中之一滿意地返回，而另一條在中國沿海被海盜所困而未能返回，我們的船隻也未能向他們提供援助。船主濱田彌兵衛將此責任推卸到我們身上，指責我們的人與海

盗同流合污對上述帆船予以阻攔。爲招致日本人對我們的不滿並使我們在日本的人陷入困境之中，該船主私下設計，讓一名爲Dijka、與我們作對而與日本人友好往來的新港人出面，詭稱與日本人前去獵取人頭並將於10日內返回，通過這一計策將16名新港人運走。結果，這些人並未被帶去獵人頭，而被濱田彌兵衛帶至長崎。他聲稱，這些人是福島的使者。船主的保護人末次平藏把這些人打扮成使者的模樣，爲他們備好獻給將軍的禮物，並爲他們要求面見將軍。他揚言，這些人前去拜見將軍，並要求派人統治福島，因爲他們已無法忍受荷蘭人的壓迫，並提出種種抗議，日本人似乎意在奪取對福島和大員的主權。

司令官德·韋特得知上述16名新港人被運走以及日本人的詭計之後，將一封新港人的抗議信送給我們駐日本的人，信中控訴他們的同胞被日本人暗地裡騙走，並強烈要求使他們返回福島；我們的人希望通過這一方式揭穿末次平藏及其船主濱田彌兵衛的伎倆。但我們仍恐怕困難重重，因爲將軍仍做出決定，准許新港人作爲使者前往宮殿，並將像對我們一樣予以查問，他們已到達江戶。直到去年10月5日，我們的人仍未受到將軍和閣老的召見，只有人查問他們對福島的主權所屬有何願望，對那些前去拜見將軍貢獻其土地的人有何不滿，他們肯定已一一對答；但人們不會直接接受他們所言，我們的人聽說他們在宮中也有朋友。事情結果如何，尚需等待。

我們的人抗議此前在平戶所受不公待遇。這是否由平戶的大官所致還是宮中下令，我們尚不清楚。

羅馬天主教徒在長崎受到追緝，許多人受到殘酷虐待，甚至遭到殺害；看來，耶穌教將在日本受到禁止。

在日本的哆囉呢均被用於購買銅，耐耶勞德先生不需要更多的供貨；後來運去的已售出80件，餘下的部分恐怕長時間難以售出，正如他們在報告中特別提及的其他荷蘭貨物，請您詳見他的報告副件。明年他們不需要這方面的供貨，只需40至60件紅色哆囉呢。

Groningen一船杳無音訊，此船可能在自暹邏前往日本途中連人帶船一起遇難。

爲及時將一大筆資金從日本運往大員，我們的人計劃以每年18%的利息貸款；但末次平藏散布謠言，我們的人之所以貸款，是爲攜帶所有財產撤離日本，幾名本已準備好一大筆資金的日本人獲此消息後，加上我們在日本宮中的情形已眾所週知，便對我們產生懷疑。耐耶勞德先生得知末次平藏的謠傳後馬上取消原來的打算，對那幾名日本人講，不需向他們貸款，他自己完全有能力解決。

以下快船被從大員派往南澳和大星山巡邏：Ouwerkerck、Slooten、Cleen Heusden和Queda。我們的人從海盜那裡得知，Ouwerkerck一日夜裡在澳門附近遭到葡人襲擊並被燒毀；船上18人被捕，大砲被繳獲，剩餘的人員遇難。快船Queda在澎湖群島遇到一條駛自馬尼拉的中國帆船，結果因風暴其船錨被拔起，漂向陸地方向，最終兩條船均遇難，只有船上人員保全下來。

據報告，大員的城堡防禦良好，配備人員330人。司令官德・韋特乘此船返回荷蘭時，將那一地區的事務暫時交由高級商務員范・代・哈合(J. van der Hagen)掌管，直到納茨先生由日本返回。

至於對中國的貿易，如上文所述，我們自大員收到860擔生絲，另有898擔運往平戶；若儲存資金充足，可購入更多的數量在日本售出，獲取高額利潤。中國人對與我們的貿易管制極嚴，除許心素和其他獲特許的人之外不許任何人與我們貿易。結果使我們被迫出高價購入絲綢，而且不易得到各種給養。如往常一樣，我們的人預付給許心素用於購買200至300擔生絲的資金。他所提供的絲綢均定價爲142兩一擔。若有其他人冒險裝運，則出價150兩一擔。我們的快船停泊在漳州灣時，有人暗地裡提供一大批生絲，價爲125兩一擔，有的以115兩一擔的價格購入。司令官認爲，若中國准許人們公開貿易，我們甚至可以100兩一擔的價格收購。1627年6月之前，中國人不准我海船或帆船自大員到漳州灣和沿海其他地方停泊。但後來中國海盜猖獗，在中國海上橫行霸道，將整個中國沿海的船隻燒毀，到大陸上搶掠[3]。海盜們擁有約400條帆船，60,000至70,000人。海盜頭目一官(Icquan)曾在大員爲公司翻譯，後來悄無聲息地離開那裡，在海上行盜，短時間內即有眾人響應，其聲勢浩大，甚至中國官府也無法把他們趕出中國海岸，派人在大員向我們的人求援，首先要求我們派船到漳州灣運絲，因他們無法將貨物運往大員；其次，派兩艘海船停泊在漳州灣，以防海盜騷擾；再次，協助他們剿滅海盜。我們的人派出兩條海船爲援，他們在漳州灣停泊很長一段時間。一官長期以來與我們友好往來，以禮相待，但最終在海上不加區別對所有船隻予以攔截。

對中國人的求援，我們的人通過商人許心素答覆他們，若福建省最高官員和水軍司令即巡撫與都督親自書面提出，並保證准許中國人對大員和巴城的自由貿易，我們將以現有力量，不需中國水軍增援(他們所擁有的戰船不過80條)，趕走海盜一官及其同夥。

德·韋特司令官當時率快船Vreede、Erasmus、Haen、Slooten、Cleen Heusden和配備荷蘭人的4條帆船停泊在漳州灣，並從商人那裡收到巡撫和都督的兩封信。他們在信中要求我們協助驅除海盜一官，並保證，事成之後將永久准許其臣民自由到大員和巴城貿易。在此許諾的基礎上我們決定將海盜趕走，並認爲此事輕而易舉。1月16日，我們的人將此計劃告知海盜一官，並於13日率上述快船與帆船離開廈門，南下迎擊海盜。船隊到達Beren灣之後，發現那裡停泊有300到400條帆船；海盜的船隊在上述海灣停泊不動，並於破曉之前兩小時派出火船攻擊我船隊，然後率所有船隻向我船湧去。爲避開火船，我們的人被迫割斷纜繩駛往外洋，並放棄海盜派出的一條帆船，然後向對方開火。駛出海灣之後，海盜率船北上，他們可能前往漳州。若果真如此，他們將對滿載貨物停泊在那裡的海船Vreede和Erasmus造成巨大威脅。因

3 入明以來海盜為寇於中國沿海，1626、1627年格外猖獗，林七老、楊六、蔡三、鍾六等在海上稱雄。鄭芝龍集團的勢力也日漸壯大，1626年春攻入廈門，後又攻打銅山等地，勢如破竹。甚至中國官府也無策以對。但所到之處「禁淫殺；不攻城堡，不害敗將」，不像荷人記載「燒殺搶掠無惡不作」。《廈門誌》卷16，舊事誌；《明實錄》天啓七年秋七月。

當時已是返回巴城的時間，不必派整個艦隊追擊，而且令上述兩條海船駛往巴城，其餘三艘海船Haen、Cleen Heusden和Slooten以及三艘帆船沿岸堵截，到漳州灣與都督的水軍會合，我們的三艘快船將留在那裡，上述三條帆船將裝運商人答應向公司供應的264擔絲綢前往大員。

圍剿失敗後，德・韋特司令官寫信給福建巡撫，解釋海盜如何逃走，他派出兩艘海船駛往巴城，剩餘的快船與帆船均前往漳州灣協助他，若仍需援助，則要寫信給巴城總督。

獲得與中國自由貿易的這一機會如何難得，您可從德・韋特司令官的口頭報告中得到更詳細的瞭解，我們不在此詳述，並迫切請求您，只要有可能，儘快派來幾條便利而且裝備良好的快船，運來我們所需資金，以購入運回荷蘭的中國貨物和用於繁盛的對日本的中國絲綢貿易。目前我們因缺乏資金、人員與船隻而無能爲力。

1626年，一支由3艘大帆船，6條海船和12條中國大小帆船自馬尼拉前往福島。船隊配備500名西班牙人和1,100至1,200名菲律賓人(Panpangers)，裝運建築城堡所需石灰、石頭及其他材料。其中有1艘大帆船、6艘海船、1艘甲板大帆船和4至5條小型帆船到達福島。他們在福島東北部某海灣中一島嶼上開始築堡建城。但進展緩慢，因我們獲悉，他們對此地不盡滿意，而且氣候條件不利於健康，已有250名西人和許多菲律賓人因而死亡。西人已與當地人發生戰爭。他們從中國所得物資寥寥無幾。西人遭遇不利，未能對我們組織攻擊。我們的人對他們也未能採取任何行動，只從遠處察看過敵人所佔地區。去年9月，西人的兩艘甲板大帆船駛過大員的淺海區，偵察我們的情況；它們後來前往澎湖，並在那裡停泊3日，又從那裡返回他們在福島東北端的基地。

大員受到西人、中國海盜和日本人的嚴重威脅。據說，澳門的葡人一度曾擔心我們聯合海盜前去攻打他們，因而決定，令澳門的中國人撤出。廣州官員對葡人的這一舉動大爲不滿，儘力斷絕了澳門的給養運輸。願萬能的上帝對我們在大員的人予以保護，並使公司事務一切順利。

我們的人認爲，因爲海盜爲寇，今年不會有帆船自漳州到達巴城。海船Vreede裝運78,000里耳重的白銀自平戶到達大員時，我們在那裡的人因中國人所供絲綢而欠他們60,000里耳。儘管如此，他們仍希望不久會有新的銀兩自日本運至，決定再次在漳州灣預付給許心素資金，用於購買絲綢，並派下一批船運來巴城；但匆忙之中，他們只得到81.5擔。

(fol. 10)1月4日與5日，以下船隻到達巴城，即：快船Cleen Hoope自暹邏，只運至少量油；一條中國帆船自中國沿海，爲德・韋特所率領、自漳州出發驅逐中國海盜的4條中國帆船之一。

上文中我們已經述及，快船Haen、Slooten和Cleen Heusden與配備60名荷人的3條中國帆船，由司令官派往漳州；但他們到達南澳時遇到海盜的強大船隊，不敢在岸邊停留，更不敢拋錨停泊，擔心一旦受到海盜的襲擊，快船將受到火船的威脅。果然如此，我船被迫駛往外洋。他們在那裡又遇到強風逆流，一起被沖走。Slooten和Cleen Heusden二船仍沒有消息，據猜測，他們可能在澳門各島以北的中國海岸。第二條中國帆船還可望保全下來，但第三條陳舊漏水，恐怕已在風暴中沉入海底。第四條帆船是海盜爲商談所派出，船上人員除四名荷蘭人據說逃往內地外，均被殺害。因此，我們目前在大員和中國沿海沒有一艘海船、快船和帆船，海盜控制中國沿海，將我們在大員和中國沿海的人之間的聯繫切斷，我們的人如同被圍困在城堡中一樣。他們負債60,000里耳，爲此我們將所得絲綢派此船運送給您。

貨船Edam自平戶到達暹邏，本來裝運40,000里耳的白銀派往大員，但未能在那裡靠岸，將其中20,000里耳的銀留在暹邏，用於購買鹿皮等貨。此船與上述Cleen Hoope一同自暹邏出發，在舊港海峽離散，隨時可能到達巴城。

大員沒有一艘船，資金嚴重缺乏，而且那裡的事務由一名缺乏經驗的人主管。中國海盜在中國沿海爲所欲爲，我們急需派出一支得力的艦隊攜帶大批資金前往。正如上文所述，巴城也嚴重缺乏資金，所配備人員不足，甚至在陸上無力驅逐500至600名爪哇人，在海上面對

30到40條氣焰囂張的萬丹船也無能爲力。結果如何，只有上帝清楚。

同時，我們擔心，今年不會有帆船自中國沿海泊至，再加上戰爭，巴城的貿易與收入將明顯減少。

17. J.P. Coen, Willem Jansz., Jacques Lefebure, J. van Gorcum, P. Vlack, A. van Diemen, Adriaen Blocq Martensz., 巴達維亞, 1628年11月2日

——voc 1094, fol.1-47.

(fol. 5)在前面的報告中我們已經述及，我們的船隻均被趕出中國沿海，海盜在中國海上橫行，我們的人不得不遠而避之。後來，那裡的快船Cleen Heusden順利到達巴城，第二條配備荷蘭人的中國帆船也到達這裡。第三條北上到達Haerlem灣。海盜們在該灣以北燒殺搶掠，爲非作歹；我們的人發現，那裡的每個海灣中均漂有30、40、50或更多的屍體。

納茨先生自大員派出的三條中國小帆船先後到達巴城，他們特爲送信而來。我們收到納茨先生分別寫於1628年2月27、28日和3月15、23、26日的報告，茲將其副件送給您。我們從信中得知，我們的使者不但一無所獲，而且根本沒有受到召見即被迫離開日本江戶；同時，納茨先生極力抱怨大員各方面配備不足。

此前，我們已向您報告，使者納茨和毛澤爾攜厚禮被派往日本拜見日本將軍，同時趁機排除日本商人對我們的指控可能引起的種種不滿，他們指責我們的人在大員向他們收取關稅並阻攔他們與中國人和原住民的貿易。

我使節的到達由當時在宮中的平戶大名通報，並爲他們申請進宮的許可；獲得許可後，他派我們的人前往京都(Miaco)，然後從那裡由將軍支付路費前往宮殿。屢經周折之後，他們終於到達江戶，並於一座廟中住宿(日本人嚴密看守)；據平戶大名講述，宮中閣老得知我使者到達後極爲欣慰。

我使者前往江戶時，兩條日本帆船自長崎到達大員；其中之一爲長崎奉行末次平藏所有，他們未經通知我們的人即從新港社運走16名村民。末次平藏在宮中有許多權勢巨大的朋友，而且此人視我們的人爲敵。他揚言，這些外族人到那裡是爲將大員和整座福島的主權貢獻給將軍，控告我們的人和請求派人統治。

若我們的人未曾提及新港人及大員主權等事項，似乎可得到將軍的召見，並體面地離開那裡。但我們的人受到宮中閣老成員之一Quinosquedonne和將軍的兩名道士的詳細查問，他們由何處而來，由何人派去，帶去的信件由何人寫成，禮物來自何處，以及使者除拜見將軍和感謝將軍的恩惠外，還有何使命。我們的人直接回答，他們將在將軍面前控告末次平藏的一名船主從大員偷運出數名新港人，末次平藏聲稱這些人是前去拜見將軍的使者，並爲他們申請使者通常所享有的權利。我們的人同時說明，我們在大員享有主權。閣老瞭解使者的使命後，竟然指責我們的人並非使者，而是幾名聚集起來的商人，被派出以送禮爲名污衊將軍的臣民；他們還講，總督也不過是商人的一名僱員而已。他們拖延37天之後，期間還仔細詢問有關總督及巴城的情況，最終我們的人未能獲許面見將軍或閣老成員，即被命令返回，因爲無論是巴城還是總督他們均未曾聽說過(但四尊砲則由平戶的大名留在大阪(Osacca))。我們的人認爲，是平戶的大名從中作梗，才使我們的人遭到拒絕。依我們之見，則是閣老們故尋借口拒絕我使者、拖延時間和維護其主人將軍的聲譽。從我們同時送去的出使日記中您可瞭解這次派人出使江戶的經過。

我們的人所贈禮品價值f.2,053.10.8。除將軍所出費用外，使者旅費計f.28,468.12.4，其中包括諸項費用，這爲公司無故造成壓力。費用之所以如此之高，是使者爲浩蕩地入宮而帶去超出我們在東印度評議會上所定隨從人數所致。因此，我們決定，這筆開支由納茨和毛澤爾先生負責。期間，這筆費用已在他們的名下入帳。

我們的人遭到拒絕之後，納茨先生馬上自江戶前往平戶，又從那裡乘海船Woerden趕往大員，12月24日他們到達那裡，並發現大員情況慘不可言。Woerden一船同時運至72,000里耳的日本銀。納茨先生估計，大員需士兵500人，而那裡現有士兵不過300人，其中只有120名壯年男子，而且Woerden一船上的人也已計算在內。他寫道，若敵人在Woerden到達那裡之前威脅大員，不會遇到任何抵禦而一舉佔領。納茨先生對德·韋特司令官的做法極爲不滿，後者爲節省費用開支而使城堡防守不善，而且率所有的海船與快船前往中國沿海。新港、目加溜灣、麻豆和蕭壠等村社的居民對我們的人表現出極大的反抗情緒。

此後，即3月18日，海船Heusden自日本順利到達大員，並運去100,000里耳的白銀。而且Westcappel一船已裝運26,000里耳的白銀自平戶前往大員，但一直沒在那裡出現。毛澤爾先生乘Heusden一船到達漳州灣後獲悉，不久前，海盜曾以火船對一條荷蘭船發起攻擊，最後雙方達成協議，此船被海盜繳獲。根據中國人所述的情形，我們斷定此船肯定是Westcappel。願上帝能夠補救公司遭受的損失。

我們的人對平戶的大名表示極爲不滿。耐耶勞德先生建議，納茨先生也提議，將平戶的商館遷至長崎，以免平戶大名對我們的無理待遇和難填之欲壑。他們認爲，將軍將欣賞我們這一做法，因長崎屬將軍直接管轄。但在得到您的具體指令之前，我們不會做出決定。

耐耶勞德先生向我們報告，閣老成員命令平戶大名對我們以禮相待，並告知我們的人不必憂慮；將來會有所好轉。因此，我們希望不會像納茨先生所言，在日本遇到莫大的困難。

因爲我們的人在日本仍儲存大量的黑色哆囉呢，長時間未能售出，我們將庫恩總督所率船隊運至的同類貨物留在我處，總計405件；後來，海船Prins Willem和Nassouw又運來222件。請您暫時停運此貨。

我們今年未收到平戶的帳簿，下令暫時將那裡的贏利據估計按f.500,000計算。船隻、商館及上述使節所耗費用估計約f.66,000。

今年沒有葡船自澳門到達日本，葡人恐怕我們的人與海盜聯合攻打澳門，未將船隻派出，但耐耶勞德先生則說，今年仍有3,000擔生絲被運到日本。

風季初，快船Chincheu將自平戶前往大員，因在日本未獲悉海盜擁有強大的勢力，納茨先生擔心，諸如Westcappel的不幸遭遇難以避免。

海盜一官在中國沿海擁有1,000條帆船，稱霸於中國海；方圓20荷里內，人皆避之；廈門和海澄被他們攻佔、摧毀、焚燒，他們還殺死所有無力逃脫的人。有人傳言，許心素被他斬首，其住宅也被毀掉。若果真如此(可能性極大)，公司將損失他所欠f.49,624.-.18。我們下令，不再向許心素及其他人預付資金，購絲和其他貨物。

去年，漳州無一條帆船航出，下一季如何，尚不得知。

12個月內，大員費用總計f.72,093.6.2，而那裡的貿易所得不過f.7,624.13.2。該項巨額費用，還有日本的費用，許心素所欠債務以及海船Groningen、Ouwerkerck和Westcappel的損失，總數將極其接近上述據估計在日本可得的利潤f.500,000。而且平戶也將因貸款而損失巨大。

爲向我們在日本的人提供援助和繼續在中國沿海與日本的貿易，我們向大員派出快船Erasmus、Domburch、Tessel、Slooten、Diemen、Batavia、Armuyden和Cleen Armuyden，配備人員405人，載運物資f.334,645.0.9，其中包括f.99,650里耳和獅像銀元(譯者按：荷蘭當時的一種銀幣)，用於日本的280擔生絲、一批紅色哆囉呢、粗質羽紗、sayen、bouratten、rassen、300擔胡椒、檀香木、象牙等。願萬能的上帝保佑他們順利行駛。此前，大員尚存有物資f.400,000，如此，總計f.734,645.0.9。萬能的上帝保佑公司將得到一批相當的貨物。快船Haen也被派往大員，但離開巴城不過5至6荷里，遇到一場小暴雨，該船因船桅杆後面的艙蓋未關，船裡積水過多，沉至28荷丈深處未能救出。一名少年因此遇難，餘者均被救出。

我們向大員下令，我們的人在援助中國官員和以武力對付海盜之前，應儘力以武力疏通漳州與大員之間的航路，保持它的安全，並向中國官員請求准許自由貿易，或在漳州灣，或在其他地方，同時准許人們自由率船駛往大員，在巡撫、都督及其他大官書面做出許諾並予以實施後，再認真援助他們，盡力把海盜趕走、打散和一舉消滅。但如果我們不能獲得與中國的自由貿易，中國人只以各種花言巧語拖延，我們命令他們到中國北部沿海請求貿易(以不再無故地浪費公司的人員、船隻和各種物品)。而且要試圖切斷福州的中國人與福島北端的雞籠、淡水的西班牙人之間的貿易來往。特別是派船到南澳與大星山之間的水域巡邏，攔截航行於長崎、馬尼拉和澳門之間的敵船；若那裡貿易稀少則將現存及將從日本得到的白銀運來我處，以用於巴城或運往科羅曼德爾、蘇拉特和波斯。

至於大員的主權，我們向納茨先生下令，維護公司在各方面的權益不致受到任何損害，不向日本人或其他任何人做出讓步。若有日本人到達那裡，則以禮相待；若他們欲在大員進行貿易，則須與我們一同分擔佔據該地區、對付海盜和其他敵人所要承擔的費用，否則不許他們在那裡貿易，期間按照指令對待他們，直到進一步獲得有關日本事務的消息。

我們命令高級商務員耐耶勞德先生，以適當的方式向平戶的大官及那個國家的其他官員表明，我們的人因曾到過大員的末次平藏的下屬從中挑撥而遭遇種種刁難，特別是他們試圖在其將軍與閣老面前貶低與懷疑我們總督的聲譽與權力，我們深爲此痛心。若他們果真聽信那些人的詆毀，那麼我們寧願率人船裝運貨物離開日本，而不會與將軍及其閣老爲大員的主權和我們的聲譽發生爭執，因爲我們得知，與我們爲敵的人在宮中頗受寵信，從而不可能既維持我們在大員的權益，又使我們在日本的貿易不受影響。與其如此，不如及時從日本撤出，我們寧可撤離日本，也不能放棄大員。儘管如此，我們仍然相信，事情不會發展到這等地步。其他的指令，請您詳見我們同時送去的報告副件。

18. J.P. Coen, P. Vlack, A. van Diemen, 巴達維亞, 1629年2月10日

——voc 1096, fol.10-17.

(fol. 12)11月26日，讚美上帝，快船Batavia自大員順利泊至巴城，運來價值f.277,572.15.12的貨物，其中包括41,853斤生絲及其他絲綢。

生絲以合理價格購入，但綢緞較爲昂貴，而且質次，並非荷蘭所需；多數將用於爲士兵製作服裝。同時運至1,578雙毫無用處的絲襪，價值f.8837.-.8，不知應如何處理，因爲它們太小，士兵們不能穿用。我們寧願收回公司因此支出的資金；這批貨物均在漳州灣購入。他們爲何未能在那裡購入公司所需贏利貨物，我們尚不清楚。

5月27日，2條日本帆船自日本到達大員，船上人數總計470人。納茨長官從尼沃勞德先生和平戶官員那裡得到密信，而且受到一名隨日本人同去的中國人的提醒，得知該二船船主、居心叵測的濱田彌兵衛的陰謀及其他不良打算，因而令日本人交出武器，以免發生不測。納茨先生只限濱田彌兵衛一人登陸，將他關押5至6日，直到他准許我們的人上船將他們的武器帶上岸。

該日本帆船還帶至濱田彌兵衛去年偷運往日本的新港人，假稱這些人是福島使者，爲將其土地獻給日本將軍和要求派人管轄而至。納茨先生(似乎)因這些人(他們通常無法在其村社中生存下去，而需納茨先生予以保護，使他們免受其敵人的襲擊)出面，曾在日本遭受污辱，並使公司白費一番苦心與財力，而大爲惱怒，將他們關押起來，並沒收日本將軍所贈禮物，這引起上述濱田彌兵衛及其隨從極爲不滿。

上述日本人運去40,000兩銀，用於購買絲綢，但發現海盜擋道，無法貿易，決定及時返回日本；然而，大員的評議會決定，等到納茨先生率船自中國沿海返回大員後再予以放行，若能運回一批絲綢，則轉賣給日本人，以免他們到日本誣告我們，並使他們滿意。但若納茨先生不能運回絲綢，我們的人也無能爲力，進而決定，等到巴城船隻到達大員再放他們回日本，並運回巴城送去的絲綢，以避免他們向先前一樣誣陷我們的人阻礙他們貿易，而當時無論是我們的人還是他們均因海盜而無法進行貿易。

日本人無法忍受對他們的扣留，認爲(後來講述)我們的人計劃置他們於死地，只是認爲爲時尚早。6月29日，上述船主濱田彌兵衛帶領幾名隨從前往城堡外面的公司住房，向納茨長官告辭。當時長官與他的兒子、一名翻譯和10至14名商人在那裡。經長時間談判之後，上述日本人頭目濱田彌兵衛與其隨從將納茨長官捉住並按日本人的方式用繩索把他捆綁起來。附近的日本人聞聲拿出武器，將兩名荷蘭人打死，還打傷數人，其中又有一人死去。我們的人從城堡中向一條駛往上述帆船的小船開火，打死幾名日本人，但未向公司的住房射擊，以免傷害長官納茨。第一次射擊後，我們在城堡中的人命令日本人釋放納茨先生，不然將向他們開砲。日本人則回答，在准許和保證他們能自由撤離之前既不離開那裡，也不放納茨先生。既然有納茨先生在爲人質，日本人提出以下五項條件：

第一，爲保證其帆船在海上不受我船襲擊，他們要求將以下人質一同帶往日本：納茨的兒子、毛澤爾、范·代·哈合、赫特曼(Hertman)和姆爾庫爾特(Moercoert)[4]；同時他們也交出8名同等級別的日本人隨我們的一艘海船與其帆船同往日本；

第二，要求我們的人交出11名作爲使者從日本返回並遭到關押的新港人，2名中國翻譯；

第三，交出日本將軍送給上述新港人的禮物；

第四，將停泊在大員的海船船舵卸下以確保海船不予以追擊；

第五，要求提供200擔生絲，聲稱爲補償他們去年送往中國沿海的白銀，並因我們阻礙而未能獲得絲貨。同時將其債券交給我們的人，以索回債務；另外，要求償還曾被宋克長官劫獲的15擔絲綢。

我們的人若能滿足以上條件，他們將釋放納茨長官。

儘管日本人在我城堡與海船威脅之下將長官納茨關押在公司的住房中，我們的人仍可斷絕其飲食迫使他們釋放長官，納茨先生被扣押5日之後，大員評議會決定，完全滿足日本人的上述要求，無視其要求毫無根據和爲維護我們的聲譽如何不應達成這一協議。據大員評議會所稱，目的在於避免我們的人需承擔責任，在日本引起更多的麻煩。

按所訂協議，准許日本人從公司貨艙中取出120.5擔生絲和18,549

---

4 到達日本後，這些人均被打入牢獄。納茨的兒子(Laurens)後來在日本死去。其他生存下來的人於1632年在納茨被巴城交給日本後獲釋。

里耳，總計f.107,164.-.17。同時，日本人交給我們的人他們在中國借出的債務證明。以上債務均爲3、4、5年前借出；新港人及其所得禮物也被交給日本人。新港人凱旋而歸，在那裡與其他人大舉慶賀。我海船船舵被卸下，並將水送上日本帆船，又將人質交給日本人，納茨先生才獲釋。

上述日本人威逼我們的人實現其願望之後，他們乘坐兩條帆船與海船Erasmus於7月7日自大員出發駛往長崎。Erasmus一船由納茨先生特別派出前往日本，就此協議進行控告，索回絲綢和資金，對上述日本人使用暴力要求予以審判；但他命令尼沃勞德先生繼續在日本的貿易，並寫道，他認爲，我們不會堅持索回被日本人敲詐去的200擔絲綢。

然而，我們在此瞭解到，這一麻煩在大員完全可避免發生，決定暫時借貸給大員評議會上述絲綢與里耳的總價值f.107,164.-.17，等待那裡的具體消息。長官納茨先生卻認爲，日本的事務一切順利，後來竟毫無顧慮地將海船Woerden和Heusden依然派往日本，運去價值f.298,910.-.1的貨物。我們則擔心，日本人對我們的人虐待被日本將軍作爲使者召見過並賜予禮物的新港人不會有積極的反應。時間將會告訴我們結果如何。公司目前在日本擁有價值數十萬盾的物資。我們則爲這批物資未在巴城深感遺憾。

讚美上帝，以下船隻自巴城和日本到達大員：Erasmus、Domburgh、Texel、Battavia、Armuyden、Slooten、Diemen、Cleen Armuyden、Heusden、Woerden和Chincheu。若有必要，這隻艦隊足以挫敗海盜的勢力；但在我船到達之前，海盜一官已將皇帝的商人許心素打敗，並一躍成爲廈門大官和海上游擊，我們的人認爲不宜再施以武力向中國請求自由貿易。該海盜成爲廈門大官之後，他的200條帆船與他分道揚鑣，重新入海爲寇。他在廈門還關押著76名荷蘭人，並令他們攜帶武器守衛他的住宅，對他們以禮相待，以設法與我們建立友好關係。在隆重地上任後14天，他將其中的14人送往大員，並要求與納茨長官友好往來，以更好地鞏固其地位。對此，納茨先生要求他歸還我快船Westcappel和所裝運的白銀，並釋放我們的人。海盜或廈門大官一官隨後即放出我們所有在押的人，並歸還Westcappel一船及船上所裝銀兩、貨物。因此，一官與納茨友好地達成協議。

此後，納茨長官率海船Woerden、Heusden、Domburgh和Chincheu前往漳州灣；經一官撮合，我們的人在那裡購入大批生絲。眾私商也毫無顧忌地與我們貿易，而一官惟恐影響他的計劃，令人阻止這些商人與我們往來，沒收其貨物，將他們趕走。納茨對其做法表示反對。雙方因此發生爭執，一官命令我們的人次日即離開那裡，不然將用火船把我們趕走。8月5日，Woerden一船裝運價值f.107,398.-.17的貨物從那裡駛往日本；納茨先生率領三艘船返回大員。然後，他又率9艘船回到漳州灣，一官登上我快船Texel之後，被我們的人扣押，因他在此之前曾阻礙我們的貿易，並告訴他，直到他准許我們的人自由貿易才能予以釋放。他對此表示極為不滿，不應受到荷蘭人的此等虐待，並公開下令准許所有商人與我們貿易。貿易隨後繁盛起來，我們的人購入f.277,000的貨物，正如上文所述，這批貨物均由Batavia一船運至我處。

納茨先生後來與上述一官在我船上簽訂為期三年的協定，他每年往大員向公司提供1,400擔生絲，定價為140兩一擔；5,000擔糖，價為3里耳一擔；1,000擔蜜薑，約4兩一擔；4,000擔白色吉朗綢，約14錢銀一件；1,000件紅色吉朗綢，約19錢一件。價值總計300,000里耳；若有私人欲投入更多的資金，也將予以准許。一官將得到3,000擔的胡椒供貨，價格約為11里耳一擔，餘下的以現金支付；如果我們的人率船到漳州灣裝運，則將每擔價格降低10兩。依我們之見，這一協定毫無必要，所訂絲與糖價過高，這是中國人在萬丹和北大年的銷售價格。至於吉朗綢，我們認為數量過多，而且擔心在漳州不會獲得廣州的優質薑。

此前，納茨長官向我們報告，許心素所欠公司債務總計19,086.5里耳，而今他獲悉，有私商假許心素之名運去價值31,783.5里耳的絲綢，這些人還要求我們如數付款。他認為，我們應批准支付這些商人的供貨，以保證他們將來繼續向我們提供。因此，公司因許心素損失50,870里耳。

8月24日，Heusden一船自大員前往日本，運去從巴城得到的價值

f.191,511的貨物。海船Vreede自暹邏駛往平戶，載貨價值f.58,403.8.12。願上帝保佑我們將得到一批所需的貨物。

在雞籠、淡水，我們的敵人西班牙人築起一座設有4個崗樓的城堡，由200名西班牙人、400名菲律賓人守衛；並有2艘甲板大帆船和1艘大帆船停泊在那裡。有人違禁自福州前去貿易，另有人自中國北部地區運去許多瓷器；那裡海岸水深達5、6荷丈，海岸遠處則有12至15荷丈深。爲前去攻打，長官納茨先生需1,200至1,300名強壯的士兵。

長官先生見船隻停泊在那一地區無利可取，於1628年10月28日派司令官利芬森(Carel Lievensz.)率快船Slooten、Diemen、Cleen Armuyden、Westcappel和Chincheu自大員前往地悶島。留下Texel、Domburch和Armuyden用於攔截敵船。快船Westcacppel已不適於行駛，由上述司令官馬上派往巴城，此船於12月15日順利到達。

19. J.P. Coen, P. Vlack, A. van Diemen, 巴達維亞, 1629年3月18日

——voc 1096, fol.3-9.

(fol. 4)3月4日，一條小帆船自大員到達巴城，帶至納茨長官2月4日的報告。從報告中我們得知，他們未從日本得到任何船隻和消息；因爲我們在巴城也未得到船隻和消息，幾乎可以斷定，公司的海船Erasmus、Woerden、Heusden和Vreede被扣留在日本，這將爲公司帶來巨大損失。我們估計，公司在那裡的財產總計價值f.1,000,000。公司在那一地區的事業困難重重，而且令人痛心的是，我們不但沒從日本得到任何貨物，而且人員、船隻、資金與貨物反遭扣留。毫無疑問，與公司爲敵的人在日本可爲所欲爲，而且閣老們助紂爲虐，對我們的人來說，不可能使到大員貿易的人沒有怨言。儘管如此，我們的人在處理此事時完全可以避免事端、損失與災難。但因我們至今未得到足夠的消息，不能準確地做出評斷。納茨先生的報告不夠詳盡，儘管他對其他區區小事長篇大論，從我們同時送去的報告中您可以看出，找

不出什麼根據，看來他是因恥辱而未向我們做出詳細報告。

據人們傳說，日本人去年曾去過大員，他們在將軍面前控告我們的人在貿易中爲他們造成巨大損失和障礙，並迫切要求將軍採取措施；將軍答覆他們，不希望有人以其國家之外發生的爭執來打擾他。他們獲許返回大員，向我們的人要求賠償損失。我們在大員的人既得到平戶大官和尼沃勞德先生的警告，始終保持警惕，他們若理智地處理此事，本來不會出現困難；但納茨先生缺乏經驗，性格暴躁、固執、膽小怕事，使公司屢遭損失與災難，而且我們恐怕日本人也將借此機會美化他們的惡意，對我們的人倍加詆毀。我們的人對此進行的討論以及他們如何輕易滿足日本人的要求，任他們運走價值f.107,000的絲綢和銀兩以把納茨先生贖出，有關這些，您可詳見同時送去的大員評議會所制定的有關決議以及某評議會成員在巴城的說明。據說，此決議爲納茨先生在被關押期間自己擬定。若公司在日本的貿易能夠繼續下去，上述f.107,000，即使最終能夠索回也不必提出這一要求，否則(如果我們的資金和貨物長時間被日本人扣留)公司將遭受更大的損失。

我們在1628年11月3日的報告中已經述及，我們去年在日本的贏利按f.500,000計算，實際不會超出這一數目。就目前情況看來，這筆贏利將完全損失掉，或獲利無幾，儘管如此，我們估計，還需在日本貿易中贏利f.400,000，鑒於大員所耗費用之高，以及其他事先未能料到、本可予以避免的各種不利，(我們認爲)使公司無故遭受損失。

1627年10月8日至1628年10月8日，大員所耗費用總計f.116,555.19.18。

我們在此前已經述及，許心素所欠債務計10,986.5里耳。納茨先生講，其中31,783.5里耳由其他私商提供絲綢補償，而今他們則要求付款，目的是鼓勵他們將來運去更多的絲；如果公司予以支付，那麼許心素所欠公司款項達50,870里耳。請您就此事向德·韋特先生瞭解，並將結果告知我們，我們等待您送來有關的消息。該31,783.5里耳，每里耳按51斯多佛計算，合f.81,047.10.8。他違背我們的指令預付給中國海盜f.50,325(此外公司將損失所付給許心素的50,870里耳)，我們擔心，這筆資金又將難以收回。

大員評議會交給日本人價值f.107,164.-.17的銀與絲，他們需對此負責。以上各項總計f.355,093.-.7，日本所耗費用尚未計算在內。與此相反，我們估計，正如上文所述，我們將在日本獲利f.400,000，大員自1627年10月8日至1628年10月8日的贏利為f.14,554.10.13，因此，即使日本事務較為順利，公司在那裡的贏利也不會很多。而納茨長官則鋪張浪費，似乎有奇蹟發生。

正當人們在日本爭辯之時，大員又將耗費至少f.100,000，或許還會有f.100,000在日本用掉，因此，(無論如何)我們恐怕仍需予以支付；只希望不會如此。

公司貸出的款項計f.66,111；納茨又預付f.50,325；1628年9月30日至1629年1月31日，耗費f.27,412；給養、彈藥和船上用品價值f.22,985；所存貨物價值2,207里耳(其中多數將由公司職員使用)，f.22,263；總計f.189,096。若有所得，我們將作為贏利計算。

成為廈門大官的海盜一官，在福州巡撫那裡時，他的一名將領李魁奇率領大部分船隻重新下海為寇。據說，他擁有400條帆船，阻止大員與中國的航行，4個月以來，大員很少或沒有任何貿易。而且當時若有人運貨至大員，我們的人也將因缺乏資金而無力購入。一官講述，上述李魁奇出逃時帶走7條滿載貨物準備駛往大員的帆船，和兩條同樣裝貨豐富準備前往巴城的帆船，他因此未能還清公司預付給他的資金。他要求我們出船援助，趕走上述海盜，而後者則向我們的人請求進駐大員。

因為沒有船隻自日本到達大員，而且去年我們缺米只為他們從巴城運去40拉斯特米，未能運去所需150拉斯特，我們的人嚴重缺糧。我們希望，他們能利用福爾摩薩和從廈門得到的少量米維持到巴城或日本的援助到達。

1628年11月14日，納茨長官派出兩條大型帆船Walcheren和Vlissingen，各配備16名荷蘭人和70名中國人，與其他三條某海盜的帆船，在福州與敵人的基地雞籠和淡水之間的航路上攔截船隻，直到1629年1月31日。他們準備從福島出發前往中國沿海之前，受到強風襲擊，船隻離散，情況緊急。Walcheren帆船的人被迫砍斷桅杆，帆船漂至中國沿海的Haerlem灣。因缺乏各種物品，船上16名荷蘭人被迫下船乘坐一條小帆船前往暹邏，又與海船Mauritius從那裡一同到達巴城。上述帆船Walcheren上的軍官向我們報告，如果這些帆船各方面配備齊全，甚至比快船更宜於在上述航行水域攔截船隻，他們之所以遭此不幸，是因船錨、纜繩和船帆配備不足；儘管他們一再要求，而且大員擁有足夠的以上物品，但那裡的人認為可從中國帆船上獲得足夠的供應，而予以拒絕。他們恐怕Vlissingen一船將遇難，此船各方面配備甚至比Walcheren還要差。

海船和快船Texel、Domburch以及Armuyden被納茨長官留在大員，不準備把他們派來巴城，他還要求我們向那裡供應一年所需的給養和船上用品。長官先生未言及他為何將以上船隻留在大員，及有何計劃，船隊的評議會也未向我們做出任何報告。據自大員前來巴城的人講述，長官將船隻留在大員，是擔心日本人，也有人講，將以上使用的船隻停放在那裡無所事事，著實令人遺憾。看來這3艘船即Texel、Domburch以及Armuyden以及在日本的Erasmus、Woerden、Heusden和de Vreede，今年恐怕不會返回巴城，儘管巴城在下季急需船隻派往中國沿海、科羅曼德爾、蘇拉特和波斯。若上述7艘船中有幾艘他們需要，即使我們急需也還可以理解，但令人痛心的是，如此數量的船隻、人員和資金在日本與大員白白地停放著，特別是所有這一切似乎有人惡意謀劃而致。

此前，我們已通知納茨長官，不宜只與諸如許心素等中國人貿易；這樣做的結果是絲綢需以高價購入，有些商品的購入價甚至高出一般價格50%，特別是我們不許他們再贈送禮品，也不許為絲綢或其他物品的供貨預付20,000至60,000-70,000的大筆資金，而是用現金當場購貨；但若涉及小筆資金，公司不會遭受損失，又能得到贏利一、二、三倍的各種貨物，則可慎重行事，預付資金，以此向商人們表明，他們可用何種貨物與我們貿易並從中贏利。

鑒於我們的指令，納茨長官未再贈送禮品，但如上文所述，他又與一官就供應絲、糖等貨以高價達成協議。胡椒在中國價格為20兩一擔，他卻商定以每擔11里耳的價格供貨，而且幾乎將儲存的所有現金預付給一官，計f.50,325。致使大員現在沒有資金，他們又從巴城取出1,876 5/8里耳使用，按納茨長官的說法，相當於他們在大員爲公司支出的資金數量。這筆資金他用於何處，我們尚不清楚，只知他們用價值f.107,000的公司物資將納茨從日本人手中贖出。巴城評議會將注意此事，並令大員的評議會所有成員做出解釋。

許多事情我們本來出於好的意圖，最終卻被屈解而對公司不利，反而對在那裡的敵人有利。我們因此認爲，需禁止在中國沿海出借或爲供貨預付任何資金，正如我們在巴城的慣例，同時我們還命令美洛居、安汶和班達也這樣做。

我們打算儘快將納茨長官召回巴城，任命另一人出任長官，以改進大員、日本和中國沿海的事務；不然，將悔之莫及，因爲納茨長官的性格似乎不合乎公司在大員事務的要求。

若大員和日本仍無船隻到達，也無任何消息，我們將考慮把巴城儲存的生絲和黑色哆囉呢運往日本；我們眼下沒有一艘船有能力裝運這一大批貨物，除非這期間我們能從荷蘭得到幾艘適用的船隻。

我們現在尚不能向您報告，應如何解決我們與日本人之間的糾紛，維持雙方的友好關係，增加我們對日本的貿易。我們將盡全力促進公司的事務，一名慎重和明智的職員將有助於我們達到這一目的。但若日本人像波斯、蘇拉特和科羅曼德爾的摩爾人那樣吝嗇，我們現在在日本的巨額資金恐怕不會有所收穫。但日本人並非教徒，我們不能把他們與摩爾人相提並論。我們希望，事情不致於此。同時，我們期望，奧倫治王子能寫一封友好的書信，備一些(日本所稀有的)禮物送給日本將軍，以排除糾紛，繼續友好往來。請您按公司事務的要求做出決定。

四

斯排科斯（Jacques Specx）

1629-1632

20. J. Specx, P. Vlack, A. van Diemen, Pieter Nuyts, Crijn van Raemsburch，巴達維亞，1629年12月15日

——voc 1097, fol.1-67.

(fol. 9)有關公司在日本和大員事務的情況我們在上次的報告中向您做了詳細記述。因爲以後各地區沒有送來其他的信件和報告，我們只對上次報告作以簡短補充，幾年來人們一直擔心在日本引起麻煩和不快，對此人們幾乎早已預料到。對日本貨物收取沉重的稅餉和阻止他們在大員的貿易，這兩種方式都不會獲得什麼令人滿意的結果，因爲基於我們得到日本將軍的特別恩惠享受特殊優惠的自由條件，我們應與他們友好貿易。每當我們的貨物和商品運到日本，總能按我們的意願售賣，再購入各種貨物和商品，裝船運走，無需交納任何稅款，而且日方從沒有派官員找我們的麻煩和干涉我們的貿易往來。事實是，我們每年只需對將軍、其他大官和不同的奉行及行政官員表示敬意，而不必交納按理應繳納的稅款，這樣，我們每年可運去大批貨物獲得利益，而無須向宮廷派出特別使節，所有的贈禮和費用不會超過百分之一到二，正如我們在馬尼拉截獲的貨物運到日本，不論是作爲公司的資金收入還是運送回國的貨物均分文未花，日本人至少可以對此進行干涉，但因將軍對我們寬宏大量，待遇優厚，此事沒有發生，荷蘭民族在日本總是倍受歡迎，將軍對我們也一向客氣，同時我們可以想像，我們的人在大員對日本人的待遇最終不會產生任何積極的影響。

大員於1615至1616年被日本人一隻特別艦隊，約有300到400人的兵力佔領，但因缺乏援助而不得不撤出，因爲那次行動是由一私人自發爲將軍的利益而組織的[1]；數年間他們以其資金通過居住於日本的中國人在那裡與中國貿易，有時一年可在那裡購入高達300,000兩的貨物運回日本。我們在大員駐紮之後，馬上對日本人實行特別的政策，對

1 詳見岩生成一，〈十七世紀日本人之侵略臺灣行動〉一文。

他們的貨物抽稅，阻礙他們在那裡得到貿易的機會，儘管我們資金不足以購入所有運去的貨物。因此，我們阻礙了日本人的生意而使其受到損失。有人認爲，公司在日本的貿易屆時也難免會受到損失和貽誤，鑒於這種情況，我們派出一特別使團試圖避免此類事情發生，並使將軍保持對我們的友好態度。這是阻止日本人在大員貿易的唯一辦法，以後可利用不十分敏感的方法迫使他們放棄往大員的航行，從而避免在日本製造麻煩。結果使者沒有遵循我們的指令，而且他們的言行舉止對將軍有失尊敬，最後攜帶信件和禮品沒有得到召見，不但沒能恢復我們與日本的友好關係，反而敗壞了我們的名聲，引起他們對我們的鄙視，最終使公司明顯遭受損失[2]。從那以後，我們力求補救這一損失，鑒於將軍的臣民新港人的控告是有關他的國家之外發生的爭執，將軍不會特別過分在意。所以我們的人十分謹慎，對到達大員的末次平藏的帆船以禮相待，得當地處理有關事務，以建立新的友誼，樹立我們過去追求的在日本的聲譽，遺憾的是事與願違，得到令人不滿的結果。但是正如我們前面的報告所講，我們堅信，如果當時派出老練而慎重、有豐富的與日本人交往的經驗、對日人的習慣、性格比較瞭解而且對其幕府較爲熟悉的人去面見將軍，公司在日本不但可以建立自由和平的貿易，長時間內根本不會遇到任何麻煩，而且能阻止日本人在大員的貿易，於公司將有益無害。

納茨先生初至東印度，在日本缺乏經驗，性格剛愎而不能隨機應變，不能對付日本幕府和與那裡的大官來往；我們認爲，此人沒能爲公司贏得什麼利益和榮譽，而且依我們之見，他對許多事情處理不

2 納茨等一行於1627年7月24日前往日本拜見日本將軍。但因納茨目中無人，沿途遇到許多困難。諸如到達平户之後遭當地官員的檢查，因為他未經獲許即靠岸泊船。他還揚言，要借當地大名的最大帆船前往都城東京，遭到拒絕。後來長崎奉行末次平藏的帆船自大員返回日本，抗議荷人對在大員經商的日本人蠻橫無禮，並帶回16名新港人要他們在將軍面前將他們的土地奉獻給日本，對此荷人與日人發生爭執。結果納茨等非但沒得到將軍的召見，化解日荷之間的矛盾，反而使之加劇。W.Ph. Coolhaas, *Een lastig heerschap tegenover een lastig volk* (Utrecht 1955), p. 28.

當，諸如過早和過嚴格地索取稅款；等他來到這裡，我們將對他進一步調查。辦理公司的貿易事務，需以合理、公正的態度和有利於公司為準則。與此同時，我們期望在大員和日本的事務將順利得到解決，經再三考慮，我們認為有信心做到；但我們清楚，公司在那裡的船隻沒有其他目的只停泊在那裡，還有船上不能週轉的資金和白白花掉的公司職員的薪金，所有這些都會給公司帶來損失與不利。

我們認為，庫恩總督在當時日本事務錯綜複雜、尚未穩定的情況下命令蒲特曼斯長官[3]通知我們在大員和日本的人寧可離開日本，把大員的部分主權出讓給日本人，這種做法欠妥。我們認為，上述情況不能讓我們的人知道，因為那裡的商館館長和評議會委員目前在日本常與其他人來往。不然，他們會不適時地傳揚出去而引發日本人猜疑，這是他們永遠不想得到的結果。我們所強調的追求自主將引起日本人的懷疑和嫉妒而追根究底，從而帶來更多的不快與爭執。依我們之見，我們認為執行有關中國人在大員貿易的具體指令，即上次報告中對蒲特曼斯做的指示，時機尚未成熟[4]。中國貨物的運輸量還沒有達到可供我們任意選擇的地步；貿易不能強制和逼迫，中國豪商巨賈的壟斷貿易以我們的能力還不能衝破或排除，所以對公司最有利的做法是努力將資金用於購買上等的中國絲綢，在日本和東印度各地獲取更多的利潤。日本和中國貿易所需資金暫時存放在那裡，正如在日本的f.1,000,000資金，在資金充足和贏利可供應科羅曼德爾海岸、蘇拉特、波斯和荷蘭的所需物品的情況下，以源源不斷的白銀招徠中國商人運去我們最需要和對我們最有用的貨物；我們力圖按照您信中的指示和意圖，通過友好的方式保全一切並取得進展，但不能操之過急，而且公司的事務常常因在某些問題上產生不必要的辯論和爭執而受到影響和貽誤。如果保留和維持與日本和中國貿易是必需的，而且這

---

3 Hans Putmans， 1629年6月出任大員長官，直到1636年5月。。他贊同以武力打開與中國的通商之路。

4 上述指示即"Instructie voor den Gouverneur Hans Putmans ende den raet in Tayouan", 24 april 1629. voc 1097, fol.146.

裡的情況允許，總督先生並不排除親自前往的可能性，前提是此行能使公司事務取得進展而花費不大。您完全可以想像，這樣做並非缺乏深思熟慮，只是為維持那裡的貿易而已。

(fol. 11)為繼續進行對中國的貿易和避免其他的誤解，快船Slooten、Wieringen、Diemen和Batavia載運貨物和其他必需品，價值總計f.23,556.2.12，同時挾帶f.150,000現金，已於4月20日出發前往中國沿海。蒲特曼斯先生為接任納茨先生的長官一職隨船前往[5]，萬能的上

---

5 納茨被撤職，不只是因為日本的事務，他對中國事情也處理不當。1628年納茨到達中國海岸，面見一官，結果將一官綁架，威脅直到他答應開放中國貿易才予以釋放。同時納茨得知，一官已不再以海盜為業，而是廈門大官和海上游擊，才改換方式，與一官簽訂協約。後來東印度總督拒絕承認其合法性，因為該條約於東印度公司不利，新任大員長官蒲特曼斯於1629年上任時得到訓令，以上條約無效。(1630年蒲特曼斯重新簽訂條約，詳見下文。)但從條約簽訂到蒲特曼斯1629年上任仍有一段時間，對當時的中荷貿易不能沒有影響，因此將條約內容翻譯如下：

以下條約由東印度評議會委員及福爾摩莎島熱蘭遮城的長官納茨(Pieter Nuyts)於廈門所在省的高級官員和中國海上游擊一官簽訂。

本人，一官，保證將來三年裡每年向納茨長官提供1,400擔上等絲綢，若在熱蘭遮城供貨則價為140里耳1擔，若長官派船到漳州灣裝運，我同意每擔減少10里耳即支付130里耳。

5,000擔乾而白、無參假的砂糖，每擔價為3里耳。

1,000擔糖薑，質量好，既無毛也不發黑，大而色清的薑塊，價至每擔4兩。

1000件美麗高質量的中國紅色吉朗綢，19錢1件。

另外還議定，所有商賈均可載運各種商品貨物，前往熱蘭遮城，我的士兵不會攔截這些商船航行，或搶劫他們的貨物；若有人願租賃我的帆船裝運貨物，在繳納運費的條件下予以准許。此外，一旦能得到他們的名字，我保證敦促所有欠日本人帳的中國商人還帳並通過各種渠道為公司彌補因許心素(Simsouw)而造成的貿易拖後的情形和損失。我同意購買2,000擔的上等胡椒，價為每擔11里耳。

因為我方保證嚴謹無誤地照約行事，達成協議，我的弟弟鄭鴻逵(Sisia)和鄭彩(Teontij)以及我的頭領作為人質和保證人陪同長官前往熱蘭遮城。就我方而言，條約有效期三年，但納茨長官講，需將此事首先稟報駐巴達維亞成的庫恩總督，長官希望總督將予以准許，使他們一方也能按條約行事。不然，條約一年後即期滿。

1628年10月1於Texel船中，停泊在漳州灣廈門島前。

voc 1096, fol.124-125；J.E. Heeres, *Corpus Diplomaticum Neerlando- Indicum* (s'-Gravenhage, 1907), eerste deel 1596-1650, p. 215.

帝會保佑他順利到達，然後根據那裡的進展情況利用公司資金恢復公司事務下達命令。有關消息您可在1629年4月24日寄去的命令、備忘錄、報告的副件中更詳細地讀到[6]。

在合同之外不預付給中國人資金於大員貿易不利，所需貨物也將很難得到；鑒於上述原因取消贈送禮品，同時又要求中國官員爲我們做事，須謹慎爲是。爲在中國沿海混亂和賊寇出沒的環境中獲取更多的利益，我們應認真和謹慎地選擇貿易伙伴。與中國大官和權勢合作，共同驅逐海寇，明顯會給我們帶來最保險和持久的利益。盡我們的能力爭取做些事情，對我們的名譽、信賴和活動只能有所裨益。我們期待的有關中國沿海的情況將決定此後公司最需要的步驟。如果被追緝的海賊李魁奇[7]未被捉獲，反而在擴張其勢力，貿易恐將因此而遭到封鎖。至於西班牙人在雞籠的情況以及他們對我們在那裡的工事和貿易究竟會有何影響，正如上文所講，正在等候之中。

中國私商對他們以許心素的名義提供的絲綢要求我們的人支付前面提到的31,783.5里耳[8]，我們等待著您的指示和命令，應如何更好

---

6 voc 1097, fol.146-154.

7 荷人稱他為Quitsicq或Kwi-Tsik，惠安人，糾集漁船為寇往來於海上。後與鄭芝龍一同就撫。二人之間本來就存在隔閡，後來李與鄭芝龍分道揚鑣。之後李再次就撫，二人立下軍令狀，訂盟共捍疆土。然而李揚言就撫，實則聚兵造船。崇禎二年(1629年)秋，再叛，攻陷金門後浦，為寇於海澄、龍溪。據《福建通誌》記載，同年八月，鄭芝龍合粤兵於料羅灣擊敗並殺死李魁奇。《明實錄》所述芝龍斬魁奇事在崇禎三年二月。查正荷文檔案記載有關當時荷人與中國海盜之間往來的史料便一目了然，1629年到1630年2月荷人與李魁奇均有書信來往，2月之後，對李便不曾有記載，與中文史料相對照，顯而易見，《通誌》記載有誤，鄭芝龍擒李魁奇應是崇禎三年即1630年事。按荷人記載，上述戰役中，荷人曾出船配合鄭芝龍，以作為獲得自由貿易的條件。李魁奇為寇時期，曾在漳州灣燒殺搶掠。他對荷人以花言巧語相應付，實則踞廈門扼守漳州灣的咽喉，船隻無法出入，因而駛往大員的商船幾乎斷絕，貿易額驟降。詳見《熱蘭遮城日記》1629年11月1日，《明實錄》崇禎三年正月、二月、十一月，《福建通誌．明外紀》，卷267。

8 一些廈門和大員的中國商人宣稱曾以許心素的名義向公司提供絲綢。該人垮台時，仍欠公司預付給他的資金，因此大員的荷人不準備為這些中國私商提供的絲貨付錢。許心素對公司欠帳19,086.5里耳。納茨先生講，

地處理此事；據我們所知，德．韋特(de Wit) [9] 在從大員去中國沿海之前肯定已支付給他們款項 [10]，因而在許心素的帳上還有剩餘。而且爲返回巴城的船隻能裝運更多的貨物，德．韋特還將從日本得到的現金一同帶往中國 [11]，他對這些中國商人的這些許諾，謊稱付款要等到下次從日本來船帶到；同時德．韋特已出發前往中國，在那裡爲絲綢供貨付給許心素50,000里耳現金，但50,000里耳轉到許心素的帳上之後，卻(因海寇擋道)未得到任何貨物；從這裡可以看出，對上述私商的付款不是沒有實現，而是許心素帳上還欠公司資金19,000多里耳，這是迄今我們所能知道的。

(fol. 12)海船Arent被派往大員，裝運貨物如下：

741¾擔胡椒

80¾擔檀香木

之前已有中國人運來31,783.5里耳的絲貨，補充了欠帳的一部分。但這些商人後來要求荷人為這些絲貨付錢。如果支付這些金額，公司將損失50,870里耳。其中的31,783.5里耳按每里耳51斯多佛計算合荷盾f.81,048。選定合適的中介商預付資金是荷人在中國沿海慣用而且行之有效的貿易方式，用此吸引商人運貨至大員。然而，這種方式也難免給荷蘭人帶來損失。H. T. Colenbrander, *Jan Pietersz. Coen*, V, p. 159.

9 1625年9月19日宋克遇難後暫任司令官和駐大員長官。1627年6月28日退職，此後率領幾條船隻經中國海岸返回巴城。

10 欠中國商人的款項荷人分批支付，並非全部在德．韋特前往中國之前支付。1627年12月26日支付給Sintoan 2,838⅛里耳，Kungou 1,660 1/8里耳，Janctingh 1,508 3/8里耳，Indiock 2,413 3/8里耳，Sidnia 1,950.5里耳，Soyongh 7,846 5/8里耳，Techidt 285 7/8里耳，Hoytsee 72 3/4里耳，總計18,575 3/4里耳；1627年4月25日支付給Simpaan 366.9兩，Ingsoan 722.6兩，Tinpee 228.8.5兩，合1,258里耳；5月17日支付給Canou 334.9兩，合472.5里耳；5月20日支付給Tsuntai 638.2.5兩，合874.25里耳；5月30日支付給Tkistan 530.1.4兩，Kenthan 649.7.5兩，合1,616 3/8里耳，又支付給Leguan 2,558里耳；6月16日支付給Toukingh 1,425 1/8里耳；6月21日支付給Sintien 994 1/8兩。以上銀兩共計27,774 3/8里耳。

中國商人前來要求支付31,783.5里耳。合計59,557 7/8里耳。H.T. Colenbrander, *Jan Pietersz. Coen*, VII, p. 1696.

11 1627年10月29日德．韋特率快船Erasmus和den Haen離開大員，夜裡與攜帶資金的海船den Vreede相遇，最後支付給許心素用於購買絲貨的資金計66,500里耳，但因當時時間短促，只供貨8,150斤絲綢，餘者將由其他船隻運至大員。H.T. Colenbrander, *Jan Pietersz. Coen*, VII, p. 1696.

50拉斯特米及其他貨物，價值總計f.29,417.18.2.

(fol. 51)11月11日，納茨先生由大員乘快船Diemen來到這裡，並運來價值f.52,507.13.5的貨物，詳細如下：

7,035斤生絲，每擔約140兩

38箱，即199小包(pampieren)金線

465擔蜜薑，這批船運走其中25罐，4兩1擔

12.5擔並糖，約3.2兩1擔

396擔紅色和白色吉朗綢，約14和19兩1擔

50擔花絹粗質的羽紗

300擔素絹

500個袋子

822架鐵鍋

蒲特曼斯長官於6月21日率快船Wieringen、Slooten、Diemen和Batavia以及幾條帆船自大員到達。正如被派往日本的Swarte Arent於1629年7月23日到達大員後沒有得到有關日本的消息，於8月13日經漳州灣揚帆駛往平戶，長官將一批已腐爛的鹿皮裝入此船，萬能的上帝保佑此船順利行駛。

納茨先生已按約定爲Diemen一船運來上述貨物支付給一官20,000里耳，因此公司與一官互不欠帳。

在上次報告中您可讀到，李魁奇原爲一官最得力的下屬之一，率領400條帆船爲寇，其勢力日漸壯大，成爲海上霸王，擊敗一官的軍隊，攻佔漳州灣，派兵包圍廈門，導致商人不能在海上往來，大員也因此而不見商船[12]。

蒲特曼斯曾率領快船Texel、Wieringen和Batavia前去漳州灣，以觀察那裡是否有生意可做。他發現，一官的處境仍如前面所述。在廈

---

12 李魁奇截斷往大員的航路，致使接連四個月無生意可做。一官講，李魁奇出走時帶7條滿載的帆船駛往大員，另有兩條同樣的帆船將前往巴城。一官請求荷人出船協助趕走李魁奇，同時李又要求荷人准許他前來大員。H.T. Colenbrander, *Jan Pietersz. Coen*, V, p.160.

門，海盜李魁奇派翻譯登上我船，向我們的人保證，不傷害在大員經商的中國人。

Diemen、Slooten、Domburch和一條新的帆船於7月8日出發往北航行，到福州附近敵人的航行水域劫擊船隻，並且偵察敵人在雞籠和淡水的城堡，進一步探察中國北部沿海。快船Diemen曾到達漳州灣，但沒進行任何貿易，後來船錨被風暴拔起，最終到達大員。他們報告，已對敵人佔據的兩地進行偵察，淡水有一圓堡，並配備大砲；雞籠在淡水以北6荷里處，有一座用石頭建築的城堡，該城堡還附有四座崗樓。

從前我們認爲雞籠淡水是一個地方，現在才清楚是兩個不同的地方，均由敵人佔據，兩處有6荷里之隔，詳見同時寄去的兩地地圖[13]；我們無論如何要趕走敵人，如果我們想無憂無慮地進行中國貿易；這一令人毫無察覺的據點搶走了我們的一大部分利益。大員受到西人的嚴重威脅，據說他們已從馬尼拉派出四艘大海船，兩艘大型快船，還有兩艘戰艦將隨後趕到[14]。

上述大海船和快船在澎湖附近因風暴而偏離航路；其中一艘大海船在漳州灣擱淺，18名西班牙人和40名混血人(Misticos)落入一官[15]手中，其他船隻是否已到達他們的據點，或沉入海底而失蹤，尚不清楚；但是，我們的人在雞籠和淡水已發現幾艘船隻。

我們的人認爲，敵人有可能在北風期初來進攻大員(他們估計，西人的大本營在雞籠)，對此我們的人已做好防禦準備並盡可能加固

13 筆者未能在荷蘭海牙檔案館藏圖中找到這一幅圖。

14 詳見F.R.J. Verhoeven前引書，頁67。

15 荷人記載，一官曾於大員做過一段時間的翻譯，之後很快成為勢力強大的海盜。崇禎元年(1628年)一官降於福建巡撫熊文燦，被授官海上游擊。荷人德·韋特曾與他交戰，後來納茨和蒲特曼斯先後與他簽訂貿易協定。公司還幫助過他攻打叛離一官的李魁奇和鍾斌。因為中國人不按約定行事，荷總督布勞沃爾(Brouwer)先生派蒲特曼斯圍攻廈門，未果(1633)。1640年公司與一官達成協議，一官把日本貿易出讓給荷人。N. MacLeod, *De Oost-Indische Compagnie als zeemogendheid in Azië* (Rijswijk, 1927), tweede deel van 1632-1650, p.19.

城池。我們認爲，這不過是西人在虛張聲勢，重演在美洛居的故伎，以排除其他障礙，在此期間加緊在雞籠安營紮寨；事實是否如此，時間會予以檢驗。

蒲特曼斯長官到達大員前8天，納茨先生向大員北部的麻豆社派出一支由52名官兵組成的隊伍，去征服那裡的一夥中國賊寇；返回途中時有麻豆社人同行，過河時，當地人按照習慣要背著我們的人過河，這在那裡本來司空見慣。我們的人毫無戒備，丟下他們的槍支，讓原住民背著過河水，其中的黑人，見有機可乘而肆無忌憚地向我們手無寸鐵的人發起攻擊，將他們全部殺害，除一位奴僕和翻譯外無一人脫逃，他們把消息帶到大員[16]。我們可以斷定，哪怕只有6名火槍手有所防備，這次災難也不會發生，這些人過於大意。城堡中的商務員豪曼(Jacob Hooman)[17]，下級商務員巴勒里爾(Carel Barelier)和年輕的指揮官斯潘亞特(Spanjaert)，後者在來大員之前曾在美洛居服役很長時間，是一名勇敢善戰的士兵，這些人都在那裡葬送了他們的生命，全是粗心大意對他們的懲罰。

總之，大員的情況尚待改善。日本人明顯表示不滿；西班牙人威脅著大員；麻豆社人殘害城堡中最勇敢的戰士；海盜封鎖中國沿海，導致我們無生意可做；我們希望，萬能的上帝會把我們從困境中解救出來。

納茨先生認爲，大員城堡所處位置不當，應移址到北部砲台所在的地方，從那裡可更有效地扼守港灣入口。

9月15日，快船Batavia被派往巴達維亞，納茨先生在大員道別之

---

16 軍隊派出日期為1629年7月13日。派出官兵人數也有66人之說。這次出征的主要目的是追擊中國海盜。但途中遭當地居民的襲擊。福爾摩莎當地居民對荷蘭人的敵意產生於多種因素。而納茨執政，更加劇了雙方的矛盾。他本人已婚，卻又逼迫當地人非基督徒Polcke按新港的習慣與他成婚。而且常召當地夫婦到大員，晚上則男女分居，女方在他的房間裡過夜。這激起當地居民對荷蘭人的仇恨。因而有麻豆等社民的謀殺事件發生。W. Ph. Coolhaas, *Een lastig heerschap tegenover een lastig volk* (Utrecht, 1955).

17 自1626年起在大員任高級商務員，於1629年7月13去世。

後登上快船準備次日清晨起程。當天夜裡，天氣驟變，風暴突起，在城堡和砲台之間用3只船錨固定起來的Batavia，被風暴啓動而漂走，海浪將船高拋到北邊，以致船身破裂，擱淺在沙灘上；快船Texel、Wieringen和Arnemuyden也碰撞到海岸，商館的兩條中國小帆船和兩條小艇被風浪掀翻，城堡內部也損失嚴重，房頂被毀壞，有的甚至整個被掀落在地上，Texel的船錨雖被啓動，但船完好無損；Wieringen已卸下桅杆，停泊在北邊，小心謹慎，力求保全下來離開那裡；Arnemuyden本來已經破損，正要拆毀；運往巴達維亞的貨物已被救下，沒有明顯損失，現由Diemen裝載運出；絲綢、金線及織物已涼乾並妥善地卸下船，40罐生薑中有7罐遺失，34.5擔冰糖只救下12.5擔，丟失58架鐵鍋；罐中的生薑因浸水而變黑，到達這裡後馬上以15里耳一擔的價格售出。

以上是從大員獲得的消息的主要內容。

大員8個月的費用，由納茨先生支出，計	f.48,028.04.08
與其相對，獲利	f.11,614.11.05
大員商館8個月內超支	f.36,413.13.03
大員商館在Diemen離開後尚存	f.180,000
其中現金	f.120,000
商品諸如胡椒、檀香木、象牙等	f.60,000
	f.180,000

納茨先生帶回的帳簿，已經詳細查對；那裡的費用比較前任時期少得多，贈禮也是如此，整個任期合計f.1,777，資金和貨物在那裡派上用場並獲得較好的利潤；挾帶26,000里耳現金的Westcappel快船，未經贈禮，已毫無損失地從海盜一官手中脫離出來，實際上一官完全有理由扣留，因爲是司令官德・韋特對他發起攻擊[18]。從日本來的餘下的評議會委員到達以後，我們將對他們和納茨先生就我們已經報告

18 Westcappel一船被一官在1627年攻打廈門時繳獲。後來他向荷人賠禮並歸還Westcappel、船上貨物和人員。H.T. Colenbrander, *Jan Pietersz. Coen*, VII, p. 1475.

給您的大員和日本幾項事務進一步查對，並聽取他們的回答；期間，納茨先生對前面報告中對其所作所爲的過分指責以及他因此而被從大員召回表示強烈不滿[19]。若非人們未對他做出任何審查及措詞尖刻地向您報告，我們相信您對其作爲的評價也不會如此之低。

1630年補充[20]

11月5日。一名荷蘭士兵在狩獵時被四、五名麻豆人殺害，他的頭顱被割下拿去慶賀對荷蘭人的勝利。另有兩名來販賣織物的中國人也被野蠻的麻豆人殺死。這些野人行兇作惡，狂妄之極，亟需派兵鎮壓。

11月23日。根據11月17日對殺害我63人的目加溜灣社的居民予以報復的決議，從大員派出230名武裝人員，包括士兵和海員，前往上述村社，次日返回大員。處死了那裡爲非作歹的人，並將村社大部放火燒光，我方只有三、四人受傷。

12月2日。目加溜灣社和麻豆社的居民來到Siaccan[21] 求見駐大員長官，以簽訂和約。甘第爹士帶領他們到大員面見長官，荷人以三砲的禮節歡迎，雙方簽訂以下和約，建立友好關係。

1. 村社歸還遭殺的荷人屍體。
2. 繳出所有武器。
3. 每年向荷人進貢以示其誠心。
4. 舉報目加溜灣社的中國人頭領，特別是上述謀殺案的煽動者Hoytsee。
5. 按巴城總督的建議，其村社須交出相當於被殺荷人數量的年輕人。
6. 按新港的慣例，扣押與駐其村社荷人數量相同的居民作爲人質。

---

19 詳見庫恩1629年2月10日和3月18日的信件。H.T. Colenbrander, *Jan Pietersz. Coen*, V, p. 145, 158.

20 《報告》1630年已失存，《巴城日記》1630年的記載也遺失。鑒於其內容之重要，在此以《熱蘭遮城日記》(以下簡稱《熱城日記》)中的記載作以補充。

21 根據下文將提到的甘第爹士當時駐新港判斷，此地應為Sinccan即新港。

雙方就前三點達成協議。

12月8日。蒲特曼斯長官於7日到達澎湖之後，與船長艾斯布朗特(Jan Isebrantse)、下級商務員特羅德紐斯、書記楊森(Dirck Janssen)和8到10名士兵及船員，巡邏了整座澎湖島，半小時後到達一座中國人城堡廢墟，該城堡座落於一座高山上，用堅固的石頭壘成，現已被泥沙淤埋。城堡往西1.5荷里處發現另一座城堡，周圍340荷尺，城牆高一個半人，建築於平地上。離此城堡一刻鐘路程即是媽宮澳(kerckbaai)[22]。廟中香煙繚繞，供著他們的神。廟主爲荷人燒煮了些食物。離這裡約半小時路程到達島的一角，在那裡荷人發現20條用來禦敵的深壕，其中有8座荷蘭大砲，1座中國大砲和3架小砲。但天長日久經風吹雨打，幾乎全部生鏽；這裡沒有人跡，一切都成爲廢墟，已多年無人光顧。水的對面是由萊爾森修建的城堡[23]。島上不長一棵樹木，只有些甘蔗，據說還有野豬，但我們沒有發現一隻。該島只海邊有人居住，但也寥寥無幾，幾乎全部是窮苦的漁民。這裡遍地石頭，還有禿禿的山。隨荷人同回大員的中國人講，上述城堡一年中只半年有人居住，另半年空著，儘管如此，仍給人一種五十年來沒人住過的印象，城堡和房屋頹廢，雜草叢生[24]。

12月9日。我們的人前往自己修建的城堡。在城堡中及其腳下發現17座荷蘭大砲和14架小砲，多數已生鏽而廢棄。我們的人最後搬運一些石頭上船，用於加固大員城堡。

12月11日。我們的人離開澎湖，次日到達漳州灣。李魁奇派人上船送來一封信。信中主要講述他與一官之間的戰爭以勝利而告終。他被巡撫任命爲中國大官，因而向我們保證將有足夠的貿易，並對長官的到來盼望已久。同時我們獲得新的給養，病人病情有所好轉。

12月13日。我們的人一致同意送與李魁奇象牙、檀香木、胡椒和

---

22 荷人所稱的教堂即指媽祖廟。

23 位於風櫃尾半島。

24 當時荷人撤離澎湖後，中國政府派兵駐守，荷人所述該島只半年有人居住，即指汛兵駐守澎湖。

紅色哆囉絨，總價值爲300里耳的微薄禮物，對他的不懈努力和捉獲逃走的班達人，略表敬意。

12月14日。下級商務員特羅德紐斯被派出將上述禮物送交李魁奇，當晚趕回，並報告，李魁奇極爲滿意，還將他捉獲的四名班達人還給荷人，另外六名若捉獲，也將交還我們。有關貿易，他不能做出更多的保證，只能儘量讓商人駕船前往大員與我們貿易。最後他邀請荷長官和商人兩天後就貿易事項詳細商談。

同日一條公司帆船從圍頭灣(Erasmusbaai)到達，並帶來一官發自泉州的書信[25]，一官講，他已在海道那裡爲我們獲得長期貿易許可。因此願與我們的商船貿易，但海盜擋道，無法前往大員。

同時又派楊昆[26]送與巡撫400里耳現金作爲禮物。因爲只送給李魁奇而略過權勢更大的巡撫恐不妥當。

同月20日。長官先生應李魁奇之約在一條帆船上商談，最後我們的人以13兩一擔的價格賣給中國人一批數量相當的胡椒，明天李將派人察看我們的人的檀香木、象牙、哆囉絨等物，並確定價格。

同月25至26日。李魁奇仍未派人與我們的人貿易，由此可見李的保證純屬謊言。同時我們的人決定向大員報告，如果李魁奇不想與我們的人貿易，我們的人將以戰爭來解決問題，重新恢復一官在廈門的地位[27]。

---

25 見voc 1101 fol.386.

26 Jancon，中國商人。1620年從萬丹到達巴達維亞，成為中國人頭領，1625年返回中國，四年後回到巴城，成為巴城最主要的承建人。1639年8月31日去世。荷蘭學者包樂史博士在其著作《奇異的公司》(*Strange company*, Leiden 1988)中第四章對此人有專門描述。該章已由莊國土先生譯為中文刊於《南洋譯叢》1990年第2期。

27 李魁奇叛亂之後，勢力頗為強大，擁有400條帆船。據荷人記載，1629年他甚至擊敗鄭芝龍進佔廈門。官府無法制服他，只能授以官職安撫。一官請求荷人幫他攻打魁奇，荷人鑒於魁奇扼守漳州灣出入海口，阻礙大員與中國的貿易往來，因而有意相助。而魁奇也試圖將荷人拉到他的一邊，許諾他們放行中國人到大員貿易，但最終無意答應荷人到中國沿海進行自由無限制的貿易。後來荷人援助一官把李魁奇趕出廈門。H.T. Colenbrander, *Jan Pietersz. Coen*, I, p.169.

12月29日。我們的人決定由長官蒲特曼先生率船前往圍頭灣面見一官，徵求他對有關上述李魁奇的行動的看法，是否願與我們的人合作將李魁奇趕出廈門，但條件是保證公司的貿易。

12月30日。晚上，我們的人獲悉，李魁奇的大將鍾斌率領30條大帆船叛亂[28]。同日夜裡三點，商務員包沃爾斯(Gedeon Bouwers)從一官所在的圍頭灣到達，並報告，有50條大帆船自福州派到泉州援助一官驅逐李魁奇出廈門；一官被加官為從福州到泉州的中國海域海上游擊。長官先生派包沃爾斯來講述，一官認為，我們的人如果想獲得中國貿易，現在時機已到，並表示完全同意將他的兵力與我們的力量合併趕走李魁奇。對我們的人來說，如能如願以償，荷人的名聲將在中國得到擴大，從而與那裡的平民百姓一樣隨便出入，達到自由貿易的目的。

12月31日。李魁奇運來15擔生絲，作為對昨日收到的胡椒的回報，但胡椒已被送回，因為多數已腐爛變質。

21. J. Specx, P. Vlack, A. van Diemen, Jan van der Burch, 巴達維亞, 1631年3月7日

——voc 1099, fol.1-46.

(fol. 45)經納茨先生再三要求，我們允許他留在這裡。

我們從大員和日本得到有關納茨先生出使日本和統轄大員時期所

---

28 李魁奇寫信給荷人，鍾斌於1630年1月9日晚率17條大船逃往浯嶼，原因是不同意將捉獲的西班牙人歸還荷人，李還提醒荷人日夜留心，估計鍾斌出逃心懷不軌。後來荷人從一中國人那裡得知鍾斌叛離的真相，李魁奇通知他的士兵推遲發放月薪，而鍾則認為士兵們已無意等待，因此要求李准許他將帆船中的絲綢賣掉；李魁奇惱怒，不願再聽到任何怨言，要鍾不再談起此事，並命令鍾返回他的帆船，不然將危及他的性命。鍾斌馬上返回他的帆船，揚帆出走。眾人猜測，鍾將率船到海上行盜。鍾斌駐紮在漳州灣，重新糾集起一股勢力。據說一官已抽出一批大帆船由他的弟弟鄭鴻逵(Zizia)率領，前往漳州灣。如果荷人防禦不善，並不排除鍾斌攻打他們的可能性。
《熱城日記》1630年1月11日和《巴城日記》1631年4月2日內容。

作所爲的消息後，於5月9日的決議中通過以下決定，撤除他在東印度評議會中的職務，暫時囚禁在第亞芒特(Diamant)據點[29]，然後轉移到他的房間裡軟禁起來。眼下仍在軟禁中，因爲在日本有關他的主要事情的調查進展沒有消息，我們也難以做出決定。據說，納茨先生把一官拘捕，在釋放之前曾巧妙地從一官那裡敲詐90至100錠金(每錠12至13里耳重)；他承認在另外一個藉口下曾接收14錠金，僅僅這些而已。事實與此相反，有不同的人檢舉做證；同時他還被指控曾在日本經營大規摸的私人貿易；違背庫恩總督的指令派海船Woerden前往日本，裝運價值f.107,000的公司貨物和他私人的據說價值8,000里耳的物品，該船在福爾摩莎島附近遇難，船上全體人員慘遭不幸；此外，公司在大員的人被殺一事，約有66人被麻豆社的人殘暴地害死，納茨先生也應負重大責任，原因詳見范・迪門(van Diemen)先生同時帶去的信件[30]。

他在整個駐外期間與被撤職的法律起訴人范・登・雪佛(van den Heuvel)一直保持著不正當的通信來往聯繫，同時寄去的信件即可證明[31]；總之，他的不正當行爲使公司受到嚴重損失、付出巨大的代價，對我們危害極大。因爲他在中間設立障礙，致使調查工作受阻，不僅涉及他個人而且還有其他失職的助手。有人向我們報告，他最近用海船Fredricq Hendricq裝載一批數量相當的黃金和其他貨物給他的太太和朋友。結果如何，我們很難得到有關的消息。我們首先要求處理這件事情，並根據來自大員和日本的最新消息做出結論，但願此人把他的智慧不僅僅用在對公司有害而且對公司有利的事情上。

范・登・雪佛因爲與上述納茨危害極其嚴重的通信聯繫而被拘禁很長一段時間；事情究竟如何，您可參見寄去的他寫給納茨的書信副件；這種可疑和隱秘的書信來往，據說起因在於二人同流合污，互爲對方謀取利益，肯定有幾件事情經他們處理，結果無論對公司還是對

29 即位於印度尼西亞蘇門達臘(Sumatra)島北端啞齊北岸的東部據點。

30 這些信件藏於海牙檔案館以下卷本中，voc 1100 (1631 II), voc 1101 (1631 III).

31 此信內容詳見voc 1099(1631 I), fol.196-340.

英國人都不利，後果不堪設想。同時我們要求您，諸如此類詭計多端長期以來明顯作亂的人以後要趕出公司，遣送回國，因爲他們使公司遭受的損失和阻礙太大。

22. J. Specx, P. Vlack, J. van der Burch, Arent Gardenijs, 巴達維亞, 1632年1月6日

——voc 1102, fol.1-25.

(fol.8)范・迪門先生率領的上述船隊[32]出發之後，下列船隻先後從大員安全到達這裡，它們是：

3月28日快船Bommel，運來購買的貨物	f.122,723.03.04
4月2日快船Beverwijck同時運至貨物	f.84,154.19.00
11月20日快船Assendelft裝運所購買的貨物	f.87,940.13.04
上述3艘船隻運來的貨物總值計	f.294,818.15.08

運來的貨物包括297擔生絲，不同的織物、黃金、金線、糖、蜜薑、瓷器，詳細分類請您尊貴的閣下見同一日期的報告。現在按照您的指令運送給您的貨物定能爲公司獲取利益，在這裡剩下的貨物將用於東印度的貿易。

蒲特曼斯長官時期從6月15日到次年11月1日共17½個月的費用按3月28日的報告記載達 f.118,039.07.10

與其相對，獲得純利	f.46,114.00.12
大員在上述時期赤字總計	f.71,925.06.14

從那以後沒有收到詳細報告，但我們每天都在等待之中。

32　在下文提到的船隻Bommel等到達巴城之前，即2月28日，海船Zeeburch、Sandam和Wieringen從大員泊至巴達維亞。上述船隻於1631年10月27日攜帶70,000里耳的現金駛自大員，11月7日到達漳州灣，當時一官在北平，貿易由Gamphea等掌管，荷人施以每人1,000里耳的重禮，在十幾天內即購到所需船貨，包括糖、生絲和一批細瓷。1632年4月4日快船Catwijck又載貨隨後到達巴城，7月1日上述船隻重新被派往大員。《巴城日記》1632年1月21日、4月4日記載。

查閱大員的上述報告之後，我們得知那一地區上述時期內商品貨物所得盈利 f.64,777.11.04

收納稅捐和其他各種費用所得 f.3,309.16.00

從一條在駛往馬尼拉中途在大員擱淺的葡萄牙船Sacramento中所裝麻布所得 f.403.00.00

總計 f.68,420.7.4

從中除掉另外丟失的貨物：

遇難的快船Slooten f.9,695.02.02

同樣從報告裡可以看出另有三批貨物遺失價值達f.339.19.08

購入貨物的花費，這些貨物已分裝8條不同的快船運走 f.12,271.04.14

應從收入中扣除的部分總計 f.22,306.06.08

剩餘 f.46,114.00.12

上述款項中的f.12,271.4.14我們已換算過來，大員的重量單位與巴城的相比，我們發現很難描述他們之間的差異，正如前面帳目中的記錄，排除了對我們計帳不實的懷疑，我們決定訂購一批貨物，詳見3月28日的記錄，您若持有異議，我們亦可取消。

尊敬的卡爾斯騰斯(Jan Carstensz.)先生作為艦隊司令官即將被派遣往大員。我們特別命令他到達大員後將所有存貨按數量和重量單位清理入庫，記入帳簿，便於以後若有缺短進行查詢。詳見7月1日蒲特曼斯的評議會決定和所寄信件。我們希望您就開拓中國貿易的妙計良策下達具體指示。

7月1日，以下快船被派往大員，由上文提到的卡爾斯騰斯先生率領，Catwijck、Zeebruch、Sandam和Beverwijck，載運貨物如下：

特別寄去80,000里耳，相當於 f.200,000.00.00

各種商品貨物，但多數是那一地區的給養 f.11,418.00.00

129拉斯特米 f.16,447.10.00

各種接濟物品、彈藥和器具 f.32,353.03.11

總計 f.260,218.03.11

胡椒、象牙、劣等丁香、檀香木等大員仍有存貨[33]，蒲特曼斯先生沒有供貨要求，而且在最新寫給我們的報告中提到那裡貨物充足有餘，如果在這裡很快可以售出，打算將檀香木運回。

上述快船一同駛往大員並平安到達，貨已被運上岸。Beverwijck一船於9月22日尚停在外港，23和24日之間的夜裡，風暴從北面吹起，船錨被拔起，沉入大海，直到10月10日大員和我們這裡均杳無音信。船上所裝各種貨物已卸下的價值f.5,849.12。該船本已陳舊，這次派往大員打算在那裡拆掉。這次和從前的損失使公司的利潤減少，增加了公司的負擔。總之，公司承受的壓力不斷加重，處境不利，我們深爲公司在以上地區缺乏保證和耗資巨大而憂慮。

(fol. 10)貿易仍在前面所報告的情形中進行，即一度受海盜侵擾，一度由貿易承包者疏通[34]；但貿易常常或因中國人故意尋找緣由或憑空編造的區區小事而減少和封鎖。據Assendelft帶來的蒲特曼斯10月10日最新的消息講[35]，海盜已停止在海上爲寇，但變換方式增加在陸上的各種惡劣行徑[36]。

---

33 當時大員所存貨物資金如下：

36,000里耳，	f.93,600.00.00
2,149擔胡椒，約15里耳一擔，	f.83,830.10.00
297擔檀香木，約30里耳一擔，	f.23,166.00.00
81擔92斤次等丁香，50里耳一擔，	f.10,649.12.00
13擔26斤丁香，90里耳一擔，	f.2,413.09.00
合計	f.213,659.11.00

34 1631年上半年，荷人自大員派高級商務員特羅德紐斯持續駐紮漳州灣，與中國商人、特別是前往安海與鄭芝龍貿易。

35 即1631年10月10日。Assendelft一船於上述日期離開大員，11月20日到達巴城。他們向巴城報告，有兩三條中國帆船到大員貿易，運去相當一批糖、少量絲和絲貨，其中多為在廈門以現金和胡椒換得。胡椒在漳州灣的價格為9、10到10.5兩銀一擔，象牙55兩，次等丁香50兩，上等丁香和檀香木沒有銷路。《巴城日記》1631年11月20日。

36 1630年鄭芝龍除掉李魁奇之後，鍾斌又為寇海上，鄭芝龍曾數次發兵攻打。根據《熱城日記》4月5日記載，鄭芝龍於1631年3月17日在南澳擊敗鍾斌，並獲利300,000里耳。此後鍾斌在甘桔漾再次被鄭芝龍打敗，後來便銷聲匿跡。自此，中國海岸勢力較強的海盜已被清除，海岸暫時平息下來。但好景不常，不久劉香又起。下文有詳細記述。

運到大員的貨物中有不少對公司沒有用處而對中國商人來說卻有利可圖；我們的快艇巧遇良機，或是贈送禮品有效，或其他原因獲許駛入漳州灣，但所准時間如此短暫，困難重重，以致於我們的人爲能把資金全部拋出而慶幸[37]。這樣做帶來的結果是，一些現金不但用於不贏利有時甚至用於買入質量極次的貨物，於公司毫無用處，但我們希望能以此爲誘餌吸引更多的商人來大員貿易。總而言之，公司的中國貿易與德・韋特時期同樣不景氣。我們對中國的幫助和中國人所做出的諾言統統被拋之腦後而不再過問。我們的盟友一官憑其智慧和勇氣消滅海盜之後，中國皇帝下旨令其由海岸遷入內陸，以武力去懲罰那些造反之徒。因此我們相信，一官爲他的功勞一定能贏得厚償，從而使我們失去一位可信賴的朋友，造成這種結局的原因或是巧合，或有人預謀，以削弱我們的力量而對我們施加壓力，最後使我們全面瓦解。但同時與日本的事情相比較，此事並非沒有解決辦法或獲得改進的希望，因爲公司曾嘗受過更加令人難以想像的壓力，依我們之見，公司寧可承受最低限度的壓力繼續公司在中國的事業，也不能就此了結，不然我們相對地要出讓更多的利益給我們的敵人西班牙人和葡萄牙人，而把我們自己困縮起來，甚至墜入公司所無法承受的境地。

以往的經驗告訴我們，無論是提出抗議，還是派遣使團或饋贈厚禮，中國官員不但對我們合理的請求不做出任何回答，而且我們對促進中荷友好關係的建議和雙方商談也被他們一一回絕和阻止，未實施其中的任何一點。他們爲我們在中國提供的援助做出如此嚴肅的承諾同樣未能實現，中國商人在海上航行時不在大員停泊，直接前往馬尼拉與西班牙人建立聯繫並擴大貿易。公司預付給各商人巨額資金，他們則不提供貨物而逃之夭夭。除此之外，中國人數年之久對公司實行

37　當時荷人仍未獲准公開與中國商人貿易，但與鄭芝龍等人來往甚密，福建地方官員對荷人與中國商人貿易或視而不見以示默許，或親自插手經營此事。儘管如此，中國人還是忌諱荷人駕舟到中國沿海，這也正是李魁奇佔廈門時不准荷人率其海船來往，而用中國帆船運貨的原因。因此，荷人一旦到達漳州灣，便急於將貨物出售，當然難免時而在價格上做出讓步。

的政策無非是背信棄義、殘殺和破壞嚴重的攻擊，利用其人力、武力的優勢施展各種伎倆。因此我們被迫決定，不再任憑長時間的等待加快我們衰落的過程，而是利用自然賦予我們和萬能的上帝賜予我們的各種方法與大員的朋友開拓其他的貿易途徑。

我們制定計劃，於該4月底或5月初向中國沿海派出一支強大的艦隊，劫擊來自馬尼拉的中國帆船，因爲這次北風期我們沒從中國或日本得到什麼消息可作爲理由對這件事情再做考慮。(去年已有70至80條船艦被派往那一地區，今年顯然不會少於這個數目。)我們將繼續攔截上述一類船隻，但儘力以最和平的方式，避免武力衝突，用這種既敵對又和平的方式達到我們期望的自由貿易。爲配備一支良好和相當強大的兵力，航行於滿剌加水域而見效甚微的船隊將被調用。萬能的上帝會賜予我們善良的祝福和恩惠，保障我們在上述水域的事業最終向著有利於公司的方向發展。

在一份同時寄去的信件及廈門大官最近公開頒發的命令的副件中，您尊貴的閣下可以讀到中國政府嚴禁和杜絕一切與荷蘭人的來往和商談的通告。

(fol. 11)有關西班牙人的情況及其在雞籠淡水的城堡和他們在那裡的勢力與活動，請您詳見同時寄去的蒲特曼斯長官帶至的在淡水獲得的有關馬尼拉的消息。西人駐紮地似乎比我們的更富庶，但事實並不像他們所宣揚的那樣。如果尊貴的您任其在那一地區發展而不予以阻止，人們在不很長的一段時間內就會看到他們獨佔福爾摩莎島，建立貿易並穩固下來，到時候我們再被迫撤離，恐怕爲時已晚。

上述被捉獲的來自淡水的6人估計是由西人派出來探聽我們在大員的虛實。他們後來與一名亞齊人(tingang)以及5名公司黑奴逃走[38]。

大員長官蒲特曼斯爲在新港促進基督教的傳播和維持那一地區的

38 這六人離開淡水後遇風暴而趁機逃跑。他們為西人勞役兩年，未得到分文報酬，反受虐待，因而投營。他們向荷人詳細介紹了西人在雞龍淡水的軍事貿易及其與當地居民的關係等情況。詳見《熱城日記》1631年6月30記載。

統治，建築一座石房，同時，砲台將扼守運河出入口的工事西堡(Zeeburg)用石灰和石頭加固，週圍以石牆圍繞，只有東北方向的一座崗樓仍在建築之中。據他報告，那裡一切均處於良好的防禦之中。

蒲特曼斯長官雖然盡最大努力，但仍不像公司在那些地區的情況及其毫無保障的現狀所要求的那樣深思熟慮、謹慎行事。我們在最近寄給他的書信中就幾件事情予以督促並表示不滿。對此，尊貴的先生闡明各種理由，這些意見極為中肯，有助於獲得理想和自由的貿易以繼續公司在那些地區的事業，不可一概摒棄。他請求明年能被替換，但看來可能性很小，需繼續任職直到那裡的情況有所好轉，期間他將爲公司做出極大的貢獻，因爲他在各方面都是一位細心、能幹、勤勉的職員。

(fol. 21)爲征服福爾摩莎島的西班牙人，把他們驅逐出他們在雞籠和淡水的工事，蒲特曼斯長官要求派出一支1300名精兵組成的兵力一鼓作氣地進軍，突襲並佔領敵人的工事，因爲當地情況不適合圍困(人力不足)。西人著眼於將來(正如公司在大員一樣)繼續佔領著以上各地。他認爲可一舉攻佔這些地方，劃歸公司管轄。這樣做只會加重我們在那些地區的負擔，引起別人的嫉妒，特別是中國和日本的貿易仍在進行之中，正如現在的情形(上帝將保佑我們的事業取得進展)，我們認爲開始擴展公司的勢力範圍時機尚未成熟，只會增加公司的負擔。

五

布勞沃爾（Hendrick Brouwer）

1632-1636

23. H. Brouwer, P. Vlack，J. van der Burch, 巴達維亞, 1632年12月1日

——voc 1104, fol.1-93.

(fol. 51)上月24日快船Zeebruch從漳州灣平安到達巴城[1]，此船於10月15日離開那裡。運來的貨物增加了運回荷蘭的貨物總量：

193擔10斤精緻的中國白色生絲，每擔價格爲135兩

1擔93斤中國細絲，人們稱之爲皇絲，價爲每擔145兩

131,113斤白砂糖，每擔約3里耳

3,900斤白砂糖，約2.5里耳1擔

51,125斤塊糖，每擔3.5兩

67,154斤冰糖，5里耳1擔

15,504斤蜜薑，每擔4兩

228件錦緞，7.5和6里耳1件

164件紡絲，2¾和3里耳1件

370件平疊的素絹，1⅜里耳1件

127斤彩色絨絲，約2⅜里耳1斤

20斤顏色特別的絲，約3里耳1斤

4,400件瓷器，共計f.1242.3.

201.5里耳重的中國黃金，85里耳的白銀合1里耳重的金

12,500塊紅磚，約2里耳1,000塊，

價值總計f.134,651.18。

上述停泊在漳州灣的快船和大員尚未使用的資金共計61,600里耳。此外賣掉胡椒約2,050擔，價格爲每擔16里耳，原來運載胡椒的中國帆船仍未到達，這批胡椒估計可換取32,800里耳。這樣在未來2至3

---

1 《巴城日記》1632年11月24日記載，與Zeeburch同時泊至巴城的還有Assendelft一船。

個月內用於購買往返船貨還需94,400里耳。對此，蒲特曼斯長官滿懷信心。

漳州灣的貿易與從前一樣被人壟斷，現在是因爲一官的嚴密監視和滴水不漏的守衛，以致於沒有私商肆意帶貨上船，甚至連訂做必要的裝絲箱的木板也不許購買。一官向我們許諾，情況會有所改進。海道將發放給5條中國帆船許可證，允許他們去大員與我們的人自由貿易[2]，這是否與從前一樣只是空話，尙需時間來證明；但打開日本的貿易之門，品嚐嚮往已久的利益的甜頭，則需要另外的策略和方法。

一名新的海盜劉香[3]，再次爲寇於中國沿海，他擁有100條帆船，勢力發展迅速。一官作爲廈門的中國大官和福建省海上游擊，正著手組織一支強大的艦隊圍剿和消滅劉香。一官受命於中國大官，正如他寫給蒲特曼斯的親筆信，他自己也不敢輕舉妄動，而請求我們提供援助[4]。

中國皇帝死後現在繼位的皇帝執法森嚴[5]。一位新的巡撫在福州上任，其前任已晉升爲兩廣總督，顯然是一件更體面的差事[6]；新任巡撫眼光尖銳，一絲不苟，所有的事情我行我素，毫不退讓(一官這樣描述他)，但我們猜測，他這種做法完全是爲自己尋求利益，在這方面中國人比世界上任何人都精靈。

中國頒佈法令，允許福建省的人下海活動，條件是必須持有海道發放的通往各地的許可證，但不允許外國人進入福建；同樣，廣東省

---

2 《熱城日記》1631年3月4日記載，一官將向巡撫申請六張許可證供商人前往大員與荷人貿易，當時已獲得兩張，分發給兩名商人。

3 劉香，荷人稱Jan Clauw、Janglauw，即香老之譯音。海澄人，初追隨鄭芝龍。1628年與李魁奇出走，在李鄭之間的海戰中脱逃。自1632年，他糾集李的餘黨，勢力漸大，為寇於中國沿海。1633年春，兩次被鄭芝龍擊敗。1634年4月10日，攻打荷人熱蘭遮城未果。鄭芝龍曾寫信給蒲特曼斯求援對付劉香。重修《福建通誌》卷267，雜錄，外紀崇禎四年事。林仁川《明末清初私人海上貿易》(上海，1989年)，頁122。

4 鄭芝龍於1632年9月23日寫新給蒲特曼斯長官求援。voc 1105, fol.208-209.

5 前者為熹宗，於1620-1627年間在位，後者為思宗1628-1644。

6 崇禎五年即1632年，鄒維蟝出任右溤都御史，巡撫福建。其前任熊文燦昇任兩廣總督。

允許外國人入境，而不准當地居民下海，這是中國的一慣說法，我們不可不信。然而，中國將著眼於國家利益修正這些條例，是不容置疑的。

西班牙人在獲得從漳州到馬尼拉的自由貿易之前，曾在中國陸地和沿海大舉侵犯數年之久，中國人驚慌失措，被迫准許他們在海上自由通行。

葡萄牙人在獲准落腳澳門之前，也是先採用武力行動在中國沿海張揚他們的名聲，東印度公司總督庫恩正是借鑒於這些方法，決定在中國沿海先以砲火開路，而後又經占領澎湖才首次使我們的名字在中國被人所知。

一官是如何倚仗其自己召集起來的海盜力量取代許心素成爲廈門大官和海上游擊，前文中已有記錄，不再贅述。若李魁奇或鍾斌[7]再把一官打敗，我們相信，中國不會讓他們享受同樣的官位。因爲他們須保證其絕對霸主的地位，才能作爲唯一的人選在官府任職。

劉香最後的結局如何，時間會告訴我們，除掉他對我們不會帶來什麼好處，除非有中國大官向我們請求，而且該官員的權勢將會因此而增大，一官必須吃幾次敗仗。我們認爲，協助中國人消滅了李魁奇，保住了一官的勢力，對中國的援助並非輕而易舉之事，並且最後的榮譽全歸中國皇帝的海軍力量。他們輕淡地把此事置於一邊，向我們暗示了事情影響之輕微。海盜長期在沿海地區爲寇，造成巨大損失，他們燒殺搶奪導致無數無辜貧民百姓喪失性命，而中國政府對他們的懲罰卻微不足道[8]，我們對此十分驚嘆。

在殲滅李魁奇的海戰中，我們的人對一官的援助無疑保住了其勢力並穩固了他的地位。我們猜測，一官的權勢也是在我們的秘密援助

---

7 鍾斌逃離李魁奇之後，鄭芝龍想聯合他一起攻打李，而鍾與李本來就有矛盾，所以鐘也一心想通過鄭滅掉李。由此看來，鐘只是為達到他的目的才就撫與鄭聯合。等到魁奇就擒，鍾斌目的已達到，便糾集李的人船重新入海行盜。直到1631年被芝龍滅。

8 並非中國官府不想懲罰這些海盜，而是因為海盜蹤跡難尋，而且他們內外勾結，難以鎮壓，更無法根除。

下才壓倒許心素。在一官還以海盜爲生時，宋克和德・韋特兩位大員長官曾爲他提供便利，准他隨便出入大員。更可以說服人的是，上述一官寫道，曾將滿載瓷器和其他貨物及接濟物品價值高達20,000兩的9條中國帆船在納茨到達之前交給德・韋特，這批貨物可能是他們搶劫所得。人們應把它們運到日本以杜絕私人竊爲己有，因爲公司對此毫無所聞。如果人們隱瞞下來，在公司之外把錢財弄到手，則可據爲己有，特別是許多消息常常來得太遲而使東印度的證據不足難以核實[9]。

有17條中國帆船從馬尼拉返回漳州和安海[10]，海盜劉香繳獲其中一條。據他們說，那裡生絲和繰絲的價格分別爲300和500里耳一擔，昂貴至極；發自新西班牙(Nova Hispania)的2艘裝貨豐富的海船平安到達馬尼拉。上次季風期某艘滿裝貨物本打算航往南海的海船在交逸前的海灣被掀翻沉入海底。那裡的長官也不幸遇難，但該船出洋有何計劃，無人知道。

8月16、17日，漳州有人發現一艘荷蘭海船，該船於20、21日在圍頭灣以北永寧(Engelingh)附近截獲一條西班牙或葡萄牙方船，其中有14至15人，中間還有4至5名黑人奪路逃走，到達永寧。一官的弟弟鄭鴻逵給他們發放許可證，施予一些盤纏，准其前往澳門。據猜測，該荷蘭船應爲貨船Warmondt，配備自由民於該7月份由巴城駛往日本。在澳門探得消息，那裡的絲價比我們在漳州購入的價格要高，但這也只是一些中國人的謠傳而已，難以置信。Warmondt遭劫一事，葡人肯定已通過書信來往得到消息。

新港的基督教傳播越來越廣泛，傳教士尤紐斯[11]參與的Tackakasach

---

9 荷東印度公司的職員，從上到下均有以權謀私的現象，諸如前文提到的納茨和下文的特羅德紐斯等。

10 An-hai，Ngan-hai或Anhay，是鄭芝龍的政治經濟軍事重鎮和官商港口，荷人也常到安海與鄭貿易。

11 Robert Junius，鹿特丹(Rotterdam)人，1628年結束在萊頓(Leiden)的學業後到達東印度。同年3月被派往福爾摩莎，自1629年至1643年在簫壟和新港任傳教士。後來分別在荷蘭的德爾福特(Delft)和阿姆斯特丹或稱村社委員會決定不再允許非教徒的存在，那些人當中的巫婆和老婦也答應放棄他們的非基督教的迷信活動。通過這兩項措施，所有的事情進展將比以往順利得多，萬能的上帝會予以保佑。

爲救濟新港這一貧窮地區，我們拿出爲巴城購貨的資金買入50擔胡椒運往大員，將其中所得贏利運回巴城，購買一些粗糙貨物從而使所得利不斷增加，用這種辦法拯救上述貧民。或從公司金庫裡拿錢來救濟這些人。我們希望，上帝能夠保佑公司的事業，因我們爲這裡的窮苦百姓傳來了福音，而耶穌會士們則不是試圖把福音傳播給這些人，而是在中國和日本爲他們的精神領袖和全世界之王攫取眼前的利益。

(fol. 58)蒲特曼斯因其任期已滿，打算在最近一批船隻從大員駛往巴城時隨船一同前來，正如他去年的做法一樣[12]。我們力爭勸說他繼續在東印度留任一段時間，我們認爲他是一位勤勉的職員，在公司的工作令人滿意。而且一官對他的評價頗高，親筆寫信給我們，希望他能夠繼續維持一段時間，因爲一旦更換新長官上任，常常會由於不熟悉情況而出現失誤，一些有益的事務因此而被耽擱。待他搭船到達這裡，我們將進一步與他探討改進公司在中國沿海現狀一事，如何以最不引人注意的方式最有效地促進上述進程，改變目前的僵局，我們將根據公司情況的需要、按照您的指令全力以赴，集中注意力辦好這一件事情。我們深信，一官正如我們前面所說不僅是中國要官，而且是海上游擊，倍受福建巡撫和海道的重用，因爲他們均依靠一官提供有關海上活動和貿易的全部信息，而且他最適合於向皇帝解釋該省在保障皇帝的珍寶以及維持和平中所起的主要作用。此外，全世界所向往的奇珍異寶即經一官所得，這裡面的一部分爲他的帆船揚帆海外各地而運回，另一部分則取之於其轄制的地區，因此我們也被牽涉進

(Amsterdam)作牧師。1655年在阿姆斯特丹去世。

12 Hans Putmans，於1633年4月23日回到巴城，29日成為東印度評議會委員，繼任大員長官一職，直到1636年返回荷蘭為止。見《報告》1633年8月15日內容。

去。由此可見，公司與一官的友好關係至關重要，鑒於我們能幫助一官保住其勢力，正如前面發生過的挫敗李魁奇等事情，人們應考慮是否該向他說明，若他仍忘恩負義，我們不僅將對劉香而且將對其他人提供援助，我們完全有能力這樣做；並非我們準備這樣做，而是讓他明白，事情完全可能發展到這一地步。一官如能准許我們在漳州灣貿易，當然將於我們有利。但所有的貨物均需一官或他的下屬購入，或是他的母親和23位兄弟，或他的商人Gamphea和Bindiok。欲獲得往大員的自由貿易運輸則需精心設計，我們相信，完全可通過友好、尊重和明智的方式達到這一目的。中國人欲壑難填，若向他們贈送禮品，我們的快船定能獲許在漳州灣貿易。為此，我們不但不能減派船隻而要增派。派往安汶的船隊返回後，我們完全有能力如此安排。

按帳簿，大員商館出超		f.372,843.03.06
其中包括許心素未償還的債務	f.88,635.04.06	
以及其他未還回的債務	f.24,805.00.08	
給養、戰爭用品占	f.52,000.00.00	
		f.165,440.04.14
	仍剩餘	f.207,402.18.08

這次運去的貨物多出原定數目f.40,000，可望贏利94,400里耳現金。

據大員的帳簿，那一地區自1630年12月1日至1632年1月31日，共14個月的費用計 f.121,831.17.09

那裡同一時期贏利計	f.71,807.02.10
大員在上述時期赤字	f.50,024.14.15

24. H. Brouwer, A. van Diemen, P. Vlack, Philips Lucasz.，J. van der Burch, 巴達維亞, 1633年8月15日

——voc 1107, fol. 1-83

(fol. 9) Het Waepen van Delft和Brouwershaeven兩船離開後，他[13]前往江戶向日本將軍及其官員贈送他們理當得到的禮物，對他們釋放我們的人和船表示謝意。借此機會向尊敬的先生們強烈要求，將軍閣下以後停止發放許可證給日本和中國商人，不准他們到大員貿易。最後對他們表示不滿，並向他們講明，公司因長時間毫無結果的積壓人力、船隻和資金以及因此造成的上述船隻貯存的貨物和商品腐爛變質而帶來巨大損失和虧本，還有只爲招引商人前來大員貿易，配備許多強大、人員充足、耗資驚人的船艦，以萬無一失地對抗我們的敵人馬尼拉的西班牙人所需要的巨額資金。正如我們希望的，1633年日本將軍陛下果然沒發放前往大員的許可證，除長崎奉行末次平藏的一條小帆船外別無其他商船泊至，該船載運5,000兩銀。

(fol. 11)該年2月7日，帆船de Bleijde Bootschap攜帶有關日本的消息平安到達之後，快船der Goes於4月4日和22日相繼平安抵達，載運貨物數量有限，按貨單所列中國絲貨及商品共計f.146,793.19.4。蒲特曼斯長官隨上述快船於2月初離開漳州灣來到這裡，向我們口頭報告中國沿海貿易的情形，並準備乘最近的回國船隻返回荷蘭。

上述長官在上次季風期派出快船Assendelft、Zeeburch和Grootenbrouck送來的貨物，在籌備時遇到很大困難。該11月9日派快船Grootenbrouck從漳州灣駛往巴達維亞。船隻泊至漳州灣後由於中國政府嚴厲的貿易禁令和中國大官的嚴密監視，沒有任何收穫，經商定派快船der Goes

13　指庫科巴科爾，1627年為司法委員會秘書，1628年任高級商務員前往福爾摩莎，1630年被鍾斌捉獲，同年11月30日獲釋，自1633年8月到1638年7月任荷東印度公司駐日本平户商館館長(期間於1636年曾回到巴達維亞)，作為欽差前往東京、大員和日本。1639年12月作為10艘海船組成的船隊總司令返回荷蘭。

和Catwijck前往大員，希望中國商人運到大員的貨物數量足以將我們剩餘的貿易所得資金用掉。但經長時間的等待只得到300擔糖，2,000里耳絲綢。後來，海船Arent和Kemphaen於1633年1月27日，Heusden一船於2月21日，貨船Warmont3月5日先後從日本到達那裡。

尊貴的長官先生同意抽出價值f.457,632的銀兩，因爲擔心幾名與他們約定運貨至大員的中國商人不能踐約，與其把這批巨額資金存放在那裡不用，不如拿來做一切努力促進貿易。因而商定，該2月10日由快船der Goes、Catwijck和Kemphaen及兩條帆船攜帶現款40,000里耳再次返回中國海岸。但到達之後，發現那裡的貿易禁令比以前更嚴更緊，中國大官及其下屬不但不准他進行貿易，甚至沒有提供木材、石頭和給養。除夜裡趁天黑，商人中沒人敢親自登上我船。尊貴的先生在那裡停泊到2月初，毫無收穫，因爲季風期開始，被迫率快船der Goes和Catwijck駛往巴城。

在上述長官離開前，經我們批准，高級商務員庫科巴科爾（Nicolaes Couckebacker）被暫時授命接替熱蘭遮城長官一職，並掌管貿易和公司在中國沿海的事務。在他任職期間的貿易額和剩餘資金，從大員商館的帳目記錄最後可以看出，總計f.283,972.11.10。

根據上述帳目，從1632年1月1日到1633年1月1日爲止貿易贏利總計　f.89,897.19.10

相反，大員在上述時期消費額　f.76,959.18.14

貿易盈利　f.12,938.00.12

新港的基督教傳播愈加廣泛，幾乎所有的居民摒棄了他們原來的迷信，向往接受基督教教育。

中國大官一官於1632年12月4日在漳州灣中與海盜劉香遭遇，從早上鏖戰到晚上，據中國人傳言，在激戰中一官一邊死亡1,000人，劉香一邊有2,000人喪生，最終一官保住了地盤，劉香潰敗南逃[14]。

14　此役即《重纂福建通誌》所記載崇禎五年事「福建巡撫鄒維璉遣鄭芝龍率兵擊海賊劉香，敗之。香敗走廣東。」《重纂福建通誌》卷267，〈雜錄・外紀〉。

以往的經驗告訴我們，大員長官在他轉交給我們的書面抗議中的闡述，尊敬的閣下，我們閱讀之後，也持有同樣的觀點，即：我們在中國海岸期間所表現的對中國的禮貌、仁慈和義務，無論是擊潰勢力強大的海盜李魁奇，還是其他的事情，沒能促使我們獲取自由的中國貿易，我們與中國人之間永遠不會保持和平。如果我們想享受優惠和自由，對中國人要用暴力和武力制服，這對於減輕公司無法承受的沉重負擔，增加日本貿易，是極爲必要的[15]。

鑒於日本對外開放、公司與中國的貿易中斷，在這種錯綜複雜的時期內，我們只能面對現實，正如4月30日的決議，做出以下決定：

對中國發起一場嚴酷的戰爭，因而需派去大批人力、海船和快艇，以獲得所希望的自由的中國貿易，同時保證公司在東印度的其他事務不受阻礙。毫無疑問，根據以往的經驗我們將達到目的獲得自由的中國貿易。海盜一官對福建巡撫施加壓力，不僅要給他加官爲廈門大官，而且成爲中國的海上游擊。後來，李魁奇趕走一官，占領廈門，同一巡撫被迫用他取代一官。

最終爲使總管庫科巴科爾及早瞭解我們的計劃，並提醒他加強警戒，5月14日，我們派出快船Boucaspel，配備人員30人，命令他將大員所有帆船和中國人派出，用以增援即將趕到的艦隊。

爲保證上述行動計劃旗開得勝，並持續下去，6月2日我們暫時先派出蒲特曼斯長官率領船隊前往中國沿海(他經驗豐富，對中國的情況和局勢瞭如指掌，我們說服他接受了對他的任命，在未來三年裡任職於東印度評議會，並定其月薪爲300盾)：

海船	配備人員	其中士兵
海船Middelburch，配備人員	125人，其中士兵	251名，
Tessel	75	15
Perdam	70	10

15 蒲特曼斯長官1633年4月自中國沿海到達巴城後，向巴城執政者遞交了有關大員和中國沿海事務的書面報告，並說服他們，要在中國事務上取得進展，非用武力不可。同年便有「紅毛犯中左所」一事。詳見《報告》1634年5月15日記載。

Weesp	75	10
Wieringen	60	10
Assendelft	60	10

上述船隻被命令從在嶺阿(Linga)附近攔截帆船的船隊中抽出加入蒲特曼斯的船隊，同時派往中國沿海的船隻還有

快船Catwijck，配備人員	70人，其中士兵	10名
Zeeburch	70	10
Couckebacker	60	10
De Salm	50	10

上述艦隊出發時，我們已於6月10日和24日分別派出快艇Venlo和Bleyswijck前往中國沿海，各配備人員60和80人，總計140人。6月31日，又派出海船Oudewater，配備250人，其中有士兵100名。

上述船隊到達中國沿海後，加入在南澳截擊船隻的快船Kemphaen和兩條帆船共50人，在中國沿海的勢力達到1,300人，上述蒲特曼斯長官爲該行動計劃從大員兵力中抽調的士兵未計算在內。

從我們給上述蒲特曼斯下達的指令中尊敬的閣下您可以讀到，我們命令他向與海南(Aynam)一樣高度的大陸沿海地區發起攻擊，迎戰劉香，在他躲藏的地方予以突然襲擊，並用奪得的人和船加強他的船隊和人力。

把劉香的勢力挫敗並消滅、安排妥當劫得人船之後，令蒲特曼斯率領原來的船隊以及來自大員的援軍(這支隊伍爲此目的在澎湖停留備用)在中國沿海精密分派使用，截擊由菲律賓返回漳州的帆船。據蒲特曼斯聲稱，多數帆船將無法逃脫而落入我手，然後進軍漳州灣，攻占鼓浪嶼[16]及其堡壘，並配備一年的食品、人力和武器彈藥，守衛此地，企圖以閃電般的突然襲擊並攻占鼓浪嶼給中國人製造驚慌進行恐嚇，摧毀漳州灣內所有帆船和其他運輸工具，其中有完好值得保留

16 荷蘭檔案中據方言發音拼寫為Collingsoe或Kulangsen。

的可收管留用。此後，派快船和帆船占領從南澳[17]到安海的整個中國沿海，對從暹羅、柬埔寨、北大年和交阯(Cochin-China)及其他地方的來船，不加區別一概攔截。

令其在上述航行水域劫船到8月20日至25日，截獲一大批中國人和船隻之後，再率領其全部力量從中國南部轉移駛入福州灣，一路上可燒殺搶掠，毀掉視野內的一切，中國人盡可能保全其性命，最後帶他們到駐福州的巡撫那裡，控訴我們所遭受的損失，從而儘早實現我們的願望。

他將提出的條件是不與巡撫、海道和其他下屬的官員(我們不能輕信他們的許諾)而是直接與中國皇帝交涉，該條件未免有些過分，但只要他們能准許我們自由、優惠和無障礙地貿易，我們便心滿意足。

上述長官在南風期完成以上任務之後，我們進一步做出決定，由他率領整個基督徒和中國人的力量前往廣州灣，這樣從南到北，燒殺擄掠，直到廣東的地方官員鄭重地准許我們的自由無障礙的貿易，並只限於我們；而且在生活用品、人力和彈藥上不再對澳門的葡萄牙人提供任何援助。

此外他甚至試圖利用我們與澳門相連的島上的中國人的力量，對澳門發起毀滅性的攻擊，有效地圍困他們；如果這樣不能取得成功，則在用於防衛的城牆和堡壘外圍將該島包圍起來。

對占領澳門，蒲特曼斯充滿信心，並可摧毀所有的堡壘，按我們的指令只占據其中最優良的工事。

如果出征廣州灣和澳門因發生一些意外而難以取得進展，將在不影響其勢力的前提下，抽出2艘或3艘優良快艇和幾條帆船，於1634年1月1日派往占城海岸，在卡姆比爾島(Pulo Cambir)或馬爾島(Pulo Cecyr de Mar)和泰拉島(Pulo Cecyr de Terra)[18]附近攔截中國帆船和從澳門航往滿剌加的葡萄牙人的大海船，以打擊我們的敵人。

---

17 荷蘭檔案中寫為Namoa或Lamoa，並註明位於北緯23度，即南澳。
18 兩地均位於越南海岸。

如果時間和情況允許，他還將對麻豆和小琉球島[19]居民的兇殺行為嚴加懲罰，斬草除根，以警他人。

此外，我們還在考慮攻占福爾摩莎島北部的西人基地雞籠和淡水。

為保持貿易不斷，同時向中國人和全世界證明我們無非尋求自由和無障礙的貿易而已(上述遠征即為促進貿易往來而進行)，我們不但擁有足夠的商品而且配備武器，例如蒲特曼斯離開時我們派出上述海船和快船前往大員和中國沿海，送去一批資金用於中國的事務，現金加商品共計f.126,408.8.8；另外在蒲特曼斯長官離開後庫科巴科爾總管手中的剩餘資金計f.616,456.6.4。這樣，在大員用於中國貿易的資金共計f.742,864.14.12。另外，Brouwers-haeven一船將為他運去廣南[20]和日本貿易剩餘的資金。如果中國的貿易一直停頓，約在三月中旬會運來f.500,000資金。

(fol. 18)高級商務員庫科巴科爾在這次北風期初派出Het Wapen van Delft與Oudewaeter同行，把供廣南和暹邏的貨物送往暹邏。先到漳州灣暫作停留，在那裡卸下運往廣南的貨物。蒲特曼斯長官將抽調一艘適用和防禦能力強的快艇在Diksio前裝運一批糖，在上述Delft從日本到來之前在漳州灣中準備停當，以便將運往廣南的貨物運走，為繼續公司在廣南的貿易與Delft一同前往廣南。

我們希望並相信，日本將軍及閣老在看到公司因被扣留船隻而蒙受巨大損失之後，不會再發放許可證准許日本和中國人前往大員。因此，未來北風季將不會有船隻自日本前往大員貿易。一旦出乎我們的希望和預想，有船自日本到達大員，我們命令上述蒲特曼斯，暫時允許他們貿易，友好地招待他們，避免動用任何武力或使他們產生不滿。如有可能，必須明智地在不引起他們反感的情況下使他們離開大員。

---

19 荷文為het Gouden Leeuwse Eyland，或稱Lamey島。Het Gouden Leeuw(金獅)是荷人一艘快船的名字，因船上荷人被島上居民殺害而以此船為該島取名。後來，荷人多次派兵掃蕩並將島上原住民疏散到福爾摩莎各村社，最後將整座島嶼出租給中國人發展種植業。

20 荷文為Quinam，即今越南中部廣南-峴港省一帶。16世紀至18世紀末廣南指順化、廣南一帶。

25.H. Brouwer, A. van Diemen, P. Vlack, J. van der Burch，Antonio van den Heuvel, 巴達維亞, 1633年12月15日

——voc 1107, fol.1-119.

(fol. 52)爲促進自由無限制的中國貿易的上述重要行動計劃而於今年決定派出的海船和快艇中，貨船Warmont和海船Middelburch分別於11月15日和16日被風浪從中國沿海漂至，在這裡向我們詳細報告那裡的情況。

同月22日，帆船Balang攜帶報告到達這裡，此船於9月1日被長官從銅山灣派出。

11月28日，帆船Coupan攜帶報告到達這裡。此船由商務員包沃爾斯(GedeonBouwers)和特羅德尼斯於10月24日自大員派出。

儘管上述海船運來相當一批貨物，這批貨物均爲蒲特曼斯長官在中國沿海劫擊帆船而得並用於運往東印度與荷蘭，但這批貨物價值有限，暫時貯藏起來，具體如下：

1,200擔占城蘇木，以不到每擔1里耳的價格購入，在公開的中國貿易中價值每擔約3里耳

281擔蘇木

53擔銅

21小簍(papkens)小荳蔻

694斤血竭(draekenbloet)

551包白米

17拉斯特稻谷

38播咸tamarmdo

1個罐

24個簍

9罐棕藍色染料

4鐵strupkens

5在澳門鑄成的鐵gassen

與中華帝國之間的糾紛和戰爭已經開始，因爲這一緣故在這次回國船隻出發之前沒有其他貨物運來，以後發展如何，還需耐心等待。

我們從上述蒲特曼斯長官和泊至海船Middelburch和Warmont的朋友口述中得知，尊敬的先生自從巴城出發後，於7月5日將其全部艦船和兩條中國帆船(以前在Sansuan截獲)停泊在南澳島的北面。然後從南澳或Petra Branca起，由一個海灣到另一個海灣，從一個港口到另一個港口，尋找海盜劉香的蹤跡，但沒能找到他，因爲劉香在廣州灣附近遭一官和他的弟弟鄭鴻逵的再次迎頭痛擊，率其60條小帆船北逃[21]。

在南澳島南端，尊貴的先生遇到總管庫科巴科爾派出的快船Kemphaen和三條帆船從這裡派往那裡的船隊。從他們那裡得知，上述一官在對劉香的爭鬥中占明顯優勢並大獲全勝。之後，一官又做了新的準備，在廈門組織起一支以戰船組成的強大艦隊。2月1日，尊貴的長官先生率海船der Goes和Catwijck撤離漳州灣，那裡的貿易仍然不見起色，中國大門緊閉，我們的人只借助一官的勢力購到一批生絲和絲貨，他們這樣做意在避免撤離漳州灣的蒲特曼斯長官在那裡對一官和其他官員會造成威脅和恐嚇而產生不利的後果。尊貴的先生當時已做好充分的準備，發動戰爭，以勢不可擋的勇氣和精神，給中國人以打擊，正如我們決議的宗旨一樣。

接下去，尊貴的先生開始實施對中國沿海的行動計劃，占領從南澳到漳州灣西角的地區，並下令派出快船Wieringen、Perdam和貨船Warmont、Venlo、Bleyswijck、Boecaspel以及公司兩條帆船在上述航行水域攔截來自馬尼拉和南部地區的船隻。

他親自率海船Middelburch、Couckebacker、Zeeburch、Weesp、

21 1633年4月26日到達大員的一條中國商船報告，幾天前一官與其兄弟在廣州灣再次與劉香鏖戰，上述海盜損失13條大型和20到25條小型帆船，所有想登岸逃跑的人均遭當地居民攻打。劉香率領餘下的船隻逃走。一官損失1,000人和7-8條帆船。劉香本想乘一官的帆船不備，出奇制勝，但一官已事先獲悉，派他的兄弟率船繞到劉香船隊的後方出其不意發起攻擊。劉香大敗。《熱城日記》1633年4月26日內容。

Tessel、Salm、Catwijck、Brouckershaeven、Kemphaen和其他中國帆船前往漳州灣，在上述一官的船隊毫無防備的情況下，予以突然襲擊。在此之前，快船Assendelft業已在南澳腳下裝載2,000擔胡椒和供給大員的貨物於7月9日由那裡直航大員，該船由泰勒爾(Roelant Teller)率領，因總管庫科巴科爾首先要到漳州灣，再由那裡前去日本，泰勒爾到達大員後在庫科巴科爾離開大員的整個時期內代理公司在那裡的事務。

尊貴的先生率領上述艦隊於7月11日到達漳州灣之後，駐紮在鼓浪嶼和廈門城之間，在廈門城下發現一支由25至30條威武壯觀的戰船組成的勢力相當的艦隊，此外還有15至20條小型戰船，所有船隻裝備有大砲，配備充足的人員和武器彈藥，長官先生於同月12日率領快船Tessel、Weesp、Couckebacker、Catwijck和Kemphaen對它們發起攻擊，結果絲毫沒有遇到敵方的任何抵抗，把它們全部焚燒、轟炸、摧毀貽盡[22]。據中國人自己稱，中國從未整訓過規模如此強大的艦隊。

---

22 實際上荷人並非到達漳州灣後馬上向中國帆船開戰。7月17日蒲特曼斯長官和評議會決定，截船比開戰更重要。因此派 Zeeburch、Venlo、de Bleyde Bootschap到圍頭灣北監視整個海灣和金門島；de Salm、Kemphaen和中國帆船Aymuy在南部Paartsmond(馬嘴)灣即廈門以南沂尾附近海灣看守整個漳州灣和金門與烈嶼之間的通道。18到24日荷人截獲幾條帆船後，Bendiock、Gamphea等受一官委託登上荷船要求荷人停止攔截船隻，並率船隊撤離。後來荷人寫信給劉香，李國助和Sabsicia，建議聯合攻打中國。8月4日，荷人意識到中國火船的威脅，率領船隊駐紮在浯嶼，並把較笨重的裝有資金的海船Middelburch派往澎湖。戰火於8月8日晚即已點燃，當時荷船Taccoya受到中國帆船的圍攻，僥倖完好無損地逃脫。

11日，荷人正式通過9日做出的決定。13日派快船deSalm、Venlo、Kemphaen、Boucaspel和中國帆船Aimoy、Tanccoya前往廈門。14日，雙方船隊正式交戰。

《廈門誌》記載，海澄知縣梁兆陽夜襲荷人於浯嶼，「焚其舟三，獲其舟九」。當時在中國沿海的荷蘭船隻近20艘，但並非全部在漳州灣，而是分散在漳州灣、南澳和銅山灣等地，集中在漳州灣的船隻由大員長官蒲特曼斯率領，連荷人的中國帆船計算在內共計十餘條，因此中文記載荷人失去11條船隻肯定有所誇張。

當時鄭芝龍赴福寧戰海賊，荷人乘虛而入，攻打中左所，焚燒船艦，官兵死傷無數。當時福建巡撫鄒維璉急忙發兵，水陸並進，鄭芝龍也從福寧趕來，荷人率船逃入外洋。《熱城日記》1633年7月17-24日、8月8-14日。《廈門誌》卷16〈紀兵〉。

在上述砲火進行之際，有6條帆船自海上駛來，我方派出快船Zeeburch、Salm、Kemphaen和我們的一條帆船前去迎敵，截擊和監視其他從漳州灣遁逃的帆船，但對其打擊不甚嚴重，結果從我們的手中逃走。從上述被摧毀的船隻中只繳獲一些金器和50座砲。

後來我們的艦隊一直停留在漳州灣內和灣前，從7月12日到8月30日，安然無事，期間每日派快船和帆船入海察看。上述時間內一官和當地官員沒有採取任何報復行動。8月14日，50只大小帆船繞到金門島西邊，不久又有80條大小帆船繞到金門東邊，以從兩個方向監視我們停泊在金門南邊的帆船，並趁我們不注意用火船襲擊。他們曾點燃7條火船，令其漂向快船Weesp，我們以猛烈砲火相迎，迫使敵船返回漳州灣。在此次海戰中我們曾對幾條大帆船大力轟炸使它們沉入海底，並擊中上述7條火船。

此外，我們的上述艦隊在整個停泊漳州灣的時間內經歷了強烈的風暴，結果在漳州灣內，不僅快船Kemphaen失去槳、大桅和頭篙，而且其他快船也各有船錨、纜繩丟失，儘管如此，船隻仍毫無損失，安然無恙。蒲特曼斯長官為補充上述丟失的船上用具，被迫撤離漳州灣，率領海船Tessel、Weesp、Catwijck、Salm、Boucaspel和Oudewater（這些船隻從這裡派出，平安到達那裡，中途與他們相遇），駛往漳州灣以南14荷里處的銅山[23]，命令快船Couckercker，Bleyswijck，Broeckershaeven和帆船Tamsuy前往好望角[24]，去截擊南來的船隻；並派出帆船de Bleyde Bootschap、de Balang、Pehou和另一條名為Mandorijn的小帆船到澎湖列島的南島附近航行水域去監視據來自中國的消息將從馬尼拉到達的7或8條帆船。

我上述艦隊到達銅山港之後，除數條大小船隻外還發現城下停泊的兩條巨大帆船，為數日前到達這裡，所裝運貨物包括乾、鮮胡椒、幾根象牙、蘇木、烏木、小荳蔻和其他雜貨，尚未卸下船。蒲特曼斯

23 荷文寫為Tangsua或Tamsua。

24 荷人稱南澳南部一角為Capo de Goede Hoop，意為好望角。

長官爲從岸邊奪取該二船，派出快船de Salm、Boucaspel和我們的三條帆船，還有海盜劉香和李國助[25]援助的4、5條帆船。長官先生在駛往銅山途中遇到爲上述廣南帆船護航的幾條戰用帆船。他們無力抵擋我們的攻擊，馬上向城裡逃遁，躲藏到他們建造的崗樓和堡壘中，我們的人爲保存有生兵力，在離崗樓不遠的沙灘登陸，把中國人從崗樓趕到城裡去，沒費吹灰之力繳獲上述兩條廣南的帆船，並擊沉焚毀不同大小船隻，掃蕩銅山城前的各村莊，搶走了300多頭牲畜。

在漳州灣外攔截船隻的快船和帆船於7月25日截得海盜李國助和劉香的一條帆船，當時該船遠遠地繞到北邊以待修理。

上述蒲特曼斯長官爲將已經發起的對中國的戰爭繼續擴展下去，趁機把上述截獲的帆船押送到李國助和劉香那裡去，並派遣三名荷蘭使者挾帶一封特別信件隨船一同前往，轉告他們，我們決定繼續與中國的戰爭，建議他們派出相當的兵力前來，與我們聯合，對上述帝國以合併的力量更有力、規模更大地給以打擊，爲我們所遭受的損失予以報復。結果上述海盜欣然接受我們的建議，作爲答覆，他們派6條帆船隨上述荷蘭使者而來，於該月27、28日到達我們船隊所在的漳州灣，但發現我們已駛往銅山灣，便追隨而至，並在該灣內盡其最大努力幫助我們奪取兩條廣南帆船和燒毀其他船隻。除上述6條帆船外，他們還派出50條帆船加入我船隊，向我們的人報告，上述李國助和劉香已率其主要兵力進發澎湖。

蒲特曼斯長官在上述李國助和劉香的援助下爲實現中國自由貿易而具體進行了哪些出征，採取了什麼行動，尚無確切消息。待各方兵力會合後，當務之急是要促進協商。然後我們希望上述船隊按照我們的命令進發廣州港，在那裡燒殺摧毀視野內的一切，再按我們的指示出擊澳門。尊貴的先生認爲，進軍福州灣——我們獲得中國貿易的主要入口，今年恐怕難以實施，因爲不可能率領如此規模的艦隊迎著

25 荷文檔案中為Augustijn，此人是中國甲必丹李旦的兒子。在荷東印度公司檔案中也稱Cocksouw或Toatsia。多年與一官爭鬥，1633年歸服一官。1634年被他的日本追隨者綁架，送到海盜劉香那裡。

強勁的北風做長距離航行。9月11日和18日，他們被迫費盡全力試圖駛出銅山灣，前往漳州灣，但每次均因風向不利而在前一港灣拋錨停泊，而且丟失幾隻船錨和一部分纜繩。快船Kemphaen即於該月11日從銅山灣被風浪捲走，直到9月底，不僅船隊那邊沒有消息，這裡也不見其蹤影。

8月16日和17日，快船Zeeburch和Broeckershaeven在位於南澳島以南好望角附近遭遇並截獲兩條滿裝貨物航自廣南的巨大帆船。雖然南澳附近的艦隊司令官布朗(Claes Bruijn)出於公司的利益決定將上述帆船主要貨物卸下，裝運到我船上並存放在那裡由他保管，但還是認為將貨物原封不動，毫無損害地運到長官先生那裡為宜。因此他為每條船各專門配備14、15人，由Wieringen押送到漳州灣前。但8月25日天氣突變，狂風大作，結果在中國海岸和島嶼之間船因錨被拔起而漂走，不僅被迫離開上述帆船，而且本身冒著甚至有沉入海底的危險。如此於7月11日在南澳島以南還與一支由26條大小不等的戰用帆船組成的中國船隊遭遇，該船隊所處地方水淺至14路德，致使我船隊無法靠近，只能以我們的大砲為掩護，派出三艘導航船和兩條小船，每艘導航船配備士兵18名，每條小船4名，前去攻打，將所有的南澳人燒成灰燼。

廈門、漳州和海澄的地方官員耳聞目睹以上征伐以後，擔心這只是更多災難的開始，先後在漳州灣和銅山灣向長官先生派出使節商談。如果我們放下武器，並不再製造戰亂，率船前往大員，他們答應取消貿易之禁，並根據我們每年的需求量向大員運輸大量貨物。我們在此之前也曾為他們的花言巧語所迷惑，現在不能輕信這些中國官員簡單而虛假的許諾。根據以上情況，尊貴的長官先生做出決定，繼續對中國的戰爭，在中國沿海大肆燒搶，直到中國大官對我們海上的威勢和能力有所見聞，滿足我們的要求，准許我們自由無障礙的貿易。然後讓中國人看到，我們的人不會輕易做出退讓，除非准許以我們追求的方式進行貿易；中國人揚言，不但將憑其勢力抵擋我們的攻擊，而且將主動出擊，用他們的戰船把我們的人趕出中國海岸。

根據謠傳，而且中國人肯定地講，中國一方爲達到他們的目的，控制局勢的發展，並以很高的聲望實施其計劃，福建省的巡撫(據中國人說，他已接到聖旨離開福建省會，中國皇帝付出巨大的代價，每月補助糧米和一萬兩銀，不許擅自因故退卻。)親自協同其他官員來到廈門，並駐紮在附近的地區督陣。我們還得到消息，一官授命於巡撫聚集北方所有兵力，在浮頭灣準備好一支由500艘戰船組成的艦隊，一旦發現我們的船隊到達漳州灣附近，則發起進攻。

即使中國的謠傳不假，萬能的上帝已駕馭神風替我們出戰，使敵方感到無法抵擋，以惡劣的天氣懲罰他們，使上述浮頭灣中的上述中國艦隊全軍覆沒，所有帆船均保存下來，眾士兵喪命。

我們發現自己的翅膀也在同一次風暴中被剪短甚至被剪掉。10月6日和7日之間，我們的快船Catwijck和Boucaspel在銅山灣受強烈的東南風衝擊，船錨被拔起，使船擱淺，結果在敵人面前遇難。公司除上述快船外，所受損失還包括4,000里耳現金和300擔胡椒[26]。

中國人和其他熟悉中國情況的人認爲，一官的大規摸的備戰難以抵擋，儘管如此，我們的中國貿易仍可用武力獲得，只是在鼓浪嶼和其他中國管轄的地區將永遠不會得到，因爲中國人的法律不容許這種做法。

廈門一位名望頗高的商人Gamphea，此人從前經營我們在中國沿海的大部分貿易，向我們的長官要求發放許可證，准許他與我們在中國沿海和到大員進行自由貿易。雖然我們懷疑這是一官的詭計，以通過這種方式獲得機會與海盜聯繫，並把他們從我們這裡拉走。但我們的人肯定，在中國沿海的資金f.1027756.5.4今年將以各種方式通過貿易兌換掉。

中國沿海的情況及如前面所述。尊貴的先生於8月7日將海船Middelburch同月22日將海船Warmont和Brouwershaeven派往澎湖後，

26 《廈門誌》記載，鄭維建大集舟師，自漳州調發諸軍至銅山，與荷人苦戰數日，焚其舟艦，生擒酋長數十人，荷人大敗。《廈門誌》卷16〈紀兵〉。

二船於7月27日在廣南沒有進行任何貿易而平安返回上述漳州灣內的船隊。

Middelburch爲擺脫火船的威脅停泊在那裡(漳州灣內的艦隊幾乎每天都受到火船攻擊的威脅),並將船上貨物和現金(爲此船隊在Brouwershaeven從廣南返回時受阻)運走,再爲巴城或荷蘭裝運從大員運去的貨物。

Warmont去澎湖是爲找到海船Middelburch,把上述船隻的剩餘物資運往大員並爲其從大員載運在那裡所得有待運往巴城的物品。

Brouwershaeven去澎湖是爲接受快船Assendelft從大員運至的供日本用的貨物,並將轉道經大員運往日本的貨物裝上Assendelft運走。但他們在澎湖既沒發現Brouwershaeven和Assendelft,也不見Warmont和Middelburch的蹤影。後來得知,快船Brouwershaeven於同月22日離開澎湖,前往大員,途中遭遇特大風暴和惡劣的天氣,於8月23日在空無人跡的海岸幾經周折,在丟失5只船錨和纜繩的情況下到達福爾摩莎島的堯港(Joucan)[27]和打狗仔(Tancaya)之間的海岸,風暴減退之後,船上的人員和裝載的貨物都幸存下來,只是船上捉獲的準備在澎湖交給海船Middelburch然後再運往巴達維亞的250名中國人逃往內陸。但該船堅固方便,有希望和能力把這些人追回來。那一地區的總管將運去的貨物儲存起來之後,爲避免有人縱火,爲上述快船配備14人。該船來自馬尼拉,準備駛往西班牙人在福爾摩莎的據點雞籠和淡水,約在我們的快船Brouwershaeven靠岸的地方遇到風暴,損失船桅,爲保全其性命,拋錨停泊。我們的人從船上獲得2,273¾里耳現金,52擔檀香木,一批secroos和41名中國人。

上述海船Middelburch被南風和強大的海浪漂走之後,冒著繼續向北漂去的危險,最後被迫在福爾摩莎靠岸,沿著福島海岸航行,前往大員,於8月22日到達那裡,急忙將現金卸下船。同月25日,天氣惡化,風暴突起,上述海船又被迫撤離大員港,漂向水深的外洋。

27 即今高雄之永安。

儘管如此，我們還是希望該船在此次風暴中能在澎湖或其他優良港口停泊，這次風暴一直毫無間斷地持續到9月22日。該船就這樣在整個風暴期間在海上漂蕩和顛簸，歷經逆境和困難，不僅丟失了幾張帆，而且連大桅也被風浪吞噬，由福爾摩莎島北角至南角，又由南角至北角，再繞到島的東面，歷經三次不同的漂游，船在困境和危險中掙扎，最終冒險前往漳州灣。於9月8日到達那裡之後，沒有發現我們的任何海船或帆船，又掉轉船頭回航福爾摩莎島，同月11日安抵大員港，鑒於天氣不穩定和變換無常，該船一直停泊到10月1日，在這期間船上貨物已被卸下。後來，東南風強作，船錨被拔起，船再一次被迫入海，因爲天氣持續惡劣，最終轉航巴達維亞。

快船Assendelft，(正如上文所述)於7月9日滿載貨物被從南澳加急派往大員，並於同月14日到達。此船在福爾摩莎海岸所遭遇的不利和災難比海船Middelburch還要深重，因爲運至大員的貨物只卸下其中一小部分，7月18日和19日晚到達大員不久，天氣驟變，風暴突起，該船不得不撤離大員港，於同月23日風暴平靜之後，又航回停泊在大員港，並帶回一條在澎湖截獲的中國小帆船。

後來，福爾摩莎海岸風暴連綿不斷，天氣惡劣，使上述快船不敢在大員海岸久留，於8月3日即啓錨下海，結果南風勢急，把船遠遠地漂到澎湖的北部，儘管該船竭盡全力，終因天氣持續惡劣，未能在8月18日前靠近大員。雖然由於該船遲到而耽誤公司的事務，但最終還是東闖西走，回到大員，對船所受的損失暫作修補。已備好運給Brouwershaeven一船的日本貨物尚未全部裝上船，8月23日，風暴又起，再次被迫離開大員港，和海船Middelburch一同下海，在海上漂蕩直到9月24日。期間，此船在上述暴風雨天氣中丟失了大桅、桅杆、裝飾的木雕，船上溢水過多，爲日本轉運的貨物也受到損失，糖和明礬融化，鹿皮也萎縮只剩下一人之長。在北緯24度的懸崖和岩礁處盤旋，歷盡千險終於通過。

上述快船在令人擔憂的境況下，居然還拖著一艘馬尼拉的帆船回到大員。該帆船是在小琉球被我們的人劫獲，當時其桅杆已失，無力揚帆，又無救援，而且船上用水已盡，船上有幾名日本人，因為我們的人在大員對待日本人格外謹慎，對該船和其他中國帆船的攔截，唯恐日本人藉此在日本刁難我們，因此我們的人讓該船完好無損地停泊在大員港，等待駐紮漳州灣的蒲特曼斯長官獲得消息下達具體命令。

貨船Warmont如上文所述到達澎湖外港，但徒勞地等待海船Middelburch、Brouwershaeven和Assendelft。恰遇一條被派往漳州灣向長官先生報告的中國帆船於11月8日到達澎湖，得知前面發生的不幸遭遇。Warmont一船帶著這些令人沮喪的消息於同月10日又漂洋過海返回漳州灣。奇怪的是，他們在那裡也不見海船和快船的影子，我們的人不知所措，決定再次折回澎湖，就地待命。途中恰遇北風吹起，逆流中無法駛往澎湖，只能在南澳以北不遠處靠岸。在那裡仍沒得到我們船隊的音信，打算沿中國海岸尋找，但認為頂著強勁的北風航行，恐怕力不從心，徒勞而無獲，反而遭受損失，最終決定順風揚帆巴城。

在大員的朋友欲以當時停泊在澎湖的Warmont代替擱淺的Brouwershaeven去日本，或是從大員派出未能在澎湖靠岸的快船Assendelft，因Warmont沒與Middelburch取得聯繫，對此決定全然不知，於9月10日又從澎湖回到漳州灣，還有3條中國帆船載運給日本的剩餘貨物前往澎湖，因風暴又返回大員，這一決定同樣沒有結果，而派往日本的船隻和價值131,903.18.15里耳的貨物也落空。

快船Oudewaeter於7月3日從這裡派往大員和日本，結果未能在8月30日前與船隊到達銅山，由於強烈北風吹來，航行冒風險太大，沒能於9月2日前駛往日本。這樣，日本今年除快船Venlo外沒有從這裡和大員得到接濟，該船由蒲特曼斯長官於8月17日派出漳州灣前往日本，總管庫科巴科爾(我們在這裡授命他接管公司的日本事務)隨此船同去，並運去價值f.56,911.18.14的貨物。

在澎湖列島南島截擊駛自馬尼拉的中國帆船的4條帆船，到9月1日為止，只於8月22日和23日夜裡遇到一艘來自馬尼拉的帆船。我們點放2、3砲迎接他們，同時也預感到前面提到的風暴，結果不但使上述追趕的帆船逃脫，而且我們的船也因不時漏水而險象叢生，爲避免水溢甲板使船翻沉，不得不在澎湖拋錨停泊。

上述帆船之一Pehu，被貨船Warmont派往大員，向那裡報告沒有發現海船Middelburch、Brouwershaeven和Assendelft。該船於8月30日在進入大員港時由於行船不當而陷入泥沙灘中，經風暴吹打，破裂成爲碎片。

同一船隊的另一條帆船Mandorijn在整個風暴期間一直在海上航行，至8月29日仍未在澎湖出現。我們猜測，此船已被海浪吞沒，船上人員均已遇難。

類似的不幸遭遇無疑也會發生在隨海船Middelburch的大艇上，上述海船於8月23日在大員從驚人的困境中保全下來，同月29日保留下來的船員中的8名協同中國帆船裝載給日本的剩餘貨物航往澎湖，派出時一切順利，但在海船頂著風暴返回時，隨船的大艇卻遲遲未歸，直到10月1日仍未在大員出現。

上次南風期中國海岸的事情因惡劣天氣持續不斷和所發生的各種不測而受到延誤，人員、海船和快船被分派出去而遭不幸。同樣我們也沒能成功地派出米船，往常每年南風期初可獲得大量的米，今年海盜劉香(上次北風期一直駐留在南部)擋道，我們的人被迫停派船隻。結果蒲特曼斯長官不但不能運送供給巴城和整個東印度受用的大量米，同時也不能按照我們在這種情況下下達的特令，從他的船隊中抽出快船Weesp。10月2日該船攜帶4,000里耳現金被派往暹邏，授令在海船het Wapen van Delft從日本到達之前，而且他認爲快船Tessel若沒有事關重大的事情也可抽出使用，收集300拉斯特米與上述海船一同派出。

(fol. 18)正如我們在此之前極爲擔心的，日本人取消了我們在日本的貿易權，改變策略，又像從前那樣重新在大員出現，以其巨額資金在貿易中對我們構成威脅。具體如下，上次北風期末有3條日本帆船泊至大員，並運至資金35,000兩，企圖將這些資金在大員轉換成絲、絲貨和鹿皮。爲達到他們的目的，日本人將上述資金的大部分預付給

Gamphea和其他中國商人，以此方式購入船貨。但上述Gamphea將其裝有30至40擔絲的帆船發往大員，中途經過澎湖列島時，遭遇被一官追擊而北逃的劉香，結果受其攻擊，船與貨均遭劫。上述日本人因此只得到少量絲，並且沒得到大量的鹿皮(因爲那些商人已說定預售給幾名中國大商，其中大多轉賣給我們)，在南風期初我們在中國沿海的船隻出現之前帶著虧本和損失返回日本。

(fol. 94)贏利商館如下：

大員，自1632年1月31日至1633年1月1日，除費用外，贏利總計：　f.13,000

日本，自1628年4月1日至1633年1月31日，五年贏利總計：f.453,000，平均每年爲：　f.90,000

蘇拉特，自1632年4月16日至1633年3月31日，贏利總計：　f.115,000

波斯，自1630年2月1日至1633年3月8日，三年贏利總計：f.90,000，平均每年爲：　f.30,000

科羅曼德爾，自1632年7月1日至1633年1月1日，贏利總計：　f.142,000

占碑，自1631年11月28日至1633年10月20日，兩年贏利總計：f.146,000，每年贏利約爲：　f.73,000

蘇門答臘西岸1633年贏利總計：　f.50,000

亞齊、暹邏和Martapara即文郎馬神三地的帳目尚未收到，他們隨時可能送來，萬能的上帝保佑各船順利行駛，無火災等發生，三地的贏利總額至少　f.75,000

以上各地贏利總計：　f.588,000。

26. H. Brouwer, A. van Diemen, P. Vlack，J. van der Burch, 巴達維亞, 1634年8月15日

——voc 1111, fol.258-271.

(fol. 260)公司在中國沿海事務的狀況及今年那裡所發生的事情，我們已在最近一次信件中向您報告。後來快船Assendelft與Perdam自大員於1月28日平安到達這裡。兩船離開大員，本爲搬走留在澎湖的大砲，運回大員[28]。但他們在澎湖列島附近遇到強烈風暴，Perdam因此脫離原定航線，雖卸下大桅用一小桅行駛，船還是極度偏向澎湖以南，被迫轉航我處。船上的人對Assendelft的下落不明，而且所運來的貨物只有在中國沿海劫獲暫時儲存在船上的188擔蘇木。

本月1日，一條滿載貨物的中國帆船到達這裡，該船來自廈門島以西的Lacqeteijn，航經柬埔寨後在占城海岸被快船Wieringen劫獲，船上人員被運至我處。

上述帆船被劫獲後，強烈的風暴吹起，不僅丟失船錨，纜繩和舢板，而且與快船Wieringen失散，在極度缺乏用水和日用品的情況下漂向巴城並安全到達這裡。

隨失散的帆船而來的Wieringen上的商人帶來消息，蒲特曼斯長官率領快船Perdam、Zeeburch、Couckercken、de Salm、Wieringen、Brouwershaeven和Slotendijck與海盜劉香和李國助的40至50條帆船停泊在圍頭灣，下令對一支強大的中國船隊(至少有150條巨大帆船)發起攻擊。但因寡不敵眾，中國人和船毫無損傷，他們在第一次攻擊時嚎叫著爬上我們的幾艘快船，包圍奪取並燒毀快船Brouwershaeven，又搶走

28 上述兩條船不得不駛往巴城後，蒲特曼斯長官又派出快船Bredamme和Bleyswijck前往澎湖，一方面為啓砲，另一方面受中國商人的要求疏通自中國沿海到大員的海上貿易通道。當時主要是劉香盤據澎湖，攔截各方商船，使商人不敢輕易下海。詳見《巴城日記》1634年2月19日和4月4日的內容及《報告》1634年8月15日的記載。

Slotendijck快船(該船從Zutphen派來)，並將上述快船上的約100名荷蘭人捉獲。按上述被燒毀快船Brouwershaeven的商務員帕茨(Anthonij Paets)的描述和上述中國囚犯之一聲稱，這些人受到中國人的友好招待，但據說仍要押解到福州的巡撫那裡並送往內地。

在上述海戰中劉香派來的帆船背信棄義，見勢不妙，棄蒲特曼斯長官於不顧，奪路相逃[29]，這就是蒲特曼斯長官率領的船隊陷入困境的原因(一方面未預料到海盜半途而逃，另一方面中國船隊狡猾多端)，長官先生勢單力薄，一邊抵禦一邊撤退，以避免陷入中國人暗設的圈套和受到中國人強大艦隊的攻擊。快船Zeeburch、Perdam、Wieringen駛往大員，不但放棄了眾火船和中國大戰船包圍搶占、認爲已無希望奪回的快船Couckercken，而且快船de Salm也難以顧及。該船奇蹟般倖存下來但因所受損失慘重，已無法張帆航行前來大員，須重新裝備修整。

此外，隨上述劫獲的帆船而來的商人講，蒲特曼斯長官沒得到上述倖存和留在那裡的帆船Couckercken和de Salm的消息。11月13日，他派出快船Zeeburch和我們的一條名爲Quinam的帆船攜帶供應廣南的資金[30]，由司令官考斯特爾(William Jacobsz. Coster)率領到中國沿海的一些地方查尋上述二船，然後把Zeeburch一船及其所帶資金留在廣南用於繼續開展那裡的貿易，再與快船Couckercken和de Salm一起前往占城海岸。他率船到達南沙群島(Pracel)和Pulo Cambier附近的航行水域時，在那裡獲悉，於8月被風暴從海岸捲走、認爲已丟失的快船Kemphaen已於9月23日在廣南附近的水域靠岸，帆船Quinam與快船Zeeburch離開大員之後，夜里遇風暴與Zeeburch一船離散，11月29日在廣南的Thoron(或Lseada)灣北邊靠岸，船上人員和貨物均安全保留下來。

海盜們在圍頭灣離開我們而逃之夭夭後，其中一些人到達大員，

29 劉香逃往南方，在南澳(Petra Branca)和Roversbay附近截獲30條大帆船。據1634年4月4日《巴城日記》記載，劉香占領揚州，又擊敗一官派出追蹤劉香的Anboy，繳獲一批戰船。

30 《巴城日記》1634年2月1日記載，荷人所帶資金數目為價值f.132,986.2的里耳和日本銀。

企圖尋求我們的保護，重操舊業於海上行盜。

1633年12月12日，蒲特曼斯長官派出快船Wieringen和我們的一條帆船Tangsua一同駛往中國海岸，命令他們在那裡想盡一切辦法說服上次海戰中因對一官船隊的畏懼而臨陣脫逃的海盜劉香，重整旗鼓，與我們聯合對中國繼續進攻。快船Wieringen及其隨行帆船爲以上目的離開大員到達澎湖列島之後，強烈的北風突起，災難臨頭，結果不僅隨行的帆船失散，甚至快船Wieringen也自身難保，被吹過南澳島。因無法逆風前行，別無選擇，此船只能順風駛往占城婆海岸，前去那裡與截船的船隊會合[31]。

蒲特曼斯長官親自下令燒毀擱淺的Brouwershaeven一船，因所有的船長和經驗豐富的舵工都認爲無法將此船拖出泥灘：一則陷入泥灘太深，船身似乎也已破裂。

上述蒲特曼斯率領剩餘兵力，並糾集一批新港人和福爾摩莎其他地方的居民，征討小琉球[32]，對(在此之前)該島居民對我們的人所施的殘酷虐待予以教訓和報復。最後，他燒毀島上居民的房屋、田地和少量食物。但未能發現任何居民，他們在我們的人到達之前，已聞風而逃往其藏身之地一山洞裡。

我們的船隊撤離中國海岸之後，有數條小型中國帆船，載運糖和其他貨物以及中國大官一官的信件到達大員。他們向我們的人報告，廈門的兩大商人Bindioc和Gamphea近期內將率幾條中國大帆船前往大員，而且中國有意與我們講和，停止戰爭，根據我們的需要和資金能力，往大員運輸大批中國商品[33]。因海戰而損失的200多條帆船他們也

---

31 帆船Tangsua失蹤後，據《巴城日記》1634年2月16日記載，該船失去桅杆，絕望地漂至廣南。

32 見1633年8月15日報告。

33 一官為言和派出3條帆船裝運貨物，攜帶給總督、商務員和巴城的中國人頭領Bencon即蘇鳴崗的書信前往巴城。同時命令在大員的中國商人Hambguan私下說服長官蒲特曼斯先生首先向中國提出自由貿易的申請，他認為，荷人有戰爭這張王牌，中國人定會做出讓步。而且廈門和安海有6-7條船裝載貨物停泊在那裡，不久將把相當一批貨物和500擔生絲運往大員。詳見《巴城日記》1634年2月19日。

將既往不咎，除非我們在中國海岸不再尋釁鬧事。

從最近隨回荷船隻送去的這次和上次的報告中，您可以讀到，我們載貨價值有限的快船和一條小船今年在中國沿海所遭受的損失和打擊相當嚴重，即：良好的海船Brouwershaeven和Catwijck、仍結實可用的快船Broeckerhaeven、分別從Zutphen和Leeuwaerde派來的Boekaspel和Slootendijck，另外還有使用已久、不便行駛成爲眾矢之的的Kemphaen。與此相反，所截獲船隻貨物價值總計f.163,598.9.8。但由於風暴，這些貨物損失一部分，不然至少應有現在數量的三倍。舊船Schiedam在Boomtrens島沉沒，未能到達巴城。情況急迫，我們需要其他便利、良好的快船和海船來代替已損失的船隻，並請求您不要忘記大海船中每年都會有幾艘因破損而拆掉或丟失，從而相應地增派給我們一些快船，正如去年派給我們Zutphen、Leeuwaerde、Nassauw、Wesel和Middelburch，對公司做出特別的貢獻並帶來極大利益。

27. H. Brouwer, A. van Diemen, P. Vlack，J. van der Burch, 巴達維亞, 1634年8月15日

——voc 1111, fol.1-34.

(fol. 4)上述Bredamme、Oudewaeter、Wancan和de Vliegengde Boode等船先後從日本和大員到達這裡，所載運貨物如下：

Bredamme一船載貨價值f.158,508.4.14.，包括下列中國和日本商品[34]：

214擔77斤生絲

65擔冰糖

26½擔塊糖

6,623件中國瓷器和一些中國的絖布

2錠中國黃金和一些毛珍珠

34 《巴城日記》1634年4月4日記載，此船為Perdam，其貨單中有些項目空缺而且沒有註明載貨價值，此處以《報告》記載為準。

206捆(束)日本銅pititjen

300播小麥

340播鐵板

186播樟腦

Oudewaeter載貨價值f.138,814.1.14，包括下列中國與日本商品：

192擔7斤生絲

1,168擔48斤日本銅

157件素絹

250雙絲襪

33件錦緞

680件細瓷

100斤小茴香

186斤紡絲

196件白綾

690北大年的皮帶

138件紅色吉朗綢

27件黑色絨

340件絖布

3(comtunbijnse?)stoffen

Wancan和de Vliegengde Boode載貨價值f.6,959.17.8.，貨物如下：

127兩9錢中國黃金

72斤紡絲

182雙中國絲襪

114件素絹

17件錦緞

2,700張中國金葉

331架鐵鍋

以上中國商品貨物連同上述Wanckan離開後仍留在大員商館、用於日本貿易的約100擔生絲，均爲蒲特曼斯長官不久前出兵漳州灣從帆船中奪得運來。我們去年發動的戰爭結果足以表明，自由無限制的中國貿易憑武力和強暴是無法獲得的。大員長官和評議會已深深意識到這點，爲促進事務的進展，長官先生已將21名囚犯釋放，並派大員重要商人Hambuan送往中國，無疑會受到巡撫和其他中國大官的召見，屆時把我們的願望口頭傳達給他們，闡明我們的看法及強烈要求；並向一官轉交一封信，內容要點是，要求他履行上次北風期結束時的諾言，允許我們自由無限制的中國貿易，並在收到該信後不久付諸實施，不然我們不但將使已開始的戰爭繼續下去，而且將聯合海盜的力量發動更強大的攻勢。結果福建省的海道即福州所在省的副巡撫派出一條載貨帆船與上述Hambuan前往大員，另有兩條中國帆船將載貨前去。他們爲開放貿易，或是想先擺脫所有的麻煩使我們麻痺一段時間，中國人爲三名商人發放特別許可，允許他們來大員與我們自由經商貿易，並命令該三人在大員與長官和評議會就結束戰爭和開放自由的中國貿易進行談判，看上去有可能獲得貿易自由和發放更多的船引，如果蒲特曼斯長官同意賠償中國過去幾年裡在與我們交戰中所遭受損失的一小部分。

中國沿海的事情即如前面所述，我們被捉獲的荷蘭人中的頭目目前已被解押到宮殿，這些人尙未獲釋。看起來他們不會輕易受到寬大處理，因爲沒有皇宮的釋放旨令，巡撫和海道不能擅自與我們訂立條約。

海盜劉香在新的貿易季節一開始就在漳州灣出擊，對十幾條裝貨豐富的帆船，進行搶劫襲擊並全部繳獲它們，其中有3條準備駛往巴城，1條去柬埔寨，其他的去馬尼拉。然後，他率領所有艦艇撤出漳州灣，開往澎湖。劉香曾幾次從那裡寫信給我們，並遣特使來大員說明願給長官蒲特曼斯提供援助，甚至建議，與我們聯合，協力大舉進攻中國和澳門，進行一切可能的打擊[35]。

---

35 蒲特曼斯長官回信劉香，荷人現在與中國人談判，無意再次發動戰爭，而且沒有總督的命令不能擅自與他簽約。《巴城日記》1634年4月29日內容。

至於蒲特曼斯是否已趁機派出餘下的資金以合適的價格與劉香交易和購下他截獲的大多數貨物，對此我們毫無疑問。同時，劉香到達澎湖不僅造成兩條停泊在漳州灣的帆船沒有在大員出現，而且剛開始的與中國的談判以及自由貿易的實施恐將受到影響，並引起中國人懷疑我們與海盜劉香又一次聯合對中國發起損失慘重的攻擊。

爲打消中國人的疑慮和避免對我們期望的中國貿易昌盛不利的結果和影響，蒲特曼斯長官不僅派出餘下的快船Bredamme和Bleijswijck及一條靈便的帆船去澎湖，保護到達那裡的中國帆船和保障漳州灣至上述島嶼的航行水域暢通，下令將當時出於戒備中國人惱怒撤出澎湖城堡時留下的荷蘭大砲拆掉裝船運走。蒲特曼斯長官對海盜劉香的上述使者說明，我們幾次從巴城寫信，給他下令，不爲劉香提供任何幫助和支援，也不能與他簽訂任何協議和條約。首先，他必須撤出澎湖另尋港灣泊船，保證持我們執照航行的船隻自由無阻地過往。如果他能做到以上幾點，可以成爲我們可靠友好的朋友，不但會受到尊重和善待，而且一旦中國人拒絕貿易，我們可面對中國特別是一官的勢力給他提供保護，並讓他取代一官。如果我們能與中國簽訂協約，也不會出賣他並把他暴露在中國大官一官的憤怒和強暴之下，而是任其選擇，或留在我們這裡，尋找住處定居或再次入海從事冒險事業。

爲徵求我們對他的建議和所得到答覆的看法，並進一步直接向我們表明其合作之意，海盜劉香計劃派特使攜帶一份特別信件隨他的一條帆船作爲代表前來巴城，爲此蒲特曼斯長官在他的強烈要求下，派出一名荷蘭舵工協助，但風期一過，因南風期開始而停航，該船取消了預定的航行計劃。

上次北風期，海盜劉香的義兄弟乘快船Bredamme航出，結果隨波浪漂落入海，最後平安到達這裡，又乘海船Oudewaeter返回。我們向他解釋我們的觀點，並直接了當向他說明，我們在何種情況下將接受上述劉香的提議，聯合雙方力量。有關這些及我們對蒲特曼斯長官的告誡於5月14日派海船de Vliegengde Boode帶往大員，詳細情況和具體指示主要如下：

福州的海道試圖以這種毫無把握的貿易許諾使我們停止製造新的戰亂，保持一段時間的平靜，為此，他們以一定數目的租金將貿易承包給三名特別商人。我們不僅不能滿足於此，而且長官先生決定繼續以更強大的兵力對中國發起進攻，並予以燒殺搶掠，直到被俘的荷蘭人獲釋，允許中國人像對馬尼拉那樣自由地對大員貿易。

然而，今年我們無能力派出足夠的海船或快船對中國開戰，只能將這一計劃推遲到明年，不僅因為各種船具不足，而且缺少便利的快船。今年眾船隻被派往滿剌加、萬丹和孟加錫，還派船前往北大年，而且在目前停戰之時可讓中國人體察我們去年採取的諸行動的目的所在，使他們有時間仔細考慮與商討我們的要求，並利用此機會進行和平談判，等待福州的海道指定的三商人派出兩條船往大員貿易。我們對此抱有很大的希望，上述三名商人在整個和談期間將運往大員各種商品貨物，從而獲得各中國官員所許諾的自由貿易，這是我們為這個國家提供援助應得的酬報。

若不然，副長官蒲特曼斯不但不會向上述海道賠償我們去年對中國發動戰爭給他們所造成的損失，而且將向一官、海道和巡撫聲明，我們將在南風期組織強大的兵力，聯合海盜在中國沿海發動戰爭，直到達到目的為止。

為此，我們命令蒲特曼斯，與劉香保持聯繫，予以各種優惠，向他示以誠意，他不僅可在澎湖列島，而且允許他率領一部分隊伍在大員駐留，向他提供各種方便，以備開始的談判不成，中國人拒絕我們的自由貿易，再次藉上帝的援助，利用劉香的軍隊及好意對中國開戰。劉香在我們與中國的上述和談期間到達澎湖，曾多次書信遣使，表示願支援我們攻打中國。他的到來對已開始的與中國的談判危害極大。同時，我們認為，可使用已經和將要運往大員的資金在海盜那裡購買蔗糖、生絲和其他中國物品。這樣以來，我們不必再依賴與中國的貿易，獲得我們所需要的貨物。

如果我們能通過上述談判取得和平、獲許自由貿易，以及已開始的與Hambuangh和上述三名商人的貿易有成效，那麼，我們的資金可用於與中國的貿易。

另一方面，若不能從海盜那裡購入足夠的貨物，我們指示長官，在此種情況下停止對中國的戰爭，促進與中國的關係，如海盜仍在澎湖，則須把他趕走，並向他講明，在目前我們就自由貿易與中國進行談判和停戰之時，不能決定與他聯合攻打中國，若和談成功獲得通往大員的自由貿易，就更不必談及我們與中國的戰爭。

在和談期間，我們不能允許而且按所簽協議也不能同意他駐紮澎湖。因此，他必須率隊伍離開那裡。只要我們與中國處於和平之中，則不許他在澎湖以及大員與漳州灣之間的海域出沒，更不許他以任何方式傷害持我們許可行駛的船隻。不然，我們將被迫斷絕與他的友好往來，並聯合中國剿滅他的全部兵力。

劉香如能做到以上各點，則不失爲我們的朋友，並將受到我們的厚待，而且一旦我們被拒絕與中國貿易，面對一官和中國的權勢，將對他進行保護，令其取代一官的地位。

爲在戰爭時期更有效地實施我們的計劃，不斷對中國發動進攻，我們授權長官蒲特曼斯，可從我們今年將要派出的四艘快船組成的艦隊中留下Bleijswijck、Venlo和Salm，聯合海盜劉香的兵力，在中國南部或北部以游擊的方式有力地攻打我們的敵人，我們的快船需避開中國的主力艦隊，以免中國人諸如去年在圍頭灣對我們的圍攻。

鑒於我們在滿剌加海域耗資巨大，而獲利有限，我們認爲，可派幾艘便利的海船或快船前往澳門及附近水域，更有力地打擊敵人。至今爲止，我們一直在滿剌加附近執行這一任務。依我們之見，以下做法同樣可行，令蒲特曼斯長官在和平以及與中國人的風波平息後將船隻留在大員，並於9月初予以良好的裝備，把它們派往澳門，按我們的意圖，在那裡打擊所有駛自日本、馬尼拉和雞籠等地的船隻，並阻止任何人從那裡駛往滿剌加、果阿、孟加錫等地。我們認爲，這樣做將比派船往滿剌加更有利可取。特別是在我們與中國人和平貿易時期更無理由反對這樣做，打擊我們的仇敵及其船隻，並繼續在西風季阻止任何船隻自果阿、柯枝、滿剌加、孟加錫、索洛前往那裡。如此以來，日本也不會有什麼理由干涉，因爲我們不阻攔船隻自澳門駛往日本，只攔截自果阿、滿剌加、孟加錫等地駛往澳門的船隻。因爲一旦發生戰爭，世界上任何民族都有權盡其力打擊敵人。我們已向日本人闡明，這一點完全合乎情理。我們發現，日本帆船及寓居日本的中國人到達大員並任他們在那裡貿易，於公司危害極大。上次北風季，日本將軍及閣老未給商人發放執照前往大員，公司明顯得利。同時經考慮，鑒於不同的日本人甚至平戶的大名聲明，我們可毫無顧忌地攔截僞造將軍許可證和未獲正當許可的船隻，我們發覺，諸如此類違背將軍的許可證、律例和指令的人在日本格殺勿論。因此，總督和評議會決定並派上述小帆船通知副長官蒲特曼斯，今年或以後若有中國人自日本率船到大員貿易而且無合法許可證，公開扣留其人貨，將所獲中國人送至巴城，他們可免於一死，又可避免其同夥對公司因此而生仇恨。而對到達大員的日本騙子則予以拒絕，不准他們貿易，以免在日本引起不滿。只准持有真實將軍許可證的日本船貿易。我們想不出什麼辦法能阻止這些人到大員貿易，又能不在日本引起不快。唯一的方式仍取決於平戶的大名，即向大名將軍和慣於到大員貿易的商人借貸一定的款項，但條件是他們斷絕與大員的來往。鑒於種種原因和可能產生的不良後果，我們禁止總管庫科巴科爾這樣做，而是任其發展一段時間觀察公司所受損失大小。

同時，爲做好各方面準備，兼顧貿易與戰爭，我們下令只派快船Huysduynen、Bredammer、Couckercker、Wieringe和Venlo在北大年完成任務之後前往大員和澎湖。我們先後派出以下船隻駛往大員：

5月25日，快船Oudewater，載貨價值按貨單爲f.187,189.7.11，即f.33,754.2.2供廣南，f.137,143.9.5用於大員和f.15,951.16.4用於日本；

6月12日，貨船Schagen、Warmont、Grootenbrouck和Venhuysen，載貨價值爲f.392,461.-.10；

7月4日，Grol、Zeeburch，兩船載貨價值按貨單爲f.27,793.18.8

該月14日，Buyren、Bommel、Goa三條船。

以上船隻中我們命令Warmont在路過Pulo Panjam、Pulo Condor或

其他森林豐富的島嶼時，按貨船容量砍伐裝運上等、經久耐用的木材，並儘快駛往大員，供那裡實施建築一座貨倉的計劃；令Oudewater一船在Thoron灣將運往廣南的貨物投放市場，這批貨物包括10,654,000日本pitjens，爲上次北風季由日本運來，該貨物只在廣南可以贏利。我們還命令他們將上述貨物卸下交給商務員Abraham Duycker，以儘快把他們兌換成黃金、銀或絲綢，我們從這裡下達指令，下次派船時將此船從那裡調出，前往大員，在那裡裝運供應日本的貨物，上次北風季剩餘的貨物，以及長官蒲特曼斯爲日本貿易購入的貨物，一同運往平戶。令Buyren、Bommel和Goa等船途中經廣南時將上述AbrahamDuycker送往大員，以向那裡的長官蒲特曼斯報告他的航行及貿易事項。

若上述海船與快船順利到達大員，蒲特曼斯長官不僅將得到一支艦隊，以備必要時對中國發起進攻，而且截止3月25日那裡儲存的價值f.550,716.12.10的物資之外得到增援，足以使他們維持大員與日本的貿易，充分滿足我們對諸貨物的需求，願萬能的上帝予以保佑。

除上述船隻，還有留在這裡的快船Bleijswijck，大員副長官蒲特曼斯將得到一支由15艘海船和快艇組成的艦隊，詳細如下：

Bredamme 配備人員	60名，其中士兵	6名
Couckercker	50	6
Huysduynen	50	6
Wieringen	50	6
Venlo	50	6
Warmont	70	10
Schagen	55	15
GrotenBrouck	75	15
Venhuysen	40	10
Grol	80	15
Zeeburch	60	15
Buyren	90	20

Bommel	80	15
Goa	60	10
Bleijswijck配備約	50人。	

正如上文所述，尊貴的長官先生決定，在戰爭情況下保留快船Zeeburch、Couckercker、Wieringen、Venlo和Venhuysen，其他船隻將於9月中旬或載運中國、日本貨物直航巴城，或裝運大米、稻谷（padij）、蘇木等前往暹邏，或伐木充船艙，而不能空船返回，方便時再派往柬埔寨海岸或暹邏灣。雖然上述戰亂接連不斷，大員自1633年1月1日到1634年1月1日貿易及其他所得　f.58,195.09.02

其中稅餉和去年在中國海岸截獲幾條中國船隻所得

f.195,196.02.05

按帳簿記錄，大員贏利　f.193,391.11.07

與之相對，大員在同一時期耗費　f.96,980.06.01

這樣計算大員的純收入計　f.96,411.05.06

新港的教會事務和基督教的傳播一帆風順，教徒人數與日俱增，致使教堂做禮拜時已無法容納所有的教徒，至少要擴建一半。

不久前蕭壟與麻豆社發生不和與爭端，新港社民眾自發提供援助聯合蕭壟社合力襲擊麻豆社，並向他們宣戰。但麻豆社人懼怕我們趁此機會支援新港人報復他們在此之前對我們的屠殺。最終擊潰他們之後，有些人攜貨逃遁。麻豆人為求和平，向新港人做出讓步，按其要求簽訂協議。

從1633年3月12日截獲並押送到大員的一條來自雞籠駛往馬尼拉的中國帆船那裡得知，有艘條海船或快船到達雞籠，繼續駛往馬尼拉，據他們估計，這些人以200里耳一擔的價格購入生絲900至1,000擔運往馬尼拉。

上述帆船與新到的快船一同離開雞籠，這樣那裡沒有任何其他快船或大海船。

由於雞籠疾病流行，死亡現象不斷出現，以及其他一些不利因素，一批從前定居下來的自由民乘坐上述快船離開那裡前往馬尼拉。

西班牙人在那裡的兵力裝備包括100名西班牙壯丁，20名Panganger[36]。

西人的城堡，每天約有70到80人修建，靠陸地一邊配備兩座崗樓，靠海一邊還要修築兩座石頭崗樓用來加強防禦。

28. H. Brouwer, A. van Diemen, J. van der Burch，Jan van Broeckum, 巴達維亞, 1634年12月27日

——voc 1111, fol.81-134.

(fol. 103)貨船Huysduynen於7月26日由暹邏滿載貨物被派往大員，貨物總值爲f.13,763.5，其中包括2,000擔蘇木、300擔鉛、24拉斯特米、價值f.2,404.5的18擔共103根象牙——價格爲每22根一磅(我們認爲太貴)、83根犀角、198斤燕窩、210斤沉香、2匹騍馬，以及其他雜物，所有貨物均在大員售出。

(fol. 104)讚美上帝，海船Buyren於該月9日滿載貨物從大員平安到達這裡，載貨價值f.76,758.1.3，包括105擔絲綢，791擔糖，一部分織物，一批瓷器及其他物品，詳細可見現在寄去的總帳。

8月22日在中國沿海上川(Sanchouan)附近，上述船隻遇到風暴，被迫卸下大桅，當時Bommel和Goa還與他們在一起，無法對抗強勁的西北風，這些船隻均違犯荷蘭航海的常規只裝載壓艙物，在西北風吹起之前停泊在上川群島以南避風的沙灘處。Bleijswijck已事先趕到那裡，該船是蒲特曼斯先生從大員派出向泊至的船隻傳達我們在與劉香交戰而與中國處於和平之中，而且可自由與中國貿易。

三艘海船和一艘快船停泊在那裡時，西北風強作，四艘船均被沖離避風處近一砲遠的地方，因互相碰撞每艘船丟失三隻船錨和許多纜繩。Buyren一船被吹得傾斜一邊，卸下大桅才能啓程，雖與同行船隻失散，仍安抵大員。

---

36 《巴城日記》1634年4月4日寫為Portugesen，應誤。

Zeeburch對我們與中國言和一事全然不知，約在安南附近按其使命劫獲一條中國帆船，本打算把該船拖至大員，豈料8月11日到達澎湖南島附近時風暴再起，帆船漂離Zeeburch，船上剩餘的中國人將守船的16名荷蘭人全部殺害，然後揚帆到達暹邏，沒等我們的人得到任何消息他們便把所有貨物賣掉。

Oudewaeter在大員附近也丟失兩隻船錨和一部分纜繩，Buyren、Bommel、Goa、Bleijswijck、Zeeburch和Oudewaeter在中國沿海丟失的船錨就我們所知總數達17只，另外肯定還遺失許多纜繩，因此我們要求盡可能多地配備上述用具，如可能，再補充一些粗大的桅杆。

Warmont於8月3日在海南北部不遠處的Pulo Gomo附近抵住了一場強烈風暴，正如他們在日記中所寫，我們發現，今年在中國沿海於7月22日、8月3日、11日和23日均有過強大風暴。我們希望這種情況不會再繼續下去，不然中國航行水域將幾乎無法航行，但仍有笨拙的葡萄牙船和難看的中國帆船在海上出沒，我們期望能劫獲幾條使用。

我們的所有其他海船和快船均先後安全泊至大員。

12月4日，貨船Huysduynen滿載價值f.77,423.2.1的貨物到達我處，裝有88擔絲，4箱絲織物，54,856件瓷器、251擔蜜薑、約20拉斯特纜繩、280擔糖及其他雜物。有關記錄請您參閱我們同時送回的總帳中該月5日內容。

到該貨船11月3日離開大員時，那裡仍無日本的消息，我們之所以爲此不安，主要是有8艘海船和快船共裝運巨額資金的各種貨物被派往那裡。即：

暹邏的Delft	f.510,750
我處的貨船Swaen	f.1,150,279
及大員的Venlo、Oudewaeter、Bredam、Grol、Schagen和Venhuysen	f.5,390,582

這些船均結實而耐用，多爲嶄新的海船和快艇，8月12日與28日之間派出。

裝運貨物主要包括622.5擔絲綢、100,000磅糖、織物、明礬、茯荼、6,000件瓷器、110,840張鹿皮、256,297斤蘇木、77,539斤胡椒、14,744磅錫和其他雜物，所有這些貨物全是我們向上帝祈禱渴望得到的。我們期望從那裡收到令人愉快的消息，從而也可使您能儘早享受向往已久的成果。

長官蒲特曼斯先生該9月28日和11月3日報告，自帆船de Vliegende Bode於3月26日離開大員前往巴城以來，長官不僅設法把劉香劫獲的大部分貨物購出，而且讓劉香率人船離開澎湖。爲此，他派出一名下級商務員攜帶1,000里耳現金和一名翻譯攜帶給上述劉香的一封信，於同月31日前往澎湖。長官先生直到4月7日才得到其答覆和消息，他們當時在那裡發現8至10條帆船順風駛往打狗仔或堯港。中國人中間則盛傳，它們是劉香的帆船，而且他一定心懷叵測。鑒於此，上述長官先生在城堡內下令做好各種防禦準備。

次日，即同月8日上半夜，尊貴的先生們，他們從受命看守上述城堡南部的4名士兵中的2名那裡獲悉，中國人乘其不備，群起攻打他們，其他2名同伴慘遭殺害。但由於月光明亮，中國人一直靜候到約2點時分，月亮消失後，他們悄無聲息，小心謹慎地動身豎起梯子，靠在城牆上，結果沒等守衛士兵發覺，中國人已毀壞兩座碉堡和一批火藥，點燃幾個窗戶之後奪路而逃。據蒲特曼斯先生報告，除16、17名死在泥溝裡的先鋒勇士，另外還有100人受傷，其中包括他們的頭領，受傷不久在堯港死去[37]。

蒲特曼斯先生從早上發現的一名受傷陷入泥溝裡的中國人那裡得知，上述反叛的中國人總計600人，全是精選出來的海盜劉香的人，翻譯Lacco講述，這次進攻是劉香的人可望從那裡獲取珍寶而發起[38]，而且劉香計劃將其整個艦隊派來大員將上述城堡一舉摧毀。4月10日，果

37 中國人爬過城牆後，荷人對他們以槍砲相迎，中國人難以抵擋，更無法組織第二次進攻。《熱城日記》1634年4月8日。

38 據《熱城日記》記載，劉香攻熱蘭遮城之前曾向大員長官蒲特曼斯先生要求進駐大員，遭到拒絕，因為這與荷人打開中國貿易的最終目的相衝突，荷人不想在中國人那裡製造更多的不快。這很可能是劉香攻打熱城的主要原因。

然如此，約50條大船中7、8條巨大戰艦在北部長條形淺海區拋錨，駛自打狗仔的帆船也相繼到達，盤旋一段時間後一同往打狗仔和堯港駛去，在那裡停泊4天後才揚帆南下前往中國海岸[39]。

尊貴的長官先生還獲悉，上述海盜劉香夜裡對我們的一條停泊在澎湖配備有30名荷蘭人的帆船de Blijde Bootschap發起攻擊，連人帶船一起繳獲，30人被成雙地分派到他的帆船上用於划船，當時正值他們在陸上與那裡的中國人交戰之時，更使我們的人倍加仇恨。

對此，尊貴的先生採取相應的計策，扣留上述海盜的一條約配備80人的前來進攻大員的帆船，令其將船舵和頭帆卸下放到陸地上，並命令他們每兩人與其他人綁在一起，由快船Bleijswijck的船長監管，而且得到命令準備將上述中國帆船馬上炸成碎片，盡可能將該帆船拖到上述快船的大砲射程之內，以保證萬無一失。但由於上述船長大意，未悉心看管，也沒按命令行事，未將船舵和船頭帆(是他從庫裡取出用於駛近快船)從帆船上取下，纜繩和帆具毀掉，令帆船停泊在距離快船較遠之處，爲中國人製造逃跑的機會。4月10和11日晚，他們竟然啓航逃走，該船長因此受到大員評議會嚴懲，扣發他全部的月薪。

因上述不容信賴的海盜長時間在澎湖及其附近駐紮和出沒，前面所提到的兩名因巡撫未到暫時由海道發放商引來大員與我們貿易的商人，出於對上述海盜劉香攔截的恐懼未能於該6月4日之前來大員。

尊貴的先生認爲，這些商人是爲與我們講和而被派來，從他們的解釋中可以發現，他們是受人指使以當面瞭解我們是否有意對由我們在中國沿海挑起的事端而造成的損失做一定的賠償，以減輕中國的負擔，從而恢復和平。

正如對待馬尼拉的西班牙人一樣，他們答應我們的自由貿易，但

---

39 荷人發現劉香的船隊後，馬上加強防禦，在沙丘裡埋下地雷，用竹竿加高城牆。荷人還獲悉，當時準備與新港和蕭壠交戰的麻豆人將配合劉香攻打熱城，而麻豆人則稱將聯合新港人攻打劉香。此後，荷人一直在打探劉香的去處，據說他因缺糧食已前往南澳，後在中國東南沿海駐紮，沒有再攻熱城。《熱城日記》1634年4月12日。

前提是我們不能再駕船到中國沿海。

長官先生答覆他們，只要准許我們在大員享受自由貿易，並能運來各種所需商品，那麼我們可以講和，但要求我們賠償戰爭中遭受的損失是不可能的，因爲戰爭是他們自己挑起，況且我們也明顯遭受損失。

與我們貿易的人必須首先由中國皇帝，至少由巡撫或其他大官授予貿易權，按全世界通行的準則行事，從而向我們顯示其適當的處事方式，不然將不能承認其合法性。對此，上述中國人向長官先生提議，把我們的意圖和打算向巡撫介紹清楚。對貿易的前景消除疑慮之後，於該7月18日在商人Hambguan陪同下攜帶厚禮前往中國以感謝他們的努力並促進他們與我們之間的來往。

長官先生另外講述，那裡收到總督給中國大官的一封信，提及是否可委託他們將信帶走，送給中國大官。這樣做無所不可，但我們嚴肅要求他將信保存在身邊，直到獲得那裡的有關消息。因爲他首先要與幾名中國密友查清這是否於公司有利。

直到9月8日，尊貴的長官先生才從Hambguan那裡得到消息，他認爲耐心等待爲宜，事關重大的事情在中國進展一慣緩慢。他未曾提及上述信件。長官先生爲此向大員評議會提議可否將此信遞交給中國大官，從而使中國人瞭解我們的正當要求，以及我們已發動的戰爭的唯一目的即爲獲取自由無限制的中國貿易。評議會同意將此信翻譯並複寫12份，按Hambguan在中國的住址寄發出去(因爲沒有其他更可靠的人)，進一步的結果如何，尙需等待。

大員貿易規模大於從前，並得知，海澄[40]和其他地方不敢擅自前往的商人也赴大員貿易。在三張臨時許可證的保護下，不但持證者而且所有其他急欲來大員的商人蜂湧而至，據他們自己聲稱，一旦交納皇帝的關稅，中國地方官員和其他人不再像從前那樣有意刁難他們，他們甚至被允許公開銷售從大員運回中國的貨物，而在此之前大部分

40 荷人稱Haytingh。

則由一官暗中在安海出售。

長官先生深信，以這種情勢發展，公司將諸事順利，漳州大小和質量不一的貨物將滿足要求，只是大批蔗糖需在廣東訂購，但因目前海盜劉香勢力囂張無法獲得。

上述蒲特曼斯先生還認爲，在繼續與中國的戰爭的情況下將公司的資金通過海盜轉換成貨物這一做法欠妥，鑒於不但海盜難以信賴以及中國人的花言巧語不能一味相信，而且海盜在海上劫獲的多是米、稻谷、粗瓷和其他粗糙貨物，於公司來說很少甚至根本無利可賺。

而到中國沿海購貨，亦非上策。因爲那裡的中國居民只願將其貨物以高出大員三分之一的價格售出，並以低於大員三分之一的價格接受我們的貨物，而且數量有限。

在中國人拒絕貿易時，可派5到6艘快船配合海盜的力量維持與中國人的戰爭，不斷對中國沿海發動攻擊，似乎可取得成功。但劉香和鍾斌在漳州灣對快船Domborch的判離行逕足以證明，我們久而久之必須全力以赴征服海盜，否則將陷入災難中而難以自拔。

尊貴的長官先生認爲，欲在對中國的戰爭中取得優勢，需做出以下安排。備5至6艘輕便的快船在大員留用一年，以在5月1日或6月初監視澎湖附近或漳州灣前的往來於馬尼拉的帆船；此外，準備於7月份派10至12艘配備人員充足的良好貨船和快船到中國沿海，燒毀所有大型船隻以強大的攻勢在漳州灣、福州和安海進行出擊，摧毀他們在那裡的所有戰船，並到大陸北部沿岸和諸島嶼到處放火。令海盜們會合在一起，並非爲在他們中間設置眾頭領或一名總頭目，而是爲控制他們。我們的人試探利用這種方式能打開巡撫緊閉的大門，逼迫他們簽訂一具體有效而持久的條約，完全開放我們與中國的貿易。

公司在中國的事情已見好轉，大官們開始注意我們的要求，可望獲得較大的進展，我們的人已得到一些收效，尊貴的長官先生決定讓中國暫作喘息，重新放行他們駛往馬尼拉和其他地方，明年開始停止製造事端，觀察事情將有何結果。

上帝保佑，新港的情況良好，尊貴的先生令幾位年輕人在聖言感召下生活學習，直到日後有能力用他們的母語傳教。但這些年輕人在那裡的生活向來放蕩無羈，進行感化教育恐將收效甚微，那裡的傳教士甘第爹士和尤紐斯因此提議，下面的做法是否更爲理想，派4或5名新港青年原住民由上述傳教士之一帶到荷蘭去，不給他們任何自由，漸漸地教導他們用心讀書[41]。蒲特曼斯先生已答應將此建議推薦給總督先生。

距離大員5荷里的魍港的水道本來有7或8荷尺深，今年經挖深，平時水深達13荷尺，甚至比大員水道深2荷尺，但尊貴的長官先生擔心葡萄牙人或日本人會從中國人那裡得悉那一地方的良好條件，另外中國帆船泊至此處比到大員或其他地方更容易，或許將在那裡修建一座城堡駐紮下來，與中國人貿易。果真如此，大員的貿易將受打擊。因此我們提醒長官先生注意不能讓葡人或日本人搶占，防止他們在那裡建築任何工事。我們認爲事不宜遲，應下達特令，在適當的地方修建一座40荷尺方圓的砲台，據估算要耗資f.3,000，約需20人把守，我們之所以如此計劃，主要是整個海岸沒有其他合適的港口。

Buyren駛出大員不久有兩條帆船到達那裡，裝運可用於日本的約200擔下等生絲，並告訴我們的人另有兩條同樣的船隻會接踵而至，裝載各種絲綢、上等生絲和一批瓷器。

副長官蒲特曼斯從上述兩條帆船那裡收到一封Hambguan發自中國的信。他在信中講，新任巡撫在福建省走馬上任後[42]，不但准許前面經海道批發的三張船引，而且又以巡撫的名義附親筆信發放第四張許可證，准許他們完全自由地與我們貿易。

關於在押荷蘭人的釋放，在Hambguan看來可能性不大，據他所

41 尤紐斯有關派福島青年到荷蘭學校進修、培養學校教師和傳教士以在大員傳播耶穌教的可能性之備忘錄。詳見荷東印度公司檔案，Aanwinst 1885 A IX.

42 鄒維璉在荷人攻打廈門時防禦不善，但在石灣、海澄和同安等地先後擊退荷人進犯。他上書，不能及時平息賊寇的原因是鄭芝龍縱夷所造成。當時鄒已發兵銅山大敗荷人，返回時才發現他的巡撫官已罷。他的繼任是沈猶龍。《明史》卷235，列傳第123，頁6137。《廈門誌》卷16〈紀兵〉。

寫，是因爲這些人已被解押到皇宮，按習慣，戰爭捉獲的任何地方的俘虜一概予以釋放准許他們離開中國。

對我們在中國沿海給他們造成的損失他們根本隻字未提。他們之所以不再提起，是因爲即使要求，也不會得到我們的賠償。

由於一官和其他商人將約300擔生絲和一些其他貨物未經繳納皇稅輸運到大員，上述Hambguan，特別是Jocho和Joncksum等持許可證的商人對此深表不滿，長此以往，決定將三張本應換新的許可證不再予以辦理，因爲據他們說支付巨額稅款之後難以贏利。Hambguan仍說服他們繼續與我們貿易。他給蒲特曼斯寫信要求，對他們運到大員的貨物以相當的價格賣出，以資鼓勵，而不能予以冷落，並說明，今年所有的貨物在中國均極其昂貴。而且上述Hambguan在上述信件中要求長官先生採取措施避免這種事情張揚到巡撫那裡，因爲上述幾位頗有影響的商人之不滿會導致取消並收回頒發的四張許可證，而且頒佈通告禁止人們去大員貿易，理由是商人在那裡無利可取，這樣做將再次導致公司的事務受阻。因此長官蒲特曼斯先生認爲應接受這一保險之策，放棄冒險之策，使執有巡撫准許的人有機會贏利，拒絕(爲避免事端)偷稅私商進入，因爲上述商人承諾將按我們的資金能力運至大員各種貨物，長官先生等待與上述Hambguan離開中國並運來一批相當的貨物之後再親自與他面談。

Hambguan還抱怨，幾位大官和私商曾就快船Zeeburch截獲廣南的帆船一事以激烈言詞找他談話。船遭劫後，船主和其他幾位頭領被商務員多科爾(Abraham Duycker)送往大員，長官先生又把他們放回中國，但到達之後他們沒有說明和講述此事純屬誤解，由一艘駛自巴城對我們與中國言和毫無所聞而且尚未去過大員的快船所致。那些人在巡撫面前無疑要宣泄其不滿情緒或至少對我們的做法有意見，從而再次引起巡撫和地方政府的不滿，致使在整個與中國言和的時期對來往的中國帆船不能截擊搶奪，以免得不償失的結果。

總督給一官的信件經Hambguan之手不但轉交給一官而且對其他所有福建省大官公開，事情會有何結果，尚需等待。

在中國有人謠傳，海盜劉香於7月底或8月初在南澳的海面上與5艘自澳門前往日本的葡萄牙人的龍船遭遇，這些船均滿載貨物，其中一艘被劉香劫獲，其餘4艘又逃回澳門外港，而不敢再重新露面駛往日本。

據Hambguan從中國傳來的消息，他認爲該季風期除一條Bindiok的帆船外還有一官的一條將駛往巴城，爲此，Hambguan要求蒲特曼斯發放兩張許可證，鑒於Hambguan無論在中國還是在大員屢次對公司做出貢獻，我們打算將許可証送往中國。

Huysduynen一船從暹邏運至大員的大部分貨物均以優惠的價格賣出，特別是蘇木。

36名中國人強烈要求隨上述貨船Huysduynen到我處來，長官先生予以應允，他們一同到達這裡。上述貨船從大員出發前3天，兩艘上文提到的等候已久的Jocho和Jocksum的帆船從中國泊至，裝有100擔生絲、20至30擔鎖邊的絨絲(afgesoden poilzijde)和繅絲，一批相當精製的瓷器、絲襪、少量糖、200擔小麥、一部分可用於日本貿易的絲綢，其中最精細的絲綢、精製瓷器、糖、絲襪和小麥均馬上裝上貨船運走。

長官蒲特曼斯1636年9月底任期將滿，他本人要求明年能被人替換，並允許他攜家屬返回荷蘭，他不想在東印度停留更長的時間。

根據4月份最新得到的總帳，我們發現，大員1633年1月1日到1634年2月1日的費用總計 f.96,980.06.01

遇難的Assendelft和Katwijck所裝運的貨物價值須從利潤中扣除 f.19,058.08.08

大員這一年的耗費總計 f.116,038.14.09

相反同一年在貿易不景氣的情況下只獲利 f.58,195.09.02

這一年赤字 f.57,843.05.07

今年的帳簿我們尚未收到，但肯定與去年大不相同，利潤會超出費用。

與此同時，同一年內截獲物資價值f.135,196.2.5。

蒲特曼斯先生計算的數目偏大，因爲幾項估價偏高，誤把貨物價格估計得高於其實際價格，發現後及時合理地糾正，重新定價。

從總帳中扣除運往日本的6艘船裝運的貨物、Buyren和Huysduynen運來的貨物以及遇難的Grootenbroeck等項後，剩餘f.458,445供大員繼續進行貿易。

其他有關大員的情況還有待於向您報告，同時送去大員寄來的信的副件，及蒲特曼斯先生寫給您的信。

(fol. 127)虧本的商館如下：

蘇拉特，自1633年4月1日到1634年2月28日，共11個月，	f.19,812
大員，自1633年1月1日到1634年1月1日，整一年，	f.57,843
美洛居，自1633年3月1日到1634年3月1日，共12個月，	f.78,952
安汶，自1633年3月1日到1634年3月1日，	f.69,409
班達，同一時期，	f.35,539
計算差，	f.152
損失總計	f.261,707

(fol. 134)15艘海船和快船的人員配備如下：大海船300人，貨船75人，小海船100人快船60、70或75人不等，共計2,535人，其中包括800名士兵可令其退役，不然對公司的發展將增加沉重負擔。因爲巴達維亞約有600名士兵，美洛居500名，班達350名，安汶500名，大員200名，科羅曼德爾150名，總計2,300名士兵，其中有些人服役期限已滿，急需退役，他們恰好可充海員回國。1632年您派出2,416人，1633年1,388人，1634年2,054人，由於人員短缺而使我們力不從心，特別是因爲死亡率高、中國的事務和其他的災難。

29. H. Brouwer, A. van Diemen，J. van der Burch, 巴達維亞, 1635年12月31日

——voc 1116, fol.196-206

(fol. 200)海船Middelburch被啓用派往中國沿海，蒲特曼斯先生隨船前往，這一行動於1633年6月2日極度謹慎地付諸實施。上述海船於5月12日從荷蘭泊至巴城，船上配備有水準的軍官，一批船錨、纜繩、

帆、其他船上用具、大砲及槍支彈藥。東印度評議會全體委員口頭向蒲特曼斯先生傳達特殊任務，該船並非用於在中國沿海劫擊船隻，而是停泊在澎湖最優良的外港。據說船隻在那裡不需船錨或纜繩即可在優良的停泊地駐留，可望得到的大量劫獲物品裝船及時運回，以便於10月初能到達這裡，順利地將貨卸下再重新裝運。

30. H. Brouwer, A. van Diemen, Philips Lucasz., Maerten IJbrantsz.，Artus Gijsels，J. van der Burch, 巴達維亞, 1636年1月4日

——voc 1116, fol.1-57.

(fol.15)讚美上帝，我們先後對中國採取的行動(對此我們在決議和書信中已詳細記述)所取得的進展，公司幾乎相繼32年來所期望得到的結果，去年已向您做出部分報告。

近來，自由暢通的從中國到大員的貨物運輸日益頻繁[43]，所有運去的現金幾乎全部令人滿意地用掉，這些資金均妥善地從日本、巴城運送到那裡，到最近一次報告時大員還不曾缺乏現金與貨物。我們將根據那裡貨運的增加馬上派人送去必要的物資以促進貿易增長。

去年，即1634年，我們一直保證大員擁有總值f.1,000,000的現金和商品，使他們有能力為日本、巴城和荷蘭訂購充足的中國貨，並達到如期目的。就此事我們已向您做出彙報。今年，即1635年，大員獲利與去年相當，貨物大多來自日本、巴城、暹邏和占碑，總計至少f.1,700,000，詳情如下：

1635年1月1日大員所存貿易所得，大多來自與日本的貿易，按帳簿記載達： f.710,000

後來1月23日，Venhuysen一船從日本運出： f.140,000

43 從《熱城日記》中可以看出，單是1635年3月即有4條帆船運至大員500多擔生絲，一批織物和細瓷，價值約120,000里耳。荷人稱，在如此短的時間內獲得如此數量的中國貨物，是前所未有的。參照上述日期的《熱城日記》。

2月16日，Bredam運去： f.414,000

Amsterdam、Schagen、De Swaen、de Alia Rarop、Woordwijck和Venhuysen等船今年從巴城運去現金及貨物總值 f.695,000

Swaen從占碑裝運的胡椒： f.25,000

快船Daman從暹邏運去 f.9,000

所有順利運到那裡的貨物總計 f.1,993,000

從中扣除費用以及Venhuysen、Bredam、小帆船和Batavia等船運到巴城的貨物，總計 f.249,000

按帳簿記錄，剩餘 f.1,744,000

從中扣除在那裡購入、運往日本的貨物，由Amsterdam、Wassenaar、Grol和Venhuysen運去，正如前面在日本部分中已敘述，共計 f.839,000

以往兩個月內，由Galjas、Ressel、Noordwijck、Swaen和Venlo從大員運來貨物之後那裡還剩餘 f.482,000

再加上所存物資 f.423,000

總計 f.1,744,000

其中f.423,000中已用掉一部分，其餘的將首先用於購買貨物，我們在等候著先後從日本運至的大量貨物：據估計可用於波斯、印度斯坦、亞齊、暹邏和北大年貿易的織物、糖、瓷、薑和其他的中國貨物，共計： f.100,000

已分批收到用於科羅曼德爾的黃金價值f.150,000外我們還將收到黃金 f.100,000

另外供大員用於爲日本購入新的貨物 f.223,000

總計 f.423,000

除這批價值 f.223,000

的貨物外，長官蒲特曼斯先生還可望從日本得到資金 f.1,700,000

其中f.300,000已裝入100箱存放在平戶，有待Venhuysen運走。如果我們仍按1635年的數量運貨到大員，價値爲 f.217,000

外加今年在大員所獲利潤約 f.60,000

大員1636年擁有貿易資金 f.2,200,000

不但運往大員的歐洲資金會中斷，上帝保佑，還將從那裡抽出(如果派出船隻平安到達，日本貿易能繼續提供利潤，據上文所述，那裡的利潤只會有增無減)約f.300,000用於科羅曼德爾的黃金，f.500,000用於購入荷蘭、波斯、蘇拉特、暹邏和東印度所需絲綢、銅、糖及其他日本和中國貨物，共計f.800,000；另外還有現在日本和大員儲存的資金f.500,000、f.600,000到f.700,000。

眼下據我們估計，1636年在大員的上述f.2,200,000的資金將用於購入中國貨物運往日本，相當於1635年投入的資金即f.1,600,000，加上日本還存有f.200,000，為荷蘭、東印度和暹邏的貨物貿易所得，這樣那裡共有f.1,800,000，很可能獲利100%，正如這幾年以來一樣，從而保持上述利潤繼續增長，我們希望在下次報告中加以說明。

剩餘的f.600,000可用於1636年在大員購入絲綢、織物、糖、瓷器、中國黃金和其他物品。

如果下次載運回國的貨物價值比您預計得到的貨物少f.1,000,000到f.1,200,000，我們將毫不猶豫地用波斯絲綢、中國、暹邏及其他地方的貨物來補充。我們感激和讚美萬能的上帝，在他的保佑之下我們才能在短時間內取得這樣的進展。

(fol. 17)我們現在重新回到前面的話題。我們的船隻今年在中國和日本水域均遭遇強大的風暴。Amsterdam和Schagen在南沙群島附近遇到惡劣的天氣。Wassenaar因福島以北的狂風而險些葬身於海浪之中。因為該船被海浪淹沒足有一小時之久，最後竟然出現在海面上。從大員運貨給在澎湖的Galias和Tessel的Huysduynen一船，迫於狂風漂離澎湖，因該船所有船錨被拔起，當時停泊在媽宮澳(Kerckbay)外，上述兩艘海船已隱約可見，幸好風平浪靜之後在沒有船錨的情況下到達它們那裡。總之，在上述中國沿海，船錨、纜繩和帆布均為耗費量極大的用具。

海盜劉香於去年6月在廣州港受到一官率領的大明艦隊的強烈打

擊。劉香慘敗，見大勢已去，便將其帆船炸毀，劉香也同歸與盡[44]；其同夥逃走投靠劉香的兄弟，他擁有30條海盜帆船，當時停泊在較南的水域，後來率船退至北方的福州附近。

Hambguan的帆船自巴達維亞返回漳州時，被另一海盜Caucham劫擊，Caucham前不久投靠劉香，後被一官勾銷其從前的罪過而招安。上述Caucham將Hambguan的上述帆船押至廈門，結果該帆船不但未歸還船主反遭一官沒收，無視該船持有巡撫的許可。從上述行動和過程中可以看出，在中國一般說來弱者總是遭受損失和歧視。

被捕的荷蘭人獲釋暫時仍無希望，有人報告，這些人已被押往內地並受到較好待遇，據推測他們將被遣往對付韃靼人的戰爭前線。

漳州人在大員報告，今年可能有6至7條中國帆船將由漳州前往巴城，以及一英國大海船裝載大批資金從果阿到達澳門貿易，以致絲價升至4到5兩一擔。

來自中國從事農業的貧民在福島很快就會生產數千擔糖，還有茯苓(Wortel China)、生薑以及其他產品。爲報復麻豆人對我們的人進行的凶殺[45]，蕭壠和目加溜灣人事前已得知此事，並且鞏固公司在福島的地位，贏得威望和更好地保護這些中國人，我們應蒲特曼斯長官的請求，今年派出由船長Adriyaen Anthonissen[46]和Reynier de Vlamingh van Oudshoorn率領的475名士兵前往大員，上述二人被滿意地委任爲指揮官，因爲他們足以勝任此職。同時我們還允許蒲特曼斯長官將上述士

---

44 1635年值熊文燦總督兩廣，劉香駐廣東後，熊文燦想召鄭芝龍剿滅劉香，但巡撫鄒維璉懷疑鄭芝龍與劉香有舊，留而不放。後來按察使曾櫻出面保鄭芝龍，鄒才准許。鄭芝龍與投靠他的劉香同夥Caucham聯合廣東兵在田尾遠洋對劉香發起攻擊，奪得劉香10-12艘大帆船和20-30條小帆船，劉香的座船受到密集砲轟，劉香走投無路，點燃火藥，船毀人亡。一官一方至少死亡600-700人，傷者無數，劉香一方傷亡人數不明。詳見《重修福建通誌》卷267和《熱城日記》1635年6月13日記載。

45 目加溜灣為福爾摩莎的一個村社，位於麻豆社和蕭壠之間，該凶殺案指1629年7月13日荷蘭士兵遭殺一事。

46 1634年在巴城任船長，同年8月到1635年5月同時指揮海船，1635年7月參加征討福爾摩莎的行動。1636年底返回荷蘭。

兵保留一個季度，這樣更有利於我們的計劃，從而希望公司在極短的時間內獲得一片富庶的殖民地，正如從前葡萄牙人在東印度那樣，這塊土地是錫蘭(Ceylon)無法與之相比的，那裡有適宜的氣候、淨潔健康的空氣，以及肥沃的土地，而且處於強大政權的管轄之外，居住著愚昧無知的土著，與強大的中華帝國相望，從那裡流亡而至的貧苦、勤勞的中國人數目之多完全可以滿足我們的要求。依照現在的情況，他們的糖業今年6月份可收獲3,000擔糖，其中大部分將用於日本和波斯的貿易。若謹慎細心的中國人在種植甘蔗時沒有上述麻豆和目加溜灣人騷擾毀壞的後顧之憂，那麼現在的預估數量還要大得多。

新港的基督徒中有12人因不可饒恕的叛離行爲被拘捕。一些新港人謀劃將兩位傳教士，即喪妻的甘第爹士(Georgius Candidius)[47]和尤紐斯(Robert Junius)與10名士兵一同捉住並殺害，從而擺脫我們的統治。雖然尚未付諸行動，但我們猜測，他們肯定有此嫌疑[48]。

北港的居民貧窮、懶惰、無所奢求；與此相反，勤勉、認真、耐勞、好勝則是大員的中國貧民的特點。所以，在征服作惡的麻豆人之後，特別巨大的變化在福島將指日可待。

曾多次向我們伸出援助之手的萬能的上帝使殺害我們的劊子手所在的村社流行疾病，導致那裡的居民有一半死亡，爲我們達到目的減少了困難。

計劃在大員以北7荷里處魍港河口[49]修建的砲台，將於該季動工，

---

47 甘第爹士於1623年到達東印度，1625年7月於德那第任傳教士，1626年4月被那裡的長官雷福布勒(Lefebure)派回巴城。1627年5月到1632年9月為福爾摩莎的傳教士，1633年在巴達維亞暫作停留，又回到大員，直到1637年回荷。1641年返回東印度，到1647年去世在巴城為牧師和拉丁學校校長。

48 傳教士尤紐斯報告，新港的一些叛亂分子謀劃殺害那裡的傳教士和士兵。蒲特曼斯和評議會決定，為維持公司已在那裡樹立的威信，派80名士兵組成的隊伍前往新港。叛亂策劃者除一人外均被捉獲，但新港人因受煽動，謀劃武裝起來搶回被荷人帶走的同胞。荷人領隊準備掃平整座村社，但蒲特曼斯長官認為這樣做不妥，不然，7、8年的努力將化為無有，命令部分士兵留守新港，其他人返回大員。

49 即圖堡福里星恩，按法蘭廷(F. Valentijn)的描述，魍港河口西有一南北走向

那裡水深最淺處達11荷尺。

我們的人曾在小琉球島即Taccarijen被當地人殺害。我們希望能藉助您即將增派的兵力清除和滅絕那些劊子手。

鑒於絡繹不絕的中國人的大量湧入，上述蒲特曼斯先生爲使公司的地位不受侵害，維持那裡的殖民地，特別要求增派更強的力量，因爲馬尼拉中國人的反抗仍記憶猶新，長期以來的經驗告誡我們，中國人強烈的好勝心使他們難以放棄那種慘無人道的行徑。

但如果大員中國人的數量不斷增加，而且這些人將從農業生產中獲取巨大利益，可首次推行向他們收納人頭稅的制度，每人每月約半里耳，再加上作物的什一稅，利用這筆收入，大員可以在公司負擔之外自己支付軍隊費用。用這種辦法保證他們更加馴服，而且可以更有效地維持秩序。事情才剛剛開始，依我們的看法，時間將賦於我們豐富的經驗，我們認爲事情不能操之過急。如果我們試圖說服中國人也皈依基督教，可只讓他們付一半的人頭稅。上述新港的牧師甘第爹士和尤紐斯因中國人謀劃背叛的謠傳而喪失信心，不再奢望事情會有令人滿意的結果，並表示有回國之意。特別是甘第爹士，恐怕只能挽留到明年，出於各種原因，不願繼續在東印度服役。上述情況如同磁石一般引發了他們回國的念頭。

蒲特曼斯先生去年6月6日第三次成爲鰥夫，我們已說服他再繼續任職一年，我們相信他憑藉經驗和毅力，將對公司做出不可估量的貢獻。

(fol. 20)馬尼拉現在與中國和平貿易，以所得絲和絲織物滿足西印度市場需求，儘管如此，正如上文所述，他們仍被日本人拒於門外。

(fol. 49)爲有效地保障和管理大員繁榮的中國貿易，我們急需3

的長條形島嶼，座落於北緯23度40分。查光緒戊寅年粵東省城西湖街富文齋承接摹刻的臺灣圖和永曆三十六年(即1682年)的鄭氏臺灣圖可知，八掌溪口位於同一緯度，應為荷人所記載的魍港河口，河口處的長條形島嶼為青鯤身，福里星恩砲台即建於該島。譚其驤主編《中國歷史地圖集》(上海，1982年)，冊7，頁71。F. Valentijn, *Oud en nieuw Oost-Indien*, IV, tweede stuk, p. 35。另見《報告》1636年12月28日內容。

艘150拉斯特左右的堅固的貨船，要求裝貨後吃水不多於10荷尺，以便去大員裝貨運往澎湖，再用吃水更深的船隻轉運日本和巴城。如果中國人不反對，這些貨船可在澎湖裝卸貨物。事情的進展如何將取決於您是否能夠滿足我們的要求。因每次能夠順利出入大員的淺海區（漲潮時水深近11荷尺），海船Schagen今年在裝卸貨物上極爲方便，對公司效力很大，可防船錨被拔、船身漏水，並能減少費用。

爲能夠在1637年12月向您提供價值f.2,500,000的東印度貨品，我們需要相當於14艘船的人員裝備。如果配備人員達2,500人，據我們計算，需運來價值f.350,000的貨物，同時向我們提供f.1,000,000的現金，那麼我們相信，在上帝保佑下，到1638年12月定能運送給您至少價值f.250,000的暢銷的東印度貨物，除非這裡的資金有明顯增長，正如近三年來向我們增運f.1,000,000。

如果我們派出途經科羅曼德爾前往蘇拉特的船隻收穫顯著，我們希望今年可運給您價值f.2,300,000或f.2,400,000的貨物。不然，東印度的產品總值將高於f.5,600,000。所以每年增派資金實屬當務之急。特別是與中國和日本貿易利潤不斷增長。因此我們可以保證，今年12月可運送給您價值f.2,500,000的貨物。願萬能的上帝繼續呈祥，保佑我們的船隻在第三年也能如前兩年一樣安全航行，順利貿易。我們同時請求您提供這裡所需商品和約f.200,000的里耳現金，因爲糖、黃金、瓷和其他中國物品以及日本的銀、銅、樟腦、漆器足以供我們與波斯、蘇拉特和科羅曼德爾貿易，以促進東印度各地貿易和購入您期望得到的商品。

六

范・迪門（Antonio van Diemen）

1636-1645

31. A. van Diemen, Philips Lucasz., A. Gijsels, Hans Putmans, Antonio Caen, Joan Ottens, 巴達維亞, 1636年12月28日

——voc 1119, fol.1-205.

(fol. 10)今年自2月7日到4月22日有6條大小不等的中國帆船從中國到達這裡。船中裝有可用於南部地區的各類雜貨和一批質地較粗的絲料，少量細瓷，大量中國啤酒。另有兩條同樣的帆船泊至我處，但因自中國出發較晚，而且到達廣南時因船漏水和風向不順，途中遇到很大的困難。這些船隻爲巴城的貿易帶來了生機，中國人滿意地裝載約400拉斯特胡椒離開這裡，他們在這裡購入的胡椒價格爲12至14里耳一擔：即2243擔60斤，約13里耳一擔；其他的胡椒運自安德里吉里、占碑、舊港和蘇門達臘西岸、萬丹、亞帕拉(Japara)和交唐(Jortang)等地。

爲招徠中國人再來貿易，我們准許他們的要求就所運至貨物納稅達成協議，公平貿易。每條帆船需交納250至650里耳，這一規定您可詳見我們的決議。運往中國的貨物、現金和商品均按規定納足稅，稅官所收貨物船隻出入稅總計：12,607里耳。

下次北風期很可能有更多的帆船將從中國來到這裡，特別是如果這批貨物能安全運回。有許多人申請許可證，我們均一一發放，就目前情況看來，胡椒供應沒有問題，因爲鑒於有利可取的價格和種類繁多的貨物，每人都願將其胡椒運來，運回各種貨品，眼下巴城庫存的中國貨物已全部售出。

2月11日從大員到達這裡的還有商人Hambguan和Camburgh裝載中國貨物的帆船，他們的商品均以優惠的價格售出，於5月24日離開，但途中陷入班卡(Banca)東南的沙灘，貿易所得損失貽盡。似乎有什麼在阻止Hambguan前來巴城，1635年他的一條帆船從這裡駛往大員時曾被中國沿岸的海盜搶劫。

(fol. 158)1635年北風期結束時從大員平安到達這裡的船隻如下：

今年2月11日，商人Hambuan的一條帆船，帶來蒲特曼斯先生1月

15日至18日和3月8日的報告；風暴中漂流而至的貨船Schagen和快船Venhuysen；4月21日，Grol、Huysduynen、Warmont和Rarop經日本和廣南到達這裡；5月1日帆船Quinam經廣南泊至，運來貨物價值f.375,829.16，包括f.94,939的黃金以及其他商品，您可詳細閱讀我們的商務記錄。另外，我們簡要報告如下：

從中國運至大員的所需貨物日益增多，我們的人在那裡購入兩條帆船的貨物用掉217,000里耳；2月6日、11日和3月9日，貨船Warmont、Huysduynen和Rarop裝運312,000兩錠銀、一批銅、米，價值f.1,077,215.16.14，從日本到達大員。這批貨可供大員維持貿易，購入日本所要求的貨物。截至3月10日，公司在大員的現金與貨物價值總計f.1,559,327.14.6。

我們策劃的對福爾摩莎島或稱北港（Packan）起義反抗的鎮壓卓有成效，達到如期目的，我方無一人傷亡（感謝萬能的上帝）。

對麻豆Taccoreyangh和蕭壟社的掃蕩憑500名白人士兵、400到500名新港人和其他朋友的力量已順利完成，處死了所有頑固抵抗的奸民，燒毀了他們的房舍，破壞了他們的種植園，對其在此之前對我們的殘殺成功地進行了報復。7名蕭壟社的做案者和煽動者在新港受到嚴厲懲罰，樹立了我們的威信[1]。

---

1 1635年11月23日蒲特曼斯長官開始對麻豆人討伐。結果有26名麻豆人喪生，他們的頭顱被新港人拿去慶賀。討伐中幾乎沒有遇到任何抵抗，荷人將這個村社點燃，燒成灰燼。

荷人對Taccareangh村社的討伐源於1634年10月7、8日所發生的事情，牧師尤紐斯報告，新港蕭壟兩村社於南部村社Taccareangh發生衝突，造成新港4人死亡，其中包括重要的基督教徒Camassary。1635年10月31日，蒲特曼斯長官和福島評議會根據新港人的要求派出60到70名荷蘭士兵，協助新港人對付Taccareangh人。11月5日，隊伍在敵人村社南部與150到200名Taccareangh人遭遇，其中5人被打死。1635年12月22日，荷人繼續討伐位於大員東南12-13荷里的Taccareangh村社，除500名荷蘭士兵外還有400-500名新港人配合。社民聞風而逃，只割下9個人頭。同樣，該村社也被荷人點燃，被全部燒毀。

1月8日，隊伍前往蕭壟，村民供出7名叛亂者，全被處死，其他居民像麻豆人一樣與荷人簽訂和約。1月13日，蒲特曼斯長官率領隊伍返回熱蘭遮城。

《巴城日記》1636年2月11日的記錄。《熱城日記》1634年10月7、8日，1634年10月31日，1635年11月5日內容。

位於幾座山之間、風景秀麗、土地肥沃的山谷中的村莊Tevoran的村民品質遠比其他週圍村社的優良，情願歸服我們，我們的軍隊也受到他們的熱情招待，沒遇到任何麻煩。

征討結束後，麻豆兩名長老來到大員，請求我們接受他們的願望，願像新港人一樣，歸服荷蘭統治。我們提議擬定幾項條例，村社將來必須以此爲準則行事，他們表示完全接受。爲此，他們於1631年12月3日專程返回大員進一步正式宣布麻豆人已接受上述幾項條例，並帶來一些檳榔和椰子樹種植，以示其誠心，願將他們的土地和收穫獻給荷蘭人。

與麻豆人簽訂的條約詳見2月11日的日記[2]。

---

2 1635年12月18日，荷人與麻豆人簽約，內容如下：

第一，我們Tavoris，Tuncksuy，Tilulogh和Tidaros以整個麻豆地區的名義保證，在全社收集根據我們的傳統作為裝飾品佩帶的被殺的荷人頭顱及其他身骨，在新港交給牧師尤紐斯，我們所有的銃槍，其他武器和衣物也包括在內。

第二，我們帶來椰子和檳榔樹栽種，以示我們將所有的一切獻給荷蘭聯省共和國的執政官，包括我們的祖先流傳下來和我們現在麻豆社以及平原地帶的管轄區的所有財產，東至高山，西至大海，南北至我們的轄地。

第三，我們不再向荷人及其盟友發起攻擊，承認尊敬順服上述荷蘭省執政官，以他為保護人，願歸服他的領導，我們同時保證遵從所任命的四位長老(長官任命最年長的人)的指揮和命令。四座教堂每三個月輪流掛出荷蘭旗。村社有什麼事情，我們的頭目和長老將到教堂集會解決。

第四，一旦長官先生與其他村社村民發生戰爭，我們永遠自願與荷蘭人一同作戰，若有地方反抗荷蘭人，(除非有理由交戰並由長官決定採取行動)我們願竭力相助，只要公司允許。

第五，我們對所有在魍港和其他地方燒石灰的中國人，以及在平原地帶進行鹿皮等貿易的中國人不予以任何擾亂和傷害，隨其所願任他們通行，不向一些中國海盜、叛離的荷蘭人和他們的奴僕提供房舍，而應馬上報告或直接把他們交給城堡處理。

第六，如果要求某人或數人馬上到新港或城堡(對某些事情負責或用於其他事情)，我們將馬上服從執行。

第七，即最後一條，我們承認謀殺荷蘭人之罪，每年在同一日期向城堡中的長官先生貢獻一隻母豬和一隻公豬，屆時為維護我們之間的友誼長官先生將賜予我們四支火炬。

1635年12月18日於熱蘭遮城堡，

簽字：蒲特曼斯

據《巴城日記》1636年2月11日記載。

後來，蕭壠、淡水、大木連(Tapoliangh)和搭樓(Sataliow)以麻豆社同樣的條件表示歸順我們，將土地獻給公司。

魍港以北6至7荷里處的虎尾瓏(Favoralangh)村社也有意歸服我們。總之，這次出征已達到如期目的，收效顯著。在福島的駐紮頗有進展，我們的領地擴至大員南北各15荷里，東至一天半路程遠的山地，這樣此地在上帝的幫助下，此地成爲公司在東印度情況最理想的利益所在。下面繼續詳細報告。

事情的結果表明，傳教士甘第爹士和尤紐斯對當地居民皈依基督教的疑慮毫無必要，與此相反，現在可以斷定，總數已上升到22個村社的居民都願摒棄他們的原有迷信，接受基督教的教化，因此這裡急需傳教士和慰問師。

在福爾摩莎島北部的西班牙人在雞籠和淡水的情況，您可參閱4月21日的日記，其中記錄了他們的詳細情況。這些消息得自於一名西班牙人，此人乘坐帆船在自雞籠駛往馬尼拉的途中遇到風暴而漂至大員，望您詳細查閱[3]。

我們從大員獲悉，中國人報告，淡水和週圍村社的居民起義反抗西人，因爲居民的某些財寶被西人掠奪，他們趁黑夜偷襲西人的工事，殺死多人，將城堡點燃[4]。事實如何，我們希望以後能夠得知。這一地區占領對西班牙人來說似乎無關緊要(目前從中國到馬尼拉的貨運繁盛而無阻)。

據大員商館的記錄，1635年1月1日到12月，那裡的日常費用，其中包括上述出征和建築倉庫的資金，共計： f.129,439.03.03

與之相對，上述12個月內貿易所得 f.1,371,636.10.10

需除去從日本收到的錠銀的損失和所得到的貨物短缺部分，詳見

---

3 西班牙人在福島北端建有四座城堡和兩座城市，即La Sanctissima Trinidade、St. Antonio、St. Millan和St. Augustijn城堡和雞籠的S. Salvador於淡水附近的S. Domingo城。據說西人在雞籠的貿易不景氣。傳教士也收到當地居民的抗拒，一名西人神甫曾被人殺害。

4 《巴城日記》1636年5月24日記載，西人統治下淡水的居民無法忍受西人的沉重稅餉的壓力奮起反抗，殺死西人30名，其他人逃往雞籠。

商務記錄4月21日的內容，	f.61,216.16.00
贏利剩餘	f.75,946.14.10
大員赤字	f.53,492.08.09
該商館去年誤將費用未從贏利中扣除	f.40,000.00.00
總計	f.93,492.08.09

爲繼續開展中國貿易，運輸在那裡購入的用於日本貿易的貨物，我們先後從巴城派出以下海船和快船前往大員和澎湖：

4月17日貨船Schagen [5]，裝載3,250擔90斤占碑胡椒和80,000磅鉛，價值 f.64,244.11.00

該船派出的原因我們在日記中已做說明。

5月14日、17日海船Warmont和Bommel前往暹邏，裝運那裡爲中國購入的貨物，一批大員修築倉庫和魍港的砲台福里星恩(Vlissingen)所需木材。兩艘船分別於8月23日和28日到達大員，所裝貨物價值 f.14,884.17.08 [6]

6月1日海船Grol、Daman和Huysduynen經廣南前往大員，爲大員裝運以下貨物：100兩錠銀以及其他必需品，價值 f.85,920.03.08

7月3日Bredamme、de Swaene和快船Hoochcappel直航大員，裝運商品，糧食和武器彈藥，價值 f.45,679.15.04 [7]

8月4日貨船Petten，裝運用於日本的荷蘭貨物，以及24,000磅象牙，200擔蘇木，用於大員貿易，價值 f.31,097.00.00

運往大員的貨物價值總計 f.241,826.18.04

其中包括4,455擔27斤或222³/4拉斯特的胡椒，每拉斯特合2,400

5 此船於6月25日泊至。

6 Bommel和Warmont載貨如下：2,000擔蘇木，300擔暹邏鉛，363/4擔暹邏紅膠(gommalacq)，11.25擔沉香，7.5擔米，35擔稻穀(padij)，132根木材，150張木板。

7 《巴城日記》1636年11月26日記錄，以上船隻於8月5日到達，范．登．勃格同行，途中截獲一條葡船Nostre Signora De Remedia，荷人稱Cleen Bredamme，有32名葡人，228名奴隸，由交阯經滿剌加航往澳門途中，於7月26日被截獲，載貨價值f.25,659.17。

磅，隨時都將送往大員，以每擔或125磅17至17.5里耳的價格售出。除上述經廣南運往大員的10,000兩錠銀以外我們今年沒有能力送去更多的現金。據報告，這不會使那裡的貿易受到影響，因爲有360,000兩日本銀從平戶及時運到。我們感謝上帝的仁慈。

同樣以下船隻均途徑呂宋安全順利到達澎湖，由司令官恩格斯(Theeuws Jacob Engels)率領海船Wassenaer、Galiasse和Texel於8月19日泊至，快船Waterloose Werve攜帶有關這些船只的消息於同月13日事先到達大員；該船隊正如前面所講很晚才到達，即6月11日已航出德那第(Ternate)，當時天氣條件適宜，於同月21日即到達約定地點，從那裡已隱約可見中國大陸。7月4日，強烈的東南風吹起，船隻被風吹往北邊，被迫駛往岬角(de Caep)，而後改航澎湖，其中Wassenaer和Galiasse又從那裡裝運中國貨物駛往日本。

東印度評議會委員、東印度公司在大員事務和貿易的長官和總管蒲特曼斯先生急切要求派人接任他的職務。東印度評議會於5月3日的決議通過，不再拖延長官先生的合理要求(特別是他在我們的督促下已延長過一年的任期)。5月25日，決定派遣評議會特別委員范・登・勃爾格(Johan van den Burch)先生前去接任蒲特曼斯長官，因爲蒲特曼斯先生的任期已滿幾年。上述范・登・勃爾格先生已接受3年的任期，每月薪金300盾，萬能的上帝將給於他神聖的保佑，有效地行使其領導權力，像其前任一樣兢兢業業，全心全意地忠於職守。

上述范・登・勃爾格先生帶其家眷於7月3日乘Bredamme前往大員；我們鄭重地命令他有關中國貿易的促進和擴展，並通過提高物價吸引商人把特別是日本所需要的廣東絲貨和其他商品運往大員；加固我們的城堡，督促在福爾摩莎種植大批甘蔗、生薑、茯苓、稻米和綄布的染料，而且要在那裡加強教盲的皈依。

(fol. 164)與新任長官同行的還有蘇鳴崗(Benckan)[8](打算前往

8 即指Bencon蘇鳴崗。詳見B. Hoetink, "So Bing Kong; Het eerste hoofd der Chinezen te Batavia", *B.K.I.* 73(1917), pp. 344-415.

中國)，他在巴城任甲必丹，掌管中國人的事務長達17年之久，現由中國人林六哥(Limlau)接管[9]。據說蘇鳴崗已留駐大員，因暫時不便前去中國。

不久前有下列海船和快艇(讚美上帝)依次從日本和大員安全抵達巴城：

11月26日，Texel和Bommel，其中Bommel在占城海岸迫於風暴和船漏水而將342罐糖拋入大海[10]。

12月6日，快艇Hoochcappel，船上貨物只剩下60個被海水沖光的空糖罐。同月10日，海船Bredamme，如前面所講被派往大員，因風暴被迫將40箱中國金線拋入大海[11]。

12日，貨船Schagen和快艇Daman，後者也在金線上遭受損失[12]。

14日，海船Galiase到達這裡[13]。

19日，Huysduynen。

23日，貨船Warmont[14]。

上述海船和快艇運至的價值約f.709,015.15.13的中國貨物，包括糖和織物，5,268兩中國黃金，可用於南部其他各商館的商品，詳見貨單和寄去的商務記錄。

從大員的報告和蒲特曼斯先生(已隨Bredamme返回巴城)的口頭報告中，讚美上帝，我們瞭解到，公司在那裡的一切情況令人滿意，派往那裡和日本的公司船隻今年均順利到達。

從中國運到大員的各種貨物日益增多，使我們不必擔心中國商品不足而是憂慮倉庫資金缺乏。長官先生講，每年收穫30000擔白糖，

---

9 潘明巖繼蘇鳴崗任甲必丹之前有林六哥即Limlau於1636年暫任甲必丹。許雲樵，《開吧歷代史紀校注本》，《南洋學報》第九卷第一輯(1953年6月)，頁15。

10 二船航自澎湖，滿載金、糖、瓷、絲等中國貨物。

11 前者載貨價值f.29,689.19.9。後者載有金、生絲、糖、瓷等，價值f.111,125.10.4。

12 前者載貨價值為f.86,261.7.13，後者為f.71,198.15.11，均滿載中國貨物。

13 該船載貨價值f.76,019.9.7。

14 前者載貨價值f.17,882.1.2，後者為f.124,731.15.13，包括細瓷、糖、中國金。

合三百萬多磅，價格從3到3.5里耳一擔(合125磅)。

今年7月和8月從大員運往日本的中國貨和廣南的絲綢合計 f.1,362,674.11.02

如上所述，今年我們在巴城所得到的從中國運往大員的貨物計 f.709,019.19.13

總計 f.2,071,690.06.15

從這些數目中可以看出，公司在那一地區的事務極其令人滿意，以及該貿易之重要。

中國海岸平靜無事，也無海盜騷擾，因而可望有廣東貨和絲織物不斷運往大員，而且通過提高貨價使商人有利可賺，以此來促進貨運。我們因此下令，以後需嚴格制定計劃，因爲這於公司極爲重要，那裡有人傳說，如果我們能像澳門的葡人那樣將絲織物運至長崎，那麼葡人有可能被我們從日本排擠出去，這將正中我們的下懷。我們要努力通過各種方式達到這一目的，使公司壟斷日本貿易。

福爾摩莎生產的蔗糖日益增多；今年收穫12,042斤白糖，110,461斤黑糖，均運往日本。1637年種植園工保證可收穫300,000到400,000斤白糖，看來完全有可能。福爾摩莎的砂糖樣品我們已過目，純潔、白淨、顆粒結實；還期望能生產一大批生薑和茯苓。稻米的種植也得到促進，福爾摩莎島可望成爲荷蘭殖民地的糧倉。

當地居民表現良好，願意臣服，那裡諸事如意；他們願接收基督教信仰，爲此需要有能力和修養的傳教士和慰問師[15]；甘第爹士牧師將搭下一批船隻從大員來我處；他是否準備再返回大員，尚不得知。

---

15 荷蘭文為ziekentrooster或krankbezoeker，為荷蘭16、17世紀各教區的教會助理，一般說來，他們所受教育有限；或由荷蘭東印度公司派出，作為船員的宗教慰問師，他們原來的職業從鞋匠、鐵匠到學校教師不等。到達東印度之後，他們也在東印度當地居民中間傳教。因地位低下，無論在船上還是在東印度他們常受到種種取笑和污辱。詳見：C.W.Th. Baron van Boetzelaer van Asperen en Dubbeldam, *De protestantsche kerk in Nederlandsch-Indië 1620-1639* ('s-Gravenhage, 1947); C.A.L. van Troostenburg de Bruijn, *De Herformde kerk in Nederlansch Oost-Indië 1602-1795* (Arnhem, 1884), pp. 335-377.

他在福爾摩莎工作極爲出色，因而，可再次派他去大員，或準其返回荷蘭。

尤紐斯在那一地區的工作卓見成效，詳情您可從蒲特曼斯先生那裡得知並在他的信件中讀到。他編成新港語的基督教基礎知識一書，書中包括一些禱告詞，蒲特曼斯先生將帶給您一本用於印刷。我們請求您能促成此事，並先印刷一千本左右寄來[16]。

小琉球(Gouden Leeuws Eylandt)或稱Lamey島被我們掃蕩一光，居民全被清除，有554人被我們的人運走，300人拒絕投降，情願在飢餓、疾病、臭氣等惡劣的環境中死去。那裡的人能幹、健美、強壯，有172名男女和小孩被送往巴城，這些人自願投降，抗拒者均被以鐵鏈銬住到魍港和大員勞動，婦女和兒童均被分散到新港人中間，使他們皈依基督教。因該島種植可可，我們的人以300里耳的價格出租給中國人，以後將獲得更高的租金[17]。

---

16 即荷人所稱“A. B. C. boecxken”。尤紐斯等還為此寫信給巴城，詳見voc 1121, Boek II, fol.1337-1339 (fol.1358 之後)。W.A. Ginsel, p. 88.

17 1636年4月16日，荷人通過決議，發兵討伐小琉球。19日下午，100名士兵和70到80名周圍村社居民，乘坐3條帆船和幾條舢板前往。21日，隊伍到達那裡後，捉獲20名土著，當地居民奮起抵抗，然而不敵荷人的槍砲，逃走隱藏起來。荷人將整個村社點燃，後因島上無飲用水而率領整個隊伍前往下淡水。後來，他們又返回小琉球，分批將島上居民運往大員。據《熱城日記》記載，1636年5、6月有449人被運往大員，其中10歲以下的小孩分到新港居民中間，餘者打算運往巴城。而且島上被荷人打死的居民尚未計算在內。比如在島上某山洞裡荷人曾發現540人，最後只有323人倖存下來，200到300人喪生。因此，《巴城日記》記錄被荷人捉獲和打死的居民千餘計、幾乎滅絕該島的人跡，絕非誇張之言。

5月12日，荷人派30名官兵駐紮小琉球。30日，荷人報告，那裡的事情已安頓完畢。然而該島山洞遍布，極易躲藏，荷人無法對島上居民斬盡殺絕。6月30日3名荷蘭官兵受到島上居民的友好招待，不料全部被殺。此後，荷人派出30名士兵和300名福島原住民再次大規模討伐小琉球，僅捉獲30人，其中只有一個小孩倖存下來，其餘的人均被原住民將頭顱割下來。7月12日，荷人摔隊伍返回大員。1636年9月28日，蒲特曼斯長官決定將小琉球出租給中國人。

據《熱城日記》1636年4月16日、19日、21日，5月12日、30日，6月30日，7月12日，9月28日；《巴城日記》1636年11月26日內容。

魍港的砲台福里星恩(Vlissingen)[18]的修築，今年將大體完成。砲台寬40荷尺，有5塊中國磚厚，修建於海邊起伏的沙地最高處之一，靠近水道最窄的入口處；若非缺乏木材，砲台的建築早已竣工，上述水道深達12荷尺。

蒲特曼斯長官向我們報告，爲更好地保證公司的現狀和事務，大員需要加固城堡。熱蘭遮城不堪大砲的攻擊，其城牆不但需加高還要加厚一倍，中間填以泥土，方可槍彈不入，安居其中。在城堡以南的大砲射程之內的某條道路一曾是海盜劉香登陸的地方，也需加強防禦。只有這樣，按其報告，大員才能抵御一切外來的武力攻擊。大員兩任長官蒲特曼斯和范・登・勃爾格均指出事情的嚴肅性，並申請優先辦理一切重要事項。有關這些，還需要您做出指示。遵照您的命令，需安排好大員的城堡，我們首先下令保證城堡各方面配備充足，同時等待您根據蒲特曼斯長官的報告給予指導和命令。顯然，西班牙人和葡萄牙人尋機把我們趕出福爾摩莎，只是心有餘而力不足。我們在那裡的朋友們認爲，馬尼拉和澳門的人在一定時候肯定要聯合他們的力量盡全力維持他們毫無保障的現狀，把我們趕出大員，遏制我們已打開的中國貿易(這意味著他們的失敗)。我們堅信，萬能的上帝會保佑我們。將來更令人擔憂的恐怕是數量越來越多的中國人飄洋過海湧入大員，福島原住民和西班牙人與葡萄牙人主宰海上霸權。這就需要我們設法防備各種不測，加強城堡的防禦，並派兵嚴密防守，對此我們滿懷信心，您應瞭解。

蒲特曼斯先生臨行向其繼任范・登・勃爾格先生就大員及附近的事務做了相當圓滿的交接，按照我們的委任，范・登・勃爾格先生正式走馬上任長官一職，並交給他一份備忘錄作爲具體指示，尊貴的先生在安全到達那裡之後準備向您遞交一份副件，與其口述報告和其他文書一同送去，其中包括范・登・勃爾格先生和尊貴的長官先生有關中國沿海的進一步情況，在福爾摩莎島發現金礦的可能性以及西班牙

---

18 W. Ph. Coolhaas先生註明此堡位於北緯20度應誤。

人在淡水和雞籠的情況，我們相信，您會對這些報告滿意。

上述蒲特曼斯先生已將大員從1636年1月1日到同年9月底共九個月的貿易記錄及其附錄帶到這裡。從中得知，上述時期那裡的貿易贏利額，廣南的所得利計算在內，根據商務員多科爾(Dukkers)[19]的記錄爲f.20,202.11.9，總額達 f.223,807.18.07

那裡所花掉的費用，詳見12月10日的總帳，共計 f.132,601.00.08

如此計算，大員剩餘資金 f.91,206.17.15

蒲特曼斯先生在中國沿海執行命令期間勤勤懇懇，維護公司的利益，並使公司事務達到我們所希望的情形。我們當然希望他能再繼任一段時間，但他不願這樣做；對您在東印度的事業來說，請他再次返回東印度，將極爲有利；但憑他的經驗完全可以在這些地區甚至在巴達維亞做出極爲出色的貢獻。

據人們傳說，該北風期將有15至16條中國帆船從中國泊至巴達維亞，將爲這裡帶來繁盛的貿易，他們運至的商品數量肯定可觀。他們之所以前來巴城，還因爲他們去年在所有其他地區均遭受損失，只有巴城例外，我們要使這裡發展成爲所有中國貨物的貯存處，然後經由這些南部地區一直散發銷售到北大年。爲達此目的，以後不能允許船隻前往巴城以外的地區停泊，蒲特曼斯先生對此存有疑慮，他認爲，一旦商人不滿並傳到中國去，那麼我們與中國的貿易將再次受挫，導致中國禁航大員，從而迫使我們任其駛往所有地方。

因此蒲特曼斯先生建議，開放大員並允許所有人到那裡貿易，但唯一的條件是在商人離開大員時須交納百分之十的稅，並任其前往中國，以此試圖吸引北大年、暹邏和柬埔寨等地的商人來大員貿易，運來他們的商品和輸出中國貨物。我們這樣做不足爲怪，只是以公司的利益爲重。

19 Abraham Duyker於1624年以助理身份到達東印度，1630年，在大員任代理下級商務員，被任用於在中國沿海與鍾斌談判，1634年以商務員的身份從大員前往廣南，1637年2月和1638年在那裡就任高級商務員，1638年10月在返回大員途中在東京被捕；獲釋後不久於1639年3月去世。

我們在占碑截獲的中國帆船，前面已做過報告，據說曾去過中國，船上的人講述，他們曾親眼見過15名荷蘭人因給養斷絕在海上漂蕩，乘坐一條小船或舢板逃往陸地方向，但毫無疑問，這些人肯定已被殺害或被拋入大海，並對我們保密，因爲一名叫Bindiok的一官下屬爲該帆船的主人。在此之前，他曾在海禁時期前往大員與我們的人貿易。他對我們攔截此船表示不滿，還要求大員長官說服我們償還該中國帆船裝運的700擔胡椒（據他估計），如若拒絕償還，他還施以威脅。據說，真正的威脅實際來自一官。因此我們的人進退兩難，建議滿足中國人的要求，但我們不會如此簡單地做出決定，事情並非特別重大，況且我們更有充分的理由對我們被殺害的同胞憤憤不平，他們懼怕承認此事，惟恐導致他們不能再來占碑購買胡椒，我們已告知他們取消其許可證，等等。我們盡力避免這一事情滋生煩擾，並相信該中國人不會因此事或更爲重大的事情輕易來與我們發生爭執。我們本希望，我們的人不會不加思考地將該中國帆船押送來巴達維亞。無可置疑，如果我們在這種事情上做出退讓而否定自己，勢必造成中國人不但駛往萬丹，而且將路過爪哇到馬拉塔姆的各港口。重要的是若能增加我們在大員的資金，直到我們的人有能力購買從中國運去的所有貨物，從而使那裡的貿易成爲慣例而得到穩定，即使對去馬尼拉和雞籠的貨物運輸不加阻攔也無妨。您尊貴的可與蒲特曼斯先生就此事進行商談，並把您的意見傳達給我們。現在爲時尚早，要達到我們的目的還需5到6年的時間。

我們在中國被捕的人獲得釋放仍無希望，我們最明顯的預感是他們均已遭殺。中國商人Hambuan[20]建議，我們不必再向中國官員提出要求。

在范・登・勃爾格的報告梗概中您可讀到長官先生在前往大員途中遇到的4艘葡萄牙船，滿載貨物從澳門駛往日本，並予以砲轟，長

20 Ham Bu An，廈門的中國商人，在大員貿易，常向蒲特曼斯先生提供各種建議。他於1639年在熱城外港遇難。

官先生按照我們的命令爲不再在日本貿易中製造新的麻煩，安然地任其逃走。對我們來說放過這些相當數量的財物，實爲遺憾，這種機會，千載難逢。

32. A. van Diemen, Ph. Lucasz., A. Gijsels, A. Caen, 巴達維亞, 1637年12月9日

——voc 1122, fol.1-287.

(fol. 235)蒲特曼斯辭職後，對中國、大員、日本和廣南的情況詳細向您做了報告。以下船隻從上述地區泊至：

1637年2月10日，帆船Diemen，該船裝運的各種貨物詳見大員同一時期的記錄，價值： f.17,098.16.10

3月3日，貨船Petten經廣南泊至，載運黃金、銅、鋅、樟腦、茶、絖布和米，價值達 f.121,578.04.03 [21]

4月28，日貨船Rarop，同樣經過廣南而來，高級商務員多科爾隨船到達我處，他的彙報我們已記入報告中，載運大員的一批貨物，詳見大員的上述記錄，價值 f.189,240.19.14

和從廣南運來的一批貨物，價值 f.5,005.15.00

f.194,246.15.14

那裡風期的最後一次消息，遲來得出人意料，帆船Tayouan裝載1,007斤白色生絲、薑、茶、swanckjangh和16,000件細瓷，合計 f.14,584.07.12

以上情況介紹之後，從中國來的船隻裝運貨物總值達 f.709,015.15.13

將1636年北風期從大員運往巴達維亞的貨物計算在內，合計 f.1,056,524.00.04

從日本收到的錠銀價值 f.2,659,000.00.00

---

21 此船載金1,772兩1錢。

有關那一地區的情況，通過蒲特曼斯先生和我們的報告，您將得到詳盡的瞭解。上述船只到達這裡帶來消息，那裡沒有什麼變化，我們在同日期的報告中有詳細記述，不在此贅述。只簡短報告貨船de Swaen的沉入海底一事，前面已做過彙報，公司雖因此受到一些損失和影響，情況仍然良好，這只能歸功於萬能的上帝。

上文提到的de Swaen一船於該月17日自平戶駛往大員。船上裝載貨物包括177個箱子、每箱裝有1,000兩錠銀，其中5箱屬於平戶的大名，還有602擔細質銅、50擔粗質銅、6包帆布(canefas)和一批木材，按公司帳目記載價值達f.534,855.18.7。結果由於粗心大意，該船完全偏離了航線，駛至吉貝嶼(Vuyle Eylanden)附近，該群島位於澎湖以北4至5荷里處。同月26日，船在那裡擱淺，船上的指揮官和水手無視一切後果，當時沒有把物資收藏起來裝到小船上，就擅自離開。我們完全可以肯定，如果他們不玩乎職守，留守貨船，他們本應這樣做，船完全可以保全下來，因爲海浪越來越急，撞擊著船身，結果船被漂出一荷里到達某島，在那裡陷入四塊巨岩之間而無法活動，後來撞成碎片。范・登・勃爾格先生得到這一不幸的消息後，馬上派出高級商務員特羅德紐斯(Traudenius)[22] 率領一艘大帆船和一艘小帆船駛往出事地點，並將搶救下來的東西運往大員。不幸的是，這批搶救下來的現金裝到大帆船上之後，與上述帆船分道揚鑣，又受到中國人的襲擊，船上的人被全部殺害，物資被搶走運往中國，而且都督一官策劃在某中國大官的保護之下派600名士兵到澎湖前去坐享漁翁之利，搶占遇難的物資，您可詳細參閱我們的記述和范・登・勃爾格先生的報告；中國人的不可靠提醒我們，凡事小心謹慎爲宜，做好防禦準備，我們已嚴肅告誡在大員的人，並下達有關命令。

因大意而造成的這次不幸使公司損失(遇難的海船尙未計算在內)木材、銅、一小箱即1,000兩銀，後者可能被中國人盜走，還有總價値

22 特羅德紐斯開始為下級商務員，1633年始任高級商務員。自1629年連續在福爾摩莎、廣南和中國沿海任職。1640年到1643年為福爾摩莎的長官。

f.10,837.3.5的3,775磅鉛。只有14座大砲被我們的人救出保存下來。該貨船的頭領是范・撒納(Cornelis van Sanen)[23]，布朗特(Jacob Janssen Brandt)[24]船長和高級舵工泰森(Rochus Thijssen)[25]，我們打算讓他們糾正自己的過失，並照例令其償還損失(在大員對他們的審判尚未結束就被押送到我們這裡)。這種處事方法極不妥當，不但增加了我們的負擔，而且拖延了事情的進程。在大員他們本應了結這些案件。

這艘貨船的失去，使得在大員剩餘的價值相當於f.303,696.11.8的黃金、蔗糖、絲綢、質地粗細不一的瓷器成爲非贏利資產，它們均爲東印度的內地貿易和荷蘭所需物品，結果使科羅曼德爾、蘇拉特和波斯的商館商品貨物短缺，導致事情的延遲並造成巨大損失，主要是由於上文提到的粗心大意、漫不經心的該船頭領無能力償還，公司的損失無法得以補救。但願萬能的上帝以後能遏制諸如此類的事情發生，避免更多的損失。

在此之前，我們已向您報告，東印度評議會在總督不在的情況下決定像該南風期與占碑和暹邏那樣靈活機動地繼續進行中國貿易。不久前，我們從這裡派出以下船隻前往那一地區：

7月16日，海船Oudewaeter，由高級商務員多科爾率領，經由廣南，並在那裡裝運商務員西撒爾(Cornelis Caesar)購入的絲綢、糖駛往日本。該船還得令在澎湖暫作停留，以便爲大員配備的80名士兵登陸，和裝載爲日本準備的貨物。有關這些您可詳細參閱我們的通信錄第480頁的記錄。

同月29日，het Hoff van Hollandt和貨船Rijp，隨船派去120名士兵以鞏固福爾摩莎的寶地，懲罰和凌辱虎尾瓏(Vavorolang)的居民，直到他

---

23 Cornelis Gerritsz. van Sanen，於1628年在Makean出任下級商務員，1629年被調任到Batjan；1633年以高級商務員的身份返回巴城；後來在東埔寨任職。

24 Jacob Jansz. Brandt，於1633年作為貨船Schagen的船長到達東印度，1635年10月被調任到快船Venlo上任職。

25 Rochus Thijsz.，於1629年4月作為高級舵工從Orangje轉到de Arend一船上任職，1639年4月份仍以同樣的級別從荷蘭出發。

們臣服。因此，那裡的兵力得到增援200名士兵。

我們爲何派該海船和快船裝運價值f.6,949.6.4的貨物前往大員，對長官先生范・登・勃爾格發出的命令做了怎樣的進一步補充，目前如何在城堡和防禦工事所需要的保障之下按您的具體命令管理公司在大員的事業，以及我們所決定的對那一地區的公司事務的管理措施，詳見通信錄515到538頁，祈望您將予以通過並下達進一步指示。

不久前來自大員和澎湖的貨船終於安全到達這裡。11月24日het Hoff van Hollandt、Egmont和Keyzerinne也同時到達。運來黃金和供應荷蘭的船貨，貨單如下[26]：

…擔不同種類的素絹

…彩色有圖案的緞子

…錦緞

…擔彩色緞子

…斤中國白色生絲

…硼砂(borax)

…大黃(robarbe)

…兩…錢中國金

…斤糖薑

…砂糖

…斤絲

…件不同種類的細瓷

…擔雙層單色綾

…美麗發亮的絹(Chaul)

…廣東大絨

…斤質地細膩的彩綢

…雙絲襪

26　《巴城日記》1637年只記錄到6月27日，因此這些貨物的具體數量及其他消息無法在《巴城日記》中找到。而《熱城日記》也無詳細記載。

…件刺繡

…斤鋅(spiaulter或tintenago)

…件天鵝絨

…斤麝香

上述貨物及其包裝費用…

據大員10月17日的消息，(讚美萬能的上帝)那裡諸事順利，貿易繁盛致使資金短缺[27]，我們的人急切盼望著日本的救援，但遲遲未能得到，使我們的人欠中國人款項f.585,000，並許諾他們，運自日本的資金隨時可能到達，才使他們滿意。

前面提到的派往大員的船隻均平安抵達，這一消息令人欣慰，我們希望從日本得到同樣的消息。直到11月底書寫該報告時，日本仍無任何音訊。我們希望，在12月5日、6日收筆之前尚未準備停當的船隊能裝滿貨物，並令人滿意地向您做出報告，上帝保佑。

長官范・登・勃爾格先生來信說，7月23日至9月3日之間從大員和澎湖共派出以下船隻前往日本：

海船Amsterdam、Santvoort、Ouderwater、貨船Rarop、Duyre、Oostcappel和Rijp，根據同時寄出的購貨單，它們裝貨價值合計

	f.2,042,302.14.09
大員的中國貨物和鹿皮價值共計	f.1,972,404.19.14
運自巴城的貨物達	f.17,951.04.09
運自廣南的貨物計	f.51,946.10.02
總計	f.2,042,302.14.09

(fol. 243)4月15日，高級商務員范・撒納已被派出航往卑南社

27 這一時期荷人在大員貿易繁盛的原因是中國沿海的海盜已除，原來惟恐海盜劫船而不敢出海的商人可在海上自由航行，運至大員的中國貨物也不斷增多。上述海盜主要指Apangsij，他是海盜李國助的養子，長時期在福州和廈門附近為寇，後來福建巡撫向他保證，招安後象對待一官那樣對待他，Apangsij信以為真，率領20艘帆船進入福州，豈料巡撫趁其不備發兵攻打，Apangsij被捉獲處死，他的一位頭領也同樣在廈門附近被一官置於死地。

(Pibamba)[28]進一步勘探附近的金礦。結果因缺乏勇氣徒勞無獲，於5月25日返回，直使金礦探察至今仍無結果。但金礦仍需繼續勘探。

我們在福爾摩莎的臣民表現安分。宗教傳播進展順利，傳教士尤紐斯報告，那裡的成果巨大，缺乏人員[29]。傳教士雷維斯(Gerardus Levius)[30]已被派去，同時，幾名能幹的年輕人如豪赫斯坦(Assuerus Hogensteyn)[31]在那裡去世，林登包恩(Johannes Lindenborn)[32](被提升爲牧師)因不稱職而恢復其慰問師的職務回到巴城。其實事情很容易辦，或發給他們銃槍作爲士兵服役，或作爲無用的人遣送回國；只是需要照顧到他們誠實和賢惠的夫人和孩子。

本來宣布要歸服我們的虎尾瓏村社的人沒有前往大員，反而表現出敵意。爲懲罰這些人，長官先生決定於12月親督300名荷蘭士兵前去征討，迫使他們臣服。有上帝的保佑，一切將順利進行[33]。

長官先生在大員加固城堡的進展如何，倉庫的建築進程，熱蘭遮城堡要如何改建才能使那裡的一切有所保障，有哪些商品將運回荷蘭，其中40,000擔糖已準備好，以及有關週圍地區的其他事務；因爲

---

28 荷文有Pima、Pimaba、Pibamba等不同拼寫形式。

29 牧師尤紐斯訪問了蕭壠、目加溜灣和麻豆等村社，在由160個家庭組成的目加溜灣社說服當地居民放棄他們崇拜的偶像，信仰唯一的上帝。那裡的人在6天之內即蓋起一座供牧師居住的房屋和用來學習聖經的教堂。尤紐斯講，若公司投資建造，至少需400里耳。後來尤紐斯派牧師豪赫斯坦前去傳教，結果此人不久染病死去。

30 Gerardus Leeuwius於1636年作為牧師到達巴達維亞，1637年7月，他被派往福爾摩莎，並於1639年底在那裡去世。

31 Assuerus Hogesteyn作為慰問師到達東印度，於1636年以牧師的身份被派往福爾摩莎島，於1637年在該島目加溜灣去世。

32 Johannes Lindenborn作為慰問師到達巴城，不久即以牧師的身份被派往福爾摩莎，但到達那裡後不得不恢復他以前的職務。

33 虎尾瓏(Vavoralang)的居民於11月28日在Caleken島北端襲擊1條中國漁船，打死1名中國人，11人受傷。高級商務員多科爾和佩督率18名士兵乘便船前往，結果風大船難以行進。而且根據尤紐斯所寫，虎尾瓏的人1月11日在麻豆的土地上殺害1名荷人的中國獵户，幾人遭打。范·登·勃爾格長官計劃，在日本船隻到達之後率領170名士兵幫助其盟友對他們復仇，並以武力逼迫他們歸服荷人。有關這次出征的情況詳見《報告》1637年12月26日。

胡椒和其他商品大批運往中國而導致價格下跌，結果今年沒有胡椒運去，到貨船出發時那裡仍未售出一斤，使那裡的贏利減少，我們不在此詳細報告。

上述長官先生在同時寄去的信件中詳細記述了那裡的情況。我們只想強調，根據海船Egmont送來的結算結果，大員自1636年10月1日到1637年底的所有費用合計：　　f.168,626.10.05

相反同一時期貿易等所得：　　f.112,844.06.03

輸出鹿皮、出租房舍，發放捕魚許可證，屠宰牲畜所獲：

f.6,277.14.00

f.119,122.00.03

這樣大員赤字　　f.49,504.10.02

而去年則相反，收入多出　　f.91,206.17.15

(fol. 268)目前在東印度的荷蘭傳教士分布如下：

3名在巴城，莫里挪斯(Nicolaes Molineus)[34]其任期即將結束，卡爾里爾(Samuel Carlier)和何地昂斯(Marinus Gedions)，此人是荷蘭書記員，後三者均爲從安汶調來打算派他們回荷蘭但因人員短缺而留在這裡。

2名在安汶，胡留斯(Justus Hurius)和桑納費歐特(Daniel Sonnevelt)。胡留斯打算回荷蘭一次，對此，我們不會反對。

3名在班達，費爾特萊赫特(Jacobus Vertrecht)[35]，蒲里瑟留斯(Jan Jansz. Priserius)，1名荷蘭書記員和龐卡斯(Henrick Pontkaes)，後者雖尙未結業，但應予以晉升爲牧師。

2名在福爾摩莎島，尤紐斯和雷維斯。那裡急需兩名能幹的牧

---

34 Nicolaes Molinaeus,1626年作為牧師來到東印度，1628-1632年間任職於科羅曼德爾海岸，1633年8月回到巴達維亞，後來作為由律卡森(Philips Lucasz.)率領的船隊牧師前往錫蘭，返回巴城途中於1640年2月25日在de Zandvoort一船上去世。

35 Jacobus Vertrecht於1632年8月以牧師的身份到達東印度，先是在駛往蘇拉特的船隊中任職，之後自1634年5月到6月在安汶任牧師。後來一直到1638年駐班達，最後直到1651年在福爾摩莎任職，之後返回荷蘭。

師。

1名在帕里亞卡特(Paliacatte)的城堡，羅杰留斯(Geldria Abraham Rogerius)[36]。

1名在美洛居群島，阿爾森(Jonas Aertsz.)；他後來把夫人送到巴城，因爲有礙於工作；他的任期已滿。

1名在派出助手果阿的船隊，斯科塔挪斯(Johannes Scotanus)[37]。

東印度教會牧師人數總計13名，包括1名預備牧師。去年爲17名。

33. A. van Diemen, Ph. Lucasz., A. Caen, 巴達維亞, 1637年12月26日

——voc 1122, fol.288-293.

(fol. 288)隨該月11日從大員泊至的帆船Amsterdam運來小麥和價値f.1,200的細瓷。11月14日的書信中范・登・勃爾格長官講，至該船航出時仍無船自日本到達大員，長官先生在急切地等待著，以償還欠款，維持贏利倍增的貿易。據長官先生的最新消息，一條載有70擔生絲和幾條裝有糖、瓷的帆船從中國到達大員，並帶去消息，另有三條滿載貨物的帆船已準備就緒，但遲遲未能出發，等待日本的白銀運到大員，我們希望不久將有船隻從日本駛往大員。

期間，在該帆船離開大員之前上述長官已派兵討伐虎尾瓏村社，隊伍由300名荷蘭人和1,400名原住民組成。上述村社雖防禦良好，擁有800名壯士，仍受到我們的強烈打擊，我們佔領整個村社並在那裡進行全面的掃蕩。這次出征歷經7天，我們的人中有兩名荷蘭人受傷，3名原住民

36 Abraham Rogerius於1631年6月以牧師身份到達巴達維亞，任職於駛往蘇拉特的船隊，自1632年9月至1642年9月於科羅曼德爾海岸的帕里亞卡特任職，直到1647年底回到巴城。1647年底返回荷蘭。

37 Johannes Scotanus於1636年11月來到巴城，1637年，在駛往果阿的船隊中任職，1638年7月被派往福爾摩莎，他在那裡的表現不能令人滿意。1640年10月任前往滿剌加的船隊牧師，占領此地後他留在那裡任職。

死亡，最後勝利返回大員。這次出征大獲全勝，我們還要感謝萬能的上帝，上述虎尾瓏社的村民和他們的同夥很快就會俯首稱臣皈依基督教。可以這樣說，這些人是福爾摩莎最易征服的人，他們的武器只有弓和箭。Amsterdam一船將給您帶去有關這方面更詳細的情況。

長官認爲，鑒於今年不能爲您購入波斯絲綢，我們爲荷蘭購買的800擔生絲的要求將得到滿足，而且堅持決定將到11月底在大員購入的所有絲綢運往巴城，若回荷船隻已出發，則可用於日本貿易。

(fol. 289)我們從總管庫科爾巴科爾先生11月20日的報告中得知，(讚美萬能的上帝並感謝他的恩賜)我們的船隻均安全順利地到達日本。今年還有6艘來自澳門的龍船，裝載少量白色生絲、大批織物和其他商品。另有64條中國帆船，裝運100擔絲綢以及其他物品投入市場，致使中國商品的市場在日本受到衝擊。葡萄牙人運到日本並銷售約300,000件紡絲，每件價格2到3兩銀，價格低廉。剩餘商品的貨單已由Amsterdam一船帶給您。我們的船隻在龍船離開15天之後，再次被扣留，原因據說是日本將軍得病。龍船從日本運走錠銀2,142,364.6.5兩，他們在日本的借貸未能索回，估計他們今年的贏利不會太多，因爲這次運去的中國廣東貨數量巨大帶來不利影響。我們認爲葡萄牙人的目的與我們的計劃殊途同歸，即他們想把我們排擠出日本，正如我們想把他們排擠出去一樣。爲此，葡人將運去的373擔白色生絲以澳門的價格即220兩一擔出售。這種絲綢我們存有1,000擔，在大員的購入價格高於以上價格，這批絲綢以252兩的價格售出，贏利額不過30%，其中所消耗費用和遭受的損失尚未計算在內，所獲利潤寥寥無幾。公司所有的其他貨物在日本尚未售出，只是胡椒賣得22兩一擔，渤泥的婆律香36兩1斤，幾件紅色哆囉絨23到24兩一件。總管認爲公司運至日本的商品平均贏利不過50%，並計劃將紡絲、白綾和麻布及時投入市場，可以高價售出，所得可用於繳納每月2%的費用，前後共六個月，需繳納400,000兩銀，費用如此之高是由缺銀而引起。今年公司在日本需交納約f.204,900，包括在此之前的借貸150,000兩銀的利息以及延遲至2月14日償還的0.5%的附加利息。我們的人在大員對f.500,000

答應每月支付3%，因而所受損失高達f.60,000，原計劃的贏利須重新計算。這種局勢我們不能任其發展下去，不然一切將如煙消雲散。東印度的資金急需增加，使我們擺脫令人無法承受的損失，不然結果只能是養肥別人，餓瘦我們自己，迫使我們除削減運回荷蘭貨物外別無其他辦法解決這一難題，不然近2到3年內需從荷蘭運來f.1,000,000至f.1,200,000現金接濟。然而運回荷蘭的貨物不能中斷，或違背您的意願肆意削減。大員的貿易應設法繼續維持下去，購入商人們運去的所有貨物，爲此需要擁有巨額資金。從來自日本的消息看來，我們沒有理由減少對現金的要求，相反，請求您(無論可爲1638年運送來多少現金)按照公司情況所允許的限度盡量給以補充。

34. A. van Diemen, Ph. Lucasz., Carel Reniers, Abraham Welsing, Cornelis van der Lijn, 巴達維亞, 1638年12月22日

——voc 1126, fol.1-202.

(fol. 146)Amsterdam一船出發之後，長官先生范・登・勃爾格從大員派出前面提到的9艘貨船和快船，分別前往廣南、柬埔寨、暹邏和巴達維亞，載運金、糖、瓷、絲綢和絲貨，請您詳細參閱貿易總記錄，資金總額爲：f.541,838.7.10。正如上文記述，前來巴城的船隻分別於1月12日和4月28日之間平安抵達，感謝上帝。貨船de Rijp因離開日本太晚，如上文所講於3月25日留在大員，另有快船Cleen Bredamme和Waeterloose Werve在東京附近未能駛出，只有最終遇難的帆船de Hoope仍無下落。泊至的海船沒有帶來什麼新消息，諸如較大村社虎尾瓏社的頭領前往大員向公司貢獻他們的土地等事，2月12日的報告已詳細記述。

較大村社虎尾瓏的五位主要首領來到大員將他們的土地獻給公司[38]。

38 《報告》1637年12月26日記載了荷人對虎尾瓏村社的討伐。據《熱城日

中國至大員的頻繁的貨物運輸仍在繼續，那裡缺少的不是貨物而是資金，大員公平貿易的聲譽在商人中間逐漸形成，致使海盜和賊人銷聲匿跡，以及納茨對在魍港附近對某中國貿易帆船採取的敵對行動，有關以上內容的詳情您可參閱我們2月4日的日記[39]。同時您將在同月21日的日記中獲悉太麻里(Tawali)村社的平定以及與卑南社的議和，可望找到金礦，西班牙人已撤離淡水，率其人馬前往雞籠[40]，繼續駐紮福島北端；另外，4月14日記載了有關盼望已久的金礦的具體消息[41]，直到4月28日，除前去大員的船隻以外該北風期沒有其他船隻獲許離開漳州，只有3或4條船被默許駛往巴城，由一官出面調解，有一條前往暹邏，結果在廣南、柬埔寨、北大年(除一條因沒能到達巴城在那裡停泊外)、里格爾(Ligor)、占碑和舊港均沒有中國帆船出現。中國爲何禁止帆船出航，我們不甚清楚，眾說紛紜；依我們之見，這只是那裡的大官因外國商品充斥市場而推行的政策。

福爾摩莎的稻米種植繼續進行[42]，但今年收成只有75拉斯特，歉收是鹿的破壞造成的。

大員商館的剩餘物資已周密地入倉與那裡的商館記錄相對照，查

記》，該村社有居民3,500人，其中800民壯男子奮起抵禦荷人，結果22名原住民被殺，4,000座房屋和糧倉被焚毀。村社被迫歸服荷人，派其頭領到大員。《報告》所講五位首領實際不只代表虎尾瓏村社，還有另外兩個臨近小村社Heiankan和貓兒干(Vasikan)，他們帶至5棵小樹和2只生豬以示將其村社獻給荷人。見《熱城日記》1637年12月內容。

39 W.Ph. Coolhaas猜測這一事件是納茨(Pieter Nuyts)1636年自日本返回巴城途中所為。因有關的《巴城日記》佚失而無從查找。

40 當時西人駐守淡水的人員不過260人。他們為避免淡水居民鬧事削弱有限的力量，已將全部人馬搬遷至雞籠。詳見《熱城日記》1637年11月記錄。

41 荷人於1637年先後派出約里昂森(Johan Jeuriaensz.)和高級商務員范・撒納(Cornelis van Zanen)前往福島東南部的卑南社附近勘探金礦，均無收穫。見《熱城日記》1637年2月和4月的記載。

42 荷人採取出租田地的方式促進福島的稻米種植。1637年荷人優先讓有威望的中國人Hambuan、Cambingh、Jaumo和甲必丹蘇鳴崗各選擇約20摩肯的田地，並希望在3到4年內即可收穫1,000拉斯特米，荷人規定每拉斯特米需納稅50里耳。

證之後得知，因倉庫的燒毀而遭受損失約f.70,000，所有購入貨物價值總計f.42,974.4。但仍有粗質瓷器被人從火裡救出，並運到這裡，其中多數已破裂而不值得運出。同樣所有因船漏水造成的損失也均記錄入帳，如此計算，公司在這次不幸中損失總額計f.60,000。造成這次不幸的粗心大意的士兵得到如何的懲罰，請您詳見我們的報告。我們禱告萬能的上帝將來能避免這樣或那樣的災難。

截止該3月18日，大員所獲利潤總額　f.1,948,732.15.07

其中用於爲日本購入商品耗資f.1,000,000，de Rijp一船從日本運到大員186,000兩銀，約57斯多佛一兩，合 f.530,100.00.00

資金總計 f.2,478,832.15.07

大員剩餘貨物主要是胡椒，可獲利約　f.150,000.00.00

另外若廣南缺乏絲綢將運回白銀價值　f.150,000.00.00

共計 f.300,000.00.00

該南風期爲盡力援助大員商館使那裡的中國貿易得以繼續，我們三次往大員運送各種貨物，價值f.234,287.5.4，包括35,000荷蘭銀元，2,880擔胡椒、象牙、droguen、紫檀、蘇木、布匹等，詳見下列日期的總貿易記錄。

5月20日由Otter運載去　f.136,399.04.11

6月23日由大海船Swol　f.45,776.06.15

7月22日由海船Noortzeelant運去　f.52,111.13.10

總計 f.234,287.05.04

上述貨物估計贏利　f.90,000.00.00

大員用於繼續貿易和該統計之後該南風期可贏利總計

f.3,103,120.00.11

爲節省時間，避免重複，派上述三艘海船帶給范・登・勃爾格先生信件的內容，詳見記錄210、265、283、292、309頁。關於贏利貿易的促進、保障和擴展，公司情況的改善，福爾摩莎島的城堡加固，宗教事業的促進，福島教盲的皈依，土地的開發，甘蔗和稻米等贏利作物的種植，金礦的勘探，與中國商人密切來往的維持，籌集運回荷蘭貨物需f.700,000資金，為東印度當地即科羅曼德爾、蘇拉特、波斯、默查和巴城的貿易，要求價值f.1,000,000的現金和商品，另外他們送來急信要求增派補充公司的海上力量，為繁榮公司的事業，大海船Swol、Noortzeelant被派往大員，給他們下達的指令，不在此詳述。

不久前，即11月17日，帆船Hollandia平安到達這裡，感謝上帝。該船在大員裝運的貨物價值f.15,237.16.6.，包括糖、瓷和供應地悶的貨物，即：

935¾擔冰糖，價為4到4⅛里耳一擔，總計	f.9,872.17.00
12467件各種細瓷，總計	f.2,671.16.08
為索洛爾(Solor)和地悶購入2,190,000根中國針，價格約2.5里耳100,000到1里耳52根不等，合計	f.1,423.10.00
870斤中國彩色珊瑚，價為18里耳一擔，合計	f.407.04.08
2,380面中國紅色方鏡，價值4里耳100面，合計	f.247.13.00
219斤銅手鐲，價值	f.170.19.00
消耗費用	f.443.16.06
總計	f.15,237.16.06

10月17日長官范·登·勃爾格先生托上述帆船帶來的報告，正是我們期望得到的有關那一地區的消息，讚美仁慈的上帝。主要內容包括中國皇帝准許中國人與大員和巴城的貿易往來，這一許可給大員帶來了豐富的貨物，以致於我們在該8月份中旬之前運往日本的商品所得利全部用掉，公司的貨物也以相當的價格售出，胡椒價至16，象牙60，阿魏(hingo)60，木香22，鉛6.25，丁香48，檀香木23，紫檀6，兒茶12，香16，燕窩130里耳一擔；珊瑚10里耳一斤，後者價格極為低廉。此外，公司仍欠中國商人Jocho和Jocqsim 278,385⅛里耳，上述長官先生與這兩位商人約定，這筆款項將用我們從日本運來的160,000里耳以2.5%的利率三個月之內及105,000里耳兩個月內換清，我們因此而受的損失達18,562.5里耳。結果那裡當時赤字283,562.5里耳，另有少量易銷貨物存放在倉庫裡，使那裡的貿易在得到日本的援助之前處於停頓之中。

從這裡派往那裡的海船、貨船和快船均準時到達大員，只有貨船Rottum因失去桅杆而返回巴城。長官先生下令使用剛到達大員的貨船和快船將前面提到的中國貨物和大批在大員收集的鹿皮運往日本，甚至被迫啓用準備駛往平戶的大海船Swol和Zuid-Zeelant裝運貨物。先後從大員派往日本的船隻裝運貨物總值f.2,775,381.17.11，詳細如下：

6月27日，貨船Rijp	f.457,982.15.07
7月9日，貨船denOtter	f.578,086.03.12
7月20日，Ackerslooth	f.116,431.01.00
8月22日，貨船Broeckoort	f.520,992.07.15
.月…日，快船Bredamme	f.26,245.03.12
8月29日，海船Swol	f.618,722.09.12
9月3日，海船Noord-Zeelant	f.456,921.16.01
總計	f.2,775,381.17.11

我們希望萬能的主會保佑這批派往日本的船隻一帆風順，我們時刻在等待著他們的消息。該南風期那一航行水域風暴格外多而強烈，上帝將使我們的船隻得以保全，並傳達給我們所期望的日本的消息。然後我們的船隻將按時離開日本，約定日期爲11月10日。

下面是來自大員的消息，長官先生講述，福爾摩莎已歸服的居民的表現令人滿意。我們在那裡的領地不斷擴展，收益也與日俱增，預計鹿的獵獲量將大大增長。今年曾運往日本151,400頭，與去年相比增加三分之一，在日本獲得巨額利潤。長官先生承諾，下次報告時我們將得到有關大員的新城堡熱蘭遮竣工的消息。在已寄出的前一封信中我們已描述了該工程的狀況和所籌劃的城堡加固措施，我們完全相信您將順利地予以批准，一旦您有關的命令來得太晚。長官先生報告，這一城堡具有適當的規模和相當的防禦能力，甚至可成爲公司在東印度獨一無二的一座城堡，像您一樣我們不久將收到他們送來的圖案。上述城堡耗資f.130,000多，范・登・勃爾格向我們說明，中國貨物的大量運至造成價格下跌，所有這些商品均在日本售出，這批貿易所得的一半已用於修築上述城堡的工程。此外，長官先生還提出有兩座砲台將首先建成，其中一座座落於面積廣大的沙丘上，以保證熱蘭遮城靠海一邊的安全，另一座位於商人居住區以西用來保護水道暢通，並防禦公司的倉庫避免有人縱火和盜竊[43]。這樣，在上帝保佑下那裡的一切將令人滿意地得到保障，與從前的情況相比，現在可防禦敵人，趁機在大員取得優勢。他們所缺乏的不是勇氣和願望，而是勢力和物資。葡人對我們在那一地區的情況已有瞭解，不久前從所獲葡萄牙人的信件中得到我們在大員的工事圖案，包括對城堡的長度，熱蘭遮城的城牆和側面防禦工事、大砲的數目以及砲彈的種類，倉庫的情況，住房及所屬區域的描述。此事促使我們採取措施，否則我們不會加強注意。1628年所發生的事情即是一例，馬塔拉姆覬覦巴達維亞，如果巴城防守嚴密，絕不會有此事發生。蒙上帝的恩賜，兩處即我處和大員均裝備良好，致使敵人不敢輕易公開施用武力。對內部敵人不可掉以輕心，加強守衛，派士兵把守好熱蘭遮城堡和其他砲台，因爲內部的敵人甚至比公開的敵人更危險。目前在大員的中國人已有10,000至11,000人，他們在我們的看管下以狩鹿、稻米和甘蔗的種植、網魚等爲生；他們的數量在一天天增加。以後有必要收納少量的人頭稅用以補充軍費。

一官駐紮在南澳島，我們和中國大官兩方面都猜測他在時機成熟時將與中國對抗。他曾幾次被盛情邀請到朝廷，均找借口一一謝絕，聲稱要保證廣東省萬無一失需他在那裡駐守，並指責我們曾派出30艘艦艇在澳門附近出沒。借這種託詞來美化他對朝廷的回絕，還提醒大中華帝國需對我們嚴加防備，他在各方面都顯示出與事實相反的一面從而使大官們滿意。

中國人講述，他們在馬尼拉的生意受挫，銷售貨物受到損失(除小麥獲利1/5外)；到8月10日爲止，沒有船隻從新西班牙(Nova Spaingna)到達那裡，但繼續等待之後西人仍推遲支付眾商人各種銀兩；除來自德那第、停泊在交逸的兩艘軍艦外沒有其他船隻泊至。有兩艘人員裝

43 荷人在福島的房屋屢次失火，1637年3月有4、5座公司竹房遭火燒之後，4月荷人下令，中國人居住區的所有竹房必須在24小時內全部拆除。

備相當的來自澳門的快艇爲馬尼拉提供彈藥等軍用品。有人謠傳，荷蘭人和日本人將前去攻打，他們正在天天訓練士兵。我們的某士兵從廣南逃往葡萄牙人陣營，此人曾在大員駐軍服過役。除papanger[44]外，馬尼拉約有700名白人士兵。

西人已撤離福爾摩莎的淡水肯定無疑，他們仍守衛著雞籠，與外界尚無貿易往來。據說，他們在那裡駐有65名士兵。一艘裝備有五座砲的快艇及兩條帆船停泊在那裡。我們下次將得到有關雞籠更確切的報告。西人很可能也從那裡撤出；不然將在時機成熟時離開，我們不宜過早地做出結論。

帆船Hollandia離開大員之後，那裡貨倉中仍存有以下有待運出的貨物，即：30,710擔砂糖、塊糖和冰糖、890,328件爲荷蘭和東印度購入的瓷器、1,000擔跟從前一樣的蜜薑，這些貨物隨時都有可能運到。

長官先生講，價值f.300,000的中國黃金不久將按照我們的命令運往蘇拉特，同時運去所需商品，在3月份再運來另外f.300,000的黃金。我們的人要求中國人及時將黃金運往大員，不然他們將被迫把白銀(中國人大量需要)運往巴達維亞。滿足其他的需求沒有問題，您那裡和波斯需要的糖因缺船而無法運來，令人遺憾。我處也是如此，因缺船，準備運回荷蘭的大批貨物只能積壓在這裡。上帝保佑Breda和Enckhuysen二船能盡快到達這裡。12月11日，我處除Fredrick Hendrick和Zutphen外沒有其他的大海船，此二船在這裡待發已有相當一段時間，終於11月15日被派出。

若萬能的上帝保佑今年自巴城、暹邏、柬埔寨、廣南、東京和大員前往日本的船隻順利行駛，我們仍在等待這一消息，公司事業將因此得到有利的促進。運去的貨物及其價值具體如下：

自巴城：6月17日和7月14日之間，Ackerslooth和Bredam所裝運的
　歐洲物品和波斯絲綢，　　　　　　　　　f.553,384.15.01

44 Papanger，實際為Pampango，是來自呂宋西岸居住在美洛居或巴達維亞的基督徒群體。西班牙人在馬尼拉常把他們訓練為士兵。

自暹邏：由貨船Petten和Graff裝運，　　f.64,750.17.08
自柬埔寨，由Oostcappel裝運，　　f.68,300.06.14
自東京，Zantvoort和一條租用的帆船裝運絲等貨物，
f.298,303.11.15
自廣南，船只及所裝貨物至今不明，　　f....
自大員，由上述海船、貨船和快船裝運以下貨物：

142,194斤中國白色生絲，　　f.706,691.14.00
65,149斤黃色生絲，　　f.287,501.04.04
6,212斤白色生緒絲，　　f.36,779.18.08
92,591件飾有圖案的白色紡絲、彩色和單色紡絲，
f.559,300.06.00
31,213件飾有圖案的和單色白綾，　　f.259,757.11.00
67,701件紅色和白色吉朗綢，　　f.396,483.08.08
1,701斤絞成的絲線，　　f.11,681.03.00
864件各類緞，　　f.11,269.01.00
71件粗質羽紗，　　f.1,220.01.00
4,328件薄紗，　　f.24,681.09.08
250件錦緞，　　f.3,564.12.00
199件羅，　　f.11,187.09.08
254件黑色大絨，　　f.3,006.05.00
33,560件生及白色絖布，　　f.66,573.00.00
353件各類彩綾，　　f.4,596.03.00
2,900件紅色座墊，　　f.9,311.05.00
83,900件生及白色麻布，　　f.133,779.08.08
616件金黃色哆羅絨，　　f.6,541.12.00
14,075件棕色、藍色和白色南京絲，　　f.12,713.13.08
151,400張各類鹿皮，　　f.59,778.03.08
89,725斤砂糖，　　f.6,256.11.08
5,229 5/8磅象牙，　　f.5,343.03.04

9,307斤水銀，	f.18,689.15.08
7件銀色哆羅絨，	f.109.04.00
3,216斤紫檀，	f.208.19.08
30,475斤鉾，	f.7,923.10.00
1,543張熟皮，	f.408.18.00
2件luithes，	f.16.18.00
11,546斤兒茶，	f.1,749.07.00
5,116張麋皮，	f.1,457.12.08
8,550斤茯苓，	f.685.15.00
14件黑絨，	f.263.18.00
1,447件denzos，	f.17,239.07.03
736件福建絲，	f.5,976.13.00
4.13斤渤泥樟腦，	f.274.06.04
100,000斤胡椒，	f.25,500.00.00
166件帳篷用布，	f.211.04.00
5,547張鯊魚皮，	f.12,228.00.02
1幅荷蘭畫，	f.102.00.00
如貨單中標明，上述貨物所耗費用計	f.64,291.11.02
	f.2,775,354.02.11

今年由12艘海船、貨船和快船運往日本的貨物價值總計

	f.3,760,093.13.07
去年運往日本的貨物價值爲	f.2,455,950.15.00
因此今年所運去的貨物價值增加	f.1,300,000.00.00

1637年我們在信中鄭重督促和命令大員長官和評議會，想盡一切辦法避免福爾摩莎的居民即北港人得到我們的武器，同樣不能向中國人和其他人出賣或出借武器。此類事情最後會帶來怎樣的結果我們可以回想一下安汶和其他地方令人傷心的例子。

中國商人在大員享受優厚的待遇和相當的利潤，正如我們一再強調的以打開中國的大門、展開贏利貿易爲宗旨，商品種類繁多，貿易

狀況令人滿意。後來您所要求的絲綢、瓷器等等派出第一批船運到我們這裡，本來隨這批回荷船隻您可收到這些物品；而今拖後整一年，希望您將來多加注意。鑒於一般瓷器充斥歐洲市場，運回這批貨物後將不再運送同一類貨物，除您所需要的種類外爲您訂購更精美細緻的瓷器種類。

請您相信，我們將盡全力在大員和日本以及所有公司進行貿易的地方選派能幹、有智慧和能力的職員。我們所言盡力，是因爲按這裡情況所需和您所要求的合格人員寥寥無幾。像范・登・勃爾格先生這樣的職員對您的事業貢獻巨大，他還將爲公司效力很長一段時間，這人值得褒獎，因爲這給我們提供了許多便利。特羅德紐斯在那裡任第二把手。不久前島上幾人因高燒而去世，包括高級商務員斯密特(Pieter Smith)[45] 和商務員費德爾(Cornelis Fedder)[46]，均爲前途遠大的年輕人。我們計劃首先爲大員和日本派去幾名得力的年輕人，按您的命令到那裡任職。這樣，在公司的重要地區有雙倍的人任職。

殖民地大員的穩固與公司利益息息相關，需予以促進，但像有人所說的需主要靠荷蘭人來做到，無論在巴城還是在大員均屬誤解。如有些人不按指令和規定辦事，通過不正當的渠道致富，然後返回荷蘭，又如何能使公司的事業得到保障和促進？關於此事我們在上封信中已表示了我們的看法，認爲派全家人來東印度服役的辦法對公司有害無益。有一定資產的家屬以後可通過一種適當的方法，以公司以外平民的身份令其前來；無論在巴城、班達還是在大員我們相信能夠在公司不受任何損失的情況下增加贏利額。我們講公司不受任何損失，是指公司在合法貿易的範圍內下達的命令得到保持和維護，不應做出一切不適當的同情和妥協。中國人、爪哇人和馬來人等在這裡的殖民

45 Pieter Smith於1632年在平户商館任下級商務員，後被提升為高級商務員；於1638年去世。

46 Cornelis Fedder於1633年6月作為第一助理來到東印度，1635年6月晉升為秘書處第一書記員，1636年8月在平户商館任書記，1637年4月被提升為商務員，1638年10月去世。

活動規模巨大，但對公司絲毫沒有造成任何損失。來自荷蘭的巨額資金反而可在這裡每年得到週轉增長，所獲利潤可通過支票送回荷蘭。若稅務上不違背您的規定，則可正當地歸他們所有。

對攔截沒有我們的許可駛往北大年、渤泥、占碑、舊港、萬丹、亞帕拉、交唐，比馬(Bima)和其他地方的中國帆船一事，去年我們做了詳細解釋並證實其必要性。我們估計，這次寄給您的報告中所講我們的意圖不會得到您的欣賞，因爲這有違您下達的命令，即對從中國到大員的繁盛貿易不加干預，也不要激怒中國大官，對所有來往於中國的帆船絲毫不加阻攔地任其航行。我們相信，我們上次就此事所表述的理由能使您滿意並得到您的全部理解，公司的事業在什麼程度上取決於費盡心機和資金獲得的貿易，我們也將以公司利益爲重盡力維持下去，若能以說服、友好相待、優厚待遇等方式達到目的，則不再製造事端。而一旦中國人可在他處取得更多的利益，這些方式對中國人不會產生任何效果。我們不能因此毀滅自己，您不應聽信那些在東印度經驗不足的人和他們對事情的看法，因爲我們如果向中國人解釋清楚這是您的指令，公司在這裡的正常事務將受到阻礙。我們極力藉助上帝的保佑避免與中國人發生衝突及疏遠。同時，我們堅持決定攔截占碑和舊港等地的船隻，斷絕中國人前往這些港口的航路從而逼迫他們前來我處。在占碑附近攔截Bindiock的帆船(有人因此而憂慮重重)造成怎樣的結果？沒有人再提及這件事情。去年除對大員和巴城外中國沒有發放任何駛往其他地區的許可證，對此我們極爲讚賞。他們派出幾條帆船來巴城，似乎是爲不使我們惱怒。據說，2月和3月份將有12至15條帆船自中國到達巴城，我們在大員的貿易則是中國皇帝已知曉和准許的。您不必憂慮，我們會盡我們的能力和智慧借上帝之助最適當地管理公司的事務，使公司繁盛的貿易能按要求得以維持。

35. A. van Diemen, Ph. Lucasz., C. Reniers, Welsing, C. van der Lijn, 巴達維亞, 1638年12月30日

——voc 1126, fol.203-221.

(fol. 208)該月26日，感謝萬能的上帝，快船Ackersloot裝載米、小麥、樟腦、鐵和435塊青石，經大員到達這裡，載貨價值f.18,898.4.2。在大員卸下200箱普通錠銀，每箱1,000兩，每兩相當於57斯多佛計算，價值總計 f.570,000

該快船於11月25日發自平戶，然後於該月10日離開日本。

海船Swol和Zeelandt、Zantvoort以及貨船Graff和Oostcappel，讚美上帝，於該月16、17日載運100箱資金共計600,000兩銀安全到達大員，總計 f.1710,000

以上7艘海船、貨船和快船從日本運往大員的資金總計 f.2,280,000

范·登·勃爾格先生利用這筆資金償還了所欠債務，約f.700,000。又從3艘不久前從中國駛至大員的裝貨豐富的帆船那裡購入大批貨物，總計至少300,000里耳。11月25日，他按照我們的命令派出快船Bredamme和Zantvoort裝載所購入的價值f.799,903.12.5的貨物從大員經滿剌加海峽往蘇拉特商館。包括以下貨物：

3,893兩中國黃金，價值	f.134,759.06.00
200,000兩普通日本錠銀，價值	f.570,000.00.00
120擔白色中國生絲	f.59,621.18.00
362擔明礬	f.1,003.12.00
140,388件細瓷	f.12,780.06.00
400.25擔鋅	f.10,406.10.00
1,907斤茯苓	f.191.02.00
200斤紅漆(galiga)	f.13.00.00
2,000斤茶	f.624.00.00

181件緞	f.1,963.13.00
78件雙層彩色絹	f.955.10.00
100斤紡絲	f.715.00.00
30雙絲襪	f.78.00.00
656.25擔砂糖，用於波斯貿易	f.3,760.11.08
其他費用	f.3,071.03.13
	總計如上 f.799,943.12.05

偉大的上帝將保全這幾艘滿載貨物的快船盡快到達所往港口，解除那裡的債務。如若200,000兩白銀不能像我們所希望的那樣兌換成黃金，我們將損失f.160,000。長官先生范・登・勃爾格說明，這因時間過於緊促而不可能做到，同時由於葡萄牙人的大量購入，黃金在中國日漸稀少；儘管如此，仍希望能在2月份和3月份再運來一批黃金，這正是科羅曼德爾貿易所需；同時，我們要想到，如此大規摸的事業不可能一切都像我們所希望的那樣按計劃順利進行，並希望近期內事情能向著對我們有利的方向發展。

(fol. 213)大員現有的資金和貨物總計f.265,000，這不能滿足貿易需求，總管寫道，對日本的資金要求打算擴至f.3,000,000。我們在報告中估計f.3,500,000，大員長官則認爲用於日本的現金將達到f.4,000,000。因此，正如依我們之見，我們的人今年在日本還要借貸f.1,000,000。庫科爾巴科爾先生認爲，在資金短缺的情況下可在大員以支付30%至36%的利息爲條件借貸三至四個月，這樣做比在日本以18%的利息借貸一年更有利於公司。如果他們能令人滿意地像在日本那樣從中國人那裡借貸，我們完全理解這一做法。但我們發覺，中國人一旦得知大員已空無分文，絕不會前去進行貿易，直到我們得到日本運來的白銀爲止；儘管如此，我們仍有信心不耽誤維持公司正常事務。對這一好消息商討之後，我們將對現金的要求壓縮至f.400,000，但考慮到仍認爲東印度現存和用於運回荷蘭的貨物總值不過f.8,000,000，這一數目遠不足以擴大東印度的內地貿易，再加上不測之災難(願上帝保佑)給我們造成的損失，而整個東印度內地貿易的資金不能少於f.8,000,000，否則無法按要求維持，此外，有f.1,805,000的費用和用以運回荷蘭的價值f.3,000,000的貨物仍可賺回，因此，我們提出的要求仍保留爲f.600,000現金；望您能根據我們派Gijsels先生率領的船隊送的要求，爲1639年運來至少f.600,000的現金，然後爲1640年運來少於f.600,000的資金，那麼，您完全可以放心地靜候貿易之成果。有上帝的幫忙您不必擔心我們的估計會有差錯，並相信，除無法預料的不幸外，東印度此後不會再要求援助，1639年底公司可望擺脫各種損失。

(fol. 219)12月4日來自大員的報告中沒有什麼情況值得向您彙報。海船Swol和Zeelandia已裝載運回荷蘭的貨物，將於同月10日或11日從那裡出發前來我處。到達這裡之後，我們將馬上派它們返回荷蘭。

一些不安分的虎尾瓏人在他們的土地上阻攔人們狩獵，有4名中國人因此受傷，3人中箭死亡，無視他們持有長官發放的許可證。爲懲罰他們的這種狂妄做法，長官親自率領200名荷蘭士兵和1,400名當地居民開往出事地點，要求兇手賠罪承認他們的無肆蠻橫，而當地人則託詞說他們已經逃走，我們的人焚毀那裡150座房屋和200座米倉，抵抗者被處死，新港人獲得3個頭顱。這次出征給他們以足夠的威嚇，我們相信，這些姦民以後不會再給中國人狩鹿製造麻煩，不然收穫的鹿皮數量將受到嚴重影響。長官的做法果斷英明，對不軌的行爲馬上予以嚴厲的懲處[47]。

自1637年9月底到1638年10月1日，大員費用總計f.287,645.11.11，包括以下各項：

大員的熱蘭遮城堡的加固	f.125,712.18.02
士兵及公司其他職員的薪水	f.43,162.04.12
軍隊費用	f.3,689.09.04
按月薪發伙食費	f.70,000.00.00

47 荷人於1638年11月27日出發，長官范・登・勃爾格率領210名士兵，另有目加溜灣、蕭壟、新港、諸羅山和麻豆等社村民約1,400名配合前往虎尾瓏。於12月4日返回大員。《熱城日記》1638年12月有這次出征的詳細記錄。

船隻所需裝備和海船、快船及帆船的費用	f.30,249.11.12
屢次向內地出征耗費	f.3,052.05.14
特別費用	f.6,508.14.11
醫院所需	f.1,947.01.01
用於饋贈禮品	f.1,947.01.01
總計	f.287,645.11.11
與此相對，大員商館在12個月內商品等獲利計	f.203,321.13.05
除掉重要的工事和新築城堡的花費，大員費用高出贏利，	f.84,324.18.06
按此計算大員赤字	f.49,504.10.02

36. A. van Diemen, Ph. Lucasz., C. Reniers, Welsing, C. van der Lijn, 巴達維亞, 1639年1月12日

——voc 1128, fol.301-320.

(fol. 305)今年或該季風期中國皇帝准許他的臣民在交稅後派出船隻前往以下各地，已爲下列船隻發放許可證：

8條	巴城
8條	交阯
2條	暹邏
2條	柬埔寨
1條	占碑
1條	舊港
1條	北大年和里格爾
16條	馬尼拉

總計39條帆船。

商人Hambuangh與船主Jochko、Jocksim和Bendiock以一官的名義爲上述駛往占碑和舊港的船隻要求長官范・登・勃爾格先生予以發放許可證，以保證上述船隻順利到達前往地點進行貿易，以充分的理由

予以拒絕。長官先生主張並希望看到這些帆船能受到保護而順利航行。我們無意對中國人採取敵對的行動，而是引導他們率船載貨來巴城友好貿易，一旦他們到達舊港和占碑，必須阻止他們在那裡購買胡椒，這樣做雖有礙於我們與中國人的友好關係，實際上按照我們與占碑的協議約定不准許他們這樣做[48]。事情很明顯，如果我們和英國人放任中國人在占碑購買胡椒，那裡的國王絕不會加以干涉。此事必須一開始即予以杜絕，防止中國人在那裡及其他地方染指。

這次隨Swol同時運去的還有一個四方扁盒，其中裝有熱蘭遮城的地圖和用紙做成的模型，此圖與模型中繪有倉庫和中國人的居住區並附有描述[49]。據我們的朋友講，城堡雖然建築在沙地上，但看上去諸事令人滿意，防禦性能良好，從高沙丘上居高臨下，進行指揮，他們還準備而且完全有必要在那片高地上建築一座砲台。

37. A. van Diemen, A. Caen, C. van der Lijn, 巴達維亞, 1639年12月18日

——voc 1129, fol.1-129.

(fol. 5)上帝做出奇特的安排，寓居日本的中國人[50]對一條公司租用的從東京駛往日本的帆船發動攻擊，後來我們得知此事。為防止此等事情發生，去年我們未派船前往東京。最終我們不得不將該船損失的價值f.110,154.7.6的貨物從一般贏利中扣除。

這些賊寇共36人，在上述帆船與Zantfoorts一船分航不久，便開始襲擊19名荷蘭人，將他們殺害並投入大海[51]。後來他們駛往中國沿海，

48 雙方於1632年12月簽訂條約，但其中沒有任何禁絕亞洲人購買胡椒的條例。後來於1643年7月6日雙方簽訂的條約甚至規定，禁止荷蘭人干擾任何陌生的亞洲商人在占碑水域經商。

49 地圖與模型均已失存。

50 指寄寓日本的中國人，此指專門從事從東京往日本販運絲綢的商人。

51 二船於1638年自東京出發前往日本，途中帆船與Sandfoort離散，受到海盜襲擊，結果船被奪，人被殺，船貨也被搶走。

在福州附近擱淺。得到另一艘船後，盡量裝載絲綢和絲貨揚帆福爾摩莎的雞籠，前往西班牙人那裡，但因西人缺乏資金未能全部售出，便決定將剩餘的絲貨運往馬尼拉。在此期間，季風期已經結束，無法繼續行船，隨海水漂落到柬埔寨，他們欲將絲貨在那裡賣出。

當地的荷蘭人不明事情真相，與其簽訂協約買下這批絲貨。打開絲箱時他們才發現有記錄重量的荷蘭文的貨單，這引起了我們的人的懷疑，這些商人不是通過正當途徑獲得這批絲貨的。在我們盡力打聽有關消息時，貨船Oostcappel從日本經大員泊至，從他們的報告中猜測，上述絲貨本為公司財產。這些賊寇費盡心機、不惜耗資和通過官司把絲貨賣給我們和柬埔寨的其他人，共計約70擔，我們雖得到他們的帆船，仍希望柬埔寨人能將兇手交給我們，使他們得到應有的懲罰，奪回公司的貨物。

這批賊寇在雞籠售出公司的絲貨後擁有充足的西班牙銀元，又在柬埔寨結交了許多朋友(因為在那裡可用金錢買通一切)，同時，向其國王和大官寫信贈禮，提出強烈要求，還令高級商務員范・登・哈合盡力使事情取得進展。在這期間，我們盼望著Oostcappel一船載運索回的公司絲綢，而不是載運壓艙物到達巴城，此船後來因風險太大裝運絲綢逕直駛往日本。我們會繼續向您報告事情的進展。感謝上帝，這批絲綢安全運到日本，按日本的價格計算，可為公司贏利f.40,000，東京絲綢的損失將因此得到補償。

(fol. 9)您所下達的指令，即準備與其他計劃一同實施的探察中國北部沿海和貿易的可能性，我們認為絕對不可行，只要來自中國的貿易商品源源不斷地湧入大員(正如現在的情形)。不然，中國人將永遠不會再准許我們貿易，不但會導致極大的疏遠而且他們將禁止商人駛往大員。就中國人而言，此事不宜實施。因此，我們將維持大員現狀。探察南部地區、渤泥東海岸及其他尚未勘察過的地方，需推遲至海船、快船及人力充足、時機成熟時進行。

自1月15日到同年3月，有7條帆船和一小帆船到達巴城，運至各種中國雜貨和一批細瓷，但沒等公司購入任何物品，所有貨物均在6

月以前售出，而且這些船隻均在6月結束之前凱旋。如此以來，巴達維亞以外的南部地區中國貨物的供應基本充足，從而引起移民蜂湧而至，帶來大量種類豐富的商品，贏利額隨之而增加。

按照協議，上述帆船從中國運來貨物，照舊例只第一條船免稅，

輸入稅總計 2,250里耳

所申報輸出的貨物如下：9,102擔94斤或455拉斯特胡椒，從陌生商人那裡購入，價格爲10到11里耳一擔；儘管如此，中國人這一年對胡椒的需求量少於以往。

578擔39斤紫檀[52]

571擔82斤檀香木

385擔63斤水牛角

218擔74斤海菜[53]

251擔1斤長辣椒[54]

60擔公司的象牙

10擔香

820里耳的銀，輸出關稅計 11,199里耳

今年中國帆船的關稅收入所得 13,449里耳

另外一條或第八條帆船，前來我處時途經皮桑島(Pulo Pisangh)的賓唐島(Bintangh)陷入困境，若非遇到我們派往那裡截擊船隻的快船Rommerswael，中國人將全部遇難。帆船上的人乘坐兩條舢板來到我處。鑒於他們所受的損失，我們免除了他們在巴城期間的人頭稅。

正如我們的書信和2月14日的決議中記錄，我們於2月30日從這裡派出快船Wachter和Negepatnam分別由司令官多特考姆(Deutecom)和雷尼爾森(Reniersen)指揮，前往舊港海峽和費萊拉島(Pulo Verella)阻止兩條中國帆船駛往舊港和占碑，並迫使他們前去巴達維亞城，這完全符合同月29日我們下達的指令。結果在Negepatnam到達費萊拉島之

52 產於科羅曼德爾海岸，取名於產地Kalatore市。

53 《報告》原文寫為Haytsay，按發音判斷應為海菜。

54 荷蘭檔案中寫為Tjabeh，即西班牙辣椒。

前，其中一條帆船已泊至占碑，另一條在舊港附近避開我們的巡邏駛入那裡的港口。後來帆船派代表攜帶一批貨物前來，盡力對他們駛往禁區尋找藉口。因爲此船由都督一官派來巴城，他們請求這次予以發放許可證，准其順利返回中國，並許諾下次前來巴城。他們的請求經提交東印度評議會審查討論，得到准許，條件是他們最多只能從舊港運走500到600擔胡椒(他們果然這樣做)。

至於駛往占碑的那條帆船，也同樣給予發放許可證，只是不允許他們裝運胡椒，那裡的胡椒生意除英國人以外別人不得插手[55]。這些人心有餘悸，若我們向他們徵稅，他們定照交不誤；我們認爲這樣做欠妥，不然他們將試圖按同樣條件到萬丹和亞怕拉貿易。我們相信，他們將放棄其他地方，只前來巴城貿易，我們將想盡一切辦法使巴城繁榮昌盛，又不在中國引起不滿。從來信中我們可以看出，您正在考慮在這一點上下達絕對的命令。您盡可放心，一切我們都會著眼於公司的利益安排。

(fol. 53)從大員經滿剌加海峽派運一批總價值爲f.1,000,000的日本銀和中國黃金供科羅曼德爾使用，一批白銀給蘇拉特，因爲黃金在馬西里帕特納姆(Masilipatnam)比在蘇拉特價值更高，另有200,000磅明礬、6,000磅廣東茯苓、70,000磅鋅、50擔中國白色生絲、36,000磅硫磺，所需布匹和按樣品訂購的瓷器。這批運自大員的物資價值總計f.1,120,000。

(fol. 108)有關大員城堡工事的建築，上次我們已向您做出報告，並相信您對這次的描述會比上次更滿意。爲使公司的財產有所保障，需要建築的一些工事已基本竣工，而且比預算的花費沒有超出多少。倉庫的防禦也不可缺少，我們批准予以加強，不然公司豐富的物資及熱蘭遮城堡本身將受到被人縱火燒毀的威脅[56]。如果蒲特曼斯先生沒

---

55 1621年10月25日，荷蘭和英國東印度公司就占碑胡椒貿易達成協議，通過壓低胡椒價格避免種種誤解。J.E. Heeres, *Corpus Diplomaticum*, I, p. 174.

56 在加固城堡工事外，荷人還準備建築一座可儲藏一年半的糧倉。當時，荷人駐守大員的城堡工事等需455名士兵，而1639年初荷人在大員駐軍只有322名。

有認識到這一點，肯定是他缺乏見識。等到工事全部竣工，預計需花費f.300,000，他們向我們保證，工事不會倒塌。城堡的圍牆也已經整修加固。按這些報告那裡的工事可與巴城的相媲。

我們相信，對蒲特曼斯先生所下達的指示將得到執行，而且公司在那裡的事業會得到悉心的維持。若不然，則需予以糾正，您在信中提及的與公司有益的事項，我們在收到您的來信之前已於5月2日派Breda一船送去我們有關的指示，在復件中您可詳細參閱，作爲對您的看法之答覆，我們認爲沒必要詳細記錄。請您查閱我們寄去的報告，作爲對幾項事務的進一步答覆。其中一點我們與您的看法不一，即福爾摩莎島的徵稅一事，對這方面和那裡中國人的事情您仍未完全瞭解。

我們難以想像，大員長官會完全反對讓福島中國人納一定的稅，在福爾摩莎島居住的中國人總數計8,000人；因爲這些人均依靠我們的土地爲生，收穫各種作物，享其利而不繳納任何稅餉，也未接受基督教信仰。

您所講述的歐洲範例，在此不適用。按照中國的規定，在大員的中國人在外居住不得超過三年，不然將剃光頭髮而示以懲罰，因此中國人在那裡不可能建立長久的殖民地。除此之外，在大員的中國人每年將其所得送往中國，他們不是在努力改善那裡的土地和城鎮，而是在盡力在他們居留期間賺取利益。依我們之見，董事會中的東印度官員對這種情形應非常瞭解，認爲完全有必要實施德·卡爾本杰(P. de Carpentier)總督的建議。我們希望，蒲特曼斯先生反對向來自中國的貨物抽稅的意見也能予以接受；同樣北港或福爾摩莎的原住民也應予以免除稅收，在必要時他們可協助我們的人以武力鎮壓人們的反抗。但任憑在大員的中國人享用當地的物產，而不納稅，這種做法站不住腳，這一做法不利於樹立我們的威望。因此我們決定，每月向他們收取0.25里耳的人頭稅，其他如獵鹿、伐竹、釀酒、燒磚、網魚等等均令其繳納不同的稅，並保證盡量不影響中國人在大員居住，另一方面又可補充我們在大員的費用。[57]

(fol. 111)海船Amelia和Galiasse最終沒有前往聖靈角，儘管它們於6月12日自德那第順利到達貨物儲存地，一直停留到7月5日，像從前一樣，航行時天氣適宜。同月21日到達福爾摩莎島前，Galiasse最終安全泊至澎湖。遺憾的是，壯觀的大海船Amelia由於司令官耶隆森(Lambert Jeroensen)毫無理由地固持己見而脫離航線，在打狗仔沉入海底，司令官誤認爲小琉球、南島及打狗仔沙地(Tancoyade Taffel)均在澎湖，儘管在此之前Galiasse受到其舵工的警告，已見島上長有樹木(澎湖則草木不生)，本應避開，而那些人在那一航行水域經驗豐富，自以爲胸有成竹，正如報告中記述，不使用導航船——這是那片水域的唯一航行方法，而是順風揚帆疾駛往空蕩的海岸。結果因那裡的風暴，船錨和纜繩或損壞或丟失，7月21日和22日夜間，此船被撞成碎片沉入大海，船上裝備只有28座大砲，1,000擔胡椒中只有538擔80斤得救，除一些雜物外其他物品均遺失。我們打算按法律程序將他送到這裡的司法委員會受審，審查後根據事實真相按罪行輕重判刑，以警告他人。這次價值連城的海船慘遭不幸而受的損失嚴重影響了事情的正常進程，使我們不能照常在春季派海船出航。我們被迫向西蘭(Zeeland)商會(原計劃派Aemelia)派出一艘大貨船Petten或den Otter運回(您所急需的)貨物。

(fol. 114)我們希望中國人有一天也會被從日本驅逐出去。這些人看似無所畏懼，可疑的是他們准許天主教傳教士在他們國家傳教。而且據傳說，受羅馬的精神領袖委託，有人把羅馬教的福音和基礎知識譯成中文，(日本人也能閱讀)並在日本傳播。儘管自1637年以來中國絲綢和絲貨在日本供應充足，公司的絲貨因葡萄牙人被逐而獲得相當的價格，而且似乎不會賣不出去。卡隆(Francois Caron)總管沒有對贏利做出預算；他不願過早做出結論，似乎爲避免估計有誤；但相信，所有資金將獲利百分之六十，如果扣除所消耗費用和需支付的利息，仍可剩餘 f.1,700,000

57 在此之前荷人已決定對輸出大員的貨物收稅10%。

按我們計算，在日本至少有 f.5,200,000

其中需抽出用於蘇拉特和科羅曼德爾的資金以及大員仍需支付利息的資金，共計 f.2,350,000

柬埔寨和暹邏用銀和貨物 f.150,000

用於東京貿易，儘管1640年日本將有兩倍的貨物運至，以保持東京人對我們的信賴，爲此估計需花費 f.500,000

用於日本的運自中國和大員的貨物需要量按總管卡隆預算爲f.5,000,000。他們爲何沒有要求更多，我們在同一報告中已述及，除非我們在東京的資金有剩餘，將不再運送更多的資金和使用所計劃的額外用於購買中國貨物的f.500,000，計 f.5,000,000

因此，日本需提供白銀價值 f.8,000,000

其中f.2,500,000到f.2,800,000需提取1%到1.5%，在這種情況下絕對不能取消這一項，特別是那裡不會缺乏資金。這批需支付利息的債務仍需持續兩年，並將使我們的贏利大幅度減少，而且我們相信，1641年來自中國用於日本的貨物不會少於f.6,000,000，再利用日本的贏利供應科羅曼德爾和蘇拉特，如果我們想繼續壟斷貿易壓制其他商人至少需要f.2,000,000。

如此看來，到1640年底公司在日本的債務仍無力償清，因爲明年送去的貨物總值預計f.6,100,000，加上預計贏利60%，合計 f.9,700,000

其中用於支付利息和一般費用 f.500,000

運往大員 f.6,000,000

供應暹邏和柬埔寨 f.150,000

東京至少需 f.550,000

用於科羅曼德爾、波斯、溫古爾拉(Wingurla)和蘇拉特 f.2,000,000

用於荷蘭 f.500,000

總計 f.9,700,000

因此，1640年底日本仍需擁有資金f.500,000到f.2,800,000。

(fol. 115)在葡萄牙人被趕出日本的同時，我們需注意在數量和質量上滿足將軍對各種貨物的的要求，長官范·登·勃爾格先生對此毫不懷疑，只要他們能提供白銀。大員貿易將順利進行。

去年8月和9月，中國商人運至大員約f.200,000的質量次而且對我們毫無用處的絲料，被我們的人退回中國。我們的人承諾，他們如能運去所需貨物，保證接收並如數付款。在安海停泊著幾條裝載貴重貨物的帆船待發，只是在等待白銀運至大員。Banda一船已載運150,000兩銀到達那裡，另有海船和貨船Breda、Petten、Otter、Brouckhoert、het Vliegende Hart各裝有同樣數量的白銀隨時可能泊至；一名特使已飄洋過海到中國報告我們收到銀兩的消息。11月底將有Oostcappel和de Son相繼前往大員，還有第三批貨船Castricum和de Roch，按卡隆先生的來信講這是那裡派出的最後一批船隻，將從日本輸出f.8,000,000的錠銀。

現在我們要留心澳門的葡萄牙人的舉動，失去日本貿易會使他們山窮水盡。我們相信，他們的貿易很可能由中國人繼續進行，或(若有機會)與英國的Courten船隊合作。中國人或英國人若通過這種方式從澳門購貨被日本人得知，他們也將遭到禁止，並像葡人一樣被驅逐出日本。無恥而狡猾的英國人能否得到此等後果，時間會告訴我們。同時，還存在另一種可能性，即葡人在東京或其他海域對我們沒有武裝的船隻發動攻擊，對此我們需倍加提防。只要供銀源源不斷，中國就不可能與我們斷絕貿易往來。

我們仍在琢磨，究竟是將葡萄牙人趕出澳門，還是暫時把他們孤立起來使他們不打自滅更合適。如果趕他們出澳門，沒有中國人的准許，我們仍無法在那裡駐紮。假如我們採取此行動(按我們的能力完全可以做到)，冒險極大，不但不能在廣州取得貿易權，而且會失去大員，所以事情需倍加謹慎、理智地處理，三思而後行。

今年(已是第三年)馬尼拉肯定沒有從新西班牙(Nova Espanja)得到援助，使那裡每況愈下，一些重要的中國居民離開那裡而前往中國。

西班牙的國王似乎要放棄東印度，願上帝保佑。如果馬尼拉與阿卡蒲卡(Aquapulco)之間的貿易依舊進行，澳門的貿易也會受到影響。

關於西班牙在福爾摩莎的城堡和他們在那裡的情況我們沒有得到什麼消息。

(fol. 118)中國人一官是位對公司貿易不利的人物，眼下對他我們只能這樣看待，時間會使我們更加清楚，他是否將被排擠到一邊；眾商人對一官怨聲不斷，但他以厚禮賄賂各大官人而使事情化爲烏有。

出乎我們的預料，中國運至大員的黃金數量有限。

今年中國蔗糖的收穫不佳，強烈的暴風將甘蔗拔起，損失嚴重，因此您那裡以及波斯均不會獲得所需糖量。

事與願違，鯤港的砲台福里星恩正處於不斷被海水沖跨的危險之中，所有進一步加固砲台的費用已被砍掉。今年入帳的費用達f.4,434.6，這些資金完全是浪費。

打狗仔灣根本不適合海船和快船停泊，詳情見同時寄去的地圖[58]。

大員城堡的建築及加固工程已近尾聲。今年9月份起已耗資f.132,333.15.11。在此我們不準備詳加描述，庫科爾巴科爾檢查官已做過詳細報告，並對我們的工作表示讚賞，根據報告可以斷定公司的財產和地區完全有保證。含金量較高的金礦仍在勘探之中，找到的可能性極大[59]。

居住在我們所轄地區的福爾摩莎人表現良好，教盲日益減少，基督徒人數與日劇增[60]。

---

58 該地圖現已失存。

59 1638年1月初荷人又一次派出約里昂森率領一支隊伍乘一條帆船前往瑯嶠(Lonkjauw)，到達之後那裡的土王派他自己的隊伍配合荷人經Bangsoor、Corradey Cavodas Matsaer、Luypot、Ballicrouw、Parangoy和Patcheban，1月30日掃蕩太麻里之後到卑南附近勘探金礦。後來威瑟領(Maarten Wesselingh)留在那裡，該村社有居民3,000人。1639年4月25日，600名卑南人協助荷人前往據說藏金的Linau村社，但因原住民沒有聽到平常的鳥聲認為不吉利而中途返回。至此，金礦的勘探仍無結果。

60 《熱城日記》1638年2月收錄了一份由商務員費德爾起草的報告。其中介紹了福島較大村社蕭壟、麻豆、新港、目加溜灣和大目降的傳教情況。報告尤紐斯牧師繼續留在那裡勤奮出色地從事他的工作。雷維斯牧師不幸離開人世，斯考坦挪斯因那裡生活無規律已辭去牧師職務，被派來巴城。

根據我們收到的帳簿，以往12個月福爾摩莎的費用達

	f.302,869.19.03
1638年10月1日到1639年9月底獲純利	f.107,406.00.14
從那裡的土地中獲得	f.24,494.05.08
貨物中所得	f.722.09.08
因此今年赤字	f.170,247.03.05

而去年只有f.84,324.18.6，因而今年的貿易贏利與去年即1638年相比減少f.70,000。

38. A. van Diemen, A. Caen, C. van der Lijn, 巴達維亞, 1640年1月8日

——voc 1132, fol.3-35.

(fol. 16)該月1日有以下船隻泊至我處(它們於12月10日發自大員)，載運少量用於荷蘭的貨物返回，但如貨單記載沒有運來1斤生絲，即：

海船Breda，裝運貨物價值	f.122,526.18.03
貨船Petten	f.64,097.19.12
Otter	f.65,066.00.11
總計	f.251,690.18.10

根據長官范·登·勃爾格先生的報告，以下船隻於11月8日發自平戶，到達福爾摩莎北部淺海區，海船Breda、貨船Petten、Otter、Hert和Broecoort，每艘船裝有180,000兩日本白銀，另有價值f.11,803.9.8的樟腦

記載當時新港有基督徒1,000人，並設有教堂和學校；目加溜灣有基督徒1,008人，有150人受過洗禮，84名小學生，而且設有教堂；蕭壠村社中間有一座教堂，165荷尺長，36荷尺寬，每次有1,300人到教堂做禮拜，另有145名小學生；麻豆的教堂長185荷尺，寬35荷尺，也建有學校。

和漆器，合計　f.2,578,363.11.06

如報告所講同時到達那裡的還有Banda一船，裝有150,000兩銀，與費用總計，　f.427,770.15.00

總計　f.3,006,134.06.06

12月3日以下船隻從大員駛往溫古爾拉、蘇拉特和波斯，詳細如下：

Banda裝運貨物價值	f.544,972.13.03
het Vliegende Hert	f.517,036.05.04
上述貨物價值總計	f.1,062,008.18.07

包括以下貨物：

351,000兩錠銀，約57里耳一兩，價值合	f.100,350.00.00
610斤白色生絲，合	f.3,054.13.08
202擔89斤鋅約10.5里耳一擔，合	f.5,538.19.08
37擔93斤明礬，約1⅜里耳一擔，合	f.789.15.00
52擔日本硫磺，合	f.400.02.13
113,229件細瓷，價值	f.8,956.00.08
4,136擔57斤砂糖，	f.29,269.03.08
1,072擔89斤冰糖，合	f.10,233.18.08
其他費用	f.2,248.12.05

因此自大員運往溫古爾拉、蘇拉特和波斯的貨物總值

f.10,620,008.18.07

這與我們的指令有所出入，因為我們曾下令運往蘇拉特f.1,200,000，他們似乎只注重利益而將我們的意見置之一邊，運往蘇拉特f.1,200,000的白銀及其他貨物。願上帝保佑上述資金貨物順利到達。我們相信，那裡下次不會再出現此類的差錯，不然會造成大員資金積壓。

與上述船隻Banda和Hert同時從這裡派往科羅曼德爾還有Broecoord一船。大員改變我們的指令，派快船Lisch前往東京，鑒於澳門的葡萄牙人已被日本驅逐出境，他們將為寇海上，攔截駛往東京的船隻。阻止敵人達到目的並非不值得贊賞，但該想法未免過於單純，沒考慮到，若敵人果真有此打算絕不會事先放出風聲。儘管他們做出的這一

改變不會產生消極影響，而且Lisch一船比一艘貨船更具有攻擊能力，我們仍決定從這裡派出一艘良好的快船，對此我們在上次報告中已經述及，並送去給那裡國王的答覆。

Broecoord運往科羅曼德爾價值f.300,330.13.5的金銀貨物，根據該船的貨單，具體如下：

1,963兩6錢中國黃金，價值	f.68,002.07.00
80,000兩錠銀，約57里耳一兩，價值	f.228,000.00.00
5,529件細瓷，值	f.1,037.14.08
87擔62斤...，價值	f.2,392.00.00
211擔55斤明礬	f.256.07.13
總值	f.300,330.13.05

我們本來相信大員會按我們的指令至少運去f.500,000現金，長官似乎誤解了我們的意思，如果那裡黃金儲備不足則運去f.800,000的資金，f.100,000的銀和f.700,000的黃金，數量已經足夠。若那裡黃金數量充足，則直接運去f.500,000，經巴城運去f.300,000。一旦中國的黃金輸出出現問題，而且白銀供應缺乏，那麼科羅曼德爾的貿易將陷入困境，並嚴重影響公司的事業。對范・登・勃爾格長官關於這一點的看法我們不夠滿意。若黃金供應不足，至少將派Lisch一船運去f.500,000的數量，結果因缺金而不得不代之以銀運去。事情很明顯，若一種貨物供應不足，則需另一種來補充，因為我們下令運往科羅曼德爾f.800,000的現金。上帝保佑中國黃金輸出將重新恢復，范・登・勃爾格先生心裡清楚，如果黃金數量不足，需以白銀代替，不然會像我們所說的那樣使公司事務特別是為荷蘭購買靛藍和鑽石受到嚴重影響。

自總管庫科爾巴科爾離開(一個月多)以來，大員沒有得到任何帆船的消息，儘管中國人已得知銀船到達那裡，然而據傳說幾艘滿載貨物的船隻在銀船到達之時才取消預定航行計劃，這引起我們的疑慮。可能是中國人為壟斷貿易而逼迫我們接受他們運到大員的貨物。既然如此，為達到目的不能對中國人做出讓步，仁慈的上帝將幫助我們如願以償，特別是現在馬尼拉的貿易斷絕，澳門也不景氣，因為中國的貨物不像我們的白銀那樣易銷。中國人壟斷貿易的野心可以從他們的要求中看出，他們曾向我們的人推銷幾批質量較次的貨物，(在我們的人得知有關貿易的規定之前)遭到拒絕之後，竟允許以⅓的價格售出。我們可以清楚地看出，一官獨霸海上貿易，對駛往大員的船隻橫加敲詐勒索；或採取諸如下列做法，故意拖延兩條已準備就緒的帆船，在將其貨物投放市場之前，忙於先將兩艘葡萄牙船(fusta)所裝貨物重新整理運往日本，這些貨物是在漂至中國沿海後被中國海上游擊一官獲得。我們斷定，那個國家的貿易完全由一官控制。我們希望通過眾商人的不斷控訴事情會逐漸好轉，一官則施以重禮與他們對抗。長官先生認爲，向一官贈禮的做法不可行，這樣做只能欲速則不達，反而產生不利影響，而商人的控告將在短時期內使貿易得到恢復。

在這期間，因爲一官的貿易壟斷及其惡劣行逕影響公司購入荷蘭所需要的生絲和綢緞，因此短缺價值f.300,000的船貨，從而使Breda一船的裝貨不盡令人滿意。就我們所知，以及從報告中可以看出，裝載上等質量貨物的帆船不會推遲更久，商人們極欲把質量較次的織物售出，只是一官的惡劣行逕爲此製造障礙，我們無法想像澳門的葡萄牙人能造成這樣的結果。事情不久即會清楚；我們希望能派Nassauw一船送去您所希望得到的消息，並運去一批絲綢(特別是中國漁民照例繼續在大員附近行駛，並發放給他們駛來巴達維亞的許可，因此至少會有7到8條帆船自中國來到我處）。爲此貨船Engel和Graff將在大員做好準備。在這一時期的貿易中出現障礙對我們極爲不利，我們希望不會出現這樣的結果。果真如此，如有可能，今年應盡力以友好的方式恢復這方面的事務，直到向日本人講明葡人煽動中國人的行逕，再計劃以武力疏通與中國的貿易。

39. A. van Diemen, A. Caen, C. van der Lijn, 巴達維亞, 1640年1月31日

——voc 1132, fol.564-571.

(fol. 569)這些船隻爲等候來自日本和大員的消息而徒勞地在巴城滯留3天，然而令人奇怪的是至今仍無音信，因此我們以上帝的名義將上述船隻派出，儘管來自大員的具體消息很快會送來，也不宜推遲船隻出航，以免錯過適合行駛的季節。在這期間，此事引起我們的猜疑，中國人與大員的貿易是否已有皇帝下令禁止，而許多人不同意我們的觀點，甚至這裡的中國人也是如此。澳門的葡萄牙人也不可能以饋贈厚禮而使我們陷入不利的境地。多數人認爲，在馬尼拉白銀市場不景氣和澳門對日本貿易中止的情況下，商人難以維持下去，從而進行壟斷以控制貿易。中國人需要我們的白銀，正如我們不能沒有他們的商品一樣。其他人認爲商人因一官心懷叵測和欲壑難填而受阻。另有人則把眼光放得更遠，認爲人們在逼迫我們像葡人那樣每年進貢，以援助中國政府對滿族人的戰爭。事實究竟如何，不久即可清楚。如果長官范・登・勃爾格先生未告訴我們若有船及時到達那裡，他將決定把送往荷蘭的生絲運來，我們也不會如此匆忙地把船派出，儘管爲時稍晚而且屆時回荷船隻可能已經出發，這樣做既不冒險也無妨礙，若趕不上回荷船隻則可把絲從這裡運往日本，因而此事仍可靈活處理；我們還計劃向您派出一貨船裝運胡椒並命令它在愛爾蘭(Ierland)停泊，以盡快把報告經陸路送回荷蘭，盡快把報告送給您。貨船出發的日期尚有待確定，我們將謹慎行事；若沒有收到什麼消息，則說明諸事順利。

40. A. van Diemen, C. van der Lijn, 巴達維亞, 1640年9月9日

——voc 1134, fol.235-253.

(fol. 246)我們仍擔心中國是否又發生什麼變動或災難，盼望收到

大員的報告。終於在Nassauw和Petten派出19天之後，貨船Graff於5月5日，Castricum和帆船Middelburch，帆船Tonkin(經東京)和Cleen Bredamme於5月8日直接由大員泊至我處，帶來我們所期望的消息，中國貨物大量輸入，日本情況也令人滿意。

帆船的遲到是因為中國商人欺世盜名、壟斷貿易和我們勇氣不足而造成的。其中一官是最主要的障礙，他試圖靠他的勢力控制貿易進而達到他壟斷的目的。他們通過阻止帆船外出，中斷其他貿易活動來威脅我們，迫使我們將每擔生絲的價格提高2到3兩，並接受一批我們通告禁止輸入的質量很次的貨物，以減輕商人的負擔並鼓勵他們從中國運出我們所需要的貨物。後來表明，事實果真如此。期間那位強權的中國人控制事情的發展，本來諸如葡萄牙人被驅逐出日本，馬尼拉貿易不景氣、沒有帆船前往，若耐心等待和未頒貿易禁令，所有的中國貨物將以平常的價格大量湧入。而今，這一切對我們有利的因素一概被這位中國人所利用並據為己有，推銷其質量很次的商品，提高生絲的價格。上述一官在帆船被阻止時向我們建議，此後每年免費為他向日本運輸價值40,000至45,000兩銀的貨物，並誇口阻攔中國商人駛往日本，按要求向我們提供用於日本貿易的織物。他們會做出怎樣的答覆以後將報告於我們。中國的海上游擊一官能面對中國皇帝的旨令阻止中國人駛往日本，其中必有奧妙。一官本人即是所禁日本貿易的積極參與者，據我們估計他定口是心非。事情與從前一樣，大員的資金不足以購入所有供貨。

貨船de Sonne曾在澎湖群島行駛受阻撞到岩石上，但感謝上帝，船上價值f.400,000的銀兩貨物和大砲經竭力搶救均保存下來，(雖然這是一艘堅固的貨船)空船只能棄之不顧。這次不幸完全是由於經驗不足的船長和舵工疏忽大意引起。我們決定以後不啓用負重大責任的船長，而用經驗豐富、熟悉航路的人。我們希望上帝避免諸如此類的不幸發生，本來荷蘭送來的資金數量有限，這種災難只能給我們增加更大的困難。我們有幾次險些損失f.1,000,000至1,200,000，均由上帝保佑保全下來，但仍有不少船隻遇難，如David和Hoff二船。儘管荷蘭的援助遲到，還是緩解了目前的困難，解救了我們，使公司的事情沒有受到耽擱。另外剩餘的合格的公司職員，日本和中國貿易的進展，以及公司在這裡海陸事業的繁榮，這些消息已於5月和6月由裝運胡椒的貨船Adviso帶去。我們深信，既然未得到大員的消息，公司與中國的貿易定順利取得進展。

因缺少大型船隻，我們被迫於6月14日派出4艘貨船，7月9日和24日分別派出Rijp和Pauw，8月5日Ackersloot、Oliphant、Graff經暹邏前往大員和日本，Castricum和Zeehaen先航往柬埔寨，再去日本和大員。高級商務員范・雷赫毛爾特斯(Pieter van Regemortes)與布魯科曼斯(Herman Broeckmans)隨船前去替換期滿的范・登・哈合。我們相信，公司的這些職員完全可以勝任，特別是范・雷赫毛爾特斯經驗豐富，完全理解我們的意圖。經長時間的討論，我們一致同意，由大員的第二把手特羅德紐斯暫時代理公司在福爾摩莎的長官，月薪210盾。他同時要求被接收爲東印度評議會的特別委員，但我們認爲時機尚未成熟。希望他能利用已有的經驗爲公司效力，同時他又能靈活機動。福爾摩莎島特別急需配備有能力的人統治。我們已派船送去相當的援助，並進一步督促長官先生，您在我們的報告中可以讀到。Oliphant一船將首先從日本經大員前來我處，用於載貨返回荷蘭。他們已購入細瓷、美麗的紡織物以及價值f.70,000至f.80,000的上等錦緞，鑒於歐洲生絲價格下跌，爲節省東印度的資金，我們下令只運去200擔；還有一批數量相當的蜜薑。

有7條帆船從中國到達巴城，裝載各種雜貨，最後運走約6,000擔胡椒、檀香木、紫檀及其他貨物，滿意地離開巴達維亞。

41. A. van Diemen, C. van der Lijn, 巴達維亞, 1641年1月8日

——voc 1136, fol.896-934.

(fol. 916)最近一次報告我們已提及，上次南風期我們從這裡派出船隻前往日本和大員。從東印度貿易總帳中可以看出，各商館提供的

貨物和資金。在6月13日，7月8日、23日和8月2日的報告記錄中您可讀到我們提出的建議、制定的決議及其他指令。久盼之後，我們終於得到所期望的消息。首先，8月6日快船Ackersslooth從大員、21日Utrecht，12月3日貨船Broecoord從日本經大員相繼到達我處。所裝運貨物包括糖、瓷、絲和漆器等，價值總計f.195,924.5.15。其中快艇Ackersslooth途中遇到困難，到達福島所用航行時間共2個月零8天。因到達大員太遲而不能前往日本，再加上船艙容量有限，所載鹿皮只能暫時存放在那裡。該南風季那裡的航行水域風暴強烈，造成駛往日本和其他地方的帆船遇難，其中包括Jocksum的帆船，裝運300箱錠銀胡椒等價值高達f.1,000,000的貨物從日本派往中國，商人Hambugang也因而落水遇難[61]，我們的人對他評價極高。還有我們另外兩條帆船，其一前往魍港運石灰，船上9名荷蘭人和30名中國人也遭不幸，另一條駛往日本途中，被風暴吹至澎湖遇難，船上人員及載運的鹿皮得救。我們的海船託上帝保佑安全到達日本，其中貨船Graff和Rijp將一批質量極次的貨物投入市場；快船Ackersslooth和帆船Utrecht於11月5日由駐大員長官特羅德紐斯和評議會派出，出發一天後即遭風暴襲擊，結果兩船均失去大桅，繼續行駛。其中Ackersslooth所裝運的196箱糖被沖到海裡，帆船上有212箱被沖走，共損失糖720擔，其他貨物由Haerlem、Berckhout和Maestricht裝運，所以仍有一批糖保留下來。織物均未受到損失。其中用於歐洲

61 商人Hambuan於1640年11月2日率船主Jocksim的帆船離開巴城，船上載有305人，和以下現金貨物：300箱錠銀(其中130箱屬於一官)，142,470斤沒藥，4,630斤丁香，9,748斤兒茶，8,477斤象牙，10,120斤香，價值總計f.1,000,000。

臨行時，長官先生還委託他帶信給一官。同日上午，此船與3至4條帆船航出後，在澎湖和大員之間遇到強烈北風，被迫回返。然而上述Jocksim的帆船失蹤。該船當時停泊在北部靠近岩壁的淺海區，但北風日夜不停，次日上午，暴雨傾盆，無法判斷方向，結果船被漂到東南和南方。在淺水區，船錨被拔起，船撞擊到上述岩壁上，305名乘客中只有14名中國人，9名黑人擁擠在碎木板上倖存下來；商人Hambuan遇難，船主Jocksim的兒子和其他商人也同時喪生；Hambuan的死屍幾天後與其他死屍一同在沙灘上被人發現，被他的朋友裝棺運回中國。《巴城日記》1640年12月6日內容。

的部分由Haerlam運走。我們相信，這些貨物諸如絹、chauls、素絹、麝香等，像長官特羅德紐斯先生的報告和貨單中所記載，會使您滿意。茲試運去6擔彩色絲織物，希望能收到您對這些和其他絲貨的看法。到Broeckoord離開時，即12月12日，沒有帆船裝載有價值的貨物到達大員。據說中國人瞭解我們資金短缺，他們故意將其貨物存放到日本銀兩運到。今年11月28日運往大員的日本銀數量極少，從報告下文中您可以看出。

今年運往日本的中國絲綢只能減至200擔，因缺貨今年從中國運往日本的生絲不過824.5擔。至於1642年能爲歐洲訂購的貨物數量，我們不敢做出保證。今年，各種絲貨自中國大量輸入大員，我們的人爲日本貿易購入貨物並於7月11日和9月15日之間運往日本，據同時送去的記錄，裝運的絲織物價值總計f.5,173,613.5.3。最後與中國人結算結果表明，公司在大員資金和貨物已盡，而且欠債153,846里耳，利息每月按2.5%計算，兩個月共計7,692.5里耳。正如我們所講，因船艙空間有限，用於日本而未能運出大員的貨物價值f.174,688.16，包括66,000張鹿皮、72,271斤麋鹿皮、81,150件白麻布以及24,780件絖布，這些貨物以後將換取相當一批資金，因爲日本並不缺乏資金。

胡椒在中國重新獲得銷路，所有在大員的存貨均以14里耳1擔的價格售出，鉛6.5至7里耳，丁香48，檀香木28.5，象牙54，未經加工的琥珀33和珊瑚21里耳1斤，運來我們要求的琥珀實屬必要。大青(blauw wesel)在大員以每擔25里耳的價格售出，但銅損失嚴重，因而我們不再要求運來，希望您以後不必再運出。

我們下令，在福爾摩莎島居住的中國人須繳納0.25里耳的人頭稅[62]，開始他們表示不滿，現在已習以爲常，沒有任何問題。在大員，赤崁和週圍的村社及農村的中國居民共計3,568名，9月和10月份交納

62 這一規定於1640年8月1日決定，9月1日正式付諸實施。當時，大員、新港和其他福島平原地區的中國人數達3,568人。隨著中國移民的不斷增多，人頭稅收入也隨之增加，發展成為荷人統治福爾摩莎的重要固定收入來源之一。

1,885.5里耳，如此繼續下去，那麼這裡每年的費用將首次減少f.30,000。

福爾摩莎島原住民的情況基本令人滿意[63]，基督教的傳播取得明顯進展，傳教士尤紐斯在這方面做出了巨大的貢獻[64]，我們因而已說服他再延長一年的任期。同時，我們又向那裡增派一名能幹的傳教士巴佛斯(Johannis Bavius)，因此我們對那裡事業的發展充滿信心。那裡的一些暴徒正如太麻里(Davole)的人一樣受到嚴厲懲罰[65]。我們認為，有必要將雞籠的西班牙人趕走，以保障我們在福爾摩莎島的利益。為此有必要向那裡增派士兵，並希望下次南風期籌辦這一重大事情。

---

63 為進一步加強他們對原住民的統治，1641年4月10日荷人首次舉行大規模的福島南北村社大集會。

荷駐大員長官特羅德尼斯(其前任范·登·勃爾格於1640年3月11日在福爾摩莎島去世)及大員評議會委員、中國大商、船主共30人，由60名士兵隨從，前往集會地點赤崁。北部6個原住民村社即新港、大目降、目加溜灣、蕭壠、麻豆、大武籠的22名長老，列隊右邊；8個南部村社即放索仔(包括6個村落)、Taccariangh、Sorriau、力力(Netnee)、麻里麻崙、Pandandel、大木連(Tapolingh)、加藤(Catcha)共20名長老，排列在左。長老們向和長官貢獻生豬、果子等以示其歸服之心。長官回贈每人一件緞子裙和一根鑲銀藤杖(rottang)。

原住民抗議當地中國人以荷人名義對他們實行暴力和施加壓力，荷長官保證對這些人進行處罰。

次日，北部魍港河流域村社哆囉咯、Aurij、Verongh、諸羅山、Davolack、Dacloudangh、Dacalacca和Saccalauw的長老舉行集會，長官施與禮品之後與他們一同進餐，這些人滿意地返回他們的村社。據《巴城日記》1641年12月13日記載。

64 尤紐斯受托向總督就福島傳教的情況做出報告，長官先生和總管卡隆等與上述尤紐斯牧師於2月28日趕赴附近村社麻豆、蕭壠、目加溜灣和新港視察，他們極為讚賞原住民在那裡歡度基督教節日，定時到教堂作禮拜。自1640年1月到12月，上述尤紐斯在上述村社中已說服男女老少信仰基督教，有380多人接受洗禮，到現在為止整個島嶼約有4,000至5,000人受過洗禮。根據《巴城日記》1641年4月21日記載。

65 村社的人在南風期表現出極大的反抗情緒，在村社的邊界附近甚至到卡勒科島(Kalckeyland)即魍港共殺害25名中國人，太麻里打傷多人，剪掉一些人的頭髮被。為制止這種事情再次發生，少尉德·拉·里威爾(Walraven de la Riviere)率領40名士兵前往魍港，以在那裡與指揮官佩督懲罰他們，但到達那裡後沒能找到他們的蹤跡，多數人已躲藏起來。見《巴城日記》1640年12月6日。

您可能已經得到消息，西班牙國王揚言，錫蘭[66] 前景無量。但福爾摩莎的價值更大，因此我們要求他們在那裡凡事以公司利益爲重。爲勘探金礦，下級商務員外瑟嶺(Maerten Wesselingh)帶著成功的希望再次被派往那裡[67]，他在那裡的平原地區大有作爲，在補充的報告中您可以讀到。有關於此，我們已向您做出詳細彙報，並向您解釋了該島的用處，因而不打算進一步報告，有關內容請參閱長官先生和上述尤紐斯先生的報告，希望您能瞭解該島的重要性，支持我們占領這一寶島，因爲公司和我們的國家可從中獲取巨大利益。

我們的人對獵鹿和開發耕地已做出規定[68]，可望獲得巨利，在此不詳加說明。我們派出打探的人發現，西人在雞籠的實力單薄，我們在寄去的報告和描述中有詳細記錄，那裡只有50名西班牙人和30名panganger[69] 守衛其主要堡壘特利尼達(La Santissimo Trinidaet)，外圍工事安東尼澳(Anthonio)和帕瑤(Santo Payo)等已撤出。有關那座島嶼和海灣的情勢詳見我們寄去的地圖和說明。

我們的人與中國大官一官的使者達成協議，現在等候正式書面批准，即關於他們不再到日本貿易一事，並阻止其他中國人前去貿易，保證按我們的需求提供用於日本和歐洲的貨物，正像供給馬尼拉的西班牙人和澳門的葡萄牙人一樣。每年向我們貸款f.1,000,000，條件是三個月每月付2.5%的利息。我們免費爲他向日本運輸貨物，風險由他擔當。作爲回報，每得價值50,000里耳的貨物，他將向我們提供相同價

---

66 Ceylon，今為Sri Lanka，即斯里蘭卡。

67 1639年4月30日一名瑯嶠的中國人謠傳威瑟領在前往瑯嶠和卑南社勘探金礦途中與幾名中國人被Tawali或Luan村社居民殺害。後來荷長官派人打探，而5月8日威瑟領即回到大員。11日，他再次被派往卑南。1640年2月返回大員後，3月他重新被派往那裡。見上述日期的《熱城日記》。

68 荷人發現福島雖然於1639年因狩獵過量而禁止獵鹿，但至1640年鹿的數量仍極其有限，因此決定再禁獵一年。

為促進福島的耕地開發，荷人於1640年從澎湖將大批牛運至大員，據荷人記載，當時公司和私人擁有牛1,200-1,300頭。詳見《巴城日記》1640年12月6日內容。

69 另有130名中國人和200名奴隸。出處同上。

值的所需貨物，以一般價格由我們冒險運往日本，在那裡售出得利。返回大員後，我們即將上述50,000里耳所得40%支付給一官，也就是說原來是50,000里耳，現在支付給他70,000里耳。其他的貿易利潤和風險由公司保留和承擔。結果如何，尙需等待，並將報告給您。我們相信，一官恐怕兩面三刀，今年即1640年他仍未放棄派許多帆船前往長崎，結果，不是船隻在途中遇難，就是即使船隻順利到達，也遇到極壞的行情。在我們看來，中國人若能被趕出日本將是一件大事，但究竟是否如此，還需要時間的證明。

福爾摩莎城堡的建築已告結束。熱蘭遮城堡情況良好，給人以比較堅固的印象，但魍港的砲台維修壓力極大，我們盡所有的辦法維修保全這座工事。

同時寄去的一份備忘錄和大員的報告中記錄，福爾摩莎從1635年1月31日到1640年9月30日[70]，包括尙未建成的工事，城堡建築的費用總計f.457,102.1.3[71]，這是一個不小的數目，爲我們帶來沉重壓力，因爲繼續維持貿易以及支付利息同樣需要資金。爲改善公司在那一地區的狀況，我們決定停止這一項開支，減輕公司的負擔，以後將這筆資金用於促進貿易，上帝保佑。

Ackersclooth一船帶來大員商館的貿易帳簿和其他情況，我們從中得知上述時期那一地區貿易贏利。1639年9月1日到1640年9月1日，那一地區獲利如下：

各種商品贏利	f.187,607.06.09
土地所得	f.21,324.04.08
另外，費用尙未計算在內，爲購貨而預付的資金估計不會贏利，輸往其他商館的資金將減少：	f.60,001.13.06
利潤共計：	f.268,933.04.07

70 即1640年。

71 這次修築城堡包括加固原有的和增建新的設施，其中包括用磚石修築一座醫院，代替原有的竹房；倉庫和存放彈藥的地窖；還有長官的居所，靠海的崗樓和一堵防衛牆等。

上述時期的一般費用，正如帳目和其他書信中記錄總計：

f.255,343.16.15

大員剩餘資金總計 f.13,589.07.08

有關長官特羅德紐斯對利潤和費用的說明，以及其他大員發生的事情，我們不準備一一報告，因爲我們已將上述長官的報告和其他材料一同派Ackerslooth寄給您。我們下令，在等待您回信的同時盡力領導公司的事業。

我們請您注意，報告至此本打算於12月初收筆，結果天氣惡劣，船隻未能出航，12月份Broeckoort一船送來的有關大員和日本的報告的補充，請您詳細參閱同時寄去的文件。

42. A. van Diemen, C. van der Lijn, Joan Maetsuyker, Francois Caron, Justus Schouten, Salomon Sweers, 巴達維亞, 1641年12月12日

——voc 1135, fol.1-98.

(fol. 81)今年只有兩條中國帆船泊至巴城;其中一條由一官派出，滿載貨物，另一條運來的多是壓艙物，希望能從這裡運貨回中國。從中國發往巴城和其他地區的船隻寥寥無幾的原因，我們尙未查明。據說，下海許可證管理極嚴，除非有皇帝的准許才敢出洋貿易，若要得到大官的默許，則需付出巨額資金，至今一官一直以此爲掩護進行貿易。這正合許多商人的心意，儘管無其他帆船泊至，巴城仍存有足夠的中國貨物。該帆船運走約170拉斯特胡椒，一批檀香木和紫檀、木香和琥珀，船隻繳納出入稅約4,861.5里耳。

中國人購入大批檀香木和木香，琥珀價格爲每一中國斤30里耳，我們從滿剌加搶來的瑚珀在此派上用場。我們向您提出的要求(資金貨物)由den Vogelstruys一船運來後將用於下次泊至的帆船和用於到大員貿易。據說不能裝運太多美麗的琥珀到中國。

43. A. van Diemen, A. Caen, C. van der Lijn, J. Maetsuyker, J. Schouten, S. Sweers, Cornelis Witsen, 巴達維亞, 1642年12月12日

——voc 1138, fol.1-116.

(fol. 3)如果特羅德紐斯長官按我們的命令行事而將船隻留在那裡，或許能避免這場災難。只救下價值f.80,000的紡絲和吉朗綢，今年將這批貨物在日本兌換成銀，正如我們在最近一次報告中所講，上述長官幾次出現失誤，這已經是第三次，因違背我們的命令而貽誤公司的事務。因而我們一致通過7月19日決議，召大員長官回巴城，以讓他在這裡對其事務負責，他將於3月底到達這裡。同時決定，公司在大員的事務暫由高級商務員拉・麥爾(Maximilaen La Maire)作爲總管掌管。

裝貨豐富的海船Reijnsburg和Orangienboom由大員派往科羅曼德爾和蘇拉特，所裝金、銀和貨物按前面的詳細記錄價值總計f.1800,000。該船在同一時間於上述海灣歷盡風險，由上帝保佑脫離險情，保全一切，泊至上述地方的商館[72]。以所載貨物給予他們有力的援助，因此今年從上述商館運來的貨物多於我們的要求。

(fol. 59)上述科羅曼德爾海岸得到從大員和巴城運去的黃金和貨物如下：

Orangienboom從大員運去的中國金，日本銀和貨物，讚美上帝於1月25日平安到達，價值總計 f.770,473.19.5；
年底還將運去一批相當的貨物，明年1月底將從大員運去f.300,000的物資；

由Orangienboom運往帕里亞卡特和由Roch一船運去的中國黃金

72 此二船裝貨價值為f.1,845,548.16.1，於1641年12月13日自大員到達滿剌加，但在東京灣遇到風暴，經必要的整修後於同月17日被派往科羅曼德爾和蘇拉特。《巴城日記》1641年12月13日。

[73]，發現因中國人參假(我們在大員的人粗心大意)，只以11%的利潤售出，與平常25%和28%相差甚遠，只因收購的人粗心大意而引起，中國人將因其虛假而受到應得的懲罰。後來駐大員長官又找到3塊有裂紋的金塊送來，結果發現金銀參半。我們認爲，大員的評議會也應對此負責，在我們寄給特羅德紐斯長官的信件中，您可讀到有關的說明，並對其失誤追究責任[74]。可悲的是竟有人對公司的事務如此敷衍了事。

(fol. 75)下列國家硫磺產量豐富，即啞齊、孟加錫及福爾摩莎的淡水，大大超過我們貿易需求量，但在佩古(Pegu)、東京和印度沿岸及蘇拉特以上地區的硫磺質量不及荷蘭的，價格卻更昂貴，在淡水每擔4里耳，孟加錫硫磺在這裡4里耳可購買到122磅，在啞齊三擔一包，內裝360磅，而且東印度的現金將因而減少，我們希望利用從荷蘭收到的硫磺，據蘇拉特和科羅曼德爾的記錄，獲利更多，這就是我們在書信中要求再運來一批筒裝純硫的原因。

(fol. 76)大海船Amsterdam和Wesel於1月11日啓航後，分別從日本、大員、東京、柬埔寨和暹邏到達這裡的船隻有：

貨船Castricum，於2月24日自大員經暹邏泊至，載貨價值f.23,508.11[75]；

貨船Sayer於3月29日由大員經暹邏泊至，載貨價值f.10,431.15[76]；

帆船Tayouan於5月8日攜帶那裡的最新消息到達，運至貨物價值f.12,782。

公司在福爾摩莎的事務和貿易狀況令人滿意，自上次報告後沒有

73　Roch一船於1641年1月29日自大員到達巴城，裝貨包括20,038斤白色生絲，2,247斤紡絲，9,060件棕藍色lanckijns(南京絲)，942雙絲襪，190,635斤砂糖，13,294斤蜜薑，2斤人參(nisi)，348兩7錢金，13.5斤黑色上等麝香，3,064件粗瓷和一部分細瓷，價值合計f.167,607.18.8。《巴城日記》1641年1月29日。

74　據《巴城日記》記載，這一年的黃金質地次價值低，平常含金量為18、19開，現在只有17、18開，上等金以96兩銀，一般質量以94兩銀換取10兩金，中國人對此仍表示不滿。《巴城日記》1642年1月26日。

75　此船於1641年12月發自大員。貨單詳見voc 1140, fol.253.

76　此船與Castricum同樣於12月派出。貨單詳見voc 1140, fol.254.

明顯的變化，不在此做長篇大論。只簡單說明，那時我們盼望已久的金礦開發似乎有希望[77]；期望長官親自帶領軍隊出征得到另外的結果，而他們幾乎徒勞而歸，因爲對太麻里(Tammalacauw)人謀殺威瑟領採取的任何報復行動[78]，像對虎尾瓏和太麻里人的懲罰一樣未能取得進展[79]，原因是一官肯定與那裡的金礦有關。我們的人最終出於恐

---

77 據《巴城日記》，1642年1月7日貨船Meerman自大員帶至巴城的大員副長官特羅德紐斯的報告中記述了有關探金的事項。荷人從幾名淡水人那裡得知，在離淡水一天半路程遠的一個名叫Canlangh的地方有許多人天天在河岸淘金，居民們把黃金作為財物保存，或將金煉打成薄片(正如福島東部的人)掛在脖子和帶在頭上，但不准許任何中國人和西班牙人靠近村社，實際西人已用武力嘗試過，但徒勞無穫。上述淡水人還講，福島東北角有一條河，人們可順河前往藏金地點，他們建議，4月份帶荷人去那裡，到時候商人Peco願出船物援助荷人。同日期的《報告》下文還有關於探金的記載。

1642年初討伐太麻里途經秀姑巒(Supra)村社的一座高山，長官先生在山上發現紅色發光的泥土，他試圖將泥土融化使其分解，但沒有合適的人，因此將泥土放在一隻箱內運至巴城。筆者未能找到化驗的結果。《巴城日記》1642年1月28日、5月8日。

78 1641年5月31日威瑟領乘船到達瑯嶠，然後經陸路前往卑南，他得令於東部地區的居民聯合勘探金礦，並說服他們種植稻米。9月12日一名士兵從卑南社帶來確切消息，威瑟領和兩名士兵以及一名翻譯被太麻里和Nicabon村社的居民殺害，此地距卑南兩荷里。

1642年1月11日和長官特羅德紐斯率領353人組成的隊伍(225名荷蘭人、110名中國人、18名爪哇人等)乘坐大小兩條導航船，帆船Gouda和兩條中國帆船出發前往小琉球，到福島東部探金並討伐太麻里村社。到達瑯嶠灣之後，Gouda和上述一條中國帆船撞到岩壁上成為碎片，但人員全部得救。其他船隻被派回大員。同月13日，長官率領隊伍向福島東部進軍。途徑Kattangh和Dolaswack到達Banghsoir，長官留下舵工科內勒森(Sijmon Cornelissen)和另外一人看守飲料，結果受到瑯嶠王攻擊，飲料也被搶走。荷人估計，舵工和另外一人肯定遭到殺害。荷人沿東海岸途經幾個村社到達卑南，並受到當地人的熱情接待。經調查，荷人得知，威瑟領是被當地人醉酒後遭殺。24日，長官率領軍隊前往太麻里討伐原住民。行走約1小時之後在一條小溪附近與當地人遭遇，他們隱藏在蘆葦中，待荷人趟過小溪，馬上發起攻擊，最終原住民死亡27人，荷人有一人死亡，5人受傷。然後荷人繼續前往座落在高山上的村社太麻里，村社奮起抵抗，然而不敵荷人，他們的村社被燒成灰燼，荷人下令不許原住民在同一地方建立村社。隨後，荷人收兵卑南，並在附近尋找藏金地，仍無結果。最終於2月23日返回赤崁，回到大員。據《巴城日記》1642年5月8日。

79 1641年11月20日，400名荷人和其他中國人乘坐300條舢板從大員開往暴

懼而率大隊人馬毫無收穫地返回大員(他們把責任歸咎於瑯橋王，並需對他懲罰以警告他人)。長官對我們講了許多無用的空話。在對我們給大員有關福島的事務和管理的命令和規定進行必要的研究之後，您可參照4月16日、6月28日、7月25日和8月5日的通信錄，將得到進一步瞭解並認爲我們有充分的理由召特羅德紐斯長官來此，以當面對各種事務和擅自改變我們的命令負責。詳情請您參照上述有關的信件，現在繼續報告公司的事務。我們由此派出以下船隻前往大員和日本，即：

貨船Cappelle於4月17日經澳門，

Tijger和Pauw於6月29日，

Ackerslooth和Broecoort於7月26日，

最後快船Oudewater於8月5日派出。

感謝上帝，以上船隻均裝運用於大員的貨物平安泊至，運至物資價値f.733,372.-.9，包括111,333荷蘭銀元(Rijksdaalder)，31,200獅像銀元

亂的村社西螺(Davole)和虎尾瓏，同月23日到達笨港溪，派20名士兵和150名中國人留守船隻、武器彈藥等。夜裡牧師尤紐斯率領15名騎士和來自10個村社的1,400名原住民到達，配合以上隊伍，長官率領援軍和其他人開往上述村社。25日傍晚，隊伍到達西螺社，村民在田野裡列隊反抗，終不敵荷人的力量，原住民在30名同胞死亡後逃散他處，村社中150座房舍，400座倉庫輕而易舉地被荷人占領焚燒，村裡的果樹被砍倒，居民們紛紛外逃。但原住民的隊伍之間因搶奪頭顱而發生衝突，幾乎在軍隊中引起一場混亂，荷人恐怕這些人誤事而將其中1,200名遣送回去。

27日荷人開往虎尾瓏，村社的兩名長老向荷人承認海船Oostcappel的三名荷人即下級商務員羅藤斯(Hans Ruttens)和其他二人，但這些人是受二林(Gielem)人的煽動，而荷人以為這只不過是無理的託詞而已。最後荷人隊伍開進虎尾瓏村社，將400座房舍、1,600座倉庫點燃，大火一直燒到第二天。有一名長老要求荷人保全這些房舍，荷人命令他們20天內與西螺、二林、貓兒干派代表將殺人兇手和三名被害荷人的頭顱送到大員。荷人於12月2日返回大員。

1642年2月14日，虎尾瓏社和五個週圍村社派人帶著三名荷蘭人的頭顱到達大員，與長官先生修訂條文如下：一，承認並歸服荷蘭國執政官和東印度公司；二，承認對荷人及其盟友所犯的謀殺罪，願與其建立友好關係；三，不許村社窩藏上述兇手，應盡全力追捕他們，捉獲後送交大員就審；四，一旦臨近村社之間發生衝突，未經長官准許，不能輕易開戰；五，向荷人提供一切人員、給養和其他方面的援助；六，打著荷蘭旗再次到大員簽約。同月23日，他們果然又到大員，附加違約後的處罰一項。據《巴城日記》1642年5月8日記載。

(Leeuwendaalder)，35,255里耳，5,000兩錠銀，1,193瑪克(mark)英國碎銀，現金總計f.478,027.8。以及6,069擔或303拉斯特胡椒、100擔上等丁香、49,046磅木香、12,230磅兒茶、1,015磅沒藥、44斤渤泥樟腦、575磅加工過的生琥珀、433.5擔檀香木、8,386根牛角、以及亞麻布、哆囉絨、給養、武器彈藥，還有其他所需物品，船貨種類繁多，您或許可以理解，我們按照他們的看法爲繼續大員的貿易，加強我們的資金實力，盡可能多地向他們提供貨物，特別是胡椒，賣給中國人從而轉換成黃金或貨物。從大員的報告和該商館寄來的結算帳簿中可以看出，上述貨物均以相當的價格售出，儘管中國目前不夠安定，交通也因而堵塞，銷路不佳，嚴重影響貿易的進行。

我們從1641年9月5日Tijger和Nassauw送來的您的信件中獲悉，即將送來的資金比我們要求的多出f.400,000，即f.1,200,000，這對公司極爲有利，可爲大員提供更充足的資金，額外送去f.600,000，用來爲科羅曼德爾和蘇拉特換取黃金，在那裡至少可獲利28%，而銀在麻西里帕特納姆則只能虧本。令人遺憾的是，由於荷蘭派出的船隻遲到，影響了這裡的事務，結果按我們的計劃缺少f.250,000的資金，事後只能以荷蘭銀元和獅像銀元以及里耳送往科羅曼德爾和蘇拉特，這些銀元在那裡的獲利比中國黃金少f.60,000，對上帝的安排我們也無能爲力。荷蘭船隻的遲到阻礙了公司各項事務的正常進行，讚美上帝，這幸好沒有給我們造成明顯的損失。您從我們寄去的報告中可以讀到，經廣南、東京和聖靈角爲攻占西班牙人在雞籠的城堡薩爾瓦多(目的是使我們成爲這座島嶼的主人)，派去475名士兵和其他戰爭必需物品，由司令官拉毛球斯(Johannes Lamotius)和指揮官哈魯斯(Henruch Harouse)與范·林恩(Jan van Lingen)及其他幾位經驗豐富的軍官率領。在我們寄往東京、大員和日本的書信中您可以瞭解，就向東京王提供援助攻打廣南一事與他協商的結果以及做出的決議，您可查看4月12日的決議。我們將繼續向您報告事情的發展，那一地區的貿易按我們的要求順利進行。另外我們就大員貿易和其他事情下達的指令以及所期望可得利潤的結算和其他諸如那裡艦隊的活動，同樣見我們的書信集。

至於日本的事務，在6月28日的信件中您可瞭解到我們從這裡經暹邏、柬埔寨、東京和大員派運往那裡的貨物種類和數量，就進行貿易下達的指令，並向日本的官員和長崎的奉行請求恢復我們日趨淒涼的貿易，這與您的指令基本相同，此事以及其他事情，諸如寶貴的銃槍(據說他們將極爲欣賞)爲何等到下次船隻再運去的原因等在此不再詳細報告，正如我們所講，詳見我們寄去的報告和指令副件。有關那一地區事務的進展，在同時寄去的文件中您也可以讀到，感謝上帝，有以下船隻從日本和大員泊至巴城：

11月10日海船Tijger，10月發自澎湖，載有200擔絲綢、糖、蜜薑、少量絲綢，沒有瓷器，詳見貨單，價值f.218,712.04.12[80]

同月20日帆船Nieuwe Fortuyn，並帶來日本的消息，載有226擔硫磺，價值 f.2,374.17.12

同月26日，快船Oudewater運來在雞籠捉獲的71名俘虜，700擔硫磺和日本鐵，價值 f.14,110.03.11

同月28日海船Nassauw發自日本，經大員到此，載貨包括糖和100擔中國生絲、綢緞、日本樟腦和其他貨物，按帳單所記價值 f.190,342.00.05

總計 f.425,539.06.06

特羅德紐斯長官10月5、11、15、27日和11月3日的的報告由上述船隻分別帶至我處，報告概述如下：

公司貨物的銷路仍然不佳。我們難以說服中國人將我們需要的絲貨和瓷器運往大員，儘管我們許諾他們按其質量以優惠的價格支付。有些人認爲由以下原因所致，我們得到的消息則完全相反，即中國對大員的貿易是背著皇帝和官府進行的，所有的活動均在一官和巡撫的默許之下進行，商人一旦被發現無照經商，將受到嚴懲。中國處於一片混亂之中，各省發動戰爭互相爭鬥，致使通往北方的路途被賊寇和強盜所占，貨物運輸需大批人馬護衛，商人損失慘重。而且中國官方

80 貨單見voc 1140, fol.278.

對沿海出入船隻嚴加監視；無照經商的人將被沒收船貨，商人受到各種刁難。現在我們提出嚴肅要求和追究我們在中國不能像澳門的葡萄牙人那樣受到厚待的原因，可望得到更詳細更確實的消息。公司的資本不會毫無收穫，這一點無可置疑，正如至今的情況所表明，既然儲存有白銀，貨物也將源源不斷地運來；唯一不順利的是，我們所需要的貨物不能及時運到，因此改變對中國人的政策乃當務之急，既然有三條中國帆船裝載價值500,000兩銀的上等絲和綢緞前往日本(冒違禁遭殺的風險)，即不應拒絕他們前往大員的要求，特別是我們的人將按其貨物質量與價值公平貿易。我們就此事鄭重地寫信給中國大官一官，向他說明，應向公司供應貨物促進貿易，不然我們將採取應對措施。究竟結果如何，近期內將會清楚。同時，日本的白銀已運至大員，我們相信，儘管有上述障礙，近期內將會有大批貨物運往大員。同時我們不能任貿易受人控制和壟斷，而需公平貿易並品嚐到其中的果實，我們應該設法達到這一目的。期間，Tijger和Nassauw運來一批貨物，沒能購到一件瓷器，只有少量的絲綢，但相當一批白色生絲，以相當的價格購入，以及一批紡絲、絨絲和緒絲(floszijde)、2,000斤茯苓、64^{3}/4擔廣東蜜薑，相當數量的砂糖、冰糖和塊糖，糖價與從前一樣貴，據我們的人報告，這批糖因降雨過量而不如通常白淨。因兩條來自中國的帆船遇難而損失4,000擔糖，另有一條因風暴而航離大員，您今年不會收到所要求的糖量。但此後蔗糖供應不會有問題，特別是在福爾摩莎已種植大面積甘蔗，目前甘蔗長勢較好。

我們的貨物銷路不佳，儘管如此，檀木售價爲28里耳，木香38里耳，胡椒爲15至14.25里耳一擔，琥珀29里耳一斤，中國人以生絲和黃金支付。西印度的白銀由de Vreede自荷蘭運到這裡，我們可以發現，難以從中獲利，因爲這些白銀在荷蘭購入的價格與這裡的白銀相比不合算，其價值有所減少。里耳和荷蘭銀元仍有利可取，31,200獅像銀元和克朗(cronen)按荷蘭價格計算損失f.1,593.12。白銀在蘇拉特獲利高於其他任何地區，如果能再得到，將運往那裡使用，克朗將留在巴城使用。

根據長官先生特羅德紐斯的報告，黃金的購入已恢復正常，他們

充分地提防狡詐的中國人的各種欺騙行爲，大員現存黃金價值

f.215,704.09.00

呂宋或馬尼拉的黃金，價值　f.38,469.18.08

黃金價值總計　f.254,174.07.08

長官先生報告，將派Pauw和快船Kivith分別送往科羅曼德爾和蘇拉特價值f.300,000的黃金。同時，那一地區仍存有貨物可繼續貿易，事情出乎意料。

(fol. 81)前面所提及的呂宋或馬尼拉的黃金含金量可觀，被中國人暗地裡在帕納蘇朗(Pannassulangh)和卡卡陽(Cacayen)從當地居民那裡(那裡藏金量大)買出。中國人又一次從大員乘坐一條帆船前往馬尼拉，儘管他們最近一次航行不順，並有人控告他們來自大員。西班牙人在那裡的勢力和工事有限，正如中國人的報告和兩張地圖所表明。我們將派人嚴密監視那裡的動靜，同時留意是否可採取於公司有利的行動。馬尼拉的西班牙人對公司的勢力已畏懼三分，只要我們鄭重其事，相信完全有能力征服他們，但公司是否能像西人那樣攫取利益，尙值得考慮，因爲我們探得消息，菲律賓對西班牙的國王來說只增添累贅而無利可取，這不宜於公司的事業。但我們將盡力打探清楚，再將結果報告給您。

現在把話題轉回大員，我們獲得消息，使我們得到極大安慰，城堡工事總的來說令人滿意，魍港的城堡情況仍然良好，只需少量保養費用。福爾摩莎的種植業發展迅速，大片稻田和甘蔗林只待收穫；只要能找到靛藍種植工，他們計劃這樣做，靛藍供應也將毫無問題。

基督教的傳播進行比較順利，只要對搗亂者隨時加以懲罰，原住民的行爲將得到保障，正如以往的經驗告訴我們。

爲使公司能嚐到珍貴的福爾摩莎島真正的果實並使公司成爲整座島嶼的主人，我們決定把西班牙人趕出雞籠，並占據他們的城堡工事。爲達到這一目的，長官特羅德紐斯先生按照我們該8月17日的決議在軍士

長拉毛球斯(被任命爲這次遠征的統帥)[81] 到達大員之前，首先派隊長哈魯斯[82] 率領5艘快船，2條帆船及一艘小導航船前往，配備人員690人，其中包括390名官兵，222名船員，餘者爲廣南人、中國人、爪哇人和奴隸；該船隊於同月21日到達，同時靠岸登陸，勇猛地衝破西人的抵抗，搶占山頭。夜裡，他們宿營在那裡，白天將兩座大砲拖上山，從那裡向安東尼澳(指揮重地薩爾瓦多)猛烈轟擊，直到打開缺口，然後群起而上，等到我軍到達那裡攻取，西班牙人已及時逃入城堡，同月25日我們的人占領城堡。次日，他們打著飄揚的戰旗進軍修道院，繳獲敵人的武器，並將把這些俘虜押解回大員或巴城予以釋放。感謝上帝，西班牙人的城堡，以極小的代價順利地據爲我有，我方人員在激戰中死亡5人，有15人受傷。俘獲城堡中446人，其中包括115名西人，62名pampanger，93名Cagajaner勞工，42名婦女，116名男女奴隸，18名兒童[83]。

我們在大員取勝的消息傳來之前，評議會已決定派拉毛球斯司令官率領他帶來的兵力馬上前往雞籠援助，在小導航船將這一令人興奮的消息傳來時，該船隊已做好出發準備。儘管如此，評議會仍下達指令，派上述司令官前往整頓那裡各方面的秩序，主要是勘探所盼望的金礦，去征服據說藏金的北部村落。至於福爾摩莎北部可以發現黃金，這點已確定無疑，同時給您寄去的西人的各種報告，特別是西人阿古拉爾(Domingo Agular)的解釋更可以說明這一點，此人已在雞籠居住17年，並與當地人結婚，能講一口流利的當地語言，他曾親臨藏

81 此人於1634年以軍士身份來到東印度，1637年晉升為後勤主管，1638年作為范·迪門(van Diemen)的助手前往安汶，1640年受命去亞齊，先任職少尉，自1640年11月8日被提升為軍士長，領兵攻打滿剌加。1641年攻打雞籠時遲到。1643年先被派往堯港做調查工作，後幫助東京國王對付廣南而到達東京。這次遠征時被任命為司令官。

82 於1615年在美洛居群島服役，在那裡於1629年晉升為少尉。1641年12月率領艦隊從那裡到菲律賓海域劫擊船隻，後來到達巴城。1642年前往福爾摩莎島，在那裡於8月25日參加攻占西班牙人的雞籠。1644年3月，他被派往東埔寨，7月22日在那裡去世。

83 最後西人與荷人簽訂投降書，詳見voc 1140, fol.346，戰爭經過見voc 1140, fol.313.

金地點，並從河裡撈出大小不等的沙金和金塊。我們把產自雞籠的黃金樣品放在裝有信件的箱子裡送去，您可親自過目，同時送去船長哈魯斯先生的報告。上述黃金不但質地純淨而且含金量高，您鑒定後即可發現；就藏金量而言，是否值得我們耗資開採，遺憾的是我們目前尚無法斷定。有人說可產一擔，另有人說每年可淘更多的金子，那裡的人也認爲藏金量難以確定，只知因暴風驟雨從山上吹落到河裡被人發現的黃金量，從礦裡挖出的金子與此完全不同。

風雨季節妨礙了尊敬的拉毛球斯先生率船隊駛往福爾摩莎島北部，從東海岸登陸，進一步察看(據說那裡有一良好港灣靠近產金地)以確定上述金礦所在。後來從雞籠由陸路尋找金礦，但從10月份一直到次年1月份暴雨傾盆，無法攀登陡峭的高山。若仍不能確定金礦的所在，就要等到3、4月份繼續探查。上帝保佑我們渴望已久的金礦能夠找到，使公司援助福爾摩莎的資金沒有白費，從中得到滿足和安慰，金礦找到的希望和可能性極大。雞籠的城堡將繼續維持到得到具體指令，並由那裡的哈魯斯先生指揮。根據最新的報告，爲使淡水一地得到保障，並能維持那一地區興隆的硫磺生意，拉毛球斯先生被派去駐守西人的砲台，然後打算從那裡經陸路返回大員。長官特羅德紐斯已到達我處，我們將與他討論占據此地的必要性，若無利可圖，城堡和駐軍均將失去意義。如果那裡的金礦藏量豐富，對此我們毫無疑慮，將須保證那一地區的安全，嚴加守衛福島北角，因爲特里尼達的西人在雞籠島已在當地居民中間傳播天主教，我們決定繼續占據此地[84]。

---

84 10月11、12日，拉毛球斯將軍集中雞籠所有的軍隊，命哈魯斯駐守雞籠城堡，親自率快船Ackerslooth、Oudewater、Lillo、Waterhondt和一條導航船，兩條中國帆船開往淡水。

14日荷將軍察看附近地區，發現拆毀的舊城堡址是建堡最合適的地方，靠水一邊高山聳立，西南為高度相同的平地，東和東北邊是一條深谷，地勢險要。荷人召集原住民為他們建築城堡。後來又從幾條停泊在河裡裝運硫磺的中國帆船中捉獲28名中國人，每人每天付給約6斯多佛，強迫他們幫荷人築堡，其中23名於10月26日逃往內地。

11月5日，城堡建築竣工。9日荷人給各工事命名，城堡以荷印總督的名安東尼澳(Anthonio)取名，西南部半月形的堡壘以其姓迪門(Diemen)命期間這一地區的占據和守衛將導致我們駐東印度軍隊的緊缺。您必須提供援助，至於那裡發生的其他事情，諸如大員的村社歸服我們，並把他們的土地獻給公司[85]，不在此詳述，因為您同時將得到那一地區的所有文件和大員長官的報告。從這些文件和報告中，您可得到那裡

名，東北部砲台為瑪麗亞(Maria)，東南還有一半月形堡壘。

11月10日，河對岸的5座村社向荷將軍表示歸服，並認荷人為其保護人。當日，拉毛球斯率領150人乘船離開淡水返回大員。據上述日期的《熱城日記》。

85 1642年9月13日，拉毛球斯率兵乘坐快船Ackerslooth、Oudewater和Waterhondt到達福島北部的雞籠。

9月22日，金包里、Lapourij、三貂角、Lalabeouan和Torockjam村社將其土地貢獻給荷人，並與荷人建立友好關係，雙方結盟訂約後，荷人發給每個村社一面荷蘭旗。

9月23日，位於淡水溪入海口的Kypaton(距離雞籠兩天路程)，長老為Palijonnabos，有80名壯丁，80名婦女和兒童；武溜灣村社位置與上述村社大體相同，其長老為Siasou，有70名壯丁。上述兩村社到雞籠將其土地貢獻給公司，荷人分別贈以王子旗。據翻譯Alcone講，淡水沿岸附近共有村社15座，4000名壯丁。

9月25日，荷將軍拉毛球斯率兵前往位於Danou河岸的St.Laurens灣，此灣距福島北端5荷里。荷人這次出征的目的是觀察北部村社是否有歸服之意。荷人經Kinarboes河，中國人為西人燒石灰的Bawatang、Bovo，河邊的Bangabanga、Batang到達三貂角即Olim Kiwannoan。那裡的人向荷人提供去St.Laurens灣的詳細路線後，荷人經Bieris河，Tarochiam河(河的一邊有11個村社，另一邊有14座村社，但只有下游一個與河流同名的村社與荷人結盟持有荷蘭旗)，Tachadon河和最大最深的Keriwan河(河岸有9座村社，均未與荷人結盟)。從那裡再有半天的路程即到達St.Laurens灣。

10月8日，拉毛球斯派人送信給金包里社，要求村社幾位首領到城堡接受召見。結果村社的人獲悉後，馬上帶著弓箭逃往山中。拉毛球斯隨後派隊長布恩率士兵前往，捉獲婦女60名，男人6名，同時將村裡的米、鹿皮、鐵、稻等送往城堡。荷人審判捉獲的村民後，將其中六名處死，他們是：三貂角社長老的兒子Pantochan，因為他在家父病重期間拒絕領導村社向荷軍隊提供給養，無視將軍的特令；Sisinjan，即馬鈴鏗和Taporij的長老；Alcone，因其判離行為和煽動三貂角村民反叛的罪行；金包里社的兩名和三貂角村社的一名村民，因反抗和叛離罪。

10月10日，荷人將其他人釋放，並命令他們向他們各自村社的首領傳達，派10到12人到城堡領取荷蘭旗。

10月11日，金包里和Taporij的村民到城堡負荆請罪，荷人重新收納他們並指令翻譯Theodore為上述村社的長老和頭領，又任命其他兩人為其助手。

的詳細情況。如福爾摩莎的現狀，東京和日本正在能幹的高級商務員哈欽(Carel Hartsingh)的管理下，各方面進展良好，此人在整個駐東印度期間對東京和日本貿易貢獻巨大，而且作爲福爾摩莎公司事務特別是掌管商務的第二把手表現令人滿意。由於缺乏合格的人員，我們只能派他統領這一重要船隊，並組成以他爲首的委員會。我們相信，他有能力指揮船隊，保證人員船隻和貨物完全到達目的地，願上帝保佑，阿門。

爲向日本官員通知我們攻取西人在雞籠的城堡的勝利，我們認爲將軍聽到這一消息後定能無比欣慰，於9月11日從大員派往長崎de Brack一船，裝運2183斤上等綢緞，1248擔紡絲和75擔白色吉朗綢，價值總計f.16186.3，但據10月10日來自日本的最新消息，此船仍未到達日本。相信在高級商務員范・艾瑟拉科月底離開日本時，該船已到達那裡，並希望他們從大員帶去的消息會令日本人滿意，因爲日本人深受西人和葡人之苦。

大員11月3日的報告中就公司在那裡和將從日本運去的資金貨物做出如下的統計：

碎銀和日本白銀總計	f.785,000
貨物以及外借資金，按百分之三十的利息計算，爲	f.350,000
將運至的日本資金計	f.250,000
用於科羅曼德爾、蘇拉特、波斯、日本和巴城的黃金和貨物總計	f.325,000
在大員的貨物資金總值合	f.1,710,000
從中扣除科羅曼德爾，蘇拉特和波斯所需資金	f.600,000
爲東京和暹邏備用於日本貿易	f.222,000
	f.822,000

此外，用於滿足日本的要求和費用支出等項，大員剩餘f.888,000。儘管爲日本購入中國貨物至少需f.800,000，用這筆資金仍可通過貿易爲巴城減輕負擔。

以下三艘海船自日本的長崎到達大員：

10月12日，Nassauw和Pauw，裝載日本樟腦、鐵、38條日本絲裙、75包波斯綢，錠銀170,000兩，價值　f.568,577.1.10；

同月18日Maerman，此船於同月10日離開日本，載有用於東京、暹邏、大員和巴達維亞的貨物以及18箱銀用於暹邏，22箱爲大員，60箱爲東京用於購買絲綢，總計100,000兩，價值　f.293,763.8.13；

白銀總計270,000兩，價值　f.862,340.10.7。

今年泊至日本的貨船和海船共計4艘，de Brack一船也安全到達，船貨被投入市場並從中獲得利潤，詳見日本部分的報告。

另外我們再補充一下，按我們的指令，司令官巴科(Pieter Baeck)於10月1日左右率船由雞籠出發，前往中國沿海到Baboxin[86] 附近截擊來自日本的中國帆船，船隊由快船Wijdenes Santfort、Kievith和Wakende Boey組成，配備人員180人。10月17日，Kievith一船因風暴而脫離船隊，船上兩隻船錨和纜繩及其船頭飾像(galjoen)全部丟失，未能加入上述船隊，最終到達大員。我們希望，能截獲一官的兩條帆船和另一艘來自廣東(澳門的葡萄牙人似乎在那裡貿易，今年曾將價值500,000兩的絲和絲貨輸入長崎市場)的銀船，儘管高級商務員范·艾瑟拉科(Jan van Elserack)認爲截擊這些船隻將遇到極大困難，並要求這些快船在無任何收穫的情況下安然無恙地返回大員。這種想法有情可原，因爲他們的理智無法使他們理解事情的意義，他仍懼怕日本人的威脅從而使他們氣焰更加囂張。我們不得不承認，事實也是如此，中國人運往日本的貨物如此之多以致於公司在那裡無立足之地。因此現在只決定，派船截擊返回中國的帆船，明年將計劃攔截前往日本的帆船，無論日本人同意與否。

大員所耗費用不斷增加，儘管用於建築工事的資金不過f.2,000，自1641年10月1日到1642年9月底，水陸兩方面的費用，正如那裡的帳簿中所記錄達　f.223,666.01.03

上述時期內貿易所得　f.109,463.10.14

86　位於福島西北部。

人頭稅和其他稅收	f.52,886.12.00
大員入不敷出，赤字計	f.61,315.18.05

(fol. 110)在我們正準備取消這一計劃時，快船Ackerslooth於同月8日自大員泊至，該船於上月16日辭別公司駐日本的貿易總管范．艾瑟拉科，於10月29日與Saeyer和de Bracq兩船一同離開長崎灣，11月6日和7日分別到達大員，裝運貨物以銀爲主，價值f.311,016.11.14，10月12日de Bracq泊至日本，歷經僅一個月的時間。日人對我們攻占雞籠頗爲滿意，長崎的奉行Sabroseymondonne在我平底船到達那裡後特別派人稟報在江戶的閣老，他們對我們評價極高，認爲鎮壓西班牙人對他們來說是一件快事。

44. A. van Diemen, A. Caen, C. van der Lijn, J. Maetsuyker, J. Schouten, S. Sweers, C. Witsen, 巴達維亞, 1642年12月23日

——voc 1138, fol.117-129.

(fol. 117)我們計劃於4月底派旁塔挪斯(Pontanus)前去福爾摩莎，查看那裡種植靛藍的情況，我們幾乎可以斷定那裡靛藍的種植定會比暹邏成功，因爲福島不但土地肥沃，而且河水清澈，這正是種植靛藍必需具備的條件。在我們的土地上種植，成果自然由我們享用，(不像暹邏那樣)福島的居民均聽從我們的命令。事情的進展以後將及時向您彙報，相信大員不久即可提供優質靛藍。

(fol. 119)隨此報告送去一張雞籠地圖，繪有所攻占的西班牙人的城堡草圖，他們在淡水建築的工事，並標出藏金村社所在地，以及福爾摩莎全島概圖，由土地測量工和船長德．佛里斯(Marten Gerritsz. de Vries)先生對上述島嶼的座落和島上城堡位置的描述，從中您可詳細瞭解可能的金礦所在，在此從略。

45. A. van Diemen, C. van der Lijn, J. Maetsuyker, J. Schouten, S. Sweers, 巴達維亞, 1643年3月7日

——voc1141, fol.384-389

(fol. 381)拉毛球斯將軍已從北部撤回[87]，在那裡洗劫了虎尾壠、二林、東西螺(Oudt Davole)以及其他6個叛亂村社，跟從前有所不同地給於懲罰，以達到殺一儆百的效果。11名中國人，19名福爾摩莎人因參與謀殺羅騰斯(Ruttens)一事而受到嚴懲[88]。另外在北部地區因語言不通，路途不熟，也未能找到通往淡水的道路，需待雨季過後，機會合適再去察看。上述將軍在大員休整4天，待士兵們得到休整後，於12月18日帶領由300名官兵組成的飛虎隊進軍南部，以懲罰叛亂的瑯橋王[89]。

大員的副長官特羅德紐斯將於該月中旬或20日左右隨Lillo一船前來巴城，當面對他在大員違背公司指令這一失誤負直接責任，並與其商談繼續守衛雞籠和淡水的城堡的必要性，那裡新築的工事因暴雨受到損壞，(若認爲必要)則需計劃予以修復，以更好地保證我們攻占的地區的安全。

在中國沿海攔截來自日本的帆船的快船無任何收穫，也沒受任何損失，分別於上述月份的6、10和11日到達大員，高級商務員的願望得到實現。但我們仍然決定盡力阻攔中國人等對日本貿易，如有可能還包括自中國駛往馬尼拉的中國人和其他人，因爲我們堅信，完成這一任務的過程中不會遇到任何困難。如果中國商人自中國前來巴城，

---

87 指福爾摩莎島北部。

88 下級商務員羅藤斯於1641年在西螺的一次商談中與其他兩名荷蘭人遭殺。荷人對當地居民的報復行動見1642年註釋8。這次出征的命令見voc 1146, fol.649.

89 即瑯橋，位於福爾摩莎東南沿海，W.Ph. Coolhaas誤認為此地處於西南沿海。該地可能藏金，自1636年隸屬荷東印度公司，但當地居民對荷人仍保持敵對情緒，並奮起反抗。討伐瑯橋的命令見voc 1146, fol.697.

至少中國一方不會遇到什麼麻煩，我們相信，中國大官將下令向大員供應各種所需物品。究竟是否如此，近期內即可清楚。我們深信，我船隊在海上攔截來往帆船，樹立了我們的威信而打擊了中國人的氣焰。

46. A. van Diemen, A. Caen, C. van der Lijn, J. Maetsuyker, J. Schouten, S. Sweers, 巴達維亞, 1643年12月22日

——voc 1142, fol.1-79.

(fol. 43)我們在最近一份報告中已就福爾摩莎和日本的良好情況根據我們於3月18日得到的消息盡量詳細地做了記述。後來於4月2日和5月5日現已去世的副長官特羅德紐斯乘坐的快船Lillo和帆船Amsterdam先後到達這裡，運來黃金、瓷器、硫磺、茯苓、金線和價值約f.25,000的絲貨，價值總計f.308,190.12.7。黃金我們已在適當時候運往科羅曼德爾，價值計f.257,000。其中瓷器包括不同種類的129,000件，分裝於海船het Hoff van Zeeland和Provintie運回荷蘭。我們相信，瓷器在荷蘭將深受歡迎，主要以大小瓷盤為主，式樣奇異而裝飾美觀，質地優良。

(fol. 43)此後沒有什麼事情值得記述，只是中國運來的貨物寥寥無幾(儘管大員資金充足)，至3月22日上述帆船Amsterdam離開大員時那裡為日本儲存的貨物總值不過f.223,000，而且後來數量有所減少，原因我們以後再詳述。下面我們繼續報告。首先簡短記述我們從這裡向大員和日本派出船隻運送物資，並向他們下達有關公司在那裡的事務和貿易的命令。

從巴城先後派往福爾摩莎的船隻如下：4月24日，貨船Cappellen；6月24日，大海船Salamander；8月2日，貨船het Vliegende Hert；8月9日，快船Leeuwerck。感謝上帝，上述船隻均安全到達，運去資金貨物總值f.1,677,055.12.7，包括f.1,400,000碎銀等現金、320拉斯特或6,383擔胡椒、12,000磅上等丁香、200擔檀木、1,200根紫檀、44,000磅木香、10,000

磅沒藥、45磅琥珀、4,000磅rassemmalen、鉛及各種戰用品，給養和里耳，您可詳細參閱上述日期商務記錄的貨單。但仍需送去50,000荷蘭銀元。並由Lillo一船從這裡運往東京一批貨物用於在那裡購買絲和綢緞，價值f.133,337.10，高級商務員范・艾瑟拉科[90] 到達東京附近之後按駐紮在那裡的布隆科豪爾斯特[91] 的建議，這批資金不宜存放在那裡，而在大員卸下，因此從這裡運往大員商館的貨物資金共計f.1,810,393.2.7，數量可觀。

大員派快船Lillo運往長崎的中國貨物價值計f.226,927.7.3。派出的貨船Cappellen裝貨如下：54,800張鹿皮、3,762張羊皮和麋鹿皮、770擔明礬，價值f.23,465.17.13。絲和絲貨以及運往柬埔寨的貨物由Orangienboom裝運，價值f.110,375.15.3。10月10日Waterland一船裝運中國貨物，到達長崎，價值f.37,640.10。

上帝保佑，大員沒能滿足日本的供貨要求(短缺f.700,000至f.800,000)，但大員所缺少的不是資金而是運自中國的貨物，有關這些事情和那裡貿易狀況的繼續，為節省篇幅，您可詳見我們4月23日、5月9日、6月23日、7月6日和8月1日及8日的書信，由上述船隻送給長官拉・麥爾。從中您可得知，我們就福島的貿易和統治措施令人滿意地下達指令，並命令他們盡力置辦為荷蘭、巴城、科羅曼德爾、蘇拉特和波斯的貨物。我們完全相信，由15艘海船組成的艦隊將到達大員。幾乎出乎我們的預料，後來我們得知，果真如此。雞籠城堡被摧毀；為保障硫磺的開採，將於淡水修築一座砲台防禦[92]；勘探我們所期望的金礦，包括整座島嶼，以及位於東北和東南角的小島；攔截中國人往

90 Jan van Elserack於1629年以助理身份航出荷蘭，1631年到達巴達維亞。1632年，他被派往福爾摩莎，1639年被提升為高級商務員。1641年11月到1642年11月，1643年11月到1644年11月，任荷駐日本商館館長，同時為東印度司法委員會委員。後來前去拜訪日本將軍，獲得成功。1645年作為副司令官率船隊返回荷蘭。

91 Anthonio van Brouckhorst於1644年成為高級商務員。自1642年12月到1647年主管大員與東京的貿易事務。1649-1650年為荷駐日本商館館長。1651年作為副司令官率船隊返回荷蘭。

92 即砲台瑪麗亞。

馬尼拉的貨物運輸；暫時停止截擊駛往日本的中國帆船，以避免我們所擔心的將在日本遇到的麻煩，同時在老實的中國人中間製造風聲，說我們已派出一支特別艦隊前往那一地區，以及我們以公司利益爲重，根據實際情況所下達的其他命令等等，請您詳見上述報告。

(fol. 45)現在接下去報告大員和日本所發生的事情。從他們寄來的報告看，有積極也有消極的消息。該月2日，大海船Salamander自澎湖到達這裡，該船於10月30日發自澎湖，帶來令人傷心的消息，運至貨物只有1,403箱和267簍或3,880擔砂糖，價值f.45,116.16。

少量絲和絲貨、91,556件瓷器、蜜薑等，據同時運去的備忘錄所購入貨物價值f.62,210.17，由貨船het Vliegende Hert自大員運往澎湖，以轉交給Salamander一船，該船在媽宮澳(Kerckbay)[93] 附近抛錨停泊後遭強烈風暴襲擊，結果船錨均被拔起，撞擊到虎井嶼(Roverseyland)的岩石上而造成船毀人亡，共32人死亡，其中有20名是領取薪水的公司職員，以及多人受傷[94]。

這次回荷船隊只裝運少量甚至沒有中國絲貨，主要因爲一官欲壑難填，居心不良，企圖控制我們的貿易，他在日本享受巨額利潤，不允許我們獲得絲毫的好處，在他支付現金和得到用於日本的貨物之前(這些貨物日益增多，充溢日本市場，導致公司在那裡無所事事)，爲顯示他與人爲善，先將其過剩的貨物運到大員，而且要我們視之爲相當貴重的貨物支付現金，一旦我們對此有所異議而謝絕購入並遣送回中國，他便指責我們對他不公平，嫁禍於人，把貨物輸入量不足的責任推卸給我們，因爲他認爲我們付錢不足或甚至蠻橫拒絕，以把他的無禮美化爲正人君子之爲，從而譴責我們爲事不公平；這就是我們爲

93 該島所在的海灣位於澎湖西南海岸北緯23.31度，東經119.33度。

94 據《熱城日記》1643年9月30日和10月17日的記載，貨船het Vliegengde Hart當時滿載糖、瓷、絲和其他織物，於10月6日航往澎湖。結果遇風暴，在澎湖的通盤嶼(大、小Taffel)之間停泊至10日，後來靠近虎井嶼，結果在掉轉船頭時撞擊到島嶼的東北角，船上32人死亡，只有4名水手和1名助理身受重傷。此船於16日隨一條帆船航出。貨船所裝貨物幾乎全部損失。貨單見voc 1146, fol.598. 有關該事件的經過詳見voc 1143, fol.715.

什麼計劃鄭重其事地改變這種壟斷局面的原因，在盡量避免損失的前提下盡力打擊橫行霸道的一官，不然，公司的中國—大員—日本的貨物運輸將全部癱瘓而失去作用，我們希望能藉助上帝賜予的幫助設法避免出現這種結局。另一方面，我們絕不會操之過急並盡可能不輕舉妄動，滿懷希望地促使事情向有利的方向發展。

Salamander一船離開時，大員只存有價值f.250,000的黃金，與我們計劃運送給科羅曼德爾和蘇拉特的數量相差懸殊。我們對船主Jocksim近期內將得到大批黃金的許諾仍抱有希望，計劃於11月中旬派船送往科羅曼德爾f.600,000，若黃金供應有問題，準備以錠銀補充，向蘇拉特供應f.450,000錠銀，溫古爾拉、蘇拉特和波斯的要求均未能得到滿足。後來總管拉·麥爾先生將運往上述地區4,000擔糖，數量足夠；可望在波斯賣得高價。中國糖量少價高，這種情況以後會有所改變。福爾摩莎提供糖2,500擔，爲赤崁地區種植收穫而得。我們爲荷蘭收購的糖量不過8,000擔，相信孟加拉的糖[95] 在布雷達市(Breda)將以優惠的價格售出。今年我們幾乎在各地均遭受重大損失，只能派出6到7艘海船運回數量有限的貨物。

有關金礦的消息我們仍不能確切地寫信告訴您。我們的人已去過哆囉滿，勘探那裡的山谷，挖開地層，但沒有發現黃金。是否當地人報告有誤或他們自己也不知道金礦的所在，還有待於我們進一步調查。有人在那裡發現黃金這一點仍可以肯定，因爲有人報告，哆囉滿社以北一荷里處，大沙溪(Papouro，花蓮縣秀林鄉)河岸的一個村社裡的居民在地下挖出金子，甚至發現成塊的黃金，大小如豆或半個手指。至於吉安溪

---

95 十七世紀上半期，孟加拉糖的銷路有兩處，最主要的是印度西北部的孟買(Bombay)和蘇拉特，其次，荷蘭東印度公司時而購買有限的數量運往歐洲。就後者而言，荷人或歐洲市場最需要的糖類是中國砂糖，一旦中國糖供應不足，才以孟加拉糖代替。當時亞洲產糖的國家還有暹邏，但暹邏糖質量較次，顏色深至發黑。後來荷人在爪哇發展植糖，1648年收穫 245,000 磅，逐漸取代孟加拉糖。詳見J.J. Reesse, *De suikerhandel van Amsterdam* (Haarlem, 1908) 第8章；Kristof Glamann, *Dutch-Asiatic trade 1620-1740* ('s-Gravenhage, 1981) 第8章。

(Iwatan，花蓮縣吉安鄉)、大沙溪以及哆囉滿出產黃金這一點，已肯定無疑[96]，但這一貴重金屬不會輕易被發現，需付出人力與財力，這正是我們的計劃，總管也是如此建議，即我們應保證受住哆囉滿並以此地作為基地，方便時促進這一工作並獲得成果，尋找金礦和通往內地的道路。用於這一工作的資金不會特別多，為贏利應敢於投資。為使不斷鬧事的福爾摩莎島北部居民友好相處，和保障硫磺貿易，與我們的指令相反，大員的評議會決定加固雞籠的工事，並在淡水籌建一座堅固的砲台，以使公司的硫磺供應不出意外。最終准許中國人從事硫磺貿易[97]，規定每100擔生硫磺在淡水納稅20里耳、在雞籠30里耳(那裡也出產硫磺)，從中可獲得相當的收入，而且會促進大員的移民，後來我們決定這一貿易只允許在大員居住的人享受。

(fol. 47)大員胡椒生意興隆，(因為5條帆船中的3艘，分別於6月7日，17日自巴城駛往中國途中，在廣州附近遇難)每擔15里耳，木香45里耳，下等丁香22里耳，檀香木28到30里耳，兒茶12里耳，鉛5.5里耳一擔，琥珀28到32里耳一斤。總之，胡椒銷路見好。胡椒價格之所以如此昂貴，是由於帆船遇難和其他香料的損失造成的，以及東印

96 1643年5月3日，被派出尋找金礦的隊長布恩在哆囉滿社召集村社頭領，向他們講明他到達那裡的原因，他為居民們不信賴他而深感痛心，並進一步解釋，荷人到此是來與當地人做黃金生意，而不是來奪取他們的利益。荷人極想親臨產金地點，探明金的數量，是否值得花費資金來進行黃金貿易。當地人告訴他，產金時間是八月暴雨時節，而且在吉安溪與大沙溪之間，雨大河水外流，受到海浪衝擊，海灘上時而也可發現沙金，但荷人在大沙溪岸的村社裡所看到的豆粒甚至半個手指大小的金塊是從山上挖出來的。次日，荷人派人與哆囉滿的村民前往產金地點，但沒能發現任何黃金。這支隊伍包括官兵、水手、中國人共236人，於1643年3月21日由布恩率領，經淡水和雞籠到達福島東部探察金礦。5月5日，荷人經吉安溪、Zacharija村社、兩條河流、Tellaroema村社；6日到達Tonauw河前，荷人順河而上，過河越嶺，到達Pisanang；7日到馬太鞍(Vattan)社；8日到秀姑巒；9日到Tackarij；11日到達福島東南部的卑南社。這次遠征的記錄詳見voc 1145, fol.353及《熱城日記》5月22日記載。

97 駐大員的評議會和總管於1643年10月8日做出決議：給所有到雞籠和淡水進行硫磺貿易的中國人發放許可證，並規定必須納稅。參照上述日期的《熱城日記》。

度海岸和果阿今年均無船隻到達澳門。

該南風期，大員和中國沿海風暴盛行；造成巨大損失，因爲公司在那裡活動頻繁，帶來不利。大海船Swaen在福島北部淺海區以南歷經千險，終使價值f.250,000的貨物免於損失，貨船Cappelle丟失其圓木(船上桅杆等)之後，在大員9荷尺深的沙床上漂來漂去，仍倖存下來。這次大風給這裡的空氣帶來病毒，大員有45人染病發高燒而死去。爲避免報告過於冗長，其他事情請參閱總管拉・麥爾帶去的文件。

根據上述Salamander一船帶來的1642年10月1日到1643年9月底大員商館的貿易記錄[98]，上述12個月內獲得利潤：

各種商品特別是胡椒、琥珀、木香，檀香木、上等丁香、鉛、rassmale等，其中包括運去的價值f.70,000的荷蘭銀元和里耳，在那裡價值52斯多佛，換算成盾價值減少，公司需付出代價。因此該f.70,000無利可取，總計 f.258,006.17.13

當地收入，包括稅餉及其他 f.88,477.16.08

獲利總計 f.346,484.14.03

與之相對，同一時期的費用，據詳細帳簿，水陸費用、發放薪金、加固城堡和贈送禮品(數量有限)，計 f.150,481.08.05

因此大員在上述困難時期內獲利 f.196,003.05.14

去年則赤字f.61,000，而且耗費資金巨大，而今年則減少f.70,000，當地收入增長f.36,000，並售出我們的貨物換取中國貨物和黃金，感謝萬能的上帝，我們相信，大員和日本的贏利額今年可增加f.750,000。

(fol. 49)日本明年將允許輸出銅，所以今年不再向您要求運送。因成本高，其價格上漲，今年底我們可望收到銅，您若運來，我們將爭取從中獲利。另外，在日本攫取巨額利潤的預料很有可能實現。只要能在不引起日本人不滿的前提下阻止中國人運貨到日本，如果這一點不能設法達到，那麼事情將不會取得進展。我們爲中國貿易在大員

98 該海船於1643年10月12日到達巴城，帶至大員的報告。詳見voc 1145, fol.211. 其貨單見 fol.263.

的巨額投資也就成爲徒勞。我們之所以談及來自中國的貨物運輸，是因爲沒有這一項，福爾摩莎足以支付大員的費用，其獨立存在將有利於公司，這一點已初步得到證明。

中國人今年運至長崎的絲和極有用處的絲織物，價值f.4,500,000多，其中一官占2/3的比例，同時一官還運往馬尼拉相當數量的貨物。因此，您不難想像，從中國運至大員用於日本和運回荷蘭的貨物爲何稀少。這一點您可從我們運往日本數量有限的貨物和派船隊運回荷蘭的少量中國絲和織物中看出。如果公司想繼續存在下去，就必須把這一根刺從公司腳下拔除。至於阻止中國人將大批貴重的絲和絲貨運往日本，同時又不在日本引起不滿，對此我們仍抱有希望。(我們仍然相信公司有能力解決這一問題)，希望您詳細閱讀日本的日記和報告，他們對此做出詳盡的解釋。按總管艾瑟拉科的要求以及他對向日本的大規摸貨運之不滿，我們決定與中國簽約，強制他們將所需貨物先運往大員，他們若違章行事，我們則應以武力來維護，打擊所有在海上活動的中國人。人們認爲，中國政府對我們在海上的活動不會予以干涉，這是日本人的管轄範圍。我們不能同意這一看法。日本人曾強迫我們書面簽字以性命擔保不損壞任何來往於日本的中國帆船，我們沒有答應，因爲我們無法保證其他人不截船。

(fol. 51)近來，貿易順利並取得相當的進展；中國白絲的價格如下，9月10日我們將絲按其質量劃分爲兩類，一類價爲275兩一擔，另一類245兩一擔，我們之所以將絲價提高，是希望以後能有更多的同類絲綢運來，今年我們運往日本的絲綢只有222擔5斤，主要因爲一官從中作梗。我們認爲，如果日本的價格允許，在大員的絲價每擔可提高10到15兩，因爲貨物運輸有待增加。經商討，5座皇家城市的官員和長崎的奉行將絲價提高，我們的人將公司的絲綢拋出，稱量之後，第一種絲以295兩、第二種絲以265兩一擔的價格售出，而且日本人迫切要求我們下次大量輸運。我們的人可望運去1,000至1,500擔；若能以上述價格售出，則可贏利60%多。在京都(Miaco)，生絲價格爲440兩，與公開拍賣(pancado)的價格相差甚多。一官的帆船運到日本700多擔絲綢，但織物因中國人大批供應獲利極少。

(fol. 59)12月14日，海船de Swaen裝載有限數量的貨物由大員平安泊至我處，總管拉・麥爾報告，自11月20日到上述日期來自中國的帆船貨物運輸極其有限，但希望近期內大量的黃金和所需要的絲、絲織物將會運至，我們的人對此抱有信心。貨物運輸稀少的原因有二：

首先，運往日本的大批貨物(據總管艾瑟拉科先生報告，該季風期除因失火而損失以外，將從長崎獲得價值f.3,000,000的白銀)。再者，正如我們在大員的人認爲，那些作惡之徒，特別是貪得無厭的一官，故意以各種藉口不輸出其貨物和黃金，以達到他壟斷貿易的目的，迫使我們出高價購貨。對此，我們須採取適當的措施對付。

(fol. 60)人們在長崎不進行賒帳貿易，因此我們的貨物在那裡的所得由Meerman和Waterhond兩艘船運至大員，包括193箱銀、一些漆器、樟腦等，價值f.569,408.9。

從日本運到大員的貨物總值f.1,417,325.11.3，其中包括473箱銀和473,000兩，每兩約合57斯多佛，計　f.1,348,050.00.00

巴達維亞向大員提供的現金(300拉斯特胡椒不計算在內)以及所要求價值f.200,000的貨物，合計　f.1,414,273.04.12

資金總計　f.2,762,323.04.12

其中除去用於科羅曼德爾的f.900,000，用於蘇拉特的f.450,000，近f.400,000用於東京、暹邏和柬埔寨，(將貨物兌換爲現金)大員還剩餘f.1,300,000。據說，如果資金充足，貨運暢通，可從中國和福島購入用於日本貿易的絲和絲貨價值計f.1,500,000。他們對資金的要求需增加100,000里耳。上帝保佑這一要求(其中包括購入500擔白色生絲，300擔黃色絲和100擔生絨絲)能得到滿足，可以說，您今年將得到的貨物不多反而方便於公司。一旦貨運順利，公司也不必貸款，日本也可不必與其他地區分用而得到物資　f.1,500,000

需歐洲商品　f.72,000

由巴城提供香料、drogen(藥物？)、檀香木等　f.22,000

由科羅曼德爾提供麻布和30000聖・唐姆(St.Thome)的鯊魚皮

	f.40,000
暹邏和柬埔寨供貨	f.78,000
東京供應絲織物和600擔絲	f.300,000
要求各地向日本供貨總值計	f.2,012,000

(fol. 69)5艘帆船自中國、2條小帆船(wanckan)自大員駛來巴城，他們裝貨豐富，於6月7日到17日之間離開這裡，所付出入關稅18,172里耳。我們對以後來自中國和大員來的帆船所載貨物的規定，詳見6月3日的決議，我們希望您能批准此項規定，不然則請下令修改。

47. A. van Diemen, C. van der Lijn, J. Maetsuyker, J. Schouten, S. Sweers, 巴達維亞, 1644年1月4日

——voc 1142, fol.80-95.

(fol. 83)上月29日快船Vosch和de Brack由雞籠經大員泊至我處，帶來總管拉・麥爾先生寫於12月的報告。從隨此船送回的報告中可以看出，那一地區的情況沒有什麼變化。大員只有以下消息，我們派海船Sayer、Leeuwerick和Vosch前去拆除西班牙人在雞籠的城堡，上帝保佑，該船隊於11月23日和27日之間陸續安全到達大員。他們把上述工事摧毀，又將海防禦工事炸得粉碎。砲台配備2座崗樓和12座大砲，由後勤上尉范・科里肯貝科(Jan van Crieckenbeecq)[99]率領40名士兵，準備10個月的給養，留在那裡看守，直到得到撤出的命令。隊長哈魯斯先生和其他人認爲，爲保證那裡原住民歸順和促進基督教傳播，對已經皈依的人應加以籠絡，有關那一地區的其他情況，特別是在那裡的城堡以少數人守衛即可抵擋住大規模的進攻，有限的各種費用屆時我們總能想辦法解決；近南風期來臨時東印度評議會將以公司的利益爲重，對此事進行討論並下達指令。金包里的西班牙基督徒，在聖・保羅(St. Poul)和三貂角(St. Jego)社歸服我們之後，帶其子女到我們的城

99　此人於1644-1646年任此職。

堡接受洗禮，因爲那裡的慰問師無權施行基督教的聖禮而予以取消，並許諾爲他們派去一名牧師。可以肯定，在他們中間的傳教工作前景遠大，不但公司的事業會得到保障，而且將有利可取，但爲此急需能幹精明的人領導這一事務，以及許多懾於上帝威嚴辛勤效力並決定長時期留下來或永遠在這裡服役的牧師。我們希望您在這一精神領域的建設上不必過於節省。無可置疑，所付出的費用有上帝的保佑定能獲得極豐富的收穫，該島及其居民對公司的巨大貢獻指日可待。

(fol. 84)大員原計劃修築的砲台因故未能取得進展，因爲裝運石灰派往那裡的幾條帆船遭遇不幸，或無法行駛而返回大員。同樣，發自雞籠的裝運石頭的海船因北風狂作而無法靠岸。致使原來的計劃不得不推遲到南風期，到時再動工修建砲台。

總管希望能從中國得到大量黃金和蔗糖運往荷蘭、蘇拉特和科羅曼德爾。推遲數日後，終於向以下地區派出快船和貨船：

往蘇拉特派出den Waterhont，裝運貨物包括f.450,000的錠銀和少量的只有126擔的糖，總計： f.459,157.15.01

往科羅曼德爾派出快船Lillo，裝運價值f.247,000的中國金和f.353,000的日本銀，以及少量貨物，總值 f.603,994.02.11

往暹邏派出貨船Castricum，裝載粗糙瓷器，價值f.1,975.14.12

往柬埔寨派出貨船den Orangienboom，裝運10,000兩錠銀和一部分絖布，價值 f.30,421.07.10

運出的貨物總計 f.1,095,549.00.02

這批銀爲何不能轉換成中國黃金，以及運往荷蘭的糖量有限，我們在上次報告中已做過詳細解釋。目前只能如此，耐心等待，上帝保佑公司所有船隻順利航行。

貨船den Sayer裝運總值f.299,835.17.9的100,000兩銀和一批貨物，於12月2日自大員駛往東京，準備按商務員布隆科豪爾斯特的建議爲日本換取絲和絲織物。Leeuwerick一船計劃該月初經東京前來我處，以及時向我們報告有關貿易和暹邏國王的消息，萬能的上帝保佑公司的事務一帆風順。

總管拉・麥爾先生報告，自上述船隻派出後大員仍有相當數量的現金和暢銷的貨物，價值 f.1,780,000

以及運往日本的貨物和黃金價值 f.10,5000

總計 f.1,885,000

從中扣除該北風季將經巴城運往科羅曼德爾的金或銀，價值 f.300,000

在大員剩餘的資金和貨物總計 f.1,585,000

該數量比我們所報告的估算略有寬裕，將先用於購買日本所需貨物和巴城的訂貨，直到我們從巴城運去新的物資。

大員的貨物輸入現在看來似乎有所好轉，若果真如此，購入用於日本的貨物將不成問題。海船Swaen離開後，有4條先遣帆船自安海駛入大員海道，運至72錠金、少量白色生絲、一批白綾和紡絲，均屬上等質量。大型絲船將於近期內到達，另有福州的一大批細瓷，中國商人向我們保證，將運來大量可用於日本的貨物。上帝保佑，公司諸事順利。運往科羅曼德爾和蘇拉特的代替黃金的白銀，以及您這次所得到的數量有限的中國貨物，均將大量地從日本貿易中得到補償。

特別是眼下東印度的物資充足，從我們下面的報告中您可以看出，我們希望派Leeuwaerden和Hoopvol二船經英國返回荷蘭，向您報告那一地區和果阿以及錫蘭令人滿意的消息。上帝保佑，要求運往蘇拉特、波斯、默查、費西亞普爾(Visiapour)、科羅曼德爾、巴城、日本和荷蘭的貨物經考慮由總管拉・麥爾先生起草一份備忘錄送往中國，要求將上述貨物盡快運送到大員，若質量優良則予以接收並付款，但若繼續運去質次和粗糙的貨物，不但不予以接收，而且將全部燒毀。上述要求包括2,000兩錠金，詳見副件，約合f.4,000,000，日本需f.1,500,000，巴城和荷蘭f.700,000，科羅曼德爾、費西亞普爾、蘇拉特、默查和波斯所需黃金、糖、瓷器、茯苓、蜜薑、絲、絲貨、明礬等價值約f.1,800,000。

但願中國商品能在數量和質量上滿足我們的要求，如果該3月和7月中旬能及時得到f.1,500,000到f.2,000,000現金，之後我們只需很少甚至不再需要，每年定可運送給您價值f.2,500,000到f.3,000,000的貨物。只要波斯、蘇拉特、科羅曼德爾和大員的資金貨物充足，而且荷蘭的市場有銷路，我們打算每年運回價值f.4,000,000的貨物，希望您們協商後轉告我們，以便制定政策。

(fol. 86)1643年贏利商館如下：

孟加錫	f.19,517.07.09
索羅爾	f.10,222.13.03
費西亞普爾的溫古爾拉	f.3,443.06.11
古瑟拉特(Guseratte)和印度斯坦(Hindustan)兩地	f.38,129.16.10
科羅曼德爾海岸	f.120,069.15.05
亞齊	f.1,008.04.13
大員	f.196,003.05.14
日本長崎	f.659,583.06.06
據帳目輸出上等丁香	f.28,500.00.00

以下商館的帳簿尚未寄來，估計可獲贏利如下：

波斯	f.300,000
暹邏	f.8,000
占碑自7月	f.35,000
舊港	f.25,000
蘇門答臘西岸，已贏利f.40,000	f.100,000
阿拉坎(Arraccan)	f.2,000
產錫地區	f.8,000
渤泥	f.8,000
柬埔寨	f.20,000

(fol. 94)駐大員長官特羅德紐斯被我們從大員召至巴城，以對他的失誤和違背我們的命令負責，但於7月9日離開人世，上次報告中我們對此已有所記述，還沒來得及談及上述事情，主要是由於他長期以來疾病纏身，他的遺孀正等待返回荷蘭。在10月31日的決議中我們決定，派特使對上述事件進行特別詳細調查，其姓名詳見上述決議。經

仔細研究各種文件，他們得出結論，上述特羅德尼斯在任職期間犯過一些嚴重錯誤，對公司的事業帶來損失，但他們不同意將責任推卸到他一人身上，因爲他們只能看出長官著眼於公司利益將事務交由評議會討論通過。儘管造成損失，鑒於原任長官的遺孀及其子女對此事無甚瞭解，而不能替死者辯護，正如我們的書面報告中所述，此事就此了結。同時其遺孀和子女隨海船Vogelstruys返回荷蘭。如若您對上述幾位公司職員的報告持有異議，可沒收他們的財物用以補償公司遭受的損失。上述書面報告由卡恩(Anthonie Caen)和拉毛球斯共同簽字，如果您認爲有必要這樣做，可在荷蘭進行處理。

48. A. van Diemen, C. van der Lijn, S. Sweers, Paulus Croocq, Simon van Alphen, 巴達維亞, 1644年12月23日

——voc 1147, fol.1-102.

(fol. 52)1643年北風期末，在回荷船隊於12月和次年1月航出後，快船Leeuwerick於2月17日自大員平安到達這裡，帶來那裡最新的消息[100]，4月4日貨船Meerman，4月20日帆船de Hoope裝運包括黃金、織物、絲、糖、茯苓、襪子等貨物價值f.380,262.12.3，具體如下：

6296兩5錢中國錠金，價值	f.267,957.06.00
9¾擔中國白色生絲	f.5,131.02.00
各種絲織物	f.62,739.12.05
絲襪、冰糖和砂糖、茯苓及其他中國貨物價值	f.44,434.11.11
如上文所述，總計	f.380,262.12.03

這批貨物中黃金數量可觀，但所需絲織物和生絲數量有限，因購入價格昂貴在日本和荷蘭獲利無幾。總之，所有貨物的輸入(除黃金外)均不理想。

100 該貨船經東京到達巴城，裝運絲織物和f.47,000的中國金，總價值f.78,059，並帶至總管拉·麥爾的書信。《巴城日記》1644年2月18日。

我們從中可以更清楚地看出一官的弄虛作假，因爲他本可以向我們提供黃金等所需物品，但他把這些貨物運到日本似乎可獲得更高的利潤，只將剩餘商品以高價出售給我們。De Hoope一船離開後大員所存用於日本的貨物寥寥無幾[101]，而總管拉·麥爾根據中國人的許諾認爲，日本所需貨物(除生絲外)會大批輸入，這無法令人相信，在我們看來他們是受他人欺騙。

福爾摩莎沒有什麼特別的事情發生。我們的人經淡水討伐山豬毛(Sotimor)社，受到當地居民的攻擊，我方有70人死亡，其中包括21名荷蘭人，另外有中國人、福爾摩莎人和黑人，這種災難主要由他們政策失誤而引起[102]。

上述Leeuwerick一船曾在東京暫作停留，商務員布隆科豪爾斯特委託該船向我們報告，Sayer一船自日本和大員平安到達。當時那裡沒有制定和實施任何貿易計劃。期間，東京國王已無意再與廣南作戰，

---

101 帆船de Hoop即de Goede Hoope，於3月20日航出大員，載貨價值f.4,321.15.1，包括1,175斤中國小茴香、5,072斤冰糖、3,595件瓷器、560雙絲襪等，於4月20日到達巴城。詳見《巴城日記》1644年4月20日內容。

102 荷人於1643年12月13日即準備就緒，次日，150名士兵乘坐10條帆船出發前往山豬毛，這支隊伍到達大木連後還將由150名當地居民組成的隊伍配合。

12月21日熱城荷人收到商務員范·登·恩德(Johannes van den Ende)19日發自搭樓(Sattenauw)的書信。他在信中寫到，荷人隊伍從Tauaiangh進軍Panguangh時，受到約3,000人組成的原住民組成的隊伍的攻擊，結果荷方有4人死亡。荷軍接近原住民村社時，打頭陣的Taccariangh人因靠近敵人而使其武器失去作用，奪路相逃，受到當地原住民的追擊，其中21名荷人中有9名，Taccariangh人中有16名在這次攻擊中死亡；同時扛運行李的人被當地原住民全部捉獲，包括22名原住民，10名中國人和4名公司的爪哇人戰死。後來荷人因彈藥不足，雖已靠近Panguangh，但無法組織攻擊，而且荷人中還有39人受傷，力量受損。22日荷人應范·登·恩德增派援軍的要求派出60名士兵乘坐兩條漁船前往搭樓。

26日范·登·恩德寫信，上述援軍於24日順利到達，並準備對山豬毛和Panguwan村社進行報復。

28日上述商務員率兵從搭樓到達山豬毛社附近，但因山峭路險，而被迫返回搭樓，而且荷人沒能發現南下卑南社的路途，從而不得不返回大員。

據上述日期的《熱城日記》。

有關這方面的情況您可詳細閱讀我們的有關報告。下面就大員、中國沿海和日本發生的事情做簡短介紹。

爲繼續與中國的貿易，我們分別派出以下船隻前往澎湖和大員海道：6月2日，大海船Haerlem和貨船Casticum；6月5日，新任駐大員長官卡隆[103] 隨海船de Vreede、貨船den Beer、de Brack、de Visser和一艘由公司船塢製造的導航船。隨上述船隊運去(讚美上帝，船隊平安到達)現金和商品貨物、給養、武器彈藥和其他必需品，價值達f.70,819,514.2。從總帳中可以看出，主要包括f.500,000的銀幣，及其他各種貨物，即：44,000里耳現金，8,262.5有印記的西班牙銀元、47,400荷蘭銀元、25,600荷蘭杜卡特、137有印記的葡萄牙埃斯庫多(escudo)、5塊銀板和一根銀條；4,000擔或200拉斯特胡椒、12,000磅上等丁香、51,860磅木香、6,685磅沒藥、1,219磅阿魏、835磅琥珀、200擔檀香木、509根犀角和219,985磅鉛等。

隨上述船隊派往福爾摩莎135名士兵，以加強那裡的軍力和替換退役的士兵。

上述船隊還將傳達我們對福島和長崎兩地長官下達的命令。在卡隆長官離開之前，我們向他進一步說明以下事項，即有關公司事務的管理、開墾土地以及促進有利可取的中國貿易。

另外，我們命令他們細心注意節約使用資金，這一命令我們已書面傳達給他們，不必在此長篇重複，詳見通信錄5月2日，6月1日和7月4日的內容。

(fol. 54)正如您所說，日本並未保證只許我們贏利，據我們判斷，他們對中國人也是如此。我們不會阻攔自北部地區甚至來自漳州和廣州兩省的中國人率小型帆船前往日本(正如在我們到達那個國家出現之前葡萄牙人的做法)。本來，如果他們嚴守所訂協議[104]，則應向大員提供我們貿易所需和有能力支付的商品，我們撤離澎湖的城堡，轉

103 卡隆1644年8月10日正式在大員接任拉・麥爾荷駐大員長官，直到1646年。

104 詳見《報告》1625年內容。

移到大員沙地，爲保證公司的人員和物資的安全耗費巨資，還受到船隻遇難等損失，以眾多荷蘭人的鮮血之代價爲中國清除了爲非作歹的海盜[105]。而今，他們卻使我們陷入貿易蕭條的困境，搶走本來屬於我們的與日本的貿易之利。因爲若非我們爲中國剿除海盜，中國的居民將無法駕舟來往於海上，也就不可能到日本貿易。這一觀點與您和他們所得出的結論完全相反，但事實的確如此。鑒於此，您也將決定，(因無其他辦法)理直氣壯地以武力逼迫中國人公平行事。

有關此事我們本應報告得更詳細，爲簡單起見，請您詳見5月2日我們寫給總管艾瑟拉科和歐沃特瓦特(Peter Anthonissen Overtwater)的信件。其中我們對這件事情做了詳細記述。您將讀到，我們仍不希望通過戰爭，短期內將得到中國人的友好待遇。另外我們的競爭對手很可能被日本驅逐出去，我們以後將得到有關消息。

簡而言之，我們的報告主要包括以下四點：首先，所有派往大員和日本船隻均平安到達；第二，福島情況良好，只是中國運去的所需貨物稀少，中國人對貿易壟斷如舊，視我們爲敵；第三，讚美上帝，公司在日本的貿易和其他事務進展順利；第四，即最後一點，發自日本的大海船Swaen在澎湖群島的一長條形島嶼遇難，與其同行的有貨船Beer和Castricum，裝運貨物價值f.462,349，包括145,000兩錠銀，以及爲歐洲購入的漆器、默臥兒(Mogol)大砲、絲裙等，貨單中一一列出。(感謝萬能的上帝)上述貨物以及船上人員、大砲和船隻用品均完好無損地搶救和保全下來，(於公司不利)使公司只失去一艘海船[106]。

因此，阿姆斯特丹的商會損失兩艘優良的大海船，即Maurits Eylandt和Swaen。這一損失給特別是大員帶來極爲不利的影響，使大海船貨運能力減少。儘管如此，我們仍擁有足夠的海船將貨物運送給

---

105 此處指荷人曾幫助一官消滅李魁奇等海盜勢力，詳見《報告》1632年記載。

106 1644年10月27日，該海船在風暴中長時間掙扎，在澎湖兩座島嶼之間撞擊到岩壁上，險些遇難，結果幸運地被漂到沙灘上，船底破裂，但只有一人遇難，船上貨物均得救。見《巴城日記》1644年12月12日的記錄。

您，特別是因中國貨物稀少，各地胡椒產量有限。

(fol. 56)下面我們向您具體報告日本和大員事務的具體情況。11月18日貨船Dolphen被風暴漂出大員，結果不期而至。該船裝運1428擔30斤砂糖，275擔19斤硝石，此船於9月29日由大員被派往澎湖，將運回荷蘭的糖轉裝到海船de Vreede上，將硝石裝入Haerlem。但因暴風狂作(今年在北部海域又起風暴造成幾條公司和中國人的帆船遇難)，該船在澎湖失蹤，最後到達我處。船上的糖和硝石裝入Orangien作爲壓艙物運送給您。後來海船Haerlem於該月2日自澎湖泊至巴城[107]，裝運貨物只有半船多，包括2,859擔砂糖，140擔蜜薑，2,660斤糖茯苓，146,554件質地相當細膩的各種新舊瓷器[108]和生絲。今年不可能有中國絲綢運回荷蘭，整年從中國運至大員的絲綢不過6,000斤，因數量太少，日本人表示不滿。中國人對此解釋爲蠶絲收成不佳，或稱中國因戰亂交通危險。老皇帝死後，有人爭奪皇位，韃靼人獲此消息，認爲有機可乘，加劇他們在中國的戰爭，因此他們往日本的絲綢運輸遇到挫折。後者應該是運往大員貨物稀少的原因。公司運往日本的少量生絲和中國白絲在長崎以高價拍賣，前一種價爲335兩，另一種325兩一擔。

(fol. 91)目前巴達維亞有4名牧師，即羅赫留斯，西拉留斯(Anthonius Hillarius)，甘第爹士和巴科斯(Jan Claessen Bakes)，一名荷蘭書記員。……滿剌加只有一名傳教士，即將期滿的勞斯費勒特(Jacobus Loosvelt)，滿剌加需要2名到3名傳教士，錫蘭幾乎需要4名，那裡的傳教士以後可倣照福爾摩莎的做法在公司資金以外聘用，福島目前有3名傳教士，即范・布雷恩(Simon van Breen)，哈帕爾特(Gabriel Happert)，以及巴佛斯(Jan Claessen Bavius)[109]，一名荷蘭書記員，幾

107 此處該月即指12月。

108 除此之外，船貨還包括444件錦緞、128件素絹、191件錦緞、2條棕藍色絹、8件白色bouratten、5件較白的黃絲、490件飾圖的白綾。船貨總價值為f.97,153.8.1。據《巴城日記》1644年12月2日記載。

109 1639年以慰問師身份來到東印度，自1640年7月到1647年4月去世一直在福爾摩莎任職。

名預備牧師。

49. A. van Diemen, C. van der Lijn, S. Sweers, S. van Alphen, 巴達維亞, 1645年1月20日

——voc 1148, fol.1-28.

(fol. 1)下面我們向您簡短報告上次沒有述及和自1月9日以來發生的事情。12月12日，貨船de Sayer到達這裡，該船於11月17日發自大員，帶來令人欣慰的消息，卡隆長官病重已脫離危險。該Sayer裝運的貨物價值爲f.122,543.15.6，包括供給巴達維亞的25,000兩錠銀、200,000件各種細瓷、10,762斤蜜薑、茯苓、絲襪、80件平疊的素絹、硫磺等[110]。瓷器和絲貨均由Orangien一船裝運，Haerlem一船將裝載同樣數量的瓷器返回荷蘭，我們認爲特別是其中的大盤和平底淺盤會受歡迎，中國絲和絲貨的外運仍然稀少，而且大員的胡椒和其他貨物的銷路不佳，因而大員貨物成堆。我們沒能爲您購入一斤紡成的生絨絲和緒絲，對中國的壟斷採取什麼措施應對，我們等待著您有關的指令。同時我們將盡一切努力打通貿易，仍希望該事務近期內將有所改變，特別是若中國人在日本遇到更多的麻煩。

自Haerlem航出後，福爾摩莎沒有什麼變化值得在此記述。由布恩(Pieter Boon)指揮官率領的隊伍由淡水圓滿返回大員[111]，此次遠征向

110《巴城日記》1644年12月12日所記載貨物數量分別為，茯苓2,468斤，絲襪1,355雙，硝石10,860斤，另有90斤白色紡絲，108斤緒絲，19條紅銅板。

111 1644年9月6日荷人派出布恩率300名官兵乘快船 Breskens, Kievith, Den Harincq以及Den Hasewint，帆船Utrecht，De Bracq，快船Leeuwericq和一條大型導航船，前往福島北部，目的是征服雞籠以東至St. Laurens灣，淡水以南至Taurinap的地區。

9月16日布恩率船隊到達St. Laurens灣，Prissinauan等附近10座各村社的長老向荷人表示歸服並願向荷人進貢。

9月25日，他們果然派人面見荷將軍，向荷人進貢米、皮等物。那一地區共有30座村社歸服荷人，並保證到雞籠繳納貢物。此外，還有14名村社長老，雖未親自前去面見荷將軍，但有意歸服荷人，每年向荷人進貢。

10月1日，荷人返回雞籠外港，然後經淡水沿陸路進軍大員。沿途又

許多村社徵收獸皮作爲他們的認可稅。到現在爲止福島的平原地帶的村社基本歸服我們的統治[112]，以後將集中力量對付高山族人，勘探金

有Calabcab河岸的數村社表示願歸服荷人。

10月29日，荷人隊伍順利到達熱城。

據以上日期的《熱城日記》記載。

112 這一年，荷人在赤崁舉行北部和南部村社集會，以加強他們對福島原住民的統治。

北部村社集會：

1644年3月21日，荷駐大員總管拉・麥爾由評議會委員、秘書陪同，由大員前往赤崁，舉行北部村社集會。如前面的村社集會一樣，荷人由60名士兵護衛。村社長老逐一向總管問候之後，在庭院的長桌旁就座。同一天來的南部村社長老另外單獨坐在一邊。然後，荷人用新港語宣布了以下幾點，並將由諸羅山人翻譯成山地語言。

1. 歡迎所有參加集會的長老；
2. 聲明雖然駐大員長官交替，但大員政策不變，他們仍需按從前的約定行事。
3. 每個村社需選定一定數目的長老，這些長老應按荷蘭習慣每年替換，一者避免他們過於勞苦，同時讓更多的人一同分享威望。
4. 荷蘭人建議，至今為止，有些村社的長老和教師職務集於一身，有礙於市民和教堂事務的進行，應按荷蘭習慣二者分開。但長老們表示，諸事如意，沒有必要脫離教師的職務，照樣能夠和願意正直、勤勉地為上帝的事業盡心盡力。
5. 最後荷蘭牧師認為，傳教進展緩慢，學校常有缺席現象，規定以後將曠課的人數和次數記錄下來，由長老收取罰金。

然後，荷人感謝各村社繳納貢物，並發現村社因缺米而多貢皮。因此要求村社以後貢皮，這樣做可滿足雙方的意願。

山地村社暫時仍無須進貢。但東、西螺，Valapais村社因與中國海盜Kimwangh同流合污，攻擊荷人的盟友和屬民他里霧(Dalivo)村，需進雙倍的貢物。

最後，新港的長老Diecka和諸羅山社的長老Davolaeck分別將集會中宣布的條文用當地語言向眾人做了簡要說明。接著荷人置酒食招待各村社長老等，餐後中國人又端來點心、茶水，以表示對眾長老的敬意。南部村社長老在赤崁過夜，與荷人一起按當地習慣飲酒、歌舞，通宵達旦。

南部村社集會：

1644年4月19日，南部村社舉行集會。長老們和長官及其官員分別按順序就座，他們由60名士兵護衛。集會程序如北部村社集會一樣，主要包括以下幾項：

1. 總管繼任長官一職，問長老們是否仍願聽從荷人，此項由范・登・勃爾根(Joost van den Bergen)用新港語，麻里麻崙長老用大木連語，Davolach用Tarrokey語，Kayluangh用Tacabul語，Poulus或稱Parmonij用卑南語解釋清楚，長老們均保證服從。

礦。我們的人可望達到這一目的。福爾摩莎的軍隊計701人[113]，力量相當，足以採取一些行動。長官認爲上述軍隊勢力實屬必要，不僅需用於遠征北部的馬太鞍(Vadan)，哆囉滿和南部的村社馬芝遴(Dorenap)，而且需派船到馬尼拉附近水域巡邏。

屆時我們將得到有關遠征的成果。風暴天氣妨礙了我們搶救de Swaen裝運的貨物，其中的白銀到12月1日仍未運至大員。因此今年預計運回荷蘭的漆器只能留在這裡，導航船裝運我們特地在日本爲默臥兒國訂做的珍品，也因風暴而漂離澎湖，於該月2日到達我處。他們

---

2. 荷人對村社今年向公司貢獻的物品表示感謝，並進一步要求各村社，如有可能，以後最好用鹿皮作貢物。
3. 荷人建議每年更換幾位長老，培養年輕人，但無論更換還是去世，均需保持原定數目。
4. 荷人聲明長老和教師兩種職務的差別，二者集於一身不妥當。
5. 把中國人從村社的土地上趕走的理由。
6. 尊敬牧師和其他傳教人員，發生糾紛則交由駐地方荷蘭官員(politijk)審理裁決。
7. 修建幾座新教堂、學校和教師與慰問師的住所。
8. 凡事只聽從荷蘭官員的命令。
9. 若其他村社欲挑起戰火，那麼他們在受到攻擊後允許自衛。
10. 荷蘭士兵通過他們村社時，應在各方面給予幫助。
11. 若有人稱王，或想控制他們，不應聽從，只允許他們一心為荷人效勞。

長老們贊成以上幾條並發誓遵守。

此後，長老們放下他們的藤杖，接受有公司標記的新藤杖，只需同時作出保證，而不像以前那樣要宣誓忠於長官和公司，並服從他的一切命令。接受藤杖的村社如下：卑南，Caratonan，Caviangang，Massee，Roda，Dosasaengh，大木連，Pandangdan，放索仔，Taccariangh，麻里麻崙，茄藤，力力，搭樓，Tidackjan，二林，東、西螺，Daricora，Taccabul，勃郎(Barboras)，Calingit，Loubongh，沙別(Sapadt)，Largornos，Langilangij，Soubrongh，Talavavia，Pavavaron，Carobangh，Tootsikadangh，Rijmel，Poetsipoetsique。

另外同時出席這次集會的村社長老還有：新港，蕭壠，大目降，目加溜灣，麻豆。

最後，荷人備酒食款待各村社代表。當晚，總管及其隨從返回大員城堡。

113 荷人員分佈如下：340人守衛熱蘭遮城堡，116人守衛城堡附屬工事，11人守衛砲台雨特萊赫特，12人看守砲台西勃爾格，13人在魍港的工事，21人駐蕭壠，11人在麻里麻崙及其南部，4名士兵在卑南社，2名士兵在虎尾瓏，3名把守笨港溪，3名看管赤坎的馬棚，27名因病住院，8人用於劫船，80人駐紮淡水，50人駐雞籠。

報告，den Vreede一船於12月3日和4日在北部海域爲蘇拉特和波斯裝運糖、銀等經滿剌加航出。大員還準備派貨船Noordsterre前往科羅曼德爾，那裡存有f.200,000的黃金，另用日本銀補充至f.400,000，當時只等待Swaen一船上的白銀從澎湖運至。萬能的上帝保佑上述船隻航行順利，我們時刻在等待著滿剌加的消息，同時我們希望上述Vreede和Noordsterre兩船已到達此城。後來海船Lillo從長崎到達大員，裝運75,000兩銀以及各種爲暹邏商館購入的貨物，價值計f.216,478.-.7。

(fol. 18)大員沒有什麼值得我們報告的變化，貿易依然不景氣，貨物運輸短缺，據說是戰爭造成的，但我們不能完全接受這種說法，因爲聽說有許多帆船裝運貨物前往巴城，但大員也並非缺乏資金，12月27日Haringh一船離開時那裡仍有剩餘資金可用於日本貿易，爲供他們購入貨物，7月份我們將從這裡運去現金f.1,100,000。

那一地區借出的資金f.80,000和價值f.220,000的商品計算在內，大員的資金和貨物共計f.4,000,000。

遇難的Swaen一船所裝白銀全部被運到大員，漆器也保全下來，基本沒有受損，但大員的事務因而受到影響。海船den Vreede於12月2日被派往蘇拉特和波斯，裝運176,000兩錠銀、5,000擔砂糖、442擔冰糖、瓷、小茴香、茶、明礬等，爲蘇拉特、波斯和溫古爾拉運去的貨物價值總計f.579,718.4.1。

12月15日，Noordsterre經滿剌加駛往科羅曼德爾，裝運f.800,000的現金，f.200,000中國黃金和貨物，這是大員根據科羅曼德爾的要求所能運去的數量，物資價值總計f.823,560.5.12。該船獨自航行，冒巨大風險，萬能的上帝保佑，我們希望能向您報告此船順利航經滿剌加。卡隆長官給您的報告隨船運回荷蘭，正如我們所講，那裡沒有什麼特別的事情發生。上帝保佑，勘探金礦將進展順利。快船Lillo、Kievieth、Leeuwerick與3、4條帆船留在大員，以備派往馬尼拉海岸攔截船隻。事情的進展情況我們將於明年報告給您。

(fol. 20)1645年，我們的人在日本要求供應的貨物總價值爲f.2,460,603.10，具體如下：

歐洲物品	f.52,604.10.00
自巴城	f.124,564.00.00
自科羅曼德爾	f.36,160.00.00
自波斯25,000磅絲、皮革等	f.96,300.00.00
自暹邏	f.64,410.00.00
自中國和大員	f.1,724,900.00.00
自東京	f.361,665.00.00

1644年贏利商館如下：

孟加錫	f.13,173.18.02
亞齊	f.11,518.02.10
日本	f.635,470.01.10
大員	f.64,657.02.14
馬拉巴爾(Malabar)	f.23,092.07.02
溫古爾拉	f.30,340.12.09
蘇門達臘西岸	f.93,599.03.08
占碑	f.61,507.00.06
科羅曼德爾海岸	f.120,079.04.07
按帳目輸出上等丁香	f.36,396.06.15

(fol. 22)如果用於日本貿易的絲貨能有保障地從中國運至大員，我們將考慮要求您爲明年運來現金，除非您今年將運送f.800,000或f.1,000,000現金給我們；但鑒於中國人居心叵測，貨物輸入恐將少於以往，本可獲利f.1,500,000到f.1,600,000，而今只能滿足f.600,000到f.700,000，正如我們兩三年以來的情形。我們仍決定，應該向您要求爲1646年送來f.1,000,000現金以及我們所需要的貨物，以保證東印度的物資充足，因爲若在日本的贏利不過f.600,000至f.700,000，再加上巴城物資短缺，我們發現東印度的資金每年缺少f.500,000至f.600,000，一旦情況發生變化，諸如自中國的貨運恢復繁盛，公司將蒙受損失；因此我們以公司利益爲重要求您運來f.900,000到f.1,000,000的現金和所需貨物。

七

范・代・萊恩（Cornelis van der Lijn）

1645-1650

50. C. van der Lijn, J. Maetsuyker, S. van Alphen, 巴達維亞, 1645年7月9日

——voc 1152, fol.1-38.

(fol. 5)以下內容涉及荷蘭海船到達巴城、收到您的指令，然後我們將詳細記錄上述英國船運走上次報告之後公司事務的情況，並對您的信件予以必要的答覆。

首先，有關福爾摩莎島。自上次報告之後，有以下船隻自那尾地區泊至我處：2月14日一條由我們的人在馬尼拉攔截的帆船，稱之爲Batavia；3月11日de Hasewind [1]；4月21日，貨船Castricum [2]。總管拉·麥爾隨後者而至。以上船隻運至貨物總值f.295,657.11.9，其中包括1949兩黃金。據他們帶至的卡隆長官1月7日和3月15日的報告以及拉·麥爾先生的口頭報告，那裡的貿易依然沒有積極的變化，來自中國的貨物運輸仍不見起色，正如各處的報告，原因是那個國家持續戰爭，韃靼人在那裡以巨大的力量取得優勢，並占領了那個國家一半的領土 [3]，致使皇帝爲避免落入韃靼人手中而出人意料地自殺 [4]。那裡唯一未被韃靼人征服的地區由他的兒子勉強守衛，結果南方的人被逼無奈而北上，許多田地和居民區遭到踐踏，一官乘機從中取利。他在上述戰爭中幫助年幼的皇帝，藉此機會，擁有充足的物力和人力而成爲那個國家的第二位最有權勢的人 [5]。因此中國

1 此船載貨總值f.78,445.18.10，包括1,801兩9錢金，229擔日本小麥，59擔boecqweijt，28件綢緞樣品，10本日本書寫用紙，12件絲nickengros，4瓶糖漿。據《巴城日記》1645年3月11日。

2 此船載貨總值f.144,112.8.3，包括3,801件細瓷，1,260雙絲襪，148兩金，米和日本漆器等。據《巴城日記》1645年3月11日。

3 1644年5月，吳三桂引清兵入關，5月清兵即開入北京，10月清世祖福臨到達北京。當時雖山東、河南、山西等地農民起義抗清，但清兵仍長驅直入，占領北方大部地區。

4 此處的皇帝即指崇禎帝。但他在北京煤山吊自盡，並非為免於落入韃靼人手中，而是因李自成領導大順軍於1644年4月25日進入北京。

5 1645年8月鄭芝龍與黃道周等奉唐王聿鍵建國福州，改元隆武。1646年9月，福州失守，隆武帝在汀州被清兵殺害。

眼下沒有人比他更有權力。一官在此之前是裁縫並在大員爲東印度公司當過一段時間的翻譯。

卡隆長官認爲，滿足日本貿易需求的可能性不大，因無人前去大員貿易。儘管如此，大員擁有相當的一批資金，包括 f.620,000

4,000擔胡椒和其他商品，價值	f.220,000
借出的資金只收回很少，計	f.53,000
總計	f.893,000

這種處境令人痛心，我們只能向上帝祈禱保佑公司諸事順利。除此之外，福爾摩莎的事務令人滿意，稻米收成良好，甘蔗長勢旺盛，據估計赤崁一處今年即可提供白砂糖10,000擔，中國人的農耕也日益增長，正如我們的願望，公司將從中獲得好利。

北部位於大員和淡水之間尚未歸順的幾個村社作惡多端，使那尾地區不得安寧。我們的人已派兵平定上述村社，處死126人，捉獲16名兒童押往城堡。這樣，由大員通往淡水的陸路得到疏通，可安全通行。南部的山豬毛社和附近地區的人同樣被我們征服。其中有幾處是以和平方式，但多以武力威嚇使他們歸順。然而勘探金礦的計劃今年恐怕難以實施，因爲適合勘探的季節已過，計劃明年再及時安排。上帝保佑，勘探將收到積極的效果，以緩解公司沉重的負擔，壓低所耗費用。

3月8日，長官召集舉行了一次北部村社大集會，有45個村社參加，看來將獲得巨大的成功[6]。4月初將舉行同樣性質的南部村社集會[7]。我

6 對這次村社集會除《報告》此處記載，其他如《巴城日記》和《熱城日記》均無記錄。按《熱城日記》1645年4月7日記載，荷人對3月8日舉行的村社集會曾做過詳細記錄，但現存的1645年《熱城日記》始於3月15日，因而無從查找。

7 1645年4月7日，荷人在福島舉行每年一次的南部村社集會。早上6、7點鐘，荷人前往公司在赤崁的住房，在那裡受到瑯嶠和大肚(Darida)王的歡迎。然後按例在桌旁入座，先是瑯嶠王，大肚王Quataongh次之，然後是南部各歸服村社的長老，另有東南地區和那裡山區的村社頭領。旁邊一桌是自願參加的臨近北部村社的長老。

會上，荷地方官員西撒爾在幾位翻譯的幫助下向各長老講述了3月8日舉行的北部村社集會的各項內容。與會村社如下：加六堂(Caratouangh)，大木連，Pandangdangh，放索仔，Tacarian，麻里麻崙，Ariariangh，加藤，

們的人令居住在小琉球的人遷至大員，下令在嚴密監視之下把他們中的15人分派到新港社居住。小琉球島已全部開墾並種植作物，現以每年70里耳的價格租出。但福島鹿的獵獲量日益減少，似乎因數年來不斷狩獵而致。這一結果使我們無法滿足日本對50,000張鹿皮的訂貨要求。我們計劃停獵一年，以免狩獵過度，使之絕跡。

51. C. van der Lijn, J. Maetsuyker, C. Reniers, S. van Alphen, 巴達維亞, 1645年12月17日

——voc 1154, fol.1-67.

(fol. 43)有關3月15日爲止在大員發生的事情的報告我們已寄給您。爲繼續開展那一地區的貿易，我們派出以下船隻：貨船Uitgeest和Berckhout經暹邏，裝運大員所要求的木材和米；海船den Haen、貨船Meerman及Hillegaersberch直航大員，裝運貨物價值f.256,047.11.10，另外運去用於日本的200包波斯綢，以在那裡售出取利，增加公司的東印度資金。後來於8月1日，我們又派出貨船Salm，帶去我們的信件，該船裝貨價值f.65,010.10.14，包括f.50,000現金、4,931磅沒藥、一批食物和1,498.5磅孟加拉生絲。這批貨物用來在日本試探市場狀況，他們還送去我們下達給卡隆長官有關貿易、土地開發政策以及節儉資金

Dolatocq，Cerangangh，力力，Tarahey，搭樓，Tidackjan，Langilangi，佳諸來。

以下各村社或已與公司建立友好關係，或前來求和，根據他們的要求，分別任命其村社頭領。並分別發給藤杖：Valangis，Sdaki，Papaverouw，Podnongh，Talechiu，Kinnetouangh，Souvasouvasey，Patkidaran，Tarodikan，Patican，山豬毛，Panguangh。

在保證遵守與長官的約定後，荷人將藤杖發給出席這次集會的北部村社長老：大肚，大武郡(Tavacul)，Terriam，Tosacq，Babosacq，斗尾龍岸(Abouangh Oost)，烏牛擱(Abouangh West)。

應村社要求，荷人給已歸服的村社二林加任一名長老，又為前來與公司結盟的村社Alitouangh任命長老並發給藤杖。荷人要求新歸服的村社與其臨近村社和睦相處，而且要極力說服他們與公司結盟，督促村社長老學習和信仰基督教，同時教育其子女學習。見以上日期的《熱城日記》。

等項命令，我們不再一一重複，詳見通信集6月19日和7月31日的復件。主要包括，向他們傳達您於1644年9月22日就大員和日本貿易下達的指令，我們衷心希望能達到如期效果。如果他們有意提供我們所需貨物，避免與中國人疏遠。而這一點至今未能得到落實，導致我們在日本的貿易也不如從前繁盛，原因是一官插手此事，在日本撈取巨額利潤。正如您以後將得到的報告，我們不想超越您指令的範圍，而是按指令照辦不誤，直到您下達新的指令，請您參考我們有關大員和日本貿易的詳細報告，以指導我們避免產生失誤。下面我們不再對此事做更詳細的描述，只對所發生的事情概述如下。

該月2日，大海船Zutphen自澎湖列島到達巴城，裝運貨物包括5,987擔砂糖、544擔日本樟腦、74,949件細瓷、8,635雙絲襪、5箱綢緞、107擔蜜薑等，價值總計f.173,682.2.9。長官卡隆先生10月28日的信中報告一條好消息，上述公司船隻均平安到達大員和日本，對此我們永遠感謝萬能的上帝。但令人遺憾的是，中國的內戰仍持續未止。貨物的外運仍極其有限，大員貿易稀少，結果自3月15日以來那裡只售出26,860磅鉛，貨物積壓賣不出去。而所有運到大員的貨物必須以現金支付，主要因爲如中國人所講，各地交通堵塞，貨物因運輸中斷而無法銷售。我們只能耐心等待這個國家重新恢復和平。情勢會慢慢轉好，因爲據確鑿消息皇帝的太子被打敗並陣亡。最後一名皇親(在那個國家準備登基作皇帝)與一官聯合組成一支強大的兵力迎敵，以達到登上皇位的最終目的。面對這種現狀，我們無能爲力，只能耐心等待事情會有好的結果，改進貿易停滯的現狀。但卡隆先生認爲，下一季與中國的貿易會好於去年，如果一官不從中作梗、壟斷日本貿易而獨享厚利並竭力維持這種貿易。

我們的3艘快船Leeuwerick、Lillo、Kievit和3條帆船被由大員派往馬尼拉沿岸截船，由高級商務員斯德恩(Hendrick Steen)和船長科內勒森(Simon Cornelissen)率領，截獲2條安海駛往馬尼拉的大帆船，裝運一批絲、絲貨和其他商品，價值總計f.277,629.12.5，從而緩解了貿易的不景氣。一官獲息後立刻發出一封急信給大員的中國商人，指責他們是這一事件的罪魁禍首。令其盡快將上述帆船與貨物交還一官，不然他們在中國的老少家人和親屬將遭誅殺，使那些鼠目寸光、膽小怕事的中國人如坐針氈[8]。

上述三條帆船與武裝的西班牙大帆船發生一場激烈的海戰，本可繳獲它們，但因不慎我帆船之一著火燃燒。在上述海戰和不幸中，有38名荷蘭人和15名中國人遇難，受傷無數，其中勇敢的船長科內勒森表現出一名軍人的無畏果敢，在大員爲公司貢獻極大。西班牙人在上述海戰中同樣受到損失，感謝上帝使我們最後取得勝利。按照我們的命令，卡隆長官決定於2月份再次派出一支強大的兵力前去馬尼拉，對敵人的力量無畏不懼，定能取得成功，利用這種方式逼迫中國人駛往大員。茲寄去一些文件和一條5兩重的金鏈，爲上述科內勒森在其遺書中寫明送給他的姐(妹)，我們希望您能轉交給他的親屬。

司令官德·佛里斯率領海船Sutphen、Schiedam和快船Aechtekercke安抵澎湖群島。曾在拉德朗斯(Ladrons)群島北緯11.5至12.5度處徒勞地攔截來自阿卡蒲卡的銀船，後來從那裡駛往大員途中劫得一艘駛自孟加錫的西班牙快速戰艦和3條帆船，只是獲利不多，價值不過f.2,666.13.3。

福爾摩莎島的墾植日益增長，有3,000多摩肯[9]的土地已種植甘

---

8 該信由商人Bendjock 1645年7月5日帶至，交給福島中國人的頭領。主要內容如下：所述及兩條中國帆船屬於幾名中國小官，在Bendjock、Jocksim和在大員的中國人長老(cabessa)幫助下申請到荷人的執照，裝運商品前往Panassilangh，靠近目的地之後，受到荷人襲擊，其中一條在卸下船貨後被荷人焚毀，滿裝貨物的另一條被挾持到大員。荷人的行動觸及商人的利益，一官強烈要求荷人賠償裝貨的帆船和另一條被燒毀的帆船的價值。若荷人能做到這一點，一官仍視荷人為朋友，不然將誅連大員中國人頭領、商人Bendjock和Jocksim的家族。中國人頭領要求荷人滿足一官的願望，但荷人認為絲毫不應退讓，理由是儘管此二船持有荷人頒發的前往菲律賓巴布煙群島(Panassilangh)的許可證，但違反不准裝運任何絲和絲織物以及禁止通過任何方式駛往馬尼拉的條件。據《熱城日記》1645年7月7日記錄。

9 摩肯(morgen)是荷蘭舊時面積單位，各地大小不已，一般說來，每摩肯相當於二英畝。其原意是上午，此處指一上午所犁的地，進而發展成為面積單位。

蔗、稻和其他作物，以後還將有所增長[10]。赤崁今年出人意料地生產出15,000擔砂糖，超出荷蘭和波斯的需求量，卡隆先生已將中國的糖運來，將派出Zutphen和Henriette Louyse兩船運回荷蘭11,000擔，遠遠超出需求。他們又派Schiedam送往波斯600,000磅。我們不再需要孟加拉的供糖，波斯的需求可由大員提供，這對公司來說極爲有利，並大大增加了福爾摩莎的收入，今年那裡的收入已從f.98,000增長到f.117,000。

靛藍的種植因風暴而收成極次，商務員包坦紐斯(Boctius Potanius)只運來626斤，未經估價，派海船Zutphen分裝5箱運去，我們在等待您對這批貨物的看法和他們在荷蘭的贏利情況，以決定繼續生產還是停止種植，因爲所耗費用除公司人員的月薪外計f.12,000。另外的600斤將在近期內由Henriette Louyse一船運來，屆時再轉送回荷蘭。我們的人在大員重新耕種60摩肯的靛藍，希望能出產一批優質的產品。如若再次失敗，我們決定停種靛藍[11]。

---

10 荷人對大員中國人的農業種植管理嚴密，據調查統計，3,000摩肯中稻田為最多，占1,713摩肯，甘蔗占612摩肯，穀子等田地占161摩肯，新播種和尚未播種的耕地514摩肯。據《巴城日記》1645年12月記載。

11 靛藍開花前割取，莖葉經發酵後在石臼中搗實後制定藍靛，供染織物，作繪畫顏料及藥用。藍靛作為染料據稱是13世紀馬可波羅從中國引入西方。但是直到17世紀初，藍靛才大量作為商品輸入歐洲。當時荷人不但從中國輸入，而且大批購買蘇拉特出產的藍靛，後在福島試植。據《巴城日記》1644年12月記載，經試驗，荷人發現福島土壤適宜並開始種植，荷人甚至預計這一年可收穫18到20擔。但靛藍田於7月30日遭風暴破壞，據龐塔納斯(Bocatius Pontanus)估計最多只能收穫一半。結果，經過濕潤的南風期藍池修好，藍葉已變得脆弱，經連續不斷的強風吹打，靛藍全部受到損失。因此，下次收穫需等到第二年5月份。

1645年9月27日，荷人准許高級商務員龐塔納斯的要求，為開發種植靛藍提供300里耳現金，40-50條耕牛，雇佣75名中國人，從中國購入20-25擔靛藍種。《熱城日記》1644年9月27日。

據《熱城日記》1645年10月13日和20日記載，1645年的靛藍種植再次使荷人大失所望，其中下文將提到的9月27日的風暴使藍受到嚴重損失。而新的種植季即在眼前，繼續種植將花費相當一批資金。為此，卡隆長官限高級商務員龐塔納斯幾天內根據他的知識和以往的經驗，書寫一份報告，說明如何繼續種植靛藍，為公司謀取利益。上述高級商務員在評議會中說明，需備60摩肯的土地播種，預支出1,000里耳購買20擔藍，每擔價格相當於50里耳。因為事關重大，長官將此計劃交與每個評議會委員，待最後討論決

8月13日和9月15日之間，以下船隻從大員駛往日本：貨船和快船Meerman、Hillegaersbergh、Lillo、de Gulde Gans、Leeuwerick、Aegtekercke及Salm，裝運貨物價值總計f.702,144.4.6，包括以下產品：

202擔87斤白色生絲

232擔83斤絨絲

86擔92斤絞絲

22擔37斤緒絲

11,752件白綾

6,910件吉朗綢

5,468件絹

2,160件錦緞

2,750件紡絲

1,700件素絹

512件大絨

148件緞

420件黃絲

45件花緞(brocados)

34件白紗

50件lickgens

65,160件麻布

23,904件絖布

80,092斤明礬

價值總計f.534,773.18.2

以下貨物爲在大員購入或劫船而得，價值約f.170,000：

47,304張鹿皮

13,279張麋鹿皮

定。10月20日評議會正式決定，根據龐塔納斯的以上條件，由他擔當風險，按照他的設想，第三次試驗種植，播種166摩肯，其中165摩肯用於收割，收集在4個與往常同樣大小的池子裡(在此之前158摩肯用2個池子)製作藍靛。

1,320張羊皮

5,700張鯊魚皮

14,982磅孟加拉絲

3,832磅象牙

2,530磅檀木

1,395擔87斤蘇木

389磅沉香

43斤渤泥樟腦

總計f.167,370.6.4

今年運到大員的中國貨物以及在大員購入的商品總計f.364,000。另外還有f.220,000的黃金，數量有限，據說原因不只是中國的內戰和混亂所造成，而主要是由於一官製造障礙，阻止往大員的貨物運輸，並將所得到的全部貨物運往日本。目前我們只能觀望，等待情況的好轉，在這期間我們盡力以種種優惠厚待商人，吸引他們運貨前往大員，正如卡隆先生所強調的。

為勘探金礦，卡隆先生將於未來12月份派出人員，以徹底調查清楚採掘金礦是否可行[12]。這將是一件極受歡迎的事情，如能成功，可減輕公司沉重的負擔，促進科羅曼德爾的貿易，事情的進展情況有待於他們向我們報告。

9月27日，大員和日本經歷了一場巨大的風暴，致使大海船Sutphen、Schiedam和快船Kievit在澎湖列島、海船den Haen和貨船Berckhout在大員經歷過一場近乎遇難的風險。幸好全部船隻均免於災難，只有Sutphen被風暴吹到海岸4到7荷尺深的地方。同月30日，海水極度上漲，該船順利地脫離淺灘。但公司的帆船Tayouan和Tamsow以及17條中國帆船和50多條舢板沉入海底或被風暴擊碎。城堡前的坡地受到海浪的衝擊，甚至碼頭兩邊堤壩中間被沖出一個大缺口，離城堡

12 見《報告》下文12月31日的記載。據《熱城日記》1645年11月10日記錄，荷人隊伍將被派往哆囉滿地區。

只有10荷尺，我們全力以赴堵住洞口，避免了損失，現在可保證不會出任何問題，讚美上帝。在日本，快船Leeuwerick被吹翻，結果沒受任何損失，將船身翻過來。所有其他船隻均歷經巨大風險，感謝萬能的上帝，使公司避免了一場重大損失。我們不再打算向上述多風浪的航行水域派出大海船，因爲這些海船價值連城，在那裡冒風險太大。我們認爲，優良結實的貨船即可滿足那一地區的需要。我們要求您每年能派來2艘大型和2艘小型貨船，船裝或後吃水只不過10到11荷尺，大貨船裝運半船貨物後可駛出大員水道，然後在北部淺海區用小貨船裝運另外半船貨物，可在公司貿易中起很大作用，並減少所擔當的風險。

大員在12個月內即1644年10月1日到1645年9月底的費用，根據那裡的帳簿總計 f.232,562.12.09

相反，在同一時期向公司職員出售衣物所得 f.77,713.12.10

大員當地收入、人頭稅和其他稅收總計 f.117,219.10.14 [13]

---

13 其中出租村社供中國人貿易的租金如下：

新港	200里耳
蕭壠	305
大目降	145
目加溜灣	210
東、西螺	360
二林	310
麻豆	500
哆囉咯	140
馬芝遴	252
大武籠	140
虎尾瓏	400
諸羅山	285
他里霧	115
笨港溪	300
小琉球島	70
整個福島南部	800
在那裡屠宰豬	160
在Taeffel以南湖中打漁	50
在藍靛作坊附近的小湖中打漁	29
總計	4,771里耳

據《熱城日記》1645年4月28日記載。

如此計算，大員赤字　　　　　　　　　　　　f.37,629.09.01

這種情況主要是由貨物銷路不佳而致，不然會獲取相當的利潤。看來大員近期內的收入有可能超出所耗費用的數目，只要那尾地區能得到妥當的管理，從這裡下達的命令不會出任何差錯，這一點您尊敬的閣下可以放心。其他諸如大員的統治，舉行的村社集會，基督教傳播的促進，以及大員發生的其他事情，在此不再詳做報告，可見同時寄去的文件和報告。

52. C. van der Lijn, J. Maetsuyker, C. Reniers, S. van Alphen, 巴達維亞, 1645年12月31日

——voc 1154, fol.68-85.

(fol. 74)Henriette Louyse一船在8艘大海船出發前一天到達這裡，自大員運至一批貨物，價值爲f.76,377.6.10，包括4,861擔糖、18,201件細瓷、111擔蜜薑、漆器等。該月25日，貨船Uytgeest也從大員泊至巴城，運載貨物價值f.63,132.13.13，包括2,044擔糖、56,919件細瓷以及其他貨物；根據船隻帶來的有關日本和大員的報告，那裡的情況幾乎沒有變化，諸事順利。在日本的貨物除少量剩餘和Passart的一些鯊魚皮外均已售出。總管歐沃特瓦特認爲，11月底派貨船Salm攜帶貿易帳簿從長崎前去大員時，希望能以f.800,000的利潤結帳，賣出的貨物可能獲利60%，並將對我們感激不盡。他已派8艘海船、快船和貨船從長崎安全抵達大員，載貨總值達f.2,101,414.5.7，其中包括645,000兩或f.1,838,250的銀，70包波斯綢、漆器、米、所有貨物均安全運到，對此我們永遠感謝萬能的上帝。但所運去的波斯綢只能收回成本，屬嚴重失誤，從中可以看出他不是真正的商人，盲目行事。與其這樣交易，不如在科羅曼德爾用於購買布匹，或在巴城以100%的利潤售出，或將上述綢緞運到荷蘭獲取薄利，增加東印度的資金。

卡隆先生把貨物留在大員，準備明年再運往日本，因爲他估計，只有少量絲綢將從中國運往日本，而且會獲得相當的利潤，這尾做法極爲妥當，我們計劃再從這裡運往日本100至150包波斯綢以積鳌資

金，盡力擴大內地貿易。其他130包絲綢已以14%的利潤售出，但鑒於購入時價格爲50托曼(toman)[14]，獲利仍然可觀。孟加拉的絲綢獲利約100%，價格令人滿意，並準備在這裡供貨充足時再派運到那裡。

我們今年從日本收到的漆器數量豐富，商定暫時保存在這裡，因爲最近運回荷蘭的一批虧本賣出，希望明年會有所好轉。不然我們可設法在東印度用掉或作爲禮品贈送，價值f.16,540.10.14。我們決定，暫時不再購入此貨。

(fol. 76)從中國運到大員的貨物仍寥寥無幾，原因是那個國家戰爭不斷，致使我們必需耐心地等待事情的結果，而且與一官的所作所爲緊密相關，因爲他一手控制和禁止大員貿易，並搶劫所有的貨船，以運到日本，利用這種方法排擠我們在那裡的貿易，這種情形令人痛心使我們感到無法忍受，特別是現在我們的現金儲量充足。上帝保佑，事情在短時間內會有所好轉，並結束作惡的一官的命運。

高燒和其他疾病在福爾摩莎盛行[15]，大員和淡水有140餘人因此死去，其中包括高級商務員斯頓[16]，此人最近還曾率船隊前往馬尼拉。此外醫院也被病人占滿。中國人也未能逃脫這一噩運，其中有一名叫Peko的中國商人也死去，公司因此而蒙受損失f.25,000，長官特羅德紐斯先生曾以巨額資金支付給他，從而導致福爾摩莎經歷了不順和虧損的一年。那裡的軍隊有官兵629人，是保障一切順利進行和維持我們威嚴所不可缺少的。所許諾的6擔靛藍結果沒有得到供貨，據他們的許諾我們明年可給您運去相當的一批。

與貨船Uytgeest一同於11月28日被大員派往東京的貨船Swarten

14 Toman，波斯錢幣單位，相當於40荷蘭盾。

15 1645年全島從南到北疾病流行。據《熱城日記》1645年4月6日記載，荷人本打算在卑南社舉行東部村社集會，但因該村社村民有250人染病死亡，而且同一地區的另三個村社因疾病幾乎滅絕人跡。多數村社的長老均病死，未死者亦染病，死亡率近80%。

16 1635年作為下級商務員來到東印度，在海船上服役，1640年晉升為高級官員被派往啞齊，1643年為高級商務員到達位於波斯灣口的加姆隆，1644年到達滿剌加，1645年為船隊統帥前往菲律賓，然後到福爾摩莎島，直到去世。

Beer和Hillegaersbergh，裝貨總值達f.454,606.12.8，包括150,000兩銀和一批貨物，由高級商務員布隆科豪爾斯特經辦購入、用於日本貿易的絲和絲織物以及120擔用以運回荷蘭的絲綢；海船Schiedam和Haen被派往科羅曼德爾、蘇拉特和波斯，載貨價值f.1,157,825.6.14，具體如下：

科羅曼德爾，f.220,000的黃金，f.852,150即299,000兩銀和其他一些商品，按貨單其總價值爲　　f.1,079,896.05.08

以上現金由兩艘船分裝直航滿剌加，又加派貨船Maeslant分擔風險，運往帕里亞卡特[17]。

海船Schiedam運往蘇拉特和波斯的貨物有4,100擔砂糖、152擔冰糖、35,873件細瓷、843擔鋅、600擔明礬等，共計　　f.7,799.01.06

總計　f.1,157,825.06.14

這批現金的確是一批巨額資金，上述船隻在地悶附近與Uytgeest分道揚鑣，因爲在下面的航路中不會遇到巨大風險。貨船Berchout不久將被大員派往暹邏，運載貨物包括25,000兩銀和其他一些貨物，總計f.73,300.18.5；貨船Meerman將於1月底以及快船Kievith最後一次派來我處；貨船de Gulde Gans將繼續留在那裡以在雞籠運載用於建築碼頭的石塊和煉鐵用煤。

高級商務員西撒爾(Cornelis Ceasar)和德・豪赫(Nicasius de Hoge)已準備停當，將於11月29日帶領210人組成的隊伍前往福爾摩莎東北部尋找金礦，對此和其他事務我們給他們下達適當的命令。該隊伍於次年2月初返回後，將派以下船隻前往馬尼拉，貨船de Salm、快船Leeuwerick、Lillo和Aegtekercke，由上述高級商務員西撒爾率領。我們相信，這支艦隊足以讓中國人對我們懼怕三分，阻止他們往來於馬尼拉，攔截船隻從中取利。

17　Paliacatte位於印度半島東海岸中，或稱Paliacatta。

53. C. van der Lijn, F. Caron, C. Reniers, A. Caen, 巴達維亞, 1646年12月21日

——voc 1159, fol.1-62.

(fol. 39)我們希望，日本今年會收到與往年相當的利益。但中國戰爭持續不斷，那裡的贏利可能減少，估計不超過f.450,000到f.500,000，主要出自於東京貿易、暹邏的鹿皮、巴達維亞以及運自歐洲的貨物。上帝保佑，東京的貿易仍在成功地繼續進行，而且在那裡航行的公司船隻步履驚濤駭浪而平安無事。

因中國仍處於戰亂之中，自中國運往大員的貨物稀少[18]，致使我們需耐心等待事情的最後結果，那一地區無論在貿易還是統治方面均無特別事情發生。大員爲日本庫存3,000件麻布、500件紡絲、70件白綾、100件天鵝絨、少量絖布、70包剩餘的波斯綢，造成大批資金和貨物積壓，難以投入使用，這一情形令人傷心並爲公司帶來損失。此外，向往已久的金礦使我們大失所望，高級商務員西撒爾和德．豪赫率領210人的隊伍徒勞地從哆囉滿社返回，在居民中做過詢問和調查，企圖達到我們的目的，令人遺憾的是，除發現激流從山(無法靠近)中匯入河流而帶來一些黃金外，沒有其他的收穫[19]，但每年打撈和收集的重量也不過40到50里耳，結果幾年來用於尋找黃金的費用均白白地浪費掉。因此，我們下令，以後不再勘探，將隊伍留下守衛城堡，以防備中國人和其他人的襲擊。

---

18 清軍攻占北方大部地區後，1645年攻入浙江，並南下進攻福建，又攻湖廣。大部沿海貿易地區成為兩軍廝殺的戰場，商品購銷和海上運輸大受影響，荷人在大員深受其苦。

19 《報告》1645年12月31日已述及此事。1646年荷人仍未放棄探金的計劃。4、5月間哈帕爾特(Gabriel Happert)率兵討伐村社期間，曾於5月23日派出兩名士兵前往哆囉滿。二人向當地長老講明來意，揚言是為學習當地語言和促進雙方的友好關係，但長老識破荷人的心裡，他們只為金礦而來，因而不准他們在村社居住。同年7月13日二人徒勞地返回淡水。據《熱城日記》1646年7月13日記載。

我們與您的看法一致，若能爲公司找到黃金和銀礦，可用於整個東印度特別是日本和大員的贏利貿易，達到這一目的現在仍有障礙，尚需等候一段時間。除上述兩處和錫蘭外，其他一切進展順利，但仍有待於改進，如果大員和日本的貿易繁盛，並能得到妥當管理，那麼公司將獲得相當可觀的財富，甚至不久即能運回荷蘭一批銀兩。

爲繼續公司的貿易，我們陸續從巴城派出以下船隻前往大員和日本，5月11日貨船Conincq van Polen、Bercqhout、Meerman和Cappel(經暹邏)，後者沒有裝運貨物。其中前兩艘船被派往日本，裝運供應日本的貨物，其他兩艘裝運大員需要的米和木材等。

6月19日，快船Zeerobbe和貨船den Salm被派往大員，高級商務員Willem Verstegh乘此船前往，以待明年拜訪日本將軍，兼管那一地區的貿易。此二船爲大員裝運的貨物價值f.163,911.15.15。

54. C. van der Lijn, F. Caron, C. Reniers, A. Caen, Jochem Roeloffsz. van Dutecum, 巴達維亞, 1647年1月15日

——voc 1101, fol.1-41.

(fol. 14)正如我們在上次報告中所寫，貨船Salm、Joncker和Coningh van Polen分別於去年12月19日和20日平安到達我處，長官卡隆和前公司駐日本商館館長薩姆(Renier van het Sum)也隨船而至。運至貨物如下：596,950斤砂糖、407,470斤冰糖、103,181斤廣東蜜薑、1,370雙絲襪、2,424雙線襪、3,500件藍色絖布、1,050斤福爾摩莎靛藍、14擔中國小茴香、54件日本絲裙、6箱綢緞，後者包括少量白色絞絲，價值總計f.193,997.2.12，據我們的人口頭和書面報告，發自日本的貨船平安到達大員，除貨船Overschie因風向不順而遲到長崎，數日後才能到達大員。

(fol. 15)北方南京的人和南方一官的部下將一批上等絲和絲貨運到日本市場，但日本將軍已禁止後者駛往日本，因那尾地區屬韃靼人管轄，那裡的居民已並按照韃靼人的方法把頭髮剪掉，日本將軍不再視他們爲

漢人而是韃靼人，韃靼人從未與日本有過聯盟，而且日本人懷疑他們與基督教徒有共同之處。上帝保佑，日本人會堅持這種看法，這樣中國貿易將轉向大員。我們對此抱有希望，中國人有可能被日本人拒之門外[20]。

(fol. 16)7月17日和9月12日運往日本的大員和中國貨物價值達f.338,626.19.8，其中包括去年的70包波斯綢，但因購入價格昂貴，售出後損失f.8,858.19.4。這是尊貴的歐沃特瓦特先生的失誤，這批絲綢當時本可以優惠的價格售出；紅珊瑚和珊瑚樹同時損失f.2,582.5.15，您以後不必往東印度運送紅珊瑚、珊瑚樹、生珊瑚，因爲這些物品的存貨可供我們使用數年。上述物資主要包括糖、明礬、象牙和約f.90,000的絲貨及少量白綾、錦緞、吉朗綢和大絨，11擔絨絲和26擔生絲。他們還爲南部地區，巴城和荷蘭購入以下貨物，除上述3箱絲貨外，78擔蜜薑，14,600擔砂糖，4,600擔冰糖，14擔茯苓，90擔小茴香，600擔明礬以及5,000兩黃金。這是他們至上述日期購入的所有貨物。因爲中國仍然混亂不堪，據最新消息，韃靼人幾乎占領整個中國，從北部直到南部包括福建省，而且他們看似不會遇到什麼障礙達到其最終目的，成爲整個大中華帝國的統治者。但據猜測，他們的軍隊仍不足以維持現狀，保留所擁有的一切，包括當地居民，有資格和能力的中國人也將在短期內脫離韃靼人的統治(歷史可以作證)，從前已多次發生

20 1646年8月2日荷東印度總督和評議會寫信給大員，建議派人面見一官，要求他停止往日本的貨物運輸，將其商品轉運往大員。長官和評議會經研究，做出以下決定：

1. 一官現在不是中國北方合法的執政者，而北方正是絲綢等商品的產地，一官只擁有一小片地區，而且中國商人已在日本貿易中獲得巨利，並非用武力能輕易截斷，難以阻止一官的商運。
2. 近幾年荷人不但沒能將所需商品運出中國投入市場，而且荷人的胡椒等也沒有銷路，正如南部的糖沒法運到北方一樣，貿易不景氣並非一官從中作梗，而是中國的交通因戰爭堵塞而致。
3. 對向一官派人仍有疑慮，因為就皇帝而言(只不過表面上與一官友好)，荷人與中國的協定(一旦一官死去或中國南部地區落入他手)將來可能於荷人不利。

因而經再三討論，荷人認為目前不向一官派人為宜。但對中國商人仍一如既往，以禮相待，同時設法調查如何能在南京和其他北部地區獲得貿易。據《熱城日記》1646年10月2日內容。

過。在這期間，上述韃靼人極其精明，順利幸運地進行著他們的計劃，尚未遇到真正的對手，並徹底擊潰新登基的皇帝[21]的軍隊，而且兵臨中國大盜一官的城下，迫使他撤離他的座城和駐紮地安海，逃往一座孤島，並以600艘戰船守衛。爲防止官兵由水陸發起攻擊，一官在數荷里遠處將所有水上運輸工具點燃燒毀，結果如何，時間將告訴我們。在這期間，各種貿易停頓，韃靼人乘勝進軍，估計不久即將達到他們的最終目的。我們希望，那一地區在新政府統治之下貿易和繁榮將得到保障，因爲如果不能像從前那樣輸出貨物，輸入銀兩，中國將無法存在下去。據來自日本的報告所說，中國人既在日本受到挫折，因爲中國人被韃靼人擊敗，他們與日本的貿易也隨之而取消，在這種情況下他們就會把目標轉向大員，上帝保佑那個國家最終有誰掌權近期內會見分曉，避免更多的災難和因戰爭造成的損失。

福爾摩莎的農作物種植發展迅速[22]，耕地面積由3,000摩肯增加到10,000摩肯，中國的戰亂還將促進這一發展，成爲衆難民謀生的出路，同時增加了我們的收入，今年已增長到f.122,000[23]；有人向我們報告，

---

21 指1645年新登基的隆武帝。

22 除福島赤崁及其附近的農業種植外，荷人還鼓勵島上其他地區的開墾。淡水特別是雞籠自占領以來，嚴重缺乏各種生活必需品，荷人決定吸引中國人遷居上述二地，促進農業、漁業及其他行業的發展。在淡水，除一般的人頭税外，幾年内免除其他各種税務；在雞籠定居的人甚至被免除三年的人頭税。至1646年5月荷人頒佈有關雞籠淡水中國帆船自由航行和農業種植的規定時，淡水有15名，雞籠有14名中國人居住。

此外，由於1646年持續乾旱，赤崁的稻米和其他糧食作物收成低，大部已毀壞，農民所遭受損失慘重，大員因此做出規定，為鼓勵人們從事農業種植，這一年免除十分之一的糧税。據《熱城日記》1646年3月17日，5月15日，10月13日。

23 除農業種植外，福島的中國人還從事貿易、網漁、狩獵等，荷人也可從各方面增加收入。1646年4月13日，荷人將公司所有的村社、湖泊、河流等出租給出價最高的人，為期一年，租金分別如下：

村社	虎尾瓏	400里耳
	新港	305
	蕭壠	410
	大目降	200
	目加溜灣	315

在豐收時節那裡年產糖可達50,000擔，如果人們鼓勵他們從事這一產業，如將原來的糖價即4里耳一擔略加提高，既可補充沉重的費用，又能減輕農民承受的負擔。同時需密切監視那裡的農民，不然他們到時候將把大片土地用於種植稻、豆等類作物，他們期望在這些作物上可獲得更多的利益。並且發現田野裡大批桑類植物可用來餵絲蠶，又專從中國招來幾名師傅專門從事養蠶業，但他們因戰亂受阻而未能到達。

	麻豆	690
	大武籠	340
	哆囉咯	330
	諸羅山	650
	他里霧	400
	馬芝遴	330
	東、西螺	500
	二林	410
河流	笨港溪	300
島嶼	小琉球	70
在那尾地區屠宰豬		160
Taffelbergh 以南的湖		80
藍池邊的湖和三條舢板		25
Dovaha社		230
猴悶(Docowangh)社		250
Ticksara與Sinkangia河		500
笨港溪附近的Catchieuw湖		60
上述湖附近的一小湖		45
南崁(Lamcam)的河流		210
放索仔社		190
牛罵(Goemach)村社		180
瑯嶠社		280
放索仔社		270
加藤和力力社		290
麻里麻崙社		380
大木連社		400
阿猴村社		380
搭樓和Tedackjan社		520
	總計	10,100里耳

據《熱城日記》1646年4月13日。

基督教的傳播和對那裡居民的統治等一切如舊，沒有什麼變化，教堂收納的教徒越來越多[24]，公司征服了一些新的和叛亂的村社[25]。已平定的村社村民數目據統計已達60,000多人，其中多數生活在平原地帶。公司盡量利用村社集會（土地日landdag，或稱村社集會dorpsvergadering）[26]及諸如此類的辦法維持現狀，保持穩定。我們希

---

24 預備牧師歐霍夫授荷駐大員長官特令到南部各接收基督教的村社調查。從調查報告中可以看出，那一地區不但兒童人數增長，而且學校也增多，特別是麻里麻崙、大木連、阿猴(Akauw)、搭樓，只是加藤、力力和放索仔兩社情況相當，但其餘村社至今仍酗酒成風，需予以嚴處。

25 1646 年對原住民有兩次大的討伐。5月13日，歐霍夫率隊伍自麻里麻崙到達Sotarroquan，其村社長老率部下35人放棄願村社，燒殺搶掠，占山為寇。荷人將該村社放火燒光。長老Teyse被迫自殺，他的弟弟被捉獲送往大員。

同年4、5月間，哈帕爾特(G. Happert)率隊伍北伐，經淡水前往懲罰互相挑起戰爭的Pocael，Calucantomael，Calicaroutschiou村社。據《熱城日記》1646年5月13日，6月23日。

26 荷人為加強對福島的統治，1646年仍舉行每年一次的南北村社集會。北部村社集會於2月28日在赤崁舉行，新港、目加溜灣、蕭壠、虎尾瓏、諸羅山、東、西螺等50多個村社的長老參加。集會內容主要如下：

1. 荷人讚揚和感謝各村社繳納貢物。
2. 重新任命各村社長老。
3. 繼續任職或新任的長老在明年村社集會時必須親自持藤杖前來，不許轉讓給其他任何人，一旦長老去世或病重，需將藤杖交與駐村社的荷蘭人。
4. 村社長老不得隱瞞村民任何不軌行為和事情，更不能擅自決定，而需通知上述荷人解決，若事情重大，則需通報長官。
5. 從前曾有人違禁或不通知荷人擅自搬遷，荷人下令嚴禁此類作法。而應向荷人申請，若有必要，荷人將予以批准。
6. 若發現中國人非法在村社出入或經商，需將他們捉獲，並告知荷人，將其帶到大員城堡，每人獎賞5件統布。
7. 對已接收耶穌教懂得新港語的村社長老講明，對牧師和慰問師以及學校教師需倍加尊重，並定期到教堂和學校。同樣需教育其子女和其他年輕人這樣做。不然將受到懲處。幫助承建學校和教堂。
8. 每個村社必需像每年納貢一樣向當地教師提供各種生活必需品。
9. 各村社必需和睦相處，不許對其他村社發動戰爭，但若村社受到攻擊，則可以奮起自衛。

同年3月28日荷人在赤崁舉行南部村社集會。與會長老來自麻里麻崙、放索仔、大木連、阿猴、力力、加藤等近50座村社。會上，荷人首先感謝各村社長老趕來參加集會，並講明集會的目的，而且對繳納貢物的人致

望，您能從荷蘭派來幾名年輕力壯的人作爲學校教師，協助福爾摩莎基督教的建設；現在的教師多爲從士兵中選拔出來，而不能勝任此職。

據估計福爾摩莎每年可供應鹿皮50,000張，現在仍保持這一數量。這些鹿由原著民獵取，我們完全禁止中國人設圈套捕殺，並對往中國的輸出嚴加規定，致使公司的鹿皮貿易有保障而不受影響。

自德那第前往馬尼拉加入「聯合防禦艦隊」的快船Bruynvisch，在馬尼拉灣口劫獲一艘駛自孟加錫的西班牙戰艦，此船裝運貨物包括粗糙麻布、安息香(benjuwijn)、鐵和幾名奴隸，價值總計f.25,662.11，補償了派出上述艦隊的一部分費用。

該收穫增加了北部地區的資金，船隻離開時那裡擁有資金f.1,800,000，分派往以下地區：

用於東京	f.370,000
那裡僅剩餘f.60,000，資金總計	f.430,000
供暹邏新購入貨物	f.85,000
運往科羅曼德爾的白銀價值	f.600,000
黃金	f.178,000
銅	f.40,000
總計	f.818,000
爲波斯、蘇拉特和巴城供銅	f.60,000
大員可用於中國貿易和支付蔗糖的資金計	f.467,000
總計	f.1,800,000

爲裝運用於科羅曼德爾、蘇拉特和波斯的資金與貨物，我們下令派出海船Snoecq和Zeerob，由該二船平均分裝運至滿剌加，再裝運到貨船Petten中，與Zeerob一船結伴同行，前往帕里亞卡特。

上述計劃運往科羅曼德爾的白銀中有f.200,000留在大員，可望於3

謝，令尚未繳納貢物或繳納不足的村社下次補交。但山地村社除外，因為那裡的居民極其貧窮，多數是首次與公司結盟，尚未受到教化，能與他們和平相處已非易事。集會的其他內容與北部村社集會時無多大差別。據《熱城日記》1646年2月28日，3月28日記載。

月中旬兌換成黃金，若黃金供應不足，則可派貨船de Gulde Gans和Overschie(該二船準備載運糖、粗瓷、樟腦和煉鐵用煤前來巴城)將這批白銀留在大員準備用於與中國的貿易的現金運來巴城，若屆時沒有必要再從這裡派運往科羅曼德爾，上述準備運去的資金f.200,000均將留下以備中國貿易復興，購入所需貨物，若科羅曼德爾需要，也可從巴城供應。

大員的存貨大多未能銷售出去，因而去年那裡的贏利有限。唯一值得一提的是，大多利潤出自向公司職員發放衣物f.115,413.03.08

加上前面提到的收入 f.122,870.10.07

總計 f.238,283.13.15

與之相對，自10月1日到9月30日12個月的費用計f.164,254.11.8[27]，大員因而赤字f.25,970.17.9。我們希望，藉助於上帝的幫助盡快改變這種局面，主要寄希望於福爾摩莎的農業種植，以及與之緊密相連的收穫，您可詳細閱讀卡隆長官在辭別大員時給總管歐沃特瓦特下達的命令，以及他寫給我們的對福爾摩莎及附近地區事務的書面報告，在此從略。

(fol. 22)貨船Swarte Beer和Hillegaersberch準備於11月20日自大員前往東京，布隆科豪爾斯特攜帶資金130,000兩與其同行，大員的長官和評議會將不會再認爲資金不足，因大員尙存20,000兩銀。但中國人和葡萄牙人目前在東京大量投資於貿易，現在我們也只能袖手旁觀，日後再尋機對付他們。

某葡萄牙帆船裝載30,000兩銀，爲購入絲綢從澳門駛往東京，在海南島沉沒，葡萄牙人將深爲此痛心，他們的實力也將因而受損。中國大官一官獲得皇帝准許，在中國皇帝被韃靼人擊敗之前，以皇帝的名義派出一名使者，向東京王索取三年一次的貢物，使者態度高傲，不願前往宮殿謁見，因爲東京王沒有親自到他的船上迎接，儘管王子即王位的繼承者和宮廷大官持有異議，國王還是簽約接收中國的條件。我們希望，這一病患將會隨著中國明朝皇帝的衰落而根除或減弱，上述一官也將結束其官運，因爲一官給我們帶來的只是不利和損失。

27 即1645年10月1日至1646年9月30日。

(fol. 36)1646年只有兩條中國帆船泊至巴達維亞，運來一批粗糙貨物，沒有任何絲綢，這是貿易不景氣、貨物輸出量少而造成的，據大員的報告今年不會有船泊至，我們的中國居民也將深受其苦，對這裡的平民百姓也造成損失。

55. C. van der Lijn, F. Caron, C. Reniers, A. Caen en J.R. van Dutecum, 巴達維亞, 1647年4月14日

——voc 1162, fol.325-338.

(fol. 328)東印度的船上用品嚴重缺乏，特別是在東京、大員和日本多風浪的航行水域耗費大量的纜繩、帆、船錨和圓木。與此相反，如果海船和人員減少，要求也會相應減少，從這次送去的日用品需求中即可看出。對這些商館的供應也將少於他們的需求，因此我們沒有送往大員任何多餘的物資，那裡的日用品反而有剩餘，因爲鯔魚(harder)和鹿的收穫很大，代之以肉和五花肉分發給那裡的人，因而節省了食品。而他們無法保證魚和鹿的供應，一旦缺乏將對公司極爲不利，這值得引起我們的注意。

(fol. 330)2月22日貨船de Gulde Gans,3月5日信使帆船Hoorn經東京到達巴城，載貨價值f.71,400.15.4，包括

853兩或f.40,000的黃金

753擔日本銅

967擔砂糖

85擔日本樟腦

750斤鋅

180包小麥

30拉斯特煉鐵用煤

除中國的貨物運輸外福島諸事順利。

農業種植日益發展，稻米和靛藍[28]長勢良好，可望獲得較大的收穫，但今年糖的收穫量不會太多，赤崁最多可提供8,000擔；而且從中國運來的數量尚不能肯定。然而我們相信，只要將每擔的價格提高½或¾里耳，我們會得到所需要的數量，這一命令還有待下達。中國戰爭仍在進行，鯔魚的打撈會因而減少，往常有200條，現在只有100條漁船出現，收入也相應減少。據謠傳，一官與韃靼人聯合，統治低地地區的三個主要省份，並北上與韃靼人簽約，接受韃靼人對他的任命。眾人認爲，一官在那裡將被拘捕，因爲韃靼人對一官在南方(一官在那裡一慣橫行霸道)的統治不夠信任，這於公司極爲有利。但仍有一官的弟兄掌握巨大的勢力繼續占據著廈門和金門及附近的水域[29]，不願簽約投降。

我們在等待著事情的結果。經這一變化，貿易開始增多。中國帆船運至大員5錠金、數箱織物、34箱東京絲、300擔砂糖和冰糖，價值12,000里耳。我們的貨物也找到銷路，香價高達11里耳一擔，木香45，沒藥41，次等肉荳蔻17.5里耳，胡椒以12至17里耳的價格售出，令人滿意。今年，我們將收購6,000擔胡椒，並及時運到那裡。總之，中國貿易有開放的跡象，該年3月中旬從大員將來巴城的貨船Overschie會帶給我們有關的消息。大員現存f.594,000現金，f.170,000的易銷貨物，這是一批數目相當的物資，若貿易繁盛，我們還將支援他們一批資金。

28 在福島試種靛藍未能取得較大成功，荷人認為主要是由於風暴破壞和中國人照料不週。因此1646年9月22日做出決定，既然中國人在福島對靛藍種植已有所瞭解，公開聲明將藍田出租三年。種植期間由龐坦諾斯監督，因為中國人對製藍的程序尚不完全熟悉。開始以優惠價格收購靛，上等靛60里耳一擔，中等50里耳，下等40里耳一擔，與蘇拉特價格相同。待人們習慣後再將價格放低。據《熱城日記》1646年9月22日內容。

29 順治三年(1646年)，鄭彩鄭聯佔據廈門。次年，鄭成功在其父一官降清後屯兵鼓浪嶼，1650年設計奪取金廈兩島，並以此為基地與清軍展開十餘年之久的對抗。據《廈門誌》卷16，紀兵附。

56. C. van der Lijn, F. Caron, C. Reniers, A. Caen, J.R. van Dutecum, Gerard Demmer, Wollebrant Geleynsz., 巴達維亞, 1647年12月31日

——voc 1163, fol.1-91.

(fol. 1)貨船Overschie帶著大員最近的報告和有關中國貿易開放的消息從大員航出，但因路途中航行時間太長，我們幾乎以爲該船已經遇難。然而，感謝上帝於6月15日將此船帶至巴城。運至豐富的貨物，價值f.265,233.1.11。其中包括70,000兩日本錠銀，原計劃換成黃金運往科羅曼德爾，因黃金短缺而無法兌換。截止3月15日，無論中國還是大員在貿易上均沒有什麼好消息或特別的事情發生。只是一官與其部下在北上途中被隔離起來，他被關在木籠中(只有頭伸出籠外)，手腳被捆住，固定其中，而且冒有被斬首的風險。因此，一官的兄弟和朋友對韃靼人重新發動起戰爭，使那些地區再次捲入戰亂，只有少量的絲和其他貨物運到大員，致使可憐的中國難民蜂湧而至，促使福爾摩莎的植蔗和種稻大幅度增長[30]，如若降雨充足，

30 福島的稻米種植主要以赤崁為主。據《熱城日記》記載，1647年9月10日，荷人在公司的庭院裡將赤崁的稻田種植即以下12片耕地按土地丈量工的計算，租給出價最高的人。總管聲明，丈量數字由專人盡最大努力計算出來，若有出入，則可更改。租金必需在6週內付清。另外荷人還聲明，不許任何人向中國運輸稻米；租者以現在的條件為準，不得斤斤計較。出租的地片如下：

阿姆斯特丹(Amsterdam)	167摩肯	300里耳
密德堡(Middelburch)和德爾福特(Delft)	111.5	200
鹿特丹(Rotterdam)和豪恩(Hoorn)	260.5	550
恩克豪森(Enchuysen)	87	200
宋克(Sonck)	228.5	500
納茨(Nuyts)	354	850
蒲特曼斯(Putmans)	537	1,200
范・登・勃爾格(Van der Burch)	93	220
特羅德紐斯(Traudenius)	581	1,320
拉・麥爾(Lemair)	159	320

Versse Revier以北到大目降的以前未丈量過的土地，在聲明其中一半土地質

各種作物的產量可望提高，收穫大量稻米，並通過增加收入減輕大員的負擔[31]。至於持續不斷的中國內戰，沒有什麼可報告的，目前還看不到任何好的希望，就我們和一些有遠見的中國人判斷，在韃靼人被驅逐出去或完全占領中國之前，那個國家不會有什麼持久的和平和繁盛的貿易。局勢仍不明顯，結果難以斷定，特別是中國人不會輕易屈服於韃靼人，正如以往的朝代一樣[32]。在這期間，美麗富饒、產絲豐富的地區已被人們糟蹋貽盡，貿易停頓，於公司及日本的貿易危害嚴重。

(fol. 51)從暹邏運往大員的貨物如下：

1,098擔蘇木

20件哆囉絨

150條木板

48箱米

300斤靛藍種子

價值總計f.7,431

(fol. 51)爲繼續在大員和日本的貿易，我們於5月3日派出貨船Jonker、Berckhout、Campen和Zandijck經暹邏前往大員。它們多數空船

量較次的前提下，經丈量計算合:720.5　　610

淡水河以南堯港(Jockan)附近所有已播種的田地，未經丈量：

--- 　　100

總計　3,299摩肯 6,370里耳

同年4月6日荷人通過決議，將小琉球島租給中國商人Siamsioeck，為期6年，每年租金150里耳，同時允許他釀酒等。

荷人為加強對耕地的管理，還規定，若有人新墾土地，須向荷人報告登記。

據上述日期的《熱城日記》。

31 荷人在福島本地的收入除農業作物以外，主要有人頭稅、出租村社、漁區等。1647年4月8日荷人按例將下列村社、河流、湖泊等出租出去，總收入達13,305里耳。同年4月27日，荷人將各漁區租出，或租金10,100里耳。詳見上述日期的《熱城日記》。

32 清朝統治中國以後，各地義軍四起，其中以張獻忠部將李定國孫可望等和起兵福建南澳，占據金廈抗清的鄭成功勢力最為強大，另有各地農民軍積極響應。

前往，前兩船是爲運送供給日本的物資，其他船隻是爲從暹邏往大員運送那裡需要的米和木材。該月10日我們派出貨船het Witte Paert和Witte Valck，以及大員的信使船Hoorn和Noordholland，載運供給大員的價值f.158,787.17.9的貨物直航大員。7月12日，我們派出貨船de Os，載貨價值f.59,192.1.14，同日派出快船den Jongen，裝載運往日本長崎商館價值f.180,698.19.5的貨物，高級商務員揆一(Fredrick Coyet)隨船前往，拜見日本將軍，然後在那裡主管貿易事務。他們爲長崎商館裝運的貨物總值計f.398,638.18.2，包括f.49,000的現金、商品、各種貨物和珍奇物品作爲饋贈禮品、戰爭用品。在通信錄中您可以詳細讀到，我們對駐大員和日本的長官就政治和宗教政策，以及就貿易事項做出的指示，執行您有關獲取贏利貿易而下達的命令在此從略，從上述日期的通信集中您可以詳細瞭解我們如何按照您的意圖與指令行事。春季時他們將派船前來向我們報告已糾正和彌補所犯的錯誤，這些錯誤均由他們的固執和抗拒情緒所致，與您的指令相違背，對公司在那一地區的事業產生不利影響，特別是他們對公司在福爾摩莎的事務管理不善，導致下一季植蔗計劃有所改變。

貨船de Patientie於11月22日從大員平安到達這裡，帶來令人遺憾的消息，即10月22日福爾摩莎附近發生一場強烈風暴，該船停泊在北部海域，結果兩隻船錨被拔起，沒來得及帶上任何報告和書信，漂來巴城，該船裝載運往荷蘭的砂糖和冰糖。船上的頭領報告，他親自見過一艘海船遇難的跡象，後來此事果然得到證實。該月26日，貨船den Coninck van Polen運載糖到達這裡，帶來福爾摩莎評議會10月24日的書信。信中報告，貨船den Joncker裝載75,000兩銀和2,700箱銅發自日本，在魍港附近的淺海區遇難。整艘船撞成碎片，70人中只有15人得救。貨船Campen和Witte Paert兩船均航自日本，Campen因無法駛往大員而前往東京；另一艘船即het Witte Paert，讚美上帝，於11月21日平安到達我處，裝運75,000兩日本錠銀。但另一艘船Campen，高級商務員布隆科豪爾斯特也乘坐此船，裝運75,000兩銀，至今音信皆無。我們希望此船正如另一艘船被迫轉航東京。萬能的上帝賜於我們恩惠，裝運35,000兩銀於11月30日由大員駛往東京的貨船den Witte Valck，將安全到達那裡。運往東京用於1648年貿易的資金共計110,000兩銀，可以在東京與其他人競爭。除上述貨船Coninck van Polen外，於同一日即11月26日，貨船den Os自大員經馬尼拉到達巴城，運至爲荷蘭準備的288,900斤砂糖。此船於9月24日自大員出發，一般說來，此時風季尚未開始，目的是及時向在馬尼拉前的「聯合防禦艦隊」供應給養。

12月2日，貨船Swarte Beer到達巴城。此船於11月21日離開大員，同樣爲返荷船隻裝運壓艙用的糖，以及500斤蜜薑，1,219磅未能售出的阿魏(hingh)，46斤絞絲，665,000枚絲紐扣。除糖以外，該船所裝貨物價值不大。

福島評議會派上述各船帶來信件，向我們報告了那一地區的情況。首先，自巴城到達那裡的船隻裝運大員籌備的少量貨物被派往日本，價值不過f.146,627.13.5。包括45擔中國生絲，20擔東京絲，僅3,000件白綾，1,700件紡絲，12,800件麻布，63,000張鹿皮，另有少量明礬，但珊瑚以及諸如此類的雜物數量極少。

戰爭造成運自中國的貨物寥寥無幾，導致大員既無布爲衣，也無瓷使用，原因是中國土地被戰爭毀壞，影響了作物的種植和貨物的運輸，也包括蔗糖，中國的糖價甚至漲至高於6.5里耳一擔，而且所能購入的數量有限，大員所得到的糖不到100擔。

因爲中國戰場多數南移，使得通往北方的道路可以使用或安全一些，胡椒、丁香、沒藥、木香諸如此類的香料和藥品仍持續銷售，而且大批黃金被有能力逃脫的商人運到大員市場，胡椒最終以19里耳一擔的價格兌換成上等黃金，沒有剩餘一斤，這是前所未有的[33]。我們派快船den Jongen Prins裝載200擔同類胡椒運往長崎，結果價格不過14里耳，在大員也將以上述高價售出。但胡椒的高價很快下跌，因爲我們

33 據《熱城日記》記載，荷人這一時期從中國獲得大量黃金，但因中國貨物特別是絲貨短缺，無法到日本換取銀，因而多金少銀。

得到消息，那個國家北方捲入新的戰亂，胡椒運輸通道堵塞，而那裡正是大部分胡椒銷售的地方。

1648年大員要求供應胡椒10,000擔，他們認爲，若非戰亂阻礙，完全有能力售出。鑒於此，他們希望我們從這裡滿足他們的要求。

福爾摩莎的農業種植日益增長，稻米的什一稅在今年即1647年爲公司贏利6,000里耳現金。那一地區的收入因此上漲至 f.135,049.03.00

另有陳舊胡椒、其他香料和藥物售出所得	f.224,246.05.11
財務帳簿和軍隊帳簿中剩餘	f.43,047.02.03
大員收入計	f.402,342.00.00
從中扣除同年12個月的費用	f.246,686.14.13
仍剩餘	f.155,655.16.01

因此，那裡的所有公司職員的薪水均可照發給他們。若贏利貿易持續下去，公司的目的將能達到。

福爾摩莎的居民和平相處[34]，一切進展順利[35]，基督教的建設也是如此，按理說應該有幾倍的增長[36]，只是因爲牧師、慰問師和學校教師

34 事實並非完全如此。1647年3月15日荷人曾派出19名荷蘭士兵，150名卑南人，討伐Tipol人,結果對方只有20人應戰，荷方獲得8名婦女和5個男人的頭顱之後將那裡所有的房屋燒毀。這次出戰是為報復原住民殺害3名荷蘭士兵。事後，Tipol人逃走，餘者被分散到周圍結盟村社居住。

同年4月6日，荷人盟友Toutsikadangh長老向荷人控訴Tarrikidick村社殺害其村民。後來荷人派出高級商務員斯黑勒曼斯(Philips Schillemans)和布恩率兵前往討伐。原住民竭力組織抵抗，但不敵荷兵，荷人放火燒毀村社400座房屋，原住民被迫逃走。據1647年上述日期的《熱城日記》。

35 荷人於1647年3月19日和22日舉行村社集會。荷人在集會上頒佈的規定與1646年基本相同，不再贅述。與同往年，北部有50餘座村社的長老參加集會，而南部村社這一年只有平常數量的一半村社長老參加。詳見上述日期的《熱城日記》。

36 1647年荷人曾派出教會小組下放調查福島的傳教情況，並提交了一份書面報告。

新港、目加溜灣和大目降有三所日常學校，即青年男子學校，教授朗誦、閱讀、寫作、禱告和有關感謝人類的問答；成年男子學校，多為20-35歲；成年女子學校，與上述男人年齡相仿，同時有許多小女孩。新港的青年學校有學生110名。

大目降的青年男子學校有78名學生；成年男子學校有42人；女子學校有

接連去世，對此我們應耐心等待，並希望至高無上的耶穌不久會將教師和領路人派來我處。同時，希望您盡量向我們提供這一神聖工作所需要的物品並能從荷蘭送來一批上等質量的布料。

福爾摩莎今年因風雨過度，植絲業收穫不甚理想[37]。儘管如此，我們相信，明年的報告將好於今年。現由海船Walvisch運去各種文件和福島產絲的樣品。

從Swarte Beer一船帶來的報告中我們得知，中國人為我們打撈出沉船den Joncker裝運的52箱銀、86箱銅。按合同，經辦人和打撈者撈得5箱銀得1箱、10箱銅得3箱作為酬金，即使這樣，我們仍然鬆了一口氣，本以為大海撈針無處可尋。

我們不得不嚴肅向您提出請求，派來幾艘便利、裝貨後吃水不過10、11或至多12荷尺深的貨船，以用於北部多風浪的水域航行，因為吃水較深的海船無法進入大員水道，東京的河流入口更無從談起。用他們運貨，首先要停泊在外洋，將貨物卸下。派出裝貨也需在外洋進行，困難重重，令人擔心而容易造成損失。裝卸貨物時，海船因波浪洶湧受損；我們也無能為力，若用小型船隻裝卸貨物，則極易翻沉，這在以往的經驗中可受到啓發。

大員派出租得的一條中國帆船於12月19日帶來駐大員總管和評議會發出的信件，內容如下：貨船Berckhout裝運55箱銀和一批銅，Hillegaersbergh於11月14日作為發自長崎的最後一艘海船裝運35箱銀

100人。

目加溜灣的青年男子學校有103人；成年男子學校有60人；女子學校有110人(不包括小女孩)。

除以上三種學校外、目加溜灣、新港和大目降的其他人每週一次學習禱告和聖經問答。

青年學校(包括成年和青壯年男子)，蕭壟有141人，麻豆有145人。蕭壟只有該青年學校，另有一幼兒學校，253人，由赫拉佛斯創立，在很短的時間內繼續發展的希望很大；麻豆除上述青年學校外，其他村民分成七組，每七週學習一次禱告。據《熱城日記》1647年12月3日、4日、5日記載。

37 經查正檔案原文，筆者發現W.Ph. Coohaas誤將上兩段文字放在下一頁。在此把他們提到原來的位置。

和711箱銅到達大員，駐日本的主管那一地區貿易的商館館長費爾斯德赫(Willem Versteegen)先生隨船同時到達。另有海船Dromodaris和Coninck Davidt於11月23日裝載供應科羅曼德爾、蘇拉特和波斯的貨物被派出，裝運貨物具體如下：

為科羅曼德爾購入的含量不同的中國黃金價值f.883,898.8

215斤白色生絲

25,000斤明礬

1,037擔日本銅

為蘇拉特和波斯運去以下貨物：

70,000斤砂糖和冰糖

20,678斤明礬

72,008斤鋅

3,224斤茯苓

2,712斤中國茶

106,555斤銅條和銅板　　價值總計f.953,860.11。

將駛往暹邏的海船Sandijck和Berckhout已準備就緒，載貨價值f.90,393.7.14，包括30,000兩銀和20,028斤銅，並令其在Snicko Tsiage攔截敵人的船隻，直到1月10日。

運走上述資金後大員剩餘127,000里耳，其中將用於支付蔗糖和鹿皮40,000里耳，用於兌換黃金和其他物品87,000里耳，由此看來，急需從這裡援助資金和貨物。然而，我們不相信會得到另外一批與今年在大員兌換的數量相當的黃金，因為那批黃金是來自北部地區的難民私下保存下來為在產糖區兌換成銀和其他必需品之用，該貿易以後很可能中斷，不會再得到像前些年所兌換的黃金數量。

57. C. van der Lijn, F. Caron, C. Reniers, J.R. van Dutecum en G. Demmer, 巴達維亞, 1649年1月18日 [38]

——voc 1167, fol.1-150.

(fol. 3)大員的士兵配備不像我們所希望與要求的那樣充足，因爲持續不斷的中國內戰導致中國人大量湧入大員而需增派軍隊，只去年3月份中國人數已增加到14,000人[39]，眼下仍日益增多，因而爲確保這一美麗、富庶的殖民地萬無一失，必須把那裡的軍隊(現在約700人)增加到1,100-1,200人。我們打算派兵前往，以達到這一要求，希望如此強大的軍事力量能夠防止那裡中國人的各種不軌行爲，使他們慴服，從而維持正常的秩序。我們希望您下次能派來足夠的士兵以保持東印度其他地區的軍事配備不致受到影響，以及巴達維亞軍隊擁有以上數目的士兵，因爲往來和湧入巴城的外國人也很多，而該重要基地必須優先得到保障，不但要有效地抵禦敵人的進攻，而且必要時派相當兵力出擊，用這種辦法使周圍地區的藩王和勢力長時期處於我們的武力威慴之下。

(fol. 6)大員派出7條帆船前往菲律賓群島使敵人在馬尼拉灣內的軍隊不得不時刻保持戒備，馬尼拉沒得到任何來自中國的帆船，那裡的貿易也就隨之消失，從而有更多的船隻駛往大員[40]。除掉所有的費用，大

---

38 1649年的報告較之於其他年份的報告特別長，顯而易見，其中一月份的內容是有關福島1648年的情況，後面部分才是關於1649年的內容。所以1648年並非沒有報告，原因可能是大員派船把文件送至巴城的時間太遲沒能收入1648年的報告中而列入1649的部分。

39 《熱城日記》中沒有具體記載到大員和福島的中國移民數目。這一年常有中國帆船自中國沿海到達，多載運貨物和人員。據筆者統計，除個別帆船外，多數船上有30人，多為男人，極少有婦女兒童，與返回中國時船上的人數相比，二者相差無幾。由此可見，日記中的這些帆船是為貿易而來，目的並非移民。《熱城日記》沒有記錄有大批的移民(這一年的報告下文還有詳細數據)，原因可能是大批移民直接落腳於福爾摩莎島，靠農業種植等為生。

40 從1648年的《熱城日記》中可以看出，大員與中國人的貿易較為正常，

員這一年出乎意料地獲利f.550,000。

(fol. 96)駐大員長官就糾正福爾摩莎的失誤這一主要事項單獨向我們遞交了一份備忘錄。這些事項我們已在報告中詳細記錄，經仔細閱讀發現，阿姆斯特丹商會去年從大員得到有關事項的確切消息並向您做出令人滿意的報告。請您詳見他們寫給阿姆斯特丹商會的報告。首先，新港的小琉球人將獲得自由，既不把他們運往其他地方，也不讓他們在大員做任何勞役。他們向您做出的報告不合乎事實，這點可從在下面一段有關小琉球人的情況的記錄中看出。

根據佔領小琉球島的記錄，發現那裡的居民約有1,200人，其中乘坐不同船隻在同一年被派送到巴達維亞 191人

分散在新港[41]各處並暫時安排到居民中間 482人

同樣分佈到各戶按荷蘭習慣進行教養的兒童 24人

總計 697人

其他在交戰時被刀槍和火器等擊斃(以及因絕望自殺)的人數 405人

於1647年被捉獲並分散到新港社的那座島上居民中最後的 17人

總計 1,119人

上述405人[42]如上所述在新港居住，並與當地居民通婚而混雜在一起，幾乎沒引起什麼變化。只是1646年有14名兒童按荷蘭習慣在大員接受教養[43]。對小琉球人來說，我們希望他們能像這些兒童一樣享受幸福，其中大多數小琉球人的女兒，已與荷蘭人成婚成爲賢惠的婦人，上述24名兒童多數已變成良婦。

第二點，是有關進貢的方式，福爾摩莎居民須從他們的收穫中繳

中國帆船往來頻繁，這可能與荷人派艦隊到菲律賓沿岸攔截中國的貿易帆船有關。

41 此處的荷文檔案中寫為Sinckin，而一般為Sinckan或Sincan。

42 應為482人，因為405人是戰爭中死亡的人數。

43 荷人對小琉球的大掃蕩及強制居民的遷徙至福島村社中的經過，詳見1636年報告的記載和voc 5051。上述檔案編號中還收錄了荷人對小琉球島的描述。

納一部分給公司，每年每戶相當於8斯多佛價值的物品，您可發現，在收到您有關的命令之前，我們在1647年已修整此項規定，最後廢除進貢的慣例，因爲那些人生活艱難而貧苦，幾乎沒有什麼財產。

至於第三點，我們准許中國人與當地居民來往，進行貿易(不必爲其運貨舢板納稅)，並且規定他們只能在離村社一段距離的地方聚居，至今該項規定仍然有效，我們認爲(像前兩點)沒有必要修改。准許中國人進行貿易的村社的出租(以增加公司在福爾摩莎的收入，並減輕公司在此地的牧師、慰問師和學校教師以及每年舉行村社集會的費用負擔)。1647年獲得收入14,250里耳，1648年增加到18,285里耳[44]。運貨和租佃人的舢板繳納稅餉近500里耳。我們難以相信爲上述貨運放行能給當地居民帶來任何好處，因爲中國人極其精明和狡詐(眾所週知)有甚於猶太人的狡詐和虛假，因而他們的貨物和貿易也不可能以合理的價格銷售和進行，上述福爾摩莎人也很難從中獲取利益，除非您決定全部取消和廢除所有福爾摩莎村社的租賃，這將明顯減輕當地居民的壓力，因爲每個村社均租借給不同的中國人，並讓他們佩帶一種銀章，上面刻有該村社的名字以作爲出入的通行證，其他中國人絕對不許(否則將予以處罰)在該村社活動，更不許進行任何貿易[45]，不然將使出租者受到損失，我們做出規定，所有租借者只許與原住民做以鹿肉和鹿皮爲主的生意，他們向當地居民兜售縫衣的麻布、鹽、用於狩獵的鐵器、珊瑚和各種雜物，不但能以此支付租金，而且可以攫取厚利，他們每年可從中獲利18,000里耳，租借者所獲取的利益尚未計算在內。1642年(第一批村社以1,600里耳租出)以來，租金不斷上漲，並將繼續增加，而所有這些租金均需出自與當地居民的小宗貿易，該貿易以後

44 1648年的村社於4月7日至11日租出，出租項目及租金詳見《熱蘭遮城日記》1648年4月7日內容。

45 這是1648年3月10日舉行北部村社集會時的規定之一，荷人甚至申明，在村社中若發現沒有銀章的中國人，在事先通知荷蘭人的前提下可將他們捉住送往城堡，每人賞統布五件。荷蘭人以此方式限制中國人與原住民接觸，這是荷人在福島對原住民和中國人統治政策重要的一項。《熱蘭遮城日記》1648年3月10日記載。

總有一天會因中國人的詭詐欺騙而中止，儘管可爲所有的人開放自由貿易避免此事發生。另一方面令人深思，因爲中國人的大量湧入(一開始就認爲會帶來消極影響)使得無論是中國人還是福爾摩莎人的秩序不再像從前那樣容易維持，此外我們擔心，正如以往的經驗告誡我們，在這種情況下當地居民會因中國人而將他們的妻子女兒引入歧途，導致通奸和娼妓，而且會妨礙基督教的傳播，我們希望您能仔細權衡並下達命令，如何處理此事。

(fol. 104)我們已就福爾摩莎島以及暹邏到最近一批船隻回國爲止的情況向您做出報告。2月16日，信使船Hoorn從大員經東京泊至我處，載運貨物只有5,535斤日本樟腦，價值f.1,935[46]；同月30日，貨船Berckhoudt到達這裡，裝運貨物價值f.376,118.7.4[47]，包括：

8,868兩2錢金[48]

93斤纈絲

76,281.25磅日本樟腦

1,946斤中國茶

隨後根據大員所需從這裡派出：

4月19日，貨船Os和Patientie，載貨價值 f.884,933.18.02

5月15日Snoeck和Arent二船經馬尼拉群島，裝運胡椒和檀木，價值 f.75,585.00.00

7月15日，貨船Maeslandt和Hillegaersbergh，與小帆船Hoorn，裝貨價值 f.249,857.10.11

8月4日，最後派出貨船Inffronix，載貨價值 f.99,936.12.00

46 公司的這一條帆船於1月10日從大員航出，帶至福島總管歐沃特瓦特和評議會就大員情況做出的報告，說那裡除貿易外一切順利。這一年即1648年那裡沒有絲織物和上等質量的貨物運去。而且報告，此船駛出前不久有價值f.200,000的中國黃金運到大員。其中一部分由下文的Berckhout運到巴城。見《巴城日記》1648年2月16日內容。

47 此處的同月應為3月，此船於2月25日發自大員，3月30日到達巴城。據《巴城日記》1648年3月30日記載此船裝貨價值為f.376,118.7.4。

48 《巴城日記》1648年3月30日記載為8,068兩。

貨物價值總計　f.1,310,313.00.13

主要載運以下貨物：

155,270里耳巴達維亞銀幣[49]

131,571兩銀條等

9,312擔胡椒

392,771磅檀香木

68,458磅蘇木

31,854磅沒藥

17,000磅肉荳蔻和次等荳蔻

26,000磅上等丁香

10,000件中國絖布

142,393磅錫

75,106磅鉛

229疋供軍隊使用的棉布、棉被[50]

86件不同顏色的哆囉絨

133毛織物(perpetuanen)

同時就福爾摩莎的情況及教會事務和統治政策以及商務事項向總管和大員評議會下達的指示，您尊貴的詳見同一日期的通信錄，在此從略。

(fol. 105)上文所列出的運往大員的貨物均以高價換成黃金，比平常高出100%。因爲從北方通往自古以來與大員貿易的沿海港口安海、漳州、廈門和金門的道路已安全暢通，因而黃金可運下來，貨物可運上去，而且多數可在那裡售出，這正是我們所希望的。然而那個國家的戰爭似乎仍未停止。據謠傳，韃靼人的擁護者將西部內陸的三個城市劫掠一空，屠殺了城中所有百姓。事實究竟是否如此，尙難以斷定。本來100磅米價值1.5里耳，而今已高達6里耳，甚至還要多。因米價上

49 因黃金在大員均需用現金即銀兩購入，因而巴城供銀繼續這一貿易。見《巴城日記》1648年2月16日記載。

50 這是應Hoorn一船帶來的大員的對織物的需求而運去的。

漲，饑荒隨之加劇，數千人在那個國家死於飢餓，有些人則四處流亡以免喪命，也有大批中國人攜妻兒逃至福爾摩莎，即500名婦女和1,000多名兒童；這樣，眼下公司下屬的壯丁已逾20,000名，這些中國人多以務農爲生。以後需蓄養一支強大的軍隊使這一珍貴的寶島得到保障。特別是正如我們所斷定的，中國人還會不斷地湧入以擺脫飢荒，這對福爾摩莎的稻米種植將極爲有利，大獲豐收，饑民也可得以飽餐。大員的長官和評議會仍然要求供應大批米，我們將從這裡運去足夠的數量。今年周圍不同地區運送稻米至此銷售，公司在大員將有厚利可取，許多人因災難而留下。因爲中國許多土地受戰爭摧殘而無法耕種。那裡的糖價升至12多里耳一擔，致使公司不可能從中國購入一斤糖[51]。鑒於此，大員應提高糖價，鼓勵中國人植蔗榨糖，不然中國人將完全停止製糖業，因爲種植稻米、豆類及其他作物更有利可賺。對此，我們將發佈規定。按照那裡的要求我們已派船運去一批價值f.650,000的貨物，其中包括1,200,000磅胡椒，另有相當一批鉛、錫、蘇木、檀香木、紫檀、臘、次等肉荳蔻、丁香、沒藥、兒茶、木香、琥珀、藤以及毛織物和棉布，後者供士兵和在福爾摩莎居住的中國人縫製衣服，因爲在中國，不僅絲料而且棉布和麻布均難以購到，如果不從這裡供應，福爾摩莎的人恐怕將穿衣困難；所有貨物我們盡力滿足供應，並首先籌備此事。據報告，那裡貨物仍有庫存，只是資金有些短缺。

後來我們的人未能再從遇難的貨船Jonker中打撈出銀和銅，因爲沉船已淤滿泥沙，不可能再從中挖掘出什麼。使公司失去了一艘得力的貨船，船上人員和剩餘的資金也隨之遺散在海中。

一批在大員購入並儲存在那裡的價值f.1,250,000的黃金，與爲荷蘭購入的3,000擔糖，還有其他爲科羅曼德爾等地積存的貨物，分別裝入Snoeck、Arendt和Witte Duyve三艘船中先運往柬埔寨沿岸，由Duyf一船所裝載的第三部分黃金在那裡分別由其他兩艘船平均分裝，並繼

51 從筆者統計的十七世紀上半期中國蔗糖輸出量中也明顯可以看出，1648年的蔗糖輸出量由1647年的一百多萬斤猛降至兩萬多斤。1649年的情況持續不佳。拙文〈十七世紀上半期的中國糖業及對外蔗糖貿易〉。

續運往滿剌加，Duyve一船則留在柬埔寨沿岸攔截那裡的帆船，直到1月31日。

福島今年因種植面積少只收穫9,000擔糖，原因前面已陳述。其中3,000擔將用於東印度的貿易和作爲壓艙物運回荷蘭。

最近一次有關福島的報告發出時那裡仍存有f.300,000的資金，將用來支付新收穫的糖、皮，而且盡可能將剩餘的部分兌換黃金，我們將繼續予以補充。

162,000巴城里耳損失20,000，原因是其含量少，估價高，幸好後果不甚嚴重。

最近一年福爾摩莎村社租借的收入達23,000里耳，數目大得出奇，其中單是虎尾壠一個村社即占2,600里耳。我們認爲該數目大得出奇，是因爲整個虎尾壠村社財物的總價值也沒有租金那麼多，而這部分租金只能從居民獵鹿中獲得，這已經相當多，恐怕難以繼續下去。

由於福爾摩莎村社的租金之高，那裡一年的收入即可超過f.200,000，而且該收入將會隨著中國人的不斷湧入和農業種植的擴大而增加。作物的什一稅只稻米一項，今年爲公司提供f.40,000[52]，同一項明年肯定將增至f.100,000[53]，而公司抽取中國人的人頭稅及其他稅務尚未計算在內。

讚美耶穌，今年那裡從我們運去的胡椒及其他貨物中獲利

	f.561,188.17.10
財務、軍隊帳簿及罰款所得	f.37,206.08.09
加上前面記錄的全年[54]的收入：	f.207,843.18.02
福爾摩莎贏利總計：	f.806,239.04.05

52 1648年的耕地出租於10月10日進行，公司將耕地租給出價最高的人。而且規定，禁止租户外運稻米。租出的耕地總面積為4,175.5摩肯(無需交納什一稅的自由田未計算在內)，租金為16,590里耳。據《熱蘭遮城日記》1648年3月30日内容。

53 與上文提及的中國移民高潮相聯繫，也就不難想像荷人的樂觀估計並非沒有根據。

54 這裡的全年顯然指1648年。

除去大員一年的費用： f.236,340.18.00

剩餘純收入計： f.569,899.06.05

這的確應歸功於耶穌的保佑，我們希望贏利不但會繼續下去，而且將不斷增加。只要中國的戰亂不給我們製造障礙，我們對此充滿信心。除福爾摩莎的收入將明顯增長外，現在已可以看出這一趨勢，中國人的大批湧入使大員島和福爾摩莎島的城市(許多中國人在福爾摩莎島居住)需擴建。公司在大員的事業已規模巨大，而且日漸擴大。我們希望能爲福爾摩莎的管理配備一名能幹的職員，遵循我們的命令出色地領導公司的事務。現任總管自以爲是，固執己見，至今未能達到這一要求。

大員水道今年變得極淺，以致於貨船Patientie在入口最深處(不過12荷尺深)擱淺一整天。東京灣的入口同樣變淺，船隻每年均冒險航行，因此我們像去年一樣再次向您提出請求，派出幾艘輕便的貨船用於北部水域，而且這些船隻仍需能裝運相當數量的貨物，但裝貨後不得超過10至10.5荷尺深，這樣才能令人放心地執行公司任務。

福爾摩莎的宗教事業情況良好，教徒人數日益增多，一些村社已成立荷蘭學校[55]，當地人，特別是兒童可在細心勤勉的牧師手下練習荷蘭語，牧師對此工作抱有信心。據上述傳教士的判斷和證實，那個民族不僅能幹而且善學[56]。傳教士要求我們提供幾千本基礎課本，希望您能運來五至六千本，爲促進這一有益的工作所需[57]。居民大多因我們廢除納

55 據W.A. Ginsel，教會報告，赫拉佛斯和哈姆布魯科牧師自1648年2月以來已開始在蕭壟、新港、目加溜灣、大目降、麻豆、Tavorang、Dorco、諸羅山九個村社用荷蘭於講授宗教課程。W.A. Ginsel, *De gereformeerde kerk*, p.104.

56 大員的荷人在給巴城的報告中也稱福島原住民甚至自願荷蘭化，講荷蘭語，取荷蘭名字，禮拜日穿荷蘭服裝。實際並非如此，據《熱蘭遮城日記》記錄，1648年3月10日北部村社集會時荷人還規定，已傳教的村社長老應尊重牧師、慰問師和學校教師，不僅要親身到教堂做禮拜，而且要督促其子女及其他年輕人前往，日記中記錄，牧師們抱怨當地人懶散，為維持學校和教堂的事務，甚至對原住民規定，若有人怠慢，則予以懲罰。見《熱蘭遮城日記》1648年3月10日記載和W.A. Ginsel, p. 103.

57 1648年大員教會要求提供以下教科書給他們：300本祈禱書，2,000本聖經

稅的規定而滿意，他們和平安定地相處一起，依舊勤勉地從事農業生產，一些人甚至天天跟中國人學習技藝，像在中國一樣在大員種植各種農作物，甚至包括棉花和大麻，用來紡織成布，爲家人製作衣服。麻的質量相當，可用作絞成船用纜繩，但價格過高，比在荷蘭購入的貴三到四倍，日後或許會便宜些。

養蠶織絲依然如舊，這項工作中出現種種困難，發現之後將予以解決，希望仍然很大，從眼下情況看來比以往任何時候都有利，因而我們對此事的成功胸有成竹。隨船運去少量樣品。

福爾摩莎的絕大多數村社和地區已與公司聯盟，在那裡與我們的人和其他人和睦相處[58]，除少數深居山中的族群以外，這些人極少下山與平原地區的居民聯繫。上述與我們聯盟的村社目前已達251座，而在卡隆先生於1644年到達大員時，當時牧師士尤紐斯離開已久，據統計，不過44座；卡隆先生於1646年離開大員時正值村社集會日，當時統計達219座村社，共有12,737座房舍和61,696名居民。

我們派司令官范·佛萊特(van Vleith)率船隊返回荷蘭，請您詳細閱讀運去的備忘錄和具體報告，您將發現，尤紐斯牧師和普特曼斯先生的指責未經調查，不符合實際，只會給您製造困難，爲我們帶來不安。因此，我們請求您查閱，以減輕我們在管理中不必要的負擔，增加您對我們的信賴。福島的事務在尤紐斯時期還處於幼稚階段，而今已長大成人，因而尤紐斯牧師等人若無親身經理無法做出評斷，他們

知識問答(Catechismussen)，1,000本約瑟的故事(Histirien van Joseph)，1,000本哈佛曼斯(Haverman)禱告書，100本聖經知識問答(Catechismi)，50本聖經故事(Historien des Bijbels)，1,000本聖詩(Psalmboeken)，1,000本福音(Evangelien)，500本年輕人之鑒(spiegel dere Jeugd)，50本Praktijk der godzaligheid。Ginsel, p. 103. 大員教會1648年11月3日寫給阿姆斯特丹教會分會的信，voc 1169, fol.249-255.

58 《熱城日記》1648年2月25日記載，牧師費爾特萊赫特自虎尾壠報告，Polali人從Tarrang返回的路上割下Kalican和哆囉滿人的三個人頭。26日記載，歐霍夫自麻里麻崙報告，Calenet、加六堂和Loepit人合力攻打Suffungh村社，割下兩男三女的人頭。同時記載，楊森(Jan Jansz.)自卑南社報告，秀姑巒村社的人將公司的藤條切斷，脫離公司的統治。所以稱各村社和睦相處恐有失實。

言及的事情與現實既無相同之處，也無法相互比較，正如我們去年已以充分的理由予以證實。有關尤紐斯牧師的報告，由福島牧師寫給巴城教會和荷蘭教會的信件，我們鄭重地要求您詳細閱讀。同時寄去文件和書信副件，以澄清事實。您將發現，所有的指責和失實的報告均爲無中生有。

(fol. 129) 去年即1648年初，只有兩條小帆船自大員和一條小帆船自中國到達巴城，運至一些價値不大的貨物。他們從巴城輸出的貨物包括3,000擔胡椒、一批蘇木、藤、米和其他雜物，在大員獲得厚利。

(fol. 145) 1647年的贏利商館如下：

日本自1647年底	f.122,533.08.05
大員	f.569,898.06.05
蘇拉特	f.190,961.11.01
波斯	f.217,610.16.11
蘇門達臘西岸	f.57,111.08.04
占碑	f.30,178.11.08
馬拉巴爾	f.48,640.08.13
孟加錫	f.28,195.15.14
安汶	f.10,799.12.13
溫古爾拉	f.6,335.00.06
亞齊	f.325.07.11
在馬尼拉水域從敵船中截獲	f.5,747.07.07
在柬埔寨附近攔截一條帆船	f.12,476.15.03
獲利總計	f.1,300,814.10.02

(fol. 147) 到達這裡的海船帶來消息，在日本的海船已被放行，六艘中已有四艘即Campen、Witten Valcq、Patientie和Berckhoudt到達大員。其中後兩艘又自大員泊至暹邏。貨船de Koe近期內將攜帶記錄、帳簿和報告(隨時有可能到達我處)由日本直接前來巴城，而且高級商務員揆一也將隨Liefde一船前往大員。貨船Noordtstar昨日經滿剌加到達這裡，向我們報告，揆一先生已順利到達大員。該船還帶來滿剌加

長官泰森(Jan Thijssen)的報告。我們從中得知，海船Arent、Snoeck和Witte Duyve於12月24日自大員安抵滿剌加。

爲科羅曼德爾裝運中國黃金價值f.1,605,636.13.14；運往孟加拉供購買絲綢的日本錠銀價值f.114,000；爲蘇拉特和波斯運去蔗糖、鋅、明礬，價值f.37,410.13.4。

58. C. van der Lijn, F. Caron, C. Reniers, J.R. van Dutecum en G. Demmer, 巴達維亞, 1649年1月26日

——voc 1169, fol.10-12.

(fol. 11)高級商務員揆一及其隨從於12月28日乘坐最後兩艘貨船Liefde和de Koe自長崎到達大員。運至150,000兩錠銀，大員的剩餘資金總計f.900,000，其中包括f.130,000的黃金，是在前往科羅曼德爾的船隻出發之後購入的，我們等待著這批黃金運至巴城，連同最後的船隻派出前可能換取的數量。

上述資金	f.900,000
大員運往科羅曼德爾、蘇拉特和波斯黃金、銀和糖，價值	f.1,750,000
同樣，貨船Patientie和Berckhoudt運往暹邏的物資價值只有	f.150,000
供交阯購入絲綢	f.400,000
資金總計	f.3,200,000

今年的事情雖然不順，但公司仍出乎意料地取得進展。

高級商務員斯赫勒曼斯(Philip Schillemans)將於該1月2日乘貨船Campen與Witte Valcq攜帶f.400,000自大員前往東京，那裡的貿易將好於去年，因爲有一艘大型中國帆船在東京裝貨而未能到達長崎，日本人顯然會因白白耗費資金卻一無所獲而失去興趣。在調查清楚他們上次的資金去向之前，不會再投入新的資金。公司的貿易從而成功有望，並希望日本人不會獲得任何有關的消息，直到上述日期仍沒見他

們裝備新的船隻。

鑒於大員現在沒有貨物可供應其他地區，而且近期內中國和日本也不會有什麼消息，那裡的評議會做出決定，派一條帆船前來我處，並派貨船Liefde和de Koe運貨往暹羅，在那裡裝運米和木材將於三月份到達巴城。我們認爲，這一決定極爲妥當，而且額外贏得一艘船的貨物，因爲de Koe一船本來計劃攜帶報告和日本的帳簿直接由日本前來巴城。

59. C. van der Lijn, F. Caron, C. Reniers, G. Demmer, Arent Barentsz., 巴達維亞, 1649 年 12 月 31 日

——voc 1172, fol.1-130.[59]

(fol. 4)我們相信，日本和大員能贏得所估計的利潤，若船隻能安全行駛，那麼1650年以前幾乎不需要荷蘭的資金，而且可以購入價值f.2,000,000的貨物，我們時刻等待著這一好消息。

(fol. 41)商館館長費爾勃格(Nicolaes Verburgh)[60]任期已滿，根據他自己的建議已被替換，在向其繼任高級商務員撒瑟留斯(Dirck Sarcerius)將公司在波斯的事務安排好交接之後，於7月29日乘坐快船Leeuwerick到達我處，他的身體狀況良好，並向我們保證，波斯的事務將得到妥善管理。上述費爾勃格先生經我們再三說服，願繼續留在東印度，並接收爲期三年的駐大員長官一職，月薪230盾，他已於8月6日乘快船Overschie前往就任，替換總管歐沃特瓦特，我們認爲歐沃特瓦特任大員第二把手更爲合適。

---

59 1649年的《巴城日記》和《熱城日記》均缺，《報告》和原始檔案(voc 1171)是僅存的資料。

60 此處的商館即指波斯商館。費爾勃格先生於1638年作為下級商務員自荷蘭到達東印度，1640年在蘇拉特任職，兩年後被擢為商務員，1646年晉升為高級商務員，同年為波斯商館館長。1649年7月3日上任大員長官，只1650年。此後到巴城，為公司東印度高級官員。於1675年結束他在東印度連續38年的生涯，返回荷蘭，帶回價值f.3,399,653的貨物。不久，於1676年在德爾福特(Delft)去世。

(fol. 56) 科羅曼德爾海岸、孟加拉、Vegum的大宗貿易在以自己的雄厚資金進行，我們希望該貿易能如此繼續下去，避免利息造成的損失，盡可能給其他競爭對手以制約，今年即1649年有不同船隻到達帕里亞卡特和孟加拉(讚美上帝，這些船隻均安全到達)，運至一批價值相當的資金，即f.2,540,725.19.3，由貨船Duyff，快船Zeerobs在大員裝運的金、銀和40擔明礬，價值f.1,733,857.6.12。

(fol. 64) 我們命令大員裝運黃金價值f.800,000用於繼續在科羅曼德爾的貿易；價值f.200,000的日本錠銀用於孟加拉貿易，合計

	f.1,000,000
科羅曼德爾海岸各商館剩餘物資至少	f.2,150,000
總計	f.3,150,000

這批資金基本可供他們使用兩年，我們這裡還存有f.450,000的中國黃金，而且四月份還將有價值f.600,000至f.800,000的黃金運至。因此，我們現金儲存充足，願上帝保佑我們的船隻順利航行。

(fol. 82) 去年，即1648年，自日本前往大員的船隻，以及裝運大量資金自大員經滿剌加駛往科羅曼德爾、蘇拉特和波斯的船隻，均安全到達，讚美上帝。正如同一年北部地區一樣順利，商品貨物在大員賣得高價。根據他們對胡椒和其他物品的需要，我們運去的貨物總價值不下f.1,000,000，具體如下：

23,190巴城里耳	f.92,162.02.00
12,952里耳現金	f.59,106.05.00
1,645,982斤胡椒	f.402,445.03.00
37,523磅上等丁香	f.18,761.10.00
24,400次等丁香	f.1,220.00.00
400,000磅鉛，包括各種費用	f.34,100.00.00
152,464磅錫，按貨單價值	f.45,913.19.02
208,470磅檀香木，價格不一	f.87,145.18.10
43,730磅木香	f.15,676.04.15
23,600磅沒藥，按貨單價值	f.6,091.09.07

21,045磅兒茶	f.3,204.17.05
2,546磅香	f.458.00.14
1,700根紫檀	f.2,853.18.00
244磅珊瑚	f.1,410.00.00
842磅琥珀	f.1,176.04.00
183件各種顏色的毛織物	f.30,002.19.04
207件sempetranen, perpetranen, heresayen	f.7,897.00.00
4,000擔蘇拉特棉被	f.12,022.12.04
5,277擔各種chits	f.7,113.19.08
3,200擔海岸的chelas	f.6,857.03.00
5,280擔maphonsadjadem	f.10,191.15.00
5,280擔taffachelas	f.10,242.00.00
2,400擔madaps	f.5,377.04.00
4,080擔Guineer麻布	f.20,943.09.03
500擔mourisen	f.1,168.15.00
4,080擔salampourijs	f.14,768.13.00
1,280擔波斯綢	f.1,886.12.00
4,000擔Beentas	f.8,942.17.00
960擔Niquanias	f.2,030.09.00
2,000擔drongamgingams	f.8,308.00.00
除去在海岸的費用約百分之十，剩餘	f.7,699.09.02
547拉斯特10gatangh米，總計	f.37,244.19.15
79罐西班牙和法國酒	f.18,904.00.00
43桶黃油	f.4,042.00.00
12桶肉，6桶熏肉	f.1,500.00.00
3,000斤臘	f.1,683.00.00
10,070斤鐵	f.963.06.00
100把砍刀	f.350.00.00
450頂帽子	f.1,842.00.00

600箱藤	f.1,936.00.00
2箱藥品，賒帳賣給這裡的兩名中國人	f.1,020.00.00
從巴城運去的貨物總值計	f.1,009,052.09.11
從暹邏運往大員(前面已述及)的貨物價值	f.70,997.08.12
今年從巴城和暹邏往大員的貨物總值爲：	f.1,080,049.18.07

以上貨物由這裡的海船Maeslandt、den Os、den Beer、Hillegaersberg、de Patientie、de Duyff、de Koe、Sandijck、den Reijger、de Juffrouw、de Gulde Gans、Overschie以及在暹邏的貨船Pellicaen、den Salm、Postpaert分別於4月24日、5月11日、6月11日、7月10和12日，及8月4日和5日派出，上帝施恩，它們均安全泊至。只有den Salm和Gulde Gans，因天氣惡劣而未能成行，返回巴城。

我們就美麗的福爾摩莎島的各項事務均做出指示，諸如教會事務、統治政策以及貿易事項。您可參閱我們寄去的不同日期的通信錄，從中您將瞭解到我們召回大員的總管歐沃特瓦特先生，派尊敬的費爾勃格先生前往任副長官。費爾勃格先生曾主管波斯事務，是勤勉而得力的職員，我們完全相信，他能充分理解並出色地履行公司的使命，他在波斯短時間內的表現足以證明他的能力。從他寄來的信件中可以看出，按我們所下達的命令即制止和清理近來盛行的私人貿易[61]，他已經開始著手進行得力的改革。費爾勃格先生乘坐貨船Overschie於8月6日從這裡出發，並於9月18日到達大員。

運往大員的商品正如往年多數以高價轉換成黃金，這一貴重金屬還將大批量運入，在上述貨船Overschie於11月18日派自大員時，那裡儲存價值f.1,100,000的商品，按我們的命令其中f.800,000將由Witte Duyve運往科羅曼德爾，其餘的運往巴達維亞，其中價值f.300,000的

61　巴城的荷人在此處稱盛行的私人貿易，肯定規模可觀，而且不會是個別公司職員所為。費爾勃格先生上任，此類貿易仍繼續進行，諸如牧師在村社中強迫原住民為他們獵鹿，將所得鹿脯買給中國人，鹿皮銷往日本，從中得利。這只不過是公司職員謀取私利的方式之一。當時甚至流行一句話：牧師名為傳教，實為鹿皮。有關當時人的耳聞目睹，詳見*Oost-Indisch-praetjen*。

黃金已由上述貨船於12月16日運送到這裡。除此之外，與中國的貿易稀少，所獲得全部中國商品如下：

33擔明礬、24擔鋅、10擔茯苓，用於南部地區；

575件白綾、90斤絲線、400,000個紐扣，爲巴達維亞及東印度內部地區。

上述貨物除少量糖和銅外需由四處商館帕里亞卡特、溫古爾拉、蘇拉特和波斯分用。由於中國內部持續戰亂，受到嚴重破壞，近幾年內情況不會好轉。我們所要求的供貨，他們已盡力收購，但是毫無結果，因爲那個國家目前除黃金外不輸出任何物品，而黃金也是暗中偷運。那個國家所需物品，如香料和藥物則允許輸入，這些貨物在那裡都極爲暢銷。這種情況是否可能，我們尚未得到明確的消息。這個國家因戰亂不輸出任何貨物，卻輸入所需物品，實際上兩者均需經過陸路運輸，兩者均受戰亂阻礙。

前面我們已說明，今年春季運往日本的貨物如何之少。眼下貨船Overschie也只爲巴達維亞運來少量白綾、紐扣和絲線，不到東印度公司在東印度士兵所需的十分之一。此外，250包白淨的上等米、200條絲裙、100條布裙從日本，5罐茶從大員運來，1,315擔福爾摩莎砂糖由海船Henrietta Louisa作爲壓艙物運至，其餘4,000擔中3,000擔運往波斯，1,000擔運往日本，因爲福爾摩莎今年因大旱缺雨，甘蔗生長不良，只生產5,300擔糖。出於同一原因，稻米收穫也不盡令人滿意，但與此相反，從日本運來200多擔米，50多擔小麥。

根據大員的要求，我們在第一個季風期將從這裡或暹邏運去600至800拉斯特米，因爲這裡稻米有餘。

除上述米之外，他們還要求我們運去以下貨物：

f.70,000現金，包括少量西班牙里耳

20,000擔胡椒

1,000擔鉛

2,000擔檀香木

20,000捆藤

13,000件科羅曼德爾織物，如：madafans, taffachelas, chielas, gingans

5,000牛角

3,000擔蘇木

2,000擔錫

4,000罐椰子油

6,000條棉被

150擔次等丁香

300擔上等丁香

100擔兒茶

150擔沒藥

150擔木香

100件哆囉絨

200carsijnen

200擔香

300擔臘

500件細moeris

6,000黑色beutas

2,000sauwegessjes

8,000件guinese麻布

4,000件salampouris

2,000磅琥珀

600拉斯特米

100罐酒，多數用來出售

100根橫木

400厚木板

50擔小荳蔻

50罐黃油，少量油、醋、肉和五花肉

這些貨物總值不下f.1,150,000，數量相當。我們相信，可以滿足這一要求，即使像去年的貨物一樣贏利100%，也可明顯減輕福島的負擔(但願上帝繼續呈祥保佑)。

大員的商務記錄最後統計，福島在過去12個月內共獲利f.1,070,000，主要來自：

整座島嶼的收入	f.321,000
財務和軍務帳簿及罰款所得	f.41,000
銷售貨物所得	f.708,000
福島1649年的贏利和收入總計	f.1,070,000
從中扣除水陸費用、沉重的軍費開支、船隻磨損費，達	f.306,000
預計以高價值貨物換取低價值黃金避免科羅曼德爾虧本，計	f.237,000
23,509⅞里耳，由185,375巴城里耳兌換成，因後者含量低損失	f.60,000
需扣除資金總計	f.603,000
剩餘的純贏利為	f.467,000

除以上各項外，最慶幸的是公司在危險的北部地區的船隻今年均未受損失，儘管它們在大員和東京淺海區冒巨大風險，那裡急需配備便利的貨船，不然公司將悔之晚矣。

我們僱人從去年春季遇難的貨船den Joncker中打撈出9箱白銀、16箱銅，但酬金頗高，花掉白銀的五分之一和銅的一半，無論如何，總比白白地丟棄要經濟。在打撈時，沉船又被泥沙淤埋，打撈不得不再次中斷。沉船中剩餘不過13箱白銀。我們仍將注意此船，或許會像去年那樣自己重新顯露出來。

養蠶一事因種種障礙未能取得進展，但我們的人仍在盡最大努力調查此事究竟是否可行。最後我們的人向他們許諾，第一年每擔絲支付700里耳現金。結果如何，時間會告訴我們。我們認為，不是土壤、氣候、食物和蠶的養殖及其條件等有問題，而是中國官員從中作梗，對福爾摩莎養蠶工的親人及家屬施以巨大威脅以阻止荷蘭人從事養蠶織絲業。無論如何，養蠶織絲能否成功，兩三年內即刻清楚。

中國的饑荒過後，大批中國人離開福爾摩莎，結果繳納人頭稅的人數眼下不過12,000人。其中肯定有2,000到3,000人隱藏在那裡，在查巡時無法找到，這已習以爲常。據最新消息報告，整個福爾摩莎現在駐軍有984人(我們規定那裡的駐軍人數爲1,000人)。農業種植仍日益增長，今年因中國米價下跌，我們打算增加種植甘蔗。

福爾摩莎最近的一次村社出租收入46,000里耳[62]。大員的消息報告說，中國人壟斷一切，迫使可憐的福爾摩莎人拿出所有可能出賣的東西購買中國人的貨物(儘管我們已規定貨物的價格)，價格高得驚人，福爾摩莎人被迫以遠遠低於其價值的價格將其鹿皮和鹿肉出售給中國人。這是當地居民所無法避免的，因爲除固定的租佃者外，他們不能與其他任何人貿易往來(據福爾摩莎的朋友稱)。這樣做，不但使福爾摩莎人受到敲詐，而且導致這些人背離公司，因爲這些壓力他們難以承受，此後我們應採取更合適溫和的辦法。爲此，我們命令那裡的長官及評議會而且包括傳教士提供有關的消息，這些消息現已送來我處。

我們已建議他們考慮是否可以撤出福爾摩莎南部，原因是每年派出的學校教師和士兵均不斷死亡，甚至可稱之爲「殺人坑」。儘管如此，人們認爲已經開始的事業仍需繼續下去，除非他們有充足的理由，我們才能准許他們這樣做[63]。

此外，(讚美耶穌)基督教的建設進展迅速，將各村社和地區分派給不同的牧師，維持那裡的事務。上述傳教士要求我們向您請求爲繼續已經開始的工作，急需將尊敬的牧師范·布雷帶去的由他們譯入荷蘭和福爾摩莎文的問答，先印刷荷蘭文版，盡快送往福爾摩莎，並同

62 即1649年的村社出租，詳見 voc 1171, fol.151-181.

63 有關公司駐福島的牧師等人對撤離南部的看法可參照voc 1171, fol.157-181的檔案資料，其中包括高級商務員斯黑勒曼斯，牧師赫拉佛斯、費爾特萊赫特、哈帕爾特以及預備牧師歐霍夫書寫的報告。特別是後者授命於費爾勃格長官對撤離福島南部的優缺點做出詳盡的分析。

時運去爲福島單列的要求中註明數量的書目[64]。

范·布雷先生六年來勤奮而有效地協助促進福島的教會事務，從他的口書報告中您可獲悉，福島的教堂和學校情況均令人滿意，此處從略。

有關對福島原住民的統治及與原住民之間的關係，自從我們最後的一次報告後沒發生什麼值得在此記述的事情。特別是因爲大員的指令、日記以及從中選出的內容全部給您寄去，不加詳述。

海船Reijger和Patientie得令裝運f.300,000的錠銀、銅、糖、少量明礬、鋅和茯苓前往蘇拉特和波斯，並將於11月底與上述Duyff一同運往科羅曼德爾f.800,000的中國黃金，按照慣例用三艘船裝運前往滿剌加，到達後再將黃金分裝到兩艘船上運走。

大員將派一艘貨船將最近的報告、黃金及其他可能購到的貨物從大員運來巴城，並裝載所有剩餘的木材、蘇木、油和米經暹邏前來我處，除100,000兩錠銀將運往暹邏用於購買日本、滿剌加和巴城所需貨物外，還可望有70,000兩日本錠銀用於在孟加拉爲日本購入生絲。上帝保佑，所有貨船將平安無事。

您基於對中國現狀的看法而認爲，有必要向韃靼人派出一名可靠的中國人和公司官員，要求中國開放貿易，對此我們完全理解。經詳細調查，得出結論，因爲韃靼人在中國已失去壟斷地位，上述計劃既不可能，也不可行；韃靼人輸出大量令人無法想像的珠寶並撤出那裡。眼下的戰爭參與者全是中國自己的居民，他們狐假虎威，自稱韃靼人，按韃靼習慣雉髮著衣。實際上，完全是這個國家的諸王在互相

---

64 該手稿於1949年由巴城送回荷蘭，荷東印度公司最高機構十七董事會於次年同意將手稿用兩種文字出版。這本基督教問答直到1662年才由牧師赫拉佛斯整理出版。書名如下：*Patar ki tna-'msing-an ki chistang, ka tauki-papatar-en-ato tmalu'ug tou sou ka makka sideia; ofte 't Formulier des Christendom, met de verklaringen van dien, in de Sideis-Formosaansche tale* (Amsterdam 1662)．據W.A. Ginsel，該問答分兩種版本印刷出版，一是荷文版，一是荷文—Sideis兩種文字對照的版本。只是荷人未能預料到在問答出版的這一年被趕出福島，使之沒能投入使用。W. A. Ginsel, *De gereformeerde kerk*, p. 104.

爭鬥，各自保護其城池，並試圖向外擴展勢力；總之，他們難以被統一在一位君主之下，因爲皇帝的財寶均已遭劫，所有皇室的男子成員均被打敗，軍隊也被擊跨，難以重整旗鼓，因爲這需要巨額資金，而皇帝的金銀財寶被搶劫一空，地方省政府又不敢孤注一擲，懼怕徹底失敗，從而仍保存一部分勢力用於防禦其他領域。雖然還不能說韃靼人已完全撤出中國，頗負名望的中國人向我們講述，韃靼人仍在利用一支飛虎隊時而出沒，橫行截擊，無法找到落腳之處，因爲中國人不可靠，而用他們自己的人來管轄又不可行。一旦可能，居民們將馬上脫離其統治，逃往他處，或奮起反抗。中國人究竟能否擺脫韃靼人的統治，我們認爲仍難以斷定。無論如何，中國人不會輕易屈服韃靼人的統治，而且不會甘心受其壓迫，正如在此之前所發生的事情，他們曾多次遭到韃靼人的掃蕩和打擊。

在這種情況下，派使節與韃靼人商談，恐怕風險太大，而且他們能否與韃靼人取得聯繫尚不敢肯定，因爲使節沒有固定住處，連續四個月從南部北行，又有誰知道，或許他們沒走幾里路就會遭到劫擊，甚至會被拘捕入獄，可能終生無法返回。因爲所有南部城市早已脫離韃靼人的統治，他們不會容許有人與韃靼人聯繫。我們認爲，僱佣的中國人至少將遭到殺害，他們若被韃靼人捉獲，他們的父母、兒女、兄弟姐妹等甚至也會被殘暴地除掉。正如該民族的傳統做法，一人犯法，誅連其九族。無論他們是否捉獲真正的罪犯，一律斬草除根，以免後患。不然這些人會想：我可以用性命贖罪，但長遠看來，其父母、兒女、兄弟姊妹也將同遭此運。中國人對荷蘭人恨之入骨，所以我們可以肯定，他們不會讓我們的使節通行。希望您能認識到這一點，並相信，他們渴望得到我們的資金和貨物，有甚於我們想得到那裡出產的絲綢，黃金等，因此只要有可能，無戰亂阻礙，應赴湯蹈火也在所不惜，與我們進行貿易。他們自己證實，而且可以明顯看出，他們的國家若不輸出貨物、輸入白銀，則難以存在下去。因而可得出結論，爲了自己的生存，他們不會把貨物堆積著不賣給我們。

(fol. 112) 大員高級商務員西撒爾要求享受以3荷蘭盾即60斯多佛

一里耳的比價支付給他里耳現金，原因是里耳當時在大員值56斯多佛，而在巴城則可兌換60斯多佛，若把里耳帶至巴城應享受同樣的比價，因此他的要求並非毫無根據。

根據您下達的有關現金的規定，特別是取消硬幣一項，我們已在此下令東印度所有設有公司機構的地區頒發通告，並寫信命令他們完全執行您的命令[65]。我們相信，您的旨意將準確地得到貫徹執行，直到得到新的指令。在此之前由公司發行、現在已經禁用的硬幣已全部收回，並代替其他銀兩送往大員換取黃金。

今年有8條小型帆船從中國和大員到達我們這裡，運來的貨物只不過是些不十分重要的少量黃金和一批粗貨，但仍然爲巴城的華人帶來生氣，公司也有所收益，抽取關稅5,927里耳，增加了公司的收入。

(fol. 114) 據各駐有牧師的地區的最新消息，牧師分佈如下：錫蘭3名，那裡的宗教和學校發展迅速；帕里亞卡特1名；滿剌加1名，班達1名，美洛居1名；福爾摩莎6名；巴達維亞8名。總計23名牧師，比您計劃的少5名，他們要求輸送身體健康、受過大學教育的人，以促進上帝的事業。巴城的8名傳教士有4名將被送往安汶和班達。

---

65 通告規定東印度各地區只許流通荷蘭各商會運至的金銀幣種類。J.A. van der Chijs, *Nederlandsch-Indisch plakaatboek 1602-1811* (Batavia/'s- Gravenhage, 1886), II, p. 132.

八

雷尼爾斯(Carel Reniers)

1645-1650

60. C. Reniers, J. Maetsuyker, G. Demmer, Joan Cunaeus, Arnold de Vlaming van Oudtshoorn, Arnold Heussen, Willem van der Beecken, 巴達維亞, 1650年12月10日

——voc 1179, fol.10155.

(fol. 139) 儘管有三、四個月沒有下雨，而且酷熱乾燥，導致甘蔗不能出土而悶死，蔗農損失嚴重，巴達維亞區域的植蔗今年仍獲得相當的發展[1]，今年仍收穫質量相當的蔗糖768,600磅，據中國人保證，若不出意外，產糖量不僅不會少於今年，而且會有明顯增長；但必需拿出一大筆資金，不然他們將停植甘蔗。因此除非您下命令這樣做，否則我們不會輕易增加債務負擔。我們將盡一切可能鼓勵中國人，繼續令其辛勤地種植甘蔗。我們相信，只要給他們發放許可證，允許他們乘船自大員來巴城，那麼中國人將大批湧來，而且依我們之見，數量會遠遠超出需求而無法控制。

除日本一條，大員兩條中國帆船外，今年1月26日至3月29日之間另有6條帆船自中國的廈門(Aymuy)和安海(Wanhay)泊至，裝貨包括少量生絲、細瓷以及其他各種中國雜貨，但仍給當地居民帶來不少生機。

(fol. 154) 大員的消息令我們大失所望，貨船Potvis和Witte Duyff於上月15日從這裡派往大員，而且又從東京派去Maeslandt。但它們均未在大員出現。我們唯一的猜測是，上述惡劣風暴使它們遇難沉入海

1 與福爾摩莎的蔗糖業一樣，巴城榨蔗製糖也始於十七世紀三十年代。當時荷人對葡萄牙在巴西的殖民地發起進攻，使那裡的蔗糖生產陷入癱瘓，西印度的蔗糖供應遠遠不能滿足歐洲市場的需要，荷人把東印度公司在中國貿易中所得到的蔗糖投入歐洲市場並獲巨利，甚至高達300%。這就是荷蘭東印度公司在其所轄地區發展蔗糖業的主要原因之一。除歐洲市場外，東印度蔗糖還暢銷日本和波斯。詳見前引拙文〈十七世紀的中國糖業及對外蔗糖貿易〉。H. Furber, *Rival empires of trade in the orient, 1600-1800* (Oxford, 1976), p. 247.

底，令人傷心。我們祈禱萬能的上帝能改變這一不利狀況，況且大員的貿易今年本來就不景氣，我們運送去的貨物大部分仍儲存在倉庫中。其中的原因我們將派下次回荷蘭的船隻向您報告。大員今年十二個月的贏利總計f.521,934.10.15[2]。日本的贏利根據至今收到的帳簿計算爲f.380,808.16.3。

61. C. Reniers, J. Maetsuyker, G. Demmer, J. Cunaeus, Willem Versteghen, Jacob de With, Dirck Steur, 巴達維亞, 1651年1月20日

——voc 1175, fol.1-72.

(fol. 21)我們去年期待的由大員航出經滿剌加駛往科羅曼德爾和蘇拉特及波斯的船隻安全到達，此事我們在上次書信中已向您做出報告。此外，我們直接或經暹邏派往大員的海船Enckhuysen和貨船Sandijck分別於12月8日和11日到達，運至f.1,192,840.1.4的物資。貨船Witte Duyff和Potvis於7月15日直接由這裡派出，但未能到達，正如發自東京的貨船Maeslandt一樣，估計被今年北部的風暴襲擊沉入海底。除船身外，船中貨物也全部遭受損失：

貨船Maeslandt發自東京，載貨價值	f.1,043.02.11
Duyff和Potvis，發自巴城，載貨價值	f.182,637.11.08
兩艘貨船所裝貨物價值總計	f.183,680.14.03

這是上帝的安排，我們只能耐心等待事情有所好轉。

此外，大員今年獲利稀少，看來中國不僅不輸出重要貨物[3]，而且因近幾年來的大量貨物輸入，造成過剩堆積，使大員的貨物沒有銷路，大量積壓。胡椒價格從19、20里耳一擔降至15里耳，其他貨物情

2 具體分配詳見1651年1月20日報告的內容。

3 參照1650年的《熱城日記》對中國帆船來往的記載可知，這一年有許多帆船到達大員，但因運至貨物對荷人來説無多大價值，因而荷人貿易獲利很少。

況相同，只有琥珀和滿剌加的錫仍受歡迎，我們的朋友已爲下季訂購了一大批，即2,000磅琥珀，種類我們在供貨要求中已經說明。據我們估計，至少可獲利700%；另有5,000擔錫，最近以40至45里耳一擔的價格售出，利潤豐厚。錫的訂貨我們將爭取解決，但琥珀恐將缺乏供貨。我們希望，您能盡力滿足我們這次的供貨要求，以免私人獲取厚利，因爲他們多在這類小宗貨物上投資，從以往的經驗中足可以看出。貨物外銷不暢，影響了中國黃金的大批輸入，大員長官費爾勃格估計將運往科羅曼德爾的黃金價值不會超過f.600,000，少於原定數量f.400,000[4]。東京、孟加拉和蘇拉特對錠銀的需求，也同樣無法滿足。我們只從日本得到272,000兩，而且因爲上述三艘船遲遲未到，只能將科羅曼德爾、蘇拉特和波斯的資金用三到四艘船而不能用六艘船運去，萬能的上帝保佑，這些船隻能順利行駛。大員只得到一批運自中國的白色生絲，但這批絲在日本獲利甚微，基本沒有贏利。儘管如此，若貨物不斷輸入，可能是因爲中國人像我們一樣在日本贏利極少，設法以相當的價格將他們的貿易吸引到大員，以望日後絲綢在日本會賣得高價，或運回荷蘭。

據中國人講，那個國家的戰亂仍持續不斷，但韃靼人已征服幾乎全中國[5]，儘管有人說，分布在全中國的韃靼人爲數不多，甚至他們在利用中國人征服中國。我們懷疑您建議的以下作法是否可行，即通過某種渠道向滿清政府派遣使節，與剛組成的政府官員簽訂一種於我

4 值得在此一提的是，這一年(1650年)3月荷人在大員發現大量參假的黃金。據《熱城日記》1650年2月22至25日記載，中國商人送往大員許多參假的黃金，供荷人檢驗，事後又還給他們，以向其貿易伙伴提出抗議。4月13至17日兩條到達大員的中國帆船報告，Silauw及其他中國商人等提出控告。地方官府鑒於黃金來回運輸冒一定風險，下令煉金者為每兩運回中國的假金補償7兩紋銀。

5 到順治七年(1650年)底，中國北方的不少反清勢力基本上遭到清廷鎮壓。各地的農民軍和明軍仍然分成若干支繼續作戰，但力量分散，難以對清軍構成威脅。自清軍於1645年南下占領江南等地，清廷就已認為「天下一統」。按當時的發展形勢來看，清朝統一中國，只是時間問題。袁良義《明末農民戰爭》(北京，1987年)，頁432、441。

們有利的貿易條約，他們似乎將實行與從前不同的另一種政策。在我們看來，南京這個地方極利於日本貿易，從地圖上也可以看出。據說那裡每年生產大量的絲綢，現在屬滿清政府的管轄區域[6]。對此，我們將詳細報告，並向您傳達我們的決議。

大員海道越來越淺，(希望上帝能改變這種狀況)，今年在退潮時，水深只有9荷尺，多數海船因而被迫在外洋裝卸貨物，這種作法不但困難大而且花費多、用時多，在天氣不好的情況下，導航船和帆船數日不能出海。對此，我們至今未能找到有效的解決辦法。這裡有人建議，是否可掘開附近一條河，利用河水沖深水道。大員評議會多數人對此建議表示懷疑，因爲河流掘開後覆蓋面積大，無法將河水引入水道，認爲此工程只能是勞民傷財，據估計需耗資近f.100,000，必將徒勞而無獲，如果大自然不肯幫忙，勢必造成雙倍的損失。同時最令人擔憂的是，海道將變得越來越淺，致使此價值連城的殖民地成爲無用之地。因而事關重大，我們憂慮重重。我們目前有一艘適用而結實的導航船，可首先派去爲海船裝卸貨物，並將盡全力另準備一艘或兩艘同樣的船待明年送去，因爲我們的人來信說，那裡嚴重缺乏這一類船隻。他們被迫使用中國帆船，但帆船極不適用，遇到風浪則失去作用。今年即有一條帆船裝運蘇木而葬身於海底，使公司除遭受貨物損失外，不得不賠償船主300里耳；總而言之，大員的貿易歷盡艱難，令人擔憂，切望萬能的上帝改善這一狀況。

自去年以來，我們已從沉船de Joncker中打撈出4箱銀和相當一批銅。這樣，船中還剩9箱銀，我們希望以後均能打撈出來，以部分地補償這次的損失。

有關福島的情況，據那裡的報告(讚美上帝)一切進展順利，歸服的村社服從命令，較爲安分，只有個別地方偶有爭執發生，但每次均被公司的聲望所懾服[7]。特別是南部村社中有山地人常常作亂，他們似

6 1645年南京已歸清軍管轄。

7 據荷人記載，1650年福島村社之間曾發生過四次爭鬥。第一次是東部村社加走(Batserael)、Tervelouw、秀姑巒對沙別社(Sapat)進行挑釁。當時

乎不能忘記和摒棄天生的野性，恢復舊的習俗。對此，公司將予以懲罰，但適可而止，不必因辦事過度死板而引起更多的混亂。特別是多數糾紛發生於村社之間，與公司毫無關係，除虎尾壠區的一個村社外。該村社即二林(Tackay)的一名叫彼得森(Elias Pietersz.)的慰問師，夜裡在他的住處遭到殺害，兇手卻未能捉到，儘管做出努力，採取適當的措施，村社的人仍不能提供更多的線索，因為此事可能是一人或兩個人背著村社其他人做的。所以，最好先釋放因此而被捉住的人，不能冤枉一個無辜的人。上述宗教人員在世時，對村社居民強暴無禮，所以他自己應負主要責任，而這種缺陷在那些人中極為常見，導致各種困難或不幸。如此看來，賦予他們的權力，沒能使其發生應有的作用。另外，學校的情況多數良好，居民中的基督教傳播也在細心繼續進行，願上帝對此給於更多的保佑，使公司的事業及時得到保佑。

每年一次的福島南北部村社集會於3月在赤崁照常舉行，這次參加集會的村社長老人數特別少[8]。會上，我們的人對一些事情做出必要的

駐卑南的荷人沒有足夠的兵力征服他們；第二次發生在北部，Baritsoen地區的村社之一Terrisan，以邀請臨近與公司聯盟村社的人飲酒作樂為名，予以突然襲擊，甚至有人受到威脅被迫自殺。事發後，駐淡水的荷人蒲勞科豪伊(Plockhoey)率20名荷蘭士兵和200名原住民軍前往鎮壓，疏通了大員通往淡水的道路；第三次是駐麻里麻崙的預備牧師歐霍夫報告，山地敵對村社Tarroadikangh的人於4月21日對在Tedackian的一條河邊釣魚的村民發起攻擊，造成一人死亡，數人受傷。後來Tedackian人在盟友搭樓和Cavado村社的援助下組織復仇，摧毀敵人的村社。不料Terroadickang人在Sodowangh人的援助下捲土重來。交戰中，Tedackian死亡22人，搭樓死亡41人，眾人受傷，損失慘重；第四次是Bleuw報告，5月10日Terrevelouw人割下與公司聯盟的村社Dorcop的一個人頭，並聯絡加走社人對卑南，Dorcop發動進攻，最終敗逃。由此可見，並非像荷人在報告中所言，每次村社動亂均遭鎮壓，特別是山地人占高山地利，難以制服。《熱城日記》1650年3月22至25日，4月24日，5月2-4日，8月4日。

8 北部村社機會於3月15日舉行。長官費爾柏格親自督會，由牧師科魯伊夫、費爾特萊赫特、哈姆布魯科、哈帕爾特、考帕斯馬(Cornelis Copsma)陪同。翻譯用新港、山地語和Camachatse語聲明各種規定。東印度總督和評議會再次減免他們的認可稅，但村民需供給駐當地的學校教師，每大戶稻15捆，中等人家10捆，小戶5捆，一捆脫粒出來後約重一磅。為避免村社之間的爭鬥，荷人還規定，村民不許到其他村社地面狩獵。南部

安排，希望福島能在短時間內恢復和平，生活安定，並利用各種適當的方式維持這一局面。唯一令人不滿的是，發現牧師對他們的工作不夠熱心。他們只要在東印度積攢一些錢財可供他們在荷蘭生活，就會輕易離開，將其工作留給需要花時間重新學習的新人，他們則自行其事。這種作法的結果是，牧師們數年來在福島所享受的高於其他地方的優惠爲公司造成巨大損失，同時也爲宗教事業帶來不利影響(除在其他地方勤懇效力的人提出的不滿外)，因爲這些人通過以上方式及早致富，及早返回荷蘭，只有少數人能等到他們的任期結束和有能力在居民中間傳教。因此我們決定，一旦發現這樣做於公司不利，將漸漸減少上述利益並最終取消。

據最新統計，福爾摩莎共有315個歸服村社[9]，包括男女老少68,675人；中國人有15,000人，其中11,000人每月繳納人頭稅。每人每月按半里耳計算，所得收入比較可觀。然而，在收稅過程中常發生一些令人不快的事情，士兵們在巡訪中國人時，不可避免地要動用武力，因此我們在討論大員是否應倣照巴城的作法，取消中國人的這種義務。我們相信，中國人將因此而大批湧來，到時取消的人頭稅也可得到補償，因爲從事農業生產和植蔗仍嚴重缺人[10]。今年福島生產糖12,000擔，這一數量還將增長，只是福島生產的糖最近在日本沒有贏利。蠶絲業至今仍無進展，現已停止；同時人們在福島又建立起幾座織絲作坊，紡織絲綢，因中國不輸出織物。儘管如此，我們認爲這樣做也不會得到很大的收效。時間將告訴我們。

去年我們已將評議會委員有關村社出租的報告，送回荷蘭，並等候您對此做出的決定和指示，以便我們按此行事，他們的報告正如出租一事有積極也有消極的一面。根據大員最近的報告，我們與駐大員

村社集會於3月18日舉行，揆一和評議會及預備牧師歐霍夫與會，翻譯用大木連、哆囉滿、Tongotovael語聲明諸規定。見《熱蘭遮城日記》1650年3月15，18日記載。

9 詳見voc 1176, fol.781-789.

10 1650年赤崁農作物種植的分配，詳見voc 1176, fol.491-492.

長官和評議會一致認爲，即使放棄村社出租，福島居民也難以擺脫中國人的敲詐，況且若無中國人的幫助，他們也難以維持生活。因此，中國人不會放棄攫取最大利潤的機會，無論是否繳納租金。衡量各方面因素之後，我們認爲以下作法較爲妥當，公司仍繼續收稅，以減輕福島需承受的各種費用的沈重負擔。這樣既可控制中國的佃戶，又能盡可能減輕貧窮原住民的負擔。正如費爾勃格先生做出的安排，首先下令每名原住民自願到大員繳納鹿皮，公司將爲他提供各種必需品；第二，取消從前的禁令，若村社居民無法與佃戶達成協議，可將其鹿皮賣給其他村社，換取生活必需品。我們希望通過這些方式能限制中國人與原住民的貿易[11]，因爲中國人不許與其他任何人往來。儘管如上所述，福島原住民獲得種種自由，但去年四月份出租村社等仍獲利64,680里耳[12]，比上一年多出19,795里耳，我們無法想像中國人還會有什麼利益可取[13]。

雞籠和淡水的堡壘防禦完善，均有必要的軍隊守衛，最近又得到12個月的給養供應。

下級商務員蒲勞科豪伊(Anthoni Plockhoy)不願延長他在東印度的任期，隨這次船隊返回荷蘭，眼下根據您的指令由下級商務員給爾德庫(Symon Keerdekoe)統帥大員通常擁有的1,200名士兵。我們隨上

---

11 這一年，荷人做出各種規定，加強對中國人的控制，並力求使原住民擺脫對中國人的依賴。荷人規定，將運往中國的鹿脯的輸出稅由每擔4里耳增加到6里耳，意在使原住民擺脫中國人對他們的敲詐和欺騙。而且聲明，原住民有調節價格的自由，他們不再依賴於中國佃户，可以將其鹿皮、鹿脯送到大員或賣給出價更高的中國佃户。同時，中國佃户只能局限於所租村社，不許到其他村社貿易。據《熱城日記》1650年4月1-6日內容。

12 大員統計的租金總數為41,315里耳。見《熱城日記》1650年4月17日記載。

13 福島耕地，除無須付什一稅的自由田外，於1650年10月1日租出。耕地面積，租金，詳見同一日期的《熱城日記》，voc 1176, fol.1099. 於1647年的耕地出租比較，可以發現，租出總面積減少457摩肯，而租金額增加2,975里耳。可見自1647年以來耕地租金提高幅度之大。另一區別是，耕地增加德·韋特和庫科爾巴科爾兩片。而且有些地片面積增加，有的減少，可能是新辟的稅田或部分稅田變為自由田。

述船隻又派出250名士兵前往大員，根據那裡最近的消息，大員目前擁有士兵930名。長官和評議會認爲這一兵力足以用來保障公司的事務。儘管如此，我們將遵照您的指令，下次風季再派去一批士兵，以防備日益增多的中國人，直到您另做指示。

按大員的帳簿，那裡12個月共贏利	f.494,299.12.06
當地收入	f.388,311.19.09
總計 f.882,611.11.15	
上述時期水陸及船員等的費用計	f.360,677.01.00
除去所有費用，仍剩餘	f.521,934.10.15

鑒於商品銷路不佳，該贏利將令人滿意，若非船隻的磨損費和水陸未支付的公司職員薪水太高導致這一贏利全被用掉。望上帝以後多加保佑。長官要求運去以下貨物：

10,000擔胡椒，價值	f.255,000
5,000擔滿剌加錫，價值	f.255,000
3,000擔鉛	f.30,000
2,000磅琥珀	f.33,000
6,000捆爪哇藤	f.1,836
80件普通哆囉絨	f.14,400
100件毛織物和hereraijen	f.4,000
300擔香，獲得好利	f.11,475
100至150拉斯特米，每拉斯特約30里耳	f.11,475
400頂帽	f.1,600
30盎司圓形紅色珊瑚，價格爲4-5盾	f.300
6,000至8,000根牛角	f.800
300擔臘	f.19,225
2,000罐椰子油	f.6,000
500擔象牙	f.37,000
5,000至6,000件幾內亞布	f.33,000
3,000件salampouris(科羅曼德爾彩色織物)	f.11,500

500件moerijs(藍色織物)	f.2,500
4,000件黑色beentas(波斯棉織物)	f.9,000
3,000件黑色絖布	f.7,500
5,000條棉被	f.15,000
3,000件niquanias	f.6,000
1,000件sawagesseys	f.4,000
1,000件amadabatsechits	f.1,250
100件蘇拉特alegias	f.1,000
	f.771,861

大員對下季的要求，除給養和軍隊必需品外，總計f.771,861。我們將力爭滿足這一需求，希望貿易復興，商品找到銷路。萬能的上帝保佑公司貴重的船隻順利航行。

(fol. 36) 據12月29日最新的報告，同月23日有以下船隻自大員安全泊至滿剌加灣：

貨船het Witte Paert、Overschie、Koe和Os，爲科羅曼德爾和孟加拉運至價值f.600,000的黃金，f.210,000的錠銀，25,348斤明礬，2,381斤茯苓，8,118斤日本樟腦，6,217斤中國茶，價值總計　f.810,438.13.15

爲蘇拉特和波斯運至價值f.300,000錠銀，5,074擔砂糖，1032斤茯苓，12,650斤日本樟腦和6,182斤中國茶，總計　f.385,978.05.11

價值總計　f.1,196,416.19.10

(fol. 67) 正當四艘海船準備出發、總督范・代・萊恩及其隨同已登船欲起程時，貨船de Swarte Beer於19日晚，快船Hulst、Bleyde自大員經暹邏到達這裡，巴城的商人顏二官(Siqua)的一條帆船自日本與快船Hulst同時平安到達我處。高級商務員范・胡恩斯(Rijckhof van Goens)隨de Beer一船來到這裡。

(fol. 70) 按現在的情形估計，福島即將生產大量的糖，這將極爲有利，只要歐洲需求持續不斷。我們相信，這一情形短時間內不會改變，因爲巴西已恢復和平，並獲得獨立，等一切復原仍需要相當一段時間。中國人似乎因缺乏現金而不能更多地輸出我們在福島儲存的貨物。他們的10名頭領要求公司予以援助，以不致剛剛開始的工作馬上失敗。長官和評議會一致同意，以15里耳一擔的價格向他們每人預售200擔胡椒，允許他們在7個月內用糖支付，他們互相作保，不但有助於中國人，同時公司也售出一部分胡椒，但大部分胡椒仍無法順利脫手，正如其他貨物一樣缺乏市場。眼下中國的市場看來已遠遠飽和，我們只能耐心等待。與此同時，黃金數量也少得可憐，如此看來，一件事情的不順會影響其他事情的發展，而且胡椒和其他商品對黃金的兌換價高得驚人，聽起來令人傷心。

因為海上風暴造成巨大損失，農作物的種植受到嚴重影響，導致佃戶只能上繳約定租金的三分之一，租金總計9,345里耳。

大員海道變得越來越淺，我們沒有什麼辦法把它挖深。鑒於此，尊貴的費爾勃格先生與評議會建議，以後是否可令海船從這裡直航澎湖，那裡有一座優良港口。再從那裡前往大員，以避免冒巨大風險在大員外港停泊，因為每次只能裝卸一艘船；此外，他們還要求派去一艘吃水7、8荷尺的快艇，用於澎湖和大員之間的運輸以及福島沿岸的航行，就所起的作用而言這筆費用完全值得；屆時將對各方面加強注意，首先值得考慮的是盡可能避開危險。

62. C. Reniers, J. Maetsuyker, G. Demmer, Carel Hartsinck, A. de Vlaming van Oudtshoorn, Jan van Teylingen, Cornelis Caesar, 巴達維亞, 1651年12月19日

——voc 1188, fol.1-166.

(fol. 84) 另外，如果在此後一兩個月內不能得到更多的錫，我們不但無法滿足蘇拉特、波斯、孟加拉、溫古爾拉和馬拉巴爾400,000磅的要求，也不能為大員保留明年的訂貨。因為錫在任何其他商館均不能獲得像大員那樣的高利潤，即每擔44-45里耳，獲利高達150%。我們向上述商館長官下令，在船隻於該月底到達時仔細詢問長官費爾勃格，如果我們命令他可對蘇拉特、默查、波斯和孟加拉的訂貨削減一半或

更多，以在大員保留更多的錫並引起上述各商館對他們的重視，今年能否只向他那裡提供他們對錫的訂貨的一半，還是保持其需求量與價值不變，或略有差別。我們令人失望地發現，10月24日從大員獲悉，今年那裡的錫和其他更多的商品幾乎無人訂購，運去的貨物均貯存在倉庫裡，看來該商館明年不會再要求供貨。所以我們決定將錫按各地的要求運往上述各商館。

(fol. 110) 今年4月28日任檢查官和東印度評議會特別委員的費爾斯德赫隨快船Delfshaven和小帆船Catwijck經東京前往大員，按貨單爲東京運去價值f.10,639.2的物資。

(fol. 117) 去年派出回荷船隻之後，我們所期待的發自大員的海船除貨船Potvis和Duyff外(可能連人帶貨遇難)均平安泊至，讚美上帝，最後從大員派出的貨船Pellicaen也到達巴城，帶來大員長官費爾勃格1651年2月24日的報告，運來的貨物價值f.240,053.14.6，具體如下：f.209,224.19的黃金和841箱糖。上述黃金是他們截至上述日期用貨物換取，糖爲春季的剩餘。

(fol. 117) 他們帶來的報告講，該季甘蔗種植情況良好，據估計(如不發生意外)收穫糖量將達20,000擔。商品貨物開始慢慢售出，但後來有些種類仍遇到重重困難，特別是胡椒，價格已跌落至14里耳一擔。公司的倉庫仍儲存有大量各類商品；但他們仍堅持訂貨，以希望中國帆船的到來繁榮那裡的貿易。我們分別預先發給主要的中國蔗農和大員的10名長老相當一批胡椒、檀香木，作爲購糖的交換物，限他們六個月內供糖。不然他們缺少資金，借債購物，需償還很高的利息，所得無幾。這樣做，既可緩衝他們的窘迫，又可鼓勵他們植蔗；這種預先供貨的方式於公司有利無害，同時又能將無法銷售的貨物拋入市場，每年以巨額的貨物銷售量獲得較大利潤。但向中國人支付的貨物不能高出他們每年能供應糖量的價值，不然公司將冒險墜入累累債務中而不能自拔，大員長官已得令務必避免此類事情發生。他們與中國的貿易進展甚微，運至大員的貨物只有28擔生絲。縑絲和白綾價格昂貴，按去年在日本的行情，無法獲得同樣的利潤，因而我們難以合理的價格與中國人貿易。

至於福爾摩莎的事務，據報告一切順利(讚美上帝)，歸服的村社與村民均相當老實從命；只有歐霍夫(Hans Olhoff)管理領導下的南部居民反抗情緒不減，不肯俯首稱臣。爲阻止此類危害繼續蔓延，重新恢復公司在居民中的威望，特別是鑒於三年以來沒有隊伍到過那裡，按評議會提議於2月13日由能幹的指揮官率領120名裝備精良的士兵分兩批派出。11天之內從福島南部平原地區到山區進行掃蕩，在反抗情緒最強的搭樓(Swatalauw)村社，由司法委員會將一名殺人兇手判死罪後，砍下他的頭顱，另有兩名通姦者也受到懲罰，以此警告其他村民；同樣，其他幾個村社的反抗者被用鎖鏈銬住解押到城堡，進行勞動改造。總之，這次出征達到了增加公司威望和名聲的目的，使福島南方的人一聽到荷蘭人的名字，立即能洗耳恭聽，服服貼貼，不再組織叛亂。這樣南部地區的平定只剩下Terroadychangh和Sodowangh兩村社，二者坐落於山中，不久前將來自平原地區的63名男子殺害[14]。但我們的人因山陡而不能接近，因而命令周圍歸服的村社嚴加阻止他們從平原地區的運輸，並以血換血，以牙換牙，將上述兩村社的人全部處死，每獲得一顆人頭獎賞三件絖布。我們相信，過一段時間後，二村社也將歸服。

福島北部村社及其臨近村社、東部村社均情況良好，和平相處；牧師赫拉佛斯(Daniel Gravius)寫信報告，有幾名按韃靼樣式雉髮的中國人(即清朝人)在蕭壟社出沒，並在居民中間傳謠，中國人正在組織艦隊準備在居民的幫助下攻占大員。謠傳如此之盛，長官被迫派人調查實情，將幾名主要的謠言散發者捉到城堡。經仔細審問，發現全是他們憑空捏造，最終把兩名罪大的作惡之徒打入牢獄以警告他人，謠言也隨之煙消雲散；同時，這種傳說也提醒他們時刻準備抵禦各種不測攻擊，憑藉上帝的保佑進行自衛。

基督教的傳播較爲順利(願萬能的上帝保佑)；唯一令人不滿的是，牧師們對促進這項已經開始的工作不夠熱心。許多人證實，一旦

14 詳見1651年1月20日註釋5。

他們積攢足夠的錢財可在荷蘭賴以爲生，則返回荷蘭，正如赫拉佛斯和費爾特萊赫特。人們從中可以看出，他們對皈依教盲缺乏熱情。這些人本可在那裡大顯身手，因爲他們對當地語言已有所熟悉；而離開他們所負責的教區，不僅於公司不利，反而爲公司帶來損失，因爲需要缺乏經驗的新人前去添補其空缺。一旦這些人在駐福島期間取得利益，正如赫拉佛斯，則無視他們對公司有十年的義務，仍試圖在五年之後脫離福爾摩莎(此時正是他們可爲公司效力之時)。據長官費爾勃格先生報告，上述赫拉佛斯高傲自大，在教會和政治方面引起眾人不滿。爲了公司的事業，長官先生准其退任，我們予以通過，但條件是赫拉佛斯(因其任期未滿)能用於東印度其他地方效力於公司。我們向他們說明，教會人員在調離牧師以及有關教會事務上的特權不容受到侵害和反對，不然則有違公司的命令和宗旨。因此，我們向長官下令(他至今爲止均按我們的指令行事)，不容許此類事情發生，而應勸說他們執行已發過誓的指令，維持您的正義，因村社交由牧師監管，在其他優惠之外，他們將藉此機會在短時間內致富，然後力爭返回荷蘭。我們向長官和檢查官先生下令，由他們與其他人商榷，設法解除牧師們在政治方面的義務，或馬上全部予以撤除，或逐步予以解除等，盡量避免引起不滿，並不使其聲譽受損。我們毫不懷疑，該措施定能使他們更久地留在他們的教區。我們相信，您會完全支持我們的這一作法。爲了公司的利益和促進傳教事務需及時予以安排。

2月份大員的教會派人前往福島北部對學校進行察訪，其中有些不在笨港(Poncan)溪的地方，特別是二林社區，結果不能令人滿意。費爾勃格長官堅持認爲，眼下我們在福島宗教傳播的範圍不宜擴大，而應集中在周圍臨近村社促進傳教事業的發展。事情是這樣的，多年來我們在臨近村社成立學校，青年人的教育進步極大，但我們認爲偏僻地區的宗教教育(儘管開始時進展緩慢)也應繼續下去。這是一種極好的方式，藉此可對年輕人進行各方面的教育，同時引導他們認識耶穌，瞭解福音，有必要這樣做。爲此，我們從這裡的士兵中選出22名送往那裡，並把他們在那裡培養成爲學校教師，命令他們注意那些易使我們上當受騙的外族人的言行舉止，避免剛剛起步還很脆弱的事業受到挫折。

二林社的居民本來犯有謀殺宗教人員彼德森之罪，後來牧師費爾特萊赫特和哈帕爾特到達那裡，事情已過去很久而取消對他們的懲罰。特別是其中嫌疑最大的兩人已受到應得的處罰。察訪學校的人員後來又一次警告村社居民，無論是在他們的村社還是在其他村社不許再發生此類事情，不然將按我們的規定，在肇事者被查出之前立刻將村社任意十人逮捕入獄，永不釋放。我們相信，這一措施將在居民中起到殺一儆百的效果，使他們不敢輕易殺人；但因爲該措施將使無辜者受害，今年予以取消。

根據每年的定例，大員城市管理機構順利地重新予以任命，除孤兒院和婚姻事務方面有所改變外，其他人員繼續任職，並任命一些新人。

鑒於新港、大目降與蕭壠、麻豆、諸羅山社之間就狩獵區範圍而發生爭端，長官先生認爲有必要爲避免此類爭執和械鬥，重新劃分其狩獵區域，將新港、大目降和蕭壠、麻豆、諸羅山社的屬地隔開，只許他們在赤崁地面附近狩獵，但那裡獵物極少，很難以此爲生。若植蔗大規模繼續下去，他們很可能被趕出赤崁地面。令其撤出北部地區已是不可能的事情，因維持與蕭壠的關係已經不易。總之，這些可憐的居民無法維持生計，公司不得不給以資助。所以，爲避免村社之間的衝突，長官先生請求從十分之一的糧食稅、出租村社等的收入中抽出一部分資助居民們從事農業種植。我們認爲，這樣做完全可行，不會有什麼消極的結果。因此，授權大員評議會和長官處理，望他們三思而後行。

在諸羅山社和麻豆社的地面上用繩索設圈套狩獵將導致那裡無獸可獵，因而決定，(爲保持狩獵經久不衰)取消出租村社供人狩獵一項。

有關村社出租一事，我們已在上次報告中詳細向您說明。因爲我們同意長官費爾勃格和歐沃特瓦特先生就上述事項達成的一致意見，並維持去年的指令特別是我們認識到，沒有中國人，原住民也享受不到如此繁榮的生活。與佃戶相比，他們可享受優厚的條件，在購買和銷售中不受任何限制，因而村社的出租將照舊進行，直到您下達新的指令。原住民所享受的公司給予他們的各種優惠完全合理，您減輕他們需承受的沉重負擔，維持正義；同時中國佃戶各方面已盡可能受到限制和約束(爲保護原住民的利益和減輕他們的負擔)。

大員長官和他的部屬之間發生的不和，根據我們判斷均由法律起訴人斯奴科(Snoeck)引起，按您的命令我們已召他回來，令他隨下一批回荷船隻回國。高級商務員布羅侯(Thomas Breughel)的能力和才幹爲我們所公認，被命令接任上述斯奴科的職位，我們的檢查官費爾斯德赫將對此事做詳細彙報。我們已下令給他，就有人指控斯奴科的一些不法行爲詳加調查，並據調查結果把他交給尊敬的司法委員會審定。再懲處有罪之人，消除不滿情緒，維護無辜者的權益，使公司的事務得到統一的管理。

爲繼續與中國和日本貿易，滿足荷蘭及東印度各地的要求，今年我們派15艘貨船和快船前往北部地區：

Amsterdam、導航船Formosa、帆船Catwijck於4月29日經東京前往大員，檢查官費爾斯德赫隨船前往；

Delfshaven和帆船Catwijck，於5月12日經暹邏前往澎湖；

貨船Trou、Liefde、Coning van Polen和Amsterdam同時由我處派往澎湖；Pellicaen和Hillegaersberch於6月23日，Hulst和Renoster，貨船Morgenstar，還有導航船Formosa，於7月1日；貨船Smient，於7月14日；

最後一批船隻直航日本，快船Jongen Prins和Tayouan於同月20日，貨船Coning Davit前往澎湖；另外，貨船Campen和Witte Valck將被派往東京。正如前面所講，除一條小船外，公司今年在北部風浪地區共有15艘船隻航行。萬能的上帝保佑，這些船隻會比去年更平安地航行，準時運載大批貨物返回巴城。

Coning Davit裝運蔗糖，自大員首先直接駛來我處，我們時刻等待著該船的到達。隨上述15艘船隻我們爲大員運去價值f.722,738.7.13的所需貨物和給養。上帝保佑，上述物資將獲得我們希望得到的利益，補償日本去年利潤的短缺。

鑒於海船已經陳舊，而上述地區風浪險惡，我們沒有分配船隻的航行區域，只命令他們今年將海船Coningh Davit派來巴城作爲返回荷蘭之用，其他(諸如前往科羅曼德爾、蘇拉特、波斯、東京，經暹邏來我處)根據海船的能力，由長官和評議會自行決定，在我們寄去的報告中您可親自過目。

記錄至此，12月4日，貨船Coningh Davit滿載蔗糖自大員到達我處，運至貨物價值f.108,873.12.11，包括6,004擔糖。從檢查官費爾斯德赫在大員寫於10月24日和長官費爾勃格寫於10月25日的報告中得知，自我處經暹邏派出的滿載貴重物資的公司船隻於6月18日和8月31日之間均順利泊至澎湖和大員的港口，有些船雖途中遇惡劣天氣，除導航船Formosa失去桅杆到達那裡外，其他船隻與貨物均未遭受任何損失，爲此我們感謝萬能的上帝，並希望來往船隻能免於不幸和損失。於10月1日與快船Hulst同時自澎湖航往大員的貨船Trouw至10月25日仍未到達那裡，令人不安，而上述快船離開澎湖後次日即一路風平浪靜地順利到達大員。因我處也沒得到任何消息，估計上述Trouw一船可能途中因某種不幸而遇難，願上帝保佑，不然除船身外，此船爲大員裝運的價值f.14,441.1.4的暹邏貨物也將失去，若在此時發生這種事情，對公司事務影響太大，本來大員已嚴重缺乏船隻運送蔗糖。在此期間，但願上帝能使公司改損失爲贏利。此事屬上帝安排，我們無能爲力。

我們遺憾地獲悉，至最後一艘海船Pellicaen航離大員時，那裡的貿易蕭條不堪，結果7個月內所銷售貨物價值不過f.200,000。而且暫時看不出復興的跡象，因爲中華帝國已被戰爭摧殘得近乎癱瘓。況且沿海城市在此之前已因大量貨物輸入而造成積壓過剩，不知所措，發現交通因戰亂而不安全，導致貨物無法外銷和內運(貨物市場大多在內地)。另外生於日本的一官的兒子國姓爺，與一官的兄弟Goniya之間在安海和廈門發生新的衝突，不但使中國商品外運受阻，而且導致大員商品的銷售一蹶不振，原因是上述沿海城市是貿易的關口，出入商品貨物均需經過此地。

福島的村社和漁區於4月17日出租給中國人，爲期一年，獲租金

40,070里耳，比去年減少27,245里耳，使福島的收入大大減少[15]。佃戶們去年因租金高而獲利少，原因是這個租期內鹿肉的價格從20里耳一擔降至10里耳，佃戶們多次在長官面前訴苦，而且我們發覺，這些人近乎破產，於公司極爲不利。最後經大員評議會同意，決定，普通佃戶1650年的租金減交五分之一。依我們之見，在這點上我們的人失策，以下的作法會更妥當：將每人的損失部分按比例准其免交租金。現在這種作法的結果是，受損失多於五分之一的人補助不夠，損失少的人則從中得利。除此之外，我們認爲中國人殖民地的維持基本令人滿意，特別是公司可從租金中獲得高於以往的收入，或許短期內不會再有這樣的結果。

出人意料，福島中國人該季的植蔗與貿易相比進展順利，本來估計可收穫20,000擔，實際收穫35,000擔，其中30,000擔已提供給公司。而且今年的糖特別白淨，在荷蘭將極受歡迎，並獲得較高的利潤。新的甘蔗現在長勢旺盛，但收穫將不及去年，原因是許多甘蔗因缺乏勞動力而歉收；而且在繁忙季節每人都想得到幫助，工錢也太貴，因此今年的植蔗格外謹慎；但我們仍希望至少可收穫15,000到20,000擔糖。

根據福島的報告，每年一次的村社集會一北部於3月7日、南部於3月10日一在相當隆重的氣氛中舉行，督促各村社長老向公司表示他們的歸服之心[16]。集會期間，大雨不斷，阻止了許多長老，特別是山地人出席集會，而且那裡的人在返回時經歷各種疾病的折磨，有人甚至喪失性命。因此我們估計，這種情況將導致他們以後不會情願和及時參加集會。除此之外，該島諸事順利。附近村社均未發生大的鬧事或叛亂。各處居民，特別是臨近地區的人表現良好順服，這全是上帝對居民的恩賜。據估計，原住民共有100,000人。只是南部山地人和北部蛤仔難(Cabolang)灣的居民時而不守本分。一伙南部山地人將7名在打

15 出租的具體項目見《熱城日記》1651年4月17日記載，voc 1182, fol.684.

16 北部村社集會在赤崁的公司庭院舉行，長官、評議會及牧師哈姆布魯科、考帕斯馬等與會，集會用語為新港、虎尾瓏、Carmachats和山地語。內容與往年無甚區別。南部村社集會也在赤崁舉行，長官、評議會和預備牧師歐霍夫等與會，集會用語為大木連、哆囉滿、Torigo Tovael。《熱城日記》1651年3月7日、10日，voc 1182, fol.636, 675.

狗仔附近伐木的中國人殘害致死，但我們的人未能把這些兇手捉拿歸案，也未能查明他們屬哪個村社[17]；只聽說他們來自某山地，我們的隊伍只能望山興嘆，無能爲力，因而命令平原地區歸服村社的居民見到這些人則殺，每個人頭懸賞3件綂布；現已有6名士兵被派往打狗仔社保護伐木的中國人。另外，蛤仔難灣人從前的叛離行爲，即殺害Sinagangh社的一名金包里人和一名爲蒲魯內(Jan Pleunen)的荷蘭人翻譯，並將他的的身體割成碎塊分掉[18]。這種駭人聽聞的罪惡行逕也未能給於應有的嚴厲懲罰，因爲我們不敢輕易冒險將雞籠和淡水的士兵調出，我們將督促歸服村社征討那些人。Terrisan的居民已被下級商務員給爾德庫率領的41名荷蘭士兵徹底征服，因爲他們騷擾臨近與公司聯盟的村社[19]。

據最新統計，大員的兵力達943人，去掉已期滿該退役的100人，還剩843人。我們希望他們能借助上帝的援助堅持到1652年，屆時我們將至少派去富有經驗的300-400名士兵，以遵照您的指示，爲防禦各種不測需1,000-1,200人的兵力守衛，我們也認爲大員需要這樣強大的軍隊，如果我們的勢力允許，將把大員的力量至少擴充到1,000人。

雞籠和淡水的城堡目前防禦良好，雞籠有83人，淡水有81人把守。大員已於9月9日派Amsterdam一船運往上述地區各種必需品，但令人遺憾地從下級商務員給爾德庫那裡得知，此船於10月4日仍未到

17 據《熱城日記》1651年5月9日記錄，這7名中國伐木工中有3名於5月6、7日在Teykou的森林中的小屋裡遭害，另4名在伐木時失蹤。荷人猜測他們也同樣被殺。荷人懸賞，若有人捉到兇手，賞綂布3件。據駐麻里麻崙的學校教師歐拉里歐5月16日的報告，他已查出傷害中國人的兇手是Sodorauw、Sopeieia和Smackedeideia村社的人，他們由Sodorauw村社的長老慫恿。這些人深居山中，無法前去討伐。荷人要求以上村社交出兇手，不然將動員阿猴、搭樓及其他周圍村社對他們發動攻擊。voc 1182, fol. 693、695.

18 1651年7月初，幾條前去進行米皮貿易的金包里的船以及同去那裡按每年慣例調查當地住房和居民的荷人，遭到當地人的圍攻，翻譯蒲魯內被害，一名士兵死亡，最後金包里人滿身血跡地逃回村社。這一事件的肇事者是Tarwee，此人是六個村社的頭領，這些村社統稱Sinargangh(新仔羅罕?)。《熱城日記》1651年7月31日，voc 1182, fol.720.

19 該村社位於淡水以南，長時間以來為非作歹，荷人出征前後六天，無一人傷亡。原住民一方死傷數人，被迫臣服。《熱城日記》1651年7月31日記載，這支隊伍由44名士兵組成，並由巴爾斯(Baers)率領。

達。我們無法想像該船駛往何處。按我們計算，此船已在海上飄泊25天，而且為替換大員期滿的士兵派去的一些士兵也乘坐此船，這樣船上共有60人。願上帝保佑，若此船遇難，對公司來說將是極大的災難。鑒於北風勁吹，不可能再往北部派出船隻。

大員水道的深度今年好於去年，甚至整個南風期可供吃水11荷尺深的輕便海船航行，平常漲潮時只有9荷尺深。我們希望水道以後會被沖得更深。同時我們在不斷設法解決海道水深不足這一難題，但幾經商榷仍未能找到完全之策。大員評議會採納檢查官費爾斯德赫先生的建議，在水道內適當的地方修建碼頭，觀察是否可通過這種方式加快水流，以衝擊海底使之自然加深。

我們在等待您的指令。期間，我們已下令海船先在澎湖停泊，再一艘一艘地或兩艘一起前往大員，避免大員南港同時停泊多艘船隻(南風期間，在那裡泊船，極其危險)。

公司向大員的十位長老和主要蔗糖承包商預售的價值40,000里耳的胡椒和檀香木，至今已全部還清。因而他們可以在將來得到公司數量更大的諸如此類形式的預售，這樣公司的貨物可找到銷路，又可為他們提供便利。

中國人抗議向十位長老繳納認可稅，因為他們不是向一位頭領而是要向十位納稅，我們根據巴城的慣例，下令只設一名甲必丹或中國人長老[20]。但經討論，不能找出理由判斷這樣做的結果是否有利；同時只要沒有什麼真憑實據證明長老的敲詐行為，暫時不作任何變動和引進新的條例，以避免在居民中間製造不安。但是，一旦有長老死去，空出位置，則不再安排新的長老，用這種辦法使長老人數慢慢減少。我們認為，只要沒人繼續控告，這種作法完全可行。

我們提出以下建議供檢查官費爾斯德赫與費爾勃格先生考慮，是否可僱佣中國人催收每年的人頭稅，以避免荷蘭士兵在察訪中國人收

---

20 福島的八名中國人長老面見巴城派來的檢查官，要求按巴城的作法只設一名中國人頭領管理中國人事務。中國船主也建議減少長老人數。但這一建議最終並未得到實施。見《熱城日記》1651年10月1日。

交稅餉時發生武力衝突。經再三斟酌，長官認爲，若由他們自己的同胞催收，他們將受到更重的懲罰，特別是對他們來說，像我們如此厚待他人難以想像，他們將按中國官員對待中國人那樣嚴加懲罰。出於以上原因，我們下令，在得到新的命令之前仍像從前一樣收取人頭稅，同時取消夜間巡訪，這樣做不會再有人發泄怨言。中國人將對他們自己的同胞施以暴力，我們已考慮過；但若將收納人頭稅的差事僱中國人來辦，公司可以從種種糾紛和控告中解放出來，(一旦中國人虐待他們的同胞)成爲中國人自己的醜聞。若巡訪中不發生任何武力衝突，中國人也希望如此，他們仍堅持由公司的人出面催收，而不僱佣中國人，我們同意他們的作法。

歐沃特瓦特有關人頭稅的報告，我們仔細閱讀之後，認爲並不值得奇怪；另外，對那裡的耕地、房屋、漁網等也應收稅，因此也可避免巡訪帶來的衝突；我們考慮到，中國人使用公司的土地而不繳一分錢，甚至將其出賣從中取利，生產的糖在此之前每擔價格爲四里耳，現在漲至七里耳；若發生意外，他們將受到公司的保護，使他們在這裡可自由無慮，就像在他們自己的國家一樣。這些中國人只需按現在的規定每人繳納0.25里耳的人頭稅，以後在人頭稅之外每摩肯也需繳納合理的土地稅，這是福島和其他任何地方的土地所有者正當的收入。

無論是網魚還是伐竹，福島原住民均不會因此而遭受損失，因爲湖泊、河流、水灣出租時的一般條件是原住民仍有正常使用的權力，中國人明白，原住民尚未掌握足夠的網魚知識，不可能爲他們帶來什麼不利；至於伐竹，若無原住民許可，每100根竹交納規定的伐竹稅，任何人不許隨便砍伐。因此，我們認爲以上諸項於原住民毫無害處反而對他們有利。

爲繼續福島的織絲業，檢查官費爾斯德赫先生對爲期兩年的有關中國人織絲的規定，重新做了修正，福島所生產提供給公司的絲，前兩年可享受700里耳一擔的收購價格，同時還就養蠶織絲規定，所有種植50棵桑樹可供蠶食用的人免繳其每月的人頭稅。長官費爾勃格認爲，開始接收養蠶織絲的人肯定有後顧之憂，因爲他們心中明白，最初三年不可能生產大量的絲，但等到一定時間後，別人即可從中享受厚利；而且考慮到現住福島的中國人大多從事農業種植，短時期內不可能生產出大量的絲。

該季共有15條中國帆船自各地載貨泊至，其中6條來自大員，這6條中有3條載貨往馬尼拉，2條往巴達維亞，1條往柔佛；餘者來自中國海岸，只有1條除外，該船由柔佛的國王親自派往福島，並持有公司總督簽發的許可證。上述帆船從巴城、廣南和柔佛運至相當一批胡椒、鉛、錫、藤、米、丁香等，大部分已在大員銷售換成現金；但馬尼拉的貨物，包括牛皮、鹿皮、吉貝、糖、臘、蘇木、鹿肉及其他雜物，已有其主人自己運往中國；大員地區諸事如意，公司收取出入關稅絲毫沒有壞處。柔佛的帆船到達北部淺海區時遇難，船上所有人員和大部分貨物均被搶救下來，這尾災難無疑將使柔佛人受到打擊而不再前往大員，公司的事務不會因此而受到影響；或是那裡的高額利潤將吸引他們裝運更多的貨物前往大員，但我們情願看到另外一種情形。柔佛人將獲許搭乘自大員駛往科羅曼德爾、蘇拉特、波斯的海船到滿剌加。

從遇難的貨船Joncker的殘骸中又打撈出590擔銅，但沒有銀，該船在北風期重新被泥沙埋沒。因此在南風期來臨之前無法繼續打撈。

在寧波(Limpohoe)和南京斷絕與日本人往來時，一些中國商人曾告知我們，若有利可取，有意與公司貿易，甚至打算駕舟前往大員，這一情況我們在此已考慮和討論過；有關此事，我們已下令檢查官費爾斯德赫先生向費爾勃格先生轉達，考察公司在上述地區是否有利於公司的生意可做；因爲現在派船前往爲時已晚，而且認爲有必要在正式向中國人提出到他們國家的申請之前，上述特派員經大員長老Samsiack和Hincksia的同意趁機委託他們一條即將駛往中國的帆船帶給三名重要官員三封書信，並每人贈送一件紅色哆囉絨。不料北風吹起，帆船被迫返回[21]，未能將信及禮物帶走，下次出航最早要等到4

21 此帆船於1651年9月23日晚駛出，結果因風向不順於同月29日返回。據《熱城日記》1651年9月23日記載。

月份各種條件具備。只要中國人政策寬容，我們在那一地區完全有利可取。

儘管大員的商務記錄尙未送到，我們已從檢查官那裡得知1651年結算的結果。贏利多爲去年剩餘的貨物貿易所得 f.435,910.12.15

一般收入爲 f.277,794.05.07

贏利總計 f.713,704.18.06

需扣除的水陸費用 f.344,294.09.11

讚美上帝，除掉各種費用後，大員今年仍獲得純利f.369,410.08.11

根據當時的情況，這一收入比較可觀，出乎我們的意料，我們衷心希望仁慈的上帝能在將來保證我們的收入增加，減輕公司沉重的負擔。

至9月30日，大員剩餘的物資價値計f.2,080,963.12.15。大員的倉庫仍滿滿堆積著各種商品，特別是胡椒數量極大，因而長官沒有爲1652年再要求運送物資，而且他也不可能提出什麼新的要求，除非上帝呈祥使貨物銷路暢通，您將及時得到我們的報告。

(fol. 136)與去年相比，今年的商品均以較好的質量投入市場[22]，只是數量上遠不能滿足要求，特別是暹邏因船的運輸量有限而格外突出。同時大員所供商品也遠不及所希望的數量，與我們計算的f.1,000,000相差甚遠，除非東京能援助約f.100,000(現金、存款和截船所得)。而且上述貨物得利90%，同樣孟加拉的第一種絲價高於以往54兩銀，另一種即上等絲(cabassa)則高出100兩。總之，所有運至貨物，除掉運自歐洲的紅色哆囉絨價格幾乎不到去年的一半，獲利80%，解決了我們的燃眉之急，不然我們將缺乏資金滿足歐洲和東印度各地區的供貨要求，而因日本豐厚的利潤緩解了資金短缺這一困難。到達日本的8艘海船將贏利分別運往大員和巴城，總計f.1,637,370.-.10，主要包括現金、銅條和少量米。願萬能的上帝保佑上述資金安全運到目的

22 即指日本市場。1651年荷蘭人派出 8 條海船運貨往日本，總價值為f.973,598.17.11。voc 1188, fol.136.

地，把我們從資金短缺的困境中解放出來。因爲大員的貿易蕭條，那裡已不需要通常的數量，而孟加拉和東京的絲綢貿易只需要f.1,000,000。此外，爲科羅曼德爾、蘇拉特、波斯和暹邏購貨也需資金，除非正像我們希望的那樣，這期間會從荷蘭得到援助。

(fol. 147)貨船Os和de Koe自大員經滿剌加和蘇拉特，分別於4月28日和30日駛往加姆隆(Gamron)的港口，爲波斯運去：

Koe裝運255,635斤砂糖，價值	f.45,610.09.11
Os裝運251,770斤砂糖，價值	f.47,094.00.10
1,032斤茯苓，價值	f.268.11.01
12,650斤樟腦，價值	f.2,609.03.08
價值總計	f.95,582.04.14

63. C. Reniers, J. Maetsuyker, G. Demmer, C. Hartsinck, A. de Vlaming van Oudtshoorn, C. Caesar, W. Versteghen, 巴達維亞, 1652年1月24日

——voc 1182 fol.1-54.

(fol. 2)爲保持重要而廣泛的科羅曼德爾貿易的繁盛，供應各商館所需，去年自我們最後一次報告之後先後從這裡及其他各地運去(讚美上帝)的貨物價值總計f.1,269,513.11.3，包括碎銀和碎金、各種商品、生活用品及其他所要求的必需品，即：貨船het Witte Paert及Overschie自大員裝運碎銀及金和商品，運至滿剌加分裝到快船Zeerob上，價值f.810,438.13.15。

(fol. 21)大員的海船Renoster和Campen，讚美上帝，爲蘇拉特運去一批貨物，如下：88箱日本銀，600擔冶煉過的銅條，12,946斤樟腦，17,030斤明礬，4,371斤中國茯苓，7,040斤東京茯苓，6,600斤中國茶，價值總計f.281,817.14.9；爲波斯運去463,557斤砂糖，1,200擔日本銅，8,347.5斤樟腦，25擔茶和910斤中國茯苓，價值總計f.132,741.14.1，萬能的上帝保佑這些貨船能順利到達目的地。

(fol. 30)據滿剌加上月24日的最新消息，快船Renoster和貨船Campen於同日、快船Jongen Prins於兩天前自大員平安到達，他們於該月3日一起從那裡出發，裝運價值f.120,328,014.1的貨物，前往科羅曼德爾、蘇拉特和波斯，由Jongen Prins裝運往科羅曼德爾和孟加拉的貨物如下：

5,746兩2錢	中國錠金	
178,000兩	日本錠銀	
5,129斤	中國茶	
35,530斤	明礬	
11,188斤	茯苓	
1,140.5斤	日本樟腦	
各種費用共計		f.788,721.05.07

分裝於Renoster和Campen的運往蘇拉特的貨物如下：

88,000兩	日本錠銀	
600擔	經冶煉的優質銅條	
12,946斤	日本樟腦	
17,030斤	明礬	
11,411斤	茯苓	
6,600斤	中國茶	
價值總計		f.281,817.14.09

上述兩船運往波斯：

463,557斤	福爾摩莎砂糖	
52擔	中國茶	
910斤	茯苓	
1,200擔	經冶煉的優質銅條	
8,347.5斤	日本樟腦	
各種費用達		f.132,741.14.01
	總計	f.1,203,280.14.01

(fol. 32)去年12月29日，Amsterdam一船出乎意料地從大員泊至，

該船本來於9月9日被派往雞籠和淡水的城堡，途中遇到強烈風暴，未能前往，被迫先在澳門靠岸，充水之後，因葡人嚴重缺乏各種給養，我們的人以高價賣給他們，於11月23日順利到達暹邏灣。

(fol. 32)長官就貿易事項做出以下報告，那裡仍存有一批木材，而我們這裡正缺此貨；但鑒於該季只有一艘貨船將從大員經暹邏前來我處，有部分木材仍需存放在那裡。上述Amsterdam一船連同所裝貨物和船上60人竟然保全下來，使公司免遭損失。只是淡水和雞籠的城堡(令人遺憾)不能及時得到援助，而且北風勁吹不停，只能等到3月底4月初再採取措施，長官將盡其職責。12月20日，幾乎被認爲已遇難的貨船Trouw也不期而至，到達我處港口，此船在離開澎湖前往大員時，不但被吹離航線，而且損失船上大部分圓木，本以爲遭此風險難以逃脫，結果感謝上帝，不但船隻未失，而且船上所裝(由暹邏運往大員)貨物也安然無恙。

(fol. 37)自我們最後的一次報告之後，大員沒有什麼重大事情發生。只是12月15日和20日，貨船Morgenstar和Smient分別到達我處，運至價值f.141,460.17.14的蔗糖。從長官費爾勃格寫於去年10月24日的報告中得知，其他從日本駛往大員的船隻分別於10月25日和11月9日平安到達大員的北部淺海區(感謝上帝)。另外，將有貨船de Gecroonde Liefde經暹邏以及貨船Pellicaen最後由大員直航我處，萬能的上帝保佑上述船隻載運貨物平安泊至。如果公司能免遭災難，我們還要感謝至高無上的舵手(因爲我們認爲已遇難的Trouw和Amsterdam居然保全下來，他們在北部風浪多變的海域冒盡風險)。

根據船隻貨物的分配，海船Campen、快船Renoster和Jongen Prins前不久裝運所存現金、黃金和其他商品自大員經滿剌加被派往科羅曼德爾、蘇拉特和波斯。願上帝保佑他們一路順風。

由於日本貿易進展順利，大員除本來的庫存外，又得到價值f.460,000的日本銀的援助。所以他們幾乎滿足各地區的需求，只暹邏一地因裝運價值f.30,000貨物的Hillegaersberg脫離航線而未能得到供貨，若有需要，我們將從這裡供應。

科羅曼德爾對黃金的需求因中國黃金輸出稀少而不能滿足，致使大員這次只能運去f.250,000的黃金，儘管巴城有所輸入仍遠不能達到其需求量。在這種情況下，我們只能希望以銀來滿足各地提出的要求。

自我們最近的報告以來，貿易沒有進展，只售出一批胡椒；除中國農民以蔗糖交換的2,825擔外，還以14.5一擔的價格購入1,670擔；琥珀多數以較好的利潤售出，用於科羅曼德爾的黃金量將因此有所增加。我們希望其他庫存的大量剩餘商品能漸漸賣出，但依眼下稀落的貿易狀況判斷，儲存在那裡的商品將會慢慢售出。今年即1652年，他們要求運去的貨物均不屬重要物品，只有一批鉛、藤、琥珀、一批漆器、棉布；另外他們向我們要求運送一批暹邏的貨物，我們不能運去多出他們要求的數量，因為那裡的貨物已堆積如山，公司貨倉無法容納。據自大員泊至的一條中國帆船報告，一官的兒子與其伯父之間發生的衝突，我們在報告中已述及此事，已得調解而告結束。廈門和安海的稅關重新開放，中國商品在大員的銷售可望增加。在廣南的檢查官費爾斯德赫據居住在那裡的一名中國南京商人講，中國北部的戰爭因韃靼皇帝的死亡依然激烈地進行，特別是南京城，他們一方為中國人，另一方為韃靼人，雙方相持不下，因此只要上述地區戰亂不停，不便前去貿易；他這樣講是否出於嫉妒故意迷惑公司的人還是事實，目前還無法確定。

同時我們相信，長官費爾勃格先生將在調查清楚諸事、經仔細商討之前不會派船前往。

因發自日本的Hillergaersberg由於風暴脫離航線而未能到達大員，同樣貨船Trouw在航出澎湖時也被風浪沖走，使大員庫存的10,000擔糖未能運出，而且據長官估計，福島至少還可收購20,000擔，需要幾艘便利的貨船或快船把這批糖運出。我們希望派幾艘輕便的貨船和快船，不然我們將被迫派出一兩艘大海船(雖然我們不願這樣做)前去澎湖幫助運輸蔗糖。

福島政教之間發生糾紛和事端，引起我們的極大不滿。茲將對高級商務員揆一和德·赫勞特(Hans de Groot)就有關事項的指控記錄原文寄去，該記錄厚達10部，您可從中得到充分的瞭解。此事最後由巴城尊敬的司法委員會裁決；牧師赫拉佛斯和法律起訴人斯奴科的到來；特別是牧師從政這點與傳教不相稱，已予以取消，其他的誤解將因此而相應告終。我們以後將下令，既不許忽視教會的建設，也不能輕視政治。其他諸如大員和福島的農業種植等事仍在較好的情況下繼續，自我們最後的報告以來沒有什麼特別重大的事情值得報告。牧師赫拉佛斯的離開，以及牧師考帕斯馬(Cornelis Copsma)和羅特亨斯(Johannes Lutgens)的去世，此二人埋葬在澎湖，歐霍夫於去年5月份染南部疾病而死去，使福島特別是南部的傳教遭受嚴重損失。長官建議派3至4名新的牧師前往上述南部地區，以免福島的宗教事業因上述逆境而受阻，屆時將派能幹的公司職員前往。

熱蘭遮城的法官每人從他們額外收入中捐出約48里耳，共得200里耳，用於購買一座用途廣大的荷蘭法律書籍的圖書館；我們尊敬地向您請示，准許上述法官乘坐最近一批返荷船隻辦理此事。

海船Lastdrager由高級商務員白勒費勒特(Willem Bijlevelt)率領給您送去福島中國人生產的生絲樣品，我們希望得到您對此的評價。我們估計目前還不可能大量生產(除非福爾摩莎人也從事此業，但可能性不大)，原因是中國人忙於植蔗製糖，而養蠶織絲還需從頭開始，要取得進展，並非易事。

(fol. 48)按您的指令，曾任福島法律起訴人斯奴科隨海船Salamander返回荷蘭。據說福島種種事端是由他引起的，而長官對他的評價似乎總是很高。實際上我們早該把他從那裡調出。我們希望上述事端高潮已過，而且可查出東印度高級政府中的幾名要官的違法行爲，有關這些，大員的評議會已有記錄，玆不詳書，望參閱同時寄去的大員報告的副件。

由此可見，東京的私人貿易已成爲一種難以癒治的通病，一代代遺傳下去。現在那裡的最高官員凱瑟爾(Jacob Keyser)也重重地染上此病，使我們不得不重新任命一位公司職員，主管上述商館的事務；有人對高級商務員揆一的指控因缺乏證據而取消。

(fol. 53)今年即1651年各商館獲利情況如下：

日本	f.602,412.09.08
大員	f.346,304.01.03
波斯	f.442,466.04.08
蘇拉特	f.149,624.01.05
科羅曼德爾	f.92,365.03.06
蘇門達臘島西岸	f.95,561.16.11
馬拉巴爾海岸	f.65,309.03.12
孟加錫	f.44,558.07.13
滿剌加	f.28,596.10.15
占碑	f.8,475.18.02

64. C. Reniers, J. Maetsuyker, C. Hartsinck, J. Cunaeus, C. Caesar, D. Steur, 巴達維亞, 1652年12月24日

——voc 1189, fol.1-184.

(fol. 46)另外獲悉，我們的人急需現金維持科羅曼德爾海岸的貿易。這期間，快船Zeerob和Bruijnvis於1652年1月25日已從大員泊至，裝運5,746兩中國錠金，27,056瑪克的日本銀，等等，價值總計：f.788,721.5.7。

(fol. 71)貨船Pelicaen作爲最後一艘海船於2月26日自大員出發，並於3月24日到達我處，去年即1651年由大員派出經滿剌加前往科羅曼德爾、蘇拉特和波斯的海船，裝運大量貨物，至今均平安泊至(讚美耶穌)。上述Pelicaen自大員運至的貨物價值f.223,616.18.15，包括2,136擔砂糖，f.186,552.18.-的中國錠金，對科羅曼德爾來說是及時而有力的援助。此外，據大員最近報告，那一地區的統治未發生什麼變化。

那裡的暢銷商品諸如胡椒、琥珀、鉛、藤、各種織物、棉被、檀香木、一些哆囉絨、毛織物等，最終售出並獲得較好的利潤。但次等肉荳蔻、錫、木香、沒藥、兒茶、香料和蘇木均無銷路。

同時我們希望貨物外銷量能得到增加。我們在向他們派運貨物時鑒於它們最終還是要在北部地區銷售，只運去諸如兒茶、木香、沒藥等我處供應充足的貨物運往大員。具體如下：

第一批於5月22日派出，貨船Pelicaen、平底船de Goede Hoop直接前往，貨船Gecroonde Liefde和Trouw經暹邏與日本，載貨總值 f.101,791.04.13

6月13日，貨船de Koe，載貨價值 f.98,369.04.08

6月21日，快船Bruynvis， f.33,798.8.03

6月28日，大海船Delft和貨船Sandijck，載貨總價值 f.221,407.19.06

7月26日，貨船Witte Paert， f.146,383.16.01

上述船隻載貨價值總計 f.601,750.12.05

裝運貨物如下：

122,215.8里耳

27,200盾現金

128,2617斤胡椒

20,000磅火藥

412,377磅鉛

691根紫檀

36,000磅鐵

12,960磅兒茶

43,800磅木香

30,000磅沒藥

16,000塊蘇拉特肥皂

251袋(packen)caeder

137件哆囉絨

4,764磅象牙

5,100捆藤

249,181.3磅安息香(vewuyn)

50,000斤檀香木

60,000磅錫

2,516磅蘇木

3,873$^{3}/_{8}$磅琥珀

3,633.4盎司 紅珊瑚

6,000兩日本錠銀

78件毛織物

80件croonrassen

100件glegians

120磅丁香

2瓶薔薇水

100件西班牙哆囉絨

70張鞋底皮

40名男女奴僕

一批給養，戰用物資及其他必需品。

有關福島宗教、政治的統治和貿易方面所下達的指示，以及村社出租、南京的旅行及其他我們認爲有必要寫信告知長官費爾勃格先生的內容，請您詳細參閱同一日期的通信集，在此從略。

12月1日，貨船Witte Paert自大員平安到達我處，並帶來費爾勃格長官寫於10月30日有關大員和福島情況的報告及其他材料。他報告，各海船裝運貨物於6月25日至9月7日平安到達大員和澎湖(除貨船de Koe仍無消息，我們猜測，此船因致命的風暴而漂過大員前往日本)。令人遺憾的是我們從日本獲悉，到達長崎的中國人傳言，一艘荷蘭海船在中國沿海漳州附近遇難，船上倖存的幾人被一官的兒子送往大員，我們至今仍未得到證實。

我們擔心，如果上述海船仍無消息，肯定已經遇難，這將使公司遭受價值f.98,369.4.8的損失(願上帝改變這種狀況)，而且我們不幸獲悉，大海船Delft(因缺乏運貨船隻而被迫破例使用)被迫用於往澎湖運輸蔗糖，9月28日違背我們的命令停泊在大員外港，因缺船裝運貨物，而且因中國人鬧事，此船停泊在那裡不夠保險而被我們召回。然而，10月3日，該船的大部分貨物已經卸下，強烈的東北風突起，船錨被拔起，船被風浪漂出大員南港。直到Witte Paert航離大員時，那裡和巴城均無上述Delft一船的音信。儘管如此，我們仍希望並相信，上帝會保此船平安，不然公司不但將失去一艘海船、船上尚未卸下的貨物及裝載的248箱福島蔗糖，而且準備運回荷蘭的貨物也只能暫時存放在我處，這對公司來說，損失慘重，是一件極爲不利的事情。我們希望在上帝的引導下，耐心等待，衷心禱告，公司的困境定能得到扭轉。因上述船隻遇難(願上帝保佑)而損失的船上剩餘貨物及裝運糖的具體數量的記錄有待運來，這次報告無法詳述，只能等到下一批船隻返回荷蘭時向您報告。

自上述海船Pelicaen離開大員後，我們沒得到有關那裡貿易好轉的消息，只得知，去年的胡椒賣到14到14.5里耳一擔，並希望今年運至的貨物銷售順利。錫以30里耳一擔的價格順利地兌換成用於科羅曼德爾貿易的黃金，目前大員的琥珀過剩，無人問津，木香、兒茶、沒藥、次等丁香和檀香木也是如此；織物如tassachelas、madops、棉被、dromgans、nicquanias、chelas的需求也有限；然而，幾內亞布、蘇拉特的黑色絨布、duwtas、moeris、salempouvijr、sawageslijs還有銷路，而且獲利較好；與此相反，heresayen，哆囉絨，和croonrassen則沒人購買。您可根據這一簡短的報告得出結論，(除非貨物有銷路)明年即1653年的供貨要求仍不會太多，因爲那裡公司的倉庫裡依然堆滿沒有售出的貨物。

費爾勃格長官強調，中國帆船從福島前往巴城，再從巴城返回福島，這種作法對公司在大員的貿易極爲不利，特別是他們運至的貨物多爲胡椒、錫、鉛、藤、織物和琥珀等公司在大員的貿易貨品，所以，只要他們的貨物尚未全部賣出，就不會有多少中國商人光顧公司在大員的貨倉，特別是運貨到大員的中國人因缺乏現金而將貨物廉價售出，對公司的市場造成致命的打擊。另外我們還要考慮到，(除公司可抽取稅餉外)中國帆船的到來對巴城的居民也是一種鼓舞。

因中國戰亂仍持續不斷，自中國往大員的貨運稀落不堪，而且暫時不會有什麼好轉，爲荷蘭購貨的要求在這樣的時期無法滿足，我們甚至懷疑能否全部滿足科羅曼德爾、蘇拉特和波斯的需求。目前大員儲存有500,000盾的中國黃金，用於資助科羅曼德爾的貿易，而且我們希望，若大員貨物銷路好，將再往科羅曼德爾增運一批資金。但即使增運，看來也不會達到科羅曼德爾所要求的f.800,000到f.1,000,000的數量。

該季，貨船Pelicaen、Zandijck和Gecroonde Liefde被從大員派往日本，繼續進行日本貿易，所裝運貨物總值計f.102,050.17.6，包括91,963張福爾摩莎鹿皮，146,780斤砂糖、14,248斤兒茶、20,080斤沒藥、40,060斤木香，中國只提供41,066斤明礬、586斤中國白色生絲、48件吉朗綢，從中您也可看出中國貨物的輸出數量之少。看來只要毀滅性的戰爭在中國接連不斷，我們就無法獲得大量的貨物，對此我們只能耐心等待，同時希望孟加拉和大員的贏利巨大的絲綢源源不斷，可補償大員貨物外銷之不暢。

我們從大員商務帳簿中得出結論，那一地區12個月內貨物贏利額達　f.429,381.12.06

加上大員當地的收入　f.302,180.14.12

總計　f.731,562.07.02

扣除大員陸上費用　f.338,412.11.00

以及水上費用　f.51,713.17.08

水陸費用達　f.390,126.08.08

扣除上述費用後，大員1651年9月1日至1652年9月30日純贏利為

f.341,435.18.10

與去年相比，減少f.28,000，但鑒於這一時期貿易不景氣，和公司統治所需各種費用之高，這一贏利仍比較可觀，為此我們感謝上帝的恩惠。此外，尚未償還公司的債務達f.1,854,787.11.4。

有待於實施的南京之行，據費爾勃格先生的報告今年仍不能得到執行，原因是，準備派出的快船Bruynvis在從巴城北上途中於8月31日自東京被風暴吹走，再加上裝運用於南京貨物的de Koe一船遲遲沒有音信，大員長官不得不將對南京貿易的調查推至明年，等待我們的具體指令。無論通過哪種渠道我們在大員的人都無法獲得有關南京的確

切消息，原因是(據他們說)南京附近戰亂不斷，海盜出沒，中國人不敢駕船前往。只有大員長老Samsiack的一條小帆船去年航出後因風暴又返回，該船在5月份南風季再次航出大員，(由於最近謠傳那裡戰爭激烈)船主不敢輕易直航南京，而是轉航汕頭(Swatia)，此地位於南京省以南約50荷里。據中國人傳說，那裡有黃金和絲綢可以購買，而且可有所保障地貿易。鑒於此，長官先生托此帆船向汕頭的大官轉交一封書信和一件紅色毛織物作爲贈禮，請求准許公司在那一地區自由貿易。我們認爲，數幾世紀以來，南京的中國人(所有外國人除外)全年不斷、自由公開與日本貿易往來，對我們的貿易請求難免生嫉妒之心，並想盡辦法阻止我們這樣做，因中國政權交替我們將獲得韃靼人的准許；從孟加錫乘海船Peerl來到我處的某耶穌會士告訴我們[23]，他在中國期間爲傳播羅馬天主教而奔波十年之久，韃靼人近幾年來除兩個省份外已占領全中國，其中一名韃靼人藩王(Viceroy)在廣州稱帝王。該藩王准許澳門的葡人自由貿易和其他權利，正如我們獲得的信件中所言以此讓其他願與中國貿易的外國人清楚，他們可以自由出入。因此，上述耶穌會士斷定，我們請求自由貿易之地，不在南京，而在廣州。

勿庸置疑，公司須在那裡和其他地方請求貿易，若無明顯障礙，我們將以公司的大業爲重，在春天南風季初派1至3艘防禦能力較好的快船攜帶相當數量的禮品，探察那裡是否有於公司有利的生意可做。只是考慮到，澳門的葡人肯定要挖空心思阻礙我們這樣做(他們完全

---

23 即著名的耶穌會士衛匡國(Martinus Martini)，1640年到達果阿，後來前往萬丹，1643年到達中國。1652年5月經孟加錫到達巴城。次年2月，他乘坐公司船Oliphant前往阿姆斯特丹。於1655年在那裡出版當時最完全的中國地圖Novus atlas Sinensis。後又返回中國，1661年6月6日死於杭州。在巴城期間，他向荷人講述有關中國的情況。衛匡國還撰成*Extremae Asiae Atlas (met beschrijvingen)*，以及*Cort historisch verhaal van de gedenckwaerdighste geschiedenisse voorgevallen in 't groote ende seer vermaerde Coninckrijck China, 't sedert dat de Tartarien jongste daer in gecomen zijn, om hetselve te veroveren, van het jaar 1643 tot anno 1651*。二者原為拉丁文，由荷蘭人於1655年在巴城譯成荷蘭文。據Pieter van Dam，荷人還得到葡人的書信，其中也述及貿易事項。voc 1206, fol. 271-359. P. van Dam, *Beschrijvinge*, I, p. 699.

有能力達到目的，特別是廣東與澳門只尺之隔，葡人在那裡進行贏利貿易由來已久)。儘管如此，我們仍打算實施這一計劃，不知結果如何，並將及時向您報告。

上述耶穌會士繪製成一張中國全域圖，包括行政劃分並附說明；如果尊貴的您想瞭解中國的形勢，該會士到達荷蘭時可令人滿意地向您報告。

大員海道平常水深10至11荷尺，這種不利情形至今仍無好轉，據長官的判斷，如果海道不能自然變深，這一工程無法用人力完成。我們也認爲，大員腳下的大片沙地深入海中，人們不難看到，沙地外表堅硬，即使偶爾有地方被風浪沖深，總是又被自然填起，因此此事需萬能的上帝安排。我們認爲不宜在毫無保障的情況下修建耗資巨額的碼頭而增加費用負擔，可將城堡前面各處舊的碼頭石塊換新並加高，而且爲維修荷德蘭特(Gelderlant)據點，需在其前面修築新的碼頭，以防萬一。但因爲缺少合適的船隻從澎湖運輸石塊，需等到大員得到必要的小型便利的運輸船隻，並用以裝卸貨物。特別是該季海道深度不足，除快船Bruynvis和het Witte Paert外沒有船隻能夠駛入，所有其他的海船均需在外港卸貨，而以後看來也不會有所改善，於公司危害極大。另外，有關海道的內容我們不在此詳述，您可詳細參閱同時寄去的長官費爾勃格先生的書信。

4月15日福島村社的出租照例進行，30個村社及其下屬區域共得租金37,265里耳(包括土地以外的網漁)，這批相當的收入減輕了公司各種費用的負擔。而且據長官講，佃戶仍可從中獲取利益，(正如去年一樣)有理由要求減少一部分租金，這是人們所希望的，因爲這樣做可加強福島統治的穩定，請您詳見我們的通信錄5月21日的內容。按照費爾斯德赫先生的建議，我們令大員的長官和評議會慎重考慮。

我們不知以下作法是否可行，即取消村社出租，代之以在這些村社開辦各種必需品的店鋪，這樣做將會有利於福島居民，並可擺脫公司出租村社造成的壟斷，代之以公司應遵循的原則即正義，願上帝保佑。

我們還不能理解，商店的引進能使每人均能從事公平的貿易，政教兩方面均支持該建議，一部分與尤尼斯的建議一致。自他進駐福島以來，那裡各方面變化巨大，尤尼斯在許多方面的意見不中肯，判斷有誤。重新回到前面的話題，引進商店，一方面爲原住民著想，另一方面於公司將有益無害，毫無討論的餘地。但長官費爾柏格先生似乎看法不同，正如他在1652年10月30日第12頁的信中所寫，他不同意在村社引進商店，而應按照您和歐沃特瓦特先生的辦法將上述村社及湖泊、河流和水灣照原來的方式出租。儘管人們對此有不同意見，我們毫不懷疑原住民將會習慣於公司和中國人，這將有利於公司。經過這樣天天保持聯繫，進行貿易，友好相待，他們將越來越多地適應公司，並向公司靠攏，同時對欺騙成性的中國人產生厭惡感，這對公司是一件好事，特別是狡詐不可信賴的中國人向來煽動原住民對我們忌恨和鄙視。同時，商店肯定不會像出租村社那樣馬上獲利，所以商店的引進有待於您下達具體指令。

除在附近的主要地區諸如蕭壠、麻豆、大武壠(Tevorangh)及其周圍村社試驗開辦商店，命令其他偏僻村社、湖泊等照舊出租。長官先生已根據我們的指令准許附近村社新港和大目降將其竹竿不再以100根3里耳而以4里耳的價格售出，因爲那裡的竹比其他村社的更易砍伐運輸，這一政策受到原住民的歡迎。

今年的村社集會日天氣好於去年，南北村社分別於3月25日和22日照例在對面赤崁的公司大庭院中舉行。北部村社集會有53個，南部有52個村社派長老參加。6月12日，我們首次在福島東岸村社卑南舉行東部村社集會。那裡有一名上尉率23名士兵駐紮，離大員約有6天時間。集會時有34個村社的長老(雖然有些粗野)出席，接受有公司標記的藤條之後發誓，從此作爲朋友和盟友順服公司，每年參加村社集會。按1652年5月31日的報告，全福島至今歸服公司的村社總計251個，房屋13,893座，人口59,805。笨港河兩岸和城堡附近的福島村社諸事順利，讚美耶穌。村民們表現順服，無任何反抗情緒和叛逆之舉。他們已開始習慣於民事官的管理，我們的人開始理解爲什麼要政教分離。不然，教會的參與會使政治方面的統治不能得到足夠重視。卑南東部及其附近村社，一切均處於和平和令人滿意的狀態之中；只是那裡的居民野蠻無理，我們希望定期的村社集會能逐漸使他們受到教化。福島南部情況良好，唯一令人憂慮的是該地區死亡率高得驚人。Pellicaen一船離開後不久，民事官威勒斯(Richart Wils)(此人本爲添補歐霍夫的空缺)又離開人世，因而僅僅8個月內我們痛失3位高級官員。我們暫時指命歐拉里歐(Joannes Olario)代替去世的威勒斯的職位；此人在福島南部已有10年之久。

自預備牧師歐霍夫去世後，南部教盲的皈依工作將受到影響，因爲牧師中無人願到那裡駐紮以促進基督教的傳播；慰問師哈姆帕童(Hendrick Hampton)已在那裡去世，致使那裡的政務只能由學校教師在民事官的監督之下管理，由此不難看出那裡教堂和學校的情況如何。每人都想到福島最優越的地方去，而無人出於對耶穌的負疚感肯在南部展開工作。他們似乎不聽從長官的領導，因而長官要求我們從巴城直接下達命令。

除放索仔(Pansoy)社外南部地區沒有發生什麼動亂。上述村社屬南部地區，距離水道約2荷里，於3月28日發現暫時在那裡任職的學校教師彼德爾斯(Dirck Pieters)慘遭殺害，其喉嚨被割斷，心臟周圍另有五處重傷，卻未能查出兇手，上述村社長老獲悉後主動來到城堡接受審查，但發現他對上述凶殺事件一無所知，因此我們並不能完全排除他陷於絕望而尋短，但我們仍在繼續調查，希望不久後能查清事實真相。

Sapdijck、佳諸來(Catsiley)和Vongorit三村社長時期騷擾附近的結盟村社、獵人頭、在狩獵區和耕地裡作亂，使得村社不得安寧。長官被迫下令動員平原地區的人前往懲罰這些作惡之徒(婦女和兒童除外)，每個人頭獎賞一塊絖布，直到他們表現轉好，參加村社集會爲止。這些人已有兩年未參加集會。

去年因Amsterdam一船被沖走，福島北端的雞籠和淡水兩座工事的接濟物品沒能運到，兩地嚴重缺乏各種必需品。4月份，大導航船Ila Formosa裝運一批物資運去，結果因北風不同尋常地持續到6月份30日，漂落兩個月之後，還是完成了運輸任務。給上述工事的接濟物品通常於8月27日由平底船de Goede Hoop運去，比去年早12天，往返所花時間之長，甚至大員的人懷疑此船遇難。此船從雞籠航出後，前往淡水，將商務員給爾德庫帶到那裡，但途中遇到強烈風暴，沒能泊至淡水，被迫繼續航行，終於漂至大員。給爾德庫只能從大員經陸路返回北部，因北風狂作，無法乘船頂風北上。上述給爾德庫報告，位於淡水河岸、離公司砲台5荷里的武溜灣(Pinnorouan)村社居民殘酷地將兩名荷蘭翻譯拉佛斯坦(Claes Jansz. Ravesteyn)和拉爾瑟(Roeloff Laersche)殺害，先是用亂箭穿身，又把他們的頭顱割下，將身體扔到河裡。二人本是被派出調查該社居民爲何數日前將其村社點然燒毀。我們的人調查此事的起因後，得到答覆，上述翻譯魯勞夫(Roeloff)在那一地區時期向居民敲詐勒索米、肉、珊瑚、皮等物品，居民們因此而負擔沉重，而且據有些人講，他曾強迫已婚或未婚女子與其同室；另一人拉佛斯坦醉酒胡言，讓居民上繳125里耳的物品作爲對他們燒毀村社的懲罰，並拿繩索以絞刑威脅該村社長老，村社居民無法繼續忍受所遭虐待與痛苦，奮起復仇以解冤屈，將上述翻譯殺害。以上控訴中肯定有些真情，這一點無可否認。我們的人想加強對原住民的統治，難免增加居民的各種負擔，導致人們奮起反抗，於公司危害極大。儘管如此，這一反叛行爲理應受到嚴懲，以達到殺一儆百的效果。經評議會決定，上述給爾德庫派兩名軍士率領70名士兵，乘坐平底船de Goede Hoop沿河而上前往武溜灣。隊伍到達後，他們發現居民爲加強防禦已在多處挖掘陷阱，設置障礙，村民見我們的隊伍到來，便成群地從樹林中涌出，用弓箭向我們的人發起攻擊，造成我方兩人死亡，數人受傷，我們的人從水陸兩面以槍砲迎擊，向他們開火，對方約有30人中彈身亡。在村民離開村社四處逃竄之後，我們的人出征10天之久，以懲罰這些作惡之徒，直到我們的人認爲在對這些賊寇的圍剿中不能取得更大的收穫爲止。北部地區除上述叛亂外，一切平安如意。蛤仔難的人表現開始有所進步，但仍反復無常，不可信賴，其他村社過於弱小，無法與蛤仔難社抗衡，他們在此之前曾殺害公司翻譯蒲魯內，待時機成熟時再予以懲罰。

在駐大員長官費爾勃格寄來的10月30日報告中，我們吃驚和痛心地讀到，9月7日他們收到Witte Paert送去的7月25日的信件還不到三小時，那裡便發生暴亂。我們在信中提醒駐大員長官，有人謠傳一官的兒子國姓爺(Cocchin)在中國與韃靼人作戰失利而受困，可能計劃攻占大員。午後即有七名居住大員的中國長老驚慌失措地趕到大員面見長官，報告他們獲悉，住在赤崁阿姆斯特丹地區的農夫郭懷一(Gouquan Fayit)叛離公司並暗地組織人馬準備對公司發起攻擊，預定當天夜裡舉事，或許準備攻打大員；您完全可以想像，這一消息使長官大吃一驚，不知所措，本以爲至今一直居住在和平友好的人們中間，而今風雲突變，竟然發生這種令人意想不到的事情；他馬上下令，對城堡及其他工事嚴加防守，派專人率4名士兵前往赤崁地面，配合那裡的地方官范・阿豆島爾帕(Balliuw van Adeldorp)，發現普羅文薩城無人知曉此事，隨後上述專員和地方官騎馬前往阿姆斯特丹地區，接近那一地區時，發現成群結隊的中國人正準備出發，手執末端燒削成尖的竹竿，有些人舉著鋤頭，少數人持船槳，但多數人手執用於收割穀物的鐮刀。叛亂的人發現我們的探子，立刻對他們發動攻擊，我們的人幸好逃掉，最終於午夜將此消息傳到大員，這足以肯定中國人是在組織一場正式的暴動。當天夜裡，城中人心惶惶，人們收拾各種貴重物品攜帶妻兒逃入城堡中。天亮後，我們的人自赤崁獲悉，敵人在拂曉時分(叫喊著：打死荷蘭狗！)對普羅文薩城發起攻擊，當地的人馬上奪路逃入公司的大馬棚裡，房屋和財物也無法顧及，被中國人焚燒搶掠一空。而且各處被打死的逃散的荷蘭人共計8人，還將一批荷人的首級割下，有些人甚至鼻耳也被割下，或眼睛被挖出，男人的生殖器官被割掉，將頭顱串在竹竿頂部慶賀勝利；其中一名黑人婦女被活活地刨腹。令人觸目驚心地殘殺之後，他們重新武裝起來湧往公司的馬棚，攻打藏在裡面的26名婦女和兒童，以全部將他們置於死地。我們的人在大員獲悉後，隨即派上尉夏佛萊(Hans Peter t' Chaffelij)率領160名火槍手前往救援並鎮壓叛亂者。隊伍到達後，他們發現，我們的人仍在馬棚裡抵抗。但在援軍登陸之前，敵人(約4,000人)湧向海邊配合那裡的人試圖阻止我們的人登陸。我們的士兵下船在齊腰的水中迎擊敵人，最終登陸後，便組織力量向敵人開火，迫使他們在普羅文薩地區的街道後退至通往東部的街道高處，並急忙用竹竿四周圍起進行抵禦，我們的人猛烈追擊，他們只得四處逃竄，忙亂中將築起的工事毀壞，我們的人恐怕敵人有埋伏，停止追趕，中國人拼命逃跑。我們的隊伍重新回到普羅文薩區，在公司的馬棚裡就宿。

在此期間，長官已事先下令新港、蕭壠、麻豆、大目降和目加溜灣社的村民武裝起來到赤崁地區配合剿敵。同時下令給南部村社組織1,000人的隊伍在Taffelberch附近備戰；我們的隊伍由340名新港、蕭壠、麻豆及其他村社的居民配合出擊，行軍兩天只捉獲10至12名藏在甘蔗和其他農田裡的叛亂者，均被我們的人和原住民殺死。兩天內，共有約500名中國人遭殺。我們獲悉，4,000-5,000人組成的叛亂隊伍，隱藏在離普羅文薩地區5荷里的一座小山腳下較大的水域中，準備將這一地區作爲他們的基地，並把所有的給養儲存在那裡，婦女和兒童也被運送到那裡。爲截斷敵方更多的運輸，我們的人派出600名原住民組成的隊伍前往，到達那裡後發現，那裡地勢險要，水域的入口處有深而急的水流自然截斷，旁邊有一條可通車輛、叛亂者使用過的小路，如果他們將這一通道堵死，我們的人將無法接近他們，但發現這條小路無人把守，便將隊伍開進裡面的平地，只見敵人居高臨下，發現我們的人攀登時，打著無數的旗幟向我們的人直衝而下，結果無一名原住民敢冒此險。看他們的架勢，似乎要對我們的隊伍發起攻擊，他們對火槍先是無所畏懼，直到公司8名火槍手向他們開火四次，中國人才放棄抵抗，倉惶逃跑。原住民隊伍見此情形，急起直追，直打得敵人狼狽不堪，留下2,000多具屍體，長官才令隊伍撤回普羅文薩(先將敵人所有給養、車輛、帳篷等遺物燒成灰燼)。9月13日晚，我隊伍無一人傷亡，凱旋到達，同時，逃跑的中國人仍由原住民繼續追擊；整個暴亂前後持續12天，有3,000至4,000名中國人喪命，荷蘭人爲其死者復仇，徹底平定了這次叛亂[24]。

---

24 另見費爾勃格長官和評議會給巴城總督和評議會的報告，voc 1194, fol. 121-127. 胡月涵已將此報告譯成英文。J. Huber, "Chinese settlers against the Dutch East India Company: the rebbellion led by Kuo Huai-I on Taiwan in 1652", in Vermeer, E.B. (ed.), *Development and decline of Fukien province in the 17th and 18th centuries* (Leiden,1990), pp.165-296.

爲共和國的繁榮和持續昌盛，駐大員長官及評議會下令，公開擊鼓召集四處逃亡和因害怕而逃跑的中國人(參與叛亂有罪的人除外)，以及時收穫赤崁土地上的各種生長茂盛的農作物，並根據9月19日的通告，大員及鄉下整個福島的叛亂已平定，同時應福島各村社的要求，大員派出25名士兵前往各村社，(讚美上帝)從此福島重新成爲公司和平的統治區，願萬能的上帝能長久維持這種狀況；我們絲毫不懷疑，只要中國人記住這次失敗，不會再輕易組織此類盲目的行動。以上爲整個叛亂過程的概要。詳述其始末恐篇幅太長，在此從略，詳見10月30日的信件，其中有詳細的記錄。

在叛亂結束、一切恢復正常之後，長官及評議會萬分感激上帝這一偉大的舉動，規定10月2日爲固定的紀念日和慶祝日，每個市區均需按規定進行紀念，並認真禱告上帝繼續保佑上述興起的共和國的土地永遠保持安寧與和平，東印度的繁榮等一切完全歸功於上帝一我們的靈魂和至福。

中國叛亂者隊伍的頭目郭懷一逃跑時被一名新港原住民用箭射中，我們的人在交戰中以及戰後共捉獲6名中國人首領，其中三人(Sinco Swartbaert, Lauleko, T'siecko)被長官提審，質問他們起事的原因，並嚴刑拷打，但他們不肯作出任何妥協，隻字不講，恰似被愚蠢的魔鬼附身一樣，其中的兩名用刑過度而死去，第三名被折磨得半死，又被搶救過來，其他三名似乎經不不住百般痛苦而招供，他們說，事前已得到叛亂的消息，並參與起義隊伍，但均爲被射中的郭懷一、Swartbaert和Laveko所煽動，並許諾，若荷蘭人被打敗，將同分所得財物，而且不需再繳納人頭稅，還向他們宣傳，中國將派出援軍3,000條帆船和30,000人，全副武裝，預計陰歷十五日即我們的日期9月17日在打狗仔登陸，攻占大員城堡和整座福島[25]。同時，大員的中國人頭領郭懷一令人在中國人組成的隊伍中傳言，任何人不必懼怕福島原

25 郭懷一領導起義是否有鄭成功幕後策劃或支持，至今為止歷史學者們只能猜測，現有的中文史料不能說明這個問題。荷文史料雖有不少有關記載，然而它們多為傳說而已，難以確證二者有直接聯繫。

住民，因爲這些人已被拉到中國人一邊，另有其他的許諾以鼓起中國人的勇氣。這一招供仍不能完全令人相信。

但我們的人又恐怕中國人前去援助，在這種情況下當時滿載貨物的海船Delft將冒有遭到攻擊和被搶占的風險，這是長官決定讓此船從澎湖回到大員南港的主要原因。

據隨海船Paerl而至的耶穌會士講，一官的兒子國姓爺和他的部下在戰爭中爲韃靼人所迫，甚至韃靼人已兵臨城下，可能決定撤離中國。據中國人謠傳，他很有可能率其艦隊前往福爾摩莎。我們難以相信這些謠傳，因爲國姓爺明白，攻取大員的城堡並非輕而易舉，他不能保證可以攻占城堡，即使他能占領福島的平原地區，結果也將是搬起石頭砸自己的腳，自討與荷蘭人的戰爭之苦，長時間不得安寧。這不是他所尋求的，即使情況緊急，他也會爲自己創造更有利的條件；但我們根據以往的經驗猜測(正如1640-1641年在馬尼拉所發生的事情)，這些主要的中國農民生活富裕之後，憑其勢力與威望，或因輕微的不滿或要求公司給於他們更多的自由，而自發地組織這次叛亂。

對我們和後來的人來說這是一次極好的警告，無論在巴城還是在福島，對狡詐和不可信賴的中國人需隨時保持警惕，特別是在福爾摩莎，要注意不許他們私藏武器。而且若有可能，減少他們在中國無法享受的巨大自由。長官決定，取消所有中國婦女可享受的免交人頭稅一項，我們認爲這一作法很妥當，因爲減少福島的中國人數量對公司會更有利，不必滿懷希望生活在不安之中，特別是中國戰亂不止，公司在福島不會缺乏中國人。中國人的這次叛亂，再次使我們不得不採取應對的辦法，把更多的中國人趕出村社，以免他們煽動原住民反抗公司，與他們同流合污參加他們的叛亂。同時我們要求他們下達嚴肅的命令，善待福島原住民，並解決長時間以來教會與政治之間的矛盾。因爲人們應該看到，福島原住民對荷蘭人的凶殺案均爲我們的恐嚇與武力所致，使他們無法忍耐而奮起反抗，淡水附近武溜灣社人殺死兩名荷蘭翻譯即是血證。

以後我們將下令避免此等事情發生，使公司也不致遭受原住民的騷擾。

爲加強福島的兵力和保證赤崁地區的安全，在發生暴亂或受到其他攻擊時，使大員不能與普羅文薩隔離開來，長官先生認爲，首先須在對面普羅文薩城的十字路口當中修築一座砲台。我們據福島的形勢判斷，這一工事極爲必要和有用。據估計，該砲台的修築將耗資f.20,000，這筆費用將通過取消中國婦女免交人頭稅一項規定獲得補償，每月可收取600里耳。同時公司的重地馬棚在緊急時候可派40名騎兵駐守，作爲對付內外敵人的緩衝地。因爲中國人的叛亂突然發生，而去年士兵人數短缺，我們將士兵派往安汶、波斯和其他地區而只能派去大員200人，由於大員本來兵力薄弱，這一援助也不能使其得到有力的加強。因此，爲保證那裡的軍隊實力，雖士兵的役期該季已滿，仍沒有令他們撤走。所以，我們已向長官保證，派往福島的士兵人數需足以實現兩次替換。如果我們這裡的兵員充足，定努力做到，而目前兵力不夠，因多數人已被派往各地，不能派出更多的士兵前往福爾摩莎。我們希望春天時您能派來援兵，使我們擁有足夠的兵力派往福島。1652年10月1日，福島士兵人數總計958人，分佈如下：熱蘭遮城堡幾乜輔助工事427人，砲台雨特萊赫特(Utrecht)35人，西勃爾格(Zeeburch)21人，崗樓福里星恩18人，卑南社18人，麻里麻崙(Vervorongh)26人，打狗仔社7人，堯港11人，派守Versche Revier 7人，Lackianinie 6人，Kaya 7人，另外在新港、蕭壠、麻豆、二林、虎尾瓏總計38人，普羅文薩城70人，大員城13人，長官先生的住所7人，醫院26人，暫時的學校教師36人，淡水堡90人，雞籠堡93人，總計958名士兵。

整個叛亂平定期間福島鄉村遭受重大損失，特別是收穫的作物，包括上季收購的糖和稻谷均儲存在他們田地裡的倉庫中，多數被毀，有些房屋甚至被燒掉，正像普羅文薩一地(除幾座石房外)一樣。叛亂使貿易停頓，使公司蒙受損失，而且去年種植的甘蔗也不會有所收穫，長老和其他農民將無力用糖換清公司貸給他們的胡椒，到那時價值40,000里耳的胡椒公司只收回20,000里耳。

所以該季尚未收穫的甘蔗看來根本無法或不會全部達到需求量

(以解除債務)，這對雙方都不利，我們只能耐心等待情況有所好轉。本來估計大員春季產糖量將達11,000至12,000擔，結果只收穫8,000擔，因此我們只能再得到一艘貨船的糖量，這是大員所能供應荷蘭的數量，那裡的剩餘也無法滿足波斯對蔗糖的需求。我們希望能以巴城的蔗糖部分地補充計劃運回荷蘭的糖量。

現在即1652年，在福島赤崁附近播種的農田經土地丈量工計算，有稻田4,539$\frac{2}{5}$摩肯，甘蔗田1314$\frac{9}{10}$摩肯，谷田5.5摩肯，馬鈴薯46$\frac{4}{5}$摩肯，大麻16$\frac{2}{3}$摩肯，棉花和豆類5$\frac{3}{10}$摩肯。明年即1653年可望收穫的甘蔗，目前生長旺盛，若不出意外，公司可得到大量的糖。

按照您的指令，我們已頒佈有關大員銀幣的規定，起初他們爲此不平，後來公司用幾內亞布換取5里耳的兌換價收取銀幣，才使種種不滿情緒得以平息。因此公司在收回市場上的銀幣如杜卡特、克朗(cronen)、在各省鑄造的銀元(provintie- daalder)和里耳時損失10,649$\frac{1}{8}$里耳；再加上公司所有已聲明作廢的其他銀幣，公司所受損失將不下13,000里耳；此外，對公司和其他地區不利的是，中國人將大量銀幣運到中國，因爲這些銀幣在他們的國家可得到的價格高於公司規定的價值。

結果使大員不但缺乏現金，而且影響了人們對貨物的需求。爲避免銀幣外流，大員特別頒佈禁令，若有人被發現仍違禁外運，其帆船及貨物連同現金將一同遭到沒收。儘管如此，中國距離大員畢竟太近，他們不會輕易放棄這種販運的機會，我們擔心這樣做是否行之有效。希望您能就此事予以考慮，下達具體命令，以維護公司的利益。

另外，中國人又從遇難的貨船Joncker中打撈出479擔銅，但沒有銀，至於以後能否找到，仍難以預料。費爾勃格先生除每天在履行其職責外常有各種瑣事纏身，要求脫離那裡的不安寧，清靜地生活，計劃明年即1653年返回荷蘭。鑒於他任期已滿，我們無理由拒絕他的請求，到時候應就大員的統治做出決定，起用一名能幹、聰明、沉穩而富有經驗的人，擔負起促進這一地區發展的重任。同時我們希望，令人不滿的大員政教之間的衝突將停息。其他有關長官各種不合理的作法我們已於5月21日在回信中予以否定，以及有關牧師赫拉佛斯和哈帕爾特的諸事不在此詳細記錄，請您參閱由Witte Paert一船運去的總督和評議會10月30日的信件。

爲維持福爾摩莎島平原地區的秩序和統治，我們建議暫時任命一名荷地方官，並以分散在各村社的荷民事官組成一個委員會，重要事情均由該官員及其委員會與城堡司法委員會的兩名代表共同裁決，其他較次要的小事及內部事務像現在一樣由各村社的民事官特別是較偏僻的村社，與村社長老決定。另外，就狩獵、伐木及其他福島人和中國人的事情等制定適當的政策。我們向長官先生提出的以上建議，他完全理解。爲避免產生混亂，他將在新任官員到達時離任。我們認爲，那裡應按指令引進這一作法，避免所有的謀反起義。同時應想到，中國人就助理巴留斯及其隨從和士兵們在收納人頭稅時的虐待的不滿也將隨之消失。因此，我們在派船去大員之前將仔細考慮並做出決定，若於公司有利則要求他們實行。

(fol. 98) 爲滿足大員和日本的供貨要求，暹邏已購入牛皮、鹿皮和鯊魚皮、黑柒、蘇木等價值f.27,326.13.12的貨物。

(fol. 116) 該季，福爾摩莎共約1,500擔砂糖在日本獲利不過f.2,759，原因是中國人運去9,200擔糖。

(fol. 119) 自1651年11月1日公司的最後一艘船離開日本時，據那裡的長官報告，共有54條中國帆船從各地到達長崎，即中國的福州18條，安海13條，南京3條，潮州(Caucheew) 2條，Sinckseo 1條，海南2條，東京3條，廣南5條，柬埔寨6條，還有暹邏1條，根據同時寄去的備忘錄可看出，這些船隻運至大批貨物投入市場。我們非常爲之驚訝，難以相信竟有這麼多的帆船來自南部的福州、安海、Sinckeo、潮州，而經過距離較近的福島，況且據說上述及其他地區仍戰亂不止，究竟是何原因尚不清楚。我們認爲除他們的報告以外另有原因。從1651年11月12日到今年3月25日，福州曾有8條帆船來往於長崎，我們無法相信他們能在逆風季節北上長崎(熟悉這一段水域的人都清楚)。因此可得出結論，是日本的翻譯(或被日本人或被其他人買通)愚弄我們，同時因中國人運至大批貨物導致我們的貨物所得利寥寥無幾。據此可以推斷，他們多數是把位於長崎以北的Focchen誤認為是福州(Hoccheo)。若果真如備忘錄所記載，中國人將大批商品運到長崎，可以斷定：中國的戰爭已告結束。而大員長官報告，不久前有人從中國獲悉，韃靼人將一官的兒子國姓爺打敗，這說明戰爭仍未停息。

65. C. Reniers, J. Maetsuyker, C. Hartsinck, J. Cunaeus, C. Caesar en D. Steur, 巴達維亞, 1653年1月31日

——voc 1189, fol.196-287.

(fol. 222) 12月24日返荷船隻出發之前，讚美上帝，貨船Smient和Trouw自大員泊至，兩船主要裝運蔗糖，同時帶來大員11月15日和24日的信件，其中報告，用於日本貿易的船隻均順利到達大員笨港，我們感謝上帝。然而，我們不幸地獲悉，大海船Delft，我們已於上次向您做出報告，大員和澎湖均不見其蹤影，也沒得到有關的任何消息，而且我們一直盼到今天，仍然沒有任何消息，因此我們斷定此船在大員南港受到東北風暴襲擊。而且得知，他們並未用此船裝卸貨物，可能被風暴擊翻，連人帶貨沉入海底，或者損失桅杆之後漂到馬尼拉或菲律賓其他島嶼。但音信皆無，我們開始懷疑它是否已經遇難，長官先生恐怕公司將因船及船上的貨物而遭受巨大損失，包括準備運回的248箱糖，價值f.70,467.18.15。同時，大員來信寫道，據幾位到達那裡的商人講述事情的真相，約兩個月前，一艘荷蘭海船在中國沿海遇難，船上只有8人得救，乘小船在靠陸地不遠處落入漁民之手，並被送往廈門國姓爺那裡，他許諾將盡快把他們送回大員[26]。

直到12月6日仍無任何有關的消息。因此，海船de Koe的遇難，

---

26 該荷船即貨船de Koe，於1652年6月13日自巴城駛往大員，途中遇到風暴，只有8人倖存下來。2月1日一條來自廈門的中國帆船出人意料地將以上荷人帶到巴城。據他們帶來的船上日記，此船於1652年7月14日在占城海岸遇到強烈風暴，漂向外洋。後來，海船沉入海底，只有8人坐小船倖存下來。靠岸後，他們被帶到廈門，在那裡約六個月時間，受到中國人的款待。見《巴城日記》1653年2月1日記載。

對此我們已做出報告，除船身外，所裝貨物損失f.98,369.4.8，與Delft一船的損失合計爲f.168,837.3.7，這一損失在目前情況下對公司是一沉重打擊，公司在上述航行水域幾乎每年都要遭受此類災難的威脅(若上帝不能避免)，上帝會協助我們渡過難關，我們需耐心等待，並祈禱公司所受損失會得到補償。

大員從日本得到一大批米和小麥。過去一季，大員又將那裡剩餘的部分按糖船的裝運能力運來，因而不需要從我們這裡運送。失蹤的海船Delft裝有30罐西班牙酒，導致那裡嚴重缺乏，那裡的存貨只有7罐，一般說來不夠8個月使用，期間只得以粕酒代替。

至於派人到南京和汕頭一事，上次我們已經報告，看來難以實施，大員有人傳言(仍不能肯定)，被派往那裡調查的船主，已將其帆船賣掉定居在汕頭，因此，我們的人無法從上述地區得到確切消息，可率公司船隻前往。

廣東貿易將由我們和大員長官著手辦理。公司情況是否允許我們這樣做(該三月份將派Bruynvis由大員前往那裡)，現在還難以斷定，事情有怎樣的發展，將向您做出報告。

大員的貿易，長時間以來不見好轉，只有幾條中國帆船自中國運來一批黃金，使大員貿易一度活躍。我們相信，除在此之前購入的價值f.500,000的中國黃金外，還可獲得f.100,000的金。所以將運往科羅曼德爾的黃金總額估計可達f.600,000，但這仍是杯水車薪，無濟於事，我們也無能爲力。據中國商人講，只要公司供應日本錠銀，黃金將源源不斷，可是近幾年來，日本銀供量不大，眼下不得不勒緊腰帶，而且公司的主要目的是用貨物換取黃金。儘管如此，仍可使用三分之一的日本銀換取黃金。我們毫不懷疑中國人將爭先恐後地把黃金運往大員。

大員貿易基本停頓，只是胡椒仍有可能售出，那裡胡椒的庫存量不過5,000擔，一旦售出，那一地區將缺乏這一貨物。如果海船Delft沒有損失，de Koe及時到達，大員的胡椒除上述5,000擔外，還可得到5,000擔，而今反而造成胡椒缺貨，其他貨物需求很少或幾乎沒有。他們爲明年要求的貨物只有以下幾項，即：

f.100,000 現金，荷蘭銀幣

10,000擔 胡椒

1,000擔 錫

3,000擔 鉛

10,000捆 爪哇、文郎馬神、北大年藤

30罐 西班牙酒

40桶 黃油

15桶 油

25桶 肉

30桶 熏肉

2小簍(sockees) 肉荳蔻

1,000條 goeny袋，這樣可不必卸下胡椒

3,000至4,000張 木板

400頂 灰帽

3,00雙 鞋，供士兵穿用

3,000件 幾內亞布

1,000件 salempoeris

300件 細moeris

2,000件 黑beeuwtas

4,000件 黑絖布

另有各種藥物、武器彈藥、修船工、鐵匠及鐵匠用具等。爲1653年要求的貨物總值計f.466,950。

福爾摩莎平原地區的叛亂，沒有什麼特別的事情報告，中國人鼓動的叛亂被鎮壓下去，一切恢復了從前的平靜和安定。只是不久前有參與過上述叛亂的兩名歹徒，被我們捉獲。結果，兩人被辨認出來，他們不僅參與過起義隊伍，而且親手殺害過兩名荷蘭人。被司法委員會判處死刑，並活活地將他們的身體切割成四段，於11月18日執行，以此警告他人。

爲督促和獎賞福島附近村社新港、目加溜灣、大目降、蕭壠和麻

豆的原住民參戰，我們在叛亂之前許諾他們，每獲得一個中國人頭賞一件絲布，被原住民殺死的人數總計約2,600人，公司將一半以絲布，一半以Nequanians獎賞他們。另外對射倒叛亂頭目郭懷一的人暫時特別賞給50里耳，而且長官將由兩名評議會委員相陪，單獨召見每名村民，使他們快樂地渡過一天。我們相信，這些賞賜和優待將使他們感到榮耀受到鼓勵，在此類情況下願意為公司效力。因此我們認為，這一次慶賀很成功，達到了如期的目的。此外，福島南北均處於和平和安定之中，只有武溜灣村社，對此我們在報告中已提及，我們認為仍需對他們進行懲罰。儘管如此我們下令前往淡水的商務員給爾德庫對上述殺人凶手不進行武力報復，而是用停發食穢給他們的辦法，迫使他們自動前來負荊請罪。

因去年派往那裡替換的牧師布拉科勒(Wilhelmus Braeckel)出人意料地去世，駐福島北部的牧師哈帕爾特(Gilbertus Happert)只能再次北上。牧師們的接連去世，使福島目前只剩下三名，所以北部和南部的學校只能由那裡的民事官維持，看來那裡基督教的工作(願上帝保佑)將會受阻，而不會進步，我們希望不會這樣。使我們吃驚的是，據長官費爾勃格先生報告，虎尾壠和二林兩地區雖有牧師持續八年在那裡工作，但原住民當中至今沒有一名受過洗禮的基督徒。在我們聽來，令人吃驚。然而，長官費爾柏格先生在11月24日的信件中寫道，這些人沒將他們的天才用到正當的地方，促進傳教事業，而是像北部中國人所抗議的，特別是上述哈伯特，盡力向佃戶敲詐鹿皮和鹿脯，根本沒有努力去說服那裡的教盲皈依基督教，只是想盡辦法填滿自己的腰包。在費爾勃格長官執政期間福島長官、教會以及民事官之間產生摩擦和分歧諸事在他們的信件中大多已詳細記述。現在的情況是，雙方均都需在長官面前為自己辯護。為此，我們派檢查官費爾斯德赫先生前往，按我們的指令調解雙方的糾紛，依據法律程序解決，恢復公司在那一地區的秩序。若以後再發生同類事情，可授權長官按同一標準，依法處理，總比從我們這裡處理適當。無論如何，民事官與教會之間的隔閡，特別是涉及福島的統治時，只能為一個正在興起的地區製造障礙和分歧。因此，無論如何，我們應以公司利益爲重盡力避免此類事情發生，並對肇事者予以懲罰，使頭腦混亂的人清醒過來，摒棄粗魯的做法，您盡可放心。

上次南風期有16條中國帆船自各地區泊至大員，即：9條自巴城，其中三條在福島沿岸因風暴而葬身於大海，許多人喪命，只有少數貨物被搶救出來，爲這裡中國商人造成巨大損失；除以上6條帆船自巴城泊至大員外，還有6條帆船泊至：1條自北大年，在此之前已在大員準備就緒，3條自馬尼拉，其中一條在大員，其他兩條在中國裝貨待發，2條自柬埔寨，均在大員準備好；除此兩條帆船外，還有一條來自柬埔寨，由其國王親自派出，但大多數人員和貨物在南淡水一帶被風暴吞噬，只有幾名中國人得救。以上船隻所裝貨物主要包括：一批象牙、布匹、牛角、牛皮、黑柒、沉香、臘、鹿皮、糖及其他雜物。

所有去年到過長崎的公司船隻，讚美上帝，全部安全到達大員，又從那裡滿載蔗糖泊至我處，即貨船Smient和Trouw，Sandijck一船自日本裝貨航出，結果因天氣惡劣漂過大員，或許會經廣州泊至。我們仍期待自大員駛經暹邏的快船Bruynvis和貨船de Witte Volcq到達我處，他們於該季與海船Leeuwaerden自北部地區出發。貨船Pellicaen、Coning van Polen和Morgenstar於12月7日自大員航出，前往科羅曼德爾、蘇拉特和波斯。同月16日，一條中國帆船(據Coning van Polen的船長報告)在北緯10度處被截獲，裝貨種類和數量如何，他們沒有向我們報告。上帝保佑上述公司船隻裝運價值連城的貨物均能順利到達前往地區。以上內容是長官先生對福島事務的簡短報告，但願萬物之主能使將來的事情有利於公司和上述地區的繁榮發展，阿門！

(fol. 276)一條來自中國的帆船帶來消息，韃靼人在中國繼續他們的征服活動。最近在與一官的兒子的戰爭中又獲得勝利，造成20,000名中國人戰亡，國姓爺被迫率領剩餘兵力撤出大陸，率大批戰船到孤島廈門駐紮。

九

馬特索科爾（Joan Maetsuyker）

1653-1678

66. J. Maetsuyker, C. Hartsinck, Nicolaes Verburch, D. Steur, Gaspar van den Bogaerde, 巴達維亞, 1654年1月19日

——voc 1196, fol.1-358

(fol. 159)我們已於2月1日向您報告，如果公司情況允許，根據耶穌會士的報告和所得葡人信件的內容，或自巴城或自大員派人前去廣州，觀察那裡是否可與新的韃靼人政府進行有利於公司的貿易。我們按您的指令，經過考慮認爲此事可行，特別是對南京和汕頭的調查進展不順，我們於1652年5月21日下令大員長官費爾勃格和評議會，派船裝運一批貨物前往廣州，因爲從那裡派船條件更好。他們在大員盡力瞭解廣州的情況後，經周密討論，於1月20日派出快船Bruynvis，裝運各種貨物與禮品價值合計f.46,727.6.9。由商務員施合德爾(Frederick Schedel)率領，途中遇到各種困難，9天後到達離廣州城12荷里處的廣州河口，停泊在所有外國船隻待命的虎頭門(Hautaimon)島前。

在那裡，上述施合德爾於2月4日受到一名爲海道的官員[1]率兩條船以韃靼人政府名義的歡迎。此人爲海上游擊和外事官員，我們的人乘坐他的船攜帶送給藩王的禮品沿河而上，得到他們的友好招待。7日到達廣州之後，儘管此前海道對我們的人以禮相待並得到我們100里耳的禮物，沒對施合德爾講一句話，即帶我們的人從大員帶去的公司翻譯Tiencqua登岸。施合德爾先生耐心等待期望得到登陸的命令或其他消息。結果他和他的隨從帶著給藩王的禮物乘坐另一條船前去面見藩王，到達廣州城的另一邊。在那裡，長時間受到葡人的探子和剃光頭的中國官員譏諷，而且他們假借藩王的名義。船停在那裡直到傍晚，公司的翻譯Tienqua和海道的幾名隨從來到，又把他們帶到往城內方向的一座房屋裡過夜，人們整夜都在議論荷蘭人的到來，預測此事的利弊。另外有幾名官員以藩王的名義前去檢

---

1 Haitou是官銜，並非官員的名字，即海道。

查，讓我們的人打開禮品箱，將禮品鄙夷不屑地從中拎出，還拆開長官費爾勃格寫給藩王的一封信，又將信放入信封並扔到上述施合德爾的腳下，說我們的人是騙子，因爲施合德爾曾說過，其中一封信寫給藩王，而信封上所寫兩藩王的名字，則是兩名高級官員，被葡人混稱爲藩王。人們在大員對此事一無所知，信由兩名翻譯寫成，也未向我們的人講明。總之，上述誤解都是葡人爲竭力把荷蘭人在韃靼人那裡詆毀得一無是處，進而阻止我們獲得與中國的自由貿易而造成。爲此，他們的傳教士費盡心機在廣州的大官那裡爲我們製造障礙。他們高傲地舉著一張寫有中國字的紙給我們的人看，說這份抗議書是由澳門長官與其同僚寫成，要送給藩王。後來，他們果真這樣做，還提及，人們已經瞭解我們是什麼人，爲何來到此地及其他流言蜚語，葡人想通過這種手段阻礙我們到中國去。

同時，廣州的povij或稱中國顧問(無疑是受葡人的指使)在藩王面前詆毀荷蘭人在中國數世紀以來一直臭名昭著，未獲許前往中國，所以他們現在也必須按其職責向其政府報告。這些詆毀沒能受到藩王的聽信，因爲施合德爾期間已派一位秘友將事實說明。抗議者得到答覆，那裡的政府收到相反的報告，即荷人對中國來說是很有用的人，作爲商人，他們可以添補中國各種貨物的缺乏，令人滿意地將多餘的貨物購入運出，使貿易繁盛，國家的收入也可得到增加。中國人不但沒能在荷蘭人身上看出和發現人們在此之前所描述的惡劣品質，反而從與荷人來往中只能得出結論：他們是公正的商人，並非像人們所說的那樣敗壞，現在應得到好的名聲。這一名聲也會傳到北京，他們可親自檢驗我們是何等人，最後他們對上述抗議者的告誡表示感謝。期間，海道(雖然花費公司700至800兩銀)對所有詆毀我們的人解釋我們的正當願望，就像他背著我們走過滿是有害的詆毀和污蔑的沼澤地一樣，使事情獲得極大的進展，不然他完全可對我們的人製造更多的不利。葡人挖空心思收買他，對付我們的人。2月8日，施合德爾先生再次出重金帶著禮品，被用急信召至王宮。他與其隨從在那裡受到召見和禮遇。我們的人與藩王的官員一同行走，他們坐著轎急速地前行，而我們的人(看上去極爲狼狽)被迫趨步跟從，而且有不少作惡之徒對我們的人指手劃腳，罵他們是混蛋，在施合德爾的腿上試著鐵鏈，還向他的隨從贈送小虫，等等。到達宮前等候時，他對所遭遇的種種污辱只作視而不見，不同時候或表示友好，或表示反感。終於在久等之後，禮品已事先被帶入宮內，他獲允拜見老藩王平南王(Pignabon)[2]，翻譯以各種巧妙的許諾和禮品使此人對我們產生好感，情況比從前有利得多，藩王打開費爾勃格長官的書信，閱讀之後，施合德爾盡各種辦法，用言語和表情，以改變他原來對我們的看法。果真如此，他明斷有關荷人的謠言和壞名聲純屬斷事不公所致。最後，他友好地以酒食招待我們的人，又准許施合德爾帶著書信和禮品到小藩王靖南王(Ciguanbon)[3] 那裡。他不像老藩王那樣聽信葡人，我們的人同樣受到小王的熱情招待和宴請。但在他們講明其建議之前，又命令我們的人前往拜見王子的母親，她住在王宮的側部，一年前從韃靼地區而來。他對荷蘭人很好奇，幾乎不能等到我們的人與藩王告辭。她擁有一片領地，由年輕宮女簇擁著，對我們人格外友好和禮貌。我們的人可利用他的善意在王宮中爭取得到王子的好處。

與她辭別後又去面見年輕的藩王，最後終於得到他的准許，離開宮殿，但我們的人仍凶吉難測。然後，施合德爾率人前往都堂[4] 的府邸，他是第三號人物，但沒有面見我們的人，只是透過一扇窗戶對他們觀望一段時間。我們的人未經提問離開那裡。我們的人全天從一個宮殿到另一個宮殿，走遍了整座城。最終，我們的人被帶到城外的一個地方住宿，地處河邊，位置極好，作爲我們的人居住和儲存貨物之地。我們的人在整個駐留廣州期間就住在此處，並於此處貿易。以上事情辦完之後，施合德爾獲廣州政府准許將快船Bruynvis停泊在廣州城前。2月10日[5]，中國官員海道得到我們500兩銀的犒賞在宮中爲我

2　荷文為Pignabon，即平南王尚可喜。

3　荷文為Cignanbon，即靖南王耿繼茂。

4　荷文為Toutang，即都察院御史別稱，派遣到外地的總督、巡撫均有此銜。

5　《巴城日記》記載為11日。據《巴城日記》1653年5月9日記載。

們活動，將荷人的事情拿出討論，並正式頒發公文准許荷人自由貿易，荷人獲準在廣州設立固定商館。爲此，下級商務員包勒(Pieter Bolle)被任命爲商館館長，另由四名荷蘭人輔助，駐在那裡攫取貿易的利益。

但事情尚未辦妥，因爲施合德爾先生於3月17日向藩王道別時(儘管人們已建議他這樣做)，藩王最後對他們講，他這次最好連人帶船一起返回巴城，不然總督會譴責中國人，並認爲我們的人被中國人扣押。事實並非如此，因爲施合德爾獲得確切消息，某欽差大臣自北京到達廣州，並與年輕的藩王談及荷蘭人的事情，建議他這次令荷人率船全部離開，因爲准許外國人來往貿易不同於未稟報皇上而准許他們在某處駐紮，此事未經上報，不得擅自決定。因而皇宮可對此責怪他們辦事不週，可視爲廣東地方政府的過失。鑒於此，3月18日，兩名中國官員告知施合德爾先生，不必爲此事擔心，這一切都有特殊的原因，但他們仍將給公司以優惠和好處。如果我們的人下次再來時派出一使團前往北京，那麼，毫無疑問，整個中國將爲公司開放貿易。

派使團赴京拜見皇帝一事，廣東政府在3月10日之前根本未提起過，所以施合德爾先生鑒於事關重大而他所得指令中並無此項，未做出反應，原因是想到藩王已親自就荷人來廣州一事稟報皇帝，任事情自然發展。但3月11日我們的人到宮殿要求盡快離開時，老藩王的兩位官員提出以下問題：第一，總督是否知道施合德爾率人到達廣州；第二，在他們到達巴城之後，總督能否再次派他來廣州攜帶禮物往北京獻給皇帝，遞交有關我們情況的書信，並向皇帝提出我們在廣州提出的請求。我們的人回答，總督先生獲悉廣州對所有人開放貿易，所以下令大員長官，若果真如此，則派人前往；因此，即使總督對他來廣州不完全知道，至少應瞭解一些情況。第二，我們的人完全相信，適當之時將從巴城派出使團，帶上禮物，前往北京拜見皇帝(他們稱之爲天子)。可是，海上風險太大，不能確定具體時間，而且首先要拖延一段時間，須徵得總督先生的同意。得到以上答覆後，他們告辭，旋即又返回，說藩王出於好意勸說和告誡我們，如果我們想順利獲得持久的中國貿易，必須先派人到北京面見皇帝。而且建議，在這種情況下，王宮可爲使者派一名向導陪同前往(據施合德爾先生講，到北京來往需六個月的時間)，並答應向我們提供各種便利和援助，正如兩名藩王在他們給長官費爾勃格先生的信中所寫，我們與中國的自由貿易不取決於廣州的官員，而是由皇帝裁決。在自由貿易這點上施合德爾先生認爲，可先派一兩艘海船來往於廣州進行貿易，但派使者前往北京不宜推遲，因爲耶穌會士人數眾多，勢力強大，與澳門的葡人同流合污可輕而易舉地通過各種狡詐伎倆在皇宮中騙取信任，甚至可使韃靼政府一反廣州地方政府的願望拒絕荷人到他們的國家。因而認爲，一旦條件允許，完全有必要派出一個相當的使團。

鑒於公司的事務目前在宮中反應良好，上述施合德爾根據指令，試探關於我們和葡人之間的戰爭並有意攻打澳門一事，廣州政府會做何反應，希望能把他們爭取到我們一邊，但認爲，現在事情剛開始尚未得到鞏固之時，最好放棄這一打算，我們的人遠道而來，不宜堅持這種做法，鑒於廣州政府已幾次做出過解釋，並要求雙方和平友好地貿易，不在其管轄範圍內互相爲敵，要我們以此爲準則。

上述藩王分別於2月25日和26日特別招待設宴，澳門代表顧問羅德里格(Don Pedro Rodrigo)和我們的人均應邀參加。謠傳頗盛，葡人在王宮說服中國人要求我們保證，若在廣州繼續貿易，則不許圍攻或襲擊佔領澳門，這只不過是些謠傳，因爲我們沒有從中國人那裡聽得任何消息。我們感到極爲驚異，葡人利用其親信在宮中說服人們毀壞我們的船隻，殺死我們的人，不但未受到應得的懲罰，反而能享受利益和尊重。在兩次宴會上，藩王對我們比對葡人更客氣，使葡人恨之入骨。

在我們於2月10日(正如上文所記述)獲許在廣州自由貿易後，特別是在我們的人率船航離廣州時間即將到來，和在我們開始貿易之前，藩王要求一些諸如哆囉絨、琥珀等珍物，而且以後會要求我們提供更多，我們的人實際不想以此方式售貨。事情很明顯，藩王爲這些貨物付款肯定會少於我們公開售給商人的價格。同時我們的人鑒於各方面的影響不敢對此提出任何抗議。他們被迫滿足藩王的願望，特別是王子要送禮給他在北京的朋友。貿易的經過如下，我們的人最後與其代表幾經週折商定貨物價格，購入各種商品價值f.25,591.-.10。根據貿易記錄，獲利20,751.45兩銀，合f.77,817.17.4，獲利200%。上述施合德爾先生認爲，如果將貨物售給出價最高的商人，或按日本方式賣出，可獲得高出¼的利潤，但當時爲不在藩王那裡製造不快，沒有這樣做。剩餘的貨物將以同樣的方式售出，爲避免返回巴城的航行發生意外，同時由於時間短暫，特別是本來獲准留駐廣州的荷人遭到中國人出爾反爾的拒絕。船隻帶回16,861.4兩紋銀，是藩王補付商品的銀兩。上述利潤單獨看來似乎很高，實際同時饋贈的禮物，所交關稅等費用極高，按帳目中的貿易帳簿如下：

純利潤	f.44,319.14.14
與之相對，各種費用如下，	
贈禮	f.10,546.01.00
陸上費用	f.2,873.14.12
水上費用	f.1,095.00.00
費用總計	f.14,514.15.12
這樣廣州一行獲純利	f.29,804.19.02

這仍是一筆可觀的利潤，因爲貿易只不過剛開始。而且試圖開拓中國貿易時，由於缺乏經驗，爲廣交朋友，有時受到敲詐，各種費用高於我們經常往來已有經驗的地區，這種狀況有待於改變。不僅宮中的事情遇到巨大困難，貿易也是如此，我們發現王宮的商人特別是雉髮的中國人，無論在接受商品時還是過重銀兩時，甚至在選擇運走又運回貨物時使用各種欺騙手段，遠非公平貿易。據施合德爾先生講，東印度所有的地區，就我們所知均無法與其相比。據判斷，這是中國人對我們獲得韃靼政府貿易許可的忌恨而致，對他們來說這是一種痛苦。正如他們的軍師在此之前所預言的。中國人只在貨物過重時舞弊似乎還不夠，甚至在支付銀兩時也不公平，不但銀的含量明顯有假，

而且重量差3/4。我們的人對此又不能做出任何抗議，因爲禿頭的中國人將對我們的人施加壓力，他們揚言，這些銀來自藩王的金庫，若懷疑有假，則是在懷疑藩王騙人，顯然有損其名譽。除以上的麻煩和困難外，稅官也屬於那些禿頭的家伙，在收稅時橫加勒索，等我們的人到達交稅時，他們甚至將標明的稅額故意提高1/4之多，先讓我們的人交貨，在銷售時再最後確定。我們的人對這種不公平的貿易，也是無可奈何。除此之外，還有一種非常奇怪甚至是無法令人忍受的壓力，所有到廣州貿易的海船和其他運輸船隻，均需經過丈量，根據船隻大小繳納船稅。快船Bruynvis據估計需納稅550兩紋銀。據稅官講，這尚屬處理得比較公平合理，不然關稅要交納1,600兩銀。上述船稅、關稅之高令人難以忍受。隨後我們的人向地方政府提出要求，主要因爲我們這是第一次派使者前來要求貿易，而且藩王自己將所有貨物以極低的價格購入，這次的種種關稅應減免而無需繳納。我們的人果然得到答覆，這次大部分船稅可以免掉，但政府則不允許免除任何人的關稅。

據施合德爾先生向我們報告，目前仍不可能從廣州運出可運往荷蘭的貨物，鑒於長期以來的戰亂造成的毀滅性的打擊，使那裡的中國人要恢復織絲、紡織和其他行業仍需持續一段時間。而且發現，按大員的價格可購買大量黃金，其含量最高達24開，在大員10兩需付120兩紋銀，而在廣州則需150兩同樣的銀，他們不願將價格降低。同時他們將絲綢的價格大幅度提高，以免在將來的中國貿易中遭受損失。我們的人決定，這次暫不購入黃金或中國貨物，只輸出廣州的銀。因爲他們發現中國人將黃金和絲綢價格提至遠遠高出其本身的價值，他們錯誤地估計，我們仍將不惜高價購入黃金和絲綢，認爲我們是爲黃金和絲綢並非爲銷售貨物獲利而來，而我們的人事先做出要購入貨物的姿態，其實並非如此。據報告，自上次廣州被毀之後，距離廣州半天路程的佛山(Fussan)建起規模巨大的絲織廠。我們的人因時間短暫，諸事纏身，沒能前往察看。但認爲，如果我們在廣州建立一座商館，以合理的價格購入有用而質量優良的絲綢將不會有什麼困難。只是任何事情都需要時間。

施合德爾先生將在廣州從各方面得到的重要信息記入他的報告，由Bruynvis一船送到我處。報告詳細，涉及多方面事情，述及中國的形勢諸如廣州的位置、勢力和一般情況；以及該城兩次被韃靼人攻取，現在有軍隊駐守，兩名藩王在那裡坐鎮；韃靼皇帝如何下令將韃靼地區和中國分離的位於邊境的湖泊填平，並撤出著名的都城Cambalu，前往中國，將其皇宮設在北京，以無憂無慮地統治兩個國家(中國和韃靼)；還述及貿易地區南京及其貿易狀況，從前和現在的貿易如何進行，以及上述城市的其他事項，如在韃靼人統治下的羅馬天主教的情況，並講述目前趁澳門勢虛，奪取此城將極爲有利於公司；還記述了澳門的水陸形勢等。他們在泊至廣州時發現澳門島的位置與地圖上的標誌有所出入；他贊成遣使前往北京拜見皇帝一事。在廣州時中國人提供三處供我們的人選擇建立長期的商館和房舍，並說明他的看法。在他們離開廣州之前，託一名中國人送往安海一封信，再從那裡委託一條商船送至大員。長官費爾勃格在信中記錄了廣州的事務，以備在返回途中發生意外。以上各項爲我們的人在1653年在廣州開展中國貿易、在韃靼政府的王宮以及貿易中發生的主要事情，在此我們從簡報告免得過於繁瑣，詳細內容請您參閱同時寄去的上述施合德爾先生的報告復件及巴達維亞城日記5月9日的記錄，其中內容較爲詳盡[6]。

施合德爾離開廣州時，中國人交給他幾封信件，是兩藩王對長官費爾勃格信件的答覆[7]。每人賞賜一小錠黃金，一部分織物和50斤絲綢，其質量和價值有限。中國人在信中聲明，若公司欲開展貿易，需派人攜厚禮前往北京，並進一步說明，無論是在宮中還在途中他們均願提供各種幫助，以保證他們的安全。中國人爲證明其相助之誠意，

6 荷使施合德爾先生的報告，筆者未能在荷蘭海牙檔案館中找到。有關的內容只能參考此處《報告》和《巴城日記》5月9日的記載。

7 這兩封信原文見《巴城日記》1653年5月9日記載。兩封信內容基本相同，二人各送給長官黃金織物等禮品。

又一次向我們的人傳信，如果此事行之有效，可爲建立與中國的自由貿易打下堅實的基礎。因事關重大，爲使事情獲得進展，我們經仔細考慮於7月29日從這裡派出快船Schelvis和Bruynvis，裝運價值f.110,080.3.1的各種商品，由商務員瓦赫納爾(Zacharias Wagenaer)率領，還特別命令他查明公司的事務在中國政府中的情況，然後再決定派出較大規模的使團。並且由他攜帶信件禮品在廣州以我們的名義送給廣州的韃靼政府，以使他們給以重視，又派上述商務員施合德爾先生作爲進行貿易的第二把手，此人在貿易初期的工作令人滿意。

另外我們爲瓦赫納爾先生就執行此任務下達的命令，以及寫給藩王信件的內容，希望您在通信錄中閱讀[8]。我們期待著事情的成功，特別是韃靼政府在來信中再次要我們去廣州繼續貿易。然而，特使瓦赫納爾隨快船Schelvis於該月9日從那裡經東京(快船Bruynvis在那裡)出人意料地裝載著運出的貨物又返回我們這裡，一無所獲。因爲那裡的地方政府一概拒絕公司在廣州的自由貿易，有關這次航行我們在此盡可能簡短地報告如下。

我們的人率兩艘快船於8月31日到達廣州和虎頭門島附近並停泊在那裡。然後派翻譯Tienqua登岸通報他們率船泊至。次日，Tienqua與一位官員來到我船上，我們的人請他向廣州的政府通報我們的到來，以盡快進廣州貿易，上述官員帶上一封信登陸而去，因爲乘坐小船航行過於危險，他講，在河流中停泊著100條帆船，因米價昂貴鬧饑荒，專門攔截過往船隻。因此他下令發放一份通行證和一封介紹信，由兩名士兵護衛乘快船沿河而上。到達第一座城堡腳下，停泊一段時間後，獲令前往第二座或稱白色城堡，在Wangsoe村前停泊，此地離廣州城近3荷里。在那裡等待藩王和都堂的消息，但時間過得極慢，我們的人便派Tienqua登陸向海道請示准許繼續到廣州城前繼續貿易。

期間，荷人的到來已經傳出，葡人從前的翻譯Paul Durette和

8 詳見voc 877, fol.288-291.

Iqualio Cavalle幾乎每天都來到我們的人面前，多是講述些無關緊要的事情，天天說我們的人很有希望面見藩王，並將獲許進行貿易，以及其他花言巧語和葡萄牙的故事，意在白白地吃喝，而且每次離開時都要拿走什麼禮物，天天在欺騙我們的人，時而有一名叫Taykoetsie即都堂的書記登上我船，以毫無用處的希望安慰我們的人，其實無別的意圖，只爲尋歡作樂，享受贈送的禮品。因此，我們的人決定，雖尙未獲得准許仍派商務員登陸，以結束折磨人的等待，(儘管所有的翻譯表示反對)率2至3人乘坐小船出發，並攜帶一些小的禮品，以備必要時贈送。午後他們到達廣州城，先是前去面見海道，結果未能獲許，又打算去見都堂，適逢他的書記不在，我們的人只好徒勞地返回海灘的小船，不知該將人員船隻等安排在何處，也不知該向誰詢問住處。傍晚時分，在海灘上意外地遇到我們的翻譯，他急忙告誡施合德爾這樣做是在冒生命危險，指責他違背公司的命令擅自登陸，應爲他還活著而慶幸，應立即收拾返回公司的船隻。而施合德爾概不理會，如果無處過夜，他情願把行李放在海灘上，在藍天之下露宿。翻譯見他一本正經，並非在開玩笑，便建議他到遠在郊外的家中住宿，這樣仍需坐船順河走一段路。上述翻譯Durette和Tienqua[9]均反對他這樣做，施合德爾心中才產生一種不祥的預感，因爲恐怕賊寇作惡。他們返回城前的眾船隻中間，並在那裡過了一夜。

次日一早，徵得藩王同意人們爲他指定一個住處。他與兩名翻譯前往面見都堂的書記，並委託他把一份書信轉交給他的主人，進一步解釋公司的事務。上述書記對我們的人講，人們在北京已收到有關荷人的報告並予以答覆，自中國人得到有關荷人到達廣州的最新報告之

9 Tienqua寫信給大員的何斌和Concqua。荷人從中獲悉，荷使在廣州新收了一名翻譯Jolac，而且此人曾聽葡人使用。Tienqua懷疑他是否靠得住，但未能說服荷使。他認為，後來荷使徒勞而歸，原因可能是葡人在背後搗鬼。荷人的這名翻譯最終於1654年4月10日返回大員。詳見《熱城日記》1654年3月17日和4月10日的內容。

後人們得到與以往截然不同的信息。從前他們認爲我們是不可信、欺騙成性的民族，懾於中國人已看透其本質而不敢前去北京。因此廣州地方政府對我們嚴加監視，特別是如果我們不派使團北上。我們所遭遇的這些鄙視與不利完全是葡人在王宮中活動造成的[10]。同時我們相信，葡人及其黨徒從未停止過對我們的詆毀。9月23日，中國官員Taykoetsie與翻譯Tienqua和Durette一同等上我船，還帶至一名爲Tsiompangh的下級官員，他們特別以政府的名義向瓦赫納爾聲明，只要我們不派使團到北京，他們則無法准許我們今年的貿易，而且告訴我們，與從前一樣全是葡人從中搗的鬼。這點我們毫不奇怪，敵人當然要盡力打擊對方。他們應瓦赫納爾先生的要求友好地許諾，在廣州幫助我們的人促進公司的事務。款待之後，贈送200兩銀給他，離船登陸而去。

在此期間上述施合德爾先生獲許留在陸地，而且可以往來航行，想盡一切辦法使事情最終獲得成功，口頭和書面向中國官員說明，並向瓦赫納爾先生做出報告，希望在某軍隊首領代替小藩王指揮對鄭成功戰爭離開廣州時，將馬上獲許率船到城下。只是在獲許貿易之前需要5,000兩銀供官員們私分。此外，我們的人還贈送給上述來通知我們被拒絕貿易的中國官員400兩銀，他答應爲我們努力。

總之，他們玩弄各種伎倆，使我們的事情未能獲得任何進展，只試圖誘騙我們。因此這些禿頭的中國人的卑劣行逕，從以上各種欺騙敲詐中表現得淋漓盡致。如果他們真能准許我們自由貿易，也就不必再三誆騙我們，特別是我們已爲此多次耗費大批銀兩。他們無非是在不斷地敲詐勒索我們，先爲准許我們率船泊至，再者我們要請求他們遞交信件等。顯而易見，這完全是他們在廣加搜羅財物，因爲他們見所要求的5,000兩銀難以弄到手，次日即派兩條小船來到我船附近，禁止任何其他中國人靠近，與我們貿易，同時又張

10　荷人還設法得到一封葡人寫給廣州藩王的書信。原文見《熱城日記》1654年4月10日。

貼佈告公開禁止，每艘海船上也貼有禁令。

此後不久，我們面前又出現一線光明，或更恰當地說一種新的敲詐手段。海道的書記與兩位官員即Taykoetsie和Tsiompangh，事前由施合德爾告知瓦赫納爾，來到我船，通知我們的人，准許我們在上述軍隊首領離開後率船前往廣州城，准許我們航行至上次泊船住宿的地方。然後根據中國的傳統習慣，送給使者瓦赫納爾先生一支象徵和平的鮮花和兩件絲紗，表明他已被視爲朋友並被接受。這純屬他們施小以得大，因爲他們在下船之前，與隨從一起再次受到我們的饋贈，然後下船登陸而去。現在我們的人認爲，經過九牛二虎之力和贈送貴重的禮物即將獲得所要求的自由貿易。與此相反，他們停泊在廣州長達五、六日之久，比上次更慘。中國人下令，任何中國人無論以任何理由一概不准與我船來往，並將此令寫在木板上放在每艘船的醒目之處。後來瓦赫納爾先生得到翻譯的通知，率其隨同登陸，他們剛剛準備就緒，上述Tsiompangh登上我船，按他們的習慣將彈藥武器收起來帶上陸，見瓦赫納爾的裝束，問他去往何處，瓦赫納爾先生回答說，得令登陸。而Tsiompangh則講政府根本未發放許可，但瓦赫納爾已得到翻譯的通知，仍堅持已獲許登陸。我們很難想像，這種事情一旦發生，到宮中會有何後果。我們的人取消這一打算之後，決定召回在宿處的所有人員登船準備了結此事，最後寫信給藩王表明我們的意圖，並抗議，若仍無消息，他們只能被迫撤離廣州。海道從翻譯那裡獲息之後，次日即儀表堂堂地登上我船，聲稱准許第二天隨他一同登陸，10月8日，瓦赫納爾及其隨同登陸而去。

簡而言之，瓦赫納爾下船後，中國人答應帶他將信件與禮品交給藩王，爲隆重地前往王宮，他們詢問我們的人是坐轎還是騎馬，隨後他們特別準備好馬匹，正待出發之時，海道和其他大官來到宿處，藩王的翻譯問瓦赫納爾爲何要求拜見藩王，他是否準備帶給北京的皇帝書信和禮品，以及給都堂的書信與禮品。瓦赫納爾先生隨機應變，按要求回答了以上問題，正如報告中所寫。上述官員在此期間解釋，所有這一切麻煩均由葡人造成，並言及，在另一名使者到達之前只需要一大筆資金的饋贈，要求10,000兩銀，其中5,000兩分給藩王，餘者給都堂和其他官員。如果我們決定拿出上述銀兩，他們保證將我們的信件和禮品交給藩王，但不再提及自由貿易一事。中國人見我們的人不會這樣做，都堂的書記便以其主人的名義來到我們的宿處說，我們的人既不許攜帶禮品，更不能面見藩王，因爲他只想看總督的來信。不久後一名普通軍官與藩王的翻譯送回未曾啓封的書信，對我們的人講，儘管藩王在給巴城總督的書信中寫明而且特別強調，仍未帶至給北京的皇帝的信與禮品，因此他不願召見我們。並講，藩王對我們的不利處境而感到不安。他也希望事情能不像現在這樣發展，原因並不是他缺乏對我們的優惠與好意，這點從我們上次的旅行中已不難看出。看來他們已無法把書信和禮品交給藩王，更無希望獲得自由貿易。既然遭到拒絕，我們的人派翻譯送禮給海道，並向他申請離開的許可信。海道收到200兩銀以後，即發給我們許可。這是廣州官員最終令人欣慰的言詞，幾經周折，准許我們撤離。這一切的罪魁禍首是葡萄牙人和禿頭的中國人，他們無論在皇宮還是在廣州均與我們作對。看管我們住處的中國官員向我們透露事實真相，一名耶穌會士和澳門來的幾名葡人曾到廣州王宮要求予以召見，他們的這種做法目的無非爲阻礙公司貿易的計劃。爲更有效的達到這一目的，他們將以往三年未付的澳門租金一次付清。由此可以看出，這個敗壞的民族利用各種可能的方式盡最大努力阻礙公司達到目的。同樣，中國商人也是一丘之貉，他們認爲，公司與中國的貿易將爲他們自海外運回各種商品帶來不利影響。

我船在上述航行中到達澳門島後，與一條中國帆船相遇，經追趕把它繳獲，發現此船來自廣南欲駛往廈門。據船上中國人講，此船屬一官的兒子國姓爺，我兩快船頭領考慮到目前與廣南正處於交戰之中，決定將此船貨物沒收；但這批70多名未薙髮的中國人是韃靼人的敵人，不宜將他們帶至廣州，我們只以兩船的裝載能力將帆船貨物沒收，包括169筐沉香、6方箱沉香、74包和一批散裝胡椒、

26張牛皮，其他大小物品均留在船上沒有給他們製造麻煩而把他們放走。

上述廣州之行的花費如禮品等，據記錄總計f.4,677.14.8，儘管是白白損失的費用，仍可支付。

以上爲我們根據當時情況向您做出的有關今年的兩次航行的報告，請仔細參閱同時寄去的商務員施合德爾關於第一次和瓦赫納爾關於第二次的旅行記副本[11]。特別是根據第二次旅行記可以看出，按廣州官員的說法，未向北京的韃靼皇帝派出使節是公司貿易今年遭到拒絕的原因。他們在報告中寫道，在我們的船隻到達廣州之前，有一封關於荷人在廣州事務的信件傳至廣州，其中述及上文已提到的有關荷人到達廣州後中國人得到截然不同的信息，即荷人是無賴、騙人的民族，他們因中國人已識破其本質而不敢前往北京，因此廣州政府對荷人需倍加警惕，特別是如果荷人不派使團北上。這所有的一切均由幾名葡人在宮中對公司大加詆毀所致。如果這與事實相符(如都堂的書記對施合德爾先生所講)，那麼根本不會有北京皇宮以決定拒絕荷蘭人之事。因爲我們的人撤出中國後，我們的敵人葡人在宮廷與廣州很可能爲我們製造不利影響。這才是我們不敢下令在沒有根據的條件下派出使團的動機和原因，據施合德爾估計，使團需攜帶價值f.100,000至f.150,000的禮物。經仔細考慮，我們對這次推遲派遣使節解釋如下，爲保險起見我們須再一次弄清中國大官對公司事務的態度，以在將來條件成熟時派出規模較大的使團，攜帶厚禮(如廣州的藩王所說)，前往北京，拜見皇帝。我們擔憂，我們的敵人葡人特別是禿頭的中國人對荷人一向恨之入骨(正如現在造成公司受到阻礙和不公待遇)，從中作梗，特別是我們開始時在廣州所受到的無禮待遇和令人難以忍受的蠻橫，未受到友好招待。這不能不引起我們的深思，廣州的貿易是否能對公司有利並順

11 這兩次旅行記筆者均未能在檔案館中找到。如第一次旅行記，有關瓦赫納爾的記錄需參考《報告》此處及《巴城日記》1653年12月9日的記載。

利進行。我們不能再以巨額的資金在一種不牢固的基礎上冒險，根據以上的無禮拒絕，看來以後也不會獲得更好的結果。因而可以想像，既然第二次遭到如此無禮的遭遇，第三次將會更糟糕，而且攜帶禮品的使者很可能遭到他們的無禮攔截，招人恥笑。中國人在他們的國家一慣如此對待外族人。鑒於中國政府目前更多的由雉髮的中國人並非韃靼人統治，這也正是我們暫時不派使者到廣州做進一步調查的主要動機和原因。除非您遠見卓識認爲中國貿易至關重要而做出與此不同的決定，那麼根據廣州官員的建議重新等待派出一支規模較大的使團。

我們認爲，再等待一段時間不會造成什麼明顯的不利，我們耐心等待您的明斷，並按有利於公司的準則行事。依我們之見，您若欲恢復與中國或廣州的貿易，無需派使團攜帶重禮。我們經考慮建議，當然以您的指令爲準，攻佔澳門是我們獲得廣州貿易的唯一途徑。因爲只要這一無賴的民族佔據澳門，即使我們能獲得廣州的自由貿易，也會因他們從中作梗，使我們耗費資金和精力，而若我們能佔領澳門則可避免這些麻煩。但是，戰爭將不可避免地帶來許多困難。此外，我們無法預料韃靼人將對此有何反應外，因澳門城易守難攻，此類的軍事行動勝敗難斷，需要相當的海陸兵力。您尊貴的閣下可以想像，公司目前的處境困難至極，一方面我們捲入與英國[12]、孟加錫、安汶、德那第和其他敵對地區的戰爭，首先要對他們組織各種進攻，鑒於東印度公司的兵力分散在各地區，因此現在不可能採取任何軍事行動，除非您能像今年一樣特別加派人員，保證我們可派出2,000或2,500人參戰，只有這樣我們才能借助上帝的幫忙，有效地對澳門發起攻擊。我們已長時間沒有得到增援，現在是無能爲力，而此事又不能繼續推遲，宜盡快付諸實施。

因爲一旦他們得到這一消息，將保證從不同地區予以援助。攻打澳門的必要性及利益無非是中國貿易；去年那裡的形勢，諸如地

12 即指1652-1654年間的第一次英荷戰爭。

理位置、勢力虛實等，爲避免報告過於冗長，在此不詳加敘述，請您參閱同時寄去的商務員施合德爾先生的上述報告，而且附有幾張河流、廣州城及其週圍島嶼和澳門的地圖。

自最近一次向您報告大員和福島的情況之後，以下船隻先後到達我處：3月29日，導航船Ilha Formosa帶來最新的報告，並運來一批價值f.1,469.18.8的貨物，快船Bruynvis經廣州於5月12日泊至，因匆忙離開而未能售出的貨物，及售貨所得銀兩，價值總計f.75,339.15.11，這是自北部地區航來的最後一艘船。至此，1652年所有經滿剌加海峽駛往科羅曼德爾、蘇拉特和波斯載運巨額資金的船隻均順利泊至，只有大海船Delft至今未能到達[13]，鑒於此船音信皆無，我們判斷，(正如貨船de Koe)可能連人帶貨沉入海底。對這一不幸的遭遇，我們無可奈何，因爲是上帝的安排。De Koe船身破裂時有8人令人難以置信地在中國海岸獲救，乘坐一官的兒子國姓爺的一條帆船，歷經飢餓和險情，最終到達我處，詳見巴城日記的記載。這的確是一件不尋常的事情。上述導航船Ilha Formosa和快船Bruynvis自大員送來1月19日和2月25日的報告，其中寫道，自最近一次報告後，無論是貿易還是福島的統治均無變化，只是所有商品銷路不暢，倉庫堆滿各種未能售出的貨物，因此爲1653年提出的要求沒有改變。相反，他們因de Koe的遇難，Delft的下落不明，急需各種日常用品。在海船前往印度海岸之後，他們又兌換價值f.175,000的錠金，用商品換得。他們不敢將黃金裝入上述導航船(認爲這樣做不合適)冒險運來，儘管那時黃金在科羅曼德爾肯定倍受歡迎。現在這批以及其他有可能購入的黃金和貨物有待於經滿剌加運往那裡。福島鹿皮的供貨一天天增加，到他們派船運往日本之前與去年一樣又儲存70,000至80,000張。甘蔗的種植目前還難以斷言，據粗略估計，今年福島可收穫蔗糖9,000至10,000擔，少於往年。福島以南鯔魚的打撈不如去年，運往中國412,000條，每條魚

13 荷人推斷此船在東沙群島到附近遇難。詳見下文1655年1月26日的《報告》內容。

公司收稅1斯多佛，收入可觀。除此之外，大員和福島平原地區的情況令人滿意。無論是中國人還是原住民均無騷亂，福島內外已無中國人襲擊的消息，也沒人再談起國姓爺東渡一事。儘管如此，他們仍注視著一切傳言，保持警惕，以保公司價值連城的財產萬無一失。根據中國人在大員的傳說，高級官員給爾德庫在由陸路前往淡水途中被武溜灣人殺害。

與此相反，從他的報告中得知，旅行18天之後他順利到達淡水，報告那一地區的情況良好，只是武溜灣人的叛亂仍在繼續，而且暫時不願歸服公司，但眼下因兵力不足而無法平定。因此長官費爾勃格先生下令給爾德庫不對這些人採取任何行動，只停止發給他們鹽和鐵器，不予以傷害，待公司情況允許再對他們殺害兩名荷人的罪行進行嚴厲懲罰。

福島長官費爾勃格先生急切地寫信要求今年能被替換，以脫離棘手的大員統治，隨船返回荷蘭，因爲他的任期一年後即將結束。我們不想拒絕他的請求，予以同意和准許，同時需要一位能幹合格的職員，以承擔烏雲壓城的福島統治的重任。根據事情的重要性，經討論最後在評議會上決定任命評議會委員哈欽爲福島長官。儘管您再三強調不能輕易調用評議會常委，除非情況緊急，或進行短暫的征討，但希望您根據事情的重要性，同意我們的決定。我們向他提出要求之後，通知他有關的決定，哈欽先生認爲，只要公司需要，他就有義務而且願爲公司效力，因此做好準備隨船前往大員。在此期間，長時間染病未癒的總督雷尼爾斯於5月18日離開人世，我們制定決議，並一致通過，5月22日正式在評議會上推薦馬特索科爾爲東印度總督，代替去世的雷尼爾斯先生，有待您最後批准。目前評議會只有兩名委員，而且福拉明(Arnald Vlamingh)據新得到的安汶的消息暫時不能返回，上述哈欽按您的指令本應留在我處，儘管啓程的準備就緒，就其本人的意見仍願前往福島，但現在的特殊情況需以公司利益爲重，不得不留在這裡。哈欽經再三考慮之後，鑒於事情的重要性，願放棄趕赴大員的打算，在此輔政。經評議會通過，尋找另一位合格的公司職員出任駐大員長官。由評議會討論提議，東印度評議會特別委員西撒爾接任長官一職，此人已在上述地區數年，經驗豐富，我們完全相信，在上帝的保佑下，有在北部地區富有經驗的第二把手揆一輔佐，定能管理好這一重要地區，使您滿意。

新任命的上述西撒爾於6月18日攜家眷乘坐快船Sperwer自巴城港口出發，趕赴大員。上述日期前後，按大員的要求，我們派以下船隻載運各種商品及必需品前往，價值總計f.388,638.13.12。

5月27日，貨船Trouw、Smient、Witte Paert和平底船Ilha Formosa，載貨價值 f.213,973.18.14

6月18日，快船Sperwer，為西撒爾座船，載貨價值 f.64,994.17.04

7月29日，最後一艘快船Griffioen，載貨 f.109,699.17.10

共6艘船，載貨價值總計 f.388,638.13.12

我們認為，上述船隻完全有能力運回大員儲存的糖。有關其他給駐大員長官及評議會下達的命令，請您詳見上述日期的通信錄，在此從簡[14]。

2月5日，快船Tayouan安抵巴城港口，帶至長官先生費爾勃格和西撒爾寫於11月24日和25日的報告，以及商務和軍務記錄以及其他關於大員和福爾摩莎的報告。他們在上述報告中記述，由我處派往大員的船隻，裝運各種貨物，分別於7月16日和8月24日(讚美上帝)平安泊至，只貨船Smient仍無消息。Witte Paert的船長與Trouw、Smient和導航船Ilha Formosa為運輸第一批貨物而從這裡派出，於6月29日在東沙群島(Prata)以西12荷里處曾最後見到過這艘丟失的貨船。只有萬能的上帝知道該船駛往何處(因為風暴前後持續八天)。我們唯一的希望是，此船因風暴而不能靠近大員，或許能在日本港

14 三次派船的指令按日期先後分別詳見voc 877, fol.62-64, 146-147, 251-252.

口得救。上帝保佑，那裡的船隻能帶來此船的消息，不然公司將損失f.71,750.16.4，除海船和人員外還有載運的貨物可獲得利潤也成爲泡影，使我們受到一次嚴重的打擊。7月31日和8月1日之間，強烈的東風又起，使停泊在城堡前用纜繩固定住的小導航船漂離城堡，連船上7人在Callewan附近遇難。同樣，海船Trouw和導航船Ilha Formosa也遇此風險，特別是Trouw損失船上多數船錨、纜繩和桅杆的圓臺(cappen)(裝有20箱糖)，駛過深9、10和11荷尺的淺灘，到達澎湖，因上下漏水，載運的64箱糖多被海水浸濕成塊。上述導航船也被漂往澎湖，在懸崖附近的沙灘上擱淺，未造成多大損失返回大員。

諸如此類的困難與風險年如一年，使公司在上述多風暴的北部航行水域極爲被動。實際上所有停泊在南港的船隻均受風暴威脅，只要大員海道的情形沒有改變，我們也無能爲力，在漲潮時不過11.5荷尺深，這一深度比從前高出1.5荷尺，吃水12、13和14荷尺的貨船仍難以在此地航行，如果您能決定派出6至8艘吃水較淺的貨船，裝貨後吃水10最多11荷尺，將是我們求之不得的事情。數年來，船隻不僅冒許多風險而且每年裝卸貨物需使用小型船隻來往，但常被啓錨盜走，公司因此而遭受的損失相當於兩艘貨船的價值。鑒於以上原因，我們請求您，以公司利益爲重，予以重視。

自西撒爾先生於7月16日乘坐快船Sperwer到達大員後，次日即前往長官的住處，隨後在評議會同意之下，加派18人供大員和福島的長官使用。另外，費爾勃格長官將公司的一切利潤、外借債務等有關管理事項，正如復件中的記錄，轉交給新任長官。費爾勃格長官退出其職務，根據我們的特令西撒爾先生正式就職上任。但願萬能的上帝保佑公司的貿易及福島平原地區的情況在新的統治下更加繁榮昌盛，並使在那片多風浪的水域航行的船隻免遭風險，最後收穫我們所期望的果實。爲達到這一目的，我們需要上帝的幫助。我們完全相信，西撒爾長官將盡其全力爭取獲得這一榮譽，按要求管理福島，一旦獲得成果，將及時向您報告。

爲繼續公司與日本的貿易，7月20日和29日，大員派去貨船het

Witte Paert，裝運貨物價值f.37,803.12.4，及Sperwer 載貨f.38,819.14.15，價值總計f.76,623.7.3，包括以下貨物：

142,091斤	砂糖
20,007斤	木香
60,037斤	明礬
159.5斤	中國白色生絲
73條	紗綾
74,652張	鹿皮
3,078張	羊皮
2,000張	麋鹿皮

根據貨物數量，他們派出兩艘海船運送。貨物數量有限不會使日本的物資得到大幅度增加。因中國貨物輸入不足，以及福島的鹿因狩獵過度而逐漸減少，我們也無能爲力，只能希望情況好轉，因爲這與人的智慧無關。

導航船Ilha Formosa攜帶報告航出不久，商品銷路則突然暢通(感謝上帝)，甚至在發自我處的第一批船隻到達之前，已將所有剩餘的胡椒、鉛、錫、几內亞和其他種類的布、藤、大量琥珀、香料、木香、兒茶及其他貨物以優惠價格售出，換入中國黃金，使長時間堆滿貨物的倉庫得到鬆緩。黃金輸入量相當可觀，大員儲金量甚至高達f.650,000。再加上運去的資金仍可兌換，最終至少可運往科羅曼德爾黃金價值f.1,000,000。科羅曼德爾現在正需要黃金，因爲那裡暫時借貸的債務使我們損失慘重，同時可用這批物資償還清，另外爲商人已供貨物付款。因而，儘管科羅曼德爾海岸在白銀上遭受的損失比黃金少，也不能大量運去。我們只希望能滿足大員的要求，那裡貨物銷路暢通。令人遺憾的是因船隻不足而不能如願，他們向我們保證，若能運去10,000擔胡椒，可以14里耳一擔的價格全部售出。現在易銷貨物既銷售一空，那麼那裡積存的較難銷售的貨物也會設法找到銷路，如哆囉絨、croonrassen、琥珀、檀香木、沒藥、tatacholas、紗綾、niquanias、bailons、哪怕只能獲得百分之二十五。事情進展如何，需等待一段時間後才能知道。我們希望，我們的貨物在中國開始找到銷路的時候，我們的人在那裡也能鬆一口氣。中國人從這裡運走的胡椒，至少需付8荷蘭銀元一擔，我們可望通過這種方式繼續壟斷香料貿易，同時也可使大員的貨物獲得銷路。鑒於那裡的需求、各種費用、所冒風險和中國人所付的關稅等使其成本增加，這樣胡椒在大員可賣得一擔14里耳的價格，獲利甚豐，遠高於這裡的8里耳。因此，對他們來說，儘管大員的胡椒14里耳一擔，仍比巴城的8里耳一擔的價格有利可取。

上帝保佑我們的貨物持續暢銷，中國人不再與我們玩聰明把戲，從其他地方購買更便宜的胡椒，我們將想盡一切辦法避免此類事情發生。

運往那裡的中國貨物仍不能算少。我們希望，果真像大員傳說的那樣，韃靼和一官的兒子國姓爺順利簽訂和平條約，於雙方都會有利，中國貨物也將繼續輸往大員。目前中國因戰爭許多港口和地區封閉，近期內情況可望轉好。西撒爾先生在來信中講，如果韃靼人在談判中讓國姓爺管轄福州和廈門，商人仍不能攜貨前往大員。

儘管中國人的傳言不可輕信，但中國貿易很可能有所改進。大員長官收到兩封來信，一封來自一官的兄弟，另一封來自國姓爺。內容盡是奉承之言，以及他們如何力求與公司保持友好關係，進行貿易，並希望我們能幫助他們的商人。按國姓爺的說法，將準備10艘大帆船前去大員貿易。您可詳細參閱同時寄去的西撒爾先生於1653年11月24日的書信副件。

大員居民很少經營與馬尼拉的貿易，原因是損失多於利益。上月即5月有兩條帆船從那裡返回，其船主無興趣再裝貨前往，據中國人講，那裡已三年沒有西班牙或洪都拉斯(Honduras)的船隻泊至，導致那裡白銀緊缺，人們不再以銀支付，而是發放皮錢，使貿易一蹶不振，上述船主抱怨，他拿出5,000里耳的貨物，當地人向他保證，一旦白銀運到，即以銀兩支付他，恐怕要使其破產倒閉。從大員的貿易記錄中可以看出，自1652年10月1日到1653年8月31日共11

個月，商品獲利達		f.381,930.15.00
再加上福島當地的收入		f.285,770.08.12
獲利總計		f.667,701.03.12
除掉上述時期陸上費用	f.300,935.08.05	
及水上費用	f.27,848.14.02	
費用總計		f.328,784.02.07
因此贏利仍高出費用		f.338,917.01.05

純利潤只比去年減少f.2,518。況且貿易不如以往，爲此我們對萬能的上帝感激不盡。剩餘的外債，以及來自東京的f.1,608,850.16.2。按西撒爾長官報告，其中9,099⅜里耳的外債因借債人已去世，無法收回一文。因此，大員貿易的狀況可想而知。

福島村社、湖泊和漁區於4月21日按舊例租出，獲租金26,715里耳，與去年相比減少10,000多里耳，主要是因爲鹿脯在出租村社時價格猛跌，而且規定，笨港溪對岸於四、五、六月份不許狩獵，希望鹿群在上述時間內能得到繁殖。生豬養殖以1,600，大員秤量處以2,000里耳租出。除此之外，爲避免在收人頭稅時中國人受我們士兵的虐待，我們的人公開將這一項以每月3,100里耳承包出去，中國人極爲滿意，公司每年可得約37,200里耳。這確實是一個可觀的數目。而且他們打算將來把大員的生豬飼養也租出，而在此之前，均由他人得利，認爲每年至少可得3,000至3,500里耳，同時贏利過少的村社、漁區停止出租，因此可獲得一筆相當的收入。村社等的出租以後將依舊進行。

正如我們去年的報告，我們的人在大員附近村社試驗開設商店，雖然費爾勃格先生認爲，這樣做不會贏利只能損失，事實將說明問題。我們建議，(像巴城一樣)將大員的賭場也承包出去，我們的人與當地中國人長老商量之後認爲，商人和農民的參與將使其遭受損失。因爲他們指出，如果公開允許人們賭博，那麼每個人的財產均失去保障，還陳述其他的原因，不在此一一記述，您(若認爲有必要)可參閱上述報告。雖然賭博暗地裡進行不會太少，我們同意大員制定的有關決議。

按每年的慣例，福爾摩莎分別於3月14日和17日在赤崁的公司大庭院舉行北部和南部村社集會，127個南北村社的長老前往表示對公司的順服和忠誠。集會上長官調解了所有的分歧和爭執，並督促他們要和睦相處，順服公司。受到款待之後，他們均滿意地返回其村社；6月12日，福島東部的卑南社周圍37個村社同樣順利地舉行第二次東部村社集會，最後原住民們滿意地離開。同時根據負責管理淡水和雞籠地區的給爾德庫先生的報告，那一地區沒有發生任何令人不快的事情，只是曾殺害公司翻譯拉佛斯坦和拉爾瑟的兩名武溜灣人被我們的人捉獲並用刀將其處死，他們的頭顱被割下掛在砲台上示眾；另外因公司停發鹽和皮村社居民嚴重缺乏這兩種物品，有幾人以村民名義合手跪著發誓永不再犯此殺頭之罪，並願重新對公司俯首稱臣。

事情就此了結。8月25日，自大員派出中國人何斌(Pinqua)的一條帆船和導航船Ilha Formosa前往雞籠和淡水，運去各種必需品，價值f.18,503.10.2，並派去30名士兵，以替換期滿的兵員。而且將揮霍無度貪污成性的給爾德庫召回大員，以其罪行把他關押起來並交由法律起訴人處理，派商務員范・伊帕侖(Thomas van Yperen)接任其職務，派下級商務員威科斯多爾帕(Cornelis Wixdorp)爲第二把手。上述平底船Ilha Formosa裝運收購的皮和一批煉鐵用煤，價值f.1,941.18.10，於10月20日攜帶商務員范・伊帕侖的書信回到大員，給爾德庫也隨船返回，他離開時那裡情況還好，詳見同時寄去的西撒爾先生10月24日的報告。

福島平原地區如笨港溪兩岸、東部卑南社等地的原住民平安無事，無騷亂發生。

但南部山地人仍時常鬧事，其中Vongorit、佳諸來、Sapdijck和Terroadickangh村社是煽動和肇事者，使我們的友好村社不得不時刻保持警覺。位於大肚(Quataongh)村社群以東的Povaly在Cackarra村社割取5名婦女的頭顱，其中3名兇手已被我們擒拿歸案，並於8月2日用刀將他們處死。不難想像，如果上述山地人的騷擾不能及時予以阻止，他們的追隨者將漸漸增多，導致他們的力量壯大將難以剷除。爲避免這種事情發生，長官費爾勃格在民事官歐拉里歐的建議下於5月率領25名荷蘭士兵和一些原住民對Vongarit村社組織一次反擊，以殺一儆百，將其村社燒成灰燼。但叛亂者事先獲悉我們的計劃，在道路上設置各種障礙，使我們無法組織攻擊，我們的人帶至的原住民狼狽逃竄，最終我方損失一人，只能徒勞地返回；我們的人急需重新組織進攻，不然南部地區的山地將脫離對公司的附屬，因爲那裡的居民作惡多端，反抗的本性難移，更需要迫使他們歸服，而派一支力量強大的軍隊前往，12月和1月份是士兵們身體最健康的時期。

長官和評議會屆時是否準備組織報復叛亂地區，還需要等待他們的消息，我們將及時向您報告。長官費爾勃格認爲，我們也支持同樣的看法，福島長官需特別注意善待福爾摩莎的原住民，並在他們受到外來的攻擊時予以保護，以免他們與公司爲敵，不然，(很容易發生)他們將視我們爲敵，與在平原地區出沒的中國人聯合對付我們，那麼福爾摩莎的公司財產將很快喪失。據長官費爾勃格先生的看法，以公司利益爲重提出告誡，這一雲霧仍懸在那一地區的上空。而且不可能用別的辦法驅除，只能以適當的權威在不驚動牧師的前提下對學校教師們的不軌行爲加以整頓，以免他們在一些村社的惡劣行徑日積月累，因爲他們多是品質惡劣的流浪者，只要受到牧師推薦或保護，就可離開軍隊聽牧師使用。其中多數人不可救藥，在他們教育別人之前，應該先接收一個基督教徒需具有的道德修養教育；幼稚無知的原住民常任其欺辱，願爲他們利用，簡直令人難以相信，他們能忍受這種虐待而不奮起反抗。

從長遠看來，事關重大，我們將嚴肅下令給駐大員長官，善待福爾摩莎的原住民，以保公司在那裡的事業萬無一失。對此您盡可放心。如前文提起的國姓爺東渡大員，不再有人提起，也沒有聽說平原地區中國人有任何起義的跡象。因此(讚美上帝)眼下福島諸事平安。同時，大員和福島居民中占相當部分的中國人數量基本保持不變。就目前情況而言，戰亂以後，根本沒有發覺中國人口有任何減少，那裡的農業種植因此而持續繁盛，上季爲公司提供9,000擔糖，據估計下季因甘蔗長勢旺盛，產糖量將超出上季的一半。而且稻米將獲得豐收，(福島)耕地中甘蔗田占1334摩肯，稻米及其他穀物占3,731摩肯。願至高無上的上帝在這些作物生長和收穫期間予以保佑。

根據全福島最肥沃的Putmanspolder的佃戶(landsman)要求，由城市出資修築一條無論是乾燥還是雨水天氣均能通車的道路，佃戶爲此極爲滿意。

按照您的指令，我們轉告大員，福島的蔗糖購入價過高，在荷蘭不能獲得所要求的利潤，要求他們降低價格。駐大員長官和評議會就您的意見進行討論。但因上季中國佃戶由於中國人的起義損失慘重而陷入困境，尙未復元，他們不能接受降低收購價格的意見，因爲蔗農們相反地應得到援助，以後必須注意。去年我們已向您做出報告，述及我們考慮到各種因素，認爲應在平原地區任命一位地方官，負責當地的管理，以減輕長官的負擔，同時分擔民事官的一部分事務。這裡的商務員豪赫蘭特(Albert Hooglandt)適合出任此職，他已在任此類職務時部分地證明了他的才能。如果他保證具有能力，我們準備在赤崁設立一座法庭，每週一次即禮拜三開庭，屆時由兩名高級市政委員會成員輪流坐庭(每月輪一次)，以及兩名中國人長老，而且爲地方官及其委員會配備一名秘書，監獄管理人員，一名代表，一名中國翻譯和看守，衛士和兩名奴僕作爲隨從。除上述地方官以外，還派六名民事官輔佐他管理福島原住民，即兩名自虎尾瓏，一名在麻豆，兩名在蕭壠，一名在新港即范・白爾根(Joost van Bergen)，此人同時擔任翻譯，一名在福島南部，即歐拉里歐和村社長老。我們相信，有上述輔助官員的協助，該地方官定能在長官的指導下管理好福島平原地區中國人與福島原住民。上述豪赫蘭特要求今年底返回荷蘭。我們在決議中予以准許，儘管他極適合擔任此職，我們不得不重新尋找一位有經驗的職員。

今年，福島平原地區流行痲疹和高燒，南北村社中的老少染病者眾多，疾病仍在繼續，已奪去許多人的性命。結果使他們的稻田無法播種。因而，原住民今年恐怕要鬧饑荒。教堂和學校等宗教工作也明顯受到影響。原因是從事宗教和民政工作的職員均受疾病困繞，多數人離開村社而返回大員。牧師泰瑟馬科爾(Tessemaecker)於5月份在蕭壠，哈帕爾特(D. Happartius)於8月8日在大員去世，造成福爾摩莎目前幾乎沒有忠於職守的牧師。在眼下宗教建設正取得相當發展的情況下，令人憂慮，希望您高瞻遠矚，能明察這一點。

大員、淡水和雞籠的工事，據長官報告，仍防禦完善，只是熱蘭遮城四座角樓下陷，向裡傾斜，使大砲鬆動，移往崗樓的牆壁一邊，他們必須避免角樓繼續傾斜，實際上不必花很多費用和力氣即可做到。同時Amsterdam角樓支撐樓頂的橫梁幾乎朽掉，急需換一根新樑。城堡東側的高地底部凸出，截斷了對大路和城邊空地的視線，因而決定將上述突出部分去平鋪開，並用一堵堅固的斜牆抵住，使對面的大路和平地可爲城堡大門兩旁的大砲所達到，而且使向城市方向的平地保持空闊。這樣，防禦工事也不必耗費巨額資金，即可加強其防守效能，以發揮其巨大的防禦作用。我們認爲以上這些改進極爲得當，不然若按檢查官費爾斯德赫的意見，爲達到同一目的，在城門前修築一座防禦工事，將花費一筆巨額資金，現在則可節省這筆錢。雞籠的砲台費科萄里亞(Victoria)的大樑已腐爛，大砲已不能再繼續使用，也需要維修。爲此，我們派去兩名木匠和一名瓦工，以最節省的方法維修加固上述工事。因爲公司在那裡的事業取決於工事的堅固程度。以上爲大員和福島工事需要維修的部分。我們除批准以上各項外，正如去年已向您報告的，還同意他們在赤崁修建一座工事，以在叛亂和受到攻擊時不致被人將大員和福島隔離開來。爲此，長官費爾勃格送來一方形工事模型，底下部分爲起居室，頂部平坦並設一崗樓，每角設一瞭望臺。但我們認爲，用此城堡防禦內部敵人仍不夠堅固，短時間內將被水浸濕而腐爛。因此，我們由此處送去另一座模型，設有兩座小崗樓，每座崗樓可由40至50人把守。只是建築費將出人意料。同時，我們也要考慮到，它是一座防禦性能良好的堅固工事，至少不怕島上的人發起攻擊，同時可作爲急用的避難和防衛之地，特別是可供赤崁地區緊急時候要躲入城堡內的人應急使用。福島評議會已決定開建這一工程，由長官西撒爾先生於9月25日奠基，正式動工修建。勿庸置疑，鑒於這一工事爲(避免赤崁與大員被隔離開)保障公司在那裡的事業之急需。希望您能批准我們有關的決議。

此外，今年來自荷蘭的援助遲到，使我們在船隻駛往北部地區時不能滿足大員500名士兵這一要求的一半，造成上述地區遠不能按您的指令派出足夠的士兵守衛。至10月1日，除掉已去世和返回巴城的人數，大員和福爾摩莎整個地區軍隊不過910人，分布如下：熱蘭遮城堡318人，城堡腳下的防禦工事222人，砲台雨特萊赫特(Utrecht)29人，在北線尾的砲台西勃爾格20人，魍港崗樓福里星恩20人，福島東部的卑南社22人，麻里麻崙16人，打狗仔社17人，堯港7人，Verse Revier 7人，Lackjemuyden 7人，其他在新港、蕭壠、麻豆、虎尾瓏和二林共計28人，而且在大員城內20人，普羅文薩城和田野中11人，城下的一座防禦工事28人，醫院中病號35人，暫時的學校教師和淡水雞籠堡內共計150人，其中包括16名替換士兵，分佈在角樓和砲台中。以上爲福爾摩莎軍隊的分佈情況。

自將現金價值降低以來，大員雖已頒佈嚴厲禁令，不許任何人從大員輸出銀錢，不然將沒收其帆船、貨物和現金，然而下達這一命令之後，高價值的銀錢均在大員消失，致使大員至今無能力支付人們的月薪，被迫將大員庫存中已貶值的銀幣重新啓用，即荷蘭銀元規定其價值爲51斯多佛，28斯多佛值的硬幣合30斯多佛，福拉帕(flab)[15]合4斯多佛。看來這種方法不會持久，因爲上述銀幣一旦落入中國人手中將被運出大員，因爲每枚荷蘭銀元在中國至少可贏利7斯多佛，他們同樣可在28斯多佛值的硬幣上獲利。

15 多為在荷蘭的Groningen和Deventer兩地鑄造的銀幣。

這導致這些地區資金短缺。因此，如果您不介意的話我們必須再重複一次，如果這種情況繼續下去，將使貿易停滯，於公司事業不利。我們希望您能就此重大事情予以考慮。

今天，平底船de Goede Hoope，自大員到達我處港口，運至412包日本小麥，特別從那裡派出，以趕在回荷船隻出發之前送來那裡的報告和商務記錄。他們同時送來大員11月17日的一份報告。其中記錄，貨船Gecroonde Liefde和Witte Paert自長崎平安泊至大員北部淺海區以南，以及日本貿易的進展情況，然後述及大員的貿易取得進展，由Griffioen一船運去的159,232斤胡椒以$14\frac{1}{4}$、15、$16\frac{1}{8}$、$16\frac{1}{2}$、$16\frac{3}{8}$、$16\frac{7}{8}$和17里耳一擔的價格售出，錫賣至34里耳一擔，藤48里耳，及各種棉布，均以優惠價格賣出。甚至琥珀也以不同價格售出，您以16.5、10、11、20盾等價格購入的部分贏利最多。因此大員的貨物銷路仍然較好(願上帝保佑其貿易繼續下去)。

除此之外，那裡情況良好，只是疾病在南北地區居民中間流行，而且來勢兇猛，奪去許多人的性命。許多人甚至無力收穫田裡成熟的稻米。這種情況最終將使米價上漲，導致饑荒。快船Griffioen已裝運貨物準備前往波斯，哪些船隻將用於運送為科羅曼德爾和蘇拉特購入的物品，尚未作出決定，因為他們還要等待發自日本的船隻。為科羅曼德爾已裝好價值f.1,063,579.18的中國黃金，而且這一貴重物品天天還在輸入，我們相信，可運送價值f.1,100,000的黃金。究竟還能運去多少日本銀和貨物，有多少物資可運往蘇拉特、波斯、孟加拉以及用於東京和暹邏貿易，我們將及時報告給您。

為使繁盛的大員貿易繼續下去(上帝保佑中國人也會接踵而至)，他們要求為1654年運去以下物資，粗略估計價值達f.878,440，主要包括f.240,000的現金、22,000至25,000擔胡椒、3,000擔鉛、25,000擔蘇木、2,000擔錫、200擔水銀、60擔碎丁香、200小簍(sockel)肉荳蔻、20,000件各種棉布、30,000捆單葉藤、20件哆囉絨、60件毛織物、一批食品如酒、黃油、油、醋、五花肉；暹邏的椰子油、木材以及船上木匠、煉鐵匠、鐵器匠等的用具、彈藥、藥品和商館用品。

與上文所述的好消息相反，我們令人遺憾地獲悉，自我處駛往大員的貨船Smient和7月1日從大員派往長崎的快船Sperwer，在上述船隻航出時仍沒有到達那裡。據中國人在日本傳說，有一艘荷船在南澳遇難，船上還有一名曾住過大員的荷蘭女人，以及幾名男人獲救，但沒說明幾名。另外從日本得知，自東京前往日本的貨船Campen在福爾摩莎的北角撈出一桶巴達維亞燒酒，還發現幾個十字形木架和幾條毛毯漂在水面上。這是Sperwer一船航出兩天以後的事情，Trouw(被漂過北部淺海區)和平底船Formosa曾遇到上文已提到的同一場風暴。所以上述船隻遇難，已確定無疑。我們的人自大員寫信給南澳一名中國官員，做出保證，如果上述荷蘭人在他們那裡，不但將支付其費用，而且有重賞(f.214)。同時我們的人下令巡查整個福島北岸，是否有海船的蹤跡。我們仍在等待來自大員的船隻帶來確切的消息。上述堅固的海船遇難，使公司損失價值f.110,570.11.3的貨物，船身及人員尚未計算在內，在上述北部地區幾乎每年都有此類不幸的事發生，這又是一次巨大的打擊。但願萬能的上帝能使公司不再遭受更多的損失，改進目前的境況。此後的情況以及北部地區在此期間所發生的事情，若大員的海船能在回荷船隻出發之前泊至我處，將一同向您報告。

後來一條中國帆船帶來日本的報告，和6罐茶，隨此次回荷船隻運去；以及西撒爾先生寫於11月25日的報告，述及所有其他航自長崎的船隻於20日(感謝上帝)安全到達大員北部淺海區域以南，揆一先生隨船到達那裡。上述月份12和20日之間有下列五艘船到達那裡，貨船de Gecroonde Liefde、Witte Paert、Valck、Campen和Haes運至f.1,812,044.-.15，主要包括5,810,000兩日本錠銀、302,395斤銅條、7,710包米、3,628包小麥、33箱漆器及供不同地區使用的雜物。根據決議規定，若有可能，將於該12月1日派快船Griffioen、Haes、貨船Trouw和Campen直接前往滿剌加，爲保險起見再將其貨物分裝入更多的船隻運往其他地區。大員所存爲以下商館購入的金銀及商品貨物：

用於科羅曼德爾：

f.1,120,000　中國錠金
f.350,550　日本錠銀，分裝入123箱
53,800斤　日本銅條，分裝入572箱
20,000斤　明礬
1,780斤　中國茯苓和數量不明的一批硫磺

用於蘇拉特：

55,895斤　銅條，分裝入590箱
37,656斤　明礬
57擔　茶
84斤　中國絲，作爲試驗之用

用於波斯：

4,500擔　砂糖
2,000斤　銅條，分裝入2,128箱
50擔茶

上述地區所要求的樟腦，未能從日本運至，同時冰糖、角糖，以及蜜茯苓、鋅、紅漆等中國均無供貨，因此大員無法滿足其要求。

用於孟加拉：

f.780,900合274,000兩日本銀

爲滿剌加購入，用於里格爾的錫貿易：

f.31,350合11,000兩日本錠銀

上述用於東印度貿易的黃金、白銀及商品，價值總計約f.2,500,000，因Smient和Sperwer兩艘船的失蹤及缺乏船隻，這批巨額資金只能分裝入三艘小船運往滿剌加，除非長官費爾勃格先生將乘坐快船Haes經滿剌加來到我處，因此如此重要的資金貨物，只能由上述四艘船裝運。上述快船Haes將爲巴城運來300箱砂糖，33箱漆器，如有可能將盡量裝運小麥和其他貨物。

爲繼續與暹邏的貿易，運去價值f.42,750的15,000兩日本銀，爲東京運去現金和貨物，價值總計f.149,750。船隻總分配如下：Griffioen和Trouw前往蘇拉特和波斯，Campen前往孟加拉海岸，我們

從這裡派快船Jongen Prins和Zeerob往滿剌加為該三艘船護航。貨船Coningh van Poolen載貨自波斯往科羅曼德爾海岸未能成行，仍留在那裡。因貨船het Witte Paert漏水，貨船de Liefde將經暹邏前來巴城，運來剩餘的小麥、米和糖。由此您可以看出，北部地區的貨物和船隻是如何分配的。願萬能的上帝保佑以上船隻載運貨物均能平安泊至其目的地。

(fol. 224) 自大員運往日本的貨物獲利額達90%和100%。因此，我們希望快船Sperwer及其裝運的大員剩餘的鹿皮將最終到達那裡。運自暹邏的少量皮革，特別是牛皮厚而重，也獲得好利。為繼續公司在暹邏的貿易，正如前文所述，將從大員運去僅1500兩日本銀，原因是近一艘船的贏利貨物仍存放在那裡。這些貨物為何未能運出，在此之前我們已在報告的暹邏部分詳細講述。在此從略。

我們前往廣州建立貿易關係，在日本人當中反應積極，一方面日本可獲得高質量的絲織物，再者澳門的葡人將因此而受到打擊，希望他們最終能被趕走，這是日本人的宿願。

(fol. 241) 自大員派運往科羅曼德爾海岸的巨額金銀和貨物，在此之前我們已述及，感謝上帝，於今年2月6日由快船Zeerob和貨船Pellicaen裝載，平安到達帕里亞卡特。這批資金價值總計f.778,630.3.12，具體如下：

13,249兩中國錠金，價值	f.629,086.05.08
30,000兩日本錠銀，價值	f.85,500.00.00
貨物價值	f.10,741.11.10
1,429兩巴達維亞黃金	f.53,302.06.10

(fol. 306) 今年由大員經滿剌加駛往蘇拉特和波斯的船隻如下：貨船Trouw，快船Griffioen，運往蘇拉特的貨物價值不過f.23,013.5.6，包括55,898斤日本銅條裝入590箱，8,097斤中國茶分裝在161箱中，36,368斤明礬。

67. J. Maetsuyker, C. Hartsinck, J. Cunaeus, N. Verburch, D. Steur, G. van den Bogaerde, 巴達維亞, 1654年2月6日

——voc 1196, fol.359-386.

(fol. 375)今年1月19日攜帶第一批報告前往St. Helena的6艘大海船出發之前，同月11日從大員派出的由費爾勃格先生率領的快船Haes(上文已述及)經滿剌加泊至，爲巴城運來價值f.18,147.3.5的貨物，在滿剌加爲里格爾卸下11,000兩日本銀，該船除帶來日本的商務記錄外，還有長官西撒爾先生寫於12月5日的報告，揆一先生寫於4月4日的書信，兩份信件均寫於大員。其內容幾乎都是我們上次報告中已述及的事項，只是特別註明，我們由此處派往科羅曼德爾、蘇拉特和波斯的貨物總值爲f.2,425,925.15.15，上述物資分別由以下4艘海船裝運：快船Griffioen、Haes及貨船Trouw和Campen，12月8日由費爾勃格先生率領自大員駛往滿剌加，具體如下：

科羅曼德爾	
多爲黃金，還有123,000兩日本錠銀及貨物，價值爲	f.1,481,468.05.01
孟加拉	
274,000兩日本錠銀，1,212斤煙草，	f.781,497.14.10
波斯	
446,975斤福爾摩莎砂糖，茶和日本銅條，	f.139,945.10.14
蘇拉特	
銅條、明礬、茶等貨物，	f.23,014.05.06
總計	f.2,425,925.15.15
巴達維亞	
糖、漆器和小麥	f.18,147.03.05
滿剌加	
11,000兩日本錠銀	f.31,365.13.08

到達滿剌加的上述船隻載運貨物總值達　　f.2,475,438.12.14

有關上述物資的質量與數量我們已在寄出的報告中記錄，不在此重複。

(fol. 376)儘管我們嚴禁荷蘭銀元和其他貶值銀幣外運，仍有人違禁輸出，迫使大員下令，錠銀以69斯多佛一兩兌換，因爲平民百姓(congias)若以少量銀兩支出，每兩甚至要損失3斯多佛，長老即大農戶對此產生強烈不滿，要求每兩以不超過66斯多佛的比價兌換；根據長老們的抗議，我們決定，公開敲鑼通告，發現有人違禁運出里耳，下令每人必需遵守公司規定，每兩銀兌換69斯多佛，違者罰款數里耳。長老們天天向公司請求，爲支付勞工方便起見，每枚荷蘭銀元按60斯多佛計算，但我們沒做出任何更改，除非您對此下達不同的指令。因爲大員的金庫缺乏荷蘭銀幣，他們請求我們下次能滿足那裡對里耳、銀元和其他現金的需求，那裡嚴重缺乏。

由於泰瑟馬科爾在蕭壠的去世，福島評議會決定，派巴赫留斯(Dominius Bacherius)前往，但教會持有異議，要求長官與評議會修改原來的決議。最後，他們一致同意派巴赫留斯前往虎尾壠代替去世的哈帕爾特(D. Happert)，並下令讓他與那裡的民事官平均分住那裡的石房。上述牧師認爲石房應由他一人使用，沒能獲准，此事將由專人負責審查，最後由長官下令。同時將根據牧師的建議，就教堂和學校制定新的規則，使民事官和宗教人員明白其各自的職責。他們還將就牲畜飼養和農業種植制定新的條例，而且要給地方官下達指令，使平原地區從一開始即得到治理並維持下去，此後的效果如何，屆時我們將向您報告。此外，長官將親赴蕭壠、麻豆、Tackloangh和新港，動員其居民按我們的指令開墾Tickeran的土地，他們若拒絕，則將這些土地交由自由民管理，其他無力耕種的土地由幾名公司職員在我們的准許之下耕種幾年時間，條件是，到期後這些土地仍歸其原來的主人所有，除非我們同意延長其耕種期限，不然這些土地荒廢著而無人耕種，豈不可惜。因爲這些土地適合種植甘蔗、小麥，可望大量種植小麥，並將供給巴城一部分。時間會告訴我們這樣做是否有效。

商務員范・伊帕侖於11月20日自淡水報告，雞籠的守衛士兵中流行高燒病。上述月份的6日和7日整座福島被飛自空中的無數蝗蟲像烏雲一樣遮蓋。他們將大部分綠草吃光，後來強烈風暴自北方突起，帶來一場大雨，掩蓋了全島，才使蝗蟲銷聲匿跡，不然他們將繼續爲害。據民事官歐拉里歐講述，今年福島南部也發生過同樣的事情。據人們的記憶，以前還曾發生過一次，造成眾人死亡，現在是否如此，只有上帝知道。南北部原住民的死亡率有增無減。對此我們無可奈何，只能虔誠地向上帝祈禱，解除這種以及其他的懲罰，對其臣民施以恩惠。

中國大官國姓爺寫信給大員的長官，抗議公司特使瓦赫納爾在前往廣州途中攔截他一條駛自廣南的帆船並搶走船上的貨物。對此，我們在上次報告中已有報告，看來他對此事銘記在心，要求我們償還其貨物。上述長官徵求我們的看法。我們認爲應償還他的貨物，以免與國姓爺產生摩擦，因爲他在中國人與大員的貿易中可起決定性作用。1月20日國姓爺一條帆船自中國泊至大員，長官先生交給他們一封信，10件黑色緞子，10件絲絨，作爲對國姓爺去年送回8名荷蘭人的答謝。而他在給總督的信中則不曾提及上述攔截帆船所得貨物，主要要求我們善待他的上述船主，在貿易中爲他提供方便。他還寫道，已在一定的條件下與韃靼人達成協議，希望近期內能恢復元氣，他對我們所講的這些肺腑之言似乎是真；但所講與韃靼人達成協議以及仍駐紮在他曾經戰爭過的地方，而且無需按韃靼人的習慣雉髮，則令人難以相信。

(fol. 383)1653年贏利的商館如下：

日本	f.891,099.7.05
廣州之行	f.29,804.19.02
孟加錫之行	f.20,566.00.13
赫勒德里亞(Geldria)	f.32,892.8.4
波斯	f.480,094.4.13

占碑	f.41,042.06.06
大員	f.286,624.05.07
蘇拉特	f.197,732.15.09
溫古爾拉	f.7,762.09.08
虧損商館如下：	
暹邏	f.36,089.07.09
班達	f.54,433.17.09
毛里求斯島	f.11,100.00.14
安穩	f.216,741.15.03
美洛居群島	f.146,667.09.02
巴達維亞	f.241,880.02.10
錫蘭	f.237,126.17.14
滿剌加	f.96,262.17.01
東京	f.64,145.14.09

68. J. Maetsuyker, Gerard Hulft, C. Hartsinck, J. Cunaeus, A. de Vlaming van Oudtshoorn, N. Verburch, D. Steur, 巴達維亞, 1654年11月7日

——voc 1208, fol.1-144.

(fol. 42)3月1日貨船Gecroonde Liefde自大員經暹邏泊至巴城，載運115拉斯特米、1496罐油、503擔蘇木、23擔象牙，價值總計f.13,575.18.8。

(fol. 44)Gecroonde Liefde自大員運到暹邏15,000兩日本銀，以繼續那裡的貿易和爲日本及其他地區購貨。

(fol. 49)我們向大員下令，明年即1655年派快船Tayouan及導航船de Swarte Vos代替貨船Witte Valck前往東京，並從這裡運去f.400,000的錠銀，除用於購入一批貨物和雜物外爲日本購買絲和織物，願上帝予以保佑。

本來我們對繁盛的與中國的貿易予以極大希望，而在我船泊至廣州時發現並非如此，我們兩次派出船隊所獲無幾，這些我們已在去年向您報告。此後我們爲達到獲得與中國的自由貿易這一目的，沒有採取其他措施，只等候您下達命令，以免白白地耗費更多的資金。

既然您未能收到兩年前隨船隊運回的耶穌會士的大中國記，我們將派下次回荷船隊帶回他在離開前送給我們的一份，並附有他繪製的地圖。

自我們將上次的報告寄給您之後，貨船Witte Paert於4月1日自福爾摩莎泊至，並帶來最新的報告，此船於2月30日航離大員港，此前貨船de Gecroonde Liefde已於12月17日前往暹邏，Witte Valck於1月19日與上述帆船Zeelandia一同前往東京，前者載貨價值f.45,517.10.4，後者爲f.158,581。正如上文所書，上述貨船(Witte Paert)自大員運至價值f.29,676的中國黃金、500箱砂糖、一批日本米、小麥等，總值f.62,196，他們報告大員沒有什麼特別的變化，只是去年12月大員發生過一場劇烈地震，前後持續數日，眾多房屋建築出現裂縫，遭到破壞，甚至倒塌，造成大批中國人和原住民的死亡。幸好公司所受損失有限，讚美上帝，只需花費小筆費用即可修復。僅一座舊醫院受震動厲害，看似搖搖欲墜，還有赤崁的公司建築也因陳舊且事前就已破舊，經地震更是時刻有倒塌的可能，無人敢住進去，只能空著。

爲盡可能降低公司的各種費用，長官到赤崁時，不再另安排住處，而是在新修的城堡中居住，地方官也在那裡設立法庭。這種做法至少是暫時的，直到做出其他的決定。上述貨船(Witte Paert)離開時，那裡儲存的貨物均已售出，特別是胡椒更受歡迎，致使長官西撒爾將去年約f.878,440的要求又增加了一部分。福島的甘蔗種植進展順利，可望收穫至少15,000或16,000擔糖。隨著那裡的產糖量不斷增加，我們希望能按您的建議在短時期內將糖的收購價格降低，正如您的願望。糖、石灰、石頭及糖箱的供貨，公司預支出20,428兩錠銀予以援助，希望不會受任何損失。

長官先生已親自前往新港、蕭壠、麻豆、目加溜灣等村社察看，經商討終於就Tikkorang的土地達成一致意見，因無其他人願意承包而出租給出價最高的中國人耕種，爲期6至7年，我們可從中取利並用以補充附近村社的費用[16]。

該項出租是否取得進展及租金如何，他們將寫信向我們報告，但我們情願這件事情晚些時候發生，因爲那些由公司批准數年來擁有其中一部分土地耕種的人將因此受到損失，而且在這上面花費巨額資金，而開墾耕種的工作卻仍毫無進展，令人難以相信，上述地區的出租有待於下達具體指令後再進行。

無論如何，我們認爲，附近村社懶惰的原住民不可能從這些土地上獲取什麼利益，因爲他們歷來沒有能力開墾如此肥沃的土地，儘管我們曾多次對他們進行督促與鼓勵也不見效。上述出租土地一項的收入應作爲公司的利益用以補充他們認爲所需的的費用；我們已下達有關的命令，以備出租得以進行。

地方官豪赫蘭特與教會成員代表一同到北部查訪，發現學校情況良好。同時也準備察訪南部，但那裡仍疾病流行，被迫取消。爲盡力避免福島民事官和牧師之間的分歧和爭議，長官對二人的職責做了具體區分，雙方均爲此而滿意，同時也給地方官下達具體命令。對此，我們在此只做幾點輕微的修正。其內容請您詳見今年7月份的通信錄。上述地方官已獲許辭職返回荷蘭，儘管我們希望他能繼續留任。因此我們派出商務員施合德爾前往福爾摩莎就任地方官一職，我們在上次報告中已述及此事，此人對福島的統治極爲熟悉。我們相信，他完全有能力勝任此職。法律起訴人范・登・勃爾格(Adriaen van den Burch)因此前在日本受人慫恿進行走私貿易，需從大員召回巴城，那裡的中

---

16 1654年的繳納什一稅的赤崁耕地於10月17日按每年的習慣租出。大員長官和評議會委員親臨現場。荷人仍沿用1652年的決議，由費爾勃格長官免除中國人長老何斌、Boicko、Samsiack、Jockthay的遺孀和佩督的土地的什一稅。自由與非自由田總面積計2,930.4摩肯，需繳納什一稅的占2,201摩肯，租金收入達10,921里耳。租出地片及其面積、租户、交納租金的擔保人等詳見《熱城日記》1654年10月17日記載，voc 1206, fol.521.

國人等不會因這樣一位貪婪的職員離去而傷心。我們派商務員里德爾(Gerard Ridder)前往代理其職務，他是一名合格的年輕人，在大員數年的努力的工作足以證明他的能力。

每年一度的南北村社集會均將於4月1日舉行。淡水已舉行過村社長老集會，到會人數少於去年，因那一地區居民中間疾病盛行以及其他原因。那裡一切順利，只是蛤仔難的人尚未歸服公司。淡水有70人守衛，雞籠69人。那裡急需一名牧師，以促進那裡的宗教傳播，以代替去世的牧師哈帕爾特(Gilbertus Happert)和泰瑟馬科爾。那一地區的天主教由西班牙人引進，需特別注意。爲此我們派去撒瑟紐斯(Joannes Sassenius)和達帕爾(Abram Dapper)，使福島目前牧師人數達到5人。我們相信，這些人將能維持好福島傳教的進行，因爲那裡的事情至今仍由學校教師兼管，由牧師監督。但長官及教會委員會認爲，若按要求維持那裡的傳教工作，爲福島要求的7名傳教士仍不算多。福島評議會將牧師哈姆布魯科(Anthonius Hambroeck)和科魯伊夫(Johannes Cruyff)的月薪增至130盾，雖然這已超出您制定的數目，但他們以其出色的工作令人嘆服，我們予以准許。今年，我們又派出幾名職員以作學校教師之用。但願上帝予以神聖的保佑，使耗資巨大的宗教傳播事業爲上帝博得榮譽，爲眾人帶來福音。

鯔魚的打撈這一年收穫很少，長官建議可否降低窮苦漁民每條魚5%的網魚稅，我們沒能通過這一建議而予以回絕，並希望明年的漁撈會重新得到保佑，況且這些年來漁稅從未加重過。

地方管理委員會已更換並舉行了新的選舉，以及對農田和畜牧用的草地的防衛所下達妥當的指令等，您可詳細參閱這次寄去的報告。我們准許福島孤兒院管理人員的請求，正如這裡和東印度其他地區一樣，作爲對他們的努力和勞動的承認，從一般收入中抽出50里耳援助孤兒院，我們希望得到您的許可。

爲向大員提供所需商品、必需品及其他貨物和運出那裡的蔗糖，今年5月20日，我們派出het Witte Paert、het Lam和截獲的Utrecht前往福島；6月22日，快船Tayouan、平底船de Swarte Vos、大海船de Vreede派往澎湖，以在那裡將所得貨物直接運來我處。7月7、18、29日貨船Campen、Pellicaen、Coninck van Polen，與去年一樣得令在南沙群島以外航行。以上派出的船隻載貨總價值爲f.519,994，少於他們的需求量，原因主要在於缺乏船隻運送所需貨物，使他們所要求的25,000擔胡椒只能運去16,452擔。

在上述船隻被派出時，我處雖然停泊著幾艘快船，即Draeck、Erasmus、Zirickzee和Waerden，但因目前與英國的事情結果如何尚難以預測，一旦他們準備派艦隊來東印度攻擊我們散布在整個東印度海面的海船，將對公司造成難以設想的沉重打擊，所以我們不能同意將上述快船派出。

我們認爲，有必要保留一定的兵力以備不測，相信您將支持我們的做法。因爲中國帆船從這裡直接運往中國至少10,000擔的胡椒，極有可能使大員價格下跌。上帝保佑這些船隻平安航行，所裝貨物能順利售出。由上述船隻帶往大員的寫給長官和評議會的信件內容及所下達指令，請您詳見同一日期的通信錄，在此從略。您從中可讀到，我們據長官和評議會及費爾勃格先生的口頭與書面報告得知，大員賭場(toptafels)的出租，並下令在附近村社引進商店一事暫時擱置，他們在1月20日的上述報告中寫道，某兩名中國人在此與我們簽約，在大員購買公司倉庫中的貨物，其中包括1,500擔胡椒，價爲每擔11里耳，其實在大員的價格爲14里耳；一名爲Hinco的中國人設法獲得許可派一條帆船裝運貨物前往大員，而且免交任何關稅和其他稅餉。

您對此持有異議，希望我們放棄這種做法。准許上述中國人辦理此事的原因，您可參閱那一年5月21日的通信錄中我們寫給福島長官和評議會的信件，以及同年6月14日的決議錄。准許上述Hinco以上述價格購入1,000擔胡椒，並免收其關稅，是因爲他在福島曾是一名頗負威望的商人，後因不幸在海上遭受損失而陷入困境，我們意在利用上述優惠幫助他們；售給另外一名中國人500擔，因他曾在巴城居住20年，並一向與公司公平貿易。此人計劃在福島定居從事農業種植，安度晚年。

這是我們所能向您做出的解釋，至於其中是否參雜一些特別情況，我們不十分清楚，也不想在您面前辯護，上一個統治時期所發生的事情並非均令人滿意，從上述決議錄中看出，只那一次得到准許，而就我們所知也未再次發生。費爾斯德赫先生完成使命從大員返回後，先是在總督雷尼爾斯那裡，後來又在東印度評議會中爲Hinco爭取到上述優惠。若有必要，代莫爾(Gerard Demmer)先生可就此事詳細向您報告。

根據最近收到的您的指令，以後需禁止中國人在巴達維亞與大員之間的航行，儘管我們不情願這樣做。公司在大員的貿易無疑將因此受到影響，但依我們之見後果不僅僅如此，因爲人們可拿出更充足的理由來證明這一做法於巴城更爲不利，中國人目前在大員可通過中國與大員的貿易，獲得所需貨物，不然要前來巴城裝運。而且另一方面，他們若把帆船停泊在大員，再從那裡駛來巴城，船艙中可有更多的空間。此外，他們還可爲居民運至各類雜物，公司則無法做到這一點。正如我們兩年來向您做出的報告，沒發現對福島有任何不便，也沒能看出國姓爺對此島有任何攻占的打算。他要求我們退還駛往廣州的船隻在占城海岸截獲其帆船所得貨物，我們予以賠償，下文還將述及此事。

福島的養蠶織絲業希望不大或根本沒有希望，結果表明，中國人不願意他們的國家失去這一利益，擔心他們的家眷將因此受到牽連，中國官方即利用這種方式制約海外的中國人。不久前從東京帶來的桑樹種看似可以在這裡生長，由此判斷，織絲業在此地和福島應能獲得成功，特別是居民人數的增長將使勞動力變得便宜。但至今我們仍未能從東京或孟加拉得到活的蠶。

我們將下令在不耗費任何資金的前提下進行試驗。我們再次將福爾摩莎第二把手揆一與公司的合同延長三年，自5月1日起，月薪定爲150盾。我們希望並相信，他會倍加注意，將所有對他無辜的猜疑以其忠誠的工作來消除。在Witte Paert離開大員時，那裡擁有官兵1,050人，820名士兵役期已滿，其中200名士兵無意繼續服役。長官和評議會爲替換上述退役的士兵和維持那裡的兵力要求增派1,500名士兵。若有能力，我們將滿足其要求，避免我們的人在公司的土地上受到野蠻的居民的威脅，遺憾的是我們只能派去160名士兵，數量極少，主要由安汶的騷亂造成[17]。我們仍然希望一些退役的士兵通過補助1、2、3盾的方法說服他們留下來，或至少再服役一至兩年。去年在北部航行水域失蹤的貨船de Smient和快船de Sperwer一直沒有音信，上帝保佑今年船隻航行順利，有關情況下次我們將向您報告。今年我們爲何沒有派船經暹邏前往大員，運送大員所需木材、油等，上文已述及，目前他們急需木材。就維修和建築城堡工事下達的指令，我們不在此詳述，請您參閱上述信件。

(fol. 66)我們上次記述的由大員經滿剌加海峽前往科羅曼德爾的貨船Campen，讚美上帝，於1月30日順利泊至，還有同時在滿剌加爲分擔風險而與其同行的貨船Coning van Polen，快船Zeerob，載貨價值爲f.1,481,468，主要包括中國黃金和日本錠銀，以及f.309,305的波斯硬幣。

(fol. 106)今年有8條帆船自中國到達巴城，增加了這裡的貿易。隨船收到國姓爺的一封信，他要求我們歸還駛往廣東的荷船攔截他的一條帆船所得貨物，爲避免任何不快，我們償還他100擔胡椒，2件毛織物和10件上等mouris。我們希望他能滿足於此。此人現在也是海上一大權勢，完全有可能對我們造成危害。

---

17 安汶盛產丁香。1605年荷人奪取葡人在安汶的城堡，進一步壟斷丁香貿易，這使荷東印度公司和他們所支持的土王與當地其他土王產生衝突。此處報告所言及的安汶騷亂即指1651-1656年的安汶戰爭。最終土王不敵荷人武裝先進和訓練有素的軍隊而失敗。因此，巴城只能抽出少量兵力派往福島。有關安汶戰爭以及荷人在安汶的歷史可參閱：G.J. Knaap, *Kruidnagelen en christenen: de Verenigde Oost-Indische Compagnie en de bevolking van Ambon 1656-1696* (Dordrecht/Providence, 1987).

69. J. Maetsuyker, G. Hulft, C. Hartsinck, J. Cunaeus, N. Verburch, D. Steur, W. van der Beecken, 巴達維亞, 1655年1月26日

——voc 1202, fol.1-175.

(fol. 57)過去一季，國姓爺自中國派出過4條大帆船前往東京，並告知東京國王，它們將從那裡駛往日本，這些勢力強大的異域商人使公司在那裡的貿易無利可取，而中國人則來往不斷，獲利甚豐。實際上仔細想一下，中國人的貨運與公司相比耗費要小得多，這不足爲怪，他們除運去鐵鍋、藥物及其他雜物等商品並可在東京獲得相當利潤外，同樣從日本運回中國各種貨物，節工而省費。也就不難想像他們爲何敢把東京的貨物以驚人的高價購入。極其顯然，公司購入東京貨物投入日本市場，只能得利34%，而將各種費用、冒險、職員的薪金計算在內，損失超出利潤。相反，中國人則明顯獲利，不但包括他們在東京的取利還有從日本運至中國的各種雜物也可取利，我們則無法做到這一點，特別是他們在自己的國家購買裝運各種商品及其他雜物前往上述貿易地區，這些貨物公司無法得到。

(fol. 65)我們在最近的一次報告提要中向您介紹了大員及整座個福島的情況，包括西撒爾長官派貨船Witte Paert於4月1日送來的報告，同時我們還記述，爲繼續那裡的貿易而派船隻運送貨物和各種必需品，在此從略。我們得到報告，被派往北部地區的船隻安全泊至，這一消息我們等待已久。每年我們無不心有餘悸地向那裡派船；並得知福島統治的情形，盡是令人傷心的消息。那裡分別寫於11月19日和12月2日的報告分別由大海船Breda和貨船Coninck van Polen於12月11日和25日帶至，其中講述自上述Witte Paert離開後，福島發生過幾次全島性的劇烈地震，但造成的損失並沒有上次嚴重。此外，上帝又使福爾摩莎和大員陷入沉重的災難之中。

5月10日，成群的蝗蟲從天而降，將整座島嶼覆蓋，地面全被掩埋，天空與海洋也無法辨認，人們恐懼不堪。基督教徒們只能依靠

他們所擁有的最好辦法(向上帝祈禱)，專爲此組織了一個禱告日。舉行儀式時，令人驚異的是空中突然興起一股強風，將所有蝗蟲吹到海裡，大員附近的海灘鋪上一層沒膝深的蝗蟲，後來人們在山上也發現成千上萬的蝗蟲死掉，這才鬆了一口氣，希望通過颶風能脫離這場磨難。然而，事與願違，死亡的蝗蟲堆中很快又生出新的小蝗蟲，擴散至整座福島，使可憐的農民特別是福島原住民耕種的農作物因此而造成巨大損失，他們田間的作物多數因蝗蟲而死亡，或被蝗蟲吃得精光，同樣赤崁地面上的甘蔗也受害嚴重，蔗梢均被吃掉，若非上帝送來風雨，重新使甘蔗發芽生長，保全下來，蔗農又及時收割，所受損失將更加慘重。福島眾原住民將死於饑荒。爲有效地對付這次饑荒，大員和福爾摩莎均禁止糧食外運，以供當地人食用[18]。

中國人長老和主要農戶無知盲目地捐出500兩日本銀，倣照人們在馬尼拉採用的方式，召人挖掘蝗蟲藏身的坑窪處，捉獲大量的蝗蟲。但與其總量相比，這些蝗蟲仍微不足道，然後他們建議出資動員人們捕捉和消滅蝗蟲。爲此，西撒爾長官從熱蘭遮城的資金中拿出1,000兩日本錠銀來資助他們的這一行動，設專人支付給捉蝗蟲的人，結果8到10天的時間內捕捉3,000擔或38,000磅[19]帶到專人那裡，然而蝗蟲數量仍不見減少。我們認爲，他們事前應該想到，在這樣的情況下人爲的辦法無法對付上帝的懲罰。

不久後萬能的上帝呈祥，使那裡的害蟲銷聲匿跡，赤崁的田野裡未受損失的稻苗長勢旺盛。儘管如此，福島居民只能從中收穫少量糧食，此後所面臨的則是巨大的災難(因爲他們的作物幾乎全被蝗蟲吃光)，願萬能的上帝援助他們，使福島田地免受災難。他們寫道，如果沒有上述蝗災自天而降，據估計福島的糧食將獲得空前的大豐收。

---

18 這次蝗害自南部波及北部，據《熱城日記》記載，駐卑南(6月29日)、虎尾瓏(7月17日)、麻豆(8月28日)的荷人分別向大員報告災情，虎尾瓏田地裡的稻米均被吃光，麻豆再加上疾病流行，還經歷一場風暴，教堂、學校、房屋等均被毀壞，傳教事務不得不暫停。

19 W.Ph. Coohaas註明，此處擔和磅的大小不成比例，或3,000多寫一個零，或38,000少寫一個零。

去年赤崁有1,309摩肯耕地植蔗，2,923摩肯種稻，54摩肯種植穀子及甘薯(pattattesen)，中國人從上述甘蔗中製糖18,000擔提供給公司，看情況，若上帝保佑甘蔗茁壯生長，那麼今年又可製糖14,000到15,000擔。

北部地區在去年不同時期發生風暴，致使我們駛往的船隻在途中遭遇風險，爲公司帶來巨大損失。我們共派出11艘海船，結果只有7艘泊至，而大海船de Vreede、快船Utrecht和Tayouan以及貨船Witte Lam均被大海吞噬，除上述船隻外，損失134人，及f.156,597.8.10的資金。下面就各艘船的情況做詳細描述。

首先，快船Utrecht與貨船het Witte Paert以及het Lam於5月21日最先從這裡出發前往大員，6月22日被風暴沖至東沙群島(Prata)的淺灘，結果無法航出，陷入泥沙和珊瑚礁中。次日，船身撞裂，只搶救出一箱1,028 7/8里耳的現金，所有船上人員，其中有4名溺死，餘下94人均脫險，急忙前往東沙群島，到達那裡後發現此島荒無人跡，除烏龜、一些植物根和鳥之外無其他食物可用來充飢，兩個月的時間他們就是靠這些東西維持生活，而且發現無法從遇難的海船中取出任何食物，使他們陷入極大的困境。若非把被海船桅杆擊成兩瓣的小船重新連在一起，他們恐怕沒希望生存下來，到頭來只能在饑餓和困境中死去。他們裝修好小船，乘坐前往大員向長官先生報告上述不幸。7月22日，舵工和11人乘坐小船經過三天的航行到達大員。長官馬上派出一條帆船和導航船裝運食物及其他必需品前往出事地點，只要其中一條能到達東沙群島，這些人即能得救。結果，帆船航出13天後未能到達該島而返回大員。上述導航船幸好到達那裡，並於8月24日攜所有倖存的人員物品到達大員，其中5人死亡。這些人被萬能的上帝奇蹟般地從困境中搶救出來，如果他們在島上時間再長，烏龜在島上生蛋的時期一過，就不可能再有烏龜可用來充飢。島上的鳥也逐漸警覺起來，他們不得不在夜裡捕捉。上述快船的遇難，使公司損失價值f.62,286.15.14的貨物。甚至經驗豐富的海員也似乎從未能瞭解東沙群島的具體位置。現在得知此島位於離大員島5荷里的海中，是一座相當危險的小島。我們的人在那裡發現一扇船長室的門，帶到大員後有人認出，這扇門屬於失蹤的海船Delft，這是有關上述價值連城的大海船的唯一消息。恐怕不只是Delft一艘船，還會有其他更多的船隻在那片危險的淺海區遇風暴而失蹤，因爲我們的人在那裡發現不同的跡象。

快船Tayouan於5月29日自巴城到達大員南港後，人們已經開始卸貨，減少其吃水深度，以便進入大員海道。

8月9日早上，風暴自南方興起，人們只能眼睜睜地看著上述快船陷入困境，此船以及停泊在外港的貨船Campen和het Lam，均受到襲擊，Campen漂至雞籠灣而幸免災難，het Lam仍危險地停泊在原處。Tayouan一船的船錨被啓動，無法在北部港口停泊，只能被迫(纜繩和船錨均失去)直接駛往大員海道，結果在海道中部的淺處擱淺。後來，此船一直未能掙脫出來，最終海水流入，船身破裂，但多數貨物卸下，人員也得救。這艘輕便快船的損失對大員極爲不利，特別是無適合船隻到澎湖卸運大海船de Vreede的貨物，處境不利。因爲長官西撒爾先生鑒於上述災難(雖然已在澎湖將一部分胡椒、鉛等賣給中國人)認爲，不可能按預定時間將貨物卸下並重新裝運糖，因此長官先生根據福島的緊急情況被迫違背我們的指令決定，10月中令大海船Vreede從澎湖駛往大員，並靠近北部淺海區停泊。10月17日該船到達大員，並盡全力卸貨裝糖，10天後即順利結束，並準備揚帆航出。但次日上帝予以懲罰，雖然沒有大風，仍波浪洶湧，上述海船de Vreede及停泊在北部港口的貨船het Lam被漂往岸邊，向陸地靠近，此後強勁的南風吹起(完全出人意料)，更使大海狂哮，上述兩船船錨被拔起，10月28日晚，兩船在北部淺海區的岩礁上撞碎，船毀貨沉，裝貨價值總計f.94,314.18.12。De Vreede只有2人，het Lam有27人得救，共130人遇難。幸好貨船Coninck van Polen、Campen和Pellicaen雖被從澎湖召往大員，但那時並未停泊在那裡，不然也將難免同樣厄運，虧得萬能的上帝保佑。同時上述三艘貨船在澎湖也險些撞裂，在他們航出澎湖時，南風突起，海浪兇猛，被迫返回媽宮澳。從以上這些情況您可想像，公司過去一季在北部地區遭遇的災難如何深重！

目前甚至最有經驗和膽量的海員也開始對這片風浪莫測的航行水域發憷，風暴一起，死神便不斷出現在他們眼前(因爲福島沒有優良港灣)。大員海道仍保持原來的深度，根據人們的判斷，除小型船隻外，沒有船隻可以在那裡行駛，除非大自然會改變這種情形，不然公司在大員貴重的資產將因此困境而逐漸喪失，久而久之，大員將成爲無用之地。那裡只能使用70、80或90拉斯特大小的輕便貨船，和6至8艘得力的平底船，爲此我們一再向您要求提供。

不然，您可以肯定，公司的船隻不可能在大員水域冒險行駛，我們無法設想下一季將靠什麼來繼續貿易。那裡根本沒有合適的貨船可用，因爲多數船已年久陳舊。請您注意，北部地區若無合適的貨船將使貿易遭受損失，我們只能派出寶貴的大海船。過去一季，因缺船我們已不得不在北部地區派用Breda和de Vreede兩船。結果遭此不幸，帶來巨大損失。Breda一船沒發生任何意外自日本泊至我處，可謂慶幸。此船爲向大員提供米(違背我們的指令)而冒險前往，依我們之見那裡風險太大，不宜前往，特別是大員和福爾摩莎即使沒有此船供米也完全不會陷入困境。若此船現在也撞碎，他們將難以爲自己辯解。

因爲近幾年來這些擔憂和風險我們已感覺到危機迫在眉睫，迫使我們將來設法在一定時候避開災難的根源—毫無改進的大員淺海道。請您考慮，將大員對中國的貿易轉移到福爾摩莎另一可供公司船隻避風浪的地方和港口，是否會更有利，爲此我們在福爾摩莎找不出比北角的雞龍港更優良的港灣。玆寄去一張由那裡的頭領給爾德庫繪製的極爲精確的地圖與說明。藉此，您可以詳細瞭解那裡的情況，並將發現這是一處吸引人的優良港灣，況且西班牙人也不會盲目地佔領此地。據我們判斷，此事極爲重要，如果人們認爲公司在大員的寶貴的財產和設施已根深蒂固，而不必另做考慮，那麼這種變化將不可避免地導致大員的衰落，並將波及整座福爾摩莎島，若不及時採取措施，後果將不堪設想。而我們又沒有勇氣向您進一步解釋我們對這一重大搬遷的依賴(只要大員仍可供平底船和輕便的貨船行駛)。長官先生請求以小宗貨物在雞籠貿易，既不會影響大員，也不會有害於福爾摩莎的繁榮。我們准其前往試驗，以免以後大員海道繼續變淺使我們措手不及，而且這樣也可有所準備，把貿易移至雞籠。因爲突然搬遷將不可行。期間我們等待您對此事的看法，爲避免混亂只要求簡單地做一次小的試驗[20]。我們希望，萬能的上帝保佑這一試驗成功，並在將來一年賜予公司成功與順利，船隻能比過去一季更順利地航行。

上一季，大員運往日本商館價值f.37,042.17.4的貨物，包括一批糖和鹿皮，由貨船Witte Paert運去，並要求我們的人派上述貨船再運送一批貨物到日本，但因故直到9月11日才出發，10月9日返回澎湖，原因是海浪大、風向不順而不能航行，結果日本未能得到價值f.32,922的貨物，爲公司造成損失。願萬能的上帝能改變上述北部地區的情況。自1654年2月底，大員貿易因缺乏暢銷貨物而停滯，但巴城的貨物送到之後，市場又開始活躍起來，而且商品賣得較高的價格，儘管如此，貿易仍不像現在公司擺脫困境所需要的那樣繁榮。長官西撒爾先生報告，在海船Breda於11月19日離開大員後，用貨物只換得價值f.300,000的中國錠金，並估計，到派船前往印度海岸時還會增加價值f.50,000的黃金，這是多年來數量最少的一次，與去年相差f.800,000。長官先生說明，中國黃金輸入量少的原因是中國的戰亂，以及今年有大量黃金從中國運往東京。他認爲，如果允許人們在大員用日本錠銀購買中國黃金，那麼黃金將大量湧入，但這樣做將使我們在大員的貿易無利可取，並將導致貨物積壓。因此根本不能讓中國人習慣於此，只用貨物換取黃金，(只要我們不把價格提得過高)完全可以此方式與中國人貿易。依我們之見，長官西撒爾先生辦事過於死板，不夠靈活，難以根

20　為促進雞籠淡水的貿易，荷人於4月7日准許自由民(指與東印度公司合同期滿後仍留在東印度的荷蘭人)費爾玫爾(Nicolaes Vermeer)率他自己的船到雞籠淡水貿易，唯一的條件是不許他往那裡運米。後來於5月26日荷人獲悉，此人在北上途中被所僱的中國人打死，船貨也被搶走運往中國沿海。荷蘭人還於4月30日決定，准許中國商人Pau率領一條帆船前往上述兩地按一般慣例貿易。據《熱城日記》1654年4月7日、4月30日、5月26日。

據實際情況在市場情況一般時使貿易增加。若變換一種方式，靈活一些，在我們看來，過去一年本可以增加公司的藏金量，又可在商品貨物上取得好利，公司在印度貿易的繁盛在很大程度上取決於那裡每年兌換的資金數量。

那一地區只能(特別在孟加拉和科羅曼德爾海岸)全年短缺黃金，爲公司造成損失，甚至使那一地區陷入困境。因爲東京貿易不順，使得日本貿易沒能提供我們所估計的銀兩，只從日本運往大員f.1,140,000的銀兩，與那裡儲存的黃金一起有待於分別運往下列地區：

科羅曼德爾	錠金f.350,000
	f.275,000
	f.625,000
孟加拉	f.485,000
暹邏	f.57,000
巴達維亞，若有必要可供東京使用	f.213,000
大員，用於購買皮、糖等	f.100,000
1655年北部地區的金銀只有	f.1480,000

甚至少於1654年貿易所得的一半，若再把四艘海船及其貨物遇難造成的損失計算在內，去年北部地區的獲利極少，我們希望以後能改進這一狀況。

胡椒在大員以原來14里耳的價格極受歡迎。西撒爾先生仍希望(儘管已有8艘帆船從這裡運往中國10,000擔)從這裡運去的16,452擔胡椒屆時能全部售出。中國人運至大員的貨物，均價值不大，只有15,349件各種瓷器，根據他們的質量其價格頗高，您可能認爲它們過於粗糙，我們沒有運去，而是留在我處銷售。

餘下的7艘海船，一條帆船和一艘平底船安全泊至北部地區，並留在那裡用於下次航行，Breda、Coninck van Polen直接，Pellicaen、Witte Valck經暹邏，信使船Zeelandia經東京前往巴達維亞；貨船Campen和平底船het Calf前往蘇拉特和波斯；Witte Paert前往科羅曼德爾和孟加拉，平底船de Swarte Vos攜帶最新消息被派來我處。上帝保佑這些船隻均能順利航行。至於每艘船所裝運的貨物，以後或許這次收筆之前即可向您報告。

Breda、Coninck van Polen二船已由大員運來糖、樟腦、瓷器和錠銀等貨物，價值總計f.346,852.10.8，詳見貨單。大員為1655年要求的供貨，包括現金、胡椒、鉛、錫、水銀、藤、各種科羅曼德爾海岸和蘇拉特織物，價值總計f.700,000，我們將盡力滿足他們的要求。

大員和福爾摩莎本島的出租照舊於4月底進行，以公開拍賣的方式租出，為期一年，詳細如下：

福島村社的貿易	30,970里耳
在赤崁屠宰生豬	2,200
在大員屠宰生豬	1,500
大員的市秤量處	5,350
中國人人頭稅，每月3025里耳，全年計	36,300
大員海岸的各漁區	1,900
赤崁耕地上糧食作物的什一稅	10,921
租金總計	89,141里耳[21]

收入主要來自中國人的人頭稅和福島村社的貿易，今年的出租所得多於去年，對公司這一慘淡的時期是一種有力的援助。在出租村社時規定，每輸出一擔鹿脯需納稅3里耳，從前是4里耳，這樣可使租戶從中得利，因為關稅減少，售價提高，從而使獵鹿量增加。我們發現，除鹿脯、鹿皮外村民們在福島的村社無其他收穫，減少關稅後我們估計每年可運往中國鹿脯10,000擔，公司可得10,000里耳，所以公司一方面得利，另一方面又受到損失。

新港和蕭壠之間往南邊大海方向延伸的Ticarang村社的土地肥沃，中國人曾有意開墾，並於1647年獲得總管歐沃特瓦特的許可，西撒爾先生將960摩肯租給不同的中國人，為期7年，條件是他們需

21　公開出租於4月30日進行。出租項目、租户、保人、租金詳見同一日期的《熱城日記》。

耕種租去的每摩肯土地。第一年的村社貿易，需向公司納稅，以補償公司在那些村社學校和教堂的各種費用。

我們認爲，爲促進福爾摩莎中國人的殖民地發展，(農業種植的果實均經他們的勞動所得)正如赤崁的土地，上述耕地不應給於他們永久的所有權和世襲繼承權。在他們的所得利增加之後，再讓他們在一定條件下租用耕種，並令其繳納少量租金，不然不會有人出資租用。而且我們可以肯定，作爲其財產，農民們將比租用一段時期更勤勞地改良這些土地。儘管新港和蕭壠的居民似乎認爲這些土地歸他們所有，在我們看來，他們沒有足夠的理由，因爲他們從未表示過有意耕種，對荒野的土地他們向來是置之不理，這些村民並非缺乏良田。實際上，這些人懶散，不願勞動，甚至無心尋找食物，更無從談起用自己的雙手從農業生產中獲取什麼果實，而中國人則相反，他們是一個勤勞的民族，公司在那裡的事業在很大程度上是靠他們的勤勞才繁榮起來。

在派船去大員之前我們對此事再次予以考慮並最後做出決定。

爲保證赤崁的安全、防禦一切叛亂和敵人在西撒爾先生上任以來修建的城堡即將竣工，經我們批准，命名爲普羅文薩(Provintia)。只有地方官在其中的房屋尚未建成。這一工事建在海邊，雖然我們主張建築在東部地區的某高坡上，以便更容易地監視整片田野，以免中國人製造像現在的流血事件。現在既已違背我們的意願建成，則不必拆毀，這座城堡由那裡500人連續兩個月的時間義務修築，對那裡的農民來說是一種非常的義務，因此我們擔心，他們會因此而起造反之心，雖然這一工事的修築是爲保護他們的耕地，也不等於說他們有義務承擔這一責任。我們認爲應免除他們的什一稅、人頭稅及他們在福島需繳納的其他稅餉，但西撒爾先生不同意這樣做，我們建議他在目前情況下仔細斟酌，因爲，這一沉重負擔與公司的基本準則相衝突，對福島中國殖民者的壓力將超出其承受限度。爲修築這一城堡，我們在石頭、石灰和工錢上花費f.85,000，到最後竣工至少要耗資f.100,000，將超出預算的一半。早知如此，我們寧可決定在那裡修築一座堅固的石頭圓堡。當然這座城堡堅固而且防禦能力強，耗巨資也值得。

長官先生建議，除上述普羅文薩城堡外，再修建一座石頭別墅(因爲原來的建築經地震已不能使用)，以供地方官審理案件、組織村社集會及其他用處，但我們鑒於新築城堡內已爲他們準備一座房屋，不必另外白白浪費雙倍的資金。同時我們沒能准許他們在打狗仔修建一座圓堡以及在熱蘭遮城門外修築幾座工事的計劃，因爲公司的金庫在如此困難的時期已無法承擔那一地區耗用的巨額資金，況且上述新工事修築不考慮在內，維修大員和福島的工事已經花費不少。

儘管如此，熱蘭遮城仍需進行必要的維修，爲此我們命令他們盡量壓低費用，准許他們使用那裡儲存的收入f.33,000。同時我們下令在Caya河邊修築一座木崗樓，以防中國人經此入海口偷運貨物出入。其他方面均保持不變。自包括所有貿易事務的底層城堡建成，長官等進駐以後，我們對城堡上層頗有後顧之優，而且上層城堡是公司在大員和福島最重要的工事，需日夜派兵把守。鑒於此，爲加強守衛，保障安全，我們派大員第二把手揆一駐守此地，授權在軍隊指揮佩督(Thomas Pedel)之上，並由他掌管城堡的鑰匙。上文已有記述，上述揆一已將其合同延長三年，月薪由130盾提至150盾，我們本以爲他會爲此而滿意，結果不然，他拒絕我們寄去的合同，要求任命他爲總管，享受170盾月薪，沒有您的准許我們不敢擅自答應他的這一條件。

海船Breda離開福島時，根據他們寄來的記錄，那裡仍有1,000名官兵，200名期滿的士兵中只有70人被替換，餘者改善其待遇，有些人額外支付給兩個月的薪水，延長一年役期。如此以來，與巴城、錫蘭、滿剌加及東印度的其他地區相比大員配備有較強大的兵力，可以維持到下次派船到那裡，特別是現在那一地區的情況和平安靜，軍隊也沒有什麼任務執行，只用來防守城堡及其他工事。看來人們對國姓爺攻打大員的恐懼有所緩解，因爲他在報告中寫道，國姓爺已與韃靼皇帝言和，皇帝令其掌管幾座城市和地域，並賜給他一官銜。和平能否持久，我們仍然懷疑，因爲中國人不信守約定。對此我們已深有體會，他們或東或西，完全是在迷惑人，或發動戰爭，或簽訂和約。

據人們傳說，去世的中國皇帝的侄子永曆(Indick)奮起反抗韃靼人，已將駐紮東京邊界的150,000大軍和大批戰象準備好，進軍北京，將韃靼人趕出京城，同時國姓爺的水軍將從海上配合行動。而且一官也將在宮中做內應，對韃靼人進行顛覆活動。儘管如此，韃靼人仍在中國絕大部分領土上占優勢，但陸上的統治因不斷有人起兵反抗而搖搖欲墜，因其大權主要掌握在不可信賴的中國人手中，這些人本性不講信用，他們將趁哪怕是很小的機會背棄他們的主人而叛亂，致使強大的中國難以擺脫戰亂的騷擾。

據長官西撒爾先生報告，他無法瞭解中國的真實局面，因為來往於大員的中國商人均來自中國沿海，不瞭解那個大國內部發生的事情。即使他們帶來什麼消息，也難以令人相信，他們言辭不一，缺乏根據，我們在此也不能向您做出報告，祈求您的諒解。上述國姓爺就Schelvis和Bruynvis兩船截獲他的一條自廣南駛往廈門的帆船所得貨物，沒有再作反應。從中我們可得出結論，他對我們於去年為其帆船做出的賠償可能已經滿意，因此我們希望他不再製造麻煩。上述國姓爺於4月份派人送信給西撒爾長官，向他表示問候[22]，同時託信使和公司翻譯何斌要求請一位荷蘭醫師，據說去幫他治療梅毒(morbum)，長官和評議會同意提供幫助，並決定派出高級醫師白耶爾(Christiaen Beyer)前往中國；但到達之後，他不敢服用許多荷蘭藥，醫師三個月之後徒勞而歸[23]。

22 荷人於4月4日收到國姓爺的來信，他在信中表示，對中國商人在大員的貿易和受到的待遇極為滿意，並聲稱，他與公司的友好關係牢不可破。據《熱城日記》4月4日記載。

23 白耶爾於5月23日到達中國。國姓爺戒心甚重，白耶爾配藥時必須有他的醫生在場，所下的藥也需事先由他的醫生檢驗，儘管他對西藥一竅不通。後來白耶爾寫信給大員的荷人，說很想返回，因為他治愈國姓爺的可能性不大。他天天生活在巨大的恐懼之中，因為他看到許多人因一些微小的事情而被國姓爺用各種殘酷的方法處死，甚至連他自己的親人和妾姬也不放過。他將這些人每六七個手腳釘在一起，棄之不顧，直到最後死去。白耶爾於8月21日返回大員。據《熱城日記》5月23日、8月21日記載。

一段時間以來，中國人在馬尼拉被迫交納沉重的關稅，甚至其他貨物沒有付錢就被搶走，因爲西人如此虐待中國人，國姓爺發布通告，他的所有下屬均不許載貨前往馬尼拉，不然將以死罪和沒收其財產懲罰，因爲他發覺許多商人因此而破產。據中國人稱，那裡的西班牙人陷入巨大危機，因爲阿卡蒲卡只有一艘船送去少量現金。

大員的居民去年是否有人裝貨運往那裡，長官西撒爾先生沒有述及，看來他們也沒人前往。他們特別強調，去年泊至巴城的中國帆船已全部回到中國，中國人只抱怨巴城的關稅高於從前，但他們的航行仍很成功，人們認爲他們不會停止派船。是否果真如此，還要等待事實的證明，並在寄出此報告前向您說明。

由國姓爺及其同夥派往日本的26艘大帆船，遇到風暴，損失慘重，因不能成行而不得不裝運許多本來貴重現已腐爛變質的貨物返回，商人們叫苦連天。

不難想像，這種不幸總是要帶來巨大損失，若上述帆船沒有這一不幸的經歷，那麼日本的絲綢市場就會被他們壟斷。

福島的村社集會，北部於3月30日、南部於4月2日照舊例在赤崁公司的大庭院中隆重舉行。北部有58座村社的長老或頭領，南部有49個村社的長老參加，與去年相比減少32個[24]。據他們講述，眾頭領並非因叛逆而是因重病不能赴會，這不過是託詞。主要是南部村社的人不情願出席集會，特別是那一地區的山地人，幾年來已經習以爲常。對此我們應採取措施，因爲我們發現若對他們過於退讓，他們將得寸進尺，不受控制而繼續背離公司。一旦情況允許，需派一

---

24 1654年的北部村社集會於3月30日在赤崁舉行，《報告》記載為4月1日有誤。福島長官及評議會成員召見村社長老，新港、目加溜灣、大目降、蕭壠、麻豆、諸羅山等絕大部分村社派人參加集會。只有幾個村社長老因病或其他原因未能出席。集會用語為新港、虎尾壠和Chamecat語，頒佈19條聲明，與往年相比無特別內容。

南部近70個結盟村社只有一半派人前來，其他多數因病或年老未能參加，有的村社甚至全村染病死亡，如小村社Soeperioenan。由此可見南部村社各方面條件之差。集會程序以及內容與北部村社相同。村社及其長老名單詳見上述詳見1654年3月30日的《熱城日記》。

支隊伍前往，以此重新擴大公司在那些人中間的威望。這一遠征只需簡單地率隊伍行軍經過平原地區的村社以示聲威，靠這一方式可使那裡保持3至4年平安無事。兩次村社集會的內容，諸如督促長老們履行的義務，對一些村社長老所做的人員調整，請您詳見集會報告。從一份單獨的記錄中可以看出，據各民事官最新統計，福島歸順公司的村社多達272個，人口總計49,324人，住房14,262座，爲避免繁瑣，在此不加詳述[25]。大員附近村社居民表現良好，歸附公司，沒有任何造反和叛逆的行動，而離大員較遠的村社則不同，特別是一些因細小的事情而發生糾紛的村社，非經戰爭和流血事件不能言和，這證明他們野蠻和不文明的本性尚未根除，將努力說服他們改進這種狀況，使他們逐漸改邪歸正，我們需耐心等待，暫時無需過多地注意。

福爾摩莎原住民中間的宗教傳播依舊進行，但我們不能想像這方面的進展如何之大(儘管牧師們大加宣揚)。首先，福島南部教盲的皈依幾乎前功盡棄，8年內沒有一名牧師前往傳教，那裡的教堂和學校只能由學校教師在民事官的監督下掌管，因爲沒有牧師肯到那片氣候惡劣的地區工作。每年在那裡去世的學校教師和士兵不計其數，這並不奇怪，因爲發現他們到那裡之後死神總是在眼前出現。

長官西撒爾先生準備在12月份委派幾名專人調查那一地區的教堂和學校是否有必要繼續維持下去，因爲教會人員認爲那一地區的工作是徒勞，而且目前牧師的人數也無法顧及，甚至無力派去一名牧師，因爲最近派往福島的達帕爾和撒瑟紐斯分別在一次旅行中和染病去世，目前福島只剩下3名牧師，我們將被迫再派去3至4名牧師。儘管我們認爲那裡需要的人數不比像他們所講的那樣，因爲定期察訪比長期進駐村社更易開展工作，沒有牧師常駐，學校教師完全可以按條理規定在福島原住民中傳播基督教的常識，所以在牧師對原住民進行更高等的教育之前他們仍有足夠的事情做。

我們仍將盡可能增派幾名牧師去福島，不然那裡的宗教事業將因

25　該記錄現存於海牙國立檔案館，voc 1207, fol.530-536.

牧師人數不足而受到影響，我們努力盡一切可能促進這一工作，給牧師這種神聖重要的事務所需要的支持。

爲避免牧師們在福島產生任何不滿情緒，我們規定，牧師在村社的權力高於民事官，這將增加牧師在原住民中間的威望。此外，我們接受牧師就教堂和學校的管理提出的建議，而取消民事官在這方面的參與權，以排除雙方之間的爭議。看來他們對此頗爲滿意。另外，我們將一如既往，每年獎賞他們一罐上等西班牙酒，我們希望看到的是他們兢兢業業地傳教，並使上帝的教堂昌盛不衰。

願上帝保佑這一事務將取得進展。

福島東部的總部卑南社，於5月22日舉行38個村社參加的村社集會[26]。爲維持公司在那裡的威望，由一名隊長率領23名士兵駐守。我們的人在那裡組織村社集會，目的在於利用豐盛的酒食和小禮物籠絡那裡的原住民，和改變他們好鬥的惡習，因爲那一地區的原住民粗暴野蠻，只能通過懷柔的方式予以改進，他們之間的戰爭和割人頭之習仍盛，人們無法制止。但我們的人順利地通過整個地區，而且旅途中常有原住民悉心爲我們提供援助，這也說明他們對我們的尊重和歸服之心。

因我們的人缺乏小型船隻，上月即3月派出一條租來的中國帆船前往卑南社，爲我們的人運送每年的必需品。8天後到達卑南社海岸，急忙卸下裝運的各種給養等物品，又在那裡裝運97捆麋鹿皮，15捆鹿皮，38捆山羊皮，並沒有返回大員而是直航中國。途中，船上的中國人(我們可以肯定)將在大員派出與其同行的三名荷蘭海員殺害。此事已得到證實，因爲我們的人在大員獲悉，上述帆船泊至安海，並在那裡將皮革賣掉；這的確是一個駭人聽聞的事件，迫使我們對那些不可信賴的中國人不得不謹慎行事。大員長官西撒爾就這一殘忍的凶殺事件寫信給國姓爺提出抗議，並鄭重要求他將上述帆船船長及其從犯交給我們，或由他根據其罪行予以懲罰，歸還被搶走的皮革。我們

26　該集會有400名村民參加。見《熱城日記》1654年6月6日記載。

的人尚未得到答覆，恐怕不會滿足我們的要求，交出人和物，因爲這些無禮之徒將對此事置若罔聞。

爲供應雞籠和淡水駐兵各種必需品以及將儲存在那裡的麋鹿皮和鹿皮、一批冶煉用煤運回大員，過去一季的4月20日和12月4日，平底船Formosa和兩條租來的帆船及一條公司帆船被從大員派往那裡。裝運貨物包括一批鹽、粗瓷、鐵、煙草、食物、武器彈藥、現金等，價值總計f.38,484.18.10。上述物資足夠上述兩地使用一年。上述平底船往返順利，途中未遇到任何困難，只是上述公司的帆船Zeelandia本來於10月4日第二次被派往淡水裝運冶煉用煤，結果因強烈北風而未能成行，被漂至中國沿海金門島附近。船長、會計和醫師[27]未經考慮即決定登陸，被中國人押至金門府。此後，中國人揚言要將我們的帆船扣留，卸下船舵。舵工和其他船員得知後馬上啓錨揚帆前往大員，置仍在中國人那裡的船長和其他荷人於不顧。後來他們於11月15日乘坐一條小帆船也返回大員，講述他們獲釋的經過。他們先是面見國姓爺，向他解釋他們是什麼人，最後未遇到任何麻煩即離開那個國家。

據商務員范・伊帕侖報告，北部地區的淡水和雞籠情況良好，只有蛤仔難灣的人仍未歸順，看來他們遠離公司的城堡，可以無所顧忌，公司在那裡的兵力薄弱，這點我們難以避免，他們之間的爭鬥與公司無關緊要。但若蛤仔難村民對我們的友好村社發動攻擊進行騷擾，我們則需採取措施阻止他們。這些受害村民訴說，他們是因爲我們的意願(因爲這些村社與公司結盟)而天天受敵人的襲擊，而且早已揚言，如果以後不能受到我們的保護，他們將脫離公司而投靠那些暴力者以保全自己。我們的人至今用各種許諾籠絡他們。但恐怕他們見我們不採取任何行動，果真如上文所述脫離公司。仔細考慮一下就會發現，我們的隊伍需越過一座難以攀登的山，而且因其村社過於偏僻，距離較遠，憑我們薄弱的力量難以前往提供援

27 船長為泡沃森(Harck Pauwelsz.)，會計為海阿特(Michiel Gijsaarts)，醫師為佛科斯(Samuel Fox)。據《熱城日記》1654年10月31日記載。

助。況且維持淡水南部及其周圍村社歸服公司已困難之極，這些村社中有許多不情願在和平的環境下生活。正如Pocael村向范・伊帕侖商務員講明，這些人不久後寧願重操舊業行盜爲寇，要使他們順服需花費一番苦心。淡水和雞籠的兵力總計140名荷蘭人，足以繼續維持兩地的佔領。

那裡的工事進行了一些必要的維修，特別是費科蓟里亞圓堡，因爲其中的木料幾乎全部腐爛，拆毀又重新築起，而且淡水圓堡又新修了一個堡頂，他們沒有另外增建新的工事。

該季，我們在淡水的人將14¾里耳重的福爾摩莎黃金運往大員，每里耳中的金以8里耳重的鐵從哆囉滿人那裡換取。

由西撒爾先生將上述黃金運來，放在我處，但在進一步提煉之前無法確定其含量，然後根據情況購運更多的數量。但依靠這種方式購買我們恐怕難以獲得大量的黃金，而且在那一地區居民中間用鐵換取過於危險，我們的人發現他們多用於製作武器，不但可用來對付他們自己的人，而且在叛亂時可用來對付公司，因此需謹慎爲是。我們將給那裡的人下達有關指令，以免貽誤公司的事務。

去年，回荷的船隊出發不久，曾任大員及福島副長官的費爾勃格先生向我們提交一份書面報告，內容涉及那裡統治的具體情況。以及根據他的看法，那裡仍需注意進行一些有效的改進，促進該地區的繁榮。隨此寄給您一份復件，閱讀之後您可得出結論，他的看法完全有益於公司。這說明費爾勃格先生不但致力於促進福島的繁榮，而且他對那一地區各方面均有深入的瞭解，您可詳細參閱他的報告，在此從略。我們希望能得到您對此報告的看法。期間，我們就其中主要的計劃和建議進行討論，哪些可採用以促進公司在大員和福島的事業。

上述費爾勃格先生向我們表示，(因爲您在1653年4月30日的信件中命令，由於幾件無法以充分理由解釋的令人不滿的事情將他從大員調出，然後恢復他的職務)他主動要求爲公司效力，在東印度證明他對公司的義務和勤勉。經討論，我們認爲，費爾勃格先生未經事先召回而是主動提出前來巴城並獲得我們的准許，(儘管他講，他的要求是惟恐被召回而有損其名譽，並非主動提出)評議會卻不能接受這一要求，因爲上述地區的長官一職已委派他人擔任，做出的決定不能輕易取消，請您詳見3月31日的決議。因該決定是根據充分的理由做出，我們希望您會予以支持，特別是上述費爾勃格先生已被晉升到評議會委員的級別，除緊急情況不能從巴城派出，他似乎對這一決定較爲滿意，我們難以相信費爾勃格先生現在還願意前去替換西撒爾先生。

截止8月31日，大員的商務帳簿結帳時，我們發現，包括那裡的土地收入那一地區在12個月內共獲利 f.593,624.13.14

除去陸上費用	f.344,400.03.07
水上費用	f.30,649.13.14
費用總計	f.375,049.17.05
純利潤爲	f.218,574.16.09

與去年相比，減少f.120,342.4.6，如果將建築普羅文薩城多數未記入帳的費用f.85,000也計算在內，純利潤將更少，同時也需要考慮到，9、10、11月售出的貨物所得尚未入帳，而且結帳時大員仍儲存價值f.1,450,000的物資，可望獲得好利。

70. J. Maetsuyker, G. Hulft, C. Hartsinck, J. Cunaeus, N. Verburch, D. Steur, 巴達維亞, 1655年2月16日

——voc 1202, fol.180-181.

(fol. 180)一條中國帆船同時自滿剌加泊至巴城，帶來那裡長官和評議會1月11日的來信，我們令人欣慰地獲悉，海船Witte Paert、Campen和Calff於12月25日從大員平安到達那裡，我們爲此讚美上帝。該船運去價值f.1,263,993的物資，包括f.282,555的中國黃金、f.769,500的日本錠銀、3,429箱日本銅條：100斤一箱、426,593斤即1,869箱福爾摩莎砂糖，另外還有樟腦、茶、硫磺、漆器等。以上物

資由上述長官分別派運往以下地區，即Witte Paert、Campen和Calff三艘海船前往蘇拉特和波斯；快船Zeerob和Bruynvis前往科羅曼德爾；Vlissingen和Popkensburch前往孟加拉。那些地區對錫的要求因此而得到滿足，爲波斯運去95,000磅，蘇拉特125,000磅，范・赫恩特(van Gendt)先生事先已運去60,000磅，20,000磅往溫古爾拉，45,000磅往科羅曼德爾，總量達345,000磅。

71. J. Maetsuyker, G. Hulft, C. Hartsinck, J. Cunaeus, N. Verburch, D. Steur, W. van der Beecken, 巴達維亞, 1655年4月1日

——voc 1208, fol.487-500.

(fol. 493)科羅曼德爾對荷蘭、滿剌加、大員和日本的要求仍有待於滿足，但資金則遠遠不能達到需求，要大員提供的f.1,000,000，只得到f.550,000，差別太大，我們無法從巴城提供，因爲巴城庫存的約價值f.300,000的錠銀和銀條準備用於孟加拉，那裡的絲綢貿易於公司至關重要。

(fol. 498)2月20日，又有一條小帆船從中國到達，此船屬於廈門，儘管我們的人去年採取行動強迫所有帆船以後只駛往巴城，而國姓爺對此事則不能理解，他在一封由上述帆船帶至的寫給長官的信中講到，其帆船的航行無人有權禁止，因爲巴達維亞、大員和滿剌加屬同一國家或地區，有關事項還有待與我們達成協議。據我們獲悉，柔佛也停泊一條帆船，同屬上述國姓爺。據上述小帆船的船主講，另有6條小帆船由國姓爺派出，其中3條前往暹邏，1條往柔佛，1條往三果拉(Sangora)，1條往大泥。他可在這些地區進行貿易並將貿易獨攬手中，有了以上地區，他則不再需要大員、巴達維亞、滿剌加，而且不給我們留下任何貿易。鑒於以上情況，我們認爲，限制他的帆船最遠只能到達暹邏，這已經對我們的貿易造成足夠的損害，因爲他將同時把錫和胡椒運送到那裡。爲阻止所有損害我們利益的商人，我們打算以後每年在不同地區予以攔截，迫使他們轉航巴城，正如您在1644年

9月21日的信件中下達的命令。

上述小帆船裝運貨物價值不大，多為粗糙次等的商品，只有少量絲和七、八錠金，提供給公司以換取胡椒，其價格為一里耳重的黃金值13.5里耳，共8.5瑪特(mat)[28]重。上述貨船Witte Valck帶來西撒爾先生寫於1月3日的報告，經暹羅泊至的貨船也帶來消息，自貨船Coninck van Polen離開之後，沒有黃金自中國運至，與中國人寄予的希望相反。據說，大員和澎湖發生風暴之後，眾帆船受阻，導致同時期的貿易停頓，對科羅曼德爾極為不利。

據傳言，韃靼人重整旗鼓，對國姓爺組織進攻，因為他拒絕按韃靼人的方式雉髮。這對我們的貨物的銷售將產生消極影響。

上述長官計劃在有所保障的前提下再次預售給福島中國人長老一批胡椒，要求他們將來向公司供糖。讚美上帝，赤崁土地上的蝗蟲大多已銷聲匿跡，今年可望收穫的糖量至少15,000至16,000擔。前面述及的小導航船重新下海，但平底船Ilha Formosa恐怕無法修復使用，整艘船幾乎全部淤埋在泥沙裡，在南風期潮水退下之後將想盡一切辦法救出。淡水和卑南的情況良好。商務員范・伊帕侖因期滿而被替換，下級商務員艾歐瑟費爾(Elsevier)被派往接任此職。每年一次的村社集會將照舊例在赤崁舉行。

地方官施合德爾和指揮官佩督率100名士兵與20名水手組成的隊伍前往福島南部，平定搶劫行凶的叛亂村社。

72. J. Maetsuyker, G. Hulft, C. Hartsinck, J. Cunaeus, N. Verburch, D. Steur, G. van den Bogaerde, 巴達維亞, 1655年7月12日

——voc 1208, fol.538-549.

(fol. 541)我們該季首次派往大員的船隊已於5月14日出發，包括快船de Bul、Armuyden，貨船Pellicaen與平底船de Swarte Vos於上月

28 西班牙銀幣，價值8里耳。

20日從那裡到達我處。所載運各種貨物和給養價值爲f.242,900.18.6。上帝保佑這些船隻順利航行。上述Swarte Vos帶來福島長官及評議會寫於2月6日和26日的報告。那裡貨物銷路仍然不佳，而且沒有黃金從中國輸入。因爲國姓爺派人四處收購黃金用於他在其他地區的貿易，正如他自己所寫，用於養兵，這對他來說已並非易事。而且中國許多地區的通道被韃靼人把守堵塞，其貿易受到破壞，長官因此已將對胡椒等商品的要求明顯減少。

由地方官施合德爾先生和指揮官佩督先生率領的南征隊伍凱旋。他們處罰了肇事者，平定了叛亂村社。福島甘蔗長勢旺盛，據說7月份至少可收穫12,000至13,000擔糖，此外，去年還剩餘7457擔糖，並再次預先提供給中國人長老價值15,000兩的貨物，以屆時用糖抵消。剛發芽的稻苗因蝗害而腐爛，使得數村社居民無糧充飢。長官及評議會從公司的糧倉中撥出28拉斯特米援助這些窮苦的村民[29]。

73. J. Maetsuyker, C. Hartsinck, J. Cunaeus, N. Verburch, D. Steur, G. van den Bogaerde en Dircq Sarcerius，1655年12月24日

——voc 1209, fol.1-154.

(fol. 66)來自廈門的小帆船於7月12日返回，裝運650擔胡椒，以8里耳一擔的價格由公司提供，以及他們從私商那裡購入的一批藤。繳納關稅700里耳，在該船航離時我們再次向他們聲明，不許駛往滿剌加，而是前來巴達維亞。

(fol. 83)今年1月28日，快船Zeerob和Bruynvis裝運在大員購入的

---

29 荷人為救濟飢荒中的原住民，發給他們以下數量的糧米：

蕭壠社，114人，每人約80磅，共9,120磅

麻豆社，155人，每人約80磅，共12,400磅

哆囉咯社，50人，每人約100磅，共5,000磅

荷人駐新港的民事官布恩向新港、目加溜灣、大目降、大武籠的村民也發放糧米，共計45,040磅。據《熱城日記》1655年3月2日和9日，voc 1213, fol.566.

以下貨物到達帕里亞卡特，用於科羅曼德爾的貿易和爲東印度與荷蘭購買所需麻布，即價值f.282,555的碎金、f.285,000的錠銀，以及價值f.607,530.4.8的各類貨物。與我們的要求相比，數量不多，而且碎銀與銀幣市場不佳，價格不斷下跌，雖然與我們簽約的商人用織物換去一部分，但大部分仍如不贏利資產難以脫手，損失將達8%到9%。

(fol. 87)2月5日，快船Popkensburgh和Vlissingen順利自大員運至孟加拉日本錠銀170,000兩和價值f.532,817.11的少量貨物，用於那一地區的貿易。

(fol. 148)以上記錄完成之後，3月19日，大海船Enckhuysen載運砂糖和其他貨物自大員到達巴城，按貨單載貨價值達f.66,099.14.15。該船帶來福島長官與評議會和長崎領事的信件，因篇幅較長，有關內容在下次派船時再向您報告。現在只容我們簡述如下。今年派往北部地區的船隻均順利到達那裡，讚美上帝。只有平底船Vledermuys裝載400箱糖在澎湖列島遇難，但船上的人員、大砲和多數船具均搶救下來。

公司的貨物在日本的贏利又高達100%，但運去的貨物不及我們所預料的數量之多原因是，經暹邏派去的貨船Trouw途中遭遇不利，未能到達那裡，被迫駛入澎湖列島。不然，從巴城和暹邏運去的價值f.138,349.3.7的物資將獲得好利。今年大員貿易所得可運往其他地區的物資不過f.1,350,000，其中有銀400箱。大員貿易停頓，爲國姓爺壟斷貿易、獨攬贏利所致。請您詳細參閱下文的有關報告。上述海船離開大員時，那裡仍未得到關於派往廣州使節的消息。

74. J. Maetsuyker, C. Hartsinck, J. Cunaeus, N. Verburch, D. Steur, 巴達維亞, 1656年2月1日

——voc 1212, fol.1-98.

(fol. 5)12月14、15和19日，快船Armuyden、Vlielandt、Swarte

Bul和Angelier先後自大員安抵滿剌加，爲孟加拉、科羅曼德爾、蘇拉特和波斯所裝運貨物價值計f.1,349,436。

其中價值f.710,234的物資由快船Domburgh、Angelier和Leeuwin運往孟加拉，包括225箱日本錠銀，1,400箱銅條，312簍明礬，3座上塗漆的轎子(verlacte norimons)以及60,000磅滿剌加錫；Armuyden和Salphir運往科羅曼德爾138箱銀，價值f.56,497的錠銀，822箱銅，922簍明礬，一批茶、茯苓和30,000磅錫；快船Vlielandt運往蘇拉特972箱銅，512簍明礬，198簍茶以及73,918磅錫；同一艘快船還爲溫古爾拉裝運8,000磅錫；快船Witte Winthont和Swarte Bul運往波斯1,950箱福島砂糖，587磅象牙，963小箱銅條和45,000磅錫。上帝保佑，以上船隻能順利行駛。

(fol. 20)正如Prins te Paert一船經英國帶給您的報告中記述，去年我們在季風期適當時候將以下船隻從巴城派往大員：海船Vlielande、de Swarte Bul、Armuyden、Pellicaen、Nieuw Enckhuysen、平底船Roode Vos、Swarte Vos以及快船Vleermuys。第一艘船裝運胡椒和錫經滿剌加，其他7艘直接駛往大員，最後一艘經東京駛往大員，載運貨物包括各種商品、給養、現金及其他所需物品，價值總計f.569,756.10.7。我們於3月9日，5月14、18日，7月26日以及8月4日寫給長官西撒爾先生和福島評議會的內容，請您詳細參閱通信錄中清楚的記錄，不在此重複敘述。只向您報告我們最新得到的關於大員和福島狀況的消息。

在1655年7月12日的報告中我們已向您講明，最近平底船de Swarte Vos從那裡帶來消息，我們已做過有關記錄，大員商品銷路持續不佳，但我們希望並相信以後將會好轉，改變眼下蕭條的狀況和過去一年在海上遭受的慘重損失，重新進行有利的貿易。然而，不幸的是，下文我們將向您提出事與願違的報告。

正如我們在最近一次報告中敘述，當時因時間有限只一筆帶過。久盼之後，12月9日大海船Nieuwe Enckhuysen終於自澎湖泊至我處，載運貨物以糖爲主，價值爲f.66,099.14.15。按我們的指令，此船爲避免各種風險未前往大員，而是在澎湖裝卸貨物，大員隨船送來西撒爾長官和大員評議會11月14日起草的報告，其中首先述及上述船隻未出任何意外，順利泊至，讚美上帝。只是小快船Vleermuys後來被用於到澎湖裝卸貨物，9月26日和27日在第二次航行中受到北來的風暴襲擊，船錨被拔起，撞到het Vuyle Eylandt的岩石上而破裂，船上用具及人員均未能脫險，使公司不但失去一艘船，而且船上裝運的400箱糖和100擔燒柴也遭損失。因缺乏小型船隻而用於裝卸貨物的兩條中國帆船在大員水道被海浪掀翻，9人淹死，損失一批胡椒和鉛。

(fol. 21)大員水道水深仍持續在8、9、10、11荷尺，至多12荷尺，沒能找到加深的方法，也難以期望它自然變深。從中足可以看出那一航行水域是如何需要幾艘輕便、吃水不深的海船和平底船，因爲沒有這種船隻公司在那裡的事業將難以維持更久。

去年上述Vleermuys的遇難，以及根據我們在報告的滿剌加部分所記述的平底船de Roode Vos因天氣惡劣和風向不順未能到達大員，那裡急需用於裝卸貨物的小型船隻。上述de Roode Vos在海南附近截獲一條航自廣南的中國帆船，獲得一批胡椒、鉛、沉香、明礬和硝，然後經暹邏前往並到達滿剌加。國姓爺又將要求償還並就此事大做文章，儘管這條船並非屬於他，而是一名私商。

我們只能等到他的帆船自中國泊至後才能得到真實情況。我們在1655年1月27日的報告中提出的建議，試驗大員的貿易是否可逐漸移至雞籠，我們已交由長官及評議會商榷[30]，並下令，如果他們與我們意見一致，可派出一艘海船裝運胡椒、鉛、錫及蘇木前往，委任已長期駐大員並善於與中國人來往的商務員范・登恩德(Joannes van

30 大員長官和評議會召集福島中國人和主要商人，討論可用什麼方式繁榮大員的貿易，是否可派船裝運貨物到雞籠淡水貿易；長老們回答，中國因國姓爺與韃靼人之間的戰爭交通堵塞，而且韃靼人嚴禁國姓爺管轄地區的商人到韃靼地區。至少在將來三個月內不會有什麼人前來大員貿易。據《熱城日記》1655年6月28日，voc1213, fol. 653.

den Ende)為首主管。但從西撒爾先生的來信中得知，他對此事的觀點與我們頗有分歧，他強調(對此有長篇報告)，中國人無論如何不願捨棄大員前往雞籠與我們貿易，不僅因為他們已習慣於大員，而且大員水道的淺水對他們毫無影響(他們駕小帆船從中國前去貿易)。

西撒爾先生對此列舉的各種理由我們完全相信，但我們現在應該考慮的不是中國人而是我們自己的處境，而且依我們之見，對他們來說到雞籠貿易更為便利，若繼續在大員冒險行船使公司年年遭受巨大損失，除非能設法避免這些不幸事件。我們與西撒爾長官的看法幾乎一致，但若不能設法解決這一問題，仍駐紮在那裡，公司將難免種種損失。因此我們認為，若貿易恢復，需前往調查雞籠的情況，西撒爾先生根據我們的命令今年沒有實施這一計劃，這並沒耽誤任何事情，因為大員現在幾乎沒有什麼生意可做。下面我們將開始向您報告那裡的詳情。據來自大員的消息，自1655年2月26日平底船de Swarte Vos離開到11月14日，我們的人只購入價值f.45,000的黃金，數月來沒有中國帆船到大員貿易，人們對貨物也沒有需求，其中一部分由大員的中國居民在前後七、八個月間公開拍賣時購入，因目前無力支付，一直堆積在貨倉裡。儘管我們的人已多次張貼佈告聲明，胡椒以12、11，甚至10.5里耳的價格出售，其他貨物也以優惠的價格賣出，黃金以高出平常價格4⅙%的價格收購，仍然沒有人感興趣。

這一消息完全出乎我們的意料，若非中國帆船運到巴城一部分黃金，我們將不知如何維持科羅曼德爾的貿易，大員貿易衰退而一蹶不振的原因是韃靼人與國姓爺之間的戰爭，據說雙方仍在激戰，韃靼人以優裕的條件招撫，國姓爺則置之不理，而且無意言和。他依靠海上貿易、四處搶劫和敲詐其部屬使其勢力壯大，不僅增加了他的威望，而且其權勢與日俱增，將沿海地區置於他的控制之下，給商人施加難以承受的壓力，眾人因此而傾家蕩產，他則變本加厲壟斷貿易，割據一方。為此，他派出大批帆船前往日本、東京及其他有利可圖的貿易地區[31]，這一巨商將成爲公司在北部地區的眼中釘肉中刺，而且現在我們已漸漸感覺到這種刺痛。此外，他的自負與傲氣日益滋長，在他的帆船自巴城返回中國之後他竟然傲氣衝天地給公司翻譯何斌及大員其他中國人長老寫信，要他們以他的名義告知西撒爾長官，最近他派來巴城的帆船所受待遇不如從前，而且在舊港(Palembang)有人從他的一條帆船中搶走400擔胡椒，竟有人要禁止他的帆船前往滿剌加、柔佛、大泥、三果拉、里格爾，他還故意質問，公司爲何不禁止他的船隻駛往日本、暹邏、柬埔寨和廣南等地。果真如此，他將採取措施進行報復，下令禁止所有中國人駛往公司所屬地區貿易，這將於公司極爲不利，以此警告我們在巴城優待他的商人，不設任何障礙地開放前往以上地區的航行，不然他將被迫下令禁止其部下前往大員和巴城貿易，還補充說，以上皆金玉良言，意思是說，他完全有能力實現。這些純屬威脅，但若他真正予以實施，可爲我們的貿易帶來巨大損失；我們認爲，國姓爺沒有貿易也就失去了財源，無法維持與韃靼人的戰爭。我們判斷，他對我們的威脅，是爲我們製造恐懼，以達到他的最終目的，並非有意製造隔閡。但願他是在要挾我們。同時，我們恐怕他在不影響自身利益的條件下盡力爲我們製造障礙。正如我們的猜測，目前大員貿易的停滯就是他的這種行徑所致，通過阻止帆船駛往大員的方式保證他從巴城運回的物資獲得盡可能高的利潤。

國姓爺滿口威脅之詞，他將採取什麼行動，時間會告訴我們。他

31 荷人此處稱國姓爺對韃靼人的戰爭是靠海上貿易和四處搶劫來維持，可謂一語中的。據《熱城日記》1655年9月30日記載，荷人在大員獲悉，國姓爺向東京、暹邏、柬埔寨派出的帆船多達60條，他們多派自安海，裝運大量的絲貨、織物以及11,330擔糖。國姓爺在清軍兵臨城下之時仍派船出外貿易，可見其海外貿易至關重要。軍糧對國姓爺來說舉足輕重，特別是清軍步步逼近，大大縮小了他的活動範圍，軍糧的來源成為一大問題，解決這一問題的唯一辦法是派軍隊四處收糧、搶糧。據荷人所知，國姓爺派出三十萬的大軍，分南北兩路，南路由水路前往南澳—廣州之間的地區，北路由陸路前往福州地區，向當地人收取糧食。國姓爺還令人在廈門附近的村莊裡張貼佈告，嚴令當地人在限定時間內將他們的糧米送往廈門和海澄。據voc 1213, fol.696, 705, 765.

的一條帆船將爲我們帶來一封信。若能在結束此報告之前得到消息，我們將在下面的巴城部分報告中詳細記述，大員報告記述了許多有關國姓爺的傳言，因篇幅過長不能在此插入一一報告。這些謠傳並不確鑿，不能當做事實向您報告。我們發現，從中國到達大員的中國人說法不一，缺乏根據，我們幾乎無法確定他們的哪些話可信。有關的詳細內容您可參閱大員的報告，在此不作長篇報告。

公司在巴城這裡和滿剌加積存著大量胡椒，目前大員沒有銷路，西撒爾長官沒有爲1656年要求運去胡椒，而且對其他貨物的要求也極少。我們將到大員運糖的船隻準備妥當，運去大員所要求的200,000盾的現金，這將花費掉我們從荷蘭得到的資金的一大部分，上述長官寫道，這批現金爲收購糖和鹿皮所必需。他們因錠銀不足只能減少對孟加拉的供應，留在大員以增加那裡的資金數量，他們已利用支票從我們這裡取出f.61,442，增加了這裡的負擔。北部的貿易不見好轉，我們也將無能爲力。

去年人們在福島估算可收穫糖15,000擔，結果只生產4,500擔，由中國人供給公司，原因是蝗蟲和強烈的北風嚴重危害了作物的生長。農民無能力償還我們根據甘蔗的長勢預付給他們的15,000兩銀，公司又重新貸款2,705里耳給那些不欠公司銀兩的人。我們相信，他們今年可以償還一部分債務，因爲地里的甘蔗生長茂盛。人們可以肯定，若無意外發生，產糖量可達36,000至38,000擔，正是蔗農所需，因爲幾年來他們在福島所受打擊太多，而西撒爾長官則擔心中國人無力將所有甘蔗收來榨糖，除非再支付他們一些資金爲援，幫助他們度過這一時期。然而原來的債務已達f.570,000，我們爲公司將遭受的巨大損失而憂慮。同時我們認爲，他們所估計的糖量不可能達到，以往的經驗告訴我們，福島的蔗農故意將糖量估計過高，以從中取利。時間將予以證實。因爲蔗農負債累累，還淸債務的唯一希望是新收穫的蔗糖，福島的評議會沒能批准降低糖價，需推遲到地里的甘蔗全部收穫之後。準備將每擔的價格減少到佃戶困境所能容許的程度，因爲他們的破產也將於公司不利。我們恐怕還不能將價格降至5里耳一擔，爲使他們感覺不到降價的痛苦，每次降低1里耳。即使這樣我們仍擔心會有許多人脫離蔗糖業，從事其他的行業，而且以後將很難再動員他們種植甘蔗。若不是將上等白糖以每擔7里耳的價格收購，鼓勵蔗農植蔗，福島根本不可能收穫如此大量的蔗糖。

然而，公司也不能忍受損失維持蔗糖貿易，特別是因爲巴西被葡人佔領[32]，荷蘭市場的蔗糖貿易很可能一蹶不振。大員因缺乏合適的木材，無法將所有的糖裝入600磅容量的木箱中運回荷蘭，從其他地區裝運木材又過於昂貴，將導致糖價上漲，在眼下人們極力購入廉價蔗糖之時極爲不利。

大員的蔗糖自1649年以來按其種類以不同價格購入，並在糖箱上註明重量，用黑色墨汁標明白、紅、黑糖的種類，因爲您在最近的信中所講，箱上的標記受潮模糊而無法辨認，我們還按您的指令將質量最次的糖留在我處，用於東印度的地方貿易，將最白的糖運回荷蘭。

經重新丈量得知，福島稻田面積竟然達5,577荷畝(gemet)[33]，可提供足夠的糧食。由此可見，中國人不但沒有對農業種植失去信心，相反，他們生性勤勞，力圖發展農業種植，那裡的中國人也有增無減。您再三強調促進絲綢製造業，至今他們已做出很大努力，但不可能赤手空拳去開創此業，況且中國人只有在支付給他們大批資金的條件下才肯參與，而這樣做無疑將使公司遭受巨大損失，因爲這些人均負債累累，其債權人將對此不滿，他們不會把資金用於養蠶織絲，而拿來換債，蠶絲業易受挫折，若發生意外，公司則冒有遭受損失的風險，因爲中國人品質惡劣、欺騙成性，可以使我們毫無察覺地玩弄各種技倆。長官先生已多次提供各種優惠條件鼓勵中國人從事此業，規定最

---

32 荷西印度公司於1630-1654佔領巴西東北部各地，1654年荷人把所佔領的各地區轉交給葡人。詳見C.R. Boxer, *De Nederlanders in Brazilië*(Amsterdam, 1993)及同一作者*The Portugese seaborne empire*(London, 1969).

33 荷蘭舊時的一種面積計算單位，相當於半摩肯，即4,000多平方米。

初三年每擔福爾摩莎絲支付700里耳，仍不見收效，無人響應。但我們相信，如果人們肯出本錢，公司出面擔當風險，他們將有意嘗試。但那裡資金短缺，至今我們尚未在毫無保障的情況下下令投資，等到您有關的指令下達後再按您的指令行事。

您建議進一步到福島北角佳諸來附近的哆囉滿村社地區勘探肯定存在的金礦，我們經仔細考慮認爲，若能找到金礦，將可能挖出大量黃金，事關重大，但此事至今仍無進展[34]。去年，大員送來14¾里耳重的哆囉滿黃金，是我們的人在淡水按8里耳重的鐵一里耳重的黃金這一價格換取。爲確定其價值，我們送到科羅曼德爾，彼特(Laurens Pit)長官報告，該黃金在那裡售出，獲利59%，利固然高，但成本也非低廉，而是用貴重的鐵換得。我們不難看出，如果用福爾摩莎人不很喜歡的現金或其他貨物換取，還要貴許多。儘管如此，我們仍下令給西撒爾長官，無論是用鐵、織物、中國瓷器還是其他物品，只要可能，盡量收購。

下次派船隻前往大員時，我們將轉告長官先生，您希望瞭解上述金礦的詳細情況及利益。我們認爲，長官在卡隆先生執政時期爲恢復公司的威望曾數次率兵穿過整座福島，並親臨上述金礦，肯定對此事瞭如指掌，需等待長官先生及福島評議會對此事的看法，然後再有所根據地向您做出報告。

每年一度的村社集會於福島照例隆重舉行，幾乎所有歸服公司的村社長老或頭領前往參加[35]。我們在7月12日的報告中提及的派隊伍

34　荷人費人力財力探金，最終還是徒勞無獲。中村孝志先生對荷人在福島探金一事已有精闢論述。〈十七世紀荷蘭人在臺灣的探金事業〉，載：《臺灣經濟史五集》，臺灣研究叢刊第44種(臺北，1957年)，頁101-123。〈荷蘭人的臺灣探金事業再論〉，載：《臺灣風物》42.3(1992)，頁85-118。

35　北部村社集會於3月19日舉行，歸服的64個村社有18個村社的長老多數因病未能參加。集會用語為：新港、虎尾瓏、Chamachat和山地語。南部村社集會於3月22日舉行，73個村社中有10多個村社未能派人參加。集會用語為：大木連、Paroangh、Tongotaval語。詳見《熱城日記》1655年3月19日，voc 1213, fol.574.

出征福島南部一事已付諸實施，達到如期的效果，使那裡居民的叛亂情緒有所收斂。北部村社由地方官施合德爾率兩名代表視察，情況令人滿意，沒發現任何反常跡象。只是在察訪後不久，福島主要村社之一，位於北港溪以北的虎尾瓏村民發生騷亂，與其他人發生衝突，殺死1人，數人受傷，事情起因不明。我們的人派出一名下士率6名士兵趕往出事地點，平定叛亂，捉獲幾名頭領並擒拿殺人兇手，村社才恢復安靜於和平。上述被關押起來的兇手在監獄中用頭巾上吊自盡，悲慘地結束了他不幸的一生。

貨船Pellicaen，一艘平底船和兩條租來的中國帆船已前往福島北角雞籠和淡水，向他們供應足夠的必需品，指揮官佩督先生隨船前往視察，在那裡的森林中為大員尋找木材，返回後報告，那裡木材數量可觀。

但那一地區曾長時間流行高燒，許多荷蘭人因此而死亡。居民中間嚴重缺米，導致饑荒，奪去許多人的生命，因此我們的人從三貂角(St.Jago)和金包里(Quimory)派運去25拉斯特米以解燃眉之急。佩督先生在淡水河岸森林中發現高大松樹、樟樹及其他種類的樹木，都是很好的木材。但據說，本以為可支付相當的酬金動員當地居民砍伐並運到河岸，結果他們不習慣於這種苦力活，而且缺乏合適的工具；而利用荷蘭人或中國人從事這一勞動，因淡水附近山上發出的硫氣危害身體健康，將耗費大批人力，從那一地區供應木材的設想因此落空。

西撒爾先生寫道，儘管如此，從大員附近的森林中仍可砍伐足夠的木材用來建築房屋等，雖花費較高，這樣做無需從外地派船運去，又可減輕許多負擔。

大員維修船隻所需木材以後將從巴城和暹羅供應。商務員范·伊帕侖因合同期滿，而且因當地疾病危害身體健康，無法習慣於此，迫切要求離開那一地區。下級商務員艾歐瑟費爾被派往雞籠和淡水主管那裡的事務，結果上任不過四個月即染病去世。迫使我們不得不重新派一人前往。載運冶煉用煤和鹿皮的貨船Pellicaen還把報告帶到大員，公司的盟友，距離淡水圓堡不遠、位於河邊的村社Parkoutsie、Matatas、Perragon村民與Pocael村存心不良的村民同流合污發動叛亂，殺害四名荷蘭人，他們還引誘其他村社加入，脫離對公司的歸附，將我們在淡水的人從陸地一邊團團圍住，他們幾乎不敢把頭探出圓堡。這一暴動完全是由我們自己的人引發，他們在各處對居民敲詐勒索，橫行霸道，爲害極大[36]。

此事令人痛心。長官先生已想過對策，如何使這些暴亂之徒歸服公司，建議派一隻相當規模的隊伍前往，以迫使他們恢復從前對公司的順服，但鑒於公司在大員的兵力不過1,000人，特別現在正是面臨國姓爺入侵的危險之時，認爲不宜抽出200至250人使用，需等到巴城船隻到達後再做處理。同時我們的人計劃在4月份向淡水和雞籠增派50名士兵，那裡現在有126名士兵駐守。一切等到派人去以後再說。這期間或許可用美妙的許諾和優惠待遇使他們安靜下來，不然則需採取強硬的措施，恢復公司在那一地區的威望。

按每年的慣例，大員向卑南社派出一條租來的中國帆船，運送給養給駐守在那裡的荷人，該船已順利返回，那一地區的居民就其本性而言表現良好。駐那裡的軍士與當地居民中頗負聲望的首領保持良好關係，該首領甚至親自參加過最近一次村社集會，拜訪長官先生，這種友好關係須常用哪怕是微薄的禮物來維持。

7月份，一條自中國駛往大員的小帆船發現一條廣南的帆船漂浮在水道中，船上有7男、6女和10名兒童，由上述小帆船拖至大員，船上只有一批已泡濕和腐爛的稻谷。被捉獲的廣南人解釋，他們的船因風暴而漂離廣南海岸，三個禮拜內沒能見到其他任何陸地，只發現福

36　這四名荷蘭人為一名翻譯(1655年9月12日被殺)和三名士兵(同月17日遭害)。原住民叛亂的原因是那一地區的頭領范·伊帕侖去年對他們的懲罰，讓他們繳納少量的米，而且要他們每禮拜向淡水堡提供兩頭野獸。這些負擔過於沉重，而據原住民自己聲稱，眞正的原因則是上述荷人翻譯在那裡胡作非為，對原住民施行暴力。最後捉獲兩名兇手，村社長老被召到淡水堡，並保證對公司的忠誠。據《熱城日記》1655年9月30日，voc 1213, fol.767.

島，他們瘦弱不堪，被扣留在大員，爲公司所有。

我們這裡配備足夠的牧師之後，上季派往大員5名，讚美上帝，這些人順利到達那裡，而且健康狀況良好。這樣福島共有8名牧師，一名預備牧師和三名慰問師，他們分派在以下地區：

科魯伊夫在大員；

哈姆布魯科在麻豆和哆囉咯(Dorco)地區；

巴赫留斯在虎尾瓏區；

馬秀斯(Masius)在淡水和雞籠；

波斯豪夫(Bushof)在蕭壠、目加溜灣和大武籠(Tivorangh)；

溫瑟謬斯(Wincemius)在新港和大目降；

摩斯(Mus)在諸羅山和周圍村社；

卡姆皮霧斯(Campius)在二林(Tackais)及附近地區；

預備牧師豪夫豪秀斯(Holfhuysius)在目加溜灣；

三名慰問師在虎尾瓏、二林和大武籠。

願上帝保佑，這些信徒爲基督的神聖工作而派出，能把福音的光明送給那裡的教盲，薰陶他們並使他們認識耶穌教的信仰。福島有必要從他們這些人中派出一名牧師前往福島南部，但那裡的教會持有異議，他們擔憂的是當地的疾病。爲使南部地區的教堂和學校不致一次全部撤出，而是盡可能維持那裡的現狀，他們一致同意，派蕭壠和新港的牧師每年輪流駐守，選擇一年中氣候最適宜的一段時期，以此方式維持那裡的傳教活動。他們還將派預備牧師豪夫豪秀斯前往協助。這樣分期駐守不會影響那裡的事務。此外，牧師在履行其職責時，所有正當和權益之內的事情得到福島政府的支持，保證他們受到尊重獲得威望，這樣他們將心滿意足，並不再以對福島統治細微的不滿來打擾您。

福島用於保護赤崁土地的普羅文薩城已經竣工，耗資f.110,000，超出預算的一半多，公司因此不能再在那裡修建任何新的工事，因爲在目前貿易蕭條的時期公司無力承擔這樣的費用；現在我們希望，大員和福島能以相對小的規模繼續佔據，以減輕沉重的負擔。因爲就目前情況看來，貿易不見起色，公司不能以上述方式維持那裡的事務，那裡要求駐守的兵力過於強大，至少1,200人。爲達到這一數目，我們不得不計劃派去500名士兵，因爲那邊的兵力在Enckhuysen一船離開大員時隻剩1,000人，難以在國姓爺控制中國沿海的時期抵禦他可能對大員的進攻，嚴守我們的城池。他們按我們的指令沒再在大員和福島修建新的工事，我們認爲那裡的事務仍可繼續維持下去，況且維修原有的工事已經給我們帶來足夠的麻煩。爲改進熱蘭遮城，西撒爾長官下令修築一個新的市場和犯人教養處，用石頭建造大員城市貨物過秤處，並計劃挖深那裡的港口，用木樁和木板加固堤壩，耗資總計約11,000里耳。這樣，大員的收入將全部用掉，我們認爲他們資金使用得當，使公司不必感覺到這些費用的壓力，使用他們自己的每月600里耳的收入，保證花費不超出這一數目，以免市財政入不敷出。

前面我們已向您報告，爲保障規模宏大的熱蘭遮城堡的上層建築的安全，此前只有一名隊長駐守，現在我們同意派大員第二把手揆一進駐，但鑒於他還要掌管下層城堡的倉庫諸事，極爲不便，而且天天與眾中國人來往，將造成上層城堡過於繁忙。根據他的迫切要求，我們同意命令商務員及福島評議會成員范·阿勒芬(Pieter van Alphen)協助揆一的工作。揆一的月薪由130盾提高到150盾，簽訂三年的合同，本來他予以拒絕，現在已經接受，因爲他經驗豐富，具有能力，我們對此較爲滿意。

我們本以爲大員長官和評議會不會有任何異議地接收我們的建議，將原來按每摩肯每年2里耳租給中國人7年的大武籠的土地完全劃歸他們自己所有，使他們可以從中得利，並鼓勵他們從事農業生產。然而，長官先生等持反對意見，他認爲把土地從原住民手中奪出分給中國人這一做法不公平，而且出租7年以後原住民可望自己耕種。但我們瞭解原住民懶惰散慢的本性，認爲他們不可能自行耕種，如果他們有意這樣做，就不會使那些肥沃的土地荒廢多年。而且新港和蕭壠社之間還有上千摩肯的空地沒有租給中國人，足夠原住民使用，他們應滿足於此。既然長官先生和評議會堅持不同意我們的建議和看法，我們也只好不參與此事，等7年的租期結束後再做處理。

屆時仍可將以上耕地劃歸中國人所有，或者至少在他們富裕起來以後，公司須避免他們的利益受到損害。因爲那裡的貿易蕭條，極少有帆船從中國到達大員，造成那裡的鹿脯和乾魚等價格下跌，人們無可奈何，沒有辦法解決這一困難，只能減少規定的出口稅。福島評議會討論決定，因村社出租特別是村社的貿易因此而受挫，同意將鹿脯及乾魚的輸出稅降低，具體如下：

鹿脯	從3減到2里耳
大蝦	2 ¾到2
中等大小和小蝦	2¾到2
大乾魚	1到¾
小乾魚	¾到½
大鹹魚	1到¾
小鹹魚	¾到½

經計算，公司將因此每年損失12,000里耳，因爲每擔減少1里耳，即達8,000里耳。

村社出租於4月份進行[37]，爲期一年，特別強調租期內上述鹿脯、魚、蝦等的出關稅不予以增加，出租所得如下：

福島村社的貿易	20,880里耳
中國人的人頭稅	39,600
大員、赤崁和大武籠屠宰生豬	3,600
市過秤處	4,491
漁撈	3,005
赤崁耕地上的農作物的什一稅[38]	12,995

37 村社等於4月30日租出，詳細內容諸如出租的項目、租户、保人、租金等詳見《熱城日記》1655年4月30日，voc 1213, fol.617.

38 即耕地出租的收入，總面積為4,978.4摩肯，其中需納稅面積占3,101.5摩肯，總收入為12,995里耳。租户及保人詳見1655年9月20日《熱城日記》，voc 1213, fol.760.

租金收入總計　　　　　　　　　　84,571里耳。

與去年相比，減少4,570里耳。

再加上前面提起的減稅一項，損失總計12,000里耳，1655年福島收入總數減少16,000里耳多，損失之大難以以贏利補償。

爲繼續日本貿易，8月9日和19日自澎湖派往長崎的快船Armuyden和Vlielandt，載運貨物包括800箱糖，105,384張鹿皮，31,995斤麋鹿皮，20件哆囉絨，價值f.85,415.4。以上物品均被運至日本市場，鹿皮獲利110%，但蔗糖因中國人大量輸入只得利33%，如此大量的貨物，得利甚少。儘管如此，我們每年還是要運去作壓倉之用，沒有糖，鹿皮重量太小，無法運輸，不然大員只能用沙來壓倉，但在風暴不斷的上述航行水域不宜這樣做，一旦沙浸濕就會阻礙排水，造成堵塞，我們已多次經歷這種險情。上述快船Armuyden和Vlielandt，以及從這裡載運巴城的貨物直接駛往日本的Angelier和Soutelande，已於10月底11月初安全到達大員北部淺海區以南(讚美上帝)，並運至價值f.1,335,494.7.10的日本貨物，其中包括405,000兩或f.1,154,250的日本錠銀，餘者主要是一批銅條、煙草、米、日本裙、漆器和一些雜物。這批銀兩及所儲存的黃金[39]將運往以下地區：

科羅曼德爾：錠金，價值f.50,000，錠銀f.427,000，總計	f.477,000
孟加拉：	f.640,000
暹邏：	f.74,000
供東京購入一批絲織物運回荷蘭	f.14,000
1656年北部地區貿易所得金銀總計不過	f.1,205,000

這一數量不能算多，完全出乎我們所料，若裝運巴城和暹羅的價值f.138,349.3.7貨物的貨船Trouw順利駛往日本，本來銀兩供應應高出f.300,000。但北風吹起，船隻未能成行，詳見日本部分的記錄。而且黃金量不足以爲公司造成巨大困難。上述貨物有待運往大員，再於下

39　荷人為吸引商人輸入黃金，特別提高黃金收購價格，即24開的黃金10兩相當於125兩紋銀。《熱城日記》1655年6月28日，voc 1213, fol.654.

次南風季初運往日本。

去年從這裡派往日本和大員的船隻由長官和評議會派往以下地區：

巴達維亞：海船Nieuw Enckhuysen直接，貨船Trouw和Coninck Davidt經暹羅，以及貨船Pellicaen經東京；

科羅曼德爾：快船Armuyden；

孟加拉：快船Angelier；

蘇拉特和波斯：快船Bul和Vlielandt。

快船Soutelande和平底船Swarte Vos尚未派出，至於哪艘船將被派往巴城，哪艘船留在大員，若沒有黃金可以運送，單平底船就足夠運來那裡最近的報告。所以，Soutelande很有可能留在那裡，直到季風轉向再前來我處。這期間可將Trouw船上的貨物及早轉運到日本市場，而且在4月和5月份可前往淡水和雞籠，供應那裡所需物品，並從那裡運回一批冶煉用的煤和鹿皮。該快船停泊在大員水道，也可對敵人造成威脅，特別是國姓爺對公司似乎表示出極大的敵意，因而我們不但不能信賴他，反須倍加謹慎，做好準備。

上述快船Vleermuys被我們派出，經東京前往大員，以瞭解公司在東京地區的情況，因去年沒收到那裡的任何消息，詳細報告見東京部分，不在此重複。只向您報告，上述快船由那裡的下級商務員德・福赫特(Nicolaes de Vooght)由東京繼續派出並攜帶那裡的報告前往大員。但因風向不順而航行一個月，結果船上缺水，經船上頭領商量，決定到中國沿海找地方加水。該快船到達廣州城北30荷里左右的Groningen灣或稱Timboy，距離中國的Kitsickhoy城不遠[40]。海盜Soulack即藏身其中，不久前被韃靼人招安[41]，該Soulack發現我船之後，馬上派出幾條小船令人要求船上頭領登陸，並保證將不使他

---

40 此城位於北緯22.5度，東經116度，即Ki-chioh貴州。後來該城中國大官還就Vleermuys到達Timboy一事寫信告知大員長官，voc 1218, fol.562.

41 該海盜在澳門和南澳地區擁有大批水陸力量，有船隻150艘，多為戰船。據《熱城日記》1655年6月28日, voc 1213, fol.654.

們受到任何傷害。爲此，船上最重要的中國人自薦留下作人質。我們的人同意派下級舵工和一名水手隨他們登陸，並察看那裡的情況。然而，我們的人影子尚未消失，留下的人質就已狡猾地逃走，登上他們的小船。從這裡足可以看出中國人欺騙成性，企圖使用其騙人技倆引誘我們上當，正是這些騙局使我們的人陷入極大的困境之中。次日，上述舵工與幾名中國人又登上我船並報告，他受到中國官員的款待，岸上水和燒柴供應充足，還帶來一張通行證准許他們前去取用。下級商務員[42]不加思索地隨上述船員和中國人上岸，並下令小船隨他前往取水和燒柴，7名荷蘭人駕船而去。到達之後，被中國人硬拉上岸，快船上的人第二次受騙後才開始懷疑，並做好防禦準備，以盡快離開這一是非之地，駛往外洋。9月28日早，我們的人發現一條小船，由9艘大帆船尾隨[43]，直沖快船而來，船長馬上下令張帆。前面登陸的舵工乘坐小船率先駛來，並詭言帆船毫無惡意，是廣州的船隻準備出洋。隨後，我們即得出與此完全相反的結論。帆船駛近後，我們發現船上盡是武裝的士兵，並開始向快船開火，還有一條帆船由側面迎來，我們的人給以迎頭痛擊，使所有帆船連連後退，並轉航陸地方向，我們的人隨即率快船調轉方向，順利掙脫出這些野蠻海盜的魔掌[44]。

我們被捕的同胞情況如何[45]，至今無法知道。他們或已全遭殺害，或仍然活著，境況將極其悲慘，看來獲釋的可能性不大。除非我們的使節可通過廣州一邊做些努力，爲此長官西撒爾先生經陸路送給廣州的使者一封書信，然而擔心路途因戰爭而不安全，信因而不能送

42 即鹿特丹人雷福萊Hendrick Levrey。

43 據荷人稱，這9條大船配備有20-22尊大砲，600-700名武裝士兵。

44 該快船於1655年9月3日到達大員。同日期的《熱城日記》，voc 1213, fol.715.

45 據《熱城日記》1655年9月3日記載，八名被捕的荷人如下：下級商務員雷福萊、下級舵工科爾内勒斯(Pieter Cornelis)，甲板事務長韋特布勞特(Philip Wittebroodt)、鐵匠巴頭森(Pieter Bartelz)、水手楊森(Joost Jansz)，威勒姆森(Hendrick Willemsz)、歐勒頓斯(Jan Oldens)和赫爾布朗特(Aucke Gerbrantz)。

到。據此前傳自日本的說法，1653年貨船Smient可能在上述Groningen灣遇難，也可能被海盜Soulack截獲，因爲那時在日本的中國人很清楚地瞭解那一地區有一艘荷船泊至，船上人員被捕，而且說其中有幾名荷蘭婦女，至今未能弄清事情的真相，因爲那時候上述海盜既不想歸服韃靼人也不想投靠國姓爺。我們希望，在廣州的船隻返回後可以得到確切的消息。

去年只有一條中國帆船自馬尼拉到達大員，載運貨物無甚價值，經我們詢問，船主講述，據說在此之前人們謠傳的澳門葡人將把澳門轉讓給西人，雙方仍未簽約。兩年間有一艘小型海船爲此目的從馬尼拉前往澳門，沒能返回。

1654年有兩艘海船自新西班牙(Nova Hispania)泊至馬尼拉，去年無船泊至，他們期望6、7月份將有船到達。國姓爺仍沒有取消對中國帆船駛往馬尼拉的禁令，爲此，他還要求長官西撒爾先生，若發現大員有中國帆船駛往馬尼拉，不予以放行，而要扣留帆船及貨物，以維護其威望，信使希望國姓爺發布的通告也能在大員張貼[46]。這完全是對公司的鄙視，遭到拒絕，並就國姓爺的請求給以書面答覆，西班牙人是我們的盟友，因此我們不能順從他的意願在大員下達禁令，這將不利於西班牙人。同時對他講明，大員的居民因此前在那裡所受的無禮待遇而無意前往。

根據1655年8月31日結算的大員商務記錄可知，該地區在上述日期之前12個月內的商品獲利額爲　　　　f.276,007.12.15

46　國姓爺託帆船帶信給長官，其中述及他畜養大批軍隊負擔之沉重，需不斷派帆船出洋貿易，以補償軍費開支，他的這些帆船多數受到厚遇，滿意地返回，只是馬尼拉例外，數年來，他的人在那裡受到不公正的待遇，甚至有商人遇害，貨物遭劫，那裡的人常常取貨後不付錢，或只付一半的價錢等。因此，他下令禁止與馬尼拉的貿易，並希望大員長官也能在大員張貼有關通告，實行同樣的政策。他還就此事寫信給何斌等福爾摩莎的中國人長老。遭到荷蘭人的拒絕，而且荷人聲稱，大員不會有人願駛往馬尼拉貿易，因那裡待遇較差。《熱城日記》1655年8月17日，voc 1213, fol.702. voc 1218, fol.556.

此外，還有那裡的土地所得		f.291,282.05.04 [47]
獲利總計		f.567,289.18.03
從中除掉12個月陸上的費用	f.419,991.13.11	
水上費用	f.33,376.01.09	
獲利仍高出費用		f.113,922.02.15
而按理說應扣除普羅文薩城的建築費		f.110,574.11.06
大員的商務記錄既未把該項作爲贏利，也未作爲損失而是單獨列出，最終剩餘不過		f.3,348.02.09

贏利的確很少，在一年的時間內幾乎減少到零，而貿易停頓是其中的主要原因。此外，大員和福爾摩莎前後12個月的費用與去年相比超出f.78,000，也花掉利潤的很大一部分。

結帳時，那裡存放的物資總額爲f.1,521,586.3.14。上帝保佑這批物資在那裡貿易恢復時能獲得好利。(正如上文已提到)大員和福島的農民和其他中國人不僅欠公司而且欠私人一大筆債務，這些人恐將受到債主的刁難，造成混亂，公司也將遭受一部分損失。爲避免此類事情發生，長官與評議會被迫決定，就債權人的控告而做出的判決在大員和福島推遲到田裡的甘蔗收穫以後再予以執行。人們希望用甘蔗所得償還大部分債務，通過這種方式不致使其破產。但若中間發生什麼災害，造成甘蔗欠收，上述債主們將受到災難性的打擊，並將使許多人難免衰落的厄運，這無疑會影響福爾摩莎的農業種植及其繁榮。

我們記述大員的事務時，貨船Pellicaen於1月13日由那裡經東京

47 此處所講的土地所得即指村社貿易、耕地等的出租、人頭稅、糧食作物的什一稅等，這些收入基本上全部出自那裡的中國人，其總和有時甚至高於荷人在大員的貿易所得，可見荷人在福島幾十年的經營，漸漸由偏重貿易發展到開發土地，全面經營，一旦貿易不順，也可靠土地方面的收入來維持其殖民統治。土地收入來自於中國人，貿易也是如此，即以中國帆船從中國運至貨物又把荷人的存貨運銷中國為主。所以，荷人統治下的福爾摩莎的經濟基礎——土地收入和貿易所得——均仰賴於中國人，沒有中國人的勞動，荷人在福爾摩莎的經營也就無從談起。

到達我處，此船於11月24日從那裡航出，載運貨物只有4464斤日本煙草，260雙絲襪，因缺糖而空船駛來我處。西撒爾先生沒有帶來什麼重要的報告，只附加一份11月14日的報告副件。其中向我們報告，那裡有4艘海船將被派往印度海岸，並將於Pellicaen航出後3、4天出發。讚美上帝，這些船隻後來均順利到達目的地(我們在滿剌加部分的報告中已述及)。

(fol. 45)公司在京都的事務在32天內令人滿意地辦完之後，我們的使節準備返回，並於3月4日出發，4月4日順利回到長崎。

途中沒有什麼值得在此記述的事情。他們發現那裡的公司事務令人滿意。只是在他們離開長崎的一段時間裡有23條中國帆船，多數屬國姓爺，載運一批絲織物及其他商品包括1,316擔上等白色生絲相繼到達。5座皇家城市的大官對這批數量顯著的絲綢需支付與去年一樣的價格而大為驚訝，即上等絲(cabessa)460兩，二等絲430兩，三等絲400兩銀一擔)。他們商定，上書京都規定新的價格，並縮短定價收購(pancado)的時間[48]。他們解釋，中國人一開始運至少量絲綢，滿意地售出之後，增加其運輸量，日本人所受損失不下200箱銀，結果這一不滿引起閣老的惱火，指責上述大官忘恩負義，並強調，多年來他們贏得巨額利潤，若有虧損他們也應接受。又說，外族人會認為宮廷不公平，為將軍運至的絲綢以上述去年的價格售出，以及定價收購也是60年前將軍的祖父為贏利而規定，而今若出乎上述商人意料，予以廢除，中國商人則將因上述絲綢獲得巨額利潤，並大量運至市場，從現在開始將其貨物公開售給出價最高的人。這對公司也將不利，中國人運往日本的貨物數量巨大，只要國姓爺壟斷日本貿易，我們就難以從

48 貿易用語，意為大批量銷售。該用語在日本貿易中具有其特殊意義。葡萄牙人到達日本後，輸入大量中國絲綢，不能及時售出，長崎奉行建議，由他以定價將絲綢全部購入，再售給眾商人。荷蘭東印度公司商館自1641年由平户遷至長崎後，其絲綢貿易也不得不接受同樣的限制。絲綢價格由來自五座直轄市的十名商人議定。自1655年，因數年來輸入量少，定價收購制度曾暫時予以取消。1685年重新予以實行。P. van Dam, *Beschrijvinge*, boek II, deel I, p. 828.

中得利。

(fol. 52)自1654年11月3日公司最後一艘船離開日本到1655年9月16日，共有57條中國帆船從各地泊至長崎。其中41條自安海，多數屬國姓爺，4條自Senchieuw，3條自大泥，5條自福州，1條自南京，1條自Sanchiouw，2條自廣南。上述帆船運至1,401擔白色生絲及大量織物和其他貨物。國姓爺似乎在試圖繼續擴大其貿易，運輸大量貨物以更有效地維持他對韃靼人的戰爭，從中可以看出，中國貿易受阻並非完全由韃靼人的戰爭所致，而國姓爺將公司排擠出去，一人獨攬日本貿易，也是其中原因之一，使公司在大員的貨物銷路堵塞。我們猜測，只要他從這裡及其他地區運到中國的貨物尚未售出，就不會下令給他的人到大員貿易。即使偶爾允許他們貿易，仍由他一手控制貨物的出入，維持他的壟斷，公司在北部地區特別是大員的貿易將因此而受到影響。只要我們還想維持與日本的貿易，則不能動用武力。而且我們擔心，若國姓爺日後仍運至大量白色生絲，再加定價收購的限制取消，其贏利將高於以往。我們在日本貿易的唯一依靠是孟加拉絲，這促使我們和英國人在孟加拉競爭激烈，但也不會再像從前那樣可輕而易舉地獲得巨利[49]。在這種情況下，利潤需付出高費用和巨大風險的代價才能獲得，所付出代價太大，對我們來說這一貿易幾乎失去作用。因此，我們對日本人的反應需置之不理，對國姓爺採取措施，或如果廣州的事情有頭緒，通過這種做法限制其貿易。

(fol. 55)自巴城航出的上述快船Vleermuys於7月3日到達Arquere河，(因時間短暫，不可能將運去的貨物售出並將準備的貨物運往大員)於同月24日根據我們的命令被派往大員用於為海船裝卸貨物。在東京的人寫信給大員長官西撒爾先生，說明他們本應從巴城收到6102兩，結果誤將另一箱運出(兩箱均已做過標記)，只得到

49 正如荷蘭人，英國人於十七世紀三十年代也從科羅曼德爾海岸向孟加拉派船貿易，英荷在孟加拉的競爭自此開始。進入五十年代，英國人在Hugli建立商館(1651年)，成為荷蘭人有力的競爭對手。但直到十八世紀初期，荷人一直占優勢。

3000兩日本銀，按我們的命令要求大員在10月31日派船(已將那裡購入的貨物運來我處)經東京，並向那裡提供幾箱日本錠銀。同時他們已用資金購入絲織物，鼓勵商人繼續供貨，並將用大員運去的資金付款。

(fol. 61)在這期間，上述凱瑟爾(Jacob Keyser)先生已能與東京人往來，或許也能與中國人和韃靼人友好交往，作爲德・豪伊爾(Pieter de Goyer)的副手一同前往廣州和北京拜見皇帝，(至今仍無音信)願上帝保佑他們出使順利成功。

令人奇怪的是我們至今仍未得到去年7月14日派往廣州的快船Bloemendael和Stouckercke的任何消息，使我們極爲不安，本來我們可以肯定，兩船之一能在回荷船隻出發之前返回。

事實卻相反，我們估計是廣州的藩王使上述快船遲遲未能出航，以等待北京皇宮的指令，決定我們的使者是否獲准北上拜見韃靼皇帝。看來我們還需等待一段時間，該季將不會獲得有關的消息。我們可以肯定，使者德・豪伊爾和凱瑟爾先生已將一部分報告由陸路送往大員，這些信件恐因戰爭混亂中途失蹤。

有關我們派使團前往中國，以及給他們下達的有益於公司的命令，請您詳見送回荷蘭的通信錄同一日期的指令副件[50]。其中您將讀到，我們將主動向中國皇帝提供援助剿滅國姓爺的勢力。我們認爲，這一建議將使皇帝極爲滿意，有利於公司達到目的。爲中國皇帝和廣東王準備的禮物包括織物及其他貨單中列出的奇珍異物，價值總計f.39,433.8.14。其中我們令使者向韃靼皇帝贈送價值f.30,000的禮品，這足以樹立我們的信譽。再加上送給廣東王和北京宮殿大官的禮物，以及來往旅行費用，這次使團將耗費公司一大筆資金，但不會白白地浪費。如果我們能在中國皇帝那裡獲准中國貿易，並將上述中國快船運往廣州的價值f.136,217.3.7的貨物售出，以上大部分

50 荷蘭駐東印度總督馬特索科爾給使者下達的命令詳見voc 879, fol.366-394；總督寫給中國皇帝的信見同一檔案編號，fol.394-396.

費用將得到補償。

根據您的指令，這次向中國派出船隻也將前往包括廣州以北的地方，以擺脫葡人的各種阻礙，順利達到公司的目的。但鑒於南京及其附近的中國人本性蠻橫粗野，他們若寄居廣州，則不與任何基督教徒來往，因此我們認爲如果派人到南京過於危險。一方面那邊沿海及周圍地區有眾賊寇出沒，出入遭到封鎖；而與之相反，前往廣州的道路則已暢通。另一方面，前往另外一地區，既冒險又花時間，我們認爲您不會反對而將支持我們這一做法。

平定安汶叛亂及打擊印度海岸的葡人之後，兵力充足時需要趕走澳門的葡人，這將增加我們在廣州的聲望，屆時我們將按您有關的指令仔細考慮。

(fol. 86)今年中國只有一條帆船於1月23日到達巴城，此船來自廈門，途中歷經20天，載貨包括一批銅、粗瓷和其他雜貨。帆船帶來消息，該季只有4條帆船自中國前來巴城，其他帆船在此船航出廈門前4天自同一港口出發，我們擔心這些船隻可能被風吹往東方，據說他們還攜帶國姓爺的一封信，載貨豐富。

在他們離開中國前不久，國姓爺再次與韃靼人交戰，結果失利，據說損失20,000人，此外還失去一座城市。我們希望，他決定一切的痴心妄想將因此有所收斂。

(fol. 95)贏利商館如下：

波斯的艾斯帕罕(Espahan)自1653年5月1日到1654年4月30日	f.196,534.11.08
溫古爾拉	f.20,271.12.01
舊港之行	f.11,757.08.14
波斯的艾斯帕罕自1654年5月1日到1655年4月30日	f.259,816.19.05
日本	f.583,148.12.05
科羅曼德爾海岸的赫爾德里亞	f.128,743.05.04
總計	f.1,200,272.09.05

(fol. 96)與此相反，虧損商館如下：

暹邏	f.39,459.14.10
索洛爾之行	f.22,727.17.02
班達	f.60,257.15.10
美洛居	f.145,949.19.01
安汶	f.303,074.05.00
滿剌加	f.67,569.06.02
亞齊	f.7,713.07.03
大員	f.28,046.01.10
巴達維亞	f.245,336.07.12
阿爾坎之行	f.11,191.04.09
毛里求斯島	f.10,699.08.04
錫蘭的哈勒(Gale)	f.189,467.14.15
東京	f.9,883.00.01
總計	f.1,141,322.1.15

75. J. Maetsuyker, C. Hartsinck, J. Cunaeus, N. Verburch, D. Steur, 巴達維亞, 1656年7月18日

——voc 1214, fol.91-104.

(fol. 98)自回荷船隻航出後，以下船隻自大員泊至巴城，4月19日和22日，貨船Coninck Davidt和Trouw，均經暹邏而至，7天後平底船Swarte Vos直接到達，3月15日帆船Zeelandia經東京到達。

據長官西撒爾先生報告，大員與中國的貿易有希望回升，有8條帆船自中國到達那裡，貿易中獲得1,509.5里耳的黃金，這批黃金我們已經收到。因此，那裡的貨物銷路開始轉好，長官先生增加了對貨物的要求。福島的稻米種植取得成功，甘蔗長勢更好，可望收穫大量蔗糖。我們已下令，按商人需求量運往中國，但條件是他們需繳納所規定的關稅。因爲目前蔗糖在歐洲贏利無幾。

爲滿足大員的要求，並從那裡裝運糖作爲回荷船隻壓倉之用，

今年我們分別將以下船隻派往大員：

5月20日，快船Armuyden，貨船Coninck Davidt以及平底船de Roode Vos；

同月31日，Breukelen，經遲邏並盡量裝運那裡儲存的木材及椰子油，我們估計他們不可能需要那麼多木材，不然船隻將空艙而行；

6月14日，快船Leeuwinne以及Charlois；

同月27日，快船Zeehondt和平底船de Appelboom；

7月5日，Maersen；

2、3天之後將派出最後一艘船快船de Veer。

上述派往大員的船隻載運貨物總值約f.470,466。萬能的上帝保佑它們順利航行。西撒爾長官遵照您的命令在換季時將前來我處，我們下令暫時由揆一以總管身份代理長官，高級商務員的職務暫時由范·阿勒芬擔任，他被公認為一位傑出的公司職員。

76. J. Maetsuyker, C. Hartsinck, J. Cunaeus, A. de Vlaming van Oudtshoorn, N. Verburch, D. Steur, 巴達維亞, 1656年12月4日

——voc 1214, fol.1-80.

(fol. 39)今年1月21日，科羅曼德爾通過快船Armuyden從大員得到少量資金，包括1,228兩錠金，150,000兩日本錠銀，821.5擔銅，379擔明礬，115擔茶，33½擔中國茯苓。

(fol. 49)自最後一次報告以來，以下船隻於2月13日自大員到達孟加拉，使那一地區的貿易得以繼續進行，快船Angelier、Domburgh和Leeuwerinne，載貨價值f.710,234.19.7。包括225,000兩日本錠銀、1,400擔銅條、178擔明礬、60,000磅滿剌加錫。

(fol. 78)我們不能在此向您報告有關大員的好消息，11月21日平底船de Appelboom被沖出澎湖，船上裝運150箱糖。船長口頭向我們報告，那裡又吹起強烈風暴，致使載運600箱糖的快船Maersen翻沉；北線尾的圓堡大部被風暴從沙地上捲走。整個大員面臨極大的危險，

願上帝保佑[51]。今年那裡的貿易完全停滯[52]。

77. J. Maetsuyker, C. Hartsinck, J. Cunaeus, A. de Vlaming van Oudtshoorn, N. Verburch, D. Steur, C. Caesar, 巴達維亞, 1657年1月31日

——voc 1217, fol.1-116.

(fol. 21)大員的鹿皮和麞鹿皮在日本以80%的利潤售出。但福島的399,209斤糖因中國人運至18,000擔只獲利25%。

(fol. 22)平底船de Roode Vos去年在滿剌加以西截獲一條中國帆船，並將它送來巴城。其頭領講述，他們原打算由長崎前往滿剌加，此船來自韃靼人管轄的福州。事情了結之後，我們發給他們通行證返回中國，並爲確保我們的人在廣州不出意外扣留他們3,000里耳作爲押金，若公司在那裡的事情進展順利，再將這筆錢還給他們。後來我們發現，該帆船並沒有駛往中國，而是駛向日本，並泊至長崎。在那裡，他們向當地官員控訴他們在巴城遭受的暴力和不公平的待遇，並要求我們償還扣留的合計4,846里耳的押金和關稅。長崎代官就此事予以調查，我們在日本的商館領事(opperhoofd)向他們介紹這些人如

51 這次風暴造成城堡南部三處被水沖開，那裡的房屋多數因地面較低而被沖跨。據《巴城日記》1656年11月21日，頁15。

52 國姓爺下令召回他在大員的船和人，其中一部分已經返回。此外，他還派船到大員頒佈他於1656年6月27日在廈門發布的通告。內容是，禁止與大員的所有貿易和人們從大員往他所管轄地區的貨物運輸，包括胡椒、肉荳蔻、藤、鉛、錫、蘇木、木香等。只需運往中國鹿脯、咸魚、鰻魚、糖水等。不然將沒收所有貨物。國姓爺在通告中說明，禁止大員貿易的原因是，大員有人違禁前往馬尼拉貿易。但鑒於大員也有國姓爺的臣民居住，未下令禁止帆船駛往大員。1656年果眞有不同的帆船來往，主要運送中國人，如3月10日有11條帆船到達大員，船上有255男，28女；3月13日，有3條帆船到達，帶來118男，30女；4月6日，10條帆船返回中國，帶走231男，又有16條帆船到達大員，運至668男，138女；5月19日，23條帆船到達大員，運至739男，143女。上述通告的荷文翻譯見《熱城日記》1656年7月9日，voc 1218, fol.249.

何在禁止中國帆船航行的水域遭到攔截(儘管此前已有帆船遭劫)等情況之後，對其要求全然予以回絕，不予以理會。(正如上文已經述及)我們准許日本人到中國貿易，但由他們自己擔當風險，公司無意牽涉進去。而在上述領事辭別時，長崎代官仍強調不許我們傷害在日本海域航行的中國帆船。此事就此了結。以後日本的中國人將備加謹慎，不再到公司管轄的水域航行。

對其他的有關細節我們不十分瞭解。在12月4日由我們的使者德·豪伊爾和凱瑟爾自廣州寄給大員長官西撒爾先生的書信副件[53]中，您可以讀到，他們到達那裡後發生的事情，茲隨報告一同寄出。我們希望，若那一地區一切順利，海船將能在我們派出回荷船隻前離開那裡(我們時刻盼望他們返回巴城)。以後我們將詳細向您報告使團的經過和他們在那裡的貿易狀況。

我們的人在長崎獲悉，據4月份曾去過北京韃靼皇宮的幾名中國人口頭講述，荷蘭的使團在那裡獲得准許並受到優待。

以下船隻在南風季由我處派往大員，海船Leeuwinne、Coninck Davidt、Armuyden、ter Veer、Breuckele、Maersen、Zeehondt、Charlois以及平底船Appelboom和Roode Vos，裝運那裡要求的商品、給養、現金、戰爭用品及其他必需品，供大員和福爾摩莎使用，價值總計f.477,481.10.3。讚美萬能的上帝，上述船隻均順利到達大員，其中快船Leeuwinne和貨船Coninck Davidt分別於12月16、23日自大員回到我處，運來3,628箱白砂糖。帶來西撒爾長官和評議會於11月20日起草的報告，我們令人痛心地從中獲悉，被風暴從那裡沖來的平底船Appelboom證實了在此之前得到的消息，上次記錄中已有記載。從收到的所有信件和報告中我們得知，那一地區陸上的情況不盡順利。他們派平底船Swarte Vos送來的4月份的文件寫道，那裡的貿易可望有所好轉。因為上述平底船於2月份離開大員前8天，幾條中國商船載運大批黃金自中國不期而至，這些商人，有興趣購買胡椒和其他貨物。最

53 voc 1218, fol.392-397.

後我們的人果真以優惠的價格購入相當一批黃金。這些商人講，由其主人派出打聽胡椒售價是否仍然為10.5里耳，是否有存貨，以及其他貨物的價格。我們的人均一一解釋，他們表示近期內將派出更多的帆船運來更大數量的黃金[54]。

長官及評議會給他們的答覆，請您詳見大員1656年2月29日的報告。主要內容如下，胡椒10.5里耳一擔、藤32里耳100捆，而且售貨有時間限制。為不使中國人嚐到太大的甜頭，只給他們限期三個禮拜，按以上價格盡量購買胡椒和藤[55]。限期一過，則將貨物售給出價最高的商人，他們似乎對此較為滿意，並予以接受，因為中國北部及韃靼人嚴重缺乏各種商品，但願公司在大員儲存的貨物能在巴城船隻到達之前以相當的價格售出，換成黃金。長官和評議會因此決定增加為1656年提出的貨物要求，並希望貨物能找到銷路，使貿易繁盛。結果事與願違，3月1日到11月30日前後共8個月的時間銷售貨物價值總計不過1,620,000里耳，換得價值f.168,113的黃金。原因是國姓爺與韃靼人之間的戰爭，以及由上述國姓爺的惡劣行徑造成。他們雖派平底船de Swarte Vos運來價值48,000的黃金，對科羅曼德爾來說仍是杯水車薪，導致那裡的織物貿易難以進行，這種狀況無法人為地去改變，只能忠誠地祈禱上帝，耐心等待。

在這一貿易不景氣的時期，中國人開始以錠銀代替黃金運至大員，因為黃金在中國的價格上漲5%，若仍把黃金運至大員，他們將遭受巨大損失，而使用銀則可有所贏利。我們發現，銀在中國為64而在大員則69個斯多佛一兩。為阻止這種對我們不利的銀兩輸入，並鼓勵人們運輸黃金，福島長官和評議會決定，禁止錠銀輸入，將10兩黃金的價格由125提至130兩紋銀，約高出$4^1/_6$%。

雖然價格昂貴，仍比錠銀合算，錠銀以69個斯多佛一兩的價格

54 1656年的《熱城日記》始於3月1日，因而對這批黃金沒有記載。至1656年底，只有3月10日11條帆船運至1,000兩錠銀，19錠金。voc 1218, fol.191.

55 筆者未能在檔案館中找到該報告。

可大量購入。無論如何，交換貿易的繼續使我們不必擔心這兩種貴重金屬的短缺。

自中國船到大員的有關國姓爺和韃靼人戰爭的說法，難以令人相信。據可靠的最新消息，韃靼人似乎在戰爭中占優勢。西撒爾長官寫道，韃靼人已攻占海澄[56]，使國姓爺損失慘重，特別是他儲藏在上述城市中的主要財寶遭劫，這一失敗幾乎使他陷入困境，並開始獨斷專行，他肯定開始感覺到脫身於這一鏖戰之困難。但他仍然極爲高傲，無意言和。顯然，他對韃靼人的戰爭不會持久，正如人們長久以來的謠傳，逃往福爾摩莎駐紮。他的這一計劃我們難以阻止，因他可在我們的工事所不能及的許多地方登陸，並在短時間內聯合偏僻地區的福島原住民使整座福島陷入混亂之中。所以，他的東渡將給福島帶來巨大的災難，但願上帝保佑。此事若果真發生，我們需要盡全力抵抗。爲此，今年儘管有大批士兵役期已滿，仍未放行。這樣，福島和大員的兵力加上我們最近派去的80名士兵共計1,000人，足以防守那裡的主要工事，但將無力派兵與國姓爺交戰，保護那裡的土地和居民，只能任他們成爲敵人的俘虜。爲我們提供大部分作物的赤崁地區仍可防禦。

這一威脅將有何結果，時間會告訴我們。事情很顯然，若有可能，上述國姓爺將盡力爲我們製造障礙和損失。他曾在7月份下達禁令，不准任何在他管轄區域之內的中國人前往大員貿易，違者殺頭。爲將此禁令傳達到停泊在大員的商人和帆船，他特別派出一名使者到大員公佈這一命令，限所有人在100天之內停止貿易和航行，返回中國。儘管我們的人未准許他們在大員傳布此令，這仍在中國人中間引起極大的不安，他們紛紛響應，打算攜妻兒返回中國，受

56 海澄是鄭成功的大兵鎮。清順治十三年(即1656年)，鄭成功北上，留下黃梧守衛海澄，黃梧見鄭成功部將蘇茂因兵敗揭陽被殺，而他曾與蘇茂一同攻打揭陽，恐受懲罰而生畏懼，斬鄭的總兵華棟，與蘇茂弟蘇明獻城投降，被封為海澄公。據《清史列傳．鄭芝龍傳》和匪石著，《鄭成功傳》，第9節，〈鄭氏兵力擴張時期〉，分別見：《臺灣文獻叢刊》第67種，頁41、90。

到我們的人的阻止，不然將有許多膽小怕事的人離開大員。不久後國姓爺又派一專使到大員檢查他的禁令是否得到服從，在中國人中間再次引起騷動。長官和評議會得知此人不正當的理由之後，即獲知他馬上要離開大員返回中國。那一地區的事務沒有任何變化。中國與大員的貿易完全停滯。這一事件對公司極爲不利，若這樣持續下去，最終將導致大員和福爾摩莎成爲廢墟。因爲那一地區沒有貿易，也就失去其存在的意義。據我們及其他人認爲，國姓爺這樣做對他自己與對公司一樣不利，因而不會持續太久，短時期內他將被迫爲維持戰爭而改變這一做法，因爲他維持戰爭的財力大部分來自於航海和貿易。

願上帝保佑公司事務取得進展，使貿易恢復。國姓爺這樣做，完全基於他虛僞的理由，人們從中可清楚地看出他純粹的敵意。因爲他在通告中公開聲明，大員中國人的遭遇如同西人統治下的馬尼拉的中國人，他們被當做肉和魚任人宰割而不被看作是人，他們把商品賣出，所得遠遠低於其價值。他還指責我們的人無視其禁令准許幾條中國帆船駛往馬尼拉，這純屬憑空捏造。您可詳細參閱該通告的副件和我們的報告。除貿易停頓的重大打擊外，萬能的上帝在過去一季還給大員和福島帶來特大風暴和前所未有的高水位，使停泊在大員水道的小快船Maersen被掀翻在北線尾(Baxemboy)的沙地尾部，船上價值f.20,078的563箱糖受到損失，七人遇難，也沒能搶救出船上用品。

福爾摩莎長勢旺盛的穀物受到強風襲擊，只剩下不到三分之一，使得那裡若沒有日本供應大量米，將嚴重缺糧。若非甘蔗保全下來，農民將受到沉重打擊，並造成許多人破產，而今則可繼續維持下去，收穫糖27,000擔，其中多數被用來償還蔗農欠公司的債務。有人估計，下季甘蔗可供榨糖20,000擔，數量可觀。鑒於大員收購價格高，而荷蘭糖市價格低，中國人納稅後我們希望能下令將質量最次的糖運往中國，只留下東印度貿易所需要的數量。西撒爾長官報告，那裡只輸出1,000擔糖，若能將最白的蔗糖定價爲5里耳一擔，可望運出更多。

高水位爲公司造成的損失完全不亞於風暴。大員有70座房屋被沖跨或淹沒，而且有800人包括22名荷蘭人活活地被淹死。位於北線尾沙地西端用於保護水道的西勃爾格圓堡倒塌，被海水沖毀，對公司帶來不可估量的損失，使我們無法防守水道。上述傍海圓堡前面靠近崗樓福里星恩或稱Wancan的半月形防禦工事被海水沖跨，並無法維修。儘管該崗樓防水而堅固，但時刻都有塌坍的危險，因爲在地基附近發現有水冒出，認爲不必再耗費資金繼續維持，不然將徒勞而無獲。位於城堡和淡水溪之間作爲大員南邊的內外水域之分界線一條狀河灘最後被海水沖出5個大洞。再加上其他的不幸遭遇，這一切表明大員最終難免衰落的厄運。

儘管上帝的懲罰使那裡的居民承受沉重的壓力，面臨難以忍受的困境，使那一地區的貿易和種植業近乎面臨衰落和毀滅，最近村社的出租仍獲得收入87,800里耳(1里耳合51斯多佛)，這一年的租金數目不算小[57]。只是村社的貿易、人頭稅和市過秤處，將不能獲得所期望的租金，他們將向我們要求減少一部分，事實將告訴我們是否如此。運往中國的鹿脯每擔稅額減少至2里耳，租賃村社的人每年可銷8,000擔，長官先生和評議會予以優惠，我們認爲他們不會再有怨言，因爲輸出稅越少，鹿脯則可以更高的價格賣出，單是這一項出租即可使那裡的年收入增加16,000里耳。

西撒爾先生認爲應將每擔鹿肉的出關稅定爲4里耳，正如當時費爾勃格長官執政期間的做法有些不合情理。但他們是否能違背我們的命令明顯減少公司如此重要的收入，並能以村社等的出租來補償，仍不能肯定，望您予以考慮。我們認爲，從鹿脯中收取高額關稅比像中國人所說將關稅壓低可從出租中獲得更高的收入這一做法

---

57 1656年的村社出租於5月5日進行，租户、出租項目、保人和租金等詳見同一日期的《熱城日記》，voc 1218, fol.217. 其中的中國人人頭稅一項由中國人長老何斌承包，每月需交納3,990里耳，全年收入總計47,880里耳，單是這一項幾乎占所有出租項目所得的一半。

更爲保險。因爲若中國人認爲無利可取，將不會提出這一要求而堅持原來的做法。我們將遵照您的指令處理。過去一季福島南部的鯔魚打撈收穫不盡如意，62條中國漁船只(感謝上帝)打撈152,000條魚，使得公司那一時期所得收入有限。

爲減輕漁民的負擔，現在將5斯多佛現金的關稅改爲五分之一的魚。

人們認爲這一措施將鼓勵漁民從事這方面的打撈，公司也可從中獲利。每年一度的福島村社集會照例舉行[58]，沒有什麼重要的事情值得在此報告。福島居民特別是距離城堡較近的地區表現良好。只是南部的山地人尚未受到教化，稟性野蠻，時常爲非作歹。位於瑯橋地區的小村社Barbaras人殺害三名無辜中國漁民；那裡的村社有時未經告知我們的人即發動戰爭，在使他們重新歸服之前，就已經割走幾個人頭，這些野蠻的人中間難免發生此等事情。若再有村社騷擾爲害，我們的人將鼓勵歸服公司的村社對他們發起攻擊，每從敵方那裡獲得一個人頭則獎賞1、2、3件不等的黑絨布，不但他們可從中得利，而且節省了公司的士兵。

福島北端淡水附近的村社Paragon、Perkoutsie和Mattata人脫離對公司的附屬，原因是懼怕受到我們對他們殺害四名荷蘭人予以懲罰，並拉走Pillien、Rappan、Chinar三個村社與其同流合污，這些人猖狂至極，竟然在一天夜裡在被淡水圓堡保護之下的中國居民區放火，又對上述圓堡發動猛烈攻擊，鬧得上述村社濱臨的河流不得安寧，長時間以來我們的人恰似被圍困起來。這一武裝暴動是由我們的人對原住民採取的暴力而引發，使公司常受這些人的騷擾[59]。

西撒爾先生建議，派出一支相當的隊伍前往征討叛亂村社。我們下令予以准許，但因需防備國姓爺東渡大員，認爲此時派兵平定

58 1656年的福島南北村社集會分別於3月7日和10日舉行。程序與往年相同，詳見上述日期的《熱城日記》，voc 1218, fol.161, 182.

59 這些消息荷人得自於下級商務員范·米勒德爾特寫自淡水的報告(2月17日)。voc 1218, fol.477-481.

叛亂欠妥。先派快船Soutelande和一艘導航船，然後派貨船Breuckele向那一地區以及雞籠的工事運送人員、給養、戰用品，因那裡的下級商務員艾歐瑟費爾去世而派商務員範・登・恩德前往掌管那裡的事務，他後來使以上叛亂村社重新歸服公司，但不久後就離開人世，而且第二把手范・米勒德爾特(Pieter van Mildert)也病重，使那邊剛開始的事業受阻，爲使那邊的工作得以繼續進行，下級商務員范・包爾瑟侖(Pieter van Borselen)作爲特使被派去，但西撒爾先生對其任務的執行極爲不滿，此人後來因病違令返回，將受到審查。

根據范・包爾瑟侖返回後提交的報告，那裡的事務如上所述，他認爲那裡叛亂的居民只能派出一支大規摸的隊伍才能制服。檢查官還抱怨說，上述范・米勒德爾特去世後沒留下任何正式的記錄，只有一些表格。因此，人們幾乎無法斷定誰應承擔責任。臨行前命令下級商務員考德(Egbert Codde)掌管那裡的事務。淡水和雞籠的兵力達188人，完全有能力防禦上述叛亂村社，不會遇到任何困難。

應長官及評議會的要求，我們於過去一季向福島派出兩名牧師，廖納德(Johannes Leonardts)[60]阿姆辛(Jacobus Amsingh)[61]。巴赫留斯因期滿返回巴城，卡姆皮霧斯在那裡去世。因此，福島牧師人數又恢復到8名。據長官西撒爾先生報告，這些人在福爾摩莎人中間勤勉地傳播耶穌教，而且得到福島當地政府的各方面援助。數年來，我們終於從牧師們那裡獲悉，教會將派人到福島南部巡視，第一次輪到牧師波斯豪夫，結果他到達那裡12天之後即染上不治之症返回大員，時間過於短暫沒能瞭解那裡學校的情況，只報告那裡的兒童仍使用他們尚未完全掌握的新港語，而不用他們自己的語言學習，他認爲須改變這一現狀。總之，那裡的居民雖已接受教育數年，仍停留在剛開始的水準上。大員的教會提出書面建議，從荷蘭增派牧師專到福島南部地區

---

60 即Johannes de Leonardis，或寫為Leonardus。

61 由霍恩(Hoorn)教會分會於1655年派往東印度，並於次年2月14日隨海船West-Friesland到達巴城。同年6月9日被派往福爾摩莎。1658年在Tackeijs社去世。C.A.L. van Troostenburg de Bruyn, p.10.

傳教，並以優厚的待遇督促他們進駐氣候條件不利於健康的地區。由此可明顯看出目前在福島的牧師試圖把責任推託出去，甚至用優厚的薪金來吸引其他人從事這一工作；我們決定，每年由他們抽簽決定去福島南部的人員，這樣不是挑選出來的人而是抽到簽的人前往，也可心安理得地前往那一地區。

這一指令已由他們執行。我們力爭按您的指令就學校學生的教育達成一致意見，保證所有牧師均按這一準則行事，而此前則因幾名牧師影響了這方面的教育，爲這一工作帶來障礙。我們發覺，將福島牧師在村社中的權力安排在民事官之上，不盡合乎您的願望，我們重新做出調整，並遭到牧師們的反對。您也很清楚，他們在任何地區總是要占上風，使民事官的名譽和地位因而降低。實際他們向來不受歡迎，我們只是爲維持安靜與和平才予以准許。而以往的經驗告訴我們，若對那些自以爲是的人做出太多的讓步，不會對這裡持久的和平起積極作用，而且他們將得寸進尺。我們進行調整的原因是，設立福島的地方官，因而使民事官失去從前的地位，現在他只不過是上述地方官的助手，因此常使用一些能力較差的人員出任此職。

大員派出以下船隻前往日本，以繼續我們在那裡的貿易。Soutelande、Coninck Davidt、Armuyden、Charlois，裝運貨物如下：111,369張各類鹿皮、3,792擔福爾摩莎砂糖、120包孟加拉絲，後者與少量暹邏皮革是貨船Trouw因去年駛往日本未果而留在大員，價值總計f.231,671.2.3。皮革在日本依舊獲利甚豐，而糖則因中國人的大量輸入只得利29%。儘管如此，總比把糖白白地存放在大員大量積壓要明智。

Coninck Davidt、Soutelande、Armuyden、Calff和Charlois 5艘海船均順利從日本返回大員，運至貨物價值f.1,536,958.11.6。包括以下商品：460,000兩日本錠銀，5,600擔銅條，一批爲科羅曼德爾海岸和孟加拉購入的漆器，爲大員購入的米、小麥和其他必需品。爲將這批銀、銅、庫存的黃金以及相當一批糖運往孟加拉、科羅曼德爾、蘇拉特和波斯，海船ter Veer、Kalff、Soutelande、Armuyden將於上月即12月初被派往滿剌加，裝載貨物具體分配如下：

運往科羅曼德爾：		
日本錠銀	f.712,500.00.00	
中國金	f.168,113.10.10	
銅等	f.39,788.03.13	
總計		f.920,401.14.07
孟加拉：		
錠銀	f.684,000.00.00	
銅等	f.39,901.16.12	
總計		f.723,907.16.12
蘇拉特：各類貨物		f.52,106.04.13
波斯：各類貨物		f.124,549.02.03
貨物價值總計	f.1,820,964.18.03	

其中黃金量比我們原來估計的少，但大員的貿易沒能提供更多的數量。爲促進公司在孟加拉的貿易，我們計劃運去價值f.1,100,000的銀，結果最後分配時只能運去f.680,000，這批資金遠不足以購買荷蘭和日本所需絲量。因此我們認爲有必要從運往科羅曼德爾的銀中抽出一部分援助孟加拉，特別是最近一次的銀兩在科羅曼德爾損失8%，在孟加拉則未受損失。我們相信，彼特長官將持同樣看法，從運往他那裡的銀兩中抽出一部分給孟加拉比全部保留會更有利於公司。不然與科羅曼德爾相比，孟加拉將嚴重缺乏資金。除需運往暹邏的f.171,000的銀兩外，用於收購皮、糖等貨物的資金不過f.190,000。所有能抽出的資金運往印度海岸以後，我們這裡仍剩餘價值f.316,350的錠銀，是日本按我們的命令爲用於東京貿易而運來。如此以來，過去一季從日本貿易中所得到的銀均分運往各地。

至於福島的金礦，人們已經可以肯定，位於福島最北端蛤仔難灣，由哆囉滿人佔據。西撒爾長官向我們報告，在他看來應繼續進一步探察金礦的具體位置，並建議，據以往的經驗，不可能從蛤仔難靠海的一邊靠近，儘管困難重重，仍需由陸路前往，先盡力贏得固執的蛤仔難人的信任，再派幾名荷蘭人前去進行麋鹿皮和米的貿易，並不提起任何有關金礦的事情。經過在那一地區不斷來往，慢慢以貿易爲掩護獲得有關的消息。我們也認爲這種方法比派軍隊前往用武力佔領金礦更爲可行，不然，金礦的主人將對我們產生猜疑而不願爲我們指點如何找到金礦。有人認爲，黃金是雨季時在某條從山上急流而下的河裡撈得，西撒爾先生難以相信這種說法，因爲他曾親自沿上述河流而上4、5荷里，沒能發現任何黃金，在那裡尋金純屬大海撈針。上述西撒爾先生不同意與中國人一同勘探，因爲他們將施用各種騙人技倆竊取金礦的果實，並借助中國大官的權勢把金礦據爲己有。

長官先生認爲，此事不宜與中國人合作，最好由我們自己著手處理，並盡力使之取得進展[62]。西撒爾先生到達我處後，我們將與他具體商量並確定應如何處理和促進這一事項。詳情您可參閱大員11月20日的有關此事的長篇報告，因篇幅有限我們不能一一在此報告。

福島的蠶絲業進展不順的原因，請您詳見上述大員的報告。我們認爲他們所闡述的理由多數並非沒有根據，因爲在此之前，他們已做過足夠的試驗，並盡可能考察，人們幾乎不知道還能有什麼辦法解決。這是一項要求頗高的工作，並非能輕易取得進展。但是，您盡可相信，只要有可能將這一工作繼續下去，我們將竭盡全力，我們認爲這項工作將極其有利於公司。因此，我們將繼續設法促進蠶絲業。

據那裡的報告，福島的大麻似乎長勢良好，去年收穫500擔，遠遠超出以往的數量。人們認爲如果中國人願從公司那裡接管種植，以後可望獲得更大的數量。可是，我們擔心價格太高，生麻價值每3至4里耳125磅，而且在絞成麻繩後我們不知道他們的價格將與從荷蘭購入的有何差別。我們將盡力在這裡尋找有這方面有經驗的人到福島進

62 可參照大員有關的報告，voc 1218, fol.422-451.

行試驗。

您下令爲大員建造的3艘小型海船：Maersen、Zeehondt、Breuckele經使用，得出結論，小型貨船Brecuckele船上部受風影響最小，吃水最淺，極易用於那一航行水域。次爲Zeehondt，而Maersen則完全不適合在那裡使用。西撒爾先生寫道，希望您能下令多造幾艘此類的船隻，大員至少還需要兩艘像Breuckele這樣的小型貨船，以及兩艘得力的平底船，像Roode Vos一樣沒有壓倉物照樣可以行駛，極受那一地區的歡迎，因而將此船由他們留用。總之，我們爲公司事務著想，希望您能考慮將來下令建造三到四艘像Breuckele那樣的小型貨船，五到六艘大小如同Roode Vos的平底船，派來我處。過去一季大部分小型船隻只用於裝卸貨物，使貨物損失明顯減少。水道的深度目前漲潮時達13荷尺，給大員帶來便利，幾艘輕便的海船均可駛入。只是我們恐怕這樣的水深不可能令人滿意地持續下去，久而久之又會因洶湧的波浪變淺。

按照您的指令我們已將西撒爾長官從大員召回巴城，以便在這裡與他商談公司的事務。我們得知，他將乘快船Zeehondt於該月初從大員出發，隨時都有可能到達巴城。我們暫時令揆一出任長官一職，因爲我們現在沒有其他的東印度評議會特別委員，任命他爲總管，定其月薪爲170里耳。我們相信，他有能力擔當此任，您對此也不會持有異議。我們本來令商務員范．阿勒芬協助他，結果此人於9月不幸去世，使我們不得不重新委派一名公司職員前往。

費爾勃格先生對西撒爾先生在1654年11月19日的控告所做的辯護，我們已將書面報告和有關的文件交給您審閱，並希望您會對此滿意。

下級商務員雷福萊(Hendrick Levrij)與其他七人仍被監禁在中國沿海，據他在信中所寫[63]，如果能向那一地區的官員贈送厚禮，他們

63 雷福萊的信由3月14日自中國沿海到大員的兩條中國帆船帶到，寫自貴州(Kitsehoy)。包括三封信，分別寫於1656年1月6日、2月3日和3月11日。voc 1218, fol.404-411.

將被放行，我們一直寄希望於前往廣州的使者說服廣東王釋放我們的人，結果希望全部落空[64]，這些人恐怕很難獲釋。

(fol. 38)根據我們所收到的截止1656年8月31日的大員商務記錄，那裡前後12個月贏利只達 f.536,255.04.09

從中扣除上述12個月的陸上花費 f.338,945.15.07

以及水上費用 f.33,796.00.12

剩餘 f.163,513.8.06

從中還需扣除淡水和雞籠因那裡的人沒有認真記錄而未能扣除的費用，每年約達 f.46,000.00.00

純利潤計 f.117,513.08.06

那裡的費用少於去年，因爲大員和福島沒修造大規摸的建築，只有一座用石頭建成的市場和市貨物秤量處，耗資f.38,870，而且公司未承擔這筆費用。如此以來，將來那裡只需做些必要的維修工作，耗資也將明顯減少，同時使利潤增加。按您於1656年4月12日的指令，爲增加福島的收入，應增收新的稅餉，但鑒於大員和福島幾年來災難重重、居民每況逾下、其現狀令人擔憂，我們不能再對他們施加壓力，只好等到情況好轉再予以實行。上述記錄完成時，大員的物資總值計f.1,894,274.15.5，數量可觀，希望能獲得理想的利潤。願萬能的上帝保佑。

記錄到此，西撒爾先生於該月17日乘坐快船Zeehondt自大員到達我處，該船裝運750箱福島砂糖，價值f.27,940.16.4，同時送來揆一和評議會起草於上月即12月27日的報告。內容主要包括，上述西撒爾先生已將大員的工作認真地轉交給他，他已按我們的指令接管那裡的事務；前面提到的四艘海船裝運價值f.1,823,595.7.11的金銀，已被派往印度海岸，小貨船Charlo裝運60,000兩錠銀以及一些日本雜物前往暹邏。

---

64 去廣州的使者寫信給貴州的官員，要求釋放在押的荷人，毫無結果，除非荷人能從廣州運去1,000兩銀。見《熱城日記》1656年3月14日，voc 1218, fol.194.

因上述西撒爾先生離開大員以及商務員范・阿勒芬的去世，福島評議會負擔加重，我們批准佩督上尉和商務員法蘭廷(Jacobus Valentijn)加入評議會，將命令因下級商務員里德(Gerard de Ridde)被撤職而空缺的財務官由商務員哈爾特豪沃爾(Davidt Harthouwer)來添補。

根據承包收取中國人人頭稅的人提出的要求，我們將承包額減少690里耳，准許他們自10月1日至租期結束，原定的每月需繳納金額3,900里耳減至3,300里耳，但條件是情況好轉以後仍需恢復以前的數量，向公司償還所減少的數目；福島村社貿易和市秤量處的承包者也強烈要求減少他們的租金。同時蔗農們也要求公司爲收割田裡的甘蔗支付他們一筆資金，所有上述要求均暫時遭到拒絕。

福島的貿易持續停頓，但據中國人講，最近仍有兩艘小船自澎湖和廈門暗地裡駛往大員。他們帶去消息，幾名中國商人認爲，國姓爺將像從前一樣開放往大員的貿易和航行。上帝保佑這一消息將成爲事實。國姓爺仍駐紮在福州附近，他攻打此城失敗，造成20,000人死於刀槍之下，另有大批人落入陷阱[65]。據說，他在附近的一座小島海壇(Haytan)落腳駐紮，認爲廈門已不夠安全。由此可以看出，他的勢力已明顯減弱。

大員仍有5,236擔糖有待運出。

(fol. 40)在我們得到有關使者到達廣州的確切消息之前，發自大員和日本的船隻帶來人們的傳聞，使者已動身前往北京皇宮，到達後受到隆重迎接。但我們懷疑上述使團是否諸事順利，而且深爲此擔心。前面日本部分報告中所記錄的好的徵兆使我們得到安慰，但最終的結果和事實真相仍需得到證實。

久盼之後，終於在該月13日我們的人稱之爲Patientie的一條購買

---

65 海澄失陷時，清貝勒巴爾楚渾、閩浙總督李率泰駐兵漳州，鄭成功於是派兵乘虛攻打福州。後來他親自前往，途中得到報告，舟山軍隊受清軍襲擊，便急忙包圍福州。而後清軍又派兵攻打鄭軍重鎮銅山，鄭成功聞訊，馬上從福州返回救援。見匪石前引書章節。

的中國帆船自廣州到達，帶來使節德．豪伊爾和凱瑟爾先生及掌管廣州商館的下級商務員蘭茨曼(Francois Landtsman)寫於1656年3月16日，8月17日及12月21日的報告[66]。其中寫道，他們率領快船Kouckercken和Bloemendael於1655年7月14日航出巴城港口之後，於8月10日在駛往海南時遇到強風，結果船隻離散，其中使者乘坐的Kouckercken裝運主要禮品於8月18日泊至廣州灣前的虎頭門灣，Bloemendael在廣南海岸因船裡積水過多險些沉入海底，一個月之後到達，此船裝運一批貴重的貨物，包括麻布、香料及織物，大部分受到損害甚至腐爛變質，使公司損失f.30,000的物資。這批物資據估計至少可獲利200%，的確損失慘重，為這次派出的使節帶來困難。這是上帝的安排，只能耐心等到情況好轉。

至於使者到達廣州後和整個駐留期間受到藩王和其他大官的何等招待，並與他們就各方面事情所進行的討論等，難以一一在此記述，只能向您報告其中的要點，將使團的經過及其情況作以概述。我們在閱讀廣州送來的報告後發現，該省的官員無視我們的使節攜帶信件與禮品為拜見韃靼皇帝而來，為我們製造障礙，目的是藉此來滿足他的慾望，不斷提出過分要求，與東印度的摩爾人(Moren)屬一丘之貉，不必為此感到奇怪。我們的人強作忍耐，贈送禮品，耗費巨資，若能打開 在我們的使者獲得准許和可能達到目的之前，須吃下的一個苦果是中國人向他們要求拿出300,000兩銀，我們從未聽說過這一慣例。據他們講是藩王用於為我們在北京皇宮活動開路，因為那裡到處有耶穌會士和中國保守的文官擋道，這些人均是我們的敵人。正如後來葡人的經歷，儘管送上20,000里耳的厚禮仍一無所獲。這一數目令人吃驚，我們的人曾極力設法擺脫這一難點，後來只能聽之任之，既然廣東王堅持要我們這樣做，可能自有其道理，總比徒勞而歸明智。廣東王獲悉之後，即將數目減至120,000兩，並向我們的人保證，如

66 按《巴城日記》，使者6月14日離開巴城，而使者從廣州送到大員的報告也記錄為7月14日，看來《巴城日記》記載應誤。《熱城日記》1656年3月7日，voc 1218, fol.177.《巴城日記》1657年3月31日。

果我們能在給中國皇帝的贈禮之外拿出以上銀兩，那麼可以確保我們在中國的自由貿易，此外還將准許將運至的貨物暫時在廣東售出，並且在我們的事情在北京皇宮滿意地辦妥之前無須支付上述銀兩，這一條件看似頗爲優惠。我們的使者也清楚，若不做出犧牲，沒有藩王和其他大官將在宮殿中爲我們努力，這一點至關重要，這次使團可能因此不能獲得自由貿易而以失敗告終。我們的人被迫決定，贈送上述藩王35,000兩銀，把他爭取到我們一邊，他聲稱爲我們的事情需花費多於以上數目的銀兩。我們的使者擬定一份協約給他，約定，在船隻自巴城到達以及使者滿意獲得所許諾的自由貿易自北京返回時，將上述35,000兩銀或以現金或以貨物支付；第二，使者持御令前往北京之後，我們的人開始在廣州售貨，並由地方政府爲此提供一座房屋；第三，允許海船返回巴城裝運貨物；第四，由廣東王下令，公司出售貨物，須以銅錢支付。

我們完全清楚，藩王和其他大官將把上述大部分銀兩用來充自己的腰包，只以少量用於皇宮。我們認爲這批吝嗇之徒不可能預先支付這一巨額資金，因爲我們從他們那裡借出的資金需付10%的利率。依我們之見，若非使者如此簡單地做出退讓，或許用一半的銀兩就可使他們滿足。

這次使團將出人意料地花費巨額資金，甚至超出f.200,000，再加上前面提到的Bloemendael所遭受的損失，將使公司在廣東的事務受到嚴重影響。我們毫不懷疑，這些損失將來一定能在貿易中得到補償，但願萬能的上帝予以保佑。

雖然與廣東王訂立的上述約定中准許我們在廣州出售貨物以及派船回巴城兩項沒能得到實施，廣州官員進而向皇宮遞交第二封信，在皇帝、宮廷官員及其他重要官員那裡活動，向皇帝說明，除前面第一封信的內容外，我們是爲要求率船自由來往於中國，並像那裡的居民一樣可以居住。他在前面一封信中對我們的惡意完全消失，代之以友好的問候和尊重。至此，我們遣使的真正意圖，皇帝陛下已有較深的瞭解，這完全歸功於我們許諾的銀兩發生效力。此後，皇帝於1656年

1月18日下旨，命令廣州政府派我們的使團挾帶書信禮品和20名荷蘭人，以及3至4名合格的翻譯前往北京拜見皇帝，並令幾名官員和士兵陪同，等等。請您詳見御旨的譯文。

在我們的人準備北上時，曾送信到北京通報我們到來的兩名官員返回廣州，他們得令陪同使節或由水路或由陸路北上，並由我們的人自己決定。他們講，我們在中國的自由貿易已獲皇帝永久的准許，使節北上只是爲感謝皇恩。皇帝對我們的好處與善意先是在廣州，後來在整個中國引起人們對荷蘭人非常的尊重使我們贏得聲望，這點我們可從藩王那裡看出。他們專門下令爲我們的人清理出一座房屋用以儲存Bloemendael所裝的貨物。按北京旨令中規定到京的時間即1656年3月17日爲我們安排好，並將爲皇帝準備的禮物價值f.21,000的物品裝好。廣州大官沒人敢接受任何禮品，他們講，在我們的人拜見皇帝之前不能這樣做，同時對此作以記錄，等到北京的准許再予以接受。老藩王提醒使者除爲皇帝準備的禮品外，再額外準備17000盾帶去，因爲這批資金可在那裡起很大作用，使者接受這一建議。送給廣州官員的那份禮品將由新運至的貨物代替，他們絕不會輕易放棄這些利益，而只會設法廣加搜羅。使團由150條船隨從浩浩蕩蕩地從廣州出發。據說他們到北京約需四個月時間。我們的人得知，廣州距離北京約800荷里。

使團在廣州期間，我們的人沒有忘記按所得指令時常打探並弄清中國既然無法打敗國姓爺或將他驅逐出中國，是否有意接受我們從海上的援助，以及皇帝是否將因我們的援助而提供相應的優惠等。我們的人發覺，中國人對我們的援助求之不得。他們幾乎可以肯定，如果我們肯幫助中國人挫敗國姓爺，那麼皇帝將滿足我們提出的有益於公司的所有要求。這是一個好的前兆。

北京皇宮果真有此願望，我們的人需對此事進行仔細調查，然後我們再向他們下令就此事與中國皇帝商定簽約。我們在等待此事的結果。能藉此機會把國姓爺這一要害除掉，於公司在北部地區的貿易來說是一件好事，並可通過攔截其帆船阻止他的對日貿易，日本人肯定會對此有所不滿，這將爲我們造成一些困難。我們只能通過戰爭達到這一目的，使他屈服。但我們難以相信中國皇帝會那樣不識時務，反對我們在中國沿海打擊國姓爺，援助他們。

據廣州的人傳說，韃靼皇帝已下令禁止所有與內地的貿易活動，我們認爲這是他們爲圍困國姓爺而想出的對策，大員貨物缺乏銷路在某種程度上可能由此引起。

澳門的葡人對我們第三次派人出使廣州特別是最後使節前往北京拜見皇帝大爲吃驚。他們千方百計在北京的皇宮中詆毀我們，但沒人對他們感興趣，更無法讓人們相信他們對我們的心懷叵測的誣陷。相反，我們日益得到韃靼皇帝及其官員的瞭解和支持，他們終於開始消除對我們的誤解。從廣州傳來可靠消息，葡萄牙傳教士在皇帝面前污蔑我們是一幫海盜，還誣陷我們曾武力強佔他們的三大地區。據說，皇帝對此回答：如果人們認爲他們是一夥能夠打擊其敵人的賊寇，我則希望能保全自己，因此我把他們置於我的保護之下，並爲他們開放我的國家。

澳門目前境況窘迫，幾乎沒有來自南方的援助，這樣繼續下去，他們只能坐吃山空，陷入絕境。1656年，有3艘小型海船自暹邏，4艘海船從孟加錫裝運米、陳舊的檳榔、檀香木、藤、胡椒到達那裡，據說有幾艘船因風暴而遇難，而且葡萄牙大商人費爾(Francisco Fiere)的一艘大型快船，自孟加錫，滿載丁香、胡椒、檀香木和相當一批東印度和歐洲織物，結果損失其桅杆之後漂至海南，該島的官員將此船沒收；最後，葡人與廣東王約定，他們可保留其船隻，船貨則須拿出一半送給藩王，才獲釋。有人傳說，上述費爾得其船，澳門的人得其貨，因爲那裡的貨物已盡，那裡的人幾乎窮困潦倒。此外，還獲息，若澳門的出入檢查鬆懈，所有的奴僕和其他自由的黑人將投奔廣東王。而且毫無疑問，那裡的許多人清楚，他們不會受到我們的虐待，如果我們的船隻經過，他們將群起反抗並逃往我們一方。長時間以來，人們傳說，該城因貧困的境況難以維持，將接受西班牙人保護，脫離葡萄牙國王。

我們的使者北上之後，我們的人在廣州曾一再迫切要求中國人准許我們停泊在廣州城前的兩艘快船或其中之一航返巴城，儘管中國人索取35,000兩銀與我們的人就此事項簽訂協約，我們的這一要求仍遭到總督的拒絕，須等到使者返回廣州。致使兩艘海船一無所獲地在那裡停泊17個月之久。我們希望，只要使者能及時趕回廣州，他們就可在該北風季結束之前帶來有關的具體消息。而今離風季結束只有2個多月的時間，我們的人在那裡嚴重缺乏現金，另外急需一些商品用於廣州貿易，需要派人經大員前來巴城報告那邊的情況。爲此，下級商務員蘭茨曼和評議會一致決定，派一條帆船經大員來巴城，該帆船是我們的人從廣州的總督那裡租來並由他擔當風險，條件是付給他500兩銀，帆船返回後，再付給他1,000兩的租費。該帆船由下級商務員雷福萊和廖納德率領高級舵工和8名荷蘭水手於1656年8月17日出發，不久即到達離澎湖群島8荷里的地方。但帆船的中國船主因風暴不願繼續前行，結果，儘管我們的人強烈反對，他硬是將船舵轉向廣州。途中又遇到惡劣天氣，帆船不得不在Singhautouw前靠岸。儘管如此，除一名中國人失散外，所有人安全到達。我們的人登陸前往貴州Kitsoay城，因爲下級商務員雷福萊不久前曾被關押在那裡，後來用1,000兩銀將Vleermuys快船上的其他人一起贖出，並到達廣州，那裡的官員一路上對他們極爲友好與尊重，最後他們乘坐一條小鹽船駛至廣州。只留下一名飲酒過度而死去的舵工，另有兩名水手將隨後趕到，我們則懷疑他們是否能夠平安通過那一地區。

廣州的貿易繁盛，但因我們的人剛到達那裡不久，尚未立足，售出的貨物多由那裡的巡撫一手包攬，銷售價格如下：胡椒，約9.5兩一擔；檀香木，21兩；丁香，40兩；鉛，8兩；次等肉𦼮銈，23兩；每兩合70斯多佛。

胡椒、檀香木、次等肉荳蔻和鉛的價格仍算優惠，但丁香過於便宜，只賣得24斯多佛一磅，因此，將來應盡量少量裝運或免運。至於其他貨物種類的銷售情況，廣州來的報告中沒有提及。但他們要求運去三到四船的胡椒、丁香、次等肉荳蔻、檀香木、兒茶、木香、蘇木以及我們在要求荷蘭提供的貨物中所列那一地區需要的歐洲貨物，由此看來，這一貿易，漸漸初具規模，我們希望使者返回後，能帶來他們更詳細的報告，並按報告有所根據地向那裡輸送物資。

廣州的官員對貿易仍嚴加控制，爲我們的人製造障礙，我們原來預估的利潤現在難以保證，而大多困難來自雉髮的中國人，他們在韃靼人那裡對我們妄加誹謗，只希望看到我們到處碰壁和受到敲詐，以致於我們在中國無利可取。然而，我們目前在這個國家已經立足，並獲許貿易，應以此盡力解決各種難題，當務之急是我們應利用一切機會發現中國貿易中肯定存在的有利可圖之處，我們認爲完全可以在這方面做出一番大事業。中國人在與我們交往的過程中也將打消對我們的厭惡之感，表現出公平與合理，同時，他們所敬畏的韃靼政府也將促使和說服他們這樣做。

老藩王去年派出一條廣州帆船前往柬埔寨，他們持有我們的通行證，並於8月份與一條租得的柬埔寨帆船返回，載運貨物包括一批藤、蘇木、鹿皮、鱟皮和少量胡椒。廣州城前整齊地停泊著5條商船待發，而且人們每天都在忙於建造更多的帆船。他們曾多次表示願與我們的海船結伴前來巴城。我們希望他們的到來會給巴城的貿易帶來生機，特別是按國姓爺的說法對巴城的貿易屬他的勢力範圍。

但如果這些船將自廣州前來巴城，他們可能爲我們帶來後患，前往附近的胡椒海岸。我們務必阻止他們這樣做，以免他們嚐到廉價胡椒的甜頭，最終導致中國對我們開放貿易時這一主要的贏利項目遭到破壞。

廣州的關稅並非根據進出貨物而定，那裡的習慣是，先丈量船的長寬尺寸，再按其大小上稅，我們也只能入鄉隨俗。丈量單位是以荷文計算，按船的寬度，每荷丈需交納128.8888兩，長度每荷丈交納68.7888兩，如此計算，一艘200拉斯特大小的貨船須納稅f.15,000至f.16,000，若此類貨船運去f.150,000的貨物，納稅額約達10%，稅餉沉重。

使者要求我們派去貨船而不是快船，他們認爲，就其貨運量而言貨船屬最小型的船隻，我們以後也將注意這點。自使者北上以來，我們駐廣州的人只收到他們的兩封信，一封為1656年5月17日寫自南京，另一封與同年7月27日寫自北京[67]。我們的人在發自南京的信中寫道，他們途經上述規模宏大的貿易城市時，吃驚地發現那裡的商店和倉庫裡大量堆積著各色生絲及各種絲織物，而且價格比廣州便宜50%，贏利額按100%計算一天之內即可購入價值100箱銀的生絲和絲織物。而且那裡的生絲和絲織物要比東京便宜許多，同時胡椒在那裡可賣得25兩，檀香木40兩一擔。

我們希望以後能從那一城市得到繁盛的貿易，現在沒有人知道我們對中國的來往將有何結果，到上述日期一直不為人所知。因此，我們對與中國貿易的樂觀並非毫無根據。我們的人在寄自北京的信中講述，使團於1656年7月17日到達那裡，並馬上被安排到距離皇宮不遠的一處寬敞的住所中。儘管上述皇帝陛下和皇宮中的30名要官出人意料愉快地接受了我們的禮物，但仍未召見我們，一方面因為使團到京時間已晚，另外，皇帝將在一個月內遷入輝煌壯觀的宮殿，宮中皇位裝飾華麗高貴[68]。我們的人認為，至少還要等兩個月才能起程。我們的使團到京前四個月，由100人組成的莫斯科使團浩浩蕩蕩地趕到北京，也還沒有受到召見。他們的意圖無人曉得。北京有人傳說，莫臥兒大帝國也已派出使團，仍在途中。在我們收到使者發自南京和北京的報告之後，據下級商務員蘭茨曼發自廣州的最新報告，他們在廣州所得到關於我們的人在宮中事務積極的傳說，即11月11日，廣州老藩王令一名官員口頭轉告我們的人，我們的使團在北京諸事如意，不久即將返回廣州；此外，皇帝已向中國14個省下達旨令，內容是：荷蘭人到達那裡後，發現他們是公正講理的白種人，穿著整齊，待他們須

67　筆者在荷蘭海牙國立檔案館中未能找到這兩封信。

68　此處指1656年荷使進京請求貿易一事。當時乾清宮竣工，皇帝頒詔：「帝王統御天下，必先鞏固皇居，壯萬國之觀瞻，嚴九重之警衛。」皇帝於1656年(順治十三年)陰曆7月6日臨御新宮。《大清世祖章皇帝實錄》卷120，頁23。

像對待他們自己的民族一樣，因此皇帝向他們開放他的國家，在任何地方像他自己的臣民一樣貿易。他還下令給各省官員，要熱情友好地款待荷蘭人並向他們贈送禮物。因此，上述廣州總督立刻召集其官員，邀請我們在廣州的人到他市郊的射箭訓練場作客，以表示他對皇帝的順忠。

正如這一傳說，我們希望公司能通過這次遣使達到如期的目的，盼望得到有關的確切消息。以上爲中國發生的事情的概要，詳情請您參閱使者的信件，因時間有限，不再贅述，而且日記中的長篇記錄也無法在此抄錄，我們乞求您的諒解。

(fol. 51)12月30日，(讚美上帝)Arnemuyden、Soutelande、Veer、het Calff等船裝載運往孟加拉、科羅曼德爾、蘇拉特和波斯的資金自大員到達滿剌加，載貨價值總計f.1,823,595。上述船隻不久後即將繼續航行，快船Soutelande與分擔風險的Patientie和Avenhorn一同前往孟加拉，Arnemuyden與在滿剌加派出的快船Saphier前往科羅曼德爾，het Calff和ter Veer前往蘇拉特和波斯。上帝保佑它們航行順利。

(fol. 99)到韃靼地區進一步探險的計劃，我們若擁有足夠的船隻將根據您的建議重新實施。上文中您已讀到，對派往大中國的使團可望獲得貿易。果真如此，公司每年可將一大部分資金投放到中國，換取貨物。中國不僅是一個大國，而且現在與韃靼連成一體。但中國對外族人的排斥，我們已深有瞭解，他們不會就此罷了，任我們達到目的，諸事不會順利進行，我們將不斷受到各種無法忍受的敲詐和勒索的干擾，致使我們總有一天被迫離開那裡。您可以看出，國姓爺控制了中國對大員的所有貿易，不許任何帆船前往，這與前不久雙方簽訂的條約相違背，而且我們當時做出退讓，把澎湖轉讓給他。沒有與中國的貿易，大員將無法存在下去。所以，我們設法重新打開對中國的貿易，而達到這一目的的唯一辦法是向他宣戰，以攔截其帆船來破壞他的海上活動，同時可從中獲得好利，足以補償貿易停頓造成的損失。我們這樣做唯一的後顧之憂是，擔心我們對日本的貿易會因而受到影響。但多數瞭解日本的人認爲，日本人將不希望看到這種事情發生，但他們不會公開聲明阻止我們的貿易，除非我們事先不向他們詢問，因爲他們肯定不會允許我們這樣做；但人們只是必須將有關於此的決議向他們說明，並首先講清楚上述國姓爺對我們的不公做法，迫使我們不得不採取措施予以報復，即使我們被迫撤出日本也在所不惜。據說他們決不願我們撤出，他們會擔心斷絕其貨源。

(fol. 109)東印度1656年費用及損失達 f.1,373,806.01.01

相反，扣除各贏利商館所得及其他贏利：

占碑1654年10月1日到1655年9月30日贏利爲：f.41,542.02.04

今年到舊港的航行： f.4,699.00.15

波斯的商館加姆隆(Gamron)1655年5月1日到1656年4月30日：

f.183,313.18.05

今年前往孟加錫的航行獲利： f.8,809.10.08

日本的長崎商館1655年10月21日到1656年10月31日：

f.734,241.13.02

大員商館1654年9月1日到1656年8月31日：f.127,137.08.12

科羅曼德爾商館1655年8月1日到1656年7月31日：f.33,167.03.00

蘇拉特商館1654年6月1日到1655年5月31日：f.64,972.15.01

蘇拉特商館1655年6月1日到1656年5月31日：f.55,620.06.12

其他小利： f.82,477.18.00

f.1,335,981.16.11

1656年的損失超出贏利 f.37,824.04.06

78. J. Maetsuyker, C. Hartsinck, J. Cunaeus, A. de Vlaming van Oudtshoorn, N. Verburch, D. Steur, 巴達維亞, 1657年12月17日

——voc 1220, fol.1-119.

(fol. 45)大員運往海岸相當一批金銀貨物，對此我們已向您做出報告，讚美上帝，這批貨物於今年1月29日由快船Arnemuyden和Saphyr平安運到帕里亞卡特。後來我們又從這裡派去以下船隻：4月

13日，海船Parol，9月9日，快船Muyden和平底船Tayoan。科羅曼德爾的貿易將因此而得到現金和貨物的大力支援，總價值爲f.373,475.8.12。再加上從大員和滿剌加運往帕里亞卡特的物資，那一地區所得援助總值計f.1,317,851.4.14。

(fol. 48)我們已向您報告，大員派運往孟加拉的物資連同滿剌加294,374磅的錫，總值爲f.810,071.2.7，由快船Avenhorn和Soutelande分別於2月26日和3月9日以及貨船Patientie於5月13日運去，後者因船長不慎於3月18日在阿爾坎遇難。

(fol. 75)儘管大員的貨物很晚才被運往波斯市場，仍然獲得好利，福島糖獲利96¾%，價值f.163,373.4.12的滿剌加錫贏利163¾%。

(fol. 76)根據我們最近一次向您報告的好消息，希望並完全相信，遣使拜見韃靼——現在是中華帝國——的皇帝，經各種努力，公司將達到獲得自由貿易的目的，正如我們的人從廣州專派一條帆船送來的滿懷信心的報告，他們認爲中國爲我們打開貿易之門已確定無疑。因此，我們期待著有利的結果。然而，令人遺憾和出乎意料的是，事與願違，與我們根據他們報告的好消息而得出的積極的結論完全相反，請您親自參閱快船Koukercke和Bloemendael於3月31日送來的有關使者德．豪伊爾和凱瑟爾的消息，以及有關於派出使團前後的各重要事件的記錄、上述使者送來的報告和附帶函件。我們發現，前面的報告已就使節在廣州政府那裡的情形做過記述，不在此重複記錄，現在從使節於廣州起程前往中國的都城北京開始講起[69]。

上述北行一路順利，爲保險起見，中國人還派出兩名官員與我們的人同行。使團起程北上，路過許多城市和地區時均受到當地官員的禮遇和優待，我們的人對此極爲滿意。引人注意的是，越往北行，那

69 另一名荷人尼霍夫(Joan Nieuhoff)因其速寫才能隨使節北上，不但留下旅行日記，而且對沿途各種建築，風景予以素描，此書後來於1665年在阿姆斯特丹出版，包括銅版刻圖150餘幅。後來，學者們就該版本是否忠實於尼霍夫的描述提出疑問。詳見：L. Blusse, R. Falkenburg, *Johan Nieuhofs beelden van een Chinareis 1655-1657* (Middelburg, 1987).

裡的人越友好和善，因此我們的使團往返途中均未發生意外，我們的人作爲使者處處受到款待。在如此廣大的國家，特別是剛受戰爭摧殘，轉由外族人統治的地方，使團能如此順利往返，是一件令人驚嘆的事情。人們從中也可以看出，民眾的正義得到維持。這次往返，我們的人多是經水路或是河流，或是人工挖掘的運河，但懸崖礁岩林立，淺灘比比皆是，船隻歷盡艱險。中途有一座大山，爬山的路程約有5荷里，所帶行李只能用人力從山的一邊馱到另一邊。到達離北京4荷里處，我們的人得到車輛和馬匹的援助，將行李拉走。然後，使團聲勢浩大地繼續由陸路前行，這是旅途中唯一的一段陸路，隊伍前後荷蘭國旗迎風飄揚。

1656年7月17日，使團到達北京城，我們的人在城外稍作歇息，並等待行李運至，他們被帶到一座廟裡下榻，廣州的藩王在北京的官員等專程從皇宮趕來迎接招待，並備下餐飯。傍晚時分，使團繼續上路前行，被接到專爲使團準備的客棧，離皇宮不遠，往市內方向約有1小時的路程。我們的人安頓下之後，中國人把我們的人數點好，由兩名威武的士兵守門，並由20名士兵保護，沒有通行證任何人不得入內，酷似日本的人的做法。

次日一早，三名特使以皇帝和內閣的名義對我們表示歡迎，檢查我們帶至的禮品等物，按從廣州收到的介紹，逐物察看，並詢問他們的來處，製作地方，還令人用中文和韃靼文記錄下來，他們對我們爲皇帝準備的禮品極爲讚賞。此後，他們開始向我們提問各種奇怪的問題，諸如我們居住在陸地上還是以海爲家、四處飄泊，因爲耶穌會士曾向他們講述，我們沒有國家，在海上以行盜爲業。我們將事實告訴他們之後，他們似乎仍存有疑慮，唯一的辦法是在一張世界地圖上向他們提供足夠的證據，以更好的根據向皇帝和及其官員做出報告。據說，上述地圖[70]

70 意大利傳教士利瑪竇曾向皇帝進萬國圖。該圖把天下分為五大洲，即亞細亞，歐邏巴，利未亞，亞墨利加，墨瓦臘泥加。不知《報告》中所指的圖是否此圖。據梁廷楠，《粵海關志》(《清末民初史料叢書》第21種。臺北，1968年)，卷24，〈市舶〉，頁1。

仍保存在皇帝那裡。後來，他們還問及，該使團由誰派出，以及我們國家的統治機構如何。在我們的人說明我們的國家沒有皇帝時，他們十分驚訝，幾乎無法想像一個國家沒有皇帝還能存在下去。爲避免他們就此事產生誤解，我們的人被迫回答，我們的國家有一名王子，掌管全國的軍隊等，保護我們的國家。不然，我們沒有皇帝，也沒有類似的一個人，將很難溝通和增進他們對我們國家政府的性質的瞭解，以此作爲說明的前提條件，然後清楚地說明和解釋我們的使者從何處派出，這才使中國人安下心來。此後，他們又提出一個奇怪的問題，問我們的使者是否與王子有親緣關係。據他們聲稱，一般的習慣是，他們的皇帝只能接受由國王派出或與他有婚姻或血緣關係的人前去拜見問候和鞠躬行禮。對此，我們的人出於各種原因直截了當地如實回答說沒有，而是選擇最有資格完成這一使命的人派出。正如他們的解釋，使者的資格實際相當於東印度總督，皇宮派出的人就此告別。不久，他們又返回，向我們索取寫給皇帝的書信，我們的人把它放在一銀制的果籃中用艷紅的哆囉絨蓋住，肅靜而畢恭畢敬地送到他們手中，由他們帶走。他們認爲，根據前面所瞭解的使者的資格，不足以前往宮殿拜見皇帝。這些來往的官員均爲韃靼政府要員。

我們的使者到達北京後的第二天，皇宮下令，使者攜帶給皇帝的禮物，前往皇宮面見大清國的宰相和幾名首要官員，儘管大雨傾盆，也不得有誤。到達宮殿之後，馬上被呼入，發現宰相坐在其中，幾名政府官員排列在他的左邊高而寬的顯貴座位上，他的右邊低下的座位上是一位名叫湯若望的耶穌會士[71]。沒等我們的人來得及行禮，他們

71 即Johann Adam Schall von Bell，於1592年生於德國科隆(Köln)，1618年作為耶穌會士從里斯本(Lissabon)前往東方，第二年到達澳門。1623年自1630年作為天文學家居住北京，曾幫助明朝皇帝製做天文儀器和戰砲。1645年被清順治皇帝授以欽天鑒鑒正，加太常寺少卿銜，為皇帝的寵臣。順帝死後，傳教士和教徒受到追緝，1664年湯若望與其他傳教士一起受到關押，並被判以死刑。獲釋後不久於1666年去世。有關此人的經歷詳見：Rachel Attwater, Adam Schall, *a Jesuit at the court of China, 1592-1666* (London, 1963)；J. Spence, *To change China: Western advisers in China 1620-1960* (New York, 1980), p.3；費賴之著，馮承鈞譯，《入

就被安排到耶穌會士右首更低下的座位上，宰相對我們的人寒暄一番之後，上述耶穌會士用德文翻譯給我們的人。此人生於科隆(Koln)，是一位滿頭白髮的年邁老者，按韃靼人的方式著裝雉髮，據他自己聲稱，已在這個國家居住四十年之久，他能像使用其母語一樣讀、說、寫中文。我們的人坐在那裡片刻之後，上述耶穌會士接到聖旨，令他書面報告我們國家的名稱，距離中國有多遠，是如何統治的，王子姓名如何，王子究竟是何人，以及我們的政府構成，所有這些問題與先前專使對我們的查問極其相似，他在我們的人那裡獲得各方面消息之後，馬上繼續將所有這一切記錄下來。他的報告最終由宰相修改過兩三次，令其縮短，而且將述及我們的國家在此之前受西班牙人統治，以及至今仍屬西人統治等篇幅刪掉，並講：若您瞭解這些人有他們自己的國家，而且離您的國家不遠，您諳通他們的語言，而且熟悉該國家的統治情況，皇帝和我們均將滿意。他第三次改寫並按宰相的意願修正，由上述耶穌會士簽字之後，連同幾件小禮品送交皇帝。期間，宰相按禮品單好奇地檢查過每件禮物。這一天就此結束。最後，宰相令人準備好飯食送去。不久後，發現他們送來的只是些半生半熟的煮肉和五花肉，以此來招待一個國家的使節，極不相稱，既然韃靼人的習慣如此，我們的人也只好不再挑剔。雖然宰相是這個國家除皇帝外最有權勢的人物，卻表現得低微不堪，毫無富貴之態，令人奇怪的是，他身著一件布衣，光著腿坐在近乎破舊的白色布墊上。儘管如此，這樣一位毫不講究的韃靼人對我們來說，仍比一位衣飾華麗的中國人有用，因爲這位有權勢的韃靼人在許多情況下均對我們表現出好意。此前令耶穌會士湯若望撰寫給皇帝的報告時，我們即可看出。

在另外一次交談中，我們的人問及上述湯若望，因爲他們獲悉，

華耶穌會士列傳》(臺灣，1960年)，頁192；J. Stein, "Missionaris en Astronoom", *Studien: tijdschrift voor godsdienst, wetenschap en letteren, nieuwe reeks*, (1925) 103, pp. 207-225, 245-268；Stein在同一期雜誌(頁467-476)上還撰文論述Schall與荷蘭使者的關係，即："Pater Schall en het Nederlandsch Gesantschap aan de Keizer van China (1655-1657)".

長時間以來沒有外國使節前去北京。他出乎意料地告訴我們的人，莫斯科的國王曾派來使節，在北京駐留前後四個月，始終未能受到皇帝的召見[72]。他們帶來一些毛織物，和一面大鏡子，送給皇帝。他們要求每年能派遣使節並能獲許在北京和到其他地方貿易。由此看來，我們與他們的要求殊途同歸。他還講述，這些人自莫斯科長途跋涉到達北京，歷經六個月的時間。宰相發現我們在與耶穌會士談論莫斯科來人的事情，便問，我們的人是否認識他們，是否通他們的語言，我們的人如實做出回答。他一直沉默無語。傍晚時分，他檢查過我們所有的物件之後，與耶穌會士一同友好地告辭。

我們的人被告知，皇帝和宮廷官員對我們帶至的所有禮物極為滿意，甚至禮品尚未全拿出來，韃靼人似乎已經出奇地滿意，並願向我們提供各種方便，但湯若望見到我們的人把大量的物品，特別是武器、馬鞍、大毛毯(alcatijven)、紅珊瑚、鏡子眾奇珍異品一件件擺出來時，從內心裡發出一聲長嘆[73]。

我們的人獲許並受到宮廷的招待，中國人對禮品的滿意，以及各

72 該使團由巴伊科夫率領，於1655年受命出使中國，並於1656年3月3日到達北京，但執意要直接面見博格德汗，呈交大君主國書和禮物，也不按中國的禮儀叩頭。最終於9月4日離開北京，出使一無所獲。據巴古拉·班蒂什——卡緬斯基編著，中國人民大學俄語教研室譯，《俄中兩國外交文獻彙編(1619-1792年)：根據外務委員會莫斯科檔案館所藏文獻於1792-1803年輯成》(北京，1982年)，頁24-28。

73 有關此次荷使進京，《粵海關志》(卷22，〈市舶〉)記載，貢使名為嗶嚦哦悅野哈哇菍，即德·豪伊爾(Pieter de Goyer)。貢物包括：「鑲金鐵甲一副，鑲金馬鞍一副，鑲金刀、鑲銀劍各六把，鳥銃十三口，鑲金鳥銃四口，短銃七口，細銃二口，藥袋三個，玻璃鏡四面，鑲銀千里鏡、八角大鏡各一面，琥珀五十觔，珊瑚珠、湖泊珠各二觔，珊瑚樹二十枝，哆囉絨五匹，嗶嘰緞四匹，西洋布一百匹，被二十床，花被面六床，大毯一床，中毯兩床，毛櫻六頭，丁香五箱共二百觔，番木鞋一箱重三百六十觔，五色香花三包共三百五十觔，桂皮兩包共二百一十觔，檀香十石共一千觔。貢皇后：鏡一面，玳瑁匣、玻璃匣、烏木飾人物匣各一個，珊瑚珠、琥珀珠各三串，琥珀四塊，哆囉絨二匹，嗶嘰緞三匹，西洋布十八匹，白倭緞一匹，花毯一床，花被面兩床，玻璃杯四個，花石盒三個，白石畫兩面，薔薇露十壺。」據梁廷楠，《粵海關志》，卷23，〈貢舶〉，頁9。

種尖刻的問題均得到滿意的答覆，並認識到我們有自己的國家，一個善良的民族，在以上種種情況之下，誰還會抱有其他的想法，我們的人本以爲胸有成竹，特別是我們的人發現宰相對我們懷有好感，認爲廣州的藩王按事先約定預支35,000兩銀，每兩按70斯多佛計算，總價值達f.117,500，爲上述北京之行做好充分準備，並對其他多餘的問題均令人滿意地應付回答。我們的人心滿意足地一直停留到8月11、12、17日，開始意識到貿易一事仍未得到確定的答覆，後來又發現藩王根本沒有帶來銀兩，只依靠我們的禮品，我們的人完全上當受騙。因爲各種禮品已經送出，只能使用一批銀兩，他們將此事完全寄托於藩王。而今則不知所措，一同自廣州來京的官員也無法借到銀兩。人們肯定地認爲，哪怕只用10,000兩銀來贈送中國和韃靼宮廷的官員，即使不是全部，至少也會部分地獲許對中國的自由貿易。

我們的人痛心地認識到，此事對我們如何不利，而且沒有任何辦法可弄到銀兩，只能寄希望於韃靼人對我們的好意，使中國人有所收斂，最終戰勝中國人的居心險惡。我們的人根據廣州藩王在北京的代理和官員的建議要求准許出席宮廷官員的會議，再提出建議，認爲這樣做可能對此事有利。獲許之後，於9月14日受到召見，被安排到指定的座位上。不久，會議主席問及他們爲何要求出席。我們的人回答：該使團由其高級政府安排派出，前來拜見皇帝陛下，並要求建立友好盟約，使我們能像他的臣民一樣駕船來往貿易，以運去的貨物換取他們國家富有而我們國家缺少的銀兩和貨物，並要求他們提供貿易所需要的諸如住處等方便；同時我們將按該國家的規定和習慣繳納稅餉，每五年一次派使節攜帶禮品前來拜見皇帝。上述會議主席答覆我們的人，若我們每五年一次派使節前去，或間隔時間更長一些，將很受歡迎，同時允許派三到四艘船載貨到中國貿易。至於每年頻繁來往，以及准許他們居住等，他們認爲，這與他們國家的法律相衝突，事情過於重大，不能輕易答應我們。會議上官員們之間的辯論過於冗長，不一一在此報告。

而中國宮廷官員則不斷破壞我們在韃靼人那裡經再三解釋而留

下的好感，散布各種流言誹語，諸如我們在此之前是一個搶掠成性的民族，沒有國家，隱匿在海上，因爲我們的國家在他們的古書中根本沒有註明，儘管我們已向他們證明事實並非如此，他們擔心我們的人仍有所隱藏，使我們第一次北京之行無法達到如期的目的，就我們的自由貿易與他們達成一致協議。我們的這些對手還散布謠言，我們可能是英國人，冒充荷蘭人的名義到達那裡。英國人約在30年前率領四艘船到過虎頭門灣，並在那裡攔截鹽船，還摧毀一座工事，中國人因而宣布，他們是中國公開的敵人，嚴禁他們再去中國。還說，他們並非不瞭解，幾年前，我們試圖將澳門的葡人趕走，曾與一官交過戰，鑒於此，他們認爲，有必要暫時拒絕我們的請求，經過幾年的考驗證明我們所言是事實之後，再予以准許，也爲時不晚。宰相置中國人對我們的醜化於不顧，向我們說明，一旦皇帝認爲我們是他們國家的朋友，即須再帶禮品來感謝皇恩，到那時我們將得到所要求的一切。因此，可得出結論：第二次到北京朝廷時才能達到如期的目的。

皇帝對我們懷有好意，我們毫無懷疑，而且相信，如果此事取決於皇帝一人的話，我們的請求將很快被接受。從皇帝先後兩次即7月31日和8月8日給宮廷官員下達的的御旨中可以看出，他對我們使節的看法以及對我們的請求的意見。尊貴的皇帝爲審查我們的書信譯文是否忠實於原文，令人將書信原文交給上述耶穌會士湯若望，照原意翻譯成中文。皇帝得到第二次的翻譯之後，對我們的好感有所增加。後來他又從皇宮中對宰相下旨，即陰曆6月16日，再次令人閱讀荷蘭人的書信，瞭解內容之後，發現荷蘭人是以正當的理由，出於純粹的目的自發派出使節，從遠隔重洋的國家像一只在空中自由飛翔的小鳥不可阻擋地來到這裡。對此，我予以極高的評價，並感到欣慰，下令給您及宮廷官員，就他們的使節要求在我的國家來往一事可行，制定一條決議報告給我。

看來，一有可能他們將召我們的人進宮拜見皇帝，從而可盡快了結此事。但按皇宮的習慣，在某事決定如何處理之前，不會得到皇帝親自召見。而且如果8月23日皇帝的弟弟[74]去世一事不會產生什麼影響，我們的人將於8月25日受到皇帝召見，並提前一個月離開北京。因爲我們的人在某藏有該國家寶物及御印的古殿前按規矩三叩頭、九鞠躬，以表示對皇帝的忠誠與敬仰之心。這是人們在拜見皇帝之前必須經過的一番儀式。因親王的去世，我們的人最終不得不推遲出發日期。我們的人便利用這段時間設法爭取自由貿易。期間，我們的中國翻譯Paul Durette想出一個辦法，委託他的一位頗受皇帝和宮廷官員信賴的親戚四處活動。經此人的努力，我們果然獲許每年派兩艘船到廣州，不登陸而在船上貿易，但須爲此繳納10,000至14,000兩銀。我們的人不知所措，或許可以每月8%至10%的利息貸款，但認爲這樣做不可行。若對方答應可在下次繳納上述銀兩，那麼我們的人將敢於訂立協約。結果還是徒勞，因爲他們根本不能同意這樣做，使上述方案落空。我們的人認爲，將來無論如何還要第二次遣使感謝皇恩，屆時以更充分的理由，靠我們的資金在更有利的條件下實現我們的願望。此後，我們的人請人起草了一份書面請求，由宮廷的一位書記員起草，大意如下：多年來，中國皇帝准許琉球(Lieuw, Giouw)[75]和暹邏三個民族自由與中國貿易來往，我們請求也能享受同等自由，並接受同樣的條件，每三年一次前來拜見皇帝陛下。結果一無所獲，因爲這種事情沒有銀兩作後盾難以取得進展，我們的請求被置於一邊，需第二次或第三次進京時重新遞交。直到在我們的人離京前不久，該請求才被交給皇帝過目，10月11日皇帝從宮中向宮廷官員頒佈一條由他親筆簽字的旨令，以示予以准許；但這又有何用處？他們明知皇帝下令予以准許，然而在執行過程中不完全按旨意辦事，甚至屈解旨意，我們的人對此無可奈何，不知該如何促進到那時已做出的努力。

---

74 即和碩襄親王博穆博果爾(Bombogor)，當時年僅16歲。據《大清世祖章皇帝實錄》順治十三年七月己酉記載。荷人聽翻譯講，在荷人到達之前與皇帝發生爭吵，宮內官員為此認為他沒有必要繼續生存下去，將他謀害。皇帝與親王關係深密，極為傷心。據L. Blusse, R. Falkenburch前引書，頁52。

75 荷人此處把Lieuw, Giouw誤認為是兩個地方。

我們的人幾天前被告知將於10月2日拜見皇帝，爲使他們到時候能熟悉各種儀式，於上述日期，按中國人的曆法八月十五是圓月，我們的人由身著禮服的兩名禮官與廣州藩王在京的代理和官員挑著燈籠，因當時天還漆黑，引入宮殿。儀式的具體過程以及皇帝和這個國家的大官顯示的排場和威嚴，因過於冗長，不在此一一詳述。儀式完畢之後，我們的人返回他們的住所，不久即有兩名宮廷中最顯要的官員受皇帝的指派，向我們的人要求一套禮服，將禮服的各部分交給他們之後，這兩人逕直返回皇宮。我們的人入宮的同一天下午，在宮廷官員的議事廳以皇帝的名義受到招待。宴會上吃的是煮得半熟的肉，喝的是烈性酒，這是極其講究的御膳，皇帝的官員所有的人均以面見皇帝的規矩圍坐著。6名官員之一代表就座於中間而且略高於其他座位的皇帝的位置上。在就座之前，我們的人須像拜見皇帝一樣，面北叩頭九次。我們的人共受過三次如此隆重的招待，第三次是10月13日，前去接收皇帝特爲總督和使節準備的禮物，具體如下：

總督：

4件青花緞，4件青色和4件藍色緞，4件thuvijs(thujas)，4件金色天鵝絨，4件花緞，10件白綾，4件藍花緞，2件青天鵝絨，6件綾，4件fora，10件hochins，300兩紋銀[76]

每名使者：

24件次等質量的絲料，100兩紋銀

使團秘書巴隆(Hendrick Baron)：

12件次等質量的絲料，50兩紋銀

17名隨從：

每人15兩紋銀

我們的人跪著用雙手接受了以上禮物，韃靼或中國官員沒對他們

---

76 此處所載皇帝的賞賜與《大清世祖章皇帝實錄》(卷130，頁20)的記載種類相同，只是各類數量有所出入。而且與《巴城日記》1657年4月3日頁133的記錄也有差別。

講一句話，我們的使者隨後返回住所。三天之後，即10月16日，在宮殿的前殿及宮廷官員議事廳，官員將皇帝給總督的信件同樣一聲不發地轉交給使者。此後他們得令，須於同一天離開北京前往廣州，因爲皇帝的御旨不許在京城過夜。我們的人便盡快急忙起程前往廣州。1657年1月28日，他們順利到達那裡，並發現公司在那裡的人安然無恙。

我們的使者按廣州藩王的建議，將爲他們準備的禮物一同帶到北京，並在北京一次全部贈送，沒有留下任何禮品。甚至無法準備給他們的新年禮物，引起他們的不滿，在使節離開廣州時他們爲購入將運至的貨物而預支14,000兩銀，他們不但要求我們的人每月付10%的利息，而且要求我們與他們約定的在獲得自由貿易後贈送給他們作爲報酬的約35,000兩銀也如數支付，儘管他們的諾言沒能落實，我們的人因此而表示不滿，他們竟然拒絕支付欠我們的14,000兩銀(上述借用的14,000兩已經扣除)。對此，使者將與廣東藩王進行口頭交涉，對他們的不公行爲表示抗議。此後，廣州官府竟然頒佈告示，嚴禁任何公民用轎拉荷蘭人進城，排除了我們的使者前往抗議的可能性。不久後，商務員蘭茨曼和巴隆由使者派遣面見年輕的藩王兼市政官，中途遇到一名官員，此人命令其下屬攻擊轎上的使者，並用棍棒抽打他們，我們的人被迫下轎徒步返回住所。據說，該官員因爲沒有收到我們的禮物而大爲惱火，以此作爲報復。後來，我們得力的翻譯Paul Durette，此人在京城中對我們幫助極大，一天夜裡在他的家中慘遭殺害。我們的人見機不妙，打算離開廣州，準備向廣州各藩王道別，而他們一個稱牙病發作，另一個則說先贈禮後面見。我們的人於2月21日被迫收拾行裝撤離廣州的寓所，乘坐兩艘快船Koukercke和Bloemendael於當天出發。次日，廣州藩王還派人送來他的一件小禮品，並建議我們推遲四、五天再走，我們的使者鑒於季風期已近結束，不能耽擱，盡快駛往巴城，後來順利返回。

因爲莫斯科的使節執意不在藏有皇帝和這個國家寶物的宮殿前屈身行禮，而且堅持要把他們的書信當面交給皇帝，結果一無所獲，被趕出京城。後來他們在途中改變了原來的主意，派人向宮廷官員賠禮道歉，並請求爲補救這一過失和完成他們的使命返回北京[77]。當時，我們的人已離開京城，無法得知他們此行的結果如何，後來也一直沒能獲得有關該使團的消息。我們的使者本欲按所得指令派人自北京經莫斯科就他們返回廣州和在北京的經歷向您做出報告，但因寓所的中國人把守森嚴，不便行動，不然他們早已托上述莫斯科的使團帶信給您。

儘管澳門的葡人處境慘淡，但他們在北京的耶穌會士設法用相當數量的銀兩贈送給宮廷官員已與我們作對，並激起人們對我們的憎恨，以達到使我們出入中國的請求遭到拒絕這一目的[78]。但我們相信，如果他們沒有銀兩，那麼所散布的危害公司的謠言也難以見效，特別是澳門目前的境況對中國來說絲毫無利可言，除非得到南部地區的援助，不然則只能勉強賴以生存。

我們對自由貿易的請求遭到拒絕之後，使者沒能設法表明我們有意幫助皇帝，由水陸對國姓爺發動攻擊，因爲此等大事他們不會輕易相信我們有權自行決定，特別是我們在給皇帝的書信中隻字未提，除自由貿易外沒有其他任何的建議，難以贏得他的信任而予以重視。我們認爲，我們的人不但沒有處事不當，反而做法非常出色，將此事就此了結，以後或許會有更好的機會。因爲從海上提供援助這一許諾的實現並非輕而易舉。

我們的人到達北京之後，按指令調查瞭解我們尋找已久的大城市Combalu所在的地區Cathey的大體位置。耶穌會士衛匡國(Martinus

---

77　據前引書《俄中兩國外交文獻彙編》(頁26-28)，事實並非如此，莫斯科大君主於1658年初另派專使前往中國。

78　正如J. Stein在他的上述文章“Pater Schall en het Hollandsch gezantschap”中肯定地認為，荷人出使的失敗應歸咎於耶穌會士的挑撥及其對荷人的詆毀。因為篤信天主教的耶穌會士決不會容忍異教徒荷蘭人(基督教徒)得到任何好處和擴大他們的影響。他們與荷人的對手即澳門的葡萄牙人站在一邊，1663年清政府下令驅逐葡萄牙人時，湯若望等則稱葡人於國有功來庇護他們。費賴之前引書，頁201。

Martini)的描述證明，他所指的Cathey和Cambalu只能是中國北部地區和北京城。他們在記述中以充分的理由說明這一判斷可以令人接受。正如人們可以肯定，按您於1656年4月12日給我們下達的指令，即設法到日本以北的韃靼地區探察，不會有什麼新的和特別的發現。

很長一段時間以來人們沒能更好地瞭解，也沒有其他的假想，只認為中國被一個大汗(Cham)—即指擁有整個韃靼的皇帝或唯一的統治者—所征服，經我們的人瞭解，事實並非如此，現在皇帝並非本來就擁有整個天下，原來他只是韃靼一個很小的王子，後來其勢力發展成為最高的統治者而自稱為王，他就是現在年僅22歲的中國皇帝的祖父，他能借助上帝的安排，達到如此高貴的地位，擁有如此美麗的國家，著實令人嘆服。

使者記述的有關具體情況，請您詳見其報告和日記[79]。

使者德·豪伊爾和凱瑟爾從廣州返回巴城時，我們隆重迎接他們帶回中國皇帝的書信和贈禮。書信打開後，我們發現，是用滿漢兩種文字寫成，語氣非常友好，您可參閱書信的譯文。他在信中清楚地寫道，我們的人獲許八年一次率100人組成的使團前往中國，並派20人北上，同時可在廣州登陸貿易；還聲稱，這全是為我們著想而做出的決定[80]。這就是我們至今耗資遣使所得到的收穫，您肯定也像我們一樣，對此毫無準備，完全出乎意料。最後，我們討論決定應如何處理此事，若等待信中規定的八年，公司的貿易將不會取得任何進展，也不會有什麼意義。但有一點使者可以肯定，即不必再費心籌辦第二批使節。這樣做將無濟於事，不能達到如期目的，因為在毫無保障的情況下，我們無力承擔如此沉重的負擔。因此我們

79 《巴城日記》同年7月6日記載。

80 該敕諭原文見《大清世祖章皇帝實錄》(卷130，頁20)。《巴城日記》1657年4月30日頁132有譯文。皇帝嘉獎荷人長途跋涉前來朝貢，但「若貢期頻數，猥煩多人，朕皆不忍。著八年來朝一次，員役不過百人，止令二十人到京。所攜貨物，在館貿易，不得於廣東海上私自貨賣。」

決定，沒有您的指令不再遣使北上。但爲使這次已經開始的事務不致中途而廢，維持已達成的協議和建立的友誼，同時派人考察，如果我們在規定的八年之內到中國貿易，他們會做出何種反應。經周密商談我們最終決定，派快船Zeeridder再次前往廣州，並載運價值f.17,714.12.2的少量貨物，由商務員巴隆率領，此人在上述使團中擔任秘書，較爲瞭解情況。上述快船於7月5日被我們從這裡派出，我們對該船下達的指令，請您詳見原文[81]，還有我們寫給廣州藩王的書信等[82]，從中您可以看出我們如何以最妥當的方式就我們的事務向他提出建議；這次遣使進展如何，我們希望在結束這次報告之前，能得到有關的消息，並向您稟報。

被派往廣州的Bloemendael和Koukercke二船所裝貨物，包括使者帶去的贈禮，價值： f.133,367.03.00

銷售貨物所得：	f.78,736.05.05
總計	f.212,103.08.05
使者帶回的剩餘貨物：	f.15,466.06.12
上述贏利還剩餘：	f.196,637.01.9

據廣州的貿易記錄，遣使所用各種禮品、各種花費、有待收回的債務、部分貨物的腐爛、支付關稅等，其中船員及其他使團成員的月薪以及上述兩艘船的裝備，他們停泊在那裡20個月之久而毫無收穫，因此，這次遣使就其成果而言耗資巨大，但願萬能的上帝能改損失爲贏利。

79. J. Maetsuyker, C. Hartsinck, A. de Vlaming van Oudtshoorn, N. Verburch, D. Steur, 巴達維亞, 1658年1月6日

(fol. 17)過去一季共有47條中國帆船自不同地區泊至長崎，其

81 詳見voc 881, fol.272-279.

82 詳見voc 881, 總督給平南王和靖南王的書信，fol.279；總督給總督的信，fol.279-280.

中28條來自安海，11條來自柬埔寨，3條自暹邏，2條自廣南，2條自北大年，1條自東京。我們發現，這些船隻均屬於大商國姓爺及其同夥，因爲我們沒有聽說有船來自韃靼人統治的南京或其他地區。上述船隻運至長崎以下貨物：112,000斤或1,120擔各類生絲，636,000斤白色和黑色糖，另有各種絲織物、皮製品、藥品及其他雜貨等。

我們未能在12月14日之前收到大員和福島的報告，因時間倉促，不能在上述報告中就上述地區的情況進行報告。因此，我們按要求做出以下記錄。首先，我們於5月15日和7月25日之間，曾四次從這裡派船前往大員，快船Domburgh，Zeehondt和貨船Ulissis、Hilversum、Breuckele以及平底船Appelboom、Emmerloort、Wacht和Urck，共10條船。爲上述地區裝運貨物和各種必需品，總價值達f.333,089.6.6。讚美上帝，我們得知以上船隻均平安到達。只有快船Bul在前往途中，路過南沙群島(Paracelles)時，遇到激流，船和貨險些遇難，在懸崖底下停留整整一天一夜，最後竟奇蹟般地脫離危險。Breuckele因風暴而漂過大員，駛入長崎灣。貨船Ulissis按我們的指令先前往暹邏，在那裡裝運大員需要的木材、椰子油。我們派上述船隻帶給大員的指令我們已在5月15日、28日、6月11日和7月25日四封信中一一記錄，請您詳見通信集中的副件。其中您還可讀到，我們於6月15日的決議中決定，同意揆一先生的迫切要求，即任命他爲福島副長官，享受月薪200盾，無任何限期。我們希望您能准許這一決定，鑒於揆一先生具備擔任這一重要職務所需要的能力與經驗，我們相信，他定能在各方面效力於公司，您將對他的工作滿意，我們發現他認真負責並熱心於公司的事業。

正如我們去年已向您講述，爭取國姓爺恢復他對大員的貿易一事，結果因他心地險惡，而沒能成功。根據快船Hercules、Bloemendael、貨船de Groene Molen及平底船Emmerloort帶來的報告，在我們屢次去信並兩次專門派出公司的第一翻譯和大員中國人長老何斌商談，上述國姓爺竟然准許其下屬重新自由從事中國和大員之間的貿易[83]。這一貿易於9月初予以開放，中國帆船很快從我們的人那裡運走胡椒11,000擔，價格爲10至12里耳一擔，還有大量的其他商品。

若貨物持續暢銷，將是一件令人欣慰的事情。但我們發現中國商人對貨物的需求高潮已過。據他們講述，通往北方的道路被韃靼人截斷，使貨物不能大量售出。這一障礙也使上述商人投入市場的黃金數量不多，因而他們試圖用錠銀按大員69斯多佛一兩的比價購買公司商品。而按公司規定，不需輸入和流通錠銀，因爲以如此高的價格接受白銀於公司極爲不利，此外，白銀在科羅曼德爾海岸無法出售。大員的貿易若不能提供黃金，也就沒有什麼特殊的利益可言。

我們相信，公司將時來運轉，恢復原來的情形，只要難以令人信賴的國姓爺不對這一稀落的貿易設立障礙。對此我們仍懷有疑慮，因爲他在准許人們與我們貿易之前要求福爾摩莎的長官和評議會許諾，發放給國姓爺海上通行證，准許其帆船駛往暹邏、舊港、占城、占碑、柔佛等。鑒於其後果我們不能容忍這一局面繼續下去，因爲若中國人獲許駛往胡椒海岸，公司將會失去那一貴重的貿易，國姓爺也可隨心所欲，對我們發起攻擊，使大員變成一個殺人坑。大員的繁榮和昌盛完全依賴於對中國的貿易，這樣以來，大員將毫無用處。屆時他將搶走我們的利益，壯大他自己的勢力，增強與韃靼人的抗爭力。我們務必制止他這樣做，迫使他到巴城或大員運輸所需要的商品貨物。

---

83 1657年何斌先後兩次被荷人派往中國與國姓爺商談開放中國與大員的貿易一事。3月19日，何斌攜帶價值f.8,955的哆囉絨、琥珀等禮品前往中國。6月13日，他返回大員，並帶至國姓爺等大官的書信。總而言之，國姓爺向荷人提出以下三點要求：一，盡快幫助到大員的商人進行貿易；二，保證帆船從大員返回中國；三，要求大員荷人寫信給巴城，向他的駛往暹邏、占碑、舊港等地的帆船提供方便。14日，荷人開會討論決定，滿足國姓的以上要求，以求盡快開展大員與中國的貿易。7月，何斌再次赴中國與國姓爺談判，並於14日到達廈門。22日，何斌寫信給荷人，國姓爺已公開下令，將自8月初開放中國與大員的貿易。8月23日，何斌返回大員，並帶回國姓開放貿易的通告。詳見《熱城日記》的以下記載：1657年3月19日，voc 1222, fol.130；6月13日，fol.160；6月14日，fol.166；8月3日，fol.198；8月23日，fol.219. voc 1222, fol.224.

公司在一些胡椒產區的特殊利益則必須努力維護下去。國姓爺見我們不肯退讓，也就不會像現在這樣爲所欲爲。我們仍然認爲，他禁止商人與大員的貿易來往，原因不是中國戰亂和交通堵塞，而是他有意與我們作對，因爲他與我們一樣，沒有貿易則難以生存下去。然而，對公司來說，最好能與他維持友好關係，而不與他爲敵，原因是他能給我們帶來許多危害。

在我們的人與他就疏通與大員的貿易商談之際，發生了以下事件，小貨船Breukele和平底船Urck上的人在從這裡前往大員途中不慎攔截國姓爺的一條帆船，此船由柔佛駛往廈門，並被拖至大員。結果，此船在大員海岸因風暴而遇難，當時船上裝載有大量的胡椒、錫等貨物，只有一小部分被搶救下來。此事發生前不久，快船Domburgh截得另一條駛自柬埔寨的中國帆船，據其船主揚言，足有800兩黃金被我們的人搶走，所有這些情況國姓爺均已得到報告。

他對此反應強烈，隨即令人將在中國張貼的有關准許貿易的佈告撕破，最終若非何斌與幾位主要商人從中調解，我們剛獲得的貿易將功虧一簣，遭到禁止。除向他保證歸還其船貨外，還向他說明，長官揆一先生已將他要求賠償柔佛帆船一事交由我們在巴城處理；並答應，對Domburgh一船的船長及其他頭領就搶劫來往於柬埔寨的帆船由大員司法委員會予以審查，我們恐怕在這方面還要與國姓爺週旋，若能通過極少的讓步維持雙方關係的和諧，避免更多的裂痕，將令人滿意。

我們將盡力領導這一事務，並盡量使公司免受任何損失。與國姓爺簽訂協約，正如您在1657年4月16日的指令中所言，在目前情況下難以實現，對於他的許諾，我們不能相信，因爲他們的惡意與善意均與其時勝時敗的戰爭息息相關，但簽約是否能成，仍不能肯定，人們最好能見機行事。

爲說服國姓爺開放對大員的貿易，公司下令贈送給他4,192$^{3}/_{4}$里耳，只要貿易不斷並有所增長，這筆費用我們在所不惜。我們發覺，該貿易的開始，已給大員和福爾摩莎的居民帶來生機。公司土地等的出租儘管推遲兩個月，結果非但沒受任何損失，反而明顯獲利，爲期一年的各項租金總計約81,135里耳[84]。如果前往中國的航行持續停止，所得恐怕連上述數目的一半也達不到。

1657年福島沒有舉行村社集會，因爲福島各村社的居民中間流行麻疹，致使村社長老因病而不能履行其義務來參加集會[85]。長官揆一曾向我們建議，爲減輕居民的負擔，規定他們每兩至三年前去報告，我們不能同意他的這一建議，因爲居民將因此怠慢，與我們疏遠。

屆時人們將很難再把他們召集起來。況且每年一次已不能說過於頻繁，他們中間許多人的狂妄與蠻橫需在村社集會時予以壓制。不然，惡根滋長，謬種流傳，到時候將一發而不可收拾，非暴力不能解決問題。平定淡水地區作亂的村民，使其歸服公司的轄制，是當務之急，不得繼續推遲。我們的人派出240名士兵和60名水手，由地方官施合德爾率領，於9月10日自大員乘坐Zeehondt、Wachter和Appelboom等船由水陸前往，四天後到達淡水圓堡。那裡周圍村社的長老全部趕到，我們的人予以必要和友好的督促之後款待他們，造反的歹徒受到懲罰，一些品質敗壞的不可救藥之徒受到我們的武力制裁，甚至把有些人的房屋和莊稼放火燒毀。我們的人偶爾遇到居民頑抗，組織進攻時損失5名荷蘭士兵。這次討伐使公司在那一地區已失去的威望重新得到恢復。人們認爲，那裡舉事的居民將因此在相當一段時間內不敢輕易鬧事，而保持平靜。除病者外，上述隊伍均經陸路返回，到達之後又有許多人病倒並死去[86]。連同在淡水死去的人總計150人，這些死亡均由危及身體健康的淡水的硫氣和骯髒的硫水造成。鑒於公司在東

84　社等的出租於6月30日舉行，荷人將福島村社、湖泊、河流、漁區、收取中國人的人頭稅、市秤量處等項租給中國人。具體租户、保人、租金可詳見《熱城日記》1657年6月30日記載，voc 1222, fol.177-180.

85　處村社集會指南北村社集會。東部村社即會於6月13日舉行。另外，地方官施合德爾在率隊伍討伐福島北部的村社時，於10月18日曾召集那裡各聯盟村社集會。據《熱城日記》1657年6月30日，voc 1222, fol.175；10月18日，fol.277.

86　該隊伍於10月26日返回大員。地方官施合德爾先生染病六個禮拜後於12月13日去世。見《熱城日記》1657年上述日期的記載。

印度的軍隊本來人數有限，該損失巨大。過去一季，我們派往大員300名士兵，那裡有150人期滿退役。如此以來，那裡的軍隊人數總計1,000人，看似不少，但福島的諸工事城堡均需人把守，仍不能算多。

上帝保佑那裡一切保持平安，不會遇到什麼困難。經仔細考慮和商榷，我們認爲，您所提及的通過分給他們耕地的好處鼓勵福島上的已婚士兵留居那裡這一做法不可行，當然最終以您的指令爲準。我們發現，原因是他們在東印度從事農業勞動過於懶散，而且士兵們難以自制，酗酒成性。我們只能痛心地得出這一結論。不然，福島完全有條件建立一個荷蘭殖民地。遺憾的是，至今沒能找到一個人願留在那裡從事農業種植，或即使有人獲得一片土地後，即馬上轉讓給中國人，讓中國人去賣苦力，所以中國農民對此不滿，並非毫無理由。

位於福島最北端的蛤仔難灣的村社幾乎全部歸服公司。他們似乎有意與我們貿易，雞籠和淡水的首領布恩派助理巴勒比安(Jacob Balbiaen)帶少量貨物前往。巴勒比安從那裡繼而到達可能藏金的村社哆囉滿，他出乎意料地受到居民的友好招待，並被帶到藏金的中心地帶，清楚地演示採金的方法，而且主動提議我們可派1到2名荷蘭人前往駐紮。

與當初派大批軍隊前去駐紮相比，這次則輕而易舉地獲得更多的有關金礦的消息。上述助理在那裡只有一名士兵和幾名較爲熟悉當地情況的金包里和雞籠人協助。如果這樣繼續下去，慎重行事，不給居民們造成任何苦處，對他們懷柔籠絡，我們相信，久而久之，金礦爲公司所有指日可待，並將徹底揭開金礦之迷。

上述巴勒比安用兩擔鐵、24件黑色毛織物換得10.5里耳重、含量23開的黃金。哆囉滿村社只有150座房屋，村民人數不過500人，因此我們不可能在那裡銷售大量貨物，也就不可能獲得大批黃金。

如果以後能派出更多和更有經驗的人前往，那麼每年可望獲得大量黃金，但那裡需要一、二名礦藏專家。

在離St. Laurens灣1.5荷里、哆囉滿村社不遠處的哆嘮美仔遠(Talabiawan)，屬蛤仔難地區的一個村社，那裡的人認爲，我們只要花費一小筆資金就可以僱人用木板搭起一座小屋，用以在那裡進行相當規模的米皮貿易，不引起居民的任何疑慮，探尋金礦的所在。我們將命令長官揆一先生繼續派人探金。

福島農業生產持續良好，1657年那裡耕地有1,668摩肯植蔗，6,026摩肯種稻，376摩肯種大麥、小麥及其他水果蔬菜等作物。公司從中收取什一稅15,935里耳[87]。22,000擔白糖交給公司，另有5,300擔紅糖被運往中國，因爲我們不需要此類糖，而他們則可在中國獲得一些利益。繳納什一稅後，人們還將令其輸出數量更大的糖，這比公司自己留用還要合算。東印度當地的貿易，諸如波斯一地也可銷售一大批，最近一次，糖在那裡竟獲利96$^{3}/_{4}$%。日本的糖利無法與之相比，但糖可作爲壓倉物使用，不然福島的皮革將無法從大員運往日本，不然，船隻則需用沙來壓倉，在那片多風浪的水域，頗冒風險。

去年和今年我們均給大員嚴厲下達命令，特別指示那裡的官員，遵照您的指令，規定最白的糖收購價格不得超過5里耳，其他種類按上述比例收購。然而，正如您在我們寄去的信件中可以讀到，福島居民將因蔗糖大幅度的降價而破產，我們只能逐步實行。據長官揆一報告，那裡將於1658年開始以5里耳價格收購。正如您的看法，如此小幅度的降價期間不再向私人以高利息貸款。但另一方面，如果不予以資助，福島的農業種植將難以得到促進。同時，有些人慣於敲詐，甚至不讓農民留下任何生活用品。因此，我們認爲，把福島的部分耕地分給公司職員，特別是高級職員，他們將把其中最肥沃的選出轉讓給中國人，從中獲取巨利，特別是如果把什一稅也計算在內，他們真正可謂一舉多得。這一做法，將造成不良後果。有關西撒爾、揆一及佩督指揮官對什一稅的特權我們已予以取消，請您詳見我們1656年5月19日寫給大員的書信。

以後我們將不允許諸如此類的利益由私人享受。至於一些中國人長老仍可享受這些優惠，是他們將家屬接至福島時許諾他們的，以促進那裡的殖民，現在沒有理由予以取消。

爲按您的意見使福島傳教事業取得進展，並減少爲此而做出的花

87　地出租於10月27日舉行，詳見同日期的《熱城日記》，voc 1222, fol.288.

費，我們認爲那種好高鶩遠只求擴大傳教地區乃至到邊遠地區傳教的慾望應予以限制，這樣做沒有任何好處。使城堡周圍村社新港、大目降、目加溜灣、蕭壟和麻豆等的居民皈依成爲真正的基督教徒已非易事，這些地區的傳教工作仍有待於促進。因此，我們認爲，那些遠在福島南部和北部的許多地區原住民的宗教知識尚未達到需派高級學員或學校教師的程度，更不需要牧師，只需偶爾派人察看。牧師不在，那裡的學校完全可以由民事官兼管。這是我們去年送往福島的主要建議，並下令給他們，如果臨近村社牧師去世，則需把邊遠村社的牧師調回添補空缺，以達到我們的上述目的。但大員的長官和那裡的傳教人員收到這些建議和命令之後表示反對，並在一次教務會議上一致表明，半途離開已經接收宗教傳播的地區對他們來說，是一件有違良心的事情。若他們被迫撤出那些地區，則只能訴諸上帝。還有其他一些極爲尖刻的理由。我們沒有因爲他們的反對意見而改變政策，因爲我們很清楚，他們是出於何種動機極力要求留在村社裡。一旦他們把自己的錢袋塞滿，也就無所謂良心上的職責和遠遠重要於錢財的宗教事業離開那裡。請您相信，我們會妥當地處理這件事，並以基督教傳播的正當理由說服他們。上述教會在福島長官和評議會的支持下，強烈向我們要求，向全福島的原住民教授荷蘭語，並用荷蘭語教育他們，我們認爲這樣作根本不可能，予以拒絕，因爲這種做法勢必造成疑惑和混亂從而阻礙傳教。但我們將准許幾名牧師的建議，在福島的主要村社蕭壟成立一個學會，向幾名年輕聰明的福爾摩莎人教授荷蘭語和基督教教義，以便利用他們將聖經譯成他們自己的語言，向他們自己的民族傳教。爲把這些教授給福爾摩莎人的課程縮短，統一各處教程，上述教會爲此仔細擬寫成一份教材送來審查。我們發現，教材編寫得合適，無任何理由予以拒絕。牧師波斯豪夫因不適應福爾摩莎的氣候，而且他業已年長，不易掌握福島原住民的語言，要求離開那裡。我們予以准許，同時派芬德羅斯(Wilhelmus Vinderus)牧師前往，此人與波斯豪夫牧師一樣能幹。正如我們如實向您做出的報告，那裡平原地區的牧師實際不干預傳教，用於管理學校事務完全稱職。福爾摩莎現有牧師七名，如果他們縮小其活動範圍，完全可以更少的人數來開展工作。若您認爲我們以上的報告有需修改之處，切望告知。

我們任命商務員霧特漢斯(Johan Oetgens)爲大員政府的第二把手，代替去世的范・阿勒芬。此人是一名年輕能幹的公司職員，駐日本數年，工作出色，因此我們相信，他完全有能力勝任此職。

根據大員的報告，他們預定於12月初從那裡派往印度海岸的船隻及貨物已準備好。儘管長官沒寫明將運去的黃金量，我們估計不會太多，而現在科羅曼德爾又急需，不利於公司的事務。

從大員寄來的截止8月份的帳簿中我們可以看出，那裡前後12個月的費用高達f.74,691.11.7，甚至多於那裡同時期的贏利，這完全由貿易停頓所造成，我們希望將來能有所改進。願上帝改善這一狀況。

上次我們已向您報告向韃靼皇帝遣使的結果，而且記錄了小型快船Zeeridder載運價值f.17,714.12.2的一小批貨物，由商務員巴隆率領，從這裡派往廣州調查貿易事項，觀察那裡的藩王是否能在中國皇帝規定的8年期限內允許我們到那裡貿易。快船一路順利，並於7月31日到達虎頭門灣，該灣距離廣州約12荷里。他們又從那裡繼續駛至廣州河口，以便更快地等候藩王對我們的請求的答覆。他們在那裡照舊先是遇到各種刁難和敵意，然後得令必須離開那裡，我們的人只得從命。後來，他們要求我們的人在澳門停泊，在那裡把貨物交給藩王的商館。經再三要求，終於獲許在虎頭門停泊一段時間。在那裡，根據約定，中國人暗地裡到船上支付銀兩之後將貨物取走，銷售價格優惠，獲得厚利。貨物購入時的總價值爲12,000盾，除貨單上的重量與交貨時實際重量的差別外，純贏利本應爲23,000盾，利潤可觀。但是，我們的人被迫從中扣除2,000盾，藩王極不公平地聲稱，我們的使節與他們簽訂的條約中仍欠他21,000兩銀。同時他們又減免了Zeeridder近2,000兩銀的船稅，這才使我們的人容易接收。藩王給我們的人回信，並公開聲明，他們願與我們建立友誼，並保持聯繫。但因皇帝下令只准我們每隔八年率船到中國，這一點他們不能違背，也不能向我們表示絲毫的禮節。他在信中向我們建議，可再次派人拜見皇帝，以達到我們的最終目的，但我們在獲得自由貿易的保證之前不會再派使節北上。儘管上述藩王在八年之內禁止我們前去廣州，在我船離開之前，他們私下對商務員巴隆講，我們以後可派一、兩艘海船載貨前去虎門，以取水和燒柴爲名。看來他們可從中得利，才默許我們秘密進行貿易[88]。爲觀察和試驗這種做法是否可行，揆一長官經評議會同意，再次派出上述Zeeridder一船前往廣州，裝運170擔胡椒、120擔鉛、734擔紫檀，1,200捆藤等，貨物總價值爲f.20,405.1.6。

這次派船將有何結果，我們還沒得到有關的消息。我們時刻等待著他們的音訊。若在這次報告完成之前能夠收到，定向您做出有關的報告。若遲遲返回，定是那個省的官員都堂從中作梗。他對我們耿耿於懷，與藩王針鋒相對，我們的人送給他的書信和禮品，直到Zeeridder離開那裡前往大員時仍未接受。爲此，助理Isaack Palingh和翻譯Steven Moris不得不留在虎門，向他轉交禮品。但願我們能獲許在那裡貿易，不但用以補償上述使團的巨額費用，而且能獲得相當的利潤，願萬能的上帝能爲減輕公司的沉重負擔給我們以保佑。根據我們的指令，上述商務員巴隆對澳門目前的情況進行調查並書面向我們報告。

葡人在澳門的勢力薄弱，去年只有4艘小型海船泊至。2艘自孟加錫，另2艘自柬埔寨。但兩艘英國船運去一批印度貨物，儘管他們似乎難以從中取利，但如此發展下去，將於公司不利。而且有人傳說，英國人向藩王和廣州的商人表示，願每年運去價格合理的貨物，但雙方未能就貨價達成協議。

這肯定是英國人的船隻，上次我們已就有關事項向您報告，這些船隻已到達滿剌加海峽。我們希望能把葡人趕出澳門並佔領此地，以免他們在那裡爲我們製造各種障礙。到時候我們也將不必擔心英國人，不然，若英國人滲透到中國貿易中，很容易在那裡建立他們的基地，給我們造成危害。在開始行動之前，我們應仔細斟酌，佔領澳門是否比北部的和平貿易更爲重要，因爲我們現在發

88 《熱城日記》中也有關於此行的記錄，見voc 1222, fol.237-241.

現，即使我們獲許到中國貿易，那裡障礙重重貿易不可能持久。爲避免這些麻煩，我們必須像葡人在澳門和我們在大員那樣，只能佔領附近的一個地方開展貿易。在我們看來，澳門是再合適不過了。但公司在大員和福爾摩莎這一困難地區需要收縮，或在沒有貿易的情況下完全撤離，因爲公司無論如何應脫離這一地區。正如您英明的見解，如此事關重大的決定，必須經過周密商量，不宜操之過急。同時我們也認爲，現在向您做出各種建議，時機尙未成熟，而需耐心等待觀察，直到最後獲悉，得知現在廣州和大員的情況，然後有所根據地向您講述我們的看法。

擬寫此報告時，該月2日，上述小型快船Zeeridder經18天風浪從虎門到達我處。商務員巴隆報告，他於11月22日從大員安全到達廣州，那裡的藩王仍如從前默許他們在那裡貿易。儘管都堂始終不願接受我們的書信和禮品，據說他只不過爲蒙住人們的眼睛，實際與藩王一樣從中漁利。運去的貨物購入價值爲f.14,878.1.13，結果賣得f.23,667.10.15，因爲運往大員的胡椒中攙雜有1/6的灰塵，不然可從中獲取更多的利潤。我們發現，這兩次航行除費用和重量差別之外獲純利總計f.40,727.8.8。

這一贏利相當，此外，這一航行還爲公司創造了貿易的可能性，以後可以此方式運去更多的貨物，上述藩王只是口頭而不願書面向巴隆先生許諾，我們可以繼續在虎門貿易直到我們第二次向中國皇帝派出使團，他認爲遣使很有必要。他們對我們的這種寬容，我們相信，完全是因爲他們可從中漁利。他們還建議我們下次至少要運去兩船的貨物，並註明他們所需要的各種物品。同時，巴隆先生要求中國人，在荷船到達時準備好一批中國黃金、生絲、白色生絲及其他各種絲織物，鋅、茯苓等，中國人承諾做到。他們爲確保荷蘭人不失言，還扣下我們的4,410兩銀存放在藩王的商館內。我們的人實際不願這樣做，因爲令人擔心的是，他們託辭我們需償還前面提及的19,000兩銀欠債，把這一數目扣下。特別是巴隆先生發覺，他們根本不願放棄這一要求，到時將盡力把這一款項據爲己有。儘管該做法不合乎情理，仍能受到我們的容忍，只要他們減免我們的關稅和貿易稅，直到上述金額得以支付爲止。我們的人這次前往貿易仍未付關稅。同時，我們已看到以上述方式實現貿易的可能性，我們將於南風季初再次派船裝運大批貨物前往。這樣做冒險性較小，因爲一旦貨物不能在那裡全部售出，仍可繼續運往大員，不會誤事。

只要他們准許我們在虎門灣進行船上貿易，況且這樣可毫無憂慮地由我們自己控制一切，則不急於在廣州設立固定商館，這樣做還可節省費用。我們也不急於第二次遣使拜見皇帝，首先要通過貿易賺取足夠的北上所需費用，如果可能盡量推遲到皇帝規定的8年過去以後再行打算。

這期間，我們將繼續等待您對該事務的看法，再以此爲標準行事。

上述的英國人在澳門附近，在葡萄牙人那裡和廣州藩王的商館均遇到阻礙，被迫及早離開，停止在那裡的貿易。

英國人半夜三更滿懷不滿情緒地暗中離開澳門，關稅和泊船稅均未繳納。據我們的人講，英國人只運走125擔鋅、50錠金和約7,000兩價值的絲。韃靼人派船追趕，索取稅錢，英國人卻已做好戰爭的準備，中國船隻只能與其保持距離，最終讓英國人逃掉。此事在廣州引起人們的強烈不滿。

(fol.59)去年有兩條中國帆船到達巴城，他們均來自廈門，裝運貨物均是些那個國家常見的產品和雜貨。據傳自大員的消息，中國人講，那裡還會有5條帆船前來，定將繁榮這裡的市場。

80. J. Maetsuyker, C. Hartsinck, A. de Vlaming van Oudtshoorn, N. Verburch, D. Steur, Pieter Sterthemius, 巴達維亞, 1658年12月14日

——voc1225 fol.1-142.[89]

(fol. 69)一大批種類豐富的貨物，其中包括600,000磅胡椒、

89 1658年的《巴城日記》佚失，《熱城日記》也只有兩個月的記錄。海牙國立檔案館中所存1658年大員寫給巴城的函件也只到3月份。

800,000磅福爾摩莎糖和4,000袋孟加拉砂糖、30,000磅丁香、200,000磅蘇木、200,000磅銅、100,000磅錫，今年底運往波斯，因爲我們這裡的存貨不多，只好派出兩艘大船到各地裝貨運往波斯。

我們希望，福島北部地區的糖和其他貨物能及早被運往市場。但路途遙遠，難以做到這點，我們只好從這裡運去少量貨物，價值f.27,947.8，派上述Vlielandt裝運用於蘇拉特的貨物，於9月21日船過順達(Sunda)海峽，經溫古爾拉和蘇拉特前往。

上帝保佑，以上船隻及從大員派往那裡的船隻載運貴重的貨物均能平安泊至。我們可以肯定，今年波斯的貿易利潤將高於去年。

(fol. 80)同時，快船Haes和Dolphijn裝運170,000兩錠銀，75,000磅錫、125擔蘇木和各種日本漆器從大員經滿剌加，於2月10日到達孟加拉，價值總計f.522,763.16.4，這批銀極有助於那裡的絲綢貿易。

(fol. 87)自日本到達大員和巴城的船隻如下：

大員

10月13日，貨船Veenens，載貨價值	f.189,787.19.11
快船de Haes	f.307,051.17.08
小型貨船Breuckelen	f.312,909.08.07
快船Arnemuyden	f.221,107.05.08
10月16日，快船Bloemendael	f.200,933.13.00
貨船de Vincq	f.142,621.17.04
Zeeridder	f.108,889.10.07
10月23日快船Calff	f.35,799.08.06
上述8艘船裝運貨物價值	f.1,619,101.00.03
巴城	
10月23日快船Domburgh	f.232,697.13.02
貨船de Trouw	f.228,760.19.00
上述所有貨物總值	f.2,080,559.12.05

以上船隻中，上述小型貨船Vinck、Bloemendael和Zeeridder一起從長崎出發(被風暴沖過大員)，於12月1日到達我處。次日，正如上

文所述，快船Domburgh和貨船Trouw及其他船隻(我們永遠感謝上帝)均載運貴重的貨物安抵大員，自日本輸出的產品包括：553,500兩日本錠銀、1,300,000斤質細銅條、9,267斤樟腦、8,000包米和小麥、1,600條布(gecatoeneerde)裙、310件棉(watten)裙、43罐茶以及其他一些大員、暹邏、科羅曼德爾和孟加拉所需要的物品。今年我們的人在日本購入的經冶煉的銅條總量為13,000擔，價格為每擔11兩4錢，並由上述船隻運往大員，以滿足科羅曼德爾、蘇拉特和波斯所需要的5,800擔，餘下的7,200擔將運回荷蘭。

(fol. 94)根據4月5日制定的決議，上次冒一定風險派船(即小型貨船Zeeridder)前往廣州，結果令人滿意。我們又下令將快船Brouwershaven和Calff準備好，為廣州裝運f.154,101.8.3的貨物，並任命商務員蘭茨曼主管這一貿易，任命商務員巴隆為其助理，還有另外兩名下級商務員輔佐。6月10日，我們給上述蘭茨曼及其隨行人員下達促進廣州事務的命令的詳細內容，請您參閱通信集中同一日期的記錄[90]。從中您可以瞭解，我們第五次派船裝貨前往廣州的動機，及通過各種可能的調查盡量使現在仍然不穩定和無所保障的貿易確定下來，達到我們的目的。至今，公司為此耗費巨資，冒盡風險，正如下文簡短的記錄，已取得明顯進展。這次，我們又獲許在那裡貿易。

我們的人率上述兩艘快船於7月10日順利到達離廣州12荷里的虎門灣。次日，藩王即派人登上我船察看我們帶來的貨物的質量和種類，並表示有意與我們就船貨達成交易。雖然他們完全清楚，我們是應他們去年的邀請到達那裡，而現在似乎要我們的人解釋來意，用這種明知故問來遮掩他們的准許。我們的人如實回答，他們似乎沒有表示任何反對意見，而是盡力使貿易得以繼續。雙方馬上開始貿易，但沒能全部完成。因為他們製造種種麻煩，他們天天要求我們的人降低貨價，而且在我們供貨時他們也表現出各種不公行為。

90 見voc 882, fol.213-221.

貿易期間，在當地頗有權勢的都堂即行政法官則反對我們到達廣州。他認為，這種做法違背了皇帝有關不許我們在8年以內到中國去的旨令。最終，都堂竟迫使廣州政府給虎門官員下達命令，讓我們的人從那裡撤走。人們很快得出結論，他之所以反對，完全是因藩王沒有讓他足夠地參與以上貿易而引起，況且藩王自己也因他人得利而生嫉妒。由此，我們不難看出，我們的人能獲得准許是廣州官員在與我們的貿易中得利而起作用所致。暫時我們不想做任何改變，而聽任這種於我們不利的壟斷。我們毫不懷疑，如果我們能與他們以外的其他人自由貿易，所得利將大得多。

上述投入市場的貨物售出後所得為f.135,038.13.2，按廣州的商務記錄，除大幅度的重量差別外獲得純利f.118,162.15.6，儘管經歷種種磨難，這次航行仍然收穫不小。派出使節的費用現已賺回，廣州官員沒有要求我們的人繳納數以千計的稅餉，但他們扣留不少銀兩，以支付使節在獲得自由貿易時許諾他們的35,000兩銀仍剩餘的部分。他們扣下4,400兩銀，是商務員巴隆先生去年在藩王的商館為保證返回廣州時向他們供貨而繳納的押金，還有今年在結帳時欠我們的670兩，恐怕也不會支付。如此以來，他們享受各種克扣已占上述35,000兩中的21,000兩，而且他們公開聲明，我們應繳足這些銀兩。如果我們仍繼續在那裡貿易，恐怕難以回絕他們(雖然我們並沒有義務交納)，每年不得不支付他們4,000到5,000兩銀。只要他們不要求我們納稅，我們還可支付，不然我們要犧牲大批銀兩來交稅，他們並不是拿我們的銀兩而是拿皇稅來充他們自己的腰包，滿足其慾望。

我們相信，如果我們要求，藩王定能容許我們的快船停泊在廣州城前，准許我們的商人在廣州駐紮，他們先前曾提出這一建議。但我們鑒於他們這樣做的目的無非是想對我們進行更多的敲詐，甚至吞掉我們所有的贏利。對我們來說，最好還是保持我們在船上貿易的自由，並不駛往虎門灣更遠的地方，那裡臨近外洋，沒人能對我們造成什麼威脅，而且在中國人付款之前不需把貨物卸下船，不然將無法在從他們手中索回款項。只要有可能，我們還是把船停泊在虎門灣繼續在船上貿易，直到我們增加對他們的信賴，因爲他們在這方面極不可靠，甚至無法用文字描述。

您從我們有關來往於廣州的這一時期的報告中可以看出，上述貨物多數已被兌換成廣東紋銀和西班牙人的里耳，208擔綢緞，70擔茯苓，311斤上等茶，11.5擔蜜薑，45斤白色生絲和2錠黃金，因爲所有貨物在廣州價格昂貴而且難以得到。(正如我們所希望的)我們如果能用各種貨物換取並運回所需要的各種中國物品和價值低廉的黃金，公司又可從中獲得雙份的利潤，這種有利條件還需要等待。上述白銀和西班牙銀元價值總計f.23,392.19.12，由快船Brouwershaven運至滿剌加，以便今年由到達那裡的大員船隻運往科羅曼德爾和孟加拉，增加那裡的資金。上述Brouwershaven於該月1日順利到達我處，快船Calff在南風季結束之前裝運未能售出的價值f.6,932的貨物，從虎門駛往大員，已在那裡用於公司的貿易[91]。

據我們的人報告，今年又有兩艘英國船到達澳門，其中最大的一艘船裝備有4澳門大砲，運去的貨物主要包括一大批胡椒和織物，使公司的胡椒(儘管我們英國的朋友尙未得到售貨的許可)價格由9兩減至7兩一擔。長此以往，英國人在那裡的貿易將對公司的事業造成危害。

此外，我們還擔心，久而久之，葡人將把澳門置於英國人的保護之下，這將真正地成爲公司腳下的一根硬刺。

因此，我們衷心希望，若這裡的軍隊能力允許，需避免這種事

---

91 這次以及上次荷船到達廣州貿易，完全是當地官員可從中漁利才私下准許荷人前往，其結果是，荷人的這種貿易需依賴廣州地方官員，也正是因此中國地方官員方可隨心所欲，控制貨物價格，壟斷貨物買賣。一旦荷人不遵守這些未成文的條例，中國人便可指控荷蘭人有違旨令，隨時把他們趕走。因此，荷人在廣東和福建沿海貿易方式有根本的差別：荷人這一時期的貿易完全受制於當地大官，而且有葡人的詆毀和競爭；在福建沿海則不同，當然那裡也有鄭氏及福建當地官員的制約，但仍可掌握一些主動權，荷人在大員可通過降低胡椒等貨物的價格和提高商品購入價的辦法吸引商人前往，進行貿易，他們在福建甚至有固定的貿易聯繫人。

情發生。目前因各重要地區的佔領，時機尚未成熟。我們的人講，有一艘屬於馬尼拉西班牙人的駛自孟加錫的英國海船遇難。我們可以肯定，這種說法有誤。我們知道，海船Willem去年自蘇拉特到過澳門，又從那裡前往馬尼拉，似乎是爲了在那裡獲取厚利。而且早已有人傳說該船在那裡因風暴而遇難，特別是蘇拉特一直沒有此船的消息。這一損失將減少他們繼續這種航行的興趣。新到達澳門的兩艘英國船在那裡的貿易情況，我們的人因已離開廣州而無從瞭解。

我們若要維持那裡已開始的貿易不斷，還需派出船隻。廣州藩王又一次私下准許我們在那裡貿易。有關細節請您詳見蘭茨曼先生的書面報告，這裡因篇幅有限而只能略過。

小貨船Breuckele和平底船Appelboom分別於4月10日、29日到達我處並帶來有關大員和福島統治最新的消息以後，在南風期初我們又從這裡派出以下船隻，海船Arnemuyden、Hilversum、Nachtgals、Haes、Vincq、Spreeuw和Elburgh分別於5月14日、6月7日、7月27日和8月3日前往大員。以上船隻裝運商品、給養和其他必需品，總價值爲f.315,435.1.1。該月5日，快船Bloemendael來到我處，並報告(讚美上帝)以上船隻均順利到達大員。除這一好消息之外，他們還帶來長官及評議會11月9日的書信，他們報告，大員的貿易自3月11日以來重獲生機，急劇增長。用商品換得f.430,000的黃金，我們的人希望，到派船前往印度海岸時，總量可能達到f.500,000。賣出的貨物均獲得厚利，但黃金價格相當高，不得不用較高的贏利來補充[92]。我們希望，既然現在貿易增加，黃金價格以後肯定會降低。鑒於大員錠銀兌換價之高，最好還是換取黃金，一兩銀甚至價值69斯多佛(比日本高出12斯多

92 大員貿易增多，可能與荷人實行的新政策有關。荷人在1658年1月獲悉，帆船貿易不景氣和黃金輸入量少的原因是大員黃金收購價太低，而大員荷人的貨物在中國獲利又少。鑒於此，荷人規定，若以黃金支付，胡椒價格在一定期限內將由12里耳減至11.5里耳。3月份以來的貿易復興或許由此政策而致。據《熱城日記》1658年1月14日記載。

佛)，相差21%，如果我們在大員，像您在1658年4月16日的書信中所說的那樣做，以高價用貨物換取來自中國的白銀，公司將在黃金上遭受損失。中國人對白銀本來就估價較高，我們不能讓他們習以爲常。

大員已禁止人們從中國輸入白銀，不然，黃金的輸入將因此受到影響，人們不會再努力把黃金運往大員。

我們相信，以上理由定能增進您對此事的瞭解。

自大員的貿易開放以來，國姓爺一直沒有什麼動靜。雖然人們認爲他將在一條駛自柔佛沒有許可証的帆船被帶到大員一事上大做文章，並禁止帆船駛往大員。或許是他向我們提出歸還船和貨的要求之後改變對此事的看法。最近，我們已委託從這裡航返中國的一條帆船帶信給他，並闡明，我們不準備對他的那條在大員腳下遇難的帆船做出任何賠償，他對此會有何反應，還需等待他的答覆。我們相信，如果我們堅持不做出退讓，此事或許會不了了之。我們希望避免與他產生隔閡，但願事情會有這樣的結局。大員的人寫道，國姓爺之所以能維持他對韃靼人的戰爭，主要有貿易爲後盾。據謠傳，國姓爺於去年夏天在廣州和南京邊境取得進展，在韃靼人那裡獲得高於以往的聲威[93]。我們的人估計，如果他繼續擴展其勢力，加強其地位，對公司有害無益，因他頗重視貿易。

但因戰爭的勝敗變幻莫測，我們不能就此事做出有根據的判斷。

福島的稻米和甘蔗種植上季獲得豐收，公司以規定的價格收購9,900擔糖，其中的8,000擔運往中國，並收取其出口稅。我們希望能在波斯、日本和中國銷售福島生產的蔗糖，將來可以停止向荷蘭運輸，因爲這裡的糖在荷蘭無利可取。

福島的原住民情況良好，就其本性而言表現較爲順服，我們的人在那裡沒有發現什麼重大叛亂發生。村社集會照舊進行，會議結束後，均滿意地返回其村社。

93 1657年(永曆十一年)鄭成功曾率師北伐，攻克浙江的溫州和臺州，由海路直上崇明，進入長江，擾亂了清軍的後方，遏止了清軍的南下。謝國楨《南明史略》(上海，1957年)，頁199。

淡水附近曾經鬧事的村社，軍隊前往鎮壓後一直平安無事。

新的頭領布恩染上淡水的疾病而去世，為清理那裡的帳目記錄，商務員哈爾特豪沃爾(Davidt Harthouwer)和平底船Urck被派往那裡，以命令商務員魯紐斯(Nicolaes Loenius)代替去世的布恩主管雞籠和淡水的事務。哈爾特豪沃爾先生於11月1日返回大員，並報告，將死者生前拖延未辦的事務整理妥當後，那裡諸事就緒。

助理巴勒比安和布魯科曼(Harman Broekman)率兩名有教養和身體健康的士兵到哆囉滿村社駐紮，以便不久後以那裡為基地開展黃金貿易，同樣，助理范・德・摩侖(van der Meulen)進駐Tallabayawan，該村社位於蛤仔難地區，與哆囉滿村社的金礦距離不遠，得令促進那裡的皮革貿易。

正如您所指出的，上述兩地即雞籠和淡水的事務對公司已造成負擔，我們希望能擺脫那裡的麻煩。但若我們撤出福爾摩莎的北角，中國人肯定將前去定居，並滲透到原住民中間，會產生不良後果。他們將輕而易舉地挑撥那裡的南部村社肇事，煽動他們反對公司，這種火焰一觸即發，難以撲滅，應盡量避免。我們希望，日後金礦的開發能在一定程度上補償那裡的各種費用。或許蛤仔難社的皮革貿易也能在這方面做出貢獻。在雞籠挖掘出的福爾摩莎煤被送到大員，而至今仍無消息，不知能否得到一部分，以根據您的指令盡量節省使用運自荷蘭的煤。

福島長官和評議會關於鼓勵到期的士兵留下來從事農業生產一事，依我們之見，在最近的一次報告中已有記錄，按您制定的方法，不可能順利實施。

福島目前有7名牧師傳教，我們已下令，正如我們在最近一次報告中已詳細記述，在城堡週圍的村社居民應優先受到教育和皈依基督教，一旦牧師人數因死亡而減少，則調回邊遠地區的牧師，那裡的事務由學校教師代理，他們報告說，將按我們的指令行事。

按每年的慣例，我們把1657年4月16日您下達的有關大員和福島的指令送往大員，結果牧師們對您指責他們傳教不盡心盡力表示強烈不滿。長官和評議會對此事似乎也產生誤解，我們可以明顯看出，他們極力替牧師辯護，在我們看來，長官這樣做有些過分，他不應該幫他們美化那些誇張之詞，必須予以糾正。我們向他們下令並書面嚴肅告誡他們，您從書信中可以看出，他們需處事慎重，不得與我們對抗。

福島地方官施合德爾的去世使這一職位空缺。爲此，在我們的准許之下，商務員法蘭廷就任地方官，他對福島情況瞭解，而且完全有能力勝任此職，我們相信，他會按要求履行這一職責。

福島村社、漁區、收納中國人的人頭稅，糧食作物的什一稅，按從前的慣例租出，租金收入總計105,585里耳，每里耳合48斯多佛，這一收入數量可觀。多數可用來減輕那一地區的各種花費的沉重負擔。

去年有50條中國帆船到福島南部打漁，收穫鯔魚325,000條，輸出267擔魚子，公司所得稅達5,000里耳，而供應那一地區的魚量尚未計算在內。一年時間內，他們從中國運到大員的45,000件棉布和其他織物，多數在福島售出。爲保護公司的織物貿易，特別是黑色絖罅布和毛織物，規定，占自中國輸入的織物大部分的棉布，每件需納稅12斯多佛，這將使該貿易受到限制，保證公司織物貿易的利益。

我們的人從大員運來一批生麻和熟麻樣品，我們曾嘗試過用來擰成細麻繩，但發現，這些麻脆弱而不結實，不能用來捆綁裝運物品，因此，我們對那裡能生產有用的麻不抱什麼希望。

有關大員和福島目前的軍隊實力，大員報告中沒有提及，我們也不能準確地向您做出報告，但我們估計人數約在1,000名上下。他們所要求的150名士兵，上季我們只能派去一半，沒能從這裡抽出更多的人。我們希望，他們那裡能靠現有的兵力維持到明年，若情況容許，我們將盡力加強那裡的兵力。

大員暫時爲1659年提出的貨物需求，包括大量的鉛、琥珀、檀香木、香、木香、各種白色、黑色的蘇拉特與科羅曼德爾織物、10,000擔胡椒，那裡貨倉內儲存的13,000擔胡椒，在巴城的船隻到達時可望全部售出。我們認爲，以後可能還會需要大量胡椒。

爲擴大對日本的貿易，上月即8月，以下船隻由大員被派往日本：Arnemuyden、Haes、Vincq、Zeeridder和Calff，裝運貨物包括106,132張福島鹿皮和其他皮革，6,540擔砂糖，價值總計f.136,444。皮革獲利豐厚，糖則只得利20%，不過福島糖量過剩，是一種理想的壓倉物。

該月即9月1日，大員有以下船隻裝運各種貨物和現有的金銀準備經滿剌加前往印度海岸：Arnemuyden往科羅曼德爾；de Haes往孟加拉；Elburgh、Calff、Venenburgh往蘇拉特和波斯。以下金銀將由上述船隻運往孟加拉和科羅曼德爾，

科羅曼德爾，	金	f.500,000
	銀	f.300,000
孟加拉，		
	銀	f.600,000
	總計	f.1,400,000

這批巨額資金將有助於那一地區的織物和絲綢貿易，願萬能的上帝保佑，這些資金能順利運到。

據大員的消息，上一南風季有一艘英國甲板船本計劃駛往澳門，結果因風暴而失去桅杆，漂至廈門，將其貨物包括鉛、胡椒、錫、哆囉絨和麻布等搬運上岸，獲許在那裡銷售。

我們不清楚這可能是哪一艘船，因爲除我們在廣州部分的報告中所述及的兩艘外，英國人在北部地區沒有其他船隻。尊敬的先生們，以上是大員和福島情況的概要，本應更加詳細地報告，但時間有限，不容我們長篇大論，所有在此未能涉及的內容，敬請您詳細參閱由最後兩艘船和Erasmus帶去的附加文件[94]。

從大員的商務記錄中可以看出，那一地區自1657年9月1日到

1658年8月31日的贏利爲	f.930,153.19.04
相反，費用和伙食費	f.214,903.05.14
士兵的補助	f.248,662.09.12

94　這些副件已經失存。

修築城堡的費用	f.10,853.16.06
船隻耗費	f.54,447.05.14
純贏利爲	f.401,287.01.06

(fol. 118)今年有兩條帆船自中國到達巴城，他們均來自廈門，裝載貨物包括日本銅條、粗瓷、金線、鐵鍋、茶、咸魚、茴香、紙張等，以及30多錠黃金，據說含量可靠。而且帶來國姓爺的一封信和一封寫給華人甲必丹潘明巖[95]的信。國姓爺在信中強烈要求公司爲他的兩條帆船被劫補償180,000兩銀，他還在給潘明嚴的信中示以威脅。

請您詳細參閱信件的內容。我們在給國姓爺的回信中聲明，公司毫無義務滿足他的要求，但希望不與他因此而產生隔閡，不然將對雙方產生不利後果。如果他認爲合適，我們將派一名代表與他簽訂條約，消除將來的各種誤解和爭端，並繼續雙方的貿易。

請您參閱我們寄去的通信集中6月8日的內容，該帆船當日返回中國，並運去3,323擔胡椒、一批錫、鉛、哆囉絨、毛織物、白色麻布及其他商品。上述國姓爺該季是否將派船前來，尚不得知。

隨信還贈送給他以下禮品，包括琥珀串、琥珀匣和一大塊生琥珀，後者重約一磅。後來，國姓爺又派上述帆船將後者送回，因爲他發現上述琥珀塊不是真正的琥珀，屬於另外一種質地。

81. J. Maetsuyker, C. Hartsinck, A. de Vlaming van Oudtshoorn, N. Verburch, D. Steur, P. Sterthemius, 巴達維亞, 1659年12月16日

——voc 1229, fol.1-138.

(fol. 33)上述貨船Spreeuw和Breuckele從大員運往暹邏30,000兩日本銀，Zeeridder經柬埔寨運去20,000兩，連同其他一些雜物，價值總計f.143,005。

(fol. 39)1月28日快船Arnemuyden和Roode Leeuw從北部地區運

95 即Bingam，1645年3月4日至1663年3月至4月為巴城華人甲必丹。

往科羅曼德爾足有價值f.1,200,000的黃金，其中包括價值f.525,000的中國碎金。

(fol. 84)5月1日我們收到貨船Hilversum帶來的有關大員和福爾摩莎島情況的報告，並得知，那裡的貿易狀況。我們決定按每年的慣例從這裡派船前往，6月3日至7月18日之間分別有以下船隻被派往大員：海船Veer、Nieuwpoort、Harp、Hilversum、Breuckele、Emmerhorn和Leeuwerinne，為那一地區運去各種貨物，給養、武器彈藥和其他必需品，價值總計f.404,378。另有Meliskercke在廣州未能售出而運往大員的貨物，價值f.46,460[96]。因此，大員去年從我們這裡得到的貨物總值計f.450,838。感謝上帝，儘管這些船隻遇到風暴，他們均安全到達，詳見小貨船Breuckele於該月4日送來的長官和評議會起草於11月12日的報告[97]。根據報告和同時寄來的附件內容，我們瞭解到，那裡整個地區的情況與我們期望得到的消息不同，那裡的貿易不盡順利，售出的貨物與去年相比明顯減少，為科羅曼德爾購入的黃金價值也不過f.180,000，與我們的估計相去甚遠，這種貿易蕭條的狀況完全歸咎於國姓爺和韃靼人之間的戰爭，長時間以來我們耐心等待而徒勞無獲，雙方議和的希望再次完全化為泡影。人們傳說，國姓爺在南京對韃靼人的戰爭中大敗，不得不率兵南撤[98]。有人說，他在這種困境中

96　1659年6月28日，荷人自巴城派出快船Meliskercken和小型貨船Geelmuyden前往廣州附近的虎門灣。二船裝運鉛、胡椒和次等肉荳蔻及其他諸如珊瑚、琥珀等物品，總價值為f.74,205，結果只售出一部分。荷人任命商務員蘭茨曼和雷福萊主管該貿易事項。該廣州之行的經過，詳見《報告》下文。巴城為他們下達的命令可見voc 883, fol.387-398。據《巴城日記》1659年6月28日記載。

97　該貨船從大員運到巴城福島砂糖250箱、100包米、上等茶、3簍草藥等，總價值f.7,982.1。據《巴城日記》1659年12月4日內容。

98　1659年(永曆十三年)6月，鄭成功以招討大元帥的名義率領十七萬水陸大軍，出師北伐，成功部將甘輝統率「鐵軍」一萬人，由崇明島登陸，直破瓜州、鎮江。明軍把南京團團圍住。清總督郎廷佐困守孤城，無力抵擋，揚言準備投降。然而，鄭成功過於輕敵，遲遲未集中兵力攻打南京，清軍得以調兵增援，明軍全軍潰敗。鄭成功不得不率師由崇明退回金廈。

可能冒險攻打福爾摩莎。但這種有關國姓爺的謠言已流傳多年，不必信以爲真，他在東渡時肯定會遇到一般人想像不到的困難。儘管如此，我們仍需不斷提防他的進攻，上述國姓爺就要求公司歸還他的一條兩年前在大員前遇難的帆船一事，沒再向大員的長官提起。我們已向長官下令，不向他償還任何船貨，而是要他與我們交涉。

據大員的報告，福島中國人殖民地的情形令人憂慮，原因是數年來福島村社貿易和其他公司財產的出租價格過高，中國人每次損失嚴重，使他們負債累累，不能自拔。大員長官和評議會爲減輕這些人的壓力，將廉價鹿脯的輸出稅由每擔兩里耳減至一里耳，公司的年收入將因此減少6,000里耳。而且將米稅由8降至4斯多佛，正如給他們下達的命令，無論是大員還是福島，每月向中國人收取的利息不得超出1.5%，此前則爲2.5%，這樣做會有助於他們解脫窘迫的境況。然而，許多人已破落不堪，所有這些優惠恐怕也難以使他們擺脫厄運。況且降低蔗糖價格，更加劇了他們的困境。公司建立的這一殖民地高峰期似乎已過，那一地區每況愈下，這對那裡的陸地區域危害極大。在這一困難時期，又有一件事情突發。公司的中國翻譯何斌，在他私下爲國姓爺在福島收稅被發現並受罰之後，攜妻兒和他的姐夫逃往中國[99]。何斌在福島負債最多，也是福島貿易和耕地租佃規模最大的中國人，他欠公司的新舊債務總計17,122.5里耳，尚未還清，其中只能償還6,500里耳。另外他欠中國、荷蘭私人的債務竟高達50,000里耳，整個大員爲此而震驚，有些人因此而破產，而且我們恐怕還會有更多的中國人面對累累債務，手足無策而逃之夭夭。有人認爲，上述陰險的何斌，在國姓爺手下將對公司極爲不利，因爲他對公司在福島的情況了如指掌，肯定會藉此機會爲國姓爺賣力以取信於國姓爺。

---

99 1657年，大員的荷人聽那裡的中國居民傳言，何斌得到國姓爺的指令，像公司一樣對輸出大員的食物諸如鹿脯、鹹魚、蝦等以及對輸入的黃金收1%的稅。若有人拒納，則把其姓名、船貨報告給國姓爺。荷人對何斌進行審查，他矢口否認此事。此處則證明中國人的傳言屬實。據《熱城日記》1657年9月22日記載。

公司去年以規定價格收購糖量達17,500擔，其中有6,000擔運往日本，8,000擔運往波斯，仍有3,500擔超出東印度的貿易所需，他們很可能將這批剩餘的糖運來我處，因爲中國市場現在不需要蔗糖。下季甘蔗因北來寒風襲擊，產糖量估計將不會超過12,000擔，這一數量難以滿足東印度的貿易所需，因此不需把福島的糖運往荷蘭。

最近，稻米種植獲得巨大豐收，這一成功在一定程度上激發了勞苦的中國人的熱情，特別是上次收穫因北來寒風損失嚴重。

儘管福島處於蕭條時期，福島村社、漁區、中國人人頭稅收納的出租和糧食作物什一稅及其他稅收等，總收穫仍達100,000里耳，每里耳爲48斯多佛，較去年減少5,000里耳。儘管新增設了燒柴和赤崁的擺渡兩項，均爲最近租出。以上這些租金稅收大大減輕了福島的沉重負擔。

去年福島沿海地區的漁撈情況次於以往，49條中國漁船網得鯔魚不過41,000條，儘管小舢板在大員水域獲得意想不到的收穫，所得仍不過85,000條。這一情況不僅不利於中國漁民，而且使公司所得出口稅受到明顯損失，我們希望該季情況能有所好轉。

福島的原住民，根據他們野蠻的本性，目前較爲安分，在我們的統治之下，服服貼貼，只是城堡南北較遠的村社例外，還難以改變他們野蠻殺人的本性及其反抗情緒，要使他們得到教化，仍需耐心努力一段時間。今年，福島村社集會分別於3月7日、10日照例在赤崁舉行，多數得到消息和收到邀請的村社長老到會，並重新保證順服公司的統治。這次村社集會期間，我們發現位於福島南部的麻里麻崙(Verovorong)村社的幾名歹徒設下陰謀，在民事官集會結束返回村社的途中準備把他殺害，並將村社中所有荷蘭人打死。這些謀反者均被擒拿歸案，但沒能從他們口中逼出任何供詞。我們被迫停止更周密的調查，此事牽連人數眾多，恐引起巨大的轟動。其中4名要犯被終生流放到巴達維亞。

淡水和雞籠的兵力減少到104人，我們認爲這一兵力足以守衛兩地的工事。期間，淡水惡劣的環境危及人們的身體健康，疾病和死亡不斷。去年那裡的死亡則不太多，據那一地區的頭領報告，去年情況格外順利。

位於武溜灣河岸、淡水附近的叛亂村社Pocael，我們對這些頑固的居民沒有其他辦法平定，使他們重新歸服，只能將其村社摧毀成爲灰燼。這次討伐隊伍包括120名大員士兵，150名福島原住民，並派三條帆船前往，以便討伐之後把隊伍送回。他們本來準備一早出發，而前一天夜裡，狂風大作，三條帆船被漂出河流，進入外洋而遇難，船上還有許多中國人和兩名荷蘭人，我們的人不但失去帆船，而且派船送去的給養也未能運到，最終只得由陸路歷盡艱辛返回大員，許多人因此而病倒。不然，這次討伐將達到如期的目的，而今則令人憂慮。雞籠附近沒有什麼特別的事情發生。

位於高山上並用於指揮其他工事的圓堡Victoria，因填起來的地面下沉產生裂縫而倒塌，難以維修。駐雞籠的頭領魯紐斯建議重新修建一座更好、更結實的工事。我們認爲，這樣做多此一舉，原來的圓堡爲節省費用而被毀掉，實際上，該工事只是用於監視海上的動靜，西人也正是爲此目的而修築。我們這裡和其他地方均未修建新的建築，只是大員建起一座很實用的市政廳。建築費6,000里耳，由熱蘭遮城用自己的特別收入資助。

我們的人去年全年從哆囉滿村社的金礦只獲得24兩重的沙金，將來可望進一步發展這一貿易，他們將盡其全部職責。我們的人在那裡於1658年12月經歷了一場巨大風險，助理布魯科曼的一名黑奴粗心大意使他們自己的房屋因一盞燈著火，後來大火燃及臨近17座房舍，均燒成灰燼。事發後，全村社的人湧來要殺死我們的人，幸好住在那裡的村社長老之一出面庇護我們，說我們的人保證補償損失，總計f.547.12，才使那裡的人滿意和完全恢復對我們的人的信任。

大員和福爾摩莎眼下的兵力，他們在報告中沒有述及，今年我們又派去250名士兵，其中20名留在貨船Geelmuyden上，占他們所要求人數的一半。對他們來說，上述人數仍然不足，因而今年除幾名不合格的士兵外，沒有人被替換下來。他們爲明年要求500名士兵，爲使公司在那裡的事業得到保障，我們將盡可能滿足其要求。

我們聽說，一伙中國海盜匿藏在澎湖，他們來自Ontingpoy，是國姓爺的對手，阻礙了中國和大員之間的航行，至今已有三條商船被他們劫走，其中兩條屬於中國，一條屬於大員。爲確保這一航線安全，長官和評議會決定，準備4條帆船，配備100名士兵，30名水手和70名中國人，以及武器彈藥和一些必需物品。他們到達澎湖之後，與駛自Roversbay的三艘裝備良好的戰船相遇，他們不想聽我們的人做任何解釋，即逼近我船，準備將兩船連在一起，但沒料到我們予以猛烈的回擊，對方死亡7人，80或90人受傷，他們才被迫離開我船遠逃而去。次日，我們的人又發現三條同樣的海盜帆船停泊在其他的港灣，並向他們發起砲火，結果這些人不堪一擊，立即奪路而逃。至此，澎湖的海盜被清除，我們的人返回大員，那裡因懼怕上述海寇擋道而不敢出航的眾帆船紛紛揚帆駛往中國。

正如我們在報告的開頭所講，大員的貿易目前極不景氣，因此他們爲明年要求運去的貨物數量有限。以後能否將要求數量增加，有待於從4月底將要送來的報告中得知，並根據他們的報告決定。

福島牧師的人數自去年以來沒有減少，現在有七名牧師繼續在那裡傳教。儘管他們仍然要求往那裡輸送牧師，我們根據那一地區的宗教事務的現狀判斷，上述人數足夠福島使用。教會委託兩名民事官代表前往福島北部，調查每個傳教的村社的學校和教堂的情況，從他們的報告中我們沒能發現他們在這方面有大的收穫。這一調查及其書面報告由他們送來我處，他們在其中闡明了福爾摩莎的傳教沒能像人們所希望的那樣取得進展的幾項原因，但他們應在上帝面前承擔這一責任。我們相信，他們不會有任何反對意見。上述教會送來荷蘭語和福爾摩莎語寫成的馬太福音(Mathei)和約翰(Johannes)福音，以及附有解釋的基督教教義問答。他們要求，將每份印刷3,000冊，這對福島的傳教將大有裨益。

鑒於宗教和政治兩方面因素，大目降村社的居民遷到新港居住，因爲那裡有一名牧師，以便於他們可更好的接受基督教的教育。在上述離城堡一荷里的新港一地，居民們集資修建了一座大的石頭教堂，他們的這種勤勞應受到褒獎。上述大目降村社的耕地，由公司以1,500里耳的價格買出，供中國人耕種，每年可從什一稅中獲得相當的收入。

按照我們的要求，長官揆一在給我們的來信中講到節儉和減輕福島統治的負擔。我們沒能在來信中發現什麼有助於我們在大員和福島達到預期目的的內容。信件冗長，不能記錄於此，請您參閱原信內容。

該月1日，有以下船隻裝載金、銀、銅和糖由大員經滿剌加準備前往印度海岸：

Leeuwinne和Ulissis往波斯	
1,600箱銅，價值	f.55,000
8,000擔糖	f.100,000
Brouwershaeven往蘇拉特	
2,800箱銅	f.100,000
Nieuwpoort往科羅曼德爾	
中國黃金	f.180,000
150箱日本銀	f.427,000
1,500箱銅	f.52,000
Meliskercke往孟加拉	
335箱日本銀	f.955,000
600箱銅	f.20,000
另有數箱銀由上述船隻運往滿剌加，用於里格爾的錫貿易，價值	f.42,000
運輸的物資價值總計	f.1,941,000

如果大員的貿易順利，快船SwarteBul沒有遇難，還可以運去更多的金銀。願上帝能把損失變成好運。

正如12月5日東印度的商務記錄中可以看出，大員從1658年9月1日

到1659年8月31日，那一地區贏利總計	f.598,799.15.04
相反，費用和伙食費	f.155,277.13.14
修築城堡的費用	f.4,369.15.09
船隻的費用	f.41,647.16.04
士兵補助	f.191,796.00.00
因此，12個月內那裡的純贏利爲	f.205,708.06.06

(fol. 92)正如6月6日我們的決議，我們經討論，就廣州貿易及這一貿易的重要性做出決定，今年將派快船Meliskercke和小貨船Geelmuyden前去貿易，並盡運輸能力裝運胡椒和鉛，價值總計f.74,205.2.10。任命商務員蘭茨曼和雷福萊主管這一貿易，並向他們下達有關命令。在命令中您可詳細讀到，我們如何指示他們努力使這次航行成功。上述兩艘船於6月28日以上帝的名義，從這裡出發，結果遭遇不幸。7月24日，在距離澳門島30荷里處遇到北來風暴，夜裡風力劇增，爲保全人、船、貨快船Meliskercke上的人被迫將船的大桅砍斷，冒著遇難的風險度過那一個晚上。次日早上，他們發現，與貨船Geelmuyden離散，只好單獨繼續航行。兩天後到達澳門島，拋錨停泊之後又遇到颶風，險象叢生，沒人抱有生存下來的希望。最終，仁慈的上帝施以恩惠，於8月3日到達虎門灣。他們本以爲離散的貨船Geelmuyden會停泊在那裡，遺憾的是，那裡和其他地方均無此船的消息。我們只能得出結論，此船已在大海中遇難，願上帝保佑。這使公司除人船外，還有f.27,744.10的貨物受到損失。這只不過是我們最後一次航行不幸的開始。後來，他們又遇到種種不順，正如上述商務員蘭茨曼返回後向我們做出的報告。他們雖獲得廣州官員的許可進行貿易，但中國人對我們運去的胡椒和鉛只願以極低的價格購入，公司將因此獲利甚微。他率船在那裡停泊24天之後，與藩王的代表商談，未能就貨價達成協議，最終只能徒勞無獲地與Meliskercke一同駛往大員，並於8月28日順利到達，把裝運的貨物卸下留在那裡銷售。

我們的人在虎門灣的經歷，請您詳見廣州部分的報告，不能一一在此記錄[100]。

廣州藩王無意以合理的價格購入我們的貨物。據蘭茨曼報告，其原因是，在我們的船隻到達之前，滿剌加有13艘小海船運去大批暢銷貨物，藩王均一手包攬。荷蘭人在那裡進退兩難，他還說，也有可能是葡人向上述藩王贈禮而造成的，斷絕我們在那裡的貿易，以此方式迫使我們離開那裡，這並非不可能。同時，如果小貨船Geelmuyden沒有遇難，這次航行雖沒取得任何成果，也不會給公司帶來多大損失，因爲裝運的貨物完全可以用於大員的貿易，把他們從這裡或經廣州運去沒有什麼差別。從各種情況中我們可以得出結論，我們每年均能獲許前去中國貿易，因爲自我們遣使拜見中國皇帝之後派往中國的代表均由廣州官員准許。而這樣做對公司又有什麼意義呢？正如最後一次貨物的銷售價格還不及大員。因此，廣州的貿易必須有利可取，我們才能派人前往，不然這一貿易對我們毫無用處。以後若再派船前往，我們將仔細考慮，並根據實際情況而定，這主要取決於大員的貨物銷售量的大小。如果大員的貿易不見增長，則需重新考慮促進廣州貿易。不然，可暫停一年往那裡派船。我們在這方面最後將如何做出有利於公司的決定，將及時向您報告。

有關澳門的葡人，我們的人這次得到的消息極少，得知有13艘小海船從孟加錫、暹羅和柬埔寨裝運各種貨物到達那裡。廣州的藩王緊緊控制那裡的貿易，在他把自己所需的貨物按極低的價格購入之前，不允許任何私商到澳門貿易，不然則讓葡人守著貨物賣不出去。這是廣州貿易的一大缺點，如果我們前去貿易，儘管於公司極爲不利，也不得不這樣做，上述藩王對海外貿易的興趣似乎越來越大，單是去年就派出7條帆船分別前往馬尼拉、暹邏和日本，其中一條在駛往暹邏途中連人帶船遇難。

據我們的人獲悉，去年有兩艘英國船曾到達澳門，最終未進行

100 譯者在海牙檔案館中未能找到此報告。

任何貿易而離開。原因可能是他們運去的貨物無利可取，這將使這些朋友的貿易興趣大減。

82. J. Maetsuyker, C. Hartsinck, A. de Vlaming van Oudtshoorn, N. Verburch, D. Steur, 巴達維亞, 1660年1月16日

——voc 1230, fol.1-65.

(fol. 83)1659年贏利商館如下：

蘇拉特	f.443,478.02.00
波斯	f.279,681.04.12
孟加錫之行	f.7,464.00.06
占碑	f.20,998.04.07
大員	f.205,708.06.06
科羅曼德爾	f.167,472.19.11
東京	f.256.05.15
日本的長崎	f.864,000.00.00

83. J. Maetsuyker, C. Hartsinck, A. de Vlaming van Oudtshoorn, N. Verburch, D. Steur, 巴達維亞, 1660年12月16日

——voc 1232, fol.1-120.

(fol. 83)由快船Sluys和Meliskercken運自大員的物資(根據我們最近一次報告，估計包括f.1,500,000的錠銀)於2月8日順利到達孟加拉，讚美上帝。物資價值總計f.978,443.16.4，主要包括335,000兩日本銀，600擔質細的銅條。上述快船Sluys於4月26日自Ougelij返回巴城，運來280疋孟加拉生絲，221疋各種織物，價值總計f.218,671.9.4。

(fol. 90)9月11日，貨船Spreeuw從大員到達暹邏，裝運64,898張鹿皮，價值f.32,516.15.12，該貨船還裝運152,069磅鉛壓艙(作爲固定資產)不許在那裡售出，又返回大員，有一部分仍留在那裡。海船

Archilles，裝載運往日本的貨物，包括大員儲存的糖、皮革等；Soutelande一船直到10月16日仍未到達那裡。我們估計他們已於7月17日與整個船隊離開大員，據說，原因是上一風季那一航行水域盛行北風，將很遲才能到達暹邏。

(fol. 95)爲繼續開發公司在北部地區[101]的貿易，我們在長崎的人從一名來往於南京──日本已有數年之久的中國甲必丹Pasmin Iquan那裡聽說，只要公司願意，可率船前去南京貿易，而且他特別派出一條小帆船前去長崎打聽，我們果真想去那裡貿易，他將在南京三名大官那裡要求爲我們發放通行證(沒有此證件則不許前往)，並向我們的人保證，將在陰曆8月，即9月30日或10月1日才能拿到上述通行證。他還向我們的人指明離南京灣6-8荷里處有一小島名爲Siosan，極宜於我們作爲與中國人貿易之地，並將派去一名有經驗的舵工攜帶南京海岸、海灣和泊船地方的地圖。

(長崎的代官認爲，)我們的這一做法與將軍陛下的命令不相矛盾，因而我們決定與上述船主辦理此事。但他不能空手去南京面見那裡的官員，要求帶去價值1,000兩銀的禮品。因公司金庫裡一無所有，後經翻譯Sheseymondonne主動出面，此人認爲我們與南京的貿易完全有希望成功，而且與上述船主相識，最後規定條件是，如果能爲公司辦到通行證，公司將還給他上述資金，不然則有他自己擔當風險。這樣做，無論如何公司不會遭受任何損失。

此事有何結果，還要等待一段時間。但直到上述日期，前面提到的中國船主，仍未按他的許諾返回日本。據9月22日從安海到達那裡的一位商人幫他解釋，船主派人送信給他，說正準備從南京出發之時，與河官就船貨稅餉發生爭端，所以還需耐心等待。我們的人希望在10月24日他們離開長崎之前該船能返回日本。上帝保佑，在最後的兩條船隻返回荷蘭前能將上述貿易的好消息報告給您。

(長官揆一先生3月10日特別派出一條小帆船送來消息)至於國姓

101 即中國北部，此處指南京附近地區。

爺準備率其全部水軍攻占大員和福島的謠傳的調查，據日本的報告，這些傳說均已煙消雲散，只不過是些中國人散布的謠言，人們不應該爲此大驚小怪。同時，長官先生送來的有關特別情況的緊急報告引起我們的憂慮，(爲防禦人們傳說的國姓爺軍隊的進攻)必須盡快向北部地區增派人馬，命令前往日本的貨船先航行於呂宋和福島南端之間，再經福島東部航行。爲同一原因，派往大員的12條船載運各種軍需物資，儘管已是風季晚期仍令它們出航。

(fol. 106)而且巴城這裡也沒有中國帆船泊至，此前他們則頻繁往來貿易，現在都駛往柔佛、北大年、里格爾和暹邏。貿易已從原來的巴達維亞分散到各地，中國人目前不來巴城的原因，可能是因爲他們本來要從這裡運走的貨物，特別是胡椒漲價、在此碰壁之後即另尋他處，到貨價便宜的地方。目前我們沒有什麼辦法可以解決這一問題，或者准許我們對前往上述地區的帆船武力攔截，這樣做需經周密思考。儘管按我們與中國政府簽訂的條約，他們保證每年向大員輸送充足的各種貨物，而幾年來則完全沒有履行這一許諾。長時間以來，國姓爺多方託詞，我們本可以對他動用武力，教訓他一番。

在4月1日的日記中您可讀到，廈門大官、國姓爺的伯父Sainvia寫給中國人潘明嚴和顏二官[102]的一封信，要求他們，說服我們就國姓爺的一條駛自柔佛被我們的人押至大員而後因風暴遇難的帆船賠償損失。當時該船主在日本極力詆毀公司。您從信件和文書中可以讀到，國姓爺還施加威脅，如果我們不肯賠償損失，他將在日本追究我們的責任。我們命令上述中國人答覆Sainvia，兩年前，我們已就有關事務寫信給國姓爺，建議派使節前往，就上述事宜達成協議，並簽訂條約。而至今仍無音訊，他對此有何反應，時間會告訴我們。

---

102 即Siqua，為巴城市政委員(schepen)，居住巴城多年，在中國人中間頗負聲望。1663年4月潘明嚴去世後，他被荷人任命為巴城華人甲必丹，直到1678年6月去世為止。

84. J. Maetsuyker, C. Hartsinck, A. de Vlaming van Oudtshoorn, N. Verburch, D. Steur, 巴達維亞, 1661年1月26日

——voc 1232, fol.428-488.

(fol. 436)上述布赫良(Joan Boucheljon)[103] 送來一分簡短的報告，記錄貨船Venenburgh 10月15日離開日本後到12月16日公司在長崎的事務。其中寫道，長崎代官Crocaiuwa Joffic Somma，於10月22日，即最後一批船離開那裡前兩天，派翻譯出人意料地告訴我們的人，因爲中國人就1657年被我們的人押往大員並在那裡遇難的一條駛自柔佛的帆船，要求我們賠償損失，有關事情的經過我們已於1658年在日本部分詳細向您報告。代官已對上述中國人(據他聲稱)做過周密調查，接受了他們的已經得到正式的報告，要求我們的人在那裡如數賠償損失，或由我們在今年年底以前做到。鑒於代官的特別要求，我們的人辯解說，此事已交由巴城處理，中國人的損失將在巴城得到賠償，但代官表示反對。

因爲據中國人講，國姓爺已禁止任何帆船駛往巴達維亞，無法在巴城得到賠償。因此，長崎代官要求我們的人必須在那裡補償國姓爺帆船的損失。但如果我們決定停止對日本的來往和貿易，則可根據自己的願望和需要而定。

我們的人告別之前，他們再次要求我們的人說服我們下一季在長崎滿足中國人的要求，又簡短地就我們的辯解說，對我們的人來說在長崎或巴城賠償沒有什麼區別。按中國人自己做出的統計，上述損失總計27,096.9兩，但他們在日本和大員提交的損失數目相差很大。上述布赫良先生認爲，如果我們決定在日本賠償他們的損失，以上述數目的一半即可與他們達成協議。我們將根據情況，謹慎周

---

103 Joan Boucheljon，1641年以助理身分到達東印度，被派住日本。1646年被提升為下級商務員，1650年升為商務員，1655年被擢為高級商務員，並任東印度公司駐日本商館領事。1661年，他返回荷蘭。

密地做出決定，並力求有利於公司。我們不在此贅述。有關上述長崎代官對我們施加壓力，我們的人做出辯解，以及他們對此事的看法，請詳細參閱上述簡短報告。

南京的中國船主Pasmin(上文已提及)在我們的船隻離開時仍未到達長崎。只有Siochan的三條小帆船從離南京不遠的一個海灣邊的港口泊至長崎。船主講，他們在南京曾面見Pasmin，他當時準備出航，只因新上任的南京灣的官員於9月24日從北京出發，在上述帆船準備出航不久前到達那裡。據猜測，上述船隻數日後即將到達長崎。我們期待著上月派出前來巴城的一條中國帆船能帶來準確的消息。那一貿易會有何結果，將在該報告的下文或明年向您講述。

(fol. 439)因爲在回荷船隻離開時我們尚未得到大員的報告，因此在寄給您的信件中未提及那一地區的事務，只是在日本部分有所記述。公司在那裡對國姓爺東渡福島已有準備，毫不驚慌，防禦完善，這使我們得到安慰。因爲長官和評議會於1660年3月10日特別派出一條帆船送來報告，此船於4月4日到達我處。此船帶來消息，福島和大員謠傳，上述國姓爺決定打算率全軍東渡攻打我們，並將於3月27日發起總攻，正值圓月和我們的人在福島舉行村社集會之時。我們的人得到這一消息後，驚慌失措，大員當局當即做好全副武裝準備。結果，27日平安無事，所有的傳言也煙消雲散。關於此事，長官揆一曾試圖向我們詳細報告，但4月11日派出的帆船因風向不順被迫返回，使我們對國姓爺的威脅憂慮重重，並促使我們考慮向他們提供援助，若有可能馬上派出一支艦隊和一批士兵前往。

儘管我們認爲，那裡的事務將不會遭受像福島長官和評議會所講述的那樣重大的打擊，因爲數年來有關國姓爺東渡攻打大員的謠傳不斷，在平民百姓中間廣泛散布，沒有任何結果。但我們不敢毫無準備地等待災難臨頭，以免萬一事情有不好的結局而有人指責我們對此重視不夠，粗心大意地拿公司珍貴的大員和福島去冒險。但後來的事實證明，我們的人因過於輕信，導致恐懼和驚慌，信以爲真，被人迷惑。儘管如此，我們仍派出已準備好的船隊。去年4月23日，以下船隻被從這裡派往大員，貨船Spreeuw經暹邏，還有平底船Rode Vos和一條信使船前往大員，暫時派去50名士兵，一批彈藥和其他必需物品，並轉告那裡的長官和評議會，不久將有一支強大的船隊和士兵派去，以聯合那裡的軍隊，一旦有敵人在大員海岸出現，予以迎頭痛擊，趕走他們。儘管我們試圖盡快把船隊準備妥當，只能於7月17日正式派出。原因是我們這裡缺人缺船，不但來自荷蘭的，其他地區的人員和船隻也很晚才到達這裡供我們使用。最終我們決定，派出以下船隻：巨大的戰用快船's-Gravenlande、Archilles、Hector、der Veer、Dolphijn、Worcum和Ter Goes，大海船N.Enchuysen，貨船Leerdam、de Vincke、小快船Maria，平底船Ens，共計12艘海船。他們裝運充足的給養、戰爭用品、船員等，士兵600名隨船前往，於以上日期浩蕩地從這裡出發。然而，我們不能容忍這樣一支強大而寶貴的船隊到達大員後發現無所事事一無所獲地返回巴城，這樣做將使公司遭受巨大的損失。評議會因此決定，派最強大的陣容和600名士兵，於10月31日在北風狂起時前往澳門，在那裡突襲葡人，佔領那座城市及其工事。因爲敵人在那裡的境況不佳，勢力削弱，對我們的人來說機會難得。我們已按您的指令多次試圖把這根刺從公司的腳下拔除，將葡人從那一地區趕走，他們在那裡嚴重危害我們爭取與中國的貿易。但多年來，我們一直忙於在這裡對葡萄牙和其他在印度的敵人的戰爭，無暇顧及澳門的事務；若非藉此派強大艦隊前往大員的機會，這一計劃將不會在短時期內予以實施。我們認爲，攻取澳門時機已到，對這一行動我們盼望已久，特別是如果這一計劃繼續得到推遲，公司恐怕將難以達到把葡人從北部地區趕出去的目的，因爲澳門的葡人(如果葡萄牙國王和我們的國家不能簽訂和約)將尋求英國人或其他外族人的保護，繼續佔領澳門，養精蓄銳，使衰落的澳門復興，很可能重新使之成爲他們在東印度的重要基地，正如從前一樣，不斷使之得到發展和加強，這於公司繼續進行北部地區的貿易極爲不利，以上種種原因促使我們攻打澳門。

我們就執行這一任務所下達的命令請您詳見同時寄去的我們的指

令副件，不能在此一一記錄[104]。我們相信，其中的內容不會遭到您的反對，這次重要行動需有一名經驗豐富的軍官按我們的指令執行。爲此，我們指派范・德・蘭(Joan van der Laen)先生統率這支艦隊。他在此之前已充分證明了他的勇敢和自信，並派商務員凱瑟爾爲第二把手。此人曾作爲使節被派往中國，他對澳門特別是廣州極爲熟悉，而且懂得如何與當地官員來往。在討論這一行動時，我們沒有發現什麼大障礙，只是恐怕廣州的韃靼政府對這種軍事行動不會做出積極反應，而且在攻占澳門後不許我們佔據那裡的工事。因此，我們嚴肅下令，盡量不對他們採取任何敵對行動，除非他們不聽勸告，阻礙我們計劃的實施，才可以動用武力。

但我們仍希望能找到一種妥當的方式領導這一事務，避免與他們產生衝突。我們派人交給廣州藩王一封書信，建議通過簽訂條約的方式增加雙方之間的信任，其中還解釋，我們的人爲何要把葡人趕出澳門，請您詳見我們的書信副件中詳細的記述。

我們又派船隊前往大員並送去寫給那裡長官和評議會的信件，闡明我們對攻打澳門的意圖以及對取勝充滿信心，特別是貨船Venenburgh從日本帶來消息，大員和福爾摩莎仍安然無恙。人們擔心的國姓爺的軍隊沒在那裡出現，我們本來以爲前面計劃的行動肯定已取得進展。然而，與此相反，完全出乎我們的意料，平底船Ens上月28日帶來11月30日的報告，大員的人講到，我們從這裡派出的船隊除Worcum快船外，均順利到達那裡。據范・德・蘭先生的報告，9月2日與3日之間，船隊在與澳門同樣高度的地方遇到一場風暴，Worcum與船隊失散，此後再也沒有出現，無法猜測此船是否完好地保全下來。唯一的希望是，該船的頭領會因情況緊急而決定在那裡等待大員的船隊，若沒有結果，或許會駛往暹邏。貨船Diemen的船長報告，他曾於11月10日在暹邏灣見到一艘大型荷蘭船，似乎在駛往暹羅，我們希望是Worcum一船。上帝保佑我們以後能獲得此船的消息。該船

104 詳見voc 884, fol.263-264.

滿載給養、戰爭用品等，船上士兵等人員總計128人。此船的失散，使船隊實力受到削弱。

現在我們進一步向您報告，大員長官揆一及其評議會委員們如何在沒有任何必要的情況下擅自改變我們下達的有關澳門的特令，於公司極爲不利。他們與其他人決定(除司令官范・德・蘭和第二把手凱瑟爾先生外，他們對此持有異議)，將澳門的出征推遲到2月底3月初，並將根據時勢所需，繼續拖延。如此，他做出這一決定，託辭國姓爺發動戰爭的威脅這片烏雲尙未散開，儘管國姓爺未對大員發起攻擊，但據他說福島動蕩不安的局勢不容許船隊馬上前往澳門。以上評議會委員們經討論完全支持(可能主要是長官的意見)，不考慮我們事先前下達的指令，即一旦大員和福島局勢穩定，派船隊前去攻打澳門。從各方面來看，我們只能得出結論，他們在那以後把澳門的事情擱置下來。因此，我們從現在開始對攻克澳門已不抱任何希望，因爲他們若在所建議的時間派出一部分兵力攻打澳門獲勝的可能性不如按我們的指令在10月中旬派艦隊前往那樣大。現在敵人已贏得時間打探我們的計劃，並盡力加強其實力，又有誰能預料，或許他們已完全投靠韃靼人，獲得他們的保護。果真如此，我們的人將在那裡碰壁。

而且按我們的意圖，在上述出征之後再派幾艘結實的海船到暹羅裝運那裡儲存的木材、米等貨物，也將爲時已晚，又一次給公司帶來損失。

我們向您說明，獲得長官揆一的做法的有關消息之後，我們爲之震驚，並完全有理由對此表示強烈不滿，無法想像，竟然有人在沒有任何必要的時候改變我們周密安排的計劃和決定。長官應在我們面前對他至今所做的事情講明理由，承擔責任。不然我們將就此事對他嚴加批評。這並非一樁小事，任這支價值連城的船隊無所事事地停泊在大員，對此他需負主要責任。如果我們仔細考慮一下就會發現，他的理由無非是有關國姓爺東渡大員的謠傳。自始至終，這不過是些作惡的中國人編造的謊言，卻被他們輕易信以爲真，並被視之爲緊急情況，在長官和其他執政官員當中引起巨大的混亂。同時，公司的其他臣僕也爲此震驚，就像那裡警報不斷，我們的人如臨大敵，慌忙籌備防禦，似乎整個中國的軍隊將要前來攻打大員和福爾摩莎。而人們絲毫未發覺那裡有任何敵人的跡像，他們卻不斷處於驚慌之中。我們相信，長官和評議會現在雖然已發現他們的失誤，默默地希望事情並沒有那麼嚴重，而最有甚者他們不肯承認其失誤，並竭盡全力說服我們相信，國姓爺果真有過攻打大員的企圖。現在，人們已經懷疑而且多數人估計以上謠傳沒有一句話屬實。福島的動蕩不安是我們的人自己造成的，給那裡的居民特別是鄉下的農民帶來巨大的障礙和損失，似乎國姓爺的軍隊已到過福爾摩莎。這些可憐的農民大量拆毀他們的糧倉，並把沒來得及收藏的稻穀放火燒掉，長官自己估計約7,000至8,000袋，而據我們聽說至少有20,000袋被毀。同時，遠處耕地裡的數千人被從他們的耕地上趕到赤崁地面上，幾乎沒有很多的時間收藏他們的財物，若有人違令，則將受到地方官的嚴懲。而且在他們所製造的混亂的一開始，長官即下令把10名頗負威望的中國人包括幾名長老關押起來，因爲有人向長官報信，這些人已暗地裡把他們的妻兒送往中國。經審問，發現他們的家屬仍在家中。儘管如此，他們仍被關押，因爲長官等人猜測，這些人已獲得國姓爺計劃的有關消息。此後，我們的人又將一名中國人長老嚴刑拷打，而沒能得到任何口供。期間，人們仍把他和其他人作爲叛徒關在監獄中，我們卻未看到任何有關的證據。這些人被關押長達8個月之久，他們多數從事農業生產，他們的田產因此變成廢墟。這種做法幾乎變成對農田的破壞，這全是由長官錯誤的看法和一時衝動而引起，他又不肯承認錯誤。籌備防禦耗費公司的巨額資金，他們在城堡底層東面又修建了一座崗樓，花費大量資金，而且人們還天天在計劃增修更多的防禦工事。他們建議在打狗仔修築一座工事，修復靠魍港的一座被沖跨的圓堡，並在城堡底層左邊新建一座崗樓，所有這些建議一概被我們拒絕和禁止，公司在大員和福島不宜濫修工事，派兵防守現有的工事，已經困難重重。我們認爲，那裡的工事遠足以把敵人拒之島外，但保護整座島嶼和島上的原住民，對付所有的侵犯，在那一偏僻的角落是力不能及的事情，除非在島上修建更多的工事。世界上又有哪個國家能保證不受別國侵犯？所以，我們也要略過這些困難，一旦發生此類的事情則需盡力而爲，靠現有的設施進行防禦。

對國姓爺攻打福爾摩莎的這種誇張和渲染，也致使那裡只能派出貨船Spreeuw裝運鹿皮從大員前往日本，使日本所需要的60,000張鹿皮和所有的蔗糖不得不存放在大員。後來，船隊到達大員太遲而不能再前往日本，這對公司損害極大。如果我們將上述船隊分批派往大員，並事先派出幾條船，則完全可以避免這種困境，現已無法挽回。

鑒於我們多年來與國姓爺的不穩定關係，我們給他的信件已送去三年，至今仍無回音。

經商議，揆一長官決定派專人前往，要求他做出公正的聲明，他對我們的態度以及是否準備以後前來與我們貿易。因爲根據一段時間以來他對我們的一些不友好的所作所爲，我們只能得出結論，他在試圖破壞我們與他結成的舊的聯盟，並與我們爲敵。有關的證據主要是他不久前計劃對大員和福爾摩莎發動攻擊，禁止中國與大員之間的貿易，虐待我們在澎湖貿易的臣民。

並陳述了其他的原因，請詳見長官揆一寫給上述國姓爺的信，此信由指揮官迪拉特(Adricaen Dillarts)率Archilles、's-Gravenlande和Maria於11月3日前往國姓爺的座城廈門送給國姓爺。到達那裡之後，他受到友好招待。7天之後，他獲許返回淡水，並於同月29日到達那裡，帶回盼望已久的國姓爺的答覆。

國姓爺寫給長官書信的主要內容如下：一，信的開始說，我們的人聽到許多不真實的傳言，而我們的人卻信以爲真，他爲此感到傷心；二，他力求促進貿易，我們不應對他真誠的願望存有疑心；三，對我們佔據的福爾摩莎發動敵對的攻擊這一傳說，純屬別有用心的人散發出的謠言。他雖然這樣說，我們卻難以識破他的內心，因爲他習慣的做法是聲東擊西，迷惑對方。他還說，我們的人不能輕易相信一些小人的傳言，因爲我們應當瞭解，他忙於對韃靼人的戰爭無力顧及對只生草木的區區之地(他這樣稱福爾摩莎)採取什麼新的行動；四，一段時間以來，他對我們的貿易之所以反復無常，一方面因爲大員的關稅以及其他稅餉太重，影響商人的利益，另一方面他的帆船多用於戰爭或其他用途。最後他許諾，一旦與韃靼人的戰爭停止，將恢復對大員的貿易，要求我們的人盡力促進貿易不斷增長；五，他說，對我們的人駛往澎湖並在那裡受到他的下屬的虐待全然不知，只知那裡有海盜出沒，常冒他的名義行事；六，他遲遲未答覆巴城的去信，原因是，他發現，人們不願爲他的兩條遭劫的帆船賠償損失，便明智地做出決定，不再寫信催促，就此了結，以免有損雙方長久以來的友好關係。

從上述信件中，我們不能看出其內容對公司有什麼重要可言(儘管這些異教徒們提出的建議並無惡意)，因此人們仍然冒險派出三艘貴重的海船。當然信中的內容並非可信，我們的人對他的言語也懷有疑慮，但仍處於從前的警戒和驚慌之中，而且他們的懷疑與日俱增。這可從他們以下的做法中看出，他們此後仍按上次的決議繼續推遲對澳門的遠征，而且一致通過，將澎湖的艦隊調回大員，停泊在大員北港，以加強那邊的實力。他們似乎沒有想到，只要艦隊停泊在那裡，國姓爺就會等待觀望，而不會輕舉妄動，他是否居心叵測，等我們的艦隊撤出以後，就會淸楚。因爲艦隊停泊在那裡一無所獲，那一地區無力長期蓄養這樣一支艦隊。

我們的人計劃於12月1日派海船Archilles、Leerdam裝運8000擔糖經滿剌加前往波斯，並運往科羅曼德爾1147兩中國錠金，由那一地區的長官白森(Joan Bijssen)要求運去。同時大員的人將派快船ter Veer裝載50箱銀由大員駛往暹邏，我們等待此船運來木材和米。上述三條船航出後，大員的航行水域仍有海船Enchuysen，快船's-Gravenlande、Dolphijn、Hector、ter Goes和Maria，小型貨船Vinck、Emmerhorn、Roode Vos和Urck，總共10艘船，可以說是一支強大的艦隊。此外，福島軍隊也不下1,500人，而今這樣一支兵力白白地留在那裡不用。這支艦隊以後將如何分派出去，還需等待大員的報告說明。恕我們就上述大員事務記錄得如此詳盡，我們只是想讓您瞭解我們對此事如何關心。根據您的指令，長官揆一先生感激地接受了東印度特別委員的頭銜。他認爲，原來約定的每月200盾的薪金也該相應地予以提高。我們認爲，您完全不會同意我們這樣做。

從上述大員事務的報告中，您可以看出，那一地區去年的貿易如何不景氣，爲科羅曼德爾兌換的黃金價值不過f.50,000。去年，我們派船從這裡運去的貨物等總價值只有f.174,228.14.14。今年即1661年將更少，只有價值f.150,000的荷蘭銀幣、一批科羅曼德爾和蘇拉特的織物、一批給養以及其他必需品。因此，那邊目前正經歷一段不景氣的時期。我們希望，這種狀況不久能得到改變。長官先生報告，平底船Ens離開時那裡有兩條帆船自中國泊至，運去一批雜貨和4.5錠黃金。這是一個好的預兆，如果我們的人不過於悲觀失望，還會有更多的帆船前往。公司在大員和福島的事業若沒有貿易支撐，將無法維持。因此，無論如何，需繼續努力。我們希望，萬能的上帝屆時能予以保佑。

儘管他們能力有限，福爾摩莎的農業種植由中國殖民者較好地維持，並沒因國姓爺的東渡之威脅而被打亂和阻礙。我們認爲，他們將很快復原。另外，若非夏季過於乾燥使田地裡的作物枯死，也會有所恢復。1661年的甘蔗種植，又可生產蔗糖15,000至16,000擔。去年生產的蔗糖有8,000擔被運往波斯，約7,000擔仍存放在大員，長官認爲，將由直接或經澳門派來巴城的船隻運來，再運回荷蘭。如果沒有糖運往日本，那裡的需求也可用今年新生產的蔗糖來滿足。

福島的原住民對公司表現順服，只是需要派軍隊到南部地區威懾那裡一些作惡的村民，迫使他們恢復對公司的臣服，長官先生預定該月實施這一計劃。

福島去年沒有舉行村社集會，因爲有人說，國姓爺將趁集會攻打大員。

據大員的報告，那裡每年一次的出租所得並不少於去年，約

100,000里耳，每里耳合48斯多佛。根據目前的情況，這是一項很好的收入，沒有這一收入，公司去年在那裡的費用恐怕難以得到補償。

鯔魚打撈情況好於去年，捕獲數量達450,000條，既緩解了中國漁民們的困境，又使公司獲得一筆稅收。

漁撈以後結果如何，人們還無法預料，看來不會有很多中國帆船到福爾摩莎多風多浪的水域。我們將得到有關的確切消息。

去年，我們的人從哆囉滿的金礦中只獲得18.5兩金，甚至不抵派人在那裡駐紮的費用。駐在那裡的荷人認爲，我們不能耐心等待那一地區福島居民的同意，不然公司將永遠得不到或很晚才能獲得大量的黃金，因爲他們收集黃金的速度極慢，而且不許我們的人到藏金處勘察。因此，長官建議，應盡快在那裡修建一座小工事，在那裡的居民和周圍叛亂的居民中間贏得威望，以更安全地找到金礦之源。他們在此之前未派軍隊到那裡，是因爲這樣做將使原住民對我們產生恐懼感，使我們無法達到目的。所以派兵前去，仍非上策，易引起礦主的巨大猜疑。依我們之見，最好觀望一段時間，繼續與他們友好相處，然後再觀察如何能更有效地促進這一事務的進展。在此期間，人們可以通過友好的方式進一步瞭解金礦所在。福島教盲的皈依依舊進行，牧師們沒有盡力而爲，本來按他們的能力可以做更多的事情。我們也期待著他們的工作會獲得更大的成果。他們似乎不能放棄擴大活動範圍這一做法，其用意不過想得到從事偉大的事業這一虛名。一旦人們識破他們的這一動機，即將明瞭這種做法沒有多大意義。因此，我們寧願他們把少數人教育成爲真正的基督徒，不盲目地去教育太多人，不然將一事無成。芬德羅斯去年在那裡去世，使那一地區牧師的人數由7名減至6名，我們將盡力從這裡添補這一空缺。

有關國姓爺和韃靼人之間的戰爭，我們很難向您報告其實情，因爲來自中國的消息變換不定，攙雜有許多假情。但是，人們都認爲國姓爺因在對韃靼人的戰爭中失敗而陷入困境。他們沒有再攻打其他的地方，國姓爺的軍隊南撤，而且被迫(有人說是他故意設計)

撤出廈門島，率兵前往金門，因爲金門處地險要，韃靼人不易觸及他，國姓爺大多藏身於帆船中，他擁有大量的帆船。有人說，他有可能與韃靼人議和，但至今仍無任何結果，這種情況已持續多年，嚴重阻礙了其下屬與我們之間的貿易。

沒人知道最後會有怎樣的結果，我們只能希望結果會對我們有利。大員海道水深在漲潮時不過8荷尺，如果這種情況不能得到改進，將帶來很大的困難，並導致船隻無法在那裡行駛。我們認爲這是人力所難以解決的。

長官揆一打算把在大員以南入海的淡水溪引入水道，加快水流。長官認爲這一工程將耗資f.10,000，但我們認爲這將是一項有益的投資，如果人們能肯定水道將因此而變深。

他已多次這樣提議，但人們認爲這一做法將見效甚微，因爲河水被引入大員水道時水勢將減弱，不會起任何作用，不宜無謂地耗費巨資。長官先生似乎有意嘗試，若結果與我們的推測相反，最終取得成功，將極爲有利於公司的事業。

從1660年12月30日的總帳中可以看出，自1659年9月1日至1660年8月31日，大員收入總計 f.425,352.04.07

伙食及費用計	f.157,028.00.13	
士兵補助費	f.191,957.15.04	
工事修築費	f.28,142.03.13	
船隻耗費	f.47,181.15.09	
		f.418,009.15.07
純收入不過		f.7,342.09.00

(fol. 474)您所建議的大員對公開崇拜偶像施用的懲罰，依我們之見也有些過分，這並不是使教盲們皈依基督教有效的方法。我們認爲，應通過耐心說服和得當的教育使他們皈依，而不是使用強硬的措施，不然他們對宗教將產生厭惡感，遠而避之。而且那裡的牧師也贊成這樣做，我們沒有做出任何更改，現在既然已得到您有關的意見，我們將撤消這項聲明。

(fol. 481)連同今年到達東印度的5名牧師，東印度傳教士人數將達26名，其分佈如下：

安汶	3名
班達	1名
德那第	5名
福爾摩莎島	6名
滿剌加	1名
科羅曼德爾海岸的帕里亞卡特	1名
錫蘭島	6名
巴達維亞	4名
預備牧師	1名
派往安汶	2名
派往班達	1名
在東印度傳教的牧師總人數達	26名

此外，我們還要求您派來5至6艘小型貨船或平底船，用於大員海道等地。根據我們前面記錄的大員海道的深度，您可以看出那一地區對輕便船隻的急需。

(fol. 484)(1660年各商館贏利如下：)

暹邏		f.328.05.08
蘇門達臘西岸之行		f.239.01.09
蘇拉特		f.456,496.07.13
占碑		f.28,972.07.06
日本的長崎		f.678,976.15.12
波斯的Espahan		f.474,981.18.01
蘇門達臘西岸		
Indrapoera	f.2,381.05.12	
Padang	f.15,518.08.11	
Ticou	f.12,792.11.13	
		f.30,872.06.04

大員	f.7,342.09.00
科羅曼德爾	f.162,761.13.08
孟加拉	f.99,983.16.09
總計	f.1,940,955.01.06

85. J. Maetsuyker, C.Hartsinck, A. de Vlaming van Oudtshoorn, N. Verburch, D. Steur, 巴達維亞, 1661年7月29日

——voc1232,fol.701-728.

(fol. 714)有關福島和大員的不利情形，我們已向您報告。數月來人們對國姓爺攻打福島的傳說，最終卻沒有任何結果，純屬人們捕風捉影，胡編亂造而已[105]。我們的人卻信以爲真，毫無必要地導致那一地區耕地荒蕪。後來我們還收到那裡的四封信，分別寫於12月10日、2月16日和25日、3月14日。第一封是由快船Alckmaer經滿剌加於1月30日帶至，第二封由海船Enckhuysen經暹邏於6月13日，第三封由快船Dolphijn於3月22日，第四封由平底船Urck於4月18日帶至，Os一船與Dolphijn一同到達我處，司令官范・德・蘭也隨船返回巴城[106]。快船Goes與上述船隻一同從大員航出，幾天後的一個夜裡在廣州島附近與他們離散，至今仍無音信。我們擔心，船可能撞到南沙群島遇難。願萬能的上帝保佑，使公司免遭損失。

從上述來信及司令官范・德・蘭的報告中我們遺憾地獲悉，上

105 4月15日，荷人在大員從一名中國人那裡獲悉，國姓爺曾於3月18日發布通告，禁止所有船隻駛往大員，並將於兩天後出兵福爾摩莎，結果卻按兵不動。大員的荷人認為，國姓爺計劃在上述日期東渡，是因為一般說來此時返回巴城的荷船已經出發。後來發現大員仍留有大批士兵和數條船隻，不敢輕舉妄動。他們的這一分析不無道理，鄭氏在大員有親信通信，這點確定無疑。4月14日，大員的荷人發現，那裡的許多房屋關閉，多數中國婦女和一部分男人已前往赤崁。這也充分證明大員和鄭氏之間的消息之靈通。據《熱城日記》1661年4月14、15日，voc 1235, fol. 507.

106 范・德・蘭於2月27日率船離開大員。並從那裡運至巴城950兩8錢黃金，1,030箱即245,293斤砂糖。據《巴城日記》1661年3月22日。

次報告中述及的遠征[107]他們沒有執行，福島評議會在一段時間前制定決議，因國姓爺攻打大員的威脅仍然存在而未能予以實施。我們根據他們寄來的文件則不能肯定這種威脅的存在。同時，向福島派船的時間已到。鑒於事情的重要性，我們再次仔細閱讀分析所有的書信，決議和其他的有關文件，久思之後決定不再派出援兵，只派船運送他們所需要的商品、給養和其他必需品，因爲事情沒有那麼嚴重。我們的看法是，他們使福島大受摧殘，對重要的中國人採取強硬而不合理的措施，造成所有農業作物種植和島內外的貿易停滯，一時難以恢復。這一政策不僅使當地的中國人，也使外來的商人受驚，並會擔心以後還將受到諸如此類的虐待。我們認爲，除將長官揆一召回外，沒有什麼辦法可以挽回這一既成失誤，派另外一人接任，以贏得中國人的信賴，特別是國姓爺對揆一先生表示強烈不滿，並因此禁止其船隻駛往大員。爲此，評議會任命柯蘭克(Harmen Klencke van Odessen)[108]爲大員長官，此人任東印度律師多年，品德優良，完全有能力擔任此職，並按決議於6月22日離開這裡，率快船Hoogelande和貨船Loenen前往。而兩天後Lacy de Hinckende Bode與快船Maria從大員到達我處，他們本來與Hector、's-Gravenlande、貨船Vinck一起留在大員，於5月5日離開那裡。

他們帶來出人意料而令人傷心的消息，4月30日上述國姓爺率領由100多條大小帆船組成的艦隊到達福島，所有船隻均滿載中國人[109]，直接駛入大員和福島之間的海道。其中40條吃水較淺的帆船停泊在海道前，截斷了熱蘭遮城與福島以及外洋的聯繫。次日一早，長官揆一派海船Hector、's-Gravenlande和Maria迎擊上述帆船，把他們從海道入口處趕走，結果沒能成功。因爲海戰剛剛開始，Hector船上的

107 即出兵澳門，驅逐那裡的葡人。

108 一般寫為Herman Klenck van Odessa。十七世紀荷蘭語的拼寫方式常常因人而異，尚無定規。

109 次日早上6點半，荷人在西北方向離大員笨港0.5荷里處發現五條帆船南下鹿耳門(Lackjemoeij)。據《熱城日記》1661年4月30日記載。

火藥不幸爆炸，船上所有人員死亡。另兩艘船被迫後退，但仍停泊在那裡，直到Maria船駛往巴城。中國人見此，仍不敢追擊，儘管他們擁有大量的帆船。從中我們可以看出，我們的人是因爲Hector船的爆炸才撤離，逃出大員港，因爲上述's-Gravenlande和Maria兩船無力再次對如此強大的敵人組織進攻，而且各出口已被佔領，無法得到長官和評議會的命令。鑒於此，Maria船的頭領商定前來巴城報告大員的情況。儘管風期已過，上帝對公司施以特別恩惠，不然我們的人仍將一無所知。該船沿呂宋海岸，經渤泥，結合利用陸海風，否則據說將無法行駛。

's-Gravenlande本打算留在大員港附近觀察敵人進攻的結局，再駛往日本。此船按指令裝運蔗糖，正如快船Hector，使所受損失增加。上述令人憂慮的消息並沒使我們驚慌失措，因爲我們所擔心的是上述派出的Hogelande和Loenen二船將毫無準備地落入敵人手中。爲防止此事發生，我們盡全力馬上派出戰船Batavia，此船便於駕馭，風平浪靜時可划槳前行，前去追趕上述兩艘船，我們可以肯定，此船在途中能追上他們，至少可與他們在船隻取水的地悶會合，並在那裡等候我們從這裡派船支援。爲此，我們裝備10艘海船：Dolphijn、Naerden、Muyden、Zirickzee、Domburgh、Hasselt、Koudekercke、Anckeveen、Urck和ter Boede，到地悶山與Hogelande和Loenen一同前往福爾摩莎。

鑒於上述出人意料的消息，大員和福島的事務需重新安排處理，那裡不需要一位新的長官，而是一位能統帥這支艦隊的司令官。因此，我們不得不將已制定好的有關決議予以更改，重新召回柯蘭克先生，並派卡烏(Jacob Cauw)作爲司令官代替柯蘭克先生，率領上述艦隊，借上帝的援助攻打並驅逐那裡的敵人，盡可能予以沉重打擊。卡烏先生此前曾在荷蘭參加過戰爭，最近一次在孟加錫的征戰中重新證明了他的軍事才能[110]。大員的政府不予以更動，因

110 詳見voc 885, fol.284-296.

爲這樣做的原因已不復存在。司令官帶著上述指令和使命率領迅速準備就緒的艦隊於7月5日航出，只有Domburgh直到21日才出發，以等待從荷蘭派來的Vogelesangh、Erasmus和Dordregt幾艘船，並裝運他們帶來的給養。上述船隊除一般船員外，我們還配備725名強壯的士兵，萬能的上帝保佑他們一帆風順，並能出色地完成任務，光復上述落入敵手的福島。我們急切地等候著他們的消息。

大員島上的熱蘭遮城堡和赤崁的普羅文薩堡儲存有大量的給養和必需品，我們希望，無須擔心他們會遇到巨大的困難。農村恐怕將遭到敵人的掃蕩，中國人凶殺成性，肯定已在原住民中間大肆屠殺，除非原住民由那裡勇敢的荷蘭人組織起來進行抵抗，正如眾人認爲，他們完全可以從森林和灌木叢中抗擊敵人。

上述柯蘭克先生將攜帶他的家眷從地悶島乘坐爲此派去的快船Avenhorn前往暹羅，他們先前搭乘兩艘快船前往大員。在暹邏等待風季的轉換，期間前往察看公司在印度的商館。爲此，我們在這裡按十七董事會的命令任命他爲特派代表前去那裡。戰船Batavia得令，如有可能，即駛往滿剌加，而不一同前往暹邏。我們前面提及的小型貨船Vinck，也是供大員使用，在中國軍隊到達之前駛往淡水，平底船Immerhorn被派往Torrntsuna，在那裡裝載遇難的貨船Harp中的貨物運往日本。我們給司令官卡烏(Jacob Cauw)和大員的長官，評議會就有關事項下達的命令，篇幅太長，不能一一在此記述，而推遲到將下次報告送回荷蘭。

在尊敬的布赫良先生離開那裡時，長崎代官鄭重要求他們，向此前被我們的人押至大員並在那裡沉毀的帆船上的中國人賠償損失，下季用公司在那裡的物資補償。我們已給長崎的人下令，若無其他辦法則按其要求處理，以免與上述官員產生更大的隔閡。然而，國姓爺上述對福爾摩莎發動的攻擊和海船Hector的爆炸，其中裝有運自日本的貨物，公司因此而遭受損失，使事情變得不同。我們將前面的指令予以修正，下令到日本將軍的宮殿對國姓爺的行逕提出抗議並說明，正如任何民族所具備的本能，我們將盡可能給他以沉重的打擊，從日本航行水域到其他地方，因爲他也令其船隻對裝運日本貨物的公司海船發起攻擊，其中一艘被炸毀(而我們至今爲止從未下令在日本航行水域攔截帆船)，以觀察他們對此事的反應，再依此做出決定。我們希望，他們能公正處理。然而，一旦結果相反，他們則無理禁止我們在日本水域打擊我們的敵人，我們請求您在這種情況下下令如何行事，因爲事關重要，我們對此萬分憂慮。

86. J. Maetsuyker, C. Hartsinck, A. de Vlaming van Oudtshoorn, N. Verburch, D. Steur, 巴達維亞, 1661年12月22日

——voc1234,fol.1-277.

(fol. 156)我們本來希望福島情況比在上次經英國寄回的報告中所寫更能令人滿意，令人遺憾的是，我們所得到的關於上述時期那一地區的事務盡是令人傷心的消息。儘管我們已在日本部分就此事做過一些記錄，但我們還是認爲，因大員的報告遲遲未到，應向您就各種事務做出報告。我們得到國姓爺攻打大員和福爾摩莎的消息後，隨即派出一支艦隊前往大員，迎擊國姓爺；我們的人在地悶島沒能遇到柯蘭克率領的快船Hogelande，因此船被風暴漂往別處，只發現貨船Loenen停泊在那裡。Hoogelande後來經住了風暴的襲擊，於7月25日獨自到達小琉球，即Gouden Leeuws Eylant，我們的人聽中國人說，國姓爺已對大員和福島發起攻擊，他擁有無數的軍隊和艦船，不僅已把大員與福島的聯繫隔斷，而且把佩督先生率領的阻止其軍隊登陸的300名士兵打得落花流水，佩督指揮官也戰亡[111]。

赤崁的城堡在敵人到達福島四天以後，由地方官法蘭廷沒經任何

111 這是熱蘭遮城堡內的荷人發動的幾次出擊之一。5月1日，佩督(Thomas Pedel)率領200名士兵乘船前往北線尾，驅趕在那裡安營紮寨的中國軍隊。荷人寡不敵眾，佩督下令撤退，中國士兵乘勝追擊，佩督最終被刺傷，與其他110名士兵戰亡。據《熱城日記》1661年5月1日，voc 1235, fol.525.

交戰即與敵人簽約投降獻出[112]，使國姓爺成爲整座福島之主，短短幾天的時間，居住在平原地區村社的所有牧師、民事官、教師和其他荷蘭人，連同他們的家眷均落入敵人手中。據說，他們在那裡並未受到虐待。上述快船獲得各種不幸的消息之後，立即做好作戰準備，決定從小琉球島駛往大員南港，並於7月30日到達那裡。次日，有一條小舢板冒著被中國人繳獲的巨大風險，駛出水道，船上有大員的導航員和5名荷蘭人。在講述他們險些陷入上述困境後，還說，中國人已佔領熱蘭遮城，並在其中燒殺搶掠，而且在城堡腳下修築工事。我們的人被團團圍住，不敢把頭探出城堡大門。國姓爺每天派人用一根竹竿挑著一封信，要求城堡內的人投降，並許諾，可商定優惠的條件。

因Hogelande一船不宜在大員港前就留，柯蘭克先生將從巴城帶至的書信派上述小舢板轉交給大員的揆一長官，並決定撤離那裡，轉航日本。在離開那裡之前，它曾兩次被中國帆船包圍，我們的人奮力掙脫出來並於8月20日到達長崎港。柯蘭克先生又從那裡率領快船's-Gravenlande和貨船Diemermeer於該月2日到達我處，帶來以上消息。

從這裡派往大員的船隊於7月19日從地悶山與上述貨船Loenen駛往大員，並於8月12日順利到達那裡，發現那裡的情況對我們極爲不利，儘管我們的人被圍3個月之久，他們仍堅守城堡。司令官卡烏，到達那裡以後一直沒能與長官揆一聯繫，因爲那一地方被敵人嚴密把守，使艦隊在那裡不能爲城堡內的人解圍採取任何有意義的行動，後來是否能向城堡輸入任何援軍或彈藥，他們也不敢肯定。駛自暹邏的貨船Loosduynen到達艦隊當中之後，儘管滿載大員所需的木材，仍被司令官卡烏先生於8月31日派往日本，向我們在日本的人報告大員和福島的情況。我們的上述艦隊於8月9日在廣州島(Poulo Canton)附近截

112 普羅文薩堡的確沒與鄭成功的軍隊交戰，但投降並非法蘭廷自己所決定。他已向大員長官轉達，普羅文薩堡經不住敵人的攻擊，那裡不但缺乏給養，而且武器彈藥不足。5月3日，長官和評議會經商討得出結論，普羅文薩堡別無選擇，只能投降。次日，普羅文薩堡的荷蘭旗落下，打出一面白旗，後來荷人看到又有一面中國旗升起。據《熱城日記》1661年5月3-4日記載。

獲一條駛自暹邏的安海帆船，此船裝載200拉斯特米、一批錫、鉛、硝石等。同月20日，此船帶著他的小船，在大員由於一場風暴與Urck一船離散，船上有30名荷蘭水手。該帆船於同月29日平安到達長崎，日本人對我們攔截此船似乎毫無反感，正如您在日本部分可以讀到有關此事及其他諸如我們和中國人之間的戰爭的詳細內容。

長官揆一先生和福爾摩莎評議會被中國人圍困在城堡中，處境艱難，認爲巴城不會特別派援兵前去解救，他們根本沒想到於5月5日離開那裡的快船Maria能成功地駛來我處。最後他們經磋商，正如他在's-Gravenlande於5月18日帶給日本的信中所寫，命令那裡的領事，派所有船隻在返回巴城途中前往大員，無一除外，並盡可能在裝運貨物外從日本運往大員乾麵包、麵粉、米、米酒(sacky)和其他食物，以及燒柴，以援助危難之中的大員的荷蘭人。但因後來巴城的艦隊到達大員，上述援助也就多此一舉。儘管如此，我們在日本的人仍然極爲關心大員的事情，並爲運送那裡所需物品派出由上述船隊截獲的一條中國帆船和快船Hogelande、貨船Vinck和Loosduynen於10月19日從長崎出發。結果，上述船隻在福島附近遭遇強烈風暴，使載運大部分貨物和雞籠24名士兵的上述帆船漂離大員，而未能運去所需物資，被迫繼續航行，於該月6日令人傷心地帶著一批腐爛的物品到達我處。他們不清楚Hogelande、Loosduynen和Vinck三艘船是否到達大員港。若不然，對那裡被圍的人來說將是一次深重的災難，因爲他們急需各種生活用品，而至今所採取的各種解圍的措施均未能受到上帝的保佑，這使他們完全陷入水深火熱之中，願上帝保佑他們不致失敗。據說，他們嚴重缺乏彈藥，司令官卡烏命令Loosduynen一船去日本裝運所有船隻能運出的彈藥前往大員，因爲艦隊配備彈藥不足，很快就會用光。

快船's-Gravenlande在Hector於大員前爆炸後，還在那裡徘徊了一段時間，最後前往雞籠，向我們在那裡的人報告大員的情況。到達那裡之後，發現貨船Vinck和Immerhoorn停泊在那裡。經雞籠的委員會決定，上述快船's-Gravenlande分裝一部分Vinck船中的日本物品，於5月15日駛往大員，3艘船於18日一起到達那裡。3天後，他們從大員得令，將's-Gravenlande一船上的糖盡量轉裝到Immerhoorn中(以便駛入大員海道)，以及快船上的2,000多磅火藥。按此命令，'s-Gravenlande將100箱糖和1,350磅火藥裝到Immerhoorn中，該船於5月29日駛入海道，結果在海道南部擱淺。's-Gravenlande一船因水淺無法給予保護。我們的人不忍心看著此船落入敵人手中，被迫將該船點燃，船上的人坐小船前往大員，對被圍的人來說又是一大不幸。隨後，38條中國帆船從港灣北部蜂湧而來，圍攻's-Gravenlande，該快船勇敢地略駛向外洋，待敵船到達大砲射程範圍之內，我們的人予以迎頭痛擊，敵船紛紛逃走，不敢再靠近我船。傍晚，它們均駛往北部港口。4天後，又有30條帆船湧向's-Gravenlande，他們懾於大砲不敢上前，被迫離開。我們的人見停泊在大員港毫無益處，也不能給被圍的人提供援助，便決定前往日本。中途於6月13日在雞籠停泊。's-Gravenlande和Vinck的到來使我們在雞籠的人看到一條適當的出路，隨船前往日本。他們經仔細考慮各種困難認爲，儘管中國人尙未到達那裡，但馬賽(Bassay)村民居心不良，群起反抗公司，竟敢到公司防禦工事的腳下[113]；第二，雞籠的堡壘無力抵禦陸路方面的攻擊，其中的人只能坐而待斃；第三，多數士兵病倒，至多能抽出60名壯漢；第四，庫存火藥不過1,200磅，若與敵人開戰，只能維持兩晝夜；第五，現存的米只能供他們用5個月，而且飲用水還要到外面汲取，水源很容易被敵人截斷；第六，若敵人果真到雞籠，他們不能奢望自身難保的大員會派兵前往救援。因此，他們在那裡將陷入極大的困境，而且中國人若佔領公司在雞籠的工事，可啓用那裡的大砲對付大員。所以，他們急需將那裡的人員和武器彈藥運出用來支援我們被圍的人。出於以上原因，商務員魯紐斯和雞籠的委員會，在牧師馬秀斯(Marcus Masius)以及's-Gravenlande和Vinck的船長支持下一致決定，遷出雞籠，率上述船隻前往日本。他們於7月5日到達那裡。

113 那裡的原住民點燃公司的糧倉和雞籠的其他房屋，最後又將中國人居住區和他們自己的村社點燃，然後逃往其他村社。荷人因此認為那一地區的原住民開始起來反抗公司。據《巴城日記》1661年12月2日內容。

我們認爲，他們這一決定完全沒有依據，但可以理解，若敵人到達，他們不可能守衛很久。儘管如此，他們在那裡各種配備諸如給養武器彈藥等充足，沒有足夠的理由輕易從那裡撤出，而應充滿信心地等待敵人的到來。我們深爲之驚訝，長官揆一先生一年多來認爲大難臨頭，並一直在組織防禦，卻沒能更妥善地安排好外部地區，特別是他們去年從司令官范・德・蘭率領的艦隊中將所有能搬動的物品搬走。

位於雞籠以南5荷里的淡水圓堡可能因此陷入極大的恐懼之中，因爲他們也將無力抵抗敵人的攻擊。但願他們有機會撤離那裡，當然最好是敵人不會到達那裡，也可使他們保全下來。小貨船de Vinck在日本獲令，前往大員途中需在淡水暫作停留，把我們在那邊的人一起帶走。但我們懷疑此船是否能做到這一點，因爲Vinck和Hogelande在福島附近，遇到強烈風暴，前文已有記述。我們尙未得到有關的確切消息。

這場戰爭現在已經給公司帶來巨大損失，幾個外部據點的撤除，因爲無力繼續維持它們，實際只不過是幻想的對福島的保護，而我們已多次希望不進駐雞籠和淡水，這樣將使公司每年減少f.40,000的費用。此外，因氣候條件差，淡水的死亡率極高。人們一旦佔領某地，似乎很難決定撤離，因此在決定修築新的工事時人們事先需周密商榷。人們可以明顯地看到它們爲公司耗資之大。

8月13日由司令官卡烏統率的艦隊離開我處前往大員之後，正如上文所述，我們又派去小貨船Cortenhoff，帶給長官揆一和評議會以下的命令：一旦那裡的事情告捷，對國姓爺的戰爭取得勝利，則盡力派出最強大的艦隊前往澳門，以完成去年因國姓爺攻打福島的威脅而擱置下來的攻擊澳門的任務。我們之所以這樣做，是因爲您強調盡快對葡人以打擊，但我們至今做出的努力沒能達到如期的效果，因爲大員和福島大難臨頭，而且我們不知在風季後期離開巴城的Cortenhoff是否到達那裡，同樣也沒得到Domburgh泊至的消息。

以上爲我們至今所得到的有關福島消息的大概。我們認爲可先記錄下來，便於您及時瞭解我們在那裡的人處於何等困境之中，那邊船隻帶來的盡是令人傷心的消息(願上帝保佑)，但我們無法解救公司在那裡的人，更不必說恢復公司對福島的佔據。我們目前所能想出的唯一辦法是，司令官卡烏，正如我們在給他的命令中特別強調的，如不可能爲大員解圍則率艦隊到中國沿海，攻打國姓爺的基地金門，並盡可能在那一沿海地區燒殺搶掠。這一命令我們將寄給您，請詳細參閱。從中您可瞭解到我們就重要事項給大員長官和評議會下達的指令，不在此贅述。請詳見我們分別於5月16日、7月4日和8月12日寫給大員的信件，這些都是我們認爲有必要就公司在那一地區事務寫給他們的信件。我們希望，在回荷船隻出發前還能從大員得到新的消息，我們時刻期待著他們送來那裡的報告，也可有材料向您做出較爲詳盡的報告。

87. J. Maetsuyker, C. Hartsinck, N. Verburch en D. Steur, 巴達維亞, 1662年1月30日

——voc 1234, fol.B1-47.

(fol. 9)在麻納多(Manado)[114]前我們的人發現國姓爺的一條帆船，裝運許多小砲、18拉斯特米、107擔臘、一些銅和其他雜貨，長官因國姓爺東渡福爾摩莎的威脅而暫時將此船扣留，等候我們的具體指令。

(fol. 21)在回荷船隻出發之前，我們全部閱讀了快船Dolphijn帶自大員的報告文件，發覺那裡的情形極爲惡劣，無法挽救，正如我們前面向您做出的報告一樣。該月2日平底船de Roode Vos從大員到達這裡，船上只有熱蘭遮城堡的家屬及其財產，爲減輕那邊的負擔而送來，並收到長官和評議會12月10日的報告。我們從中得知，那邊被圍的情況沒有任何變化，儘管敵人多達七次威脅我們的人獻出城堡，卻

114 此地位於印度尼西亞的西里伯斯(Celebes)即蘇拉威西(Sulawesi)北端，北緯1.5度，東經125度。

沒有勇氣攻打城堡，只在城內以及城堡靠海一邊的工事內按兵不動，沒有對被圍的荷蘭人發動任何攻擊，對我們在城堡內無力出擊的人來說倒是平靜，他們一致決定守衛到最後。人們肯定地認爲，國姓爺已親自率領300艘平底船、帆船，12,000名精兵和同樣數量的士兵到達福島，現在打算徹底把我們驅逐出去，並決定把我們在城堡內的人圍困到最後。他已經完全佔領福爾摩莎本島和大員城，圍困熱蘭遮城堡不需很多的兵力，對他來說輕而易舉。

這一切全是長官揆一先生的失誤。因爲他一直肯定敵人會東渡福島，有關的謠傳幾乎彌滿天地，期間卻沒能安排好大員以外的地區，特別是赤崁的普羅文薩堡，由地方官法蘭廷和長官派去說服國姓爺停止他對我們的圍困的兩名代表一致認爲，堡內除已上膛的大砲外剩餘不過200磅火藥，堡內所存給養只能維持五晝夜，而且飲水井被污染，無法從中取水飲用。同時缺少各種武器彈藥。出於以上原因，他們未組織任何出擊，以極低的條件達成協議，向敵人投降，而那些不可信的無賴之途根本沒有實現以上條件。與此相反，如果該堡壘各種準備充足則完全可以借助上帝的幫助給敵人以沉重打擊，因爲該堡用磚和石灰建成，堅固而有防禦能力，曾配備28座大砲。敵人進占普羅文薩堡之後，把這些大砲搬出用於攻打熱蘭遮城堡，而且我們的人獲悉，城堡已因此受到損壞。我們的人曾試圖派兵到福爾摩莎島，在那裡抵禦敵人，但因派出時間太晚，由指揮官阿特島爾帕(Jan van Aetdorp)率領的200名士兵中只有60名登陸，原因是敵人對海岸地區防守嚴密，占絕對優勢。而這60名士兵還要衝破重重阻礙冒險進入普羅文薩堡。從那以後大員和福島之間的聯繫完全被切斷，水陸兩方面被隔離開來。福島村社的牧師、民事官、學校教師以及其他荷蘭人，大部分逃往北部，打算經陸路逃往雞籠。但他們聽說普羅文薩堡已與敵人達成協議投降，而且地方官法蘭廷寫信給他們說，他受到國姓爺的優待，還以國姓爺的名義轉告他們，如果他們有意投降，將使他們享受與普羅文薩堡內的人同等的待遇，那些人走投無路，爲保全其生命和財物，決定去赤崁向國姓爺投降。他們開始時還受到款待，可能是爲誘惑熱蘭遮城堡內的人投降，而後來則意識到他們與其他人一樣受到欺騙，正如我們最近提交的報告，實際上多數人遭到屠殺，或被運往中國，沒有人知道他們以及敵人互相私分的荷蘭婦女的下落和是否有人倖存下來。

4名牧師即哈姆布魯科、溫瑟謬斯、姆斯(Petrus Musch)和廖納德，連家小均落入敵人手中。沒人知道他們當中有誰還活著，誰已被處死。民事官范・諾爾頓(Hendrick van Norden)和學校教師、士兵共60人駐紮在福島南部村社，一起逃往福島東海岸的卑南社，那裡有一名軍士率24名士兵駐紮，維持那邊居民的秩序。我們認爲，他們在那裡有原住民援助，可以組織防禦，維持一段時間，但久而久之他們恐怕也性命難保。正如近來所得報告，我們的人已撤離北部雞籠和淡水工事，把所有財產運出。只是進駐藏金的村社哆囉滿的一名助理和三名士兵冒有被原住民殺害的危險，因爲這些人進駐村社並非村民主動准許而是假借公司的聲威。周圍村社的居民在敵人到達時馬上投靠國姓爺，普羅文薩堡的迅速投降和敵人的入侵使他們和我們完全被隔離開來。他們似乎曾前去勸說，但虎尾瓏、二林和其他北部地區還不願接受中國人，打死不少國姓爺的人。南方的居民，若敵人到達那裡，可能做出同樣的反應。因此，國姓爺首先要設法降服福島原住民，而他們肯定不服國姓爺的專制統治，(據說)國姓爺開始虐待原住民。我們相信，如果我們的人在那裡組織一支福島原住民的飛虎隊，由500到600名荷蘭士兵配合作戰，國姓爺將不會征服那些地區，從而可阻止他馬上由福島進攻大員以及在熱蘭遮城堡大砲的射程之內和我們的眼前佔領城堡。我們沒聽說他們在那裡對國姓爺做過任何反擊，這是一條醜聞，他們玩忽職守，不負責任，任敵人在那裡挖掘溝壕，駕起28座大砲，直指城堡。儘管人們曾數次組織衝擊，但毫無結果，因爲敵人已做好防禦準備，至今他們仍未能把敵人從那裡趕走，這就是我們的人在熱蘭遮城報被圍困的原因。不然，他們完全可以固守城池，因城內儲存有足夠的糧食、生豬、酒和各種家禽，而且那裡人員配備充足，決不會被敵人困住。敵人在包圍數月用盡給養之後，或許會因飢餓而散去[115]，正如人們傳說，不久前(因缺米)許多士兵被迫前往中國，在大員和福島只留下包圍熱蘭遮城所需要的兵力，實際只要少數人馬即可完成這一任務。

期間，我們的人仍被圍困在城堡裡，得不到任何給養，也不可能從海上得到些食物。水道的出入也極其困難，因為敵人在北邊修築一座砲台監視其中的活動，我們的人同樣在另一邊築起一座砲台，以此為掩護，小型船隻仍可來往。據判斷，若沒有這一活動的餘地，我們的人不可能持久守衛，城堡位於乾燥的沙灘上，不長任何作物。所需食物均需從福島供應，他們因通往福島的通路被切斷而完全被孤立起來。總之，公司在那裡只有一座孤單的城堡，沒有福島，大員的佔領毫無意義。人們相信，國姓爺將極力設法守住福島，其地理位置優越和土地肥沃，不但可成為他的糧倉，而且一旦他完全被韃靼人從中國趕出，也留有一條退路。為此，他已派人在那裡從事農業種植。但國姓爺剛到那裡時農作物收穫不佳，使敵人嚴重缺糧。

國姓爺對他東渡福爾摩莎島，沒有其他的理由，只是到那裡要求我們的人歸還福島和大員，連同那裡的城堡和工事。他聲稱，那一地區是他的父親一官借給荷蘭人使用，並屬於大中國的地盤現在他想自己進駐。他提出以上要求後(遭到我們的拒絕)，即與公司為敵，無意與我們的人進行任何商談。他取得勝利並引以自豪，而我們則蒙受損失，名譽被毀壞，但人們應意識到，無法抗拒上帝的安排。我們認為，負責公司對福島管理的人在許多情況下本應更好地履行其職責，特別是普羅文薩城尤為關鍵，儲備給養戰用物品、人員和其他必需物品，這一失職和熱蘭遮城沒進行任何抵抗即向敵人投降以及其他的失誤，我們認為非常奇怪和可疑，尤其是他們的各

115 對國姓爺來說，軍糧確實是一個嚴肅問題，東渡數月來，有的士兵甚至因缺糧而投營。為解決這一問題，國姓爺一方面派人返回金廈，往福島運米，另一方面派人四處向原住民收米，而且派軍隊屯田。據《熱城日記》1661年7月17日，voc 1235, fol.649；8月16日，fol.730；9月3日，fol.753；9月14日，fol.774.

種配備充足，大員和福島的軍隊當時有1,500人，他們不應象現在這樣，而應做出的更多的事情。我們的人得知敵人的到來，即感覺到如臨大敵，原因是他們事先未做好各方面準備，長官揆一先生似乎只考慮到保住熱蘭遮城，而未能意識到，外部地區和城市的丟失會使城堡陷入困境和更多地直接與敵人對陣，後來證明果真如此。儘管我們的人在城堡內勇敢地對付圍兵，但敵人恐怕不會因此而撤走，除非萬能的上帝施以恩惠，提供援助，我們只能滿懷希望地等待結果。

這是一件令人傷心的事情，公司在那片地區價值連城的財產因此一擊近乎一敗塗地。許多私人在福島和大員的土地房屋和財產以及他們在中國農夫那裡的財物均遭破壞和毀滅，而且該戰爭將使貿易停滯，使公司遭受重大損失。自有關國姓爺東渡的謠傳至今，他們還損失掉5艘寶貴的海船和兩艘小型貨船，即Worcum、Goes、Hector、Kouckercke、Immerhorn、Kortenhoff和Urck。同時在福島戰爭中據估計至少有1,200人戰亡、被燒死和淹死、殺害或作為俘虜運往中國。這的確是公司在東印度空前的一次大失敗。而且他們為防禦這一戰爭不得不放棄攻打澳門這一重要任務。總之，這對公司是一次難以估量的災難。

願上帝給予我們更大的保佑，據估計在熱蘭遮城堡內約存有價值f.1,000,000的物資，多數是現金和貨物。使我們難以理解的是，長官和評議會沒把它們裝上船以保證其安全，願上帝保佑。如果敵人對城堡發起攻擊，公司這批價值連城的物資也將失去，他們沒有向我們報告對這些物資打算如何處理。我們希望，他們能以最安全的方式保住公司的財產。

我們的船隊在那裡甚至無能為力，因為水淺這一障礙我們的海船無法駛入，而敵人使用輕便的船隻在內部水域占有巨大優勢。因此我們希望看到，正如我們在給卡烏下達的指令，先由他率船隊到中國沿岸，以把敵人從福島引走。結果他的整個船隊於8月17日被風暴吹出大員港，似乎由上帝安排，漂往國姓爺管轄之下的漳州島嶼，他甚至到達我們要攻打的目標一小城金門附近，但沒有發動任何攻擊，我們難以想像究竟是什麼原因阻礙他們這樣做，我們從那裡得到的報告對此也絲毫沒有提起，事關重大，他們本應向我們說明。

我們在前面的報告中已簡短地向您說明，我們可能有機會與韃靼人合作圍勦國姓爺，而且或許以後能獲准與中國的貿易。下面將詳細向您報告。因我們的人撤出雞籠前往日本一事，長官和評議會毫無所知，他們決定，由商務員哈爾特豪沃爾率領海船Hasselt、Anckerveen和Loenen於9月30日前往那一地區，並把雞籠和淡水的人和公司的物資運往大員，拆毀上述兩處的工事，因為他們認為，那裡根本無力抵禦敵人的攻擊。但鑒於這一計劃因天氣惡劣而未能實施，上述船隻先到澎湖，並打算在那裡登岸尋找食物，結果遭到敵人的襲擊，有35人被殺害和捉獲。此事可能因我們的人不慎而致。然後，他們試圖駛往中國沿海，結果因風向不順而被迫尋找一處優良港口停泊，結果駛入福建省永寧(Ingelingh)市的一個海灣，此地離國姓爺的賊窩廈門不遠。上述城市永寧屬韃靼人管轄，我們的人在那裡受到友好招待，並得到水等物品，還獲許停泊在那裡。該地的官員建議我們派兩、三名荷蘭人北上面見該省巡撫靖南王(Siglangongh)，即廣州前藩王[116]。我們的人派出一名下級商務員、一名會計、一名翻譯和一名士兵，因為這位巡撫對荷蘭人一向熟悉，使團受到款待，很快返回南部。他准許我們的船隻隨時在永寧停泊，補充食物，並請求我們與他們聯合對付國姓爺。請您詳見尊敬的巡撫親自和由他的助手以及上述永寧的官員寫給揆一先生的書信[117]。現在正是與國姓爺公開交戰之時，此事將對我們有利。因此，福島評議會決定，先派出一支艦隊，即快船Zirickzee、Domburgh、Hogeland、Anckerveen和貨船Loenen，由司令官卡烏先生率領前往上述永寧城，攜帶禮品和書信拜見福建省巡撫和其他大官，以表明我們對聯合攻打國姓爺的建議表示歡迎。並向他顯示，我們已備好以上船隻，願盡力而為，許諾他們還將組織更強大的

116 即靖南王耿繼茂。1660年(順治十七年)移鎮福建。

117 見voc 1235, fol.920.

力量。上帝保佑這一合作計劃可望取得成功。上述港灣處地優越，極宜於從那裡在海上攻擊國姓爺，阻礙他的唯一支柱——貿易，甚至完全斷絕其貿易網絡。有關細節請您詳細參閱從那裡收到的上述書信、我們的人的答覆，司令官卡烏和授令北上的商務員諾伯爾(Constatijn Nobel)先生所得到的指令以及我們對有關貿易下達的指令。我們的人認爲，過多談及那邊的貿易恐怕爲時太早，並認爲，若能打下與韃靼人聯盟的基礎，屆時貿易自然也就水到渠成。願萬能的上帝保佑我們取得成功，能得到這次使團的好消息。

對大員和福島上述種種困境經過仔細考慮，根據那裡的實際情況，我們認爲暫時尙不能做出有利於公司的決定，而需要等收到那邊的報告之後再定。在此，我們也無法肯定地向您報告將就有關事務制定怎樣的決議。

我們認爲，從這裡向被圍的人他們提供援助是當務之急，遺憾的是，我們無力派出足夠的兵力打敗敵人並把他們趕出福島。除非韃靼人決定派出五、六千名士兵進軍福爾摩莎，這樣做或許能有所成效。不然，我們將利用我們的艦隊從海上攻擊國姓爺，我們可以準備一支相當的艦隊。

揆一長官向巴城要求提供以下人員和貨物，主要包括1,500名士兵、200,000磅火藥、4,000捆荷蘭引火線和6,000捆棕櫚導火索以及大量的各種戰爭用品，400拉斯特米、500罐肉和五花肉、40桶西班牙酒、200桶粕酒及其他的給養。他們所要求的數量太大，我們無法滿足。正如您根據這裡的情況也會得出結論，我們難以做到這一點。因此，這一要求必須縮減。但只要這裡的庫存允許，我們將盡力而爲。至於士兵，現在我們不能從軍隊中抽出，而要等到荷蘭的援兵到達後在南風季才能派去，恐怕太晚。

我們不敢從公司的總部調出太多的軍隊，同時熱蘭遮城也應盡一切可能保住，因爲一旦公司失去那一地區，將名譽掃地，並難以恢復。公司的名譽之所以取決於此，主要是國姓爺已佔領福島，公司在那裡的一切已遭踐踏，我們只能希望不失名譽地擺脫這一困境。

但上帝神通廣大，他可減輕目前的困難，改變這種境況，我們必須相信上帝的援助，滿懷希望地等待他的恩惠予以保佑。

我們認爲，借助於上帝的幫忙，可從海上打擊國姓爺，攻打他的海岸，奪取他的貿易，報復他對公司的暴行。爲此，我們的人若在海上遇到他的帆船，則須毫不留情地予以打擊，在這場正義的戰爭中爲日本人的願望和區區利益而做出讓步將令人難以忍受。我們相信，日本人不會再像從前那樣堅持禁止我們在日本航行水域攔截帆船的不合理決定，儘管這一規定是由長崎奉行傳達給我們的。對此事，我們仍未做出最後決定，也不能向您報告。

因爲我們無法預料事情以後會如何發展，我們將根據局勢慎重行事。若可能，通過各種可行的方式，領導我們的事務，不致與日本人產生隔閡與不和，同時又不屈服於他們的蠻橫與粗暴。我們相信，您完全能夠理解我們就這一關鍵事務做出的決議，並予以批准。上帝保佑，事情將向著有利於公司的方向發展。

我們很想按照揆一先生的建議派船頂著季風經德那第(Ternate)沿菲律賓和呂宋海岸前往大員，但這裡富有經驗的海員們認爲，這樣做不會起任何作用，因爲上述海岸沒有適合拋錨泊船的海底，此外，船隻難以頂著強勁的北風行駛。因此，我們認爲可放棄這一計劃，並決定直接從這裡派船，我們希望這些船隻能象經過德那第一樣準時到達大員。

根據已結算的商務記錄得知，自1660年9月1日至1661年8月31日

大員和福島的費用達	f.386,596.11.18
相應地，上述12個月內的贏利達	f.257,048.12.14
因此，那裡在同一時期赤字	f.129,547.18.15

此外，還有價值f.89,157.00.11的被燒毀的鹿皮、糖、木材、等物品需從中扣除，更增加了那裡的赤字。

因爲日本的瓷器在荷蘭越來越受歡迎，我們將盡力向您提供一大批的瓷盤(lampetschotels)、大碗、壺和其他器具，並將盤子做得淺一些，飾以中國傳統瓷器上的花樣，同時希望能收到您所需要的

瓷器種類和裝飾花樣的樣品。

(fol. 41)東印度公司各商館1661年的贏利與赤字如下：

贏利商館

東京	f.54,832.11.00
最後一次向東京派船	f.50,644.04.01
暹邏	f.3,082.14.11
文郎馬神之行	f.15,553.11.09
溫古爾拉	f.65,868.13.15
蘇拉特	f.333,836.13.00
波斯的商館Spahan	f.356,726.11.05
占碑	f.20,056.15.15
孟加拉	f.114,723.15.14
日本	f.924,210.10.07
科羅曼德爾	f.40,424.8.14
總計	f.1,979,960.10.11

(fol. 43)虧損商館

錫蘭	f.46,888.16.09
錫蘭	f.49,494.10.06
亞齊	f.5,549.3.04
阿爾坎之行	f.12,941.13.11
阿爾坎之行	f.13,700.03.05
班達	f.67,459.02.09
德那第	f.45,884.07.02
地悶	f.8,001.05.13
安汶	f.172,165.13.00
孟加錫的城堡Panakoka	f.39,022.07.03
孟加錫的秘密出征	f.46,995.12.08
巴達維亞	f.347,636.06.03
滿剌加	f.88,620.00.14

大員	f.129,547.18.15
1660年遠征澳門	f.571.12.05
總計	f.1,074,478.13.11

88. J. Maetsuyker, C. Hartsinck, N. Verburch en D. Steur, 巴達維亞, 1662年4月22日

——voc 1234, fol.215-252.

(fol. 215)隨前面的兩批船，我們將有關公司在東印度事務的信件和報告寄給您，爲保險起見，還將復副件派第二批船送去，萬一上述船隻途中遇到不測，願上帝保佑。其中我們詳細向您報告了福島和大員令人傷心和擔心的形勢，因此事極其令人傷心我們認爲有必要專派貨船Spreeuw向您報告。

後來我們在東印度評議會上決定，派快船Meliskerke、Zeehond和小貨船Breuckele準備好，於3月底裝運火藥、戰爭用品、給養和我們所能抽出的兵員前往大員，支援我們被圍在熱蘭遮城內的人。同時，海船Loosduynen、Domburgh、Anckerveen、Muyden、Terboede、Maerden、de Vinck、Loenen先後於3月16日和27日從大員到達我處，帶來極其令人傷心和失望的消息。出人意料地得知，長官揆一召集評議會與國姓爺達成協議，於2月1日將公司價值連城的城堡，包括城堡內外的大砲、剩餘的槍支彈藥、給養、商品、現金和其他公司的財物，拱手交給國姓爺。其條件請您詳見我們同時寄去的條約原文。

我們認爲，那邊的局勢還不致於使他們走投無路把公司如此珍貴的財物拱手交給敵人，而長官揆一的做法已偶爾引起我們的懷疑，我們從未信任過他。至於他把公司價值不下f.1,200,000的物資看得如此輕淡而交給敵人，是每個人都可以證明的。實際上，他完全可以把這些物資裝到船裡保全下來，使它們不致落入敵人手中。他們在那裡不但沒有這樣做，反而從我們這裡啓用f.150,000的支票，儘管那裡擁有豐富的資金沒必要這樣做。此外，在被圍期間，他們還

從Hogelande和Loenen得到一批巴城運去的物資，價值f.143,402.14.9，其中包括f.80,125的現金，由他們帶上岸，運入城堡。他們這樣做是我們所無法理解的，如其說是失誤，還不如說是對我們的欺騙。長官和其他合格的職員若無其事地隨船到達這裡，船上滿載著大量的貨物，價值可觀，從中可以看出，他們置公司利益於不顧，一心爲他們自己著想，盡量少地把他們自己的財產交給敵人。甚至把他們借出的外債，也列出交給國姓爺，還妄想他能向中國人索回。

顯然，他們與國姓爺簽訂的條約，就交出公司的財物一項看似安排週全，而對他們自己的財產則照顧週到，此事是由對公司所謂忠誠無二的人所爲，公司財產的下落如何，只有上帝知道。因爲他們既在一處行騙，則極易在另一處作惡。現在正巧遇良機，可把一切責任推卸到國姓爺身上，也正是他們可從中漁利的機會。因此我們認爲整個事件值得懷疑，在他們表現出更多的誠實之前，我們不會對他們有什麼好的印象，正如至今爲止發生的事情。我們暫時將長官和其他主要官員的(包括簽訂把熱蘭遮城獻給國姓爺的投降書的人)的貨物沒收，並把他們拘禁起來。又命令東印度律師按照審理重要案件的要求對每個人進行審查(我們神聖地向您表示，此事觸及我們的內心深處)。

我們對揆一先生本沒有好的看法，在讀過他的幾封信之後，發現他實際心在瑞典王國。因而，對公司來說，讓這樣一位外族人參與公司事務擔任如此要職，是一件極爲值得考慮的事情。他被任命爲東印度評議會特別委員後，傲氣沖天，把我們的命令作爲耳邊風，完全按他的意思和想像治理大員和福島。而今那一地區在可疑的揆一治理之下完全前功盡棄，一敗塗地。每當想到這些，我們無不爲之痛心。

國姓爺因此勝利而獲得巨額財富，使其力量重新得到壯大，而在此之前則已趨於衰落。他所得到的城堡中的物資至少價值三百萬荷蘭盾，增強了他對韃靼人戰爭的實力，從而鼓勵他重整旗鼓，繼續作戰。同時富饒的福爾摩莎島的佔據在多方面將有助於他達到最終目的。

我們的人很快投降獻出城堡的原因如下，1月25日敵人對城堡南邊的Utrecht圓堡進行猛烈砲轟，致使他們在那裡無處藏身。我們的人頂住敵人的兩次砲火之後，最後不得不撤出，離開時他用導火索引爆四罐炸藥，圓堡隨即被摧毀。圓堡的失去給敵人創造了有利條件進一步圍困我們在城堡中的人。國姓爺向城堡下層的方向堆起土臺，似乎準備砲轟城堡，截斷他們與在水道南邊築起的木架的聯繫，該木架用以保護船隻出入。敵人用以上方式把城堡死死圍住，在城堡裡被圍的人中間造成恐懼和不安，沒等到敵人重新築起的工事中發出一發砲彈，他們也沒對敵人做出任何反擊，即決定向敵人要求言和。國姓爺馬上答應並簽訂對他有利的條約，因爲他深知，用武力難以征服城堡，或需付出巨大代價。當時城堡中有士兵800名，除有足夠的食物，戰爭用品、火藥也可以使用一段時間。城堡在城牆內未受任何損害，完全有能力抵禦敵人的攻擊，但我們的人沒有勇氣守衛到最後。常言道，久圍兵乏，而我們相信，原因在於軍隊的主要軍官，而不在於士兵，正如戰爭開始時他們表現除足夠的與敵人交戰的勇氣。但人們錯失良機，沒能及時利用這一有利條件。不然，一般說來敵人不會攻入熱蘭遮城，城堡也可因此而免遭此大難。根據熱蘭遮城的情況，只有從城內或用猛烈砲火才能攻入。我們的人在一開始就陷入混亂，致使公司令人痛心地遭受遠遠大於起初人們想像的損失。統治那一地區的人對此需負重大責任，我們看不出他們有什麼重要理由推託，並將命令司法委員會處理此事，做出決斷。我們相信，他們將慎重行事，伸張正義。

雙方在條約中商定，互相交換俘虜，無論其健康情況如何，不但包括福爾摩莎而且包括國姓爺下令運往中國的荷蘭人。遺憾的是，獲釋的人中只有幾名悲慘的荷蘭婦女，荷蘭男人在此之前均遭到野蠻敵人的血腥屠殺，其中三名牧師被斬首，所有被殺害的人至少有400名。

前面提到的駐福島南部的民事官范·諾爾頓帶著其他人逃往卑南，讚美上帝，恰巧在小琉球遇到我們的船隻。現在仍被關押在中國的有地方官法蘭廷、牧師廖納德和一名土地測量員，三人各攜其家眷和范·諾爾頓的未婚婦，爲使這些人獲釋並安全返回巴城，揆一長官派出小貨船Vinck帶著一封寫給國姓爺的信前往金門。但該船靠近上述城市時，遇到一場強烈風暴，無法在那一海岸航行，船隻失去大多數纜繩和船錨後，於3月26日一無所獲地到達我處。致使我們還需派出一艘輕便的小型海船前往。賊寇國姓爺現在完全把我們從那一地區趕走，使他成爲那裡的主人。

令人擔心的是，國姓爺專斷蠻橫，將對原住民大肆屠殺。那裡的流血事件即將開始，所有倖存下來的人將被他剝奪人身自由，無疑將使他們成爲奴隸，只有山地人除外，他們處地優越，國姓爺不易到達那裡。Terraboang的金礦之秘，他將利用聰明的中國人很快揭開，並設法從中獲取大量黃金。被他捉獲的一名荷蘭土地測量員，被他派到福島的平原地帶，測量籌建幾座城市。由此可以看出，他將把福爾摩莎建成一座小王國，特別是沒有人能輕而易舉地從外面予以阻礙和騷擾。

由卡烏司令官率領的5艘海船從大員前往福建省的永寧，以與韃靼人聯盟約定，合力圍勦國姓爺，也沒能成功。原因是司令官率船隊從大員航出時遇到一場大風暴，最後(據他說)無可奈何，只得率Zirckzee和Hogelande轉航我處。他們已盡其職責，試圖再返回，結果一直被風暴吹過暹邏，分別於2月9日和13日到達我處。而其他三艘船Anckerveen、Domburgh和Loenen則在上述風暴中能夠控制住，沒有完全漂出大員灣，又返回，揆一長官再次將上述三艘船派往永寧。本以爲可在那裡找到司令官卡烏，因而未經仔細考慮派出一名合格的人到韃靼人那裡去執行卡烏和商務員諾伯爾(如果不能在那裡找到他們)的任務，結果他們又一次一事無成地返回，儘管此事關係重大。就公司的利益而言，我們則切望他們能完成這一使命，以著手準備能否以及如何與韃靼人聯合攻打國姓爺。而今，我們對此則毫無把握。上述卡烏對他的輕易航離大員，需負重大責任，這是一大失誤。當時他率領的船隊被從大員漂至金門，即國姓爺的賊窩，他卻沒有下令攻打。我們認爲，正如前面詳細向您做出的報告中所寫，如果這樣做有效，完全可以成爲國姓爺在福爾摩莎的後顧之憂。我們本以爲上述卡烏會倍加謹慎，適當指揮，而今發現這一失誤爲公司在大員和福島的事務更增加了困難。我們絕不能把此事不了了之，因而命令東印度律師對他進行審問，令他對其所作所爲擔負責任。

除快船Hasselt以外，北部地區不會有其他船隻到來。此船已於12月28日運送80名重要人物和12名婦女兒童自大員經暹邏航來我處，至今杳無音信。我們估計，他們被商務員范·萊科(Jan van Rijck)留在暹邏。我們希望，在結束這次報告之前能向您報告此船到達我處的消息。大員的人撤離大員和福島之後，將有一千多名士兵，大批曾在那裡工作過的公司官員、軍官、工匠等來到我處，其中有不少已結婚成家，對巴城是一大援助。

我們希望，他們能在巴城公司之外謀生，我們不知道如何派用這些人。對此，人們表示不滿，因爲許多人失去其全部財產，現在與其妻兒處於貧困之中，鑒於此，我們將首先予以考慮使用這些人，但對公司來說，發放的薪水越少，公司的壓力也就越小。

國姓爺對福爾摩莎的佔領使他更加囂張，並將盡一切可能擴大他的勢力，增加他在這個世界上的威望。他遠見卓識，又雄心勃勃。我們必須意識到，他將想盡一切辦法阻礙特別是公司在中國沿海的貿易，使我們的一切努力化爲泡影。爲及時避免他這些危害極大的做法，破壞他雄心勃勃的企圖，特別是報復他在福島戰爭中對我們的人進行的大肆屠殺，以及他動用強大的暴力把福島從我們手中奪走，並據爲己有。我們以公司利益爲重果斷地決定，從海陸兩方面對國姓爺予以盡可能的沉重打擊，並打算與韃靼人協手結成聯盟，希望能夠削弱敵人和恢復我們在北部地區喪失的名譽。

該季我們將派出多大兵力對付國姓爺，至今尙未決定，並推遲到這次報告結束時再定，因爲先要等待這期間能否收到印度海岸和荷蘭的消息，並依此決定派出艦隊。我們與英國人的關係如何，以及在印度海岸對付葡人的情況，沒有這兩方面的消息，我們不敢擅自從這裡調出艦隊和士兵，因此派出兵力的多少取決於以上消息之凶吉。現在我們既然因正義的理由與國姓爺開戰，就應爲我們遭受的不公復仇，給予他們最有力的打擊。

因此緣故，我們現在不能再繼續與日本人週旋，而必須光明正大，因爲我們不想使公司的威望全部失去。如果我們仍然聽之任之，國姓爺則可率其帆船自由來往，與日本貿易，而不許我們爲他製造障礙。如此以來，他將壟斷整個北部地區，公司的雙手將緊緊地被捆在背後。我們將這一重點在東印度評議會上討論之後，久經思考，最終我們認識到事情的必要性，並決定，無論日本人反對還是支持，打擊和征服所有那一航行水域國姓爺的帆船。但爲有秩序和盡量減少與日本人的衝突，我們決定派一高級使節拜見日本將軍，並向他說明，國姓爺的行徑無法令人忍受，通過各種方式挑起對我們的戰爭。因此，我們準備從水陸各種渠道予以打擊，尊敬地請求他陛下准許我們的做法，不介意我們在日本水域攔截國姓爺的一些帆船，(如果他們公平講理)或許能准許我們這樣做。他若不同意，仍堅持從前的禁令，則需盡力說服，並請求陛下准許我們平安地離開日本，直到我們與國姓爺的糾紛得到解決，我們相信他們會進一步予以考慮。

因在目前情況下我們無其他方式對付國姓爺，剪短他的翅膀，因此，我們相信，您對有關決定不會持有異議，而認爲我們這樣做完全有依據。我們向萬能的上帝禱告，使公司擺脫公司遭受的巨大損失，並保佑公司設法打敗國姓爺。

(fol. 246) 3月10日一條中國帆船自廣州泊至，大小約200拉斯特，裝運各種中國貨物，但未持任何官方的船引，只帶著一名荷蘭人的一封短信。這名荷蘭人在此之前留居並在那裡成家。我們懷疑這些人是否屬國姓爺一夥，並玩弄伎倆從上述荷蘭人手中得到這封信。

在結束這次報告之前，我們本以爲肯定可以收到有關印度海岸和錫蘭島的消息，從而使我們可更加詳細地向您報告對付國姓爺的計劃，如派出多少船隻和兵力，以滅其囂張氣焰。而至今仍無船隻從那一地區到達我處，使我們感到奇怪，范・胡恩(van Goen)先生本來許諾我們派來2到3艘米船。因此剛開始的這一遠征恐怕不會像我們希望的那樣順利。上帝保佑，我們近期內會得到好的消息。而且我們也未收到您的信件，使我們無法詳細向您報告有關打擊國姓爺的計劃。但是，我們將盡力從水陸兩方面對他發起攻擊，同時也通過這一方式立足於對中國的貿易，目前這樣做的可能性似乎很大，因此大員和福爾摩莎喪失的厄運在近期內將得到扭轉。

願上帝呈祥，保佑我們的船隻屆時能滿載而歸，以減輕費用開支的負擔，我們希望您能相信我們，因爲失去大員和福島使公司損失慘重，名譽掃地，願上帝改變這種狀況。我們恐怕那一個民族將在那一地區獨霸一方，對荷蘭人的軍力也不會象從前那樣估計。鑒於此，有必要增強公司在各佔領區和工事的兵力，以防備此類的危險。特別是安汶、德那第和班達，不能冒任何風險。我們不能有任何怠慢，因而向您請求，派來一支相當的船隊和兵力，特別是如果您從印度海岸經波斯陸路得到消息，我們從那一地區不會得到什麼援兵。或許那一地區情況不順，願上帝保佑，使上述范・胡恩先生被迫將兵力保留在那裡，以守衛那裡攻取的地區。

同時，望您能對以下事情做出英明決斷，因爲我們不清楚日本對我們與國姓爺的戰爭會有何反應，是否有必要運來多於我們要求的現金，以備日本銀不足時仍可繼續維持那一地區的貿易，我們定要避免此事發生。若要繼續我們在中國沿海的戰爭，獲取所期望的利益，急需輕便船隻、平底船和小型快船。不然，中國人在那一平坦的海岸比我們行動便利，將使我們無法追擊，望您注意這點。

(fol. 250)重整旗鼓把國姓爺趕出福島和大員，是否將於公司有利，由於各種原因我們仍難以判斷，這是一件關係重大的事情。對公司來說，完全應該收復那一地區，特別是我們在那裡所遭受的災難，以及費盡心血和財力在那一地區建設起來的宗教事業，將在短期內化爲烏有，的確是一件令人痛心的事情。但另一方面，也要認識到，這樣做需要一支強大的兵力，因爲我們的敵人在此期間已在那裡安頓下來，擁有大量的中國移民，不知您能派出多少兵力。

幾年來，大員海道深度越來越小，只能使用極爲輕便的小船，令人擔憂且代價巨大，此外許多被迫停泊在外面的船隻需冒各種風險，公司至今已爲此經歷過太多的苦處，並屢次提出疑問，是否要撤離大員，遷至雞籠，或其他有利於貿易的地方。福島因國姓爺的人的踐踏多年難以復原、重新獲得巨額收入，因爲這些收入大部分出自於中國人。首先需對中國人數予以限制，我們不想再次蒙受他們帶來的災難。公司若能光復大員和福爾摩莎，最初幾年將無利可取，只能是負擔沉重。這就是我們取消採取任何行動計劃的原因，直到得到您有關的看法和命令再做決定，或除非期間韃靼人願主動出兵援助我們[118]。我們認爲有必要採取行動，在國姓爺的勢力尚未得到發展之時，及時對他發動猛烈攻擊，因爲常言道，打鐵趁熱，我們不應錯過有利時機，同時請您相信，我們將謹慎行事，望您放心。

89. J. Maetsuyker, C. Hartsinck, N. Verburch, D. Steur, Joan Thijsz., 巴達維亞, 1662年12月26日

——voc 1238, fol.1-467.

(fol. 85)據考斯(Simon Cos)[119]報告，馬尼拉的西班牙人似乎極爲擔憂國姓爺將有一天前往攻取菲律賓島嶼，趕走西班牙人，正如他把我們趕出福島一樣。因此，他們天天在集中其他各地區的兵力，並撤除和拆毀不同的據點。但我們希望，公司在北部地區的兵力能借助於上帝的幫忙，給他造成足夠的困擾，使他暫時不會發動其他的攻擊，因爲他若佔領以上地區也將對我們構成威脅，屆時將繼續滲透到公司貴重的香料地區。

(fol. 122)在巴巴傀特(Barbaquet)角攔截船隻的人還繳獲一條帆船，該船來自廣州，並帶來那裡兩名荷蘭人的來信，我們的人把它帶至巴達維亞。根據信的內容和其他情況判斷，這些人確實沒有其他的意圖，只想來這裡和滿剌加貿易，而且不是國姓爺的人。他們給滿剌加帶來一些貿易，遺憾的是我們當時在那裡的貨倉中只有少量或幾乎沒有胡椒，而他們對胡椒的需求量極大。

118 有關荷人與清政府的合作見J. E. Wills, Jr., *Pepper, guns and parleys: the Dutch East India Compagnie and China 1662-1681*(Cambridge, 1974).

119 即荷人在安汶的長官。

柔佛王向滿剌加派出一名專使，對上述兩條帆船[120]遭劫表示極大的不滿，並粗魯地威脅我們，以後不容此類事情發生。

(fol. 125)關於上述到達滿剌加的兩條帆船，我們決定，對廣州的一條予以放行，條件是他們需繳納貨物出入稅，他們明顯屬於那一地區。但海澄的人作為國姓爺的臣僕則被抓來用於勞動，這是戰爭帶來的。

(fol. 322)福爾摩莎和大員的失去並未使公司在日本的名譽敗壞，人們反而為我們的人面對如此強大的軍隊能持續這麼長時間而感到驚訝。投降的具體過程及國姓爺如何對我們的人大肆屠殺，污辱婦女等等，我們的人均一一記述送往日本，上帝保佑，這些描述將會在日本將軍及其大官那裡對我們產生積極的影響，而不利於不可信賴的賊寇。

長崎有人獲悉，12艘荷蘭海船及其小船在福州灣將7條漁船和兩條停泊在那裡並裝載貨物的大帆船全部摧毀焚燒。另有人傳言，國姓爺已死[121]，他的居住在安海和島上的兒子和朋友與他分道揚鑣，將到達那裡的所有國姓爺的船隻扣留，據他們說是供福島使用。而且他在馬尼拉也經歷一場大難，痛失20條帆船。這些帆船由他派出，滿載中國人，並有三名使者隨同前往那裡通告攻占大員和福島勝利的消息，但西班牙人馬上識破其詭計，而且發現幾名隱藏在當地中國人中間的幾名奸細，將其帆船扣留並予以摧毀，還將所有船上的中國人殺害，清除了一大批隱藏在那裡的奸細。

有關其他事務的情況，請您詳細參閱中國沿海部分的報告。

(fol. 324)關於爭取獲許對南京的貿易，至今仍無結果[122]。此前

120 一條是上述來自廣州的帆船，另一條駛自海澄，詳見下文。

121 鄭成功實際已於康熙元年夏五月去世。他的兒子鄭經自廈門到達福爾摩莎，承襲父位。據《廈門誌》，卷16，頁8。

122 自Saetsin的一條帆船於1661年3月21日到達長崎，帶去消息，南京的一名河官犯法被押往北京。從那裡到日本的航行也遭到一段時間的禁止。這就是Pasmin Iquan一直未返回日本的原因。荷人與南京聯繫貿易的努力就此為止。

人們在日本則寄予希望，但我們無法想像此事會有何結果，特別是Pasmin和另一位中國船主仍未返回日本，對此我們曾於去年寫信向您報告。

隨國姓爺帆船另有幾名雉髮的中國人到達長崎，但他們不是國姓爺的下屬，而是來自福州、漳州和Saetsin，在韃靼官員的默許下，付稅之後將其貨物運往日本。中國大商Itchieu即九官(Kouquan，魏九官)今年出於對我們的畏畏懼而未敢到東京貿易，但經長崎奉行的准許而留在那裡，由其商館派出他們的一條帆船前往柬埔寨。

(fol. 329)中國和日本商人傳言，一官和幾名中國大官已在北京被斬首[123]，這使出產絲綢和織物的南部再次燃起戰火，以後只會有少量的中國物品投放到市場。他們還在日本散發謠言，巴城被爪哇包圍，今年很可能不會有船隻從那裡泊至，導致商人拼命向中國人購買貨物，將多數資金花費掉，等到我們的船隻載貨到達，他們已近乎兩手空空。

(fol. 337)我們特別爲此目的派出的貨船Spreeuw，詳細向您報告了公司寶貴的福島和大員如何落入海盜國姓爺之手，公司完全被驅逐出那一地區。對這一困難，我們憂慮重重，這對您在東印度的事業是一次慘重的不幸，急需採取有效措施改變這一狀況而復原，我們一直在商討此事。

(fol. 338)慎重考慮之後，我們決定，盡力派出一支強大的兵力和艦隊前往中國沿海。他們的使命是，借助上帝的幫助恢復我們在北部地區所失去的一切，用武力對付國姓爺，盡力削弱國姓爺暴露出來的實力，並建立與韃靼政府的對公司關鍵的豐富貿易。爲達到這一目的，我們準備派出海船Naerden、Zirickzee、Domburgh、Anckerveen、Overveen、Meliskercke和Kalff，共計12艘海船，並爲其配備756名水手、528名士兵，另有給養、戰爭所需武器彈藥等。其中11

123 駐守海澄的黃梧降清後即建議殺死鄭芝龍，不然「成功之心不死，海上諸偽將投城之意不決」。1661年冬，鄭芝龍和他的兒子世恩、世蔭、世默等均被殺。據《清史列傳．鄭芝龍傳》。

艘船先於6月23日從這裡出發，餘者於26日隨後派出。我們任命巴城的第二高級商務員包爾特(Balthasar Bort)爲該艦隊司令，此人處事仔細認真，相信他有能力指揮這次遠征。至於我們給他們下達的命令，因這裡篇幅有限，不能一一詳述，請您詳見6月21日的通信錄[124]。

我們希望，從中您可以讀到，我們寫信給福建省大官，以促進我們已付諸實施的計劃，在這種情況下，若有可能，將嘗試一下在韃靼人的領土上進行貿易，並以此來補償我們這次遠征的費用。爲此，我們一致同意，由上述船隻分別裝運中國所需要的各類貨物，總價值爲f.207,431.3.8，並希望這些貨物能夠贏利。我們與上述船隊同時派出海船Loosduynen、Vogelesang和Leerdam裝運送往日本的貨物。近北風期時可望得到有關這次遠征的消息。該月16日，貨船Breuckelen終於到達我處，帶來司令官包爾特和其評議會寫於11月5日的報告。我們欣慰地獲悉，司令官率領船隊於8月7日平安到達中國沿海，後來從我處派出的快船Calff也順利到達那裡。他們在那一地區沒遇到任何災難或不順，這也是一大成功。中途也沒發生任何特別的事情，沒遇到敵人的船隻，只有一條廣州船，由這裡持我們的通行證航行，我們的人沒採取任何行動，予以放行。他們在中國沿海截獲5條漁船，並從他們那裡得到一些有關我們的敵人和韃靼人的情況。他們得知，二者仍在交戰之中，韃靼人正在調集兵馬準備攻打金門和廈門。

船隊繼續北上前往福州，我們命令他們首先前去那裡。他們發現此地位於北緯26度，在地圖中的標誌以南1度處，船隊到達福州灣偏北處，而且因南風勁吹，難以回航，一名被俘的中國人把我們的人帶到一個名叫定海(Tinghayan)的港灣，其中停泊著數條帆船。我們的人派8艘船前往，繳獲20條帆船，其中有14條被燒毀，剩餘6條，船上的貨物他們準備運往日本。開始時，中國人頑強抵抗，從那裡用大砲向我們的人開火，我們的人也以禮相還，兩個小時後中國人狼狽逃

124 巴城給博爾特下達的指令見voc 886, fol.148-167. 巴城寫給福建省巡撫和軍隊首領的信見同一檔案編號，fol.168-174.

竄，沿著一座廢城的城牆逃往山裡，我們的人用小船將士兵送上岸之後，繳獲了他們豎在大砲旁的的戰旗，作爲取勝的標誌。在這次交戰中敵方死亡數人，我方只有兩人受傷。我們的人稱此灣爲Behouden Goede Fortuyn，並撤出那裡。我們的人略往北航行，又燒毀26條漁船，它們停放在另一座廢城城牆邊的陸地上。另有5條被我們人追趕到岸邊並予以摧毀。這樣，我們的船隊在中國沿海共繳獲和摧毀56條大小中國帆船，得到78門鐵砲，其中包括幾門小砲。而在摧毀上述20條帆船時，我們的人盲目行事，沒有弄清船上裝運的是什麼貨物。公司所獲物品如下：41包上等中國絲、19箱中國絲、5袋中國絲、113塊鋅、67錠鉛、268袋胡椒。所有這些物品他們派船隊中的Breuckelen運來我處。鉛和胡椒則被我們的人留下，若可能準備在中國出售。

我們的人率領整個艦隊離開福州，一天後到達我船原來的避風港，離北緯26度15分處的一條河口1.5荷里。那裡的人已聽說我們的人到達，均興高采烈，並在高山上示以火炬。次日，司令官包爾特派翻譯麥勒曼(Johannes Melman)乘坐一條小船前往上述河口海灣，並帶去一封寫給那裡官員的信，以告知他們我們的人到達那裡。他們受到友好招待，中國人馬上寫好回信，派人禮迎司令官。信中寫道，他馬上准許我們的人停泊在福州灣，並准許我們的人上岸到福州取水和食物。但不願繼續受理我們的事情，把我們進一步的要求和建議交給那裡的兩位最高官員處理，即靖南王以及他的親信軍隊首領Taysingh Hipovij。後者當時不在福州，已率兵行軍10-12天前去攻打國姓爺。因此，司令官等商定，派上述翻譯麥勒曼去福州，帶著書信面見上述藩王和他的親信，以探聽他們對我們的要求和建議的態度如何。我們的人到達那裡以後，平民百姓呼喊著歡迎荷蘭人的到達。上述藩王與我們的翻譯交談的內容，因無關緊要要，不在此詳述。只記錄以下內容，藩王對我們的到來似乎深感欣慰，正如他和他的軍隊指揮在寫給司令官的信中所言，並希望把我們從這裡寫給他們的書信由船隊司令和副司令及派去的代表經陸路送去，無須帶任何禮品，以觀察他們前往是否有誠心進行商談達成協議。我們的人決定，派副司令官芬科

(Jan Jose Vinck)與商務員諾伯爾前往辦理此事命令他們向巡撫說明，我們用武力攻打國姓爺的原因，並願與他們聯合消滅國姓爺，但條件是他們要准許我們在中國的自由貿易。在以上基礎上，以可能爭取到的最優惠的條件簽訂條約結成聯盟，這與我們對包爾特司令官的指令相符。他們於9月19日北上，並於10月28日返回，帶來藩王及其第二，第三把手的從中文譯成荷蘭文的信件[125]，內容如下：

> 他們已把巴城的信件送往北京的皇宮；
> 他們為積極促進我們的事務已寫信給他們的皇帝；
> 他們無權准許我們信中的請求，特別是貿易事項，因為我們的船隻此前未曾到過福州；
> 他們不能擅自接受和利用我們的援助對付敵人，而要等待北京的聖旨；
> 他們建議我們，在此期間通過攔截駛自大員及其他地方的帆船打擊國姓爺；
> 我們可以等待北京有關我們貿易和戰爭方面的消息；
> 他們毫不懷疑我們定能達到目的；
> 我們甚至可以自己選擇一處可以安全停泊船隻的港口；
> 在皇帝發布准許之前，他們不能收納我們的禮品；
> 他們將在我船返回巴城時答覆我們的書信。

從中可以看出，我們所有的請求均將由北京皇宮決定。沒有皇宮的旨令，福州的巡撫似乎不敢與我們決定任何事務。因而我們恐怕難以達到目的，結果將對我們不利，正如公司派使團前去拜見韃靼皇帝時的經歷一樣，人們將在那裡爲我們設立種種障礙，使公司無法獲得對中國的自由貿易。但我們的人有信心取得成功，上帝保佑，結果將如此。

---

125 靖南王和軍隊第二把手寫給荷人的回信分別見voc 1238(1663 I), fol. 662-663.

但鑒於在此之前有人傳說，海盜國姓爺去世，他的兒子錦舍(Kimsia，即鄭經)在此之前背棄他的父親，有意歸服韃靼政府，對他來說仍凶吉不定，但他別無選擇。國姓爺的去世是否會帶來一些變化，他們在來信中未曾提及。我們的代表芬科和諾伯爾詢問有關情況之後，得出結論，他們已與其敵人言和，爲促進此事的進展，他們已派專使前往北京。中國人把此事歸功於荷蘭人大規模艦隊的出現才使敵人失去信心。我們的人不清楚雙方言和的具體條件。

據人們傳說，金廈兩島已投降韃靼人，福島與大員島也將投降，韃靼人已派人送信給鄭氏要求他們獻出福島，一旦得到他們不能令人滿意的答覆，將在我們的援助之下用武力攻占。這種漫無邊際的商談不會有何結果，也難以令人相信，只有來自北京的消息才能幫助我們消除各種疑慮，也才能看出他們是否對我們鄭重其事。在寫完書信時巡撫到達福州，他的第二把手在四、五天後趕到，對我們的人來說，這將更便於與他們聯繫。

據說，福島和大員幾乎陷入令人絕望的處境，那裡死亡率高，饑荒嚴重[126]。爲保住城堡中的大砲，國姓爺已把他們送往金廈兩島。我們認爲，如果我們派一部分兵力前往，有可能奪回熱蘭遮城和赤崁的普羅文薩城。確切消息還有待於包爾特司令官來信報告。

---

126 鄭氏率大軍到達福島之後，沒費吹灰之力佔領福爾摩莎，並派兵圍困熱蘭遮城，最後儘管荷人投降，仍遇到種種不利。首先是上文提到的軍糧短缺，再者，士兵門水土不服，特別是福島氣候條件本來就差，尤其是南部和北部地區，易染上當地疾病。1661年9月3日向荷人投降的士兵講，到達福島的20,000人至今只剩下一半。儘管投營士兵的供詞不會全部屬實，但也可說明鄭氏軍營中死亡率之高。當然，另外一半不但包括死亡的士兵，還有逃跑(投城、逃回中國等)，被原住民殺死的人數。鄭氏軍隊與原住民的衝突主要是由收糧占地引起。投營士兵講述，鄭氏的某將領率3,000人往北部村社墾荒、築房之後，受到原住民的襲擊，結果只有200名士兵返回。另有某將領率900人帶著耕牛前往二林等村社，士兵們在耕地時，遭到原住民的偷襲，結果只剩下200人。因此，國姓爺攻占福爾摩莎初期，可謂困難重重。原來稱福島為一片沃土、勸鄭成功東渡的何斌也因而失寵，甚至遭到軟禁，不許他面見國姓爺，並嚴禁任何人與他接觸，違者殺頭。他最終也不會有什麼好的結局。據《熱城日記》1661年9月3日記載，voc 1235, fol.753.

如若可能再重新佔據公司在那裡的那片地區，我們不清楚這樣做是否明智，特別是那裡的一切均被毀壞，那一地區的繁榮以及公司所有財產成爲敵人的獵獲物，非短時間內所能建設和恢復。除此之外，海道的淺水數年來導致公司數條價值連城的海船遇難。還不如利用一較小地區只供我們在北部地區從事貿易，只需要一優良港口，更有利於公司。若能在韃靼人那裡獲得這樣一個地方，將是我們所希望的事情。

我們已嚴厲命令包爾特司令官注意這一點，能否達到如期目的，他沒向我們報告。

按我們下達的命令，他們已探明韃靼巡撫的態度，如果我們攻占澳門，把葡人從那裡趕走，中國政府是否會怪罪我們。他似乎對此表示不滿，解釋說，我們絕不能這樣做，不然將引起韃靼政府的強烈反感，只能爲自己樹敵，而我們正擔心這一點。因此，若他們反對，我們則不宜前去攻打。

正如我們使者的上述報告，他們將盡力通過巡撫和都御促成釋放據他們講仍拘留在廈門的犯人並送到福州前的船隊中。結果如何，仍需等待。如我們前面所述，小貨船de Vinck裝運著中國人質和5名中國人因風暴沒能在廈門靠岸而駛來巴城，我們命令他們加入前往中國的艦隊，在那裡等到我們的人獲釋後再將這些人放走。這些人在福州灣前被從快船Domburgh中放出來，而對方卻無勇氣釋放我們被俘的人。我們的使者北上之時，艦隊把Domburgh留在福州灣前略往北航行，並到過被戰爭摧毀、荒無人煙的城市Tingay、Sitia和Onckia，我們的人至少繳獲80條舢板和另一條其他小型船隻，並把他們燒毀。司令官包爾特計劃派船在福州北部那一航行水域，監視那裡來往於日本的中國帆船。他希望能從中獲利，以補充公司在大員和福島的損失以及這一艦隊所耗費的資金。願上帝保佑。我們等待著那邊有關事務進展的報告，並將於下次派船時向您介紹。

船隊的人員健康狀況良好，自出發以來有42名士兵和25名水手死亡，在那一艱難的航行水域，這一數量不能算多。以上爲我們的艦隊在中國沿海所發生的事情，詳情請您參閱有關的文件。

在巴城司法委員會周密審查和商榷之後，由東印度律師宣布對在熱蘭遮城報投降書上簽字的公司下級政治和軍事官員的判決，司法委員會除對兩人的報告審查後未能做出與此事的總後台長官揆一和評議會等同的判決。法官對上述長官和他的第二把手霧特漢斯、哈爾特豪沃爾以及范・伊帕侖提出特別的要求，得出結論，根據其不負責任的錯誤決定對他們處以絞刑，合法地沒收其財產。至於他們將如何爲自己辯解，尙需等待。

揆一在抗議書中寫道，他並不著急，此人存心作惡，極爲狡猾和狂妄，毫無根據地書面和口頭攻擊這裡的政府。按他的看法，在這一事件中他受到世界上最不公平的待遇。司法委員會對他的事情如何處理，尙需等待。他到達這裡以後，人們費盡心力才整理出大員在他執政時期那裡的帳簿，因爲他們帶來的全是亂頭無緒的商務和士兵薪金的記錄。大員的決議人們還要從各處搜集在一起，讓評議會委員簽字。他們毫無良心地動用分派給孤兒院的資金，導致有些孤兒各方面短缺，有關的帳簿先是沒能找到，後來將各處所能找到的部分拼湊起來，經計算發現，用於孤兒的資金損失48%，其中的物資幾乎無法收回。

公司在大員的財產均留在那裡，由敵人霸占。按商務記錄的最後結算，那裡的財產總值超過f.900,000，再加上那一地區f.250,000的費用以及所遭受的巨大損失，占東印度資金的很大一部分。

參考書目

I. 未刊檔案

海牙國立檔案館藏東印度公司檔案(Archief van de Verenigde Oostindische Compagnie. Rijksarchief te 's-Gravenhage)中以下編號：

877, 881, 882, 884, 885, 1073, 1074, 1075, 1076, 1077, 1079, 1082, 1086, 1090, 1091, 1092, 1094, 1095, 1096, 1097, 1099, 1100, 1101, 1102, 1104, 1107, 1111, 1116, 1119, 1121, 1122, 1126, 1128, 1129, 1132, 1134, 1135, 1136, 1138, 1141, 1142, 1147, 1148, 1152, 1154, 1159, 1160, 1162, 1163, 1167, 1169, 1172, 1175, 1176, 1179, 1182, 1188, 1189, 1196, 1202, 1206, 1207, 1208, 1209, 1212, 1213, 1214, 1214, 1217, 1220, 1221, 1222, 1225, 1229, 1230, 1232, 1234, 1235, 1238, aanwinst 1885 A IX.

II. 已刊檔案、史料

中文

《巴達維亞城日誌》，村上直次郎譯、中村孝志校(東京，1975)。
《巴達維亞城日記》，郭輝、程大學譯(台北，1970-1990)。
《十一朝聖訓》(1747)。
王之春(1842-?)，《國朝柔遠記》(1891)。
冉福立(K. Zandvliet)，〈十七世紀荷蘭人繪製的台灣老地圖〉，江樹生譯。載：《漢聲雜誌》106期(台北，1997)。
江樹生譯，〈蕭壠城記〉，載：《台灣風物》35.4(1990)，頁80-87。
沈定均，《漳州府志》(1877)。

阮元(1764-1849)，《廣東通志》(1822)。

周凱，《廈門志》(1839)。

施博爾(K.M. Schipper)、黃典權譯，〈郭懷一事件〉，載：《臺灣風物》26.3(1976年)，頁69-71。

匪石，〈鄭成功傳，1909-1911年〉，《臺灣文獻叢刊》67(1960)，頁63-126。

孫承澤(1592-1676)，《春明夢餘錄》(1883)。

翁佳音，《大臺北古地圖考釋》(台北縣板橋，1998)。

張廷玉(1672-1755)，《明史》(中華書局，1974)。

梁廷楠(1796-1861)，《粵海關志》(成文出版社，1968)。

《清實錄》(1635-1908)(華聯出版社，1964)。

陳子龍(1608-1647)，《明經世文編》(1638。中華書局，1962)。

陳東林，《臺灣府志三種》(北京：中華書局，1985年)。

陳第(1541-1617)，《東番記》，載：《臺灣文獻叢刊》56(台北，1959)，頁24-27。

陳資齋，《海國聞見錄》(1793)。

廈門大學歷史系編，《鄭成功檔案史料選輯》(福建人民出版社，1985)。

董倫，《明實錄(1399-1644)》(台北：中央研究院歷史研究所，1962-1966)。

魯曾煜，《福州府志》(1754)。

謝道承，《福建通志》(1737)。

顧炎武(1613-1682)，《天下郡國利病書》(敷文閣聚珍版，1879)。

荷蘭文史料

Blaeu, J., *Novua atlas sinensis* (1655. Facsimile editie, Stuttgart, 1974).

Blussé, L., M.E. van Opstall en Ts'ao Yung-ho, ed., *De dagregisters van het kasteel Zeelandia, Taiwan 1629-1662* ('s-Gravenhage, 1986-1675).

C.E.S., *'t Verwaerloosde Formosa* (Amsterdam, 1675).

Chijs, J. A. van der, e.a., ed., *Dagregisters gehouden int Casteel Batavia van 't passerende daer ter plaetse als over geheel Nederlandts-India 1628-1682* (Batavia/Den Haag, 1888-1931).

Chijs, J. A, ed., *Nederlandsch-Indisch plakaatboek 1602-1811* (Batavia/ 's-Gravenhage, 1885-1900).

Colenbrander, H.T., *Jan Pietersz. Coen, bescheiden omtrent zijn bedrijf in Indië* ('s-Gravenhage, 1923).

Coolhaas, W.Ph.,e.a., ed., *Generale Missiven, van Gouverneur-Generaal en Raden aan de Heren XVII der Oostindische Compagnie* ('s-Gravenhage, 1960-1979).

Cramer, Mathijs, *Borts voyagie, naer de kuste van China en Formosa*. By een gestelt, en berijmt door Mathijs Cramer (Amsterdam, 1670).

Dam, P. van, *Beschrijvinge van de Oostindische Compagnie* ('s-Gravenhage, 1931).

Dapper, O., *Gedenkwaerdig bedrijf der Nederlandsche Oost-Indische Maatschappye, op de kuste en in het keizerrijk van Taising of Sina* (Amsterdam, 1670).

Gravius, D. en A. Hambrouck, *Het Heylige Evangelium Mathei en Johannis ofte Hagnau Ka d'llig Matiktik, Ka na sasoulat ti Matheus, ti Johannes appa. Overgeset inde Formosaansche tale, voor de inwoonders van Soulang, Mattau, Sinckan, Bacloan, Tavokan, en Tevorang* (Amsterdam, 1661).

———, *Patar ki tna'-'msing an ki Chiristang, ka Tauki-papatar- en-ato tmaeu'ug tou Sou ka makka si-deia. Ofte 't Formulier des Christendoms met de verklaringen van dien inde Sideio- Formosaansche taal* (Amsterdam, 1662).

Grothe, J.A., ed., *Archief voor de geschiedenis der oude Hollandsche zending* (Utrecht, 1884-1891).

Hamel, H., *Journael van de ongeluckige reyse van 't jacht de Sperwer, varende van Batavia na Tayowan en Formosa, in 't jaer 1653 en van daer na Japan, daer schipper op was Reynier Ebertsz* (van Amsterdam. 1668).

Heeres, J.E., ed., *Corpus Diplomaticum Neerlando-Indicum, verzameling van politieke contracten en verdere verdragen door de Nederlanders in het Oosten gesloten, van privilegebrieven, aan hen verleend, enz* ('s-Gravenhage, 1907-1955).

Herport, Albrecht, *Reise nach Java, Formosa, Voorder-Indië n und Ceylon 1659-1668* (Den Haag, 1930).

Hoogewerff, G.J., *Journalen van de gedenckwaerdige reijsen van Willem IJsbrantsz. Bontekoe 1618-1625* ('s-Gravenhage, 1952).

Junius, R., *Soulat i, A, B, C, u.s.f. Katechismus Formosanischer Sprache* (Delft, 1645).

Kern, H., e.a., ed., *Itinerario, voyage ofte schipvaert van Jan Huygen van Linschoten naer Oost ofte Portugaels Indië n 1579-1592* ('s-Gravenhage, 1910-1939).

Keulen, J.G., *De nieuwe groote lichtende zeefackel, van de gehele wereld*（Amsterdam, 1716-1753. Facsimile editie, Amsterdam, 1969-1970）.

Kort verhael van de avontuerlicke vayagien en reysen van Paulus Olofsz. Rotman（Amsterdam, 1657）.

Martini, M, *Historie van den Tartarischen oorlog*（Uit het Latijn）（Vertaald door G.L.S. tot Utrecht, G. Nieuwenhuysen, 1655）.

Mijer, P., ed., *Verzameling van instructien, ordonnantien en regelementen voor de regering van Nederlandsch-Indië*（Batavia, 1848）.

Nieuhoff, J., *Het gezantschap der Nederlandtsche Oost-Indische Compagnie, aan den grooten Tartarischen Cham, den tegenwoordigen keizer van China*（Amsterdam, 1665）.

Oost-Indisch-praetjen, voorgevallen in Batavia, tussen vier Nederlanders, den eenen een koopman, den ander een krijghs-officier, den derden een stuyrman, en den vierden of den laesten een kranke-besoecker（1663）.

Rechteren, S. van, *Journael gehouden op de reyse ende wederkomste van Oost-Indië n. Zwolle*（1639）.

Valentijn, F., *Oud en Nieuw Oost-Indië n, vervattende een naukeurige en uitvoerige verhandelinge van Nederlands mogendheyd in die gewesten.*（Dordrecht/Amsterdam, 1724-1726）.

Vertrecht, J., *Leerstukken en preeken in de Favorlangsche taal*（Batavia, 1888）.

III. 論著（按姓氏筆劃順序）

中、日文

中村孝志,，〈荷領時代臺灣南部之鯔魚漁業〉，北叟譯，載：《臺灣經濟史二集》（台北，1955）。原載：《天理大學學報》4.1（1953）。

———，〈1655 年的臺灣東部村社集會〉，許賢瑤譯，載：《台灣風物》43.1（1993），頁155-168。原載：《南方文化》19（1992）。

———，〈十七世紀西班牙人在臺灣的佈教〉，賴永祥譯，載：《臺灣文獻叢輯》2（1956）。原載：日本文化31（1951）。

中村孝志，〈十七世紀荷人勘查臺灣金礦紀實〉，賴永祥、王瑞徵譯，載：《台灣文獻》7.1,2（1956），頁95-116。原載：《天理大學學報》1.1（1949）。

———，〈十七世紀臺灣鹿皮之出產及其對日貿易〉，許粵華譯，載：《臺灣銀行季刊》10.2（1958），頁131-147。原載：《日本文化》33（1953）。

———，〈近代臺灣史要〉，賴永祥譯，載：《台灣文獻》6.2（1955）。原載：《民族學研究》18.1,2（1954）。

———，〈南部臺灣鯔漁業再論〉，江燦騰譯，載：《台灣風物》36.3（1986），頁65-85。原載：《南方文化》11（1984）。

———，〈淡水河流域諸村二表〉，載：《南方土俗》4.3（1937）。

———，〈荷人時代番社戶口表（一）〉，載：《南方土俗》4.1（1936）。

———，〈荷人時代番社戶口表（二）〉，載：《南方土俗》4.3（1937）。

———，〈荷人時代番社戶口表（三）〉，載：《南方土俗》4.4（1938）。

———，〈荷領時代之臺灣農業及其獎勵〉，北叟譯。載：《台灣經濟史初集》（台北，1954年），頁54-69。原載：《社會經濟史學》7.3（1937）。

———，〈荷據時代臺灣的地震〉，吳寧譯，載：《台灣風物》1.1（1951），頁6-9。原載：《科學之臺灣》5.3（1937）。

———，〈荷據臺灣的地場諸稅（上、下）〉，載：《日本文化》41-42（1963,1964）。

———，〈荷蘭人的臺灣探金事業再論〉，許賢瑤譯，載：《台灣風物》42.3（1992），頁85-118。原載：《天理大學學報》168（1991）。

———，〈荷蘭人對臺灣原住民的教育〉，賴永祥、王瑞徵譯，載：《南瀛文獻》3.3,4（1956），頁16。原載：《天理大學學報》4.2（1952）。

———，〈荷蘭東印度公司史料與海牙的國立總文書館〉，吳密察譯，載：《台灣風物》41.4（1991），頁159-196。原載：《亞洲研究》9.2（1962）。

———，〈荷蘭東印度公司的臺灣番社戶口表〉，王世慶譯，載：《台灣文獻》6.4（1955）。原載：《日本文化》31（1951）。

———，〈荷蘭的臺灣經營〉，吳密察譯，載：《台灣風物》41.1（1991），頁65-85。原載：《天理大學學報》43（1964）。

———，〈荷蘭時代的探金事業補論——特別關於哆囉滿〉，許賢瑤譯，載：《台灣風物》42.4（1992），頁17-23。原載：《天理臺灣研究會年報》創刊號（1992）。

———，〈荷蘭時代的臺灣番社戶口表〉，吳密察、許賢瑤譯，載：《台灣風

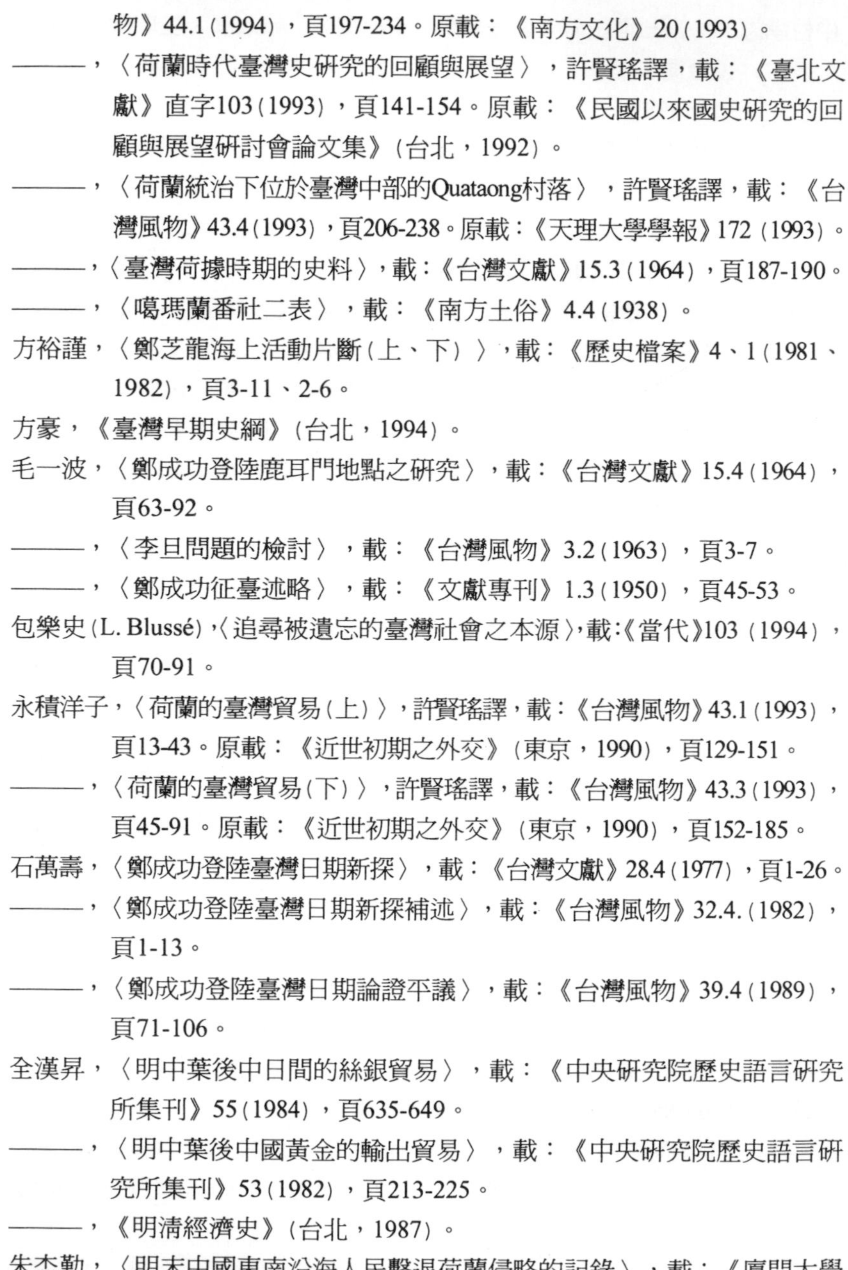

物》44.1(1994),頁197-234。原載:《南方文化》20(1993)。

———,〈荷蘭時代臺灣史研究的回顧與展望〉,許賢瑤譯,載:《臺北文獻》直字103(1993),頁141-154。原載:《民國以來國史研究的回顧與展望研討會論文集》(台北,1992)。

———,〈荷蘭統治下位於臺灣中部的Quataong村落〉,許賢瑤譯,載:《台灣風物》43.4(1993),頁206-238。原載:《天理大學學報》172(1993)。

———,〈臺灣荷據時期的史料〉,載:《台灣文獻》15.3(1964),頁187-190。

———,〈噶瑪蘭番社二表〉,載:《南方土俗》4.4(1938)。

方裕謹,〈鄭芝龍海上活動片斷(上、下)〉,載:《歷史檔案》4、1(1981、1982),頁3-11、2-6。

方豪,《臺灣早期史綱》(台北,1994)。

毛一波,〈鄭成功登陸鹿耳門地點之研究〉,載:《台灣文獻》15.4(1964),頁63-92。

———,〈李旦問題的檢討〉,載:《台灣風物》3.2(1963),頁3-7。

———,〈鄭成功征臺述略〉,載:《文獻專刊》1.3(1950),頁45-53。

包樂史(L. Blussé),〈追尋被遺忘的臺灣社會之本源〉,載:《當代》103(1994),頁70-91。

永積洋子,〈荷蘭的臺灣貿易(上)〉,許賢瑤譯,載:《台灣風物》43.1(1993),頁13-43。原載:《近世初期之外交》(東京,1990),頁129-151。

———,〈荷蘭的臺灣貿易(下)〉,許賢瑤譯,載:《台灣風物》43.3(1993),頁45-91。原載:《近世初期之外交》(東京,1990),頁152-185。

石萬壽,〈鄭成功登陸臺灣日期新探〉,載:《台灣文獻》28.4(1977),頁1-26。

———,〈鄭成功登陸臺灣日期新探補述〉,載:《台灣風物》32.4.(1982),頁1-13。

———,〈鄭成功登陸臺灣日期論證平議〉,載:《台灣風物》39.4(1989),頁71-106。

全漢昇,〈明中葉後中日間的絲銀貿易〉,載:《中央研究院歷史語言研究所集刊》55(1984),頁635-649。

———,〈明中葉後中國黃金的輸出貿易〉,載:《中央研究院歷史語言研究所集刊》53(1982),頁213-225。

———,《明清經濟史》(台北,1987)。

朱杰勤,〈明末中國東南沿海人民擊退荷蘭侵略的記錄〉,載:《廈門大學學報(社科)》1(1962)。

吳僑生,〈荷蘭人在臺灣對漢人的統治政策〉,載:《台北文獻》直字38(1976),頁101-113。

李洵《明清史》(北京,1956)。

李季樺,〈「臺灣開發史」的研究近況〉,載:《台灣風物》40.1(1990),頁175-185。

李筱峰,〈近三十年來臺灣地區大學歷史研究所中有關臺灣史研究成果之分析〉,載:《台灣風物》34.2(1984),頁84-97。

村上直次郎,〈在澎湖的荷蘭人〉,載:《臺灣時報》158(1933)。

———,〈基隆的紅毛城址〉,載:《臺灣時報》144(1931)。

———,〈荷蘭的蕃化教育〉,載:《臺灣文化史說》(1930)。

———,〈新港文書〉,載:《臺北帝國大學文政學部紀要》第二卷(台北,1935)。

辛逕農,〈郭懷一事跡考略〉,載:《台灣風物》1.1(1951),頁25-31。

周憲文,〈荷蘭時代臺灣之掠奪經濟〉,載:《臺灣經濟史四集》(台北,1956),頁48-72。

岩生成一,〈十七世紀日本之臺灣侵略行動〉,周學普譯,載:《臺灣銀行季刊》10.1(1958),頁165-185。

———,〈荷鄭時代臺灣與波斯之糖茶貿易〉,載:《臺灣經濟史二集》(台北,1955年),頁53-60。

———,〈明末日本僑寓支那人甲必丹——李旦考〉,載:《東洋學報》25.5(1936),頁63-119。

林熊祥編,《臺灣文化論集》(台北,1954)。

林鶴亭,〈熱蘭遮城建置年代與名稱演變考〉,載:《台灣風物》17.5(1967),頁51-59。

姜道章,〈臺灣淡水之歷史與貿易〉,載:《臺灣經濟史十集》(台北,1966),頁155-179。

胡月涵(J. Huber),〈有關臺灣歷史之荷蘭文獻的種類、性質及其利用價值〉,載:《台灣風物》28.1(1978),頁4-16。

翁佳音,〈被遺忘的臺灣原住民史——Quata(大肚番王)初考〉,載:《台灣風物》42.4(1992),頁148-188。

袁良義,《明末農民戰爭》(北京,1987)。

張菼，〈鄭荷和約簽訂日期之考訂及鄭成功復臺之戰概述〉，載：《台灣文獻》18.3(1967)，頁1-18。

張維華，《明代海外貿易簡論》(上海，1955)。

———，《明史佛郎機呂宋和蘭意大里亞四國傳註釋》(哈佛燕京學社，1934)。

曹永和，〈小琉球原住民哀史〉(平埔族研討會講演。台北，1994)。

———，〈早期臺灣的開發與經營〉，載：《臺北文獻》3(1963)。

———，〈明代臺灣漁業誌略〉，載：《臺灣銀行季刊》6.1(1953)。

———，〈明代臺灣漁業誌略補說〉，載：《臺灣銀行季刊》7.4(1955)。

———，〈從荷蘭文獻談鄭成功之研究〉，載：《臺灣文獻》12.1(1961)。

———，〈荷據時期臺灣開發史略〉，載：《臺灣文獻》26.4及27.1(1976)。

———，〈荷蘭與西班牙占據時期的臺灣〉，見：林熊祥等著，《臺灣文化史論集》(台北，1954)，頁105-122。

———，〈臺灣早期歷史研究的回顧與展望〉，載：《思與言》23.1(1985)，頁3-16。

———，〈臺灣島史研究的另一途徑——「臺灣島史」概念〉，載：《中央研究院臺灣史田野研究通訊》15(1990)。

———，〈臺灣荷據時代研究的回顧和展望〉，載：《臺灣風物》28.1(1978)，頁18-39。

———，〈鄭氏時代之臺灣墾殖〉，載：《臺灣經濟史初集》(台北，1954)，頁70-85。

———，《臺灣早期歷史研究》(台北，1979)。

盛子棟，〈西班牙人竊據臺北始末〉，載：《台北文獻》直字38(1976)，頁351-358。

莊松林，〈荷蘭之臺灣統治〉，載：《台灣文獻》10.3(1959)，頁1-26。

許雪姬，〈明末對澎湖的經略〉，載：《台北文獻》直字45，46(1978)，頁359-374。

———，〈近年來大陸對臺灣史的研究——介紹與評估(上、下)〉，載：《台灣風物》36.1-2(1986)，頁1-17、23-42。

許賢瑤，〈荷蘭時代臺灣的茶業——臺灣茶葉史研究之一〉，載：《台北文獻》直字104(1993)，頁29-43。

郭水潭，〈荷人據臺時期的中國移民〉，載：《台灣文獻》10.4(1959)，頁11-45。

陳小沖，〈1622-1624年的澎湖危機——貿易、戰爭與談判〉，載：《思與言》

31.4（1993），頁123-203。

陳小沖，〈十七世紀上半葉荷蘭東印度公司的對華貿易擴張〉，載：《中國社會經濟史研究》2（1986），頁84-92。

陳孔立，〈臺灣史的分期與框架〉，載：《中國論壇》32.4（1992），頁117-120。

———，〈關於「臺灣島史」和「臺灣史觀」〉，載：《中國論壇》31.11（1991），頁50-53。

———，《臺灣研究十年》（廈門，1990）。

陳佳榮，《古代南海地名匯釋》（北京，1986）。

陳國強，《鄭成功與高山族》（南昌，1982）。

陳國棟，〈西班牙及荷蘭時代的淡水〉，載：《臺灣人文》3、4（1978）。

陳紹馨，《臺灣的人口變遷與社會變遷》（台北，1979）。

陳漢光，〈「東番記」與「東番考」〉，載：《台灣風物》5.7（1955），頁1-6。

———，〈臺灣移民史略〉，載：《台灣風物》21.1（1971），頁25-42。

陳碧笙，〈十七世紀上半期荷蘭殖民者對臺灣和東南沿海的侵略及其失敗〉，載：《廈門大學學報（社科）》1（1961）。

———，《臺灣地方史》（北京，1990）。

傅衣凌，《明史新編》（北京，1993）。

彭信威，《中國貨幣史》（上海，1958）。

程紹剛，〈Chincheo的地理位置新考〉，《 海交史研究》2（1993），頁68-77。

———，〈十七世紀上半期的中國糖業及對外蔗糖貿易〉，載：《中國社會經濟史研究》2（1994），頁29-47。

費賴之（A. Pfister），《入華耶穌會士列傳》，馮承鈞譯（台北，1960）。

黃富三、曹永和，《臺灣史論叢》（台北，1980）。

廈門大學臺灣所編，《鄭成功研究國際學術會議論文集》（南昌，1989）。

廈門大學歷史系編，《臺灣鄭成功研究論文選》（福州，1982）。

———，《鄭成功研究論文選》（福州，1982）。

———，《鄭成功研究論叢》（福州，1984）。

楊彥杰，《荷據時代臺灣史》（南昌，1992；台北，2000）。

楊雲萍，〈鄭成功登陸臺灣的日期〉，載：《台灣風物》41.1（1990），頁123-126。

雷一鳴，〈荷西入臺傳教觀〉，載：《台灣文獻》6.4（1955），頁93-95。

廖漢臣，〈韋麻郎入據澎湖考〉，載：《文獻專刊創刊號》（1949），頁14-31。

———，〈臺南縣下的教化事業—荷蘭的佈教及教育〉，載：《南瀛文獻》

1.2(1953)，頁9-18。

鄭喜夫，〈李旦與顏思齊〉，載：《台灣風物》18.1(1968)，頁25-36。

———，〈鄭芝龍滅海寇劉香始末考〉，載：《台灣文獻》18.3(1967)，頁19-39。

鄧孔昭，〈廈門大學臺灣研究所的臺灣史研究〉，載：《中國論壇》31.11(1991)，頁57-60.

賴永祥，〈有關臺灣基督教文獻目錄初輯〉，載：《文獻專刊》5.1,2(1954)，頁37-46。

———，〈明末荷蘭宣教士編篡之蕃語文獻〉，載：《台灣風物》15.3(1965)，頁61-76。

———，〈明末荷蘭駐臺傳教人員之陣容〉，載：《台灣風物》16.3(1966)，頁3-22。

———，〈明鄭征菲企圖〉，載：《台灣風物》4.1(1954)，頁17-33。

———，〈清荷征鄭始末〉，載：《台灣風物》4.2(1954)，頁25-36。

———，〈鳥瞰下之西洋明鄭文獻〉，載：《台灣風物》5.8,9(1955)，頁1-20。

———，《明鄭研究叢輯》(台北，1954)。

———，《臺灣史研究初集》(台北，1970)。

賴永祥、曹永和，〈有關臺灣西文史料目錄稿(1)〉，載:《台灣風物》2.5(1952)，頁2-5。

———，〈有關臺灣西文史料目錄稿(2)〉，載：《台灣風物》2.6(1952)，頁19-21。

———，〈有關臺灣西文史料目錄稿(3)〉，載：《台灣風物》2.7(1952)，頁17-18。

薛澄清，〈鄭成功歷史研究的發端〉，載：《中山大學語言歷史研究所週刊》1(1927)，頁23-27。

謝國楨，《南明史略》(上海，1957)。

聶德寧，〈明清之際福建的民間海外貿易港口〉，載：《中國社會經濟史研究》4(1992)，頁39-45。

魏書娥，〈「臺灣史研究」的歷史反省——專訪黃富三、許雪姬、鄭欽仁〉，載：《中國論壇》31.11(1991)，頁41-49。

譚其驤編，《中國歷史地圖集》(上海，1982)。

蘇同炳，《臺灣史研究集》(台北，1980)。

西方論著

Attwater, R., *Adam Schall: a Jesuit at the court of China, 1592-1666* (London, 1983).

Beekelaar, G.A.M., *Richtlijnen voor het uitgeven van historische bescheiden* ('s-Gravenhage, 1988).

Blussé, L., "De bemoeiingen van de VOC op de Pescadores", *Stichting Cultuurgeschiedenis van de Nederlanders Overzee, verslagen en aanwinsten 1976-1977*, pp. 34-39.

———, "The VOC as sorcerer's apprentice, stereotypes and social engineering on the China Coast", in: W.L. Idema, ed., *Leyden studies in Sinology, papers presented at the Conference held in celebration of the fifteenth anniversary of the Sinological Institute of Leyden University, December 8-12, 1980* (Leiden, 1981), pp. 87-105..

———, "Dutch Protestant missionaries as protagonists of the territorial expansion of the VOC on Formosa". in: D. Kooiman, e.a., ed., *Conversion, competition and conflict, essays on the rol of religion in Asia* (Amsterdam, 1984), pp. 155-183.

———, *Strange company: Chinese settlers, mestizo women and the Dutch in VOC Batavia* (Dordrecht, 1986).

———, *Tribuut aan China: vier eeuwen Nederlands-Chinese betrekkingen* (Amsterdam, 1989).

———, "Pieter Nuyts (1598-1655): een Husterse burgermeester uit het Verre Oosten", *Zeeuws Tijdschrift* 43.6 (1993), pp. 234-241.

———, "Retribution and remorse: the interaction between the administration and the Protestant mission in early colonial Formosa." in: G. Prakash, ed., *After imperialism: imperial histories and postcolonial displacements* (Princeton, 1995), pp. 153-182.

Blussé, L. en M.P.H. Roessingh, "A visit to the past: Soulang, a Formosan village anno 1623", *Archipel* 27 (1984), pp. 63-80.

Blussé, L. en R. Falkenburg, *Johan Nieuhoffs beelden van een Chinareis 1655-*

1657（Middelburg, 1987）.

Baron van Boetzelaer van Asperen en Dubbeldam, C.W.Th., *De protestantsche kerk in Nederlands-Indië 1620-1639*（'s-Gravenhage, 1947）.

Boxer, C.R., "Notes on Chinese abroad in the late Ming and early Manchu periods compiled from contemporary Euopean sources （1500-1750）", *T'ien Hsia Monthly* 9（1939）, pp. 447-468.

———, "The rise and fall of Nicolas Iquan", *T'ien Hsia Monthly* 11（1941）, pp. 401-439.

———, "The siege of fort Zeelandia and the capture of Formosa from the Dutch 1661-1662", Transactions and proceedings of the Japan Society of London XXIV（1926-1927）, pp. 16-47; in: C.R. Boxer, *Dutch merchants and mariners in Asia 1602-1795*, III（London, 1988）, pp. 1-47.

———, *South China in the sixteenth centrury*（London, 1953）.

———, *Seventeenth century Macao*（ Hongkong, 1984）.

Brill, W.G., "Is er iets op Hambroeks heldenfeit af te dingen?".in: W.G. Brill, *Betwiste bijzonderheden op het gebied der studie van de geschiedenis van ons vaderland*（Utrecht, 1889）., pp. 111-127.

Bruijn, J.R., F.S. Gaastra and I. Schoffer, ed., *Dutch-Asiatic shipping in the 17th and 18th centurie*（The Hague, 1979-1987）.

Campell, W.M., "The early Duch mission in Formosa", *Chinese recorder*（1889）, pp. 114-120.

———, *An account of missionary succes in the island of Formosa*（London, 1889）.

———, *Formosa under the Dutch, described from contemporary records with explanatory notes and a bibliography of the island*（London, 1903）.

Carioti, P., "Notes on the international role of Koxinga's policy", *Annali* 50（Napoli, 1990）, pp. 327-334.

Chang, S. T., "Commodities imported to the Chang-chou region of Fujian during the late Ming period. A preliminary annalysis of the tax list found in Tung-hsi-yang-k'ao", in: R. Ptak and D. Rothermund, ed., *Emporia, commodities and entrepreneurs in Asian maritime trade, C. 1400-1750*（Stuttgart, 1991）, pp. 159-194..

Chang, T. T., *Sino-Portuguese trade from 1514 to 1644: a synthesis of Portuguese and Chinese sources* (Leiden, 1933).

Coolhaas, W.Ph., "Een lastig heerschap tegenover een lastig volk", *Verslag van de algemene vergadering van het Historisch Genootschap* (Utrecht, 1954).

Croizier, R.C., *Koxinga and Chinese nationalism: history, myth, and hero* (Cambridge, 1977).

Furber, H., *Rival enpires of trade in the orient, 1600-1800* (Oxford, 1976).

Gaastra, F.M., *De geschiedenis van de VOC* (Zutphen, 1991).

Ginsel, W.A., *De gereformeerde kerk op Formosa, of de lotgevallen eener handelskerk onder de Oost-Indische Compagnie 1627-1662* (Leiden, 1931).

Glamann, K., *Dutch-Asiatic trade 1620-1740* ('s-Gravenhage, 1981).

Goddard, W.G., *Formosa, a study in Chinese history* (London, Macmillan, 1966).

Groeneboer, K., *Weg tot het westen: het Nederlands voor Indië 1600-1950, een taalpolitieke geschiedenis* (Leiden, 1993).

Groeneveldt, W.P., *De Nederlanders in China, de eerste bemoeiing om den handel in China en de vestiging in de Pescadores (1601-1624)* ('s-Gravenhage, 1898).

Happart, G., "Woord-boek der Favorlangsche taal", *Verhandelingen van het Bataviaasch genootschap van Kunsten en Wetenschappen* vol. 18 (1842), pp. 31-381.

Hauptman L.M and R.G. Knapp, "Dutch-Aboriginal interaction in New Netherland and Formosa, an historical geography of empire", *Proceedings of the Philosophical Society, held at Philadelphia for promoting useful knowledge* 121 (1977), pp. 166-182.

Hollmann, T.O., "Formosa and the trade in venison and deer skins". in: R. Ptak and D. Rothermund, ed., *Emporia, commodities and entrepreneurs in Asian maritime trade, C. 1400-1750* (Stuttgart, 1991), pp. 263-290.

Hobson, H. E., "Fort Zeelandia and the Dutch occupation of Formosa", *Journal of North China Branch, Royal Asiatic Society* vol.XI (1877), pp. 37-40.

Horst, D. van der, "De eerste Nederlanders in China", *Verre naasten naderbij* 10.1 (1976), pp. 20-32.

Hsu Wensiung (許文雄), "From aboriginal island to Chinese frontier: the development of Taiwan before 1683", in: R.G. Knapp, ed., *China's island frontier, studies in the historical geography of Taiwan* (Honolulu, 1980), pp. 3-29.

Idema, W. L., ed., *Leyden studies in Sinology, papers presented at the Conference held in celebration of the fifteenth anniversary of the Sinological Institute of Leyden University, December 8-12, 1980* (Leiden, 1981).

Josselin de Jong, J.P.B. de, "De Maleischen archipel als ethnologisch studieveld." Rede (Leiden, 1935).

Kern, H., "Handschriften uit het eiland Formosa", *Verslagen en mededeelingen der Koninklijke Academie van Wetenschappen*, Afdeling Letterkunde, 3de Reeks, deel III (1887), pp. 360-369.

Kley, E. J. van, "An alternative muse: the Manchu conquest of China in the literature of seventeenth-century northern Europe", *European studies review* 6 (1976), pp. 21-43.

Knaap, G. J., *Kruidnagelen en christenen: de Verenigde Oost-Indische Compagnie en de bevolking van Ambon 1656-1696* (Dordrecht/ Providence, 1987).

Knappert, L., "Hollansche pioneers op Formosa", *Nederlandsche archief voor kerkgeschiedenis N.S.* 19 (1926), pp. 97-121.

Kuepers, J.J.A.M., "The Dutch Reformed Church in Formosa 1627-1662", *Neue Zeitschrift fur Missionswissenschaft* (Immensee) 33 (1977), pp. 247-267.

Lacouperie, T. de, "Formosan notes on MSS., races ans languages", *The journal of the Royal Asiatic Society of Great Britain and Ireland* 19 (1887), pp. 413-494.

Last, J., *Strijd, handel en zeeroverij: de Hollandse tijd op Formosa* (Assen, 1968).

Leupe, P.A., "De verovering van het fort La Santissima Trinidae op Formosa in 1642", *Bijdrage tot de Taal- Land- en Volkenkunde van Nederlands Indië* 6 (1859), pp. 72-101.

Nachod, Oskar, *Die Beziehungen der Niederlandischen Kompagnie zu Japan im siebzehnten jahrhundert* (Leipzig, 1897).

MacLeod, N., *De Oost-Indische Compagnie als zeemogendheid in Azie* (Rijswijk, 1927).

Mendel, D., *The politics of Formosan nationalism* (Berkeley and Los Angeles,

1970).

Molhuysen, P.C., e.a., ed., *Nieuw Nederlandsch biografisch woordenboek.* 10 delen (Leiden, 1911-1937).

Montalto de Jesus, C.A., *Historic Macao* (Hongkong, 1902).

Muller, H.P.N., "Onze vaderen in China", *De Gids* 81 (1917), pp. 321-353, 504-519.

Om Prakash, "Restrictive trade regimes: VOC and the Asian spice trade in the seventeenth century". in: R. Ptak and D. Rothermund, ed., *Emporia, commodities and entrepreneurs in Asien maritime trade, C. 1400-1750* (Stuttgart, 1991),pp. 107-126.

Oosterhoff, J.L., "Zeelandia, a Dutch colonial city on Formosa (1624-1662)", in: R.J. Ross and G.J. Telkamp, ed., *Colonial cities* (Dordrecht/Boston/Lancaster, 1985), pp. 51-63.

Paulus, J., e.a., ed., *Encyclopedie van Nederlansch-Indië* 2e druk ('s-Gravenhage/ Leiden, 1917-1939).

Phillips, G., *Dutch trade in Formosa in 1629* (Shanghai, 1878).

———, "The life of Koxinga", *The China Review* 13.2 and 3 (1884), pp. 67-74, 207-213.

Reesse, J.J., *De suikerhandel van Amsterdam* (Haarlem, 1908).

Richardson, W.J., "Early missionary activity in Formosa 1624-1662", *Neue Zeitschrift für Missionswissenschaft* (Immensee) 20 (1972), pp. 10-18, 108-116.

Riess, L., *Geschichte der Insel Formosa. Mittheilungen Deutschen Gesellschaft Natur- und Völkerkunde Ostasiens* Band VI (Tokyo, 1897).

Schlegel, G., "De betrekkingen tusschen Nederland en China volgens Chineesche bronnen", *Bijdrage tot de Taal- Land- en Volkenkunde van Nederlands Indië* 42 (1893), pp. 1-31.

Souza, G.B., "Ballast goods: Chinese maritime trade in zinc and sugar in the seventeenth and eighteenth centuries", in: R. Ptak and D. Rothermund, ed., *Emporia, commodities and entrepreneurs in Asien maritime trade, C. 1400-1750* (Stuttgart, 1991), pp. 291-316.

Spence, J.D., *To change China: western advisers in China 1620-1960* (New York,

1988）.

Stein, J., "Pater Schall en het Hollandsch gezantschap aan den keizer van China（1655-1657）", *Studiën: tijdschrift voor godsdienst, wetenschap en letteren.* Nieuwe Reeks 57.103（1925）, pp. 467-476.

———, "Missionaris en astronomen", *Studiën: tijdschrift voor godsdienst, wetenschap en letteren.* Nieuwe Reeks 57.103（1925）, pp. 207-225, 245-268.

Shepherd, J.R., *Statecraft and political economy on the Taiwan frontier 1600-1800*（Stanford, 1993）.

Sterkenburg, P.G.J. van, *Een glossarium van zeventiende-eeuws Nederlands*（Utrecht, 1978）.

Tiele, P.A., De *Europeers in den Maleischen Archipel*（'s-Gravenhage, 1877-1887）.

Troostenburg de Bruijn, C.A.L. van, *De hervormde kerk in Nederlandsch Oost-Indië 1602-1795*（Arnhem, 1884）.

Toorenenbergen, J.J. van, "De Nederlandsche zending op Formosa, 1624-1661", *De Gids* 56 III（1892）, pp. 31-68.

Troostenburg de Bruijn, C.A.L. van, *Biografisch woordenboek van Oost-Indische predikanten*（Nijmegen, 1893）.

Ts'ao Yungho（曹永和）, "Pepper trade in East Asia", *T'oung Pao*（通報）LXVIII（1982）, pp. 221-247.

Verhoeven, F.R.J., *Bijdrage tot de oudere koloniale geschiedenis van het eiland Formosa*（'s-Gravenhage, 1930）.

Vermeer, E.B, ed., *Development and decline of Fukien province in the 17th and 18th centuries*（Leiden, 1990）.

Volker, T., *Porcelain and the Dutch East India Company. Mededelingen van het Rijksmuseum voor Volkenkunde Leiden* 11（Leiden, 1954）.

Wijnaends van Resandt, W., *De gezaghebbers der Oost-Indische Compagnie op hare buiten-comptoiren in Azië*（Amsterdam, 1944）.

Wills, J.E., *Pepper, guns and parleys: the Dutch East India Company and China 1662-1681*（Cambridge, 1974）.

———, "De VOC en de Chinezen in Taiwan, China en Batavia in de 17de en 18de eeuw", in: M.A.P. Meilink-Roelofsz., e.a., *De VOC in Azie* (Bussum, 1976), pp. 157-192.

Wills, J.E., "Maritime China from Wang Chih to Shih Lang: themes in peripheral history", in: J.D. Spence and J.E. Wills, ed., *From Ming to Ch'ing, conquest, region, and continuity in seventeenth century China* (New Haven and London, 1979), pp. 201-238.

Yule H. and A.C. Burnell, *Hobson-Jobson, a glossary of colloquial Anglo Indian words and phrases, and a kindred terms, etymological, historical, geographical and discurcive* (London, 1984).

Zeeuw, P. de, *De Hollanders op Formosa 1624-1662, een bladzijde uit onze koloniale- en zendingsgeschiedenis* (Amsterdam, 1924).

臺灣研究叢刊

荷蘭人在福爾摩莎

2000年10月初版　　定價：新臺幣600元
2010年7月初版第三刷

譯　　註　程　紹　剛
發行人　林　載　爵

出版者　聯經出版事業股份有限公司
地址　台北市忠孝東路四段561號4樓
台北忠孝門市　台北市忠孝東路四段561號1樓
電話　(02)27683708
台北新生門市　台北市新生南路三段94號
電話　(02)23620308
台中分公司　台中市健行路321號
暨門市電話　(04)22371234 ext.5
高雄辦事處　高雄市成功一路363號2樓
電話　(07)2211234 ext.5
郵政劃撥帳戶第0100559-3號
郵撥電話　27683708
印刷者　世和印製企業有限公司
總經銷　聯合發行股份有限公司
發行所　台北縣新店市寶橋路235巷6弄6號2F
電話　(02)29178022

責任編輯　方　清　河
特約編輯　張　運　宗
封面設計　王　振　宇

行政院新聞局出版事業登記證局版臺業字第0130號

本書如有缺頁，破損，倒裝請寄回聯經忠孝門市更換。　ISBN 978-957-08-2151-2 (精裝)
聯經網址 http://www.linkingbooks.com.tw
電子信箱 e-mail:linking@udngroup.com

國家圖書館出版品預行編目資料

荷蘭人在福爾摩莎 / 程紹剛譯註．
--初版．--臺北市：聯經，2000年
586面；14.8×21公分．--（臺灣研究叢刊）
ISBN 978-957-08-2151-2（精裝）
〔2010年7月初版第三刷〕

I．臺灣-歷史-荷據時期(1624-1662)-史料

673.2257 89015394

臺灣研究叢刊

臺灣早期歷史研究	曹永和著
清代臺灣之鄉治	戴炎輝著
臺灣的人口變遷與社會變遷	陳紹馨著
臺灣農業發展的經濟分析	李登輝著
光復前臺灣之工業化	張宗漢著
臺灣土著民族的社會與文化	李亦園著
臺灣民間信仰論集	劉枝萬著
臺灣土著社會文化研究論文集	黃應貴主編
日據時代臺灣之財政	黃通、張宗漢、李昌槿編
臺灣歌仔戲的發展與變遷	曾永義著
臺灣開發史研究	尹章義著
臺灣鳥類研究開拓史	劉克襄著
戰後臺灣農民價值取向的轉變	廖正宏、黃俊傑著
臺灣土著文化研究	陳奇祿著
清代臺灣社會經濟	王世慶著
協力網絡與生活結構——台灣中小企業的社會經濟分析	陳介玄著
貨幣網絡與生活結構	陳介玄著
台灣地區開闢史料學術論文集	國學文獻館編
台灣產業的社會學研究	陳介玄著
茶、糖、樟腦業與臺灣之社會經濟變遷	林滿紅著
台灣日治時期的法律改革	王泰升著
頭家娘：台灣中小企業「頭家娘」的經濟活動與社會意義	高承恕著
荷據時代台灣史	楊彥杰著
荷蘭人在福爾摩莎	程紹剛譯註
臺灣早期歷史研究續集	曹永和著

現代名著譯叢

極權主義	蔡英文譯
法律的理念	張茂柏譯
自然法——法律哲學導論	李日章譯
人文科學的邏輯	關子尹譯
論康德與黑格爾	關子尹譯
六大觀念：真、善、美、自由、平等、正義	蔡坤鴻譯
康德〔純粹理性批判〕導讀	李明輝譯
黑格爾與現代社會	徐文瑞譯
論小說與小說家	瞿世鏡譯
倫理學原理	蔡坤鴻譯
托馬斯・摩爾	梁懷德譯
制憲風雲——美國立憲奇蹟	孫北堂譯
法國1968：終結的開始	趙剛譯註
西方政治傳統：近代自由主義之發展	李豐斌譯
論民主	李柏光、林猛譯
後現代性的起源	王晶譯
共同體的基礎理論	于嘉雲譯
倫理與經濟	劉楚俊譯
宇宙與歷史	楊儒賓譯
超越左派右派：激進政治的未來	李惠斌、楊雪冬譯
星空中的普魯斯特	廖月娟譯
馬丹・蓋赫返鄉記	江政寬譯

全球視野系列

(1)無國界的世界	黃柏棋譯
(2)日本改造計畫	陳世昌譯
(3)投入國際金融世界	蔡慧玲、江東峰譯
(4)全球族	賈士蘅譯
(5)兩種資本主義之戰	莊武英譯
(6)亞洲新世紀發展構圖	黃綵璋譯
(7)地球祖國	馬勝利譯
(8)贏得全世界	沈中華等譯
(9)文明衝突與世界秩序的重建	黃裕美譯
(10)全球資本主義危機	聯合報編譯組譯
(11)錯誤的決策思考	鄭明萱譯
(12)第三條路：社會民主的更新	鄭戈譯
(13)未來十年好光景	余友梅等譯
(14)人類演化的未來	王晶譯
(15)聖嬰與文明興衰	董更生譯
(16)櫻花之春：日本的新未來	孫蓉萍譯
(17)新君王論	李振昌譯
(18)中美交鋒	聯合報編譯組譯
(19)二十世紀之旅	董更生譯
(20)四倍數：資源使用減半，人民福祉加倍	吳信如譯
(21)了解全球化：凌志汽車與橄欖樹	蔡繼光等譯
(22)未來市場九大震撼：震撼未來金融市場的九種經濟與社會變動及其因應對策	劉復苓譯
(23)老年潮	王晶譯
(24)咖啡萬歲	韓懷宗譯
(25)蝴蝶效應經濟學	李華夏譯
(26)迎接WTO時代	華英惠譯
(27)虛擬國家：新世紀的財富與權力	李振昌譯

聯經經典

伊利亞圍城記	曹鴻昭譯
堂吉訶德(上、下)	楊絳譯
憂鬱的熱帶	王志明譯
追思錄一蘇格拉底的言行	鄺健行譯
伊尼亞斯逃亡記	曹鴻昭譯
追憶似水年華(7冊)	李恆基等譯
大衛・考勃菲爾(上、下不分售)	思果譯
聖誕歌聲	鄭永孝譯
奧德修斯返國記	曹鴻昭譯
追憶似水年華筆記本	聯經編輯部
柏拉圖理想國	侯健譯
通靈者之夢	李明輝譯
道德底形上學之基礎	李明輝譯
魔戒（一套共6冊）	張儷等譯
難解之緣	楊瑛美編譯
燈塔行	宋德明譯
哈姆雷特	孫大雨譯
奧賽羅	孫大雨譯
李爾王	孫大雨譯
馬克白	孫大雨譯
新伊索寓言	黃美惠譯